21世纪清华MBA精品教材

陈国权　主编

组织行为学

MBA Organizational Behavior

清華大學出版社
北　京

内容简介

本书全面系统地反映了组织行为学领域的知识体系。全书共18章，内容包括：绪论；知觉与归因，学习与决策，个性与能力，价值观与态度，工作压力与情绪情感，工作激励；群体行为分析，群体沟通与群体决策，跨文化中的人际行为，谈判与冲突管理，领导行为；组织结构设计与分析，组织中的利益、权力和政治，组织文化与管理，组织学习与学习型组织，组织发展与变革；组织行为学研究发展展望。全书还包括16个国内外案例。本书在内容和案例选取上体现了本土化和全球化相结合的特点，采用新颖的写作体例，方便读者高效学习。

本书适合经济管理类各专业的研究生、EMBA、MBA、本科生，管理培训学员，各级领导和管理者，以及所有希望提升自己领导和管理能力的人士阅读。

图书在版编目(CIP)数据
组织行为学/陈国权主编.—北京：清华大学出版社，2006.9（2022.8重印）
（21世纪清华MBA精品教材）
ISBN 978-7-302-13882-2

Ⅰ.组…　Ⅱ.陈…　Ⅲ.组织行为学－研究生－教材　Ⅳ.C936

中国版本图书馆CIP数据核字(2006)第114874号

责任编辑：高晓蔚
版式印制：曹婉颖

出版发行：清华大学出版社
网　　址：http://www.tup.com.cn，http://www.wqbook.com
地　　址：北京清华大学学研大厦A座　　邮　　编：100084
社 总 机：010-83470000　　邮　　购：010-62786544
投稿与读者服务：010-62776969，c-service@tup.tsinghua.edu.cn
质 量 反 馈：010-62772015，zhiliang@tup.tsinghua.edu.cn
印 装 者：三河市龙大印装有限公司
经　　销：全国新华书店
开　　本：185mm×260mm　　印　张：36.25　　字　　数：832千字
版　　次：2006年9月第1版　　印　　次：2022年8月第17次印刷
定　　价：88.00元

产品编号：019905-03/F

前言

FOREWORD

改革开放以来，我国政治、经济、社会、科技和文化等各方面事业都取得了引人注目的成就，综合国力大大增强，国家发生了翻天覆地的变化。产生这种巨大的社会变迁，最重要的原因之一就是人的行为的改变——中华民族这些年来表现出前所未有的积极性和创造性。但同时也应该看到，我国各方面的改革正在进一步深化，全球化竞争也越来越激烈，各种组织既具有良好的发展机遇，也面临各种新的挑战。古今中外无数事实表明，无论是国家、组织、团队还是个人的成功，都取决于人们的正确行为。

组织行为学作为研究各种工作组织中人的行为规律的学科，是伴随着管理教育和实践的需要而发展起来的。这些年来，随着我国管理教育的发展和管理实践的需要，组织行为学这门学科得到了越来越多的重视，教育部将其列为工商管理教育的核心课程。当前，如何更好地弄清和掌握人在各种工作组织中的行为规律，从而更有效地管理和驾驭人的行为，提高组织的竞争优势，已成为广大管理界人士都希望学习、研究和解决的重要课题。

这本《组织行为学》就是为了满足我国管理教育、研究和实践界各方人士的需要而编写的。作者在清华大学经济管理学院多年来一直从事组织行为学、人力资源管理以及相关领域的教学和研究工作。编写一本中国与西方接轨、理论与实践结合、学生和老总都喜欢看的组织行为学教材，一直是作者多年的心愿。

因此,我们在编写过程中,努力考虑和做到以下几个方面,使读者开卷有益。

第一,全面系统地阐述国内外在组织行为学领域已经建立起来的理论和研究成果。组织行为学经过多年的发展,已经形成一个庞大的学科体系。我们尽量在一定的篇幅内将不同学者的研究发现和理论成果以清楚简明的方式写进本书,使读者能全面准确地掌握组织行为学的各个知识点。

第二,突出重点地介绍本土化和国际化方面的组织行为学实践案例。我们在编写教材的过程中,几乎在每一章的后面都附上一个与本章知识有关的案例,以促进学生更好地理解和掌握相关的理论。全书共16个案例,其中12个是中国本土化案例,4个是国际化案例,这种搭配比例是为了让我国读者更好地理解中国企业组织行为的规律,同时也具有国际视野,这样结合起来才能更好地管理自己的组织。我们尽量挑选那些典型的有代表性的案例,绝大多数都是作者在调查研究的基础上亲自撰写而成,案例内容丰富翔实,以便于读者全面学习和了解。

第三,采用有效的方式方便读者学习。根据我们的写作体例,每一章的内容包括:学习目标、正文、本章小结、复习思考题、本章案例、案例思考题。"学习目标"让读者明确本章学习的方向和要点。"本章小结"帮助读者在阅读完正文后迅速对本章内容建立整体的轮廓并掌握其精华。"复习思考题"让读者通过回答问题更好地回顾和掌握本章的理论知识,并提高运用知识解决问题的能力。"本章案例"使读者通过真实的事例更好地掌握相关的概念。"案例思考题"则使读者通过分析和解释真实事例现象提高解决实际问题的能力。除此之外,我们在写作过程中,尽量使用通俗易懂的语言,遇到陌生的外来词汇都会标上英文原文以便读者对照理解,引用前人观点时也会较完整细致地列出参考文献,以方便读者提高学习效果。

本书分为五部分,共18章。第一部分为绪论,第二部分是个体行为,第三部分是群体行为,第四部分是组织行为,第五部分是展望。

第一部分为绪论(第1章)。第1章"绪论"论述学习组织行为学的目的和意义,组织行为学的概念和学科的由来及发展历史,组织行为学的学科体系构成和学科特点,与组织行为有关的几个重要概念,组织行为学的研究方法,组织行为学与其他学科的关系和未来发展趋势。

第二部分为个体行为(第2～7章)。第2章"知觉与归因"论述人的行为模式,知觉的重要性、概念、种类和阶段,知觉偏差的概念和产生机理,归因的概念、理论及归因结果对行为的影响,归因偏差现象和产生原因,提高知觉与归因准确性和创造性的方法。第3章"学习与决策"论述学习的意义和内涵,人的知识来源模型,人获取知识和传递知识的方法,人获得新的行为的三种不同理论(行为理论、认知理论和社会学习理论)的内涵和管理实践方法,对人的行为绩效管理的组织行为矫正方法,决策的内涵、类型和问题,决策的过程及管理方法,四种重要的决策行为模型,人的个体特征对决策效能的影响及有效管理此影响的方法。第4

章“个性与能力”论述个性的概念、类型与测量方法，影响行为与绩效的个性特征，人格类型与工作匹配的关系，能力的定义、分类与测量方法，能力的六种结构理论，人的能力发展过程。第5章“价值观与态度”论述价值观的定义和人的价值系统的来源，价值观的不同种类及其衡量标准，员工中不同价值观的表现方式，价值观在管理中的重要性和具体应用，态度的定义和结构，态度与行为之间的关系及其复杂性，态度的不同类型（如工作满意度、工作投入、组织承诺、忠诚度等）的内涵和测量方法，态度在管理中的应用和改进员工态度的方法。第6章“工作压力与情绪情感”论述工作压力/工作倦怠的基本概念和影响因素，工作压力的管理方法，情绪情感的概念和基本理论，情绪情感在管理中的应用。第7章“工作激励”论述四种激励理论的分类和不同特点，各种激励理论（马斯洛的需要层次论、赫兹伯格的双因素理论、奥尔德弗的ERG理论、麦克利兰的激励需要理论、佛隆和劳勒的期望模式、亚当斯的公平理论、洛克的目标设置理论、强化理论、波特和劳勒的综合激励模式等）的主要观点和实践方法，激励的六个一般原则。

第三部分为群体行为（第8～12章）。第8章“群体行为分析”论述群体的概念、类型和作用，群体管理的系统模型和群体动力理论，人在群体中不同行为（群体压力导致的从众行为、社会助长作用、社会抑制作用、社会懒惰行为、合作和竞争行为）的表现特征、产生原因和管理手段，群体发展的不同阶段及管理对策，群体有效性指标（绩效、群体成员满意度、群体学习、外部满意度）及各因素（群体结构、规模、规范、凝聚力、气氛）对指标的影响，高效群体的特点，群体间绩效的概念、影响因素和管理方法。第9章“群体沟通与群体决策”论述信息沟通对个人、群体和组织的重要性，三种沟通方式（书面、口头和非文字语言沟通）的内涵、作用、相互关系和使用技巧，技术对信息沟通的作用，沟通过程三环节（编码、传递和解码）的特点及产生失真的原因，小群体沟通中四种不同的人际沟通网络（轮式、链式、圆式和全方位沟通）的特点和使用，三类沟通渠道（正式/非正式，单向/双向，上行/下行/平行）的特点和建立方法，沟通有效性指标（准确性、实时性和效率）的准确含义和衡量方法，影响沟通有效性的障碍和提高方法，群体决策的必要性、优缺点和选择方法，群体决策中意见分歧产生的原因及解决方法，群体决策中的行为特征（群体盲思、阿背伦悖论现象、群体偏移、群体极化），改进群体决策的方法（头脑风暴法、德尔斐法和列名群体法）。第10章“跨文化中的人际行为”论述世界文化的主要种类，国别文化之间的差异，沟通中的文化障碍及原因，不同文化背景的谈判对象和决策人物特点。第11章“谈判与冲突管理”论述冲突的普遍性和内涵，关于冲突的不同观点，冲突的分类方法，冲突产生的原因，冲突的五阶段模型，冲突的五种行为意向，冲突管理的基本策略，谈判的内涵和类型，谈判的组成要素和过程，有效谈判的策略。第12章“领导行为”论述领导概念的本质，领导研究中的五大学派（特质理论、行为理论、权变理论、素质理论、领导力发展理论）的发展过程以及这些学派与领导过程本身的关系，不同学派中不同理论的主要观点以及实践方法，领导力发展和完善的方法。

第四部分为组织行为（第13～17章）。第13章“组织结构设计与分析”论述组织结构与组织战略/员工行为/组织结果之间的关系，组织结构设计的主要流程和各流程的具体内容，组织结构的几种主要分类方法，影响人们选择组织结构类型的各种因素及其具体影响方式，组织结构有效性的内涵及提高方法，面向组织学习的组织结构的五职能四形态特征模型。第14章“组织中的利益、权力和政治”论述利益相关者的概念及其对管理的意义，组织内外利益相关者的主要构成及分析方法，企业社会责任系统和社会支持系统的概念和内容，企业所有者建立维持共赢体系的基本思路和十个原则，权力的概念、种类和获取方法，组织政治行为的概念、种类、管理方法和道德标准。第15章“组织文化与管理”论述组织文化的概念、特征和功能，组织文化的层次模型和维度模型，主流文化/支流文化和强势文化/弱势文化的概念，分析、创建、维持和变革组织文化的方法。第16章“组织学习与学习型组织”论述当前环境下组织学习和学习型组织对组织生存发展的重要性，西方关于组织学习和学习型组织的不同定义和理论模型，组织学习系统理论（OLS）关于组织学习和学习型组织的定义，组织学习系统中九个子系统的概念及各子系统之间的关系，描述组织学习系统特征的象征性比喻，组织学习系统理论关于提升组织学习能力的若干方法和原则。第17章“组织发展与变革”论述当前组织面临的内外环境变化的主要方面和特点，组织管理系统保持稳定和需要变革的条件，组织变革的原因类型，组织变革过程的重要参数（变革主题、幅度、步长和路径）及管理方法，组织变革的内外部动力和阻力的来源，不同组织变革模式的主要观点以及对当今组织变革的指导作用，组织发展的内涵及对组织的意义，不同组织发展方法的内涵和实施途径。

第五部分为展望（第18章）。第18章“组织行为学研究发展展望”论述组织所处环境正在发生的变化及提出的新课题，信息网络技术给员工的角色、素质和伦理道德要求带来的变化，知识经济环境下的群体创造力问题，复杂动态环境下领导和决策行为研究的新趋势，组织结构的发展及实施中存在的问题，组织文化研究的新课题，经济转型对组织变革带来的挑战，组织学习领域的新发展，复杂性科学的基本概念及其对组织行为学发展的意义。

本书由清华大学经济管理学院陈国权教授任主编，设计全书的结构。全书共18章。陈国权编写了第1、2、3、7、8、9、12、13、14、15、16、17、18章，共13章。郑晓明编写了第4章，刘广灵编写了第5章，吴志明编写了第6章，蒋璐编写了第10章，王雪莉编写了第11章。陈国权指导学生参与编写了5个“本章案例”，刘冰冰和陈国权编写了第2章的“本章案例”，郝亚泓和陈国权编写了第13章的“本章案例”，朱晓冬和陈国权编写了第14章的“本章案例”，吴泓和陈国权编写了第16章的“本章案例”，伍江成和陈国权编写了第17章的“本章案例”。全书由陈国权统稿。

本书适合各类工商管理专业的研究生、EMBA、MBA、本科生，管理培训学员，各种组织的领导和管理者，以及所有希望提升自己领导和管理能力的人士阅读。

在本书中，我们引用了很多国内外学者的理论、研究成果和学术观点，在此对他们表示衷心的感谢。我们在书中尽最大努力注明了引用文献的来源。如有遗漏之处，敬请著者谅解指正。

感谢清华大学经济管理学院各位领导对本书出版的支持。感谢陈国青副院长和仝允桓副院长的帮助。感谢张德教授和朱玉杰副教授的支持。感谢我的同事们给予的帮助。

感谢我的学生王文静、周为、王招春、赵慧群、傅悦、宁南、叶欣、邱群、张伟龙、邢志杰、赵辉和许多等在本书撰写过程中为准备相关材料和文字校对方面所做的工作。

感谢国家自然科学基金项目70272007、70572005和70321001的支持，本书中一些内容来自这些项目的研究成果。

感谢清华大学出版社编辑的热情支持和大力帮助，他们为本书的出版付出了很多心血。

感谢我的家人和朋友为本书完成所给予的各种形式的关心和支持。

最后要感谢您——读者。希望本书对您有帮助。

由于作者的时间和水平有限，书中难免有不妥之处，希望指正。我们将不断改进，使其日臻完善。

陈国权

2006年秋天　北京清华园

目录

CONTENTS

组织行为学

第3部分　群体行为

第 4 部分　组织行为

组织行为学

第1部分

PART

绪论

第1章 绪论

学习目标

1. 充分认识学习组织行为学的目的和意义。
2. 了解组织行为学的概念、学科的由来、发展历史。
3. 掌握组织行为学的学科体系构成（包含的主要知识领域）和学科特点。
4. 深入理解组织、行为、组织行为三个重要概念。认识、掌握组织系统的各种特征。
5. 认识、掌握组织行为学的各种研究方法。
6. 了解组织行为学与其他学科的关系和未来发展趋势。

第一节　学习组织行为学的目的和意义

自从1978年实行改革开放二十多年以来，我国政治、经济、社会、科技和文化等事业得到了突飞猛进的发展，综合国力大大增强。载人航天的成功、三峡大坝的建成、青藏铁路的通车……这些举世瞩目的成就无不标志着中华民族正在努力实现国家的伟大复兴。对内建立和谐社会、对外发展世界和平，这种治国安邦的理念，标志着中华民族开始在世界舞台上日益展示其积极的力量和影响。抚今追昔，产生这种巨大的社会变迁最重要的原因之一，就是中国人的行为的改变——中华民族这些年表现出了前所未有的积极性和创造性！人是生产力中最活跃的因素，古今中外无数的事实表明，国家的成功、组织的成功、团队的成功以及个人的成功，都取决于人的正确行为。

组织行为学就是研究人的行为规律的一门学科。尽管人的行为是复杂的和变化的，但也是有规律的。只要我们能够掌握并运用这些基本规律，就能够使我们自己以及自己管理的团队和组织得到不断的发展和成长——由能管理好自己，发展到能管理好一个团队、管理好一个组织，进而能够治国安邦、影响世界。古人所说的"修身、齐家、治国、平天下"，就是体现了人们管理人的行为能力的发展过程和不断追求的境界。管理好自己、管理好他人/团队、管理好组织，这是每一个学习组织行为学的人应该努力追求的三个相互联系和相互支持的目标。

管理好自己。人是群体、组织和社会的细胞，群体、组织和社会的健康首先取决于每个个体的健康。管理好自己不仅关系到我们每个人的切身利益，而且对组织的发展极为重要。学习组织行为学的第一要务就是要能管理好自己，这样才能在组织中得到发展和成长。管理好自己要求我们做到：学会正视自己，不断理清自己内心深处的真实愿望，合理地确立自己的目标和定位；了解自身的价值观、态度、兴趣、偏好、性格、能力等方面的特点，找到合适并能发挥自身长处的工作，做好职业规划；培养自己的敬业精神，在工作中充分发挥自身的潜力，热情而有创造性地工作，为组织效力；不断地学习和成长、超越自我、提升自我。总之，管理好自己就是要努力地让自己成为一个既对组织和社会很有价值，同时又能够实现自身追求和目标的人。

管理好他人/团队。人是社会性生物，每个人都生活在一定的工作群体和社会群体之中。如何管理好自己和他人的关系、自己和团队的关系，不仅影响个人在团队和组织中的升迁和发展，也会影响整个团队的成效。管理好他人/团队要求我们做到：学会正视他人，理解他人的愿望、需求和目标，采取有效的措施去激励他们；要善于认清他人的价值观、态度、兴趣、偏好、性格、能力、为人处事和思考问题的方式，努力给每个成员安排合适和能发挥他们长处的职位；要善于在团队内部建立有效的信息沟通、分工协作、解决矛盾冲突的机制；要学会建立一种共创共享的利益机制和伙伴文化；要促进团队成员之间进行信息、知识和经验的相互分享，并善于整合所有人的智慧来解决复杂问题。总之，管理好他人/团队就是要为自己建立一个有利于个人和组织发展的良好人际关系氛围，建立一个具有团队合作精神和凝聚力的团队，为实现整个组织目标服务。

管理好组织系统。随着自身的不断发展和组织的需要，人们可能会在一定的时期和环境中承担管理一个组织系统的责任。这里所说的组织系统可以是企业、民间组织、政府机构，也可以是国家和社会。由于组织系统的复杂性增加，所以相对于管理自己、管理他人/团队而言，管理组织系统对人们提出了更高的要求。要求管理者能深入认识到由人所组成的组织系统的本质，具有见树又见林的看清复杂系统的能力；要求管理者掌握必要的组织设计和分析的理论、方法和工具，从而正确地建构合理的组织结构、运作流程和制度体系，建立良好的内外利益关系，打造适合自身和环境的组织文化和价值观，建立不断学习和创新的机制；要求管理者能够使组织沿着正确的方向高效率地运行，组织既能达成现有的目标，保持内外部和谐和相对稳定性，又能不断发展和成长。总之，管理好组织就是要使整个组织系统保持持久健康的发展和可持续发展的竞争优势。

管理好自己、管理好他人/团队、管理好组织共同构成了一个人管理人的行为体系。它们分别是一个三角形的三条边，三者之间的关系是清晰可见的。第一，既然是三角形的三条边，它们之间就是缺一不可、相互依赖的关系。第二，它们是有一定的排列顺序的，人首先是要能管理好自己、管理好他人/团队，再发展到管理好组织系统。第三，它们之间需要保持合理的比例，才能维持平衡和发展。也就是说，管理好自己、管理好他人/团队、管理好组织系统这三者之间都必须随着另外两个方面的发展而调整另一个方面，只有这样才能维持整体的平衡和发展。

总之，管理者要真正同时做到管理好自己、管理好他人/团队、管理好组织系统不是件容易的事情。在当前改革开放、社会转型、全球化竞争的大环境下，中国的管理者面前既充满机会，同时也面临巨大的挑战。随着中国企业和管理教育的发展，组织行为学成为了管理教育的核心课程，这一学科越来越引起学术界和实践者的重视。学习组织行为学的最终目的就是要提升管理者驾驭人的行为的能力，使个人、群体和组织都获得成功。

组织行为学在工商管理学科中具有重要位置。首先，工商管理学科研究的对象是多方面的，它包括人、财、物、技术、运作流程、信息、知识等。而组织行为学研究的对象则是人。因此，组织行为学是工商管理学科的重要组成部分。其次，工商管理教育中所包涵的课程分为两大类：一是针对组织中的专业部门的管理课程（如生产运作管理、财务管理/会计、信息知识管理等）；二是针对所有管理者的、综合性的、任何管理者都需要的课程（如组织行为学和管理经济学等）。不管是哪方面和哪个层次的管理者，在工作中都要与人打交道，因此都需要掌握组织行为学方面的基本知识和技能。在西方管理学院的培养计划中，组织行为学一直是十分重要的核心课程。在我国，从2000年开始，组织行为学已被教育部列为MBA教育的核心课程。

下面，我们将继续介绍组织行为学这门学科，包括：组织行为学的定义、发展历史、学科体系、学科特点、研究方法、学科边界和发展趋势。

第二节　组织行为学的定义、发展历史、学科体系和学科特点

一、组织行为学的定义

1. 行为科学的定义

由于组织行为学与行为科学之间有着密切的联系，因此当我们界定组织行为学的内涵时首先要了解行为科学的概念。杨锡山等（1986）在其《西方组织行为学》一书中对行为科学名词及概念的发展过程进行了全面的总结。行为科学（behavioral sciences）的名称最早出现在美国，1949年在芝加哥举行的一次跨学科会议上讨论了用现存知识来发展关于行为的一般性理论的可能性，第一次提出了“行为科学”这一名称（杨锡山等，1986；王云五，1973）。关于行为科学的定义，在国内外的文献中有不同的说法。

① 美国《管理百科全书》（1982年版）的定义为：“行为科学是包括类似运用自然科学的实验和观察方法，研究在自然和社会环境中人（和低等动物）的行为的任何科学。已经公认的学科有心理学、社会学、社会人类学和其他学科中类似的观点和方法。”

② 美国《国际社会科学百科全书》则把行为科学的研究对象局限于人的行为，排除了其他动物的行为。在内容上包括：社会学、人类学、心理学以及生物学、经济学、地理学、法学、精神病学和政治科学中有关行为的部分。

③ 美国组织行为学家罗素（F. Luthan）则把行为科学看成是社会科学的一个分支，而行为科学就是社会科学（包含政治学、经济学、历史学、心理学、社会学、文化人类学）中后三种学科（即心理学、社会学、文化人类学）的统称。

④ 美国《国际管理词典》（1980年英文版）则是把行为科学看成是一门管理学科，定义是“有关对工作环境中个人和群体的行为进行分析和解释的心理学和社会学学说……它强调的是试图创造出一种最优的工作环境，以便每个人既能为实现公司目标，又能为实现个人目标有效地作出贡献”。

我国学者比较倾向于后一种定义，认为行为科学像人文科学、自然科学、社会科学

那样，是一个学科群的总称。也就是说，行为科学是由研究与行为有关的学科组成的学科群（杨锡山等，1986；卢盛忠、余凯成等，1993）。

2. 组织行为学的定义

组织行为学（organizational behavior）是行为科学的一个分支，主要是研究组织环境中人的行为，重点是企业组织中人的行为。国内外研究者提出了不同的组织行为学的定义。

杨锡山等（1986）在其《西方组织行为学》一书中使用了杜布林（A. J. Dubrin）的定义，即：组织行为学是系统研究组织环境中所有成员的行为。它以成员个人、群体、整个组织及其与外部环境的相互作用所形成的行为作为研究对象。

徐联仓等（1994）对组织行为学的定义是：组织行为学是依据实证科学的分析方法，综合运用心理学、社会学、文化人类学、政治学等学科中有关的知识，系统地研究各种组织中人的心理和行为的科学。

卢盛忠、余凯成等（1993）对组织行为学的定义是：组织行为学是综合运用各种与人的行为有关的知识，研究各类工作组织中人的工作行为规律的学科。

国外著名的学者罗宾斯（Robbins）（1998）在其所著的《组织行为学》一书中，对组织行为学的定义是："Organizational behavior is a field of study that investigates the impact that individuals, groups, and structure have on behavior within organizations for the purpose of applying such knowledge toward improving an organization's effectiveness."中文翻译为：组织行为学是一个研究领域，它研究个体、群体以及结构对组织内部行为的影响规律，以便应用这些知识来提高组织的效能。

因此，综合考虑上述定义，作者对于组织行为学的定义是：

组织行为学是依据实证科学的研究方法，综合运用有关学科（包括心理学、社会学、文化人类学、政治学、工程学、信息和系统科学等）中的知识，系统地研究由人所形成的各种组织在个体、群体和组织层次上的行为，以达到组织所期望目标的学科。

该定义包含四个要点：

① 组织行为学是一门实证科学。组织行为学中的理论，首先都是人们基于对人的行为和组织现象的观察而提出的假设，然后经过更广泛的证明和实践检验成为理论，写进文献（如教科书）。

② 组织行为学是一门综合性的、博大精深的学科，它从不同学科中吸收有关人的行为方面的研究成果，形成了自己的学科体系。譬如，成功选拔杨利伟、费俊龙、聂海胜那样的航天员，需要运用心理学的知识；而要管理好一个飞机机组、核电站操作小组或软件开发小组，需要用到群体理论，群体理论主要来自社会学；研究企业文化时，需要用到文化人类学方面的理论；研究组织中权力和利益的分配、矛盾和冲突处理，需要用到政治学的理论；研究企业中组织结构的建立、信息的流动方式、组织系统的变革，需要用到工程学、信息和系统科学的理论。

③ 组织行为学研究人的行为是在不同层次上进行的。也就是说，组织行为学的聚焦点是变化的。有时它会聚焦于一个个体，有时是一个群体，而有时则是一个组织系统，这就形成了微观组织行为、中观组织行为和宏观组织行为。譬如，领导人需要确定

组织中一个重要岗位人选、招聘面试员工、设计员工的培训计划以及考虑如何提升自己的分析和决策能力等，这时他/她聚焦的是个体的行为。领导人考虑整个领导班子如何组建和分工协作、如何更好地管理某个新产品开发团队、如何组建和管理跨部门团队来分享经验和解决问题等，这时他/她聚焦的是群体的行为。领导者考虑如何从总体上建立组织的结构、流程和制度体系，建立组织内外利益相关者的利益和权力分配关系，建立组织文化和价值观等，这时他/她聚焦的是组织的行为。一个领导者熟练掌握了组织行为学三个层次的行为规律，及时准确地判断组织目前存在的问题，就可以根据管理的实际需要，在三个不同层次所涉及的理论、方法、工具之间来回切换，运用自如。

④ 组织行为学研究的目的，是为了解决组织在一定环境和时期遇到的问题。组织类型不同、所处的环境不同、所处的发展阶段不同，组织所需要解决的问题和要达到的目的也是不同的。管理者学习和研究组织行为学的目的，就是要解决一个又一个特定的问题，实现不同情况下的组织目标。

3. 组织行为的相关概念

为了更好地理解组织行为学的上述定义，我们需要对组织和行为两个概念作进一步阐述。

(1) 组织

组织是为了达到一定目标、由两个以上的人组成的系统。生活在社会中的个体会有自己的目标，有的目标可以单独完成，有的目标需要更多的人合作才能完成。个体为了达到自己单独行动不能达到的目标，就会建立组织。著名组织理论学家巴纳德（Barnard）从人与人相互合作的角度来解释组织。他说，人们单独行动会受到主观和客观条件的限制，为了冲破这种限制，需要两个或更多人的合作，这就产生了组织。通过人与人之间的分工协作，可以达到单个人所不能达到的目的，因此他也曾将组织定义为“两人以上有意识的协调力量和活动的合作系统”。

组织的形成既是个体（创建者）意志的结果，也是整个社会在运行过程中产生的、社会化分工的结果。社会是规模更大的人的系统。整个社会系统的正常运作，需要不同的组织行使不同的职能，从而使整个社会系统能正常有序、和谐地运行。不同类型的组织便构成了国家和社会。

组织包含不同的类型，譬如，政府、企业/公司、学校、研究所、医院、剧院、基金会、学会/协会等。组织可以分为赢利组织（profit organization）和非营利组织（non-profit organization），企业/公司等属于赢利组织，政府、基金会、学会/协会等属于非营利组织。组织还可以分为政府组织（government organization）和非政府组织（non-government organization，简称 NGO），省、市、县级政府机构属于政府组织，而各种民间组织和团体则属于非政府组织。组织还可以分为正式组织（formal organization）和非正式组织（informal organization）。正式组织包括各种由社会正式确立的、在法律和道义上具有存在合理性的组织，譬如，正式注册登记的企业/公司；而非正式组织则是在社会中人与人之间因各种原因而形成的群体，譬如民间交流组织、地下金融组织等，这些组织有些是合法的，有些是非法的。

以上各种类型的组织都是组织行为学中研究的对象，只不过不同培养目标的学生会偏重不同组织的研究。譬如，商学院的学生更加侧重于赢利组织的研究，公共管理学院或政府管理学院的学生更侧重于非营利组织（政府组织和非政府组织）的研究。

（2）组织的特征

任何一个组织都具有以下共同特征。

第一，组织都有自己的目标。譬如，政府机构的目标是要制定良好的政策和创建优异的社会环境，使其管辖范围内的各种组织能够高效、和谐有序地运作。企业的目标是要给社会提供高质量的产品和服务，同时获得市场和利润。大学的目标是要创造新的知识、向社会传播新知识，为社会培养高素质的人才队伍。研究机构的目标是要进行科学研究和发明创造，以解决社会工作和生活中存在的问题，满足人们的需要。医院的目标是要救死扶伤，为人们的健康提供优质服务。著名管理学家德鲁克曾经指出，企业首先要问自己的一个问题就是：企业为什么而存在？一个组织的目标必须与整个社会的大环境保持协调，组织只有建立了明确的、符合社会需要的目标，才能确保其生存的基础和价值，也才有可能保持其持续发展的方向和动力。

第二，组织都应该是一个有序的结构系统。组织是由不同的人组成的，而每个人都是具有独立意识、动机和行为特性的主体，因此，要使得不同的个体能够为组织共同的目标而努力，就必须建立有序的结构系统。这种系统能将所有人的努力有机地整合起来，它包括以下几个方面。

① 目标结构系统。任何一个组织都有自己的总目标，组织中的每个个体也都有自己的个人目标，组织必须建立一个有效的目标结构系统，使组织目标与个人目标相互支持。个人在为组织实现目标的过程中能实现其个人目标，组织在实现其目标的过程中能有利于个人目标的实现，而且不同个人目标之间主体上也是相互正面支持的。巴纳德认为，组织中的成员既是个人，又是组织的一分子，要求成员对组织有所贡献，组织必须对其提供适当的报酬（杨锡山等，1986）。良性的目标结构系统的建立是使组织保持生命力非常重要的方面。

② 分工协作系统。目标结构系统的建立只是解决了人们在组织系统中工作的动力问题，但还必须解决工作方式问题，这就需要建立分工协作系统。著名组织理论学家薛恩指出，组织工作就是“为了达到某一特定的共同目标，通过各部门劳动和职务的分工合作和不同等级的权力与责任的制度化，有计划地协调一群人的活动”。（杨锡山等，1986）。分工协作系统包括水平分工协作系统和垂直分工协作系统，该系统通过下列方法来实现：1）进行工作分工和专业化。每个人从事总体任务的一部分，并精通本工种的技术和方法。2）部门化。建立不同部门，不同部门从事不同任务，提高效率。3）建立不同的组织层次。将组织中的不同人和部门放在不同层次上，并赋予不同类型和大小的权力，这样就能使组织系统得以协调和控制。4）建立流程、制度和标准。流程、制度和标准的建立，能对每个人和部门的工作行为进行控制和整合，从而使不同人和部门能够协同有序地工作。

第三，组织是一个社会技术系统（social-technical system）。组织系统中的主体是人，但是还包括人需要使用的各种物。社会技术系统理论是由英国塔维斯托克研究所（Tavistock Institute）的特里斯脱（Trist）和班福斯（Bamforth）共同提出的。他们认为，组织首先是一个社会系统，包括上面提到的各种社会性因素，如人与人之间的工作关系、管理与被管理的关系、权力与利益分配关系、人与人之间的情感关系、个人与组织的关系以及这个组织中的人所具有的价值观、意识形态、习俗礼仪、行为习惯等。组织还是一个技术系统，包括所有的技术性因素，如组织中采用的各种物质、设备、技术（如信息技术）、操作流程和工艺等。组织中的社会系统和技术系统应该是相互支持、相互补充和相互协调的关系，这样组织才能更好地运行。

第四，组织是一个与环境互动的、开放的系统。任何一个组织都处于一定的环境中，组织与其外部环境存在物质、能量、人才、信息和知识的交换。组织生存的重要条件就是要能与环境保持合适的、和谐的、相互需要的关系。组织必须建立适当的开放程度，与外部环境进行合适的互动关系。

第五，组织是一个投入产出系统。著名的组织理论学家凯茨和卡恩（1966）提出组织是一个投入产出系统的观点。根据这一观点，组织就是一个转换器，它将投入的各种资源（如人力、物质、能源、资金、信息、知识等）进行转换，其产出是产品和服务。只要这个转换过程能够顺利进行，组织就能获得生存和发展。如果由于种种原因，譬如，外部资源不够、投入不足、转换效率太低或者产出的东西不被社会接受，都会威胁到组织的生存。组织作为这样一个转换系统，必须适合所在的环境、具有足够的转换效率并同时具有相对的稳定性和自我更新能力，这样才能稳定地生存和发展。

(3) 行为和组织行为

还有一个非常重要的概念就是行为。行为（behavior）是机体种种外显动作和活动的总和（徐联仓等，1994）。动物和人都具有行为。对于社会人来说，人的各种形体动作，人的各种喜怒哀乐，人对各种设备、仪器的操作，人与人之间的沟通交流，组织中部门与部门之间的沟通交流、矛盾和冲突，组织中的各种仪式活动，组织与外部组织的合作和交流等，都是组织行为学中要研究的行为。行为是可观察的、可解释的、可预测的。首先，人可以根据自己的感觉器官和仪器仪表观测到他人的行为和表现。另外，行为还可以被解释和预测。譬如，根据卢因的观点，人的行为是个体特征变量和环境变量二者的函数，用公式表示为$B=f(P\times E)$。其中，B为行为；P为个体变量（如遗传、能力、个性、健康情况等）；E为环境变量（如是否有别人在场、个体的行动目标是否受到阻碍等）；f指函数关系。也就是说，我们可以根据个体的特征和环境的特征来解释人的行为表现，同时当我们已经掌握了行为、个体特征、环境特征之间的函数关系时，也可以根据当时的个体特征和环境特征变量来预测人的行为。

但是，组织行为学着重要研究的是组织行为（organizational behavior）。组织行为是指人们作为组织成员时表现出来的、体现在个体/群体/组织三个水平上的行为。这里需要指出两点：第一，组织行为强调的是人作为组织成员表现出的行为，如人在工作中作决策、与同事和客户的沟通交流。而人们在家庭生活和朋友交往中表现出的行为一般不属于组织行为学研究的范围，尽管组织行为学的理论也能用于分析这些情景下人的行为。第二，组织行为学研究的行为是在三个不同的水平上的。

① 个体的行为（behavior of individual）。人作为个体表现出来的行为，如人的正常工作行为、知觉行为、归因行为、学习行为、决策行为、组织公民行为（organizational citizenship behavior）等。

② 群体的行为（behavior of group）。人们作为群体成员整体表现出来的行为，譬如，群体的正常工作行为，群体中的人际互动行为（包括沟通、谈判、冲突处理、领导），群体压力导致的从众行为，群体中的社会懒惰行为（搭便车行为），群体之间的沟通交流、群体之间的谈判和冲突处理等。

③ 组织的行为（behavior of organization）。人们作为组织成员整体表现出来的行为，譬如组织的正常运作，组织中的信息流动，组织决策，组织中的政治行为，组织学习，组织发展，组织变革，组织之间的交流、合作、谈判和冲突处理等。

4. 组织行为学的发展历史

组织行为学是由于西方有了企业，特别是有了管理教育以后，在商学院建立起来的一门学科和课程。组织行为学在西方发展的历史过程，实际上反映了它们对企业中人的管理思想的发展过程，可以粗略地分为以下几个阶段。

（1）科学管理阶段

19 世纪末 20 世纪初，管理真正形成一门科学，这一时期称为科学管理时期，其主要代表人物是泰勒（Taylor）。泰勒是美国古典管理学家、科学管理的创始人，被誉为“科学管理之父”。泰勒运用时间—动作分析的方法进行了大量的实验研究，提出了劳动定额、工时定额、工作流程图、计件工资制等一系列科学管理的方法。泰勒所倡导的科学管理方法用讲究效率、技术、方法的管理来代替凭个人方式和凭经验办事的管理，他的根本目的是谋求最高效率，而最高工作效率是雇主和雇员达到共同富裕的基础。泰勒的经典著作是其在 1911 年出版的《科学管理原理》和在 1912 年出版的《科学管理》。在其著作中，他较为全面地阐述了他的科学管理理论，主要内容有：将劳动方法标准化，制定科学的工艺规程，将工具、材料、作业环境等标准化，并用文件的形式固定下来；科学地利用工时，通过对个人的工作时间和动作的研究，去掉多余的消耗时间的动作，改善必要动作，规定每一个单位操作的标准时间，制定出劳动定额；对工人进行科学的选拔和培训，将适当的人放在适当的位置上；实行“定额加奖励”的计件工资报酬制度；在工人和管理者之间进行明确的分工，同时注重管理者和劳动者在工作中的密切合作。泰勒的科学管理理论是基于经济人、理性人的人性假设，认为劳资双方追求的都是物质利益，只有金钱、物质利益才能刺激工人的生产积极性。他把工人当做机器看待，忽略了人的社会性本质。

（2）经典组织理论

经典组织理论与泰勒的科学管理理论几乎同时产生。当时正处于社会管理结构产生重大变革、企业从小规模向大规模专业管理转变的时期，一批心理学家、社会学家和管理学家开始认识到组织管理与劳动管理的区别，努力从事组织心理与行为的研究，并在其研究基础上提出了管理的原则和职能。其间代表性人物是法国的亨利・法约尔和德国的马克斯・韦伯。法约尔在其 1916 年出版的《一般管理与工业管理》一书中，比较完整地形成了经典组织理论的基本内容。他将管理的职能概括为五个方面，即计划、组织、指挥、协调、控制；并且，提出了 14 条组织管理原则，即劳动分工、权力与责任、纪律、统一指挥、统一领导、个别利益服从集体利益、报酬、集权化、等级制、秩序、公平、人员的稳定、主动性、集体精神。这些原则对后来组织结构和模式的发展有深刻影响。被誉为"组织理论之父"的德国社会学家韦伯在1910年创立了行政组织理论。他所提出的行政组织具有如下特点：有明确的职权制度，等级森严；专业化强，分工明确；具有明确的规章制度；不受个人感情因素的影响；依据技术能力对员工进行选拔和晋升。经典组织理论所描述的组织具有"理性组织"的特点，强调稳定、严格、精确、有序，但比较机械，不考虑组织中的人的心理、个性与情感。

(3) 人际关系学派

由于以泰勒、法约尔等人的管理思想为代表的古典管理理论着重强调管理的科学性、合理性和纪律性，对管理中人的因素和作用并没有给予足够的重视，在20世纪20年代的管理实践中遇到了很多困惑，不能有效地达到控制个人和提高生产率与利润的目的，因此探索新的管理思想、理论和方法成为必然。当时，美国哈佛大学心理学家梅奥等人进行了著名的霍桑实验，创立了人际关系学派。从1924年到1932年，梅奥与其助手在霍桑工厂中进行了历时8年的实验，主要包括照明实验、福利实验、访谈实验和群体实验。霍桑实验的初衷是试图找到通过改善生产条件和外部环境提高生产率的途径，但实验的结果却出乎意料，无论工作条件（例如照明、温度、休息时间长短等）改善还是取消改善，实验组和非实验组的产量都在不断上升，并且发现了群体动力对产量的影响。因此，根据霍桑实验的结果，梅奥得出结论：影响生产效率的根本原因不是工作条件，而是工人自身；在决定工作效率的因素中，工人被团体所接受的融洽性和安全感比奖励性的工资有更为重要的作用。人际关系学说对人性的假设是社会人而不是经济人，认为人们的行为并不单纯出自于追求金钱的动机，还有社会方面、心理方面的需要，即追求友情、安全感、归属感和受人尊重等，而且社会心理方面的需求是更为重要的。人际关系学说还非常强调非正式组织在企业中所起的重要作用，强调新型的领导者应该注意倾听和沟通员工的意见，提高员工满意度等。

(4) 人力资源学派

伴随着美国在20世纪50年代后期出现的经济衰退，人际关系学派片面强调人与人之间好的人际关系的观点受到质疑，促使行为科学家重新探讨激励员工积极性的途径。因而，在人际关系学派的基础上，发展出人力资源学派，其核心思想认为，企业中种种问题的根源在于未能发挥员工的潜力（杨锡山等，1986）。这个学派的重要代表人物阿吉里斯和麦格雷戈都强调应该让员工承担更多的责任，发挥他们的潜力，满足员工的成就感，这样才能调动员工的积极性。对这一学派的理论起到重大作用的是心理学家马斯洛等人的"自我实现人"假设。马斯洛提出了需要层次理论。在他的理论中将人的需要分为五个层次：生理需要、安全需要、爱与归属的需要、尊重的需要、自我实现的需要。生理需要是指人对食物、水、空气、睡眠、性的需要，这是人的所有需要中最基本的；安全需要是指人们追求安全、要求稳定、希望受到保护、避免恐惧和焦虑的需要；爱与归属的需要是指人们要求与他人建立感情关系、得到他人认可的需要；尊重需要包括自尊和受到别人尊重，满足自尊的需要会使人相信自己的力量和价值，使人在生活中变得更有能力，更富有创造性；自我实现的需要是指人们追求实现自己的能力或潜能，并使之完善的需要。因此，自我实现人的假设认为，人具有内在的追求更高成就的需要，人是可以进行自我管理的，人们在做自己愿意做的工作时，无须别人控制和监督。管理者的任务主要是改善组织条件和工作方法，使人们更好地达到自己的目标。

（5）权变理论

由于经济人、社会人和自我实现人的假设分别能够解释不同条件下人的行为，但是都很难完整地解释各种情景下人的行为，因此在20世纪60年代末70年代初的时候，人们倾向于具体问题具体分析，权变理论逐渐进入管理领域，认为管理的对象和环境变化多端，简单普适的方案并不存在，必须按照对象和具体情景，选择具体的对策。麻省理工学院教授E. Schein提出了“复杂人”的假设，认为人的需要是多种多样的，而且会随着人的发展和环境条件变化而变化；人在同一时间内会有多种需要和动机，相互结合形成复杂的动机模式；人在某一时期的动机模式，是其内部需要与外部环境相互作用的结果；一个人在不同单位或部门工作，会出现不同需要，也会出现不同的需要满足情况；人们对不同的管理方式会作出不同的反应。因此，管理者不能将所有的人视为一样，用一个固定的模式进行管理，而是要根据不同人的特点采取不同的管理方法。

权变的观点进入管理领域，对组织行为学的形成起了重要作用。组织行为学认为，遵循权变理论，人们就能知道如何从复杂的情景中寻找到主要变量，并根据各变量之间的因果关系，根据特定的情景采取特定的对策。

（6）组织行为学科体系的最终形成——兼收并蓄各种理论

上面我们主要从西方学者对人性的不同假设及相关管理方法的角度阐述了西方组织行为学的发展过程。事实上，组织行为学中关于人的行为的理论是非常广泛的。在过去近百年的历史中，领导理论、决策理论、系统理论的建立也大大地丰富了西方组织行为学理论。

关于组织中的领导方式，很多西方学者进行了研究。比较代表性的有：俄亥俄大学斯多基尔（Stogdill）和沙特尔（Shartle）的二维模型，密歇根大学利克特的四种领导类型，布莱克和莫顿的管理方格理论，菲德勒的领导权变理论和认知资源理论，赫西和布兰查德的领导生命周期理论，格仁（Green）和德塞（Fred Dansereau）的领导者—成员交换理论，豪斯（House）的路径—目标理论，儒姆（Vroom）、叶顿（Yetton）和亚戈（Jago）的领导者参与模型，豪斯（House）和康格尔（Conger）魅力型领导理论，巴斯（Bass）的交易型和变革型领导理论。

关于组织中的决策行为，代表人物是美国卡内基—梅隆大学的西蒙（Simon）和马奇（March）等人。西蒙等人认为，决策贯穿于管理的全过程，管理就是决策。组织是由作为决策者的个人所组成的系统。他们还对决策的过程、决策的准则、程序化的决策和非程序化的决策、组织机构的建立同决策过程的联系等作了分析。西蒙由于提出了决策的有限理性理论获得了1978年诺贝尔经济学奖。认知决策学家卡纳曼（Kahneman）和特维斯基（Tversky）后来提出了判断经验与偏差模型。他们认为，决策者主要是依靠启发法（简化的策略或者经验原则）来进行决策。他们因此获得了2002年度诺贝尔经济学奖。

关于组织中人的管理，人们提出的系统管理理论也具有重要指导意义。巴纳德作为社会系统学派的代表人物，认为任何组织都是一个协作的系统，人们形成组织的目的是为了达到单个人所不能达到的目标。协作系统是正式组织，包含三个重要的要素：协作的意愿、共同的目标、信息联系。非正式组织也起着重要的作用，它同正式组织互相创造条件，在某些方面对正式组织产生积极的影响。组织中管理人员的作用，就是在协作系统中作为相互联系的中心，并对协作的努力进行协调，以便组织能够维持运转（马洪，1986）。英国塔维斯托克研究所的特里斯脱和班福斯则提出了社会技术系统理论。他们认为，任何组织都是社会系统和技术系统的综合体，组织中的社会系统和技术系统只有相互支持、相互补充和相互协调，才能更好地运行。系统管理学派的代表人物还有卡斯特（Kast）和罗森茨韦克（Rosenzweig），其代表作有《系统理论和管理》、《组织与管理：系统与权变的方法》等书。他们认为，需要从系统的观点来认识和管理企业，这样才能更好地弄清和把握各个系统和有关部门的相互联系网络，才能更好地提高企业的效率，实现总目标（马洪，1986）。

除了管理领域的研究成果进入组织行为学以外，组织行为学还大量吸收、借鉴了心理学、社会学、社会心理学、文化人类学、政治学、历史学、工程学、信息和系统科学等多门学科中的概念、理论、知识和方法。组织行为学对各种学派兼收并蓄，形成了一个综合性的知识体系，把关于人的管理思想推进到了一个新的阶段，形成了组织行为学中三个大的知识体系：个体层次行为理论和知识体系、群体层次行为理论和知识体系、组织层次行为理论和知识体系，组织行为学的学科体系于是最终形成（见图 1-1）。目前，组织行为学还在不断针对组织中出现的新现象、新问题和新趋势开展研究，创造出新的知识，另一方面还通过吸收其他学科中的研究成果，使自己的知识体系越来越丰满和完善。

组织行为学的学科体系

• 个体的行为模式 • 影响个体行为与表现的各种心理过程(知觉、归因、学习、决策) • 影响个体行为与表现的各种个体因素(个性、能力、价值观、态度、自我效能感、诚信度、胜任能力、工作满意度、工作承诺、组织承诺、情绪、情感等)，以及这些个体因素的测量方法 • 工作动机与工作激励理论和方法(内容型激励理论、过程型激励理论、强化理论、综合型激励理论) • 员工的工作设计、员工参与和工作安排 • 员工的工作压力管理、工作与生活的平衡 • 员工多元化管理	• 群体形成的动态过程 • 群体行为特点(群体压力、从众行为、社会助长作用、社会抑制作用、社会懒惰行为等) • 影响群体表现的各种因素(群体的结构、规模、规范、凝聚力等) • 群体决策行为 • 团队工作与团队管理 • 沟通行为 • 谈判行为 • 冲突行为 • 领导行为	• 组织结构与行为 • 组织中的利益团体、权力系统和政治行为 • 组织文化 • 组织学习、学习型组织、组织创新、知识管理 • 组织发展和变革管理 • 组织生态学、组织生态系统、组织进化 • 组织与环境之间的行为与相互关系

图 1-1　组织行为学的学科体系

5. 组织行为学科体系

组织行为学的学科体系通常包括三个层面，即个体的行为、群体和人际的行为、组织的行为。

第一个层面：个体的行为

- 个体的行为模式。
- 影响个体行为与表现的各种心理过程（知觉、归因、学习、决策）。
- 影响个体行为与表现的各种个体因素（个性、能力、价值观、态度、自我效能感、诚信度、胜任能力、工作满意度、工作承诺、组织承诺、情绪、情感等），以及这些因素的测量方法。
- 工作激励理论和方法（内容型激励理论、过程型激励理论、强化理论、综合型激励理论）。
- 员工的工作设计、员工参与和工作安排。
- 员工的工作压力管理、工作与生活的平衡。
- 员工多元化管理。

第二个层面：群体和人际的行为

- 群体形成的动态过程。
- 群体行为特点（群体压力、从众行为、社会助长作用、社会抑制作用、社会懒惰行为等）。
- 影响群体表现的各种因素（群体的结构、规模、规范、凝聚力等）。
- 群体决策行为。
- 团队工作与团队管理。
- 沟通行为。
- 谈判行为。
- 冲突行为。
- 领导行为。

第三个层面：组织的行为

- 组织结构与行为。
- 组织中的利益团体、权力系统和政治行为。
- 组织文化。
- 组织学习、学习型组织、组织创新和知识管理。
- 组织发展和变革管理。
- 组织生态学、商业生态系统、组织进化。
- 组织与环境之间的行为与相互关系。

以上就是组织行为学学科体系中所包含的主题，图 1-1 为整个组织行为学的学科体系。

6. 组织行为学学科的特点

作为一门学科，组织行为学具有如下的特点。

（1）跨学科性（inter-disciplinary）

组织行为学吸收、借鉴了心理学、社会学、社会心理学、文化人类学、政治学、历史学、工程学、信息和系统科学等多门学科的概念、理论和方法。当然，该学科的发展也对这些基础学科起到了重要推动作用。所以，组织行为学一方面是从外“拿来”，另一方面是向外“贡献”。

① 心理学（psychology）主要是研究人的心理规律，其中包含不同的学派：构造主义（structuralism）、机能主义（functionalism）、行为主义（behaviorism）、格式塔心理学（Gestalt psychology）、精神分析学派（psycho-analysis school）、人本主义心理学派（human psychology）。这些不同学派的理论是组织行为学中个体行为部分知识的最重要来源，如人的行为产生的原因和动机、人的个体特征（个性、能力、价值观、态度等）、人的心理过程（知觉、归因、学习、决策）、个体因素和环境因素对人的行为的影响、遗传和环境对人的个性的塑造、个体差异对人的行为和工作绩效的影响等。当然，组织行为学对各派的观点和方法也是进行选择性的采用。

② 社会学（sociology）主要研究人在社会、机关、组织和群体中的社会行为，内容包括：社会劳动分工、社会角色和地位、社会结构、社会中各种群体、宗教、反社会行为、自杀等。组织行为学中与群体有关的知识很多来源于社会学。譬如，群体的形成，群体中成员的角色/角色关系、地位/地位关系，群体的信念、价值观、目标、规范和规章制度，群体的权威和权力，婚姻制度和关系等。

③ 人类学（anthropology）主要研究人类本身的发展进化过程、特点及规律，具体包括：研究人猿如何进化为现代人以及人类如何适应不同的环境而形成不同的种族；研究不同社会中人类的不同生活方式和文化特征。组织行为学中很多有关组织文化和跨文化的知识来源于人类学。

④ 社会心理学（social psychology）是心理学和社会学之间的交叉，主要研究在社会环境中人与人行为之间相互影响的学科。它关注在复杂的社会结构及过程中人的思想、情感和活动如何与别人的信念、动机及行为相互交织和相互作用。这方面的研究包括：人的社会行为和社会态度，社会群体的形成过程和规律，群体中成员的态度、士气、领袖、宣传、信息沟通、组织管理、经济行为和国际关系，人在社会群体中的攻击心理、助人心理、对权威的服从、对群体规范的顺从，群体内外的冲突等。组织行为学中有关群体、沟通、价值观/态度、组织文化等内容都与社会心理学的内容密切相关。

除了上述学科以外，组织行为学还从很多学科中汲取知识，譬如，组织行为学中有关人的理性行为方面的知识有些来源于经济学（economics），关于人的行为规律方面的知识有些来自于历史学（history），关于组织权力和政治的内容很多来自政治学（politics），关于组织系统的设计和变革可以借鉴工程学（engineering）、信息科学（informatics）、系统科学（system science）中的相关理论和知识。

（2）实证性（empirical study）

组织行为学运用科学的、系统的方法进行研究，基于观察和推理提出假设，运用客观案例和数据进行论证，保证其研究结论的可靠性和可信性，而不是靠一般性的经验、直觉和臆断得出结论。

(3) 文化相关性 (cultural related)

组织行为学所研究的个体、群体、组织的行为表现和规律依赖于其所处的文化环境，在不同的文化环境中可能表现出不同的特点和规律。这表明西方组织行为学中的结论不能完全照搬到中国，需要根据中国文化特点合理地加以修改和运用，特别是要建立自己的组织行为学理论体系。组织行为学中还非常重视跨文化比较的研究。

(4) 层次性 (hierarchical)

组织行为学学科通常分为三个层次：第一层次是个体行为，包括个体的行为模式，个体的知觉、归因、学习、决策、个性、能力、价值观、态度、情绪情感、激励、工作设计、工作压力、工作与生活的平衡等。第二层次是群体行为，包括群体形成的动态过程，群体中的行为特点（群体压力、从众行为、社会助长和抑制作用等），影响群体表现的因素（群体的类型、结构、规范等），沟通、领导、谈判和冲突处理行为等。第三层次是组织行为，这是站在组织系统的高度来研究行为，内容包括组织结构，组织中的利益、权力和政治行为，组织文化，组织发展与变革，组织学习、学习型组织和知识管理，甚至还包括组织与外部环境之间的相互作用和相互关系（如组织与环境之间的互动、组织生态学、商业生态系统）等。

(5) 情景性 (situational)

组织行为学研究的是千变万化的人、群体和组织的行为，因此不可能有通用的最佳模式，而是主张根据不同情景采取不同的理论和对策。在组织行为学的研究中，很难找到“放之四海而皆准”的方法。

第三节　组织行为学的研究方法

一、研究的目标

组织行为学是关于组织中人的行为规律的学科。理论就是对规律的描述。组织行为学研究的目的就是要建立和应用这些理论。Schermerhorn Jr 等人（2005）在著作中引用了 Emory（1980）的观点：理论是一系列系统化的、相互关联的概念和假设，用来给出解释和预测现象。理论的目的在于解释和预测。理论越完善，解释就越有力，预测也就越精确。Schermerhorn Jr 等人（2005）还引用了 Miner（1980）提出的关于好的组织行为学理论的评价标准：①应当有助于理解、适合预测，以及便于施加影响；②在应用方面，有清晰的边界；③努力指向重要的、高度优先的问题；④从特定情景出发，产生一般化的结果；⑤可以用清晰定义的概念和操作手段来检验；⑥理论内部一致、连贯，并与其衍生的研究一致；⑦用易于理解的语言表达。作者认为，简单地说，好的理论就是要具备三力——解释力、预测力、执行力。

二、研究的方法

要建立和应用某种理论，就必须采用一定的研究方法。在管理学界，依据经验和逻辑思辨一直是形成和建立理论的重要方法。管理思想大师彼得·德鲁克和亨利·明茨伯格等人是这方面的代表人物。在现代组织行为学中，人们开始采用类似自然科学的研究方法来建立理论。这种研究通过系统的实验和调查方法收集数据，并采用科学的分析方法来界定和解决问题，建立理论。1949 年在美国芝加哥大学举行的跨学科会议上，科学家们提出了关于行为科学研究方面的若干决定（杨锡山等，1986）：“理论的肯定和证明，必须靠公众都能观察了解到的客观事实，不能单凭学者个人的经验；尽量用数理化的公式来说明假设，以便精密地测试和修正；尽量使各种论述精确，以便能用严密的试验予以肯定或否定；使用自然科学所采用的‘厘米、克、秒’制作为度量工具。这些决定一直为行为科学家所重视，对组织行为学研究方法的发展起了重要的影响作用。”作者认为，在组织行为学的研究中，只有将依据经验和逻辑思辨的方法以及类似自然科学的定量研究方法有机地结合起来，才能产生高水平的研究成果。

下面从不同角度对组织行为学中的研究方法进行分类（杨锡山等，1986）。

1. 按研究目标分

根据研究目标的不同，组织行为学的研究可以分为基础理论研究、应用基础研究和具体问题研究。

（1）基础理论研究

这是指为了探索组织中人的行为现象背后的规律，建立和发展组织行为方面的基本概念、知识、理论和思想体系而进行的研究。这种研究有些是受到研究者个人的兴趣驱动，有些则是受到组织行为方面基本的、系统的、深远的问题所推动。这些研究重点在于发现规律和建立理论，尽管也关注理论成果的应用，但不是着眼于某时某地的应用，而是关注理论的长远和广泛的意义。例如，麦格雷戈提出关于人性假设的 X 理论和 Y 理论、马斯洛提出人的需要层次论等，都属于这类研究。

（2）应用基础研究

这是指为了解决某类组织中普遍存在的现实问题，提出某种解决问题框架的研究。这种研究主要受到带有一定现实和普遍性问题的驱动，强调研究结果的潜在应用价值。譬如，在社会转型时期，大量的组织都要进行变革，为了提高变革的成效，研究者们对各种组织变革的成败案例进行研究，总结出某种规律，而且还提出应用这种规律的具体方法。哈佛大学商学院著名的约翰·科特（John Kotter）长期研究组织变革的成败经验并对企业提出促进变革的建议，就属于这种研究。显然，这种研究触及的问题没有基础理论研究中触及的问题深入和广泛，但更接近实际。

（3）具体问题研究

这是指针对某个特定现实问题，提出具体的解释和解决方案的研究。这种研究完全是受到真实问题的驱动，最强调的就是解决问题，产生效益。譬如，大学或者咨询公司接受企业的邀请，帮助其分析和解决组织结构设计、组织沟通或者员工态度方面存在的现实问题。研究者会进行调查分析，找出存在的问题，提出具体的可操作的解决方案。这种研究强调理论与应用的密切结合。

在现实中，研究往往是混合性的。譬如，一个博士研究生在导师的指导下，通过大量样本研究员工个性差异对工作绩效的影响规律（属于基础研究），这种研究结果可以用来解释、预测不同员工的工作表现，同时还为员工的招聘选拔、岗位安排和培训提供框架建议（应用基础研究），还能为某个企业提供具体的解决这些问题的方案（具体问题研究）。

2. 按研究深度分

根据研究深度的不同，组织行为学的研究可以分为描述性研究、关系性研究、预测性研究。

（1）描述性研究

这是指为了了解客观事物的状况、特征和出现频率等进行的研究。这种研究一般只反映组织行为的现实，回答"是什么"，属于浅层的研究。譬如，大学和咨询机构在企业中经常进行的关于员工满意度和忠诚度、组织内部信息沟通现状等方面的调查就是属于描述性研究。

（2）关系性研究

这是指为了得到各种因素（变量）之间的相互关系而进行的研究。通过这种研究可以得到因素（变量）之间不同类型的关系（如相关关系、因果关系等），主要回答"为什么"，属于深层的研究。譬如，大学的研究人员进行的关于员工个性和胜任力对其工作绩效的影响研究，团队的结构与团队凝聚力和团队表现之间关系的研究，领导方式对员工满意度和组织绩效的影响关系研究等，都属于关系性研究。

（3）预测性研究

这是指根据过去和现在的客观情况中所反映出来的规律，为对今后所要发生的现象预测而进行的研究。这种研究要回答的是"将是什么"，也是属于深层的研究。因为要真正完成预测性研究，必须找到各因素之间的内在关系规律（关系性研究）和各因素过去和现在的情况（描述性研究）才行。有的预测性研究还会在模拟不同因素改变情况下的结果，来进行管理措施的优化选择，并提出具体的干预措施。预测性研究对有效管理组织行为是非常重要的。譬如，大学或咨询机构的研究人员根据某个企业过去和现在内外的有关因素状况，对其员工将来的态度和表现、组织内部的沟通效能、组织目标实现情况进行预测，并提出干预和改进的建议等。

3. 按研究变量的可控性程度分

根据研究变量的可控性程度的不同，组织行为学的研究可以分为文献研究、案例研究、实际调查研究、实验研究。

（1）文献研究

这主要是通过查阅和分析已经发表的文献资料，进行分析、综合、归纳，得出结论。研究者完全依据现有文献资料进行研究，对研究和变量都无法控制。这种方法又分为两种情况：理论综述和元分析。

理论综述是通过定性的方式对文献进行分析、总结，得出一些综合性和评价性的结论。譬如，研究人员对关于员工满意度如何影响其工作绩效方面前人所作过的研究文献进行系统阅读和分析，对研究进展进行评价，并总结出员工满意度影响员工绩效的各种不同方式。

元分析（meta-analysis）是对原有研究的进一步研究，是对已有研究结果的总体分析，因此也有人称之为“总分析”。王重鸣教授（1990）在其所著《心理学研究方法》一书中对元分析进行了下面的介绍：元分析属于一种“研究评价”（research evaluation）方法，由格拉斯（Glass）在1976年首先提出。元分析运用了测量和统计分析技术，对前人进行过的一些实验或研究进行定量化的总结，找出一组相同课题研究的结果所反映的共同效应。因此，元分析是对原有分析的进一步分析，它已成为总结和评价研究的有效手段，被认为是研究方法方面的重要革新。元分析正式提出以来，在心理学和组织行为学等各领域得到越来越广泛的应用。

元分析具有三个方面的特点：①元分析是一种定量分析。元分析运用一些统计方法，从大量的研究数据中组织和选取出相似的信息，进而综合出单从个别研究不能获得的效应。②元分析是一种全面的评价。③元分析寻求普遍性的结论。元分析包括四个基本步骤：对以往研究文献的检索、对研究的分类与编码、研究结果的测定、分析与评价效果。但应该看到，元分析目前还处于尝试阶段，在应用中也有一定的局限性。例如，在把多种不同结果综合为单一研究时的问题、收集研究文献时的倾向性、选择研究时采用的标准、在分析中只讲数量而忽视研究的不同性质与条件等，这些都会造成误估，影响元分析的效果。

（2）案例研究

案例研究（case study），是对个体、群体或组织整体的情况进行深入调查而得出结论的方法。这种研究对变量能进行一定的控制。要做一个好的案例研究，首先必须选择好案例。“好”体现在两个方面：第一，该案例“典型”，代表了一批同类的个体、群体和组织，我们通过解剖这个案例，可以了解到其他同类对象的状况，因而研究上很有推广价值。第二，该案例要反映时代发展趋势，它尽管不能代表当前的主流，但代表了新潮流和趋势，研究它可以得出面向未来的有价值的建议。在案例研究中，还必须尽可能地通过各种方式获得反映个案的各个角度、各个层次和各个时间阶段的信息和资料，最好是第一手资料。这样才能使人在分析过程易于发现案例背后所隐含的道理。

案例研究样本有限，很难得出一般性和易于推广的结论。但是案例研究呈现的内容丰富，是人们发现和提出新的理论假设的前提和基础。

（3）实际调查研究

实际调查研究（field survey），是采用一定的方法对一定规模的样本对象（可以是个体、群体或组织）进行全面调查、收集和分析数据，从而得出结论的方法。这种研究对变量也能进行一定的控制。要做一个好的实际调查研究，首先必须选择有代表性的、一定规模的样本。然后要设计好调查的主题和获取数据的工具（如调查问卷），采用各种措施以保证数据的真实可靠。关于收集数据的方法和工具将在后面详细讨论。与上文所述的案例研究相比，这种方法的缺点是不够深入；与下文所述的实验方法相比，很多干扰变量无法控制。但其优点是样本量大，采用统计的方法进行数据处理和分析后，得出的结论更具有普遍意义。

（4）实验研究

实验研究（experiment），是通过人为操纵某个/某些因素（变量）的变化，观测、记录其他因素/变量的变化，从中分析这些因素之间关系的方法（徐联仓等，1994）。这种研究对变量能进行很好的控制。实验方法本身又可以分为不同类型：实验室实验、现场实验。从对变量的控制程度来说，实验室实验控制最好，其次是现场实验。

实验室实验（laboratory experiment），是通过建立一个完全人工的环境，研究者可以控制自变量，并观测、记录因变量，然后分析这些自变量和因变量之间的关系。达夫特等（2004）认为，实验室实验方面最科学的方法是随机指派受试者，让其加入实验组或对照组。实验组（experimental group）受到自变量的影响，而对照组（control group）则不受自变量的影响。研究人员会对比两组的结果，看是否存在差异。人员是随机指派的，结果如有不同就证明自变量影响了因变量。研究人员在采用实验室实验方法时，必须严格控制研究考虑之外的因素/变量，精确操纵研究考虑的自变量，准确记录因变量，科学分析自变量和因变量的关系。如果实验室实验的程序能合理设计和严格执行，我们就会得出较为准确的结论。但是，由于实验室环境是人工设计的，与社会现实存在差异，因此得出的结论在真实环境下的应用会受到一定的局限。

现场实验（field experiment），是通过选择、采用一个真实的组织环境，利用自变量的自然差异，观测、记录因变量的变化，然后分析这些自变量和因变量之间的关系。研究人员在采用现场实验方法时，必须得到实验所在地组织中领导和员工的大力支持，而且要尽量排除其他干扰因素的影响。这种方法显然避免了实验室实验的局限性，使研究结论更接近真实而且可靠性和可推广性增加。当然，它的缺点是，研究者无法控制现场实验中的一切变量，因此研究结论可能存在偏差。

三、定量研究中的重要方面

定量研究是组织行为学中重要的研究方法之一。下面对定量研究中的若干重要方面进行论述，包括：确立要研究的问题和理论假设、确定具体变量、收集数据、分析数据、评估改进研究、遵守研究伦理道德。

1. 确立要研究的问题和理论假设

正确地选择问题是成功研究的基础。一个好的研究选题应该满足以下几个条件：①该选题在理论上是重要的。或者说，该研究成果会对某些领域理论的发展起到重要推动作用。②该选题对现实具有价值。或者说，社会需要这方面的研究成果来解决实际问题。③该选题是可以实现的。或者说，研究者本人的兴趣、能力以及拥有的资源可以使该研究成功完成。然而在现实中，由于受时间和资源的制约，研究人员的选题往往只会强调其中的某一个或两个方面，这就是高质量和持久性的研究有时很难真正达到的原因。一个研究人员必须了解自己的兴趣和能力，了解前人的研究，了解社会的需求，只有这样才能有高质量的选题。

确定了要研究的问题之后，还必须提出研究的概念和假设。譬如，在研究中，研究者可能会提出一个新的概念、新的定义、新的概念模型、各变量之间的关系假设。作者认为，要创造性地完成这些工作，除了需要对前人的研究充分了解之外，最重要的就是要了解现实社会中的现象和问题，从这些新的现象和问题中提出新的概念、定义、模型和假设。

2. 确定具体变量

实证研究的目的，是为了探讨和揭示各种因素之间的关系。研究过程中，这些因素会用不同名称的变量（variable）来表示，而且可以被测量、计算和分析。譬如，我们要研究在不同的环境下，领导人的价值观如何通过影响其领导风格从而影响其下属的绩效。图 1-2 是实证研究中各种变量的例子。

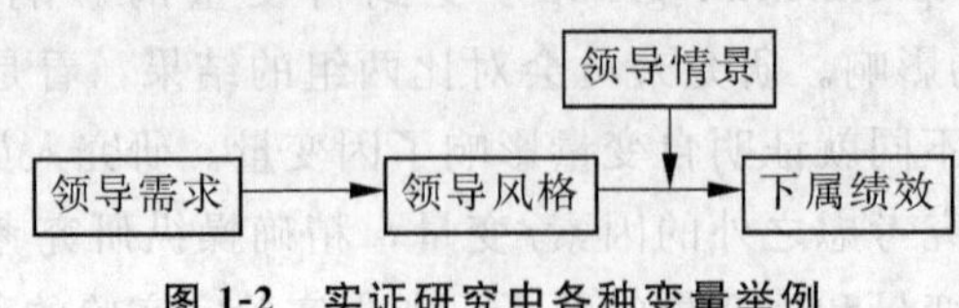

图 1-2 实证研究中各种变量举例

达夫特等（2004）在其著作中系统地分析了几种不同变量的概念：自变量、因变量、中介变量、调节变量。

① 自变量（independent variable）。这种变量的大小会影响另一个变量的大小。在图 1-2 的例子中，“价值观”就是自变量。

② 因变量（dependent variable）。这种变量的大小会因另一个变量的大小变化而改变。在图 1-2 的例子中，“下属绩效”就是因变量。

③ 中介变量（intervening variable 或 mediating variable）。这种变量是自变量影响因变量的中介机制。也就是说，自变量是通过影响这个变量而影响了因变量。

④ 调节变量（moderating variable）。这种变量会影响两个变量之间的关系和强度。在图 1-2 的例子中，“领导情景”就是“领导风格”与“下属绩效”之间的调节变量。也就是说，在某种领导情景下，领导的员工导向的领导风格可能会对员工的绩效是正面的影响；而在另一种领导情景下，领导的员工导向的领导风格可能会对员工的绩效是负面的影响。

3. 收集数据

在以上研究方法（案例研究、实际调查、实验）中，研究人员都需要收集数据。达夫特等（2004）总结出四种方法（问卷调查、访谈、观察、非反应性方法），纳尔逊等（2004）提出了综合法。

(1) 问卷调查

问卷调查（questionnaire survey），这是最常见的数据采集方式。一个好的问卷调查需要具备下面几个因素。

第一，问卷设计的科学性。一般来说，问卷设计必须包含所有要研究的变量，对每个变量设计出若干条不同角度的问句，问句的设计要尽量让回答者能找到客观的证据来回答，而且要尽量避免社会赞许性（social desirability）的影响（徐联仓等，1994）。譬如，当研究者想了解员工的态度、意见及情感时，问卷的设计就需要考虑这一点。譬如，对于下列问句：“你对你的领导忠诚吗?”“你是一个具有积极心态的人吗?”“你的分析能力如何?”等，人们都倾向于给自己较高的评价，因为，人们受到的教育暗示他们这些是社会推崇的方面，这样回答能获得社会赞许，很有面子。因此，问卷设计应该尽量采用客观性的问句。问卷在总体上还必须具有良好的信度（reliability）和效度（validity）。

通俗地说，效度指的是，测量工具（如问卷）是否真正测量到了所要测量的变量的程度。信度指的是，测量工具（如问卷）在不同时间和场合得出一致性和稳定性测量结果的程度。因此，效度代表测量工具的真实性，信度代表测量结果的一致性。譬如，研究人员开发出测量领导人风格的量表（包括工作导向和员工导向两个维度），如果采用这个量表在几个不同时间和场合测量同一个人的领导风格，能得出相同或相似的结果，说明其信度高；如果该量表测几个领导风格不同的人时，每个人测量值的高低确实反映了他们在现实中领导风格的差别，说明其效度高。总的来说，研究人员必须设计出既有效又可靠的测量工具，才能保证研究的可靠性。关于信度和效度的检验是数据分析中的重要工作，会在后面说明。

第二，选择合适的人来回答。譬如，对组织层次变量的问题应该让高层管理者回答，对员工满意度的问题要让员工自己来回答，领导价值观的调查要让领导自己来回答，领导风格的测量最好让其下属来回答。每一个问题都会对应最佳的回答者。

第三，问卷的可回收性。问卷调查必须承诺、保证和执行对回答信息的保密，另外还可以通过给回答者信息反馈、适当的奖励来激励其及时准确地回答问卷。

第四，问卷回答的方式。问卷回答可以采用信函、网上填表回答、电话回答、现场回答等不同方式。

（2）访谈

访谈（interview），也是行为科学中常用的收集数据的方式，它包括面对面、通过电话和计算机辅助等多种形式（Schermerhorn Jr 等，2005）。访谈可以是结构化访谈和非结构化访谈。结构化访谈对不同对象所询问的问题和询问顺序都一样，而非结构化访谈则不需要采用同样的形式。通常在研究初期探索阶段，采用非结构化方式，等到问题已经基本弄清楚以后，再采用结构化形式。访谈能够使研究者获得受访人对某方面的意见、信念、态度及情感倾向等。访谈可以使研究者获得多方面的（采访人没有预期的）而且是深层的信息和问题，从而使研究更加触及本质问题，这种方式往往是人们在研究初期发现和提出具体的研究问题、发展和优化理论假设的重要前期工作。一个好的访谈调查需要能做到下面几点。第一，时间和空间条件。谈话需要充分的时间作为保障，而且还需要在良好的环境下进行。第二，沟通技能。研究者需要具备很好的人际沟通和交流的技巧和能力，才能获得被访人的信任，获得真实准确的信息。

（3）观察

观察（observation），是指对事件、物体或人的关注，并记录下所感受到的信息的过程（Schermerhorn Jr 等，2005）。譬如，研究者可在企业现场或实验室观察受试者的行为。可以让受试者看到研究者，也可以不让受试者看到研究者（研究者在单向镜后观察，或者使用隐藏摄像机观察）。观察法的两个优点是：第一，行为和现象是被观察到的，而不是询问得到的；第二，研究者通常能够得到被研究者不愿或不能提供的信息和数据。但也有两个不足：第一，成本较高；第二，因为有人观察，受试者的行为方式会受到影响。因此，一个好的观察研究需要加大投入，提高观察人员的素质，尽量减少对现场的干扰，并及时准确地记录真实的信息和数据。

(4) 非反应性方法

非反应性方法（nonreactive measure），是指通过不干扰所研究的环境而采集数据的方法。譬如，研究者可以调查组织已有的档案文件，如财务报告、销售报告或人事档案，还可以收集其他种类的具体证据，如在被研究的组织的员工下班后，研究人员去该组织的办公室看有几台电脑还开着，或记录不同的办公室的家具摆放和风格有何特点等(达夫特等，2004)。显然，非反应性方法的优点是：第一，与观察法相比，能够得到更客观的数据。第二，利用已有的报告是收集大量信息的一种既经济又有效的办法，特别是能够获得一些客观性数据（譬如反映企业绩效的财务数据、生产质量数据等)。当然，这种方法的缺点是：当这种方法用于推断人的行为时，它只是间接性的手段。譬如，当我们看到某公司员工的办公环境有些凌乱时，也许研究者会推断员工在工作上是随便大意的。这种推断显然有疑点，因为当员工正在奋力加班加点以赶进度完成某个项目时，办公室也可能是凌乱的。实施一个好的非反应性方法时，研究者要尽量避免快速推断，应该与其他方法（如观察法）一起使用，从不同视角获得对同一个人或事物的信息。

(5) 综合法

从上述分析中可以看出，每一种单独的数据收集方法都有其优缺点。最好的方法是综合使用多种方法（纳尔逊等，2004)，这样可以使研究人员有机会通过不同方法对所获得的信息进行交叉核对，提高数据质量。另外，在研究的不同阶段，应该采用不同的方法。譬如，前面所提到的问题：领导者的价值观如何通过影响其领导风格来影响其下属的工作成效，以及领导情景又是如何调节领导风格和下属的工作成效之间关系的。在这个研究中，研究者首先可以分别采用访谈法、观察法、非反应性方法了解情况，提出和优化理论假设，采用问卷调查法获得大量数据，然后分析得出结论。综合法的代价较高，在研究质量要求特别高的情况必须采用。

4. 分析数据

研究人员对数据的分析和对结果的解释主要包括以下方面的工作。

(1) 信度和效度的检验

研究人员对理论假设的验证是基于所获取的调查数据（问卷测量是主要的方法），因此，首先必须根据数据分析、评价测量的信度和效度。人们在研究中提出了信度和效度的各种指标。信度指标包括重复测试信度（test-retest reliability)、复本信度（alternative-forms reliability）和内部一致性信度（internal consistency reliability)。其中内部一致性信度又包括分半信度（split-half reliability）和克氏阿尔法系数（coefficient alpha 或 Cronbach's alpha)。效度指标包括内容效度（content validity)、标准效度(criterion validity)、建构效度（construct validity)。其中建构效度又包括收敛效度(convergent validity)、判别效度（discriminant validity）和法则效度（nomological validity)。读者在阅读组织行为学有关的国际国内期刊时经常会看到这些名词（马尔霍特拉，2002)。

（2）统计分析

组织行为学研究中探讨变量之间的关系很多时候是采用数理统计分析方法，包括很多内容，譬如，基本数据分析（频数分布、列联表）、方差和协方差分析、相关分析和回归分析、判别分析、因子分析、聚类分析、多维标度与联合分析等。应用比较多的方法是：相关分析、回归分析、显著性检验、结构方程分析等。

相关分析（correlation analysis）。相关分析可探求两个变量之间的关系。

回归分析（regression analysis）。回归分析可探求多个自变量与一个因变量之间的关系。

显著性检验（significance test）。在不同的分析中，我们对理论假设都要进行检验。显著性检验是很常用的方法。组织行为学的研究按照样本大小以及变量的分布状况，采用不同的检验显著性方法，常用的有：t 检验法，χ^2 检验法和 F 检验法。

结构方程分析（structural equation modeling，SEM）。结构方程分析可用来探讨多个自变量、因变量、中间变量等之间的关系。结构方程分析也称为结构方程建模，是基于变量的协方差矩阵来分析变量之间关系的一种统计方法，也称为协方差结构分析。结构方程分析中常用的一种软件系统是 LISREL（LInear Structural RELationship 的简写）。这种分析方法的优点是可以用来探讨复杂变量之间较为复杂的关系，但是其线性近似的假设也使其得出的结论存在一定的局限性。

随着计算机技术的发展，现在越来越多的软件系统被开发出来进行上述统计分析。其中最常用的 SPSS、LISREL 和 SAS 等软件，分别具有不同的分析功能。研究者可以根据研究的目的和需要，选择采用不同的分析方法和软件。

5. 评估改进研究

经过统计分析，有些假设得到了验证，这是令研究人员高兴的事情。但有些假设得不到支持，这时候研究人员需要解释其中的原因——是因为问卷设计的问题、测量过程的偏差、计算方法的问题，还是理论假设本身有问题需要重新提出假设？本研究的局限是什么？今后应该在哪些方面进一步改进？这些都是需要说明的问题。

如果假设得到了验证，研究人员该怎么办呢？当人们完成了一项研究并得出了相应的结论后，应该如何评价这些结论呢？或者当人们读别人的研究论文/报告后在考虑如何运用其中的结论时，应该如何评价别人的研究发现呢？任何一个研究者都要有一种研究的质量意识，要对所完成的研究的优点和局限心中有数。需要评价的方面包括（达夫特等，2004）以下各点。

（1）结果可靠（reliable）吗？

这是指，其他研究者如果重复同一研究，仍会得到相同的结果吗？要达到这种意义上研究的可靠性，首先必须做到所有变量的测量工具是可靠的，然后是各种变量之间的关系在不同环境和时间下一直保持不变。

（2）结果是否有效（valid）？

这是指，研究者原本要研究的真实问题和实际研究的问题是否一样？要达到这种意义上研究的有效性，关键必须做到所有变量的测量工具是有效的（也就是说，所有测量工具都测到了你原本需要测量的内容），然后是各种变量之间的关系在不同环境和时间下保持不变。譬如，研究领导行为对组织成功的影响，不同的企业有不同的成功衡量标准（根据平衡积分卡理论，可以包括财务、运作、客户和员工四个方面），如果研究者在某项研究中只用了某一个指标（如财务），得出了领导风格和组织成功之间的关系，那么你一定要小心，你是采用财务指标来衡量组织的成功，你并没有得出领导风格和其他成功指标之间的关系（如客户口碑、员工口碑、社会声誉等）。也就是说，你的研究中对成功的衡量的有效性是有限的。

(3) 结果可以推广（generalizable）吗？

这是指，研究者从某一类对象/样本中得出的结论能否推广到更广大的对象/样本。譬如，研究者进行了案例研究，如果选取的是典型而有代表性的案例，那就具有一定的推广性。在问卷调查中，如果采用随机抽样的方式得到了一定数量的样本，那么这种研究得出结论的推广性就会比方便取样的推广性要大。

评估了研究结果在可靠性、有效性和可推广性方面的现状和不足，我们就需要从研究假设、研究设计、数据收集方法、数据分析方法等方面加以改进，不断提高这三个指标，从而不断丰富组织行为学的理论，推动组织管理实践的发展。

6. 遵守研究伦理道德

组织行为研究的对象和服务的对象是人，因此，研究中的伦理和道德问题越来越引起人们的关注。专业化组织（如美国心理学协会、管理科学院等）建立了相应的道德准则指南。除了各类学科研究都必须遵守的学术伦理道德标准以外，行为科学的研究还要考虑下列方面。

(1) 研究者对被试者的伦理道德

达夫特等（2004）认为，研究过程会对被试产生一定的影响和后果。譬如，实验可能会使某些被试者不舒服，问卷调查或访谈中的某些问题可能会使被试者对自己工作处境产生不同的看法或不满，观察法和非反应性方法还可能使被试的隐私受到侵犯，等等。因此，Schermerhorn Jr 等（2005）认为，被试者应该具有以下权利：选择权（决定是否参与）、人生安全权（研究要确保被试者的生理和心理安全）、知情权（被试者知道自己要做什么、可能的代价和好处、相关的研究内容、研究意图、研究结果和相关解释）。当然，我们也应看到，如果受试者理解研究者的意图的话，某些实验就不会很成功。

(2) 研究者对被调查机构的伦理道德

除了考虑对被研究个体，研究者还必须考虑对被调查组织的伦理道德。被调查组织应该具有以下权利：选择权（决定是否参与）、保密权（组织的信息未经允许不能泄露）、知情权（组织知道自己要做什么、可能的代价和好处、相关的研究内容、研究意图、研究结果和相关解释）。研究者必须信守事先的承诺。

(3) 研究者对待数据和结论的伦理道德

任何一个研究者都会关心获得的研究数据及分析得出的结果是否支持自己提出的理论假设，因为这样的结果是他们的利益所在。因此，达夫特等（2004）指出，人们也许会被诱惑去故意扭曲数据或结论以使其支持某一特定的假设。显然，这是非常错误的行为。不诚实只会影响研究结果的价值，会对社会和公众利益造成很大的损害，必须完全杜绝。科学研究需要完全诚实。研究者必须做一个客观、有科学态度和探索精神的人。

第四节　组织行为学的学科边界和发展趋势

一、组织行为学的学科边界

1. 组织行为学与管理学

尽管对于管理的界定，不同的学者有不同的观点。但是，对于管理学的界定，大多数学者的看法都是比较接近的。例如，芮明杰认为，管理学是研究和探讨组织及组织内资源配置的构造、过程、方式、方法的学科，是一门应用性理论学科，是管理学科群中的基础学科。事实上，管理学是一门系统地研究管理活动的普遍规律及管理基本原理和一般方法的科学。它从管理实践中产生、发展起来，又反过来对管理实践活动进行指导。

组织行为学是行为管理在管理领域中的应用，它20世纪60年代从行为科学中独立出来，并得到重视和发展。它从个体、群体和组织三个层面研究如何对组织进行有效管理，激励人的积极性，协调人际关系，创造良好的工作环境，使组织成员能发挥潜能，既实现组织目标，也实现个人目标。

组织行为学与管理学在内容上有某些重叠。管理学主要包括计划、组织、领导、控制。而组织行为学则包括个体、群体和组织三部分，其中包含了组织和领导。因此，这两门学科在组织和领导方面是重叠的，但有相互不包含的部分。中国MBA和管理教育刚起步时，大学一般都开管理学课程，而现在则有用组织行为学代替管理学的趋势。从2000年开始，组织行为学已被教育部列为MBA的核心课程。

2. 组织行为学与人力资源管理

人力资源管理是指为实现组织的战略目标，组织利用现代科学技术和管理理论，通过不断地获得人力资源，对所获得的人力资源进行整合、调控及开发利用，并给予报偿。实际上，人力资源管理是实现组织目标的一种手段。简言之，人力资源管理就是利用人力资源实现组织的目标。人力资源管理有自己独特的内容体系。所有人力资源工作都是与人打交道，因此，研究组织中人的行为规律的组织行为学理所当然构成了现代人力资源管理的理论基础。但是，两者毕竟不是同一个领域，还是有许多区别的。比如，组织行为学和人力资源管理都非常重视激励，前者是从一般的角度上论述的，研究激励理论和规律；而后者则是从具体角度出发的，强调应该采用哪些措施来调动员工的积极性、薪酬制度具体该怎样设计等。当然，在考虑这些措施时，理所当然地要考虑到组织行为学中有关激励的一般理论规律。

相比较而言，组织行为学非常强调理论和个人的行为技能，是任何一个管理者都应掌握的工商管理学科中的基础学科，是人力资源管理的基础；人力资源管理则强调应用，属于职能管理方面的学科。

3. 组织行为学与管理心理学

管理心理学主要研究伴随管理活动而产生的有关心理活动的规律，是一门应用理论科学，是心理学的一个分支。它研究的重点是企业管理中具体的社会、心理现象，以及个体、群体、领导、组织中的具体心理活动的规律性。在研究的基础上也提出为实际服务的有效管理方法。组织行为学则侧重研究组织中人的行为的规律，它以人的外部表现、行为变化等作为主要研究对象，致力于探索人的心理活动的外在表现。它是一个学科群，整合包括心理学、社会学、文化人类学、政治学、工程学、信息和系统科学在内的有关学科理论和知识，从而提出有效地管理个体、群体和组织的方法，并在实践中检验这些方法的正确性。所以，两者的主要区别在于：①管理心理学主要以心理学为基础，而组织行为学则从多种学科汲取营养。②管理心理学主要关注组织中的个体和人际行为，如人的知觉和决策、个性、价值观、激励、沟通、领导、冲突等。而组织行为学除了关注个体和人际行为以外，还特别关注将组织作为一个系统来考虑的各种问题，如组织结构设计、组织中的权力系统和政治行为、组织文化、组织与环境的关系、组织生态学、组织生态系统、组织的进化、组织的发展和变革管理、组织学习、学习型组织、组织创新、知识管理等。因此，尽管组织行为学与管理心理学有着非常密切的联系，但二者还是不完全一样。

二、组织行为学学科发展趋势

任何一门学科的发展都有其自身的规律。像其他学科一样，组织行为学也会朝深度和广度两个方向发展。

第一，组织行为学中“组织”的含义将不断扩大。组织行为学一般包括个体、群体和组织三个层面的内容，研究个体的行为、群体的行为和组织的行为。一般来说，组织的行为这一层面包括的内容有：组织结构与行为、组织中的利益团体、权力系统和政治行为、组织文化、组织发展和变革管理等。这几年来，组织层面研究的对象有向更广的范围发展的趋势，如组织与环境之间的行为和相互关系。这里的“环境”是广义的，包括企业所有的利益相关者（企业的竞争对手、供应商、客户、所在社区、政府机构等)。西方学者提出的组织生态学（organizational ecology）和商业生态系统理论（business ecosystem theory）则是把组织放在一个生态系统内来研究整个系统内各组织之间的行为和相互关系，从而不仅可以预测某个组织的绩效和命运，还可以预测整个生态系统的绩效和命运。总之，组织行为学的范围在不断扩大，即包括个人的行为、群体的行为、组织的行为以及由不同组织组成的更大系统的行为。

第二，组织行为学中“行为”的含义也在变化。随着社会的发展和企业面临环境的快速变化，组织必须建立新的行为，才能得到生存和发展。近年来，西方学者提出的组织学习、组织创新和知识管理就是组织中新的行为的例子。

第三，对组织行为学中有关概念的研究将会更加深入和细化。譬如，以前组织行为学中在研究影响人的行为的因素时，提出了个性、能力、价值观、态度等概念，这些概念有时反映的是对一个人笼统的、综合的评价，而不够具体和有针对性。后来，人们提出了胜任力（competency）的概念，它是指人们与其任务情景相联系的综合才能。管理胜任力是管理者诸项要素有机结合所形成的能力，它表现为管理者凭借自己的道德品格素质、个性心理素质、身体与年龄素质，把知识和经验有机结合起来具体运用于工作与经营管理过程的能力，它随着管理或工作环境的发展而变化，具有动态性（王重鸣，2000）。人们开始研究有效的管理者的管理胜任力的结构和组成，以及不同情景下所需要不同类型的胜任力。关于个性，我们常说某个人"自信"，现在人们则提出"自我效能感"的概念，它是指某人在某种环境下对完成某种具体任务的信心程度。关于"态度"的概念，人们也将其更具体化了，提出了对个人工作和工作所在组织的态度，即工作承诺和组织承诺等概念。

第四，组织行为学与其他学科的交叉融合将会进一步加强。以前，组织行为学的发展一直得到心理学、社会学、文化人类学、政治学等学科的理论支持。可以预见，今后组织行为学与这些学科之间的交叉融合将会不断加强。另外，组织行为学与复杂性科学之间的交叉融合将会成为未来一个新的热点。

随着科学的发展和技术的进步，以及自然和社会现象变得日益复杂，人类不断进行探索，大量新的发现不断地冲击着经典科学的传统观念。系统论、信息论、控制论、耗散结构论（主要研究非平衡相变与自组织）、突变论（主要研究连续过程引起的不连续结果）、协同论（主要研究系统的演化与自组织）、混沌论（主要研究确定性系统的内在随机性）、超循环论（主要研究在生命系统演化行为基础上的自组织理论）等新科学理论不断诞生。复杂性科学正是在这样的背景下提出来的，它包含了上述各种理论，其研究对象是各种复杂的大系统。复杂性科学是当前世界科学发展的热点和前沿，其研究与应用正在向各个学科（包括管理学科）渗透，正在成为受到众多学科领域人员关注的交叉科学研究领域。近年来，我国也开始了复杂性科学方面的研究，国家自然科学基金委员会管理科学部资助了很多这方面的研究和社会宣传活动。应该说，复杂性科学与管理的结合是非常重要的，正在成为一个新的学科交叉研究领域（吴义生，1996）。

组织行为学中研究的很多问题实际上都是针对一个系统的，如群体行为、群体决策、群体知识的创造、群体创新、组织学习、组织结构的设计、组织中集权和分权的平衡、组织的演化、组织的变革等。因此，我们完全可以吸收复杂性科学的理论与方法，将它们应用于组织行为学中这些问题的研究中。譬如，协同学理论是联邦德国著名物理学家哈肯于20世纪70年代提出来的，它研究构成系统的子系统出现协同运动的条件和规律，进而研究非平衡开放系统从无序到有序，以及从有序到更加有序的演化规律。这一理论针对的是无生命现象的物理和化学系统，研究这些系统内部不同子系统、不同变量之间相互联系、相互作用，从而使系统从无序中产生出组织良好的新的稳定有序结构，并能在不断输入物质和能量时维持这些结构。显然，我们可以将这一理论应用到研究组织的演化和变革问题中。其唯一区别是，该理论原来是针对无生命现象的物理和化学系统，而组织行为学中的系统则是由人组成的社会系统。可以预见，将协同学应用于组织行为学中也促进协同学本身的发展（吴义生，1996）。

第五，今后组织行为学的研究将要着力解决组织所面临的各种挑战和问题。任何一门学科的发展都会受到外界环境的影响。人类已经迈入21世纪，组织所处的环境正在发生巨大的变化，主要表现在：信息技术飞速发展，知识经济和网络经济日益兴起，全球经济一体化，企业间竞争日益激烈，行业结构日益分化，员工向多元化发展，企业面临越来越多的社会责任，组织面临的环境越来越呈现复杂和动态特点。这些变化都对组织行为学提出了新的研究课题。譬如，信息网络技术环境下人的角色、行为、素质和伦理问题，网络经济和电子商务环境下人与人之间的信任、伦理道德和消费行为，知识经济环境下群体的创造力、知识管理和激励机制，新经济环境下领导的角色，动态复杂情况下领导的决策行为，组织结构的扁平化和网络化给组织内外部行为带来的变化，全球化经营带来的组织文化之间的碰撞、冲突和整合，管理方法和经验的跨文化移植问题，经济转型期的组织变革问题，变化环境下的组织学习（organizational learning）、组织创新和知识管理问题等。这些都将是组织行为学今后需要不断研究、解决的问题，会对整个学科理论的发展产生重要影响。

本章小结

学习组织行为学的目的是通过掌握组织中人的行为规律，从而更好地管理好自己、管理好他人/团队、管理好组织系统，使个人、群体和组织都获得成功。组织行为学在工商管理学科中具有重要位置，是管理教育的核心课程。

组织行为学是行为科学的一个重要分支，它是依据实证科学的研究方法，综合运用有关学科（包括心理学、社会学、文化人类学、政治学、工程学、信息和系统科学等）中的知识，系统地研究由人所形成的各种组织在个体、群体和组织层次上的行为，以达到组织所期望目标的学科。

组织行为学的发展经历了科学管理理论、经典组织理论、人际关系学派、人力资源学派、权变理论等几个阶段后，最终通过兼收并蓄各领域里与组织中人的行为有关的理论知识而形成了现有的学科体系。组织行为学的学科体系包括个体的行为、群体和人际的行为、组织的行为三个层次部分。该学科具有跨学科性、实证性、文化相关性、层次性、情景性等特点。

组织是为了达到一定目标、由两个以上的人组成的系统。组织包含不同的类型，但具有共同的特征：有自己的目标；是有序的结构系统；是社会技术系统；是与环境互动的开放系统；是投入产出系统。行为是机体种种外显动作和活动的总和。组织行为是指人们作为组织成员时表现出来的、体现在个体、群体、组织三个水平上的行为。

组织行为学的知识来源包括：心理学、社会学、社会心理学、文化人类学、政治学、历史学、工程学、信息和系统科学等多门学科。当然，它也对上述学科起了重要推动作用。

组织行为学的研究方法包括：根据研究目标的不同，可以分为基础理论研究、应用基础研究和具体问题研究；根据研究深度的不同，可以分为描述性研究、关系性研究、预测性研究；根据研究变量可控性程度的不同，可以分为文献研究、案例研究、实际调查研究、实验研究。

组织行为学在进行定量研究中要注意的重要方面包括：确立要研究的问题和理论假设、确定具体变量、收集数据、分析数据、评估改进研究、遵守研究伦理道德。其中收集数据的方法主要有问卷调查、访谈、观察、非反应性方法、综合法。分析数据和解释结果主要包括：信度和效度的检验、统计分析。评估改进研究主要是针对下列指标：结果的可靠性、有效性、可推广性。遵守研究伦理道德主要包括三方面：研究者对被试者的伦理道德、研究者对被调查机构的伦理道德、研究者对待数据和结论的伦理道德。研究者必须是一个客观、有科学态度和探索精神的人。

组织行为学未来将会朝深度和广度两个方向继续发展。

复习思考题

1. 学习组织行为学的目的是什么？你主要希望从这门课程中得到什么？

2. 什么是组织行为学？组织行为学中关于人的行为管理理论是如何一步一步发展的？

3. 试描绘组织行为学的学科体系。

4. 试给出组织、行为、组织行为的定义。组织系统的特征有哪些？了解这些特征对管理组织具有什么意义？

5. 组织行为学中的知识来源于哪些学科？和其他学科相比，该学科有什么特点？

6. 应该如何进行一个高质量的组织行为学方面的研究？哪些研究方法和技能是必须掌握的？

7. 组织行为学和其他学科（如管理学、管理心理学、人力资源管理等）是什么关系？组织行为学未来会如何发展？

参考文献

1. 杨锡山等．西方组织行为学［M］．北京：中国展望出版社，1986.

2. 王云五．云五社会科学大辞典［M］．第一册社会学，第九册心理学［M］．台湾商务印书馆，1973。

3. 卢盛忠，余凯成，徐昶，钱冰鸿．组织行为学——理论与实践［M］．杭州：浙江教育出版社，1993年．

4. ROBBINS S P. Organizational Behavior［M］. 8th ed. Prentice-Hall International，Inc. 1998.

5. 王重鸣．管理心理学［M］．北京：人民教育出版社，2000.

6. SCHERERHORN，J R Jr，Hunt J G，Osborn R N 著．组织行为学［M］．刘丽娟，杨月洁，徐蔺等译．8版．北京：清华大学出版社，2005.

7. 理查德·L. 达夫特、雷蒙德·A. 诺伊．组织行为学［M］．杨宇，闫鲜宁，于维佳译．北京：机械工业出版社，2004.

8. 黛布拉·L. 纳尔逊、詹姆斯·坎贝尔·奎克．组织行为学：基础、现实与挑战［M］．桑强，王丽娟，蒙欣等译．3版．北京：中信出版社，2004.

9. 徐联仓等．组织行为学［M］．北京：中央广播电视大学出版社，1994.

10. 马洪．国外经济管理名著丛书前言［M］//布莱克 R R，穆顿 J S. 新管理方格．孔令济，徐吉贵译．北京：中国社会科学出版社，1986.

11. 王重鸣．心理学研究方法［M］. 北京：人民教育出版社，1990.

12. 马尔霍特拉 N K. 市场营销研究：应用导向［M］. 涂平等译. 3 版. 北京：电子工业出版社，2002.

13. EMORY C W. Business Research Methods［M］. rev. ed. Homewood，IL：Irwin，1980.

14. MINER J B. Theories of Organizational Behavior［M］. Hillsdale：Dryden Press，1980.

15. DAFT R L. Learning the Craft of Organizational Research［J］. Academy of Management Review，1983（8）：539～546；STONE E. Research Methods in Organizational Behavior［M］. Santa Monica，CA：Goodyear，1978：21.

16. 吴义生．系统科学概论［M］. 北京：中共中央党校出版社，1996.

第2部分 PART

个体行为

知觉与归因

学习目标

1. 认识关于人的行为模式的不同观点。
2. 掌握知觉的概念、种类、重要性、不同阶段。
3. 充分理解知觉偏差的概念以及人产生知觉偏差的各种机理，以便更好地解释、预测和把握自己及他人的行为。
4. 掌握归因的概念和理论，以及归因结果对人的行为的重要影响。
5. 了解人的归因偏差现象及产生的原因，以及如何运用它们来改善管理。
6. 掌握提高人的知觉和归因准确性和创造性的方法。

第一节　关于人的行为模式的概述

组织行为学是研究人的行为规律的科学。既然是探讨人的行为规律，那么首先就要回答最基本的问题：人为什么会产生行为？人产生行为的本质原因是什么？如何解释个体的行为？杨锡山（1986）在其著作《西方组织行为学》中指出，关于这一问题，不同学者所持观点不同，有四个代表性的人物和观点，从中可以看出这些研究是不断发展进化的。

1. 沃森的观点

沃森认为，行为就是心理刺激与反应之间的联结，提出了 S-R 公式。这就是典型的“黑箱”观点，认为人是复杂的，内在因素实在难以捉摸，所以就将研究的重点放在刺激与行为之间的关系上。

2. 托尔曼的观点

托尔曼修正了沃森的观点，认为应该在刺激与反应之间加入个体的内在条件，提出了 S-O-R 的公式。这里 O 指中间变量，也就是个体的内在条件。可见，在这一阶段，行为科学家们已开始思考和准备要打开这个“黑箱”了。

3. 卢因的观点

卢因认为，人的行为是个体特征变量和环境变量二者的函数，提出了公式 $B=f(P\cdot E)$。这里，B 为行为；P 为个体变量（如遗传、能力、个性、健康情况等）；E 为环境变量（如是否有别人在场、个体的行动目标是否受到阻碍等）；f 指函数关系。可见，在这一阶段，行为科学家们已经打开了这个“黑箱”里的两道大门（个体和环境），看到了“黑箱”中的若干重要因素。

4. **华莱士的观点**

华莱士将卢因的公式进一步具体化，总结了影响个体行为的心理因素，提出了个体行为与绩效模式（见图 2-1）。该模式将知觉、学习、个性、能力、动机作为环境刺激转化为外显行为和绩效的主要中介因素。要对行为进行有效的分析和管理，就必须了解这些中介因素的作用。在这一阶段，行为科学家们已经深入这个"黑箱"，并看到了几大类因素中的各个具体因素以及各因素之间的互动关系。这一模式的另一贡献是将人的行为和绩效以及评价、奖惩联系起来了。

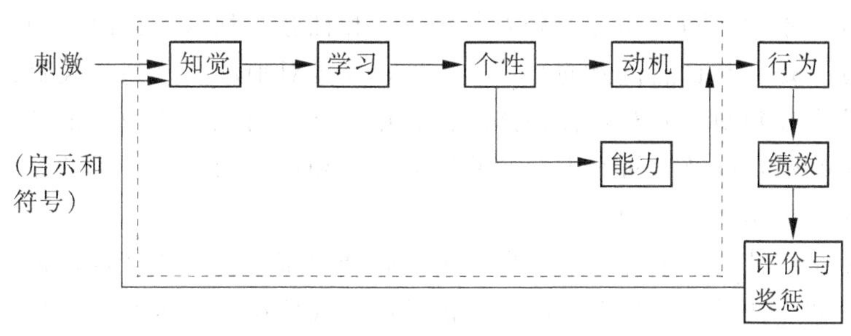

图 2-1 华莱士的个体行为和绩效模式

资料来源：杨锡山等．西方组织行为学［M］．北京：中国展望出版社，1986：51.

除了上述中介因素以外，人的归因过程、价值观、态度、情绪情感等方面也都对人的行为产生影响。从本章开始，我们将用四章内容来讨论这些因素及其对行为的影响：第 2 章（知觉与归因）、第 3 章（学习与决策）、第 4 章（个性与能力）、第 5 章（价值观与态度）、第 6 章（工作压力与情绪情感）。了解了所有这些因素的特点以及对人的行为的影响，才有利于管理者更好地分析、预测、引导和改变人的行为和表现。

第二节 人的知觉

一、知觉的定义

关于知觉（perception），不同学者用不同表达方式提出了各自的定义。罗宾斯（2005）认为，知觉是指"个体为了对自己所在的环境赋予意义而组织和解释他们感觉印象的过程"。Schermerhorn 等人（2004）认为，知觉是指"人们对从周围获取的信息的选择、组织、理解、反思和反应的过程。感知是形成对自我、他人和日常生活体验的印象的一种方式。它在信息对人的行为起作用之前有一种浏览和过滤作用"。杨锡山（1986）则认为："当客观事物作用于人的感觉器官，人脑中就产生了反应。这种反应如果只属于事物的个别属性，就称为感觉。如果是对事物各种属性的各个部分及其相互关系的综合反应则称为知觉。知觉类似思维过程，是接受信息和评价信息的过程。人们将零星的、无序的信息（如语言、符号、形象等刺激）加以筛选、组织、归类，找出它们之间的关系，再赋予一定的意义，指导人的行为。”

对上述三种定义进行分析可以发现它们存在类似的地方。本作者认为，简单地说，知觉就是人对某个对象（如人、事物和环境等）的信息进行分析从而对其形成某种认识和判断的心理过程。

二、知觉的种类和重要性

1. 知觉的种类

按照知觉对象的不同，知觉可分为自然知觉和社会知觉（杨锡山，1986）。

自然知觉就是人对自然世界的知觉。譬如，人类对地球、月亮、太阳、星星等宇宙空间天体的认识和判断，人对各种物体的长、宽、高、面积、体积、重量、温度等物理参数的认识和判断，以及人对所生产和使用的产品和技术的特性及质量等方面的认识和判断。所有这些都属于自然知觉。

社会知觉是对社会对象的知觉。根据美国心理学家布鲁纳的观点，它包括：①对他人的知觉（譬如，他是一个什么样的人？他是值得我信赖的人吗?）；②对人际关系的知觉（譬如，我和我的老板之间现在关系如何?）；③对社会角色的认识与判断（譬如，我在今天这种场合的角色是什么?）；④对自己的知觉（譬如，我真正需要什么？我的特长在哪里？我适合做什么样的职业?）。

2. 知觉的重要性

我们总会与不同的人和事物打交道，工作生活在不同的环境之中。我们要有正确的行为，首先必须对人、事物和所处环境有正确的知觉判断。具体来说，作为管理者，必须学会正确地认识和判断其股东、员工、客户、合作者、政府官员等各种利益相关者，了解他们的特点、需求和有关的观点和看法，这样才能协调和处理好各种人际关系，促进企业的发展。管理者还要能对各种事物（如新技术、新方法、新市场等）有正确的认识和判断能力，这样才能提出准确的战略、市场和技术上的决策和定位，使企业始终运行在正确的轨道上。管理者还必须能够对其所在的经营环境（包括政治、经济、社会和技术等各方面因素）进行正确的宏观判断，才能使企业始终保持对周围环境的敏感性和应变能力，提高企业在复杂多变环境下可持续生存和发展的能力。

总之，正确的知觉是正确行为的前提，正确的行为才可能导致正确的结果。对人、事物和环境及时准确的知觉是人成功的第一步。

三、知觉的过程模型

根据达夫特等（2004）人的观点，知觉过程实际上包括下列阶段：注意、组织、解释、检索、判断。当一个人已经注意到某一个刺激时，知觉过程中的每一阶段都会给上一个阶段提供反馈信息。根据这些反馈信息，这个人可能会调整他/她的知觉，这就是反馈。如图 2-2 所示。

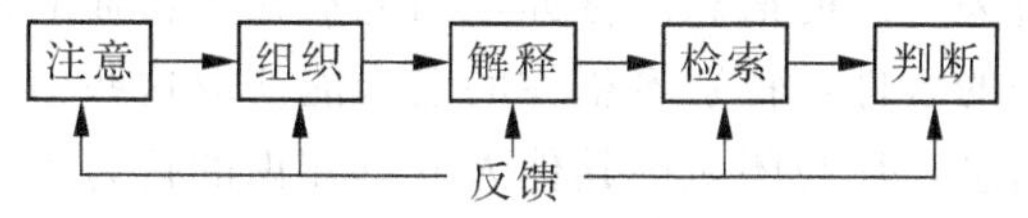

图 2-2 知觉的过程

资料来源：达夫特等著．组织行为学［M］．杨宇等译．北京：机械工业出版社，2004：92.

1. 注意（attention）

这是知觉过程的初始阶段。在这个阶段，人们会关注所有信息中的某一部分，并把其余部分过滤掉。譬如，当我们全神贯注地看世界杯足球赛的时候，我们主要关注的是足球以及围绕在其周围的运动员，而会忽视整个场馆中其他各种各样的信息。

2. 组织（organization）

当一个人对刺激给予注意的时候，他/她就会开始对刺激中的有关信息进行组织，以在下一阶段更好地解释这个刺激。人通过使用参考框架来组织、筛选信息，并倾向于发现这种刺激中的有关模式。

在组织信息时，人们经常使用下面一些机制：

① 闭合性。人倾向于按照全面完整的方式对不完整的信息产生知觉。

② 连续性。人倾向于按照连续的方式感受信息，甚至这些信息不连续时，也会这样做。

③ 邻近性。当信息彼此邻近时，人倾向于把它们看成是相互关联的一个整体。

④ 相似性。当一些信息在某种方式上相似时，人会倾向于将它们看成一个整体。

⑤ 图形—背景。人倾向于对他们最关注的感官信息产生知觉，这些信息相对于其他感受到的信息而言非常突出、明显。

另外，当人在对信息进行组织时，他们经常使用被称为纲要（schemas）的参考框架。纲要是一种认知（心智）结构，通过它把相关的信息分类组织在一起，心理学家认为纲要包括脚本和成见两种。脚本（script）是指描述一系列行动的纲要。根据生活经验，人们设计各种脚本，通过这些脚本定义了涉及许多活动的序列（如生日晚会、会议、航空旅行）。还有一些纲要被称为原形（prototype），综述了一类人或物体的特点。成见是人们头脑中的固有看法。

3. 解释

把信息与纲要相匹配是赋予信息意义的初始环节。然后，就进入知觉过程的下一个环节——解释（interpretation）。在该阶段，知觉者寻找对刺激的解释。

心理学家通过研究知觉过程，认为解释过程包括两个过程的组合，即投射和归因。投射（projection）是指用我们自己的思想和感觉去想象所观察的人。人们经常无意识地这么做。譬如，当我们自己认为某部电影特别好看时，也就认为别人也很喜欢。根据我们自己的想法和感觉与其他人的想法和感觉实际匹配的紧密程度，投射可能会使知觉过程产生偏差。归因（attribution）是指使用观察和推论来解释人们的行为。

4. 检索

当知觉者对某项刺激给予注意并通过组织和解释对它产生认识后，知觉者会回忆一些与当前事件有关的过去事件的信息。譬如，当老板在考核你的行为和工作表现时，你会回忆你过去做得很好的事件，特别希望你的老板能获取这些信息，包括：有关你过去所取得的成功方面的信息，你与团队中其他人分享知识的行为和能力，以及你过去在执行一项重要任务时加班加点的不眠之夜。这个阶段在知觉过程中被称为检索（retrieval）。检索过程提供了知觉过程中最后一个阶段所需要的信息。

5. 判断（judgment）

知觉过程的最后一个环节是判断。在这个阶段，知觉者使用当前信息和检索出来的过去信息来得出一个最终的结论。在判断阶段，知觉者对各种信息进行聚合和加权处理。聚合信息是指将各种不同信息汇集起来，而加权信息则是对不同信息分配不同的权重。最后，人们按照自己的价值观、观点和标准对各种信息分配不同权重，然后进行加权计算，得出最后的判断。

四、知觉的影响因素

在日常工作和生活中，我们经常发现，不同个体对同一对象会产生不同的知觉，同一个体对同一对象在不同的时间和环境下也会产生不同的知觉。如何解释这些呢？罗宾斯（2005）提出了影响了人的知觉过程和结果的三大因素：知觉对象（目标）、知觉者、知觉进行的情景。如图 2-3 所示。

第一，知觉对象的特点对知觉内容和结果影响很大，它包括：知觉对象的新奇（novelty）、运动（motion）、声音（sounds）、规模（size）、背景（background）、类似/接近（proximity）。譬如，在一个群体中，相貌特别的人（特漂亮或相反）比相貌平平的人更容易引起别人的关注。一个人如果大家从未见过，处于运动状态，声音响亮，个子高大，与整个群体特征对比鲜明，而且与人们正在关注的某种特定对象类似或吻合，他/她就特别容易吸引人们的视线。

第二，知觉者的特点对知觉内容和结果也非常有影响，它包括知觉者的个性、能力、价值观、态度、动机、兴趣、经验、期望等。譬如，当人们遇到挫折和困难（如下岗）的时候，不同人由于个性、能力、价值观、态度、动机、兴趣、经验、期望不同，会以不同的方式看待它，并产生不同的行为倾向。一个个性开朗、能力强、积极乐观、对自我创业有兴趣、过去也有过类似遇到困难而处理成功的经历、对未来充满希望的人，就会将目前的处境当成是一种新的机会而积极对待。反之，则相反。

第三，知觉进行的情景影响也很大，它包括时间、工作环境和社会环境。一个人在年轻、没有工作经验的时候学习管理的课程，与年龄较大、做了多年企业管理者以后来学习同样的管理课程，对教师授课的知觉和感受肯定会不同。一个人在正式的、严肃的工作场合看到某种行为（如随便说笑），与在非正式的、轻松的娱乐气氛中看到同样的行为，人的理解和反应也是不同的。在高学历科技人才非常密集的大城市（如北京、上海），一个刚毕业的研究生出现在某种聚会场合可能不会引起人们太大的注意，但如果他/她到了某个边远地区，很快就会引起人们和媒体的关注。

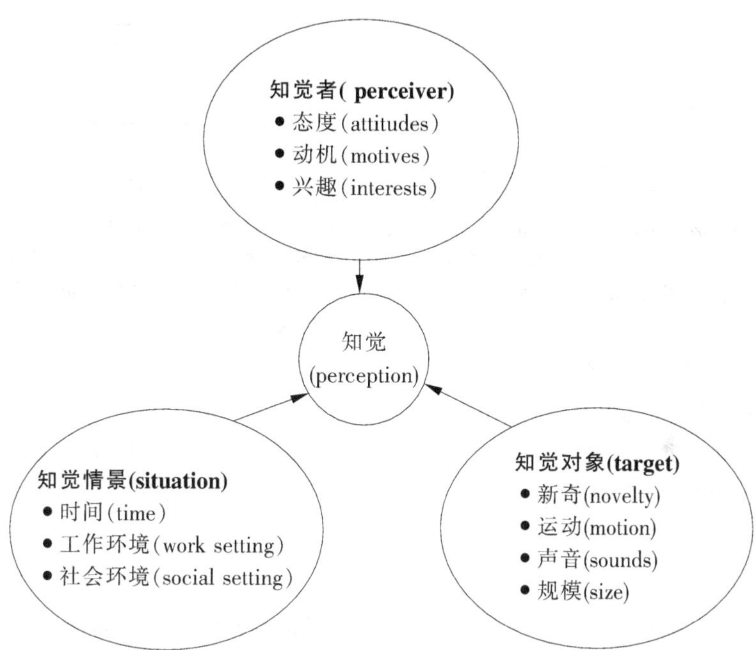

图 2-3　影响知觉的因素

资料来源：罗宾斯（2005），组织行为学，140 页，作了修改。

五、知觉的偏差及其产生机理

研究人员发现，人们对某个对象形成某种认识和判断常常会发生偏差。譬如，在自然知觉方面，人类在经历了很多年才正确地认识到地球是南极稍扁、赤道略鼓的椭圆球体；人类对光的认识经历了光的粒子说、波动说，最后才认识到光具有波粒二象性。在社会知觉方面，管理学家对人的认识经历了经济/理性人、社会人、自我实现人，最后才认识到人是复杂人，在不同的情况下有不同的特点，应该采用不同的管理方法。台湾学者张春兴教授在其著作《现代心理学》中收集整理了不同学者发现的几种常见的自然知觉偏差例子。图 2-4 中引用了其中的八种错觉图像。

总结前人的研究，造成知觉偏差的主要原因可以汇总为九个方面：知觉的选择性、知觉的恒常性、知觉的理解性、晕轮效应、对比效应、投射效应、知觉防卫、先入效应和近因效应。如图 2-5 所示。

1. 知觉的选择性

人要对某个对象进行某个方面的认识判断，必须对该对象在该方面所有的信息进行收集和分析后得出结论。但是，由于人的背景、需要、兴趣、经验和能力等的不同，人们会选取一部分信息进行认识判断，形成结论，这种现象就是知觉的选择性。

譬如，现在有一个病人到医院接受全面身体检查，得出了各方面检查化验结果，让不同专科的医生在一起对这个病人进行会诊。常见的情况是：不同专科的医生将会从病人的资料中寻找出与自己专业相关的部分进行分析判断，形成对其病因的认识和身体状况的评价。这种知觉的选择性是由于专业背景和经验能力不同造成的。

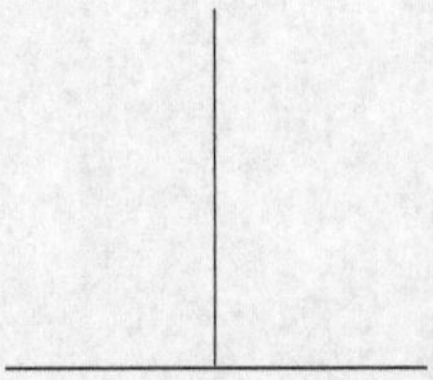

(a)

横竖错觉（horizontal-vertical illusion）
（属错觉现象之一。横竖两等长直线，竖者垂直立于横者中点时，看起来竖者较长。）

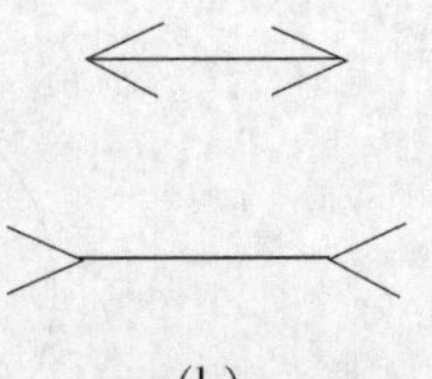

(b)

缪来而氏错觉（Müller-Lyer illusion）
（属错觉现象之一。图中两条横线等长，但由于两端所附箭头方向不同，看起来下边的横线较长。）

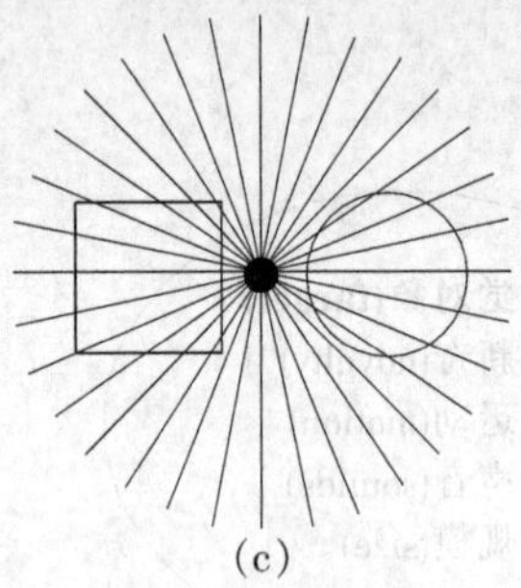

(c)

奥氏错觉（Orbison illusion）
（属错觉现象之一。图中圆形看来并非正圆,方形看来并非正方。其实圆为正圆,方为正方。）

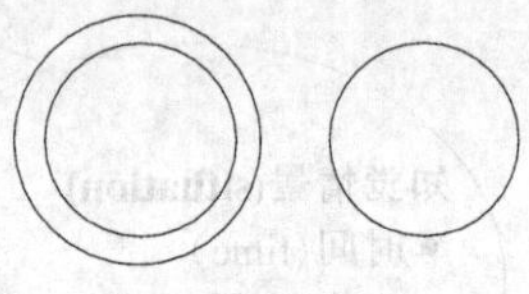

(d)

戴氏错觉（Delboeuf illusion）
（属错觉现象之一。左图内的小圆与右图的圆相等，但两者看似不等；居右者看来较小。）

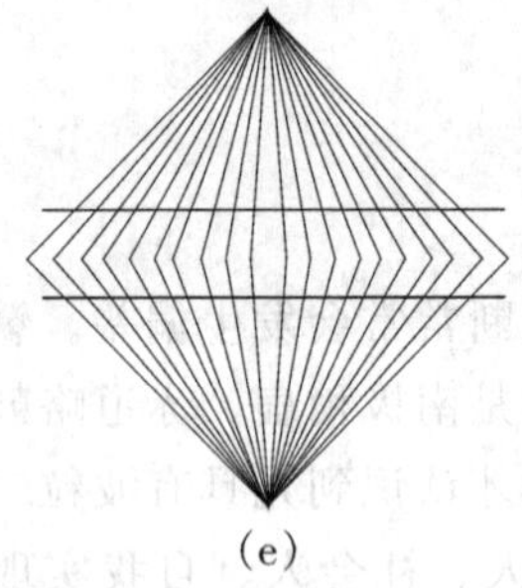

(e)

赫氏错觉(Hering illusion)
（属错觉现象之一。两平等线与多方向的直线所截时,看起来失去了原来平等线的特征。）

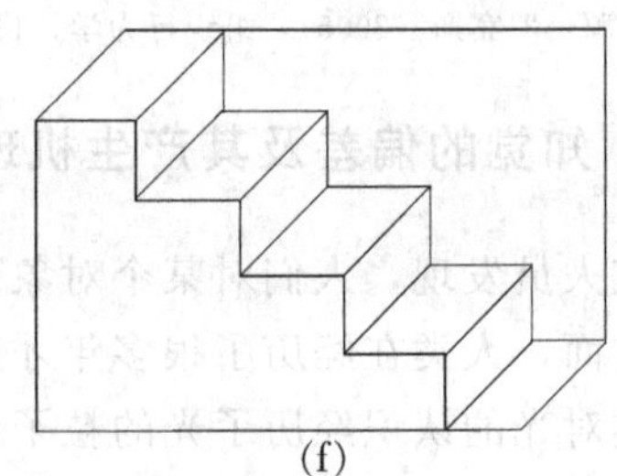

(f)

楼梯错觉(staircase illusion)
（属错觉现象之一。注视此一图形数秒钟,将可发现有两种透视感：有时看似正放的楼梯,有时看似倒放的楼梯。）

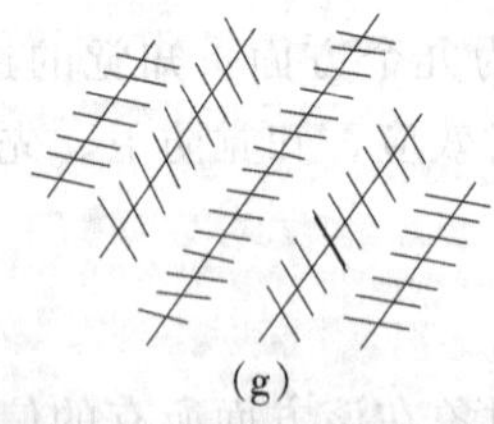

(g)

左氏错觉(Zöllner illusion)
（属错觉现象之一。当数条平行线各自被不同方向斜线所截时，看起来即产生两种错觉;其一是平行线失去了原来的平等;其二是不同方向截线的黑色浓度似乎不相同。）

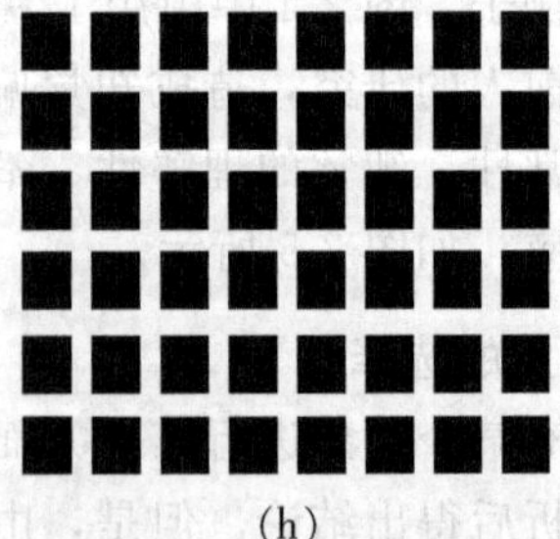

(h)

赫氏方格
（属错觉现象之一。白色方格交点似呈灰色，但如集中注视一点时,灰色即行消失。）

图 2-4　人的知觉偏差图例

资料来源：张春兴（中国台湾），现代心理学，东华书局印行，1991 年，p.148 、149、151。

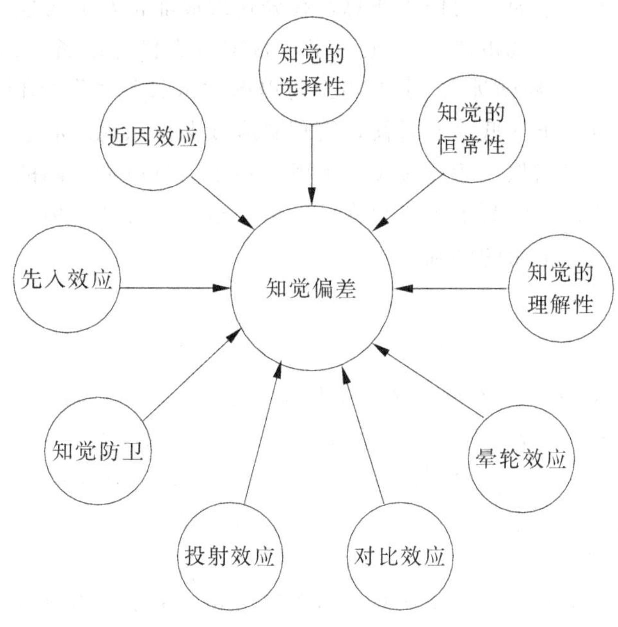

图 2-5　知觉偏差产生的原因

再如，某制造企业要开展 ERP 系统项目，首席执行官让不同的高管对此事发表看法。常见的情况是：不同主管会倾向于从自身利益出发来对该项目进行评判，他们最关心的是这个系统上了以后对自己的利益会有什么影响。这种知觉选择性是由于个人利益和需要不同产生的。

还有，我们熟知的盲人摸象的故事。盲人由于视觉能力有限，只能通过其触觉来认识象。摸到耳朵的说大象是扇子，摸到尾巴的说大象是绳子，摸到肚子的说大象是一堵墙……这些瞎子之所以对大象产生知觉的选择性，是因为其能力的不同造成。

在现实工作、生活中，知觉选择性到底是好，还是不好？

有些时候，人要避免知觉的选择性。譬如，企业在开发新产品时，就必须组建一个包含市场研究、产品设计、生产制造、采购、运输、销售、维修和客户服务等各方人员的跨部门团队，有时甚至还要让供应商和客户参与进来，以全面考虑该产品生命周期中的各种因素，如市场和客户部门对产品性能的要求、生产制造部门对工艺性和制造性的要求、运输销售部门对运输和维修服务的要求，等等。只有采用这种跨部门团队式的工作方法，才能避免知觉的选择性，使产品设计一次成功。一项大的水利工程投资项目（如三峡工程）的设计，更是需要全面系统地考虑项目各个方面的因素，如地质、工程技术和材料因素，地震和战争可能的影响，经济发展方面的影响，社会和移民方面的影响，水文和生态环境方面的影响等，需要听取所有这些不同领域专家的意见。只有这样，才能确保项目的成功。总的来说，凡是涉及重大的、全局性的、长远的决策问题，就必须避免知觉的选择性，征求和考虑不同人的意见，做到系统规划、万无一失。

而有些时候人们需要运用知觉的选择性。譬如，企业在取得成功、上下一片欢呼声的时候，管理者应该保持清醒的头脑，要更多地看到企业发展中不足的一面，以戒骄戒躁，不断提高。譬如，华为公司任正非总裁在公司发展非常好的时候，写了篇文章《华为的冬天》提醒员工，市场的严冬一定会来，希望员工作好准备。海尔总裁张瑞敏说“时时战战兢兢，时时如履薄冰”。小天鹅公司提倡“末日管理”，给员工危机意识。而企业在遇到困难、员工士气低落的时候，管理者应该保持乐观的心态，要更多地看到企业的优势和希望，奋发图强，渡过难关。毛泽东在中国革命最低潮的时候保持了革命的乐观主义精神，在长征途中写下了气势恢弘的诗篇给了广大红军极大的鼓舞和力量，使红军能渡过难关，取得革命的胜利。

如何避免知觉的选择性——整合《六顶思考帽》的六种思维方式

《六顶思考帽》是英国著名的思维训练专家爱德华·德·波诺的著作。其核心的理论是当我们在认识、分析和解决一个问题时，可以运用六种不同的视角（书中比喻为六种不同颜色的帽子），这样就可以全面系统地认识、分析和解决问题。

这六顶思考帽的颜色分别是：白、红、黑、黄、绿、蓝。不同颜色的帽子的视角和功能如下。

白色思考帽：白色显得中立而客观。白色思考帽代表客观的事实与数字。运用白色思考帽需要考虑的问题是：我们有什么信息？我们需要得到什么信息？

红色思考帽：红色暗示着愤怒、狂暴与情感。红色思考帽代表情绪上的感觉、直觉和预感。运用红色思考帽需要考虑的问题是：现在你感觉这个怎么样？但你不必刻意去证明你的感觉。

黄色思考帽：黄色是耀眼的、正面的。黄色思考帽代表乐观，包含着希望与正面思考。运用黄色思考帽需要考虑的问题是：为什么这个值得做？利益是什么？为什么可以做这件事？它为什么会起作用？

黑色思考帽：黑色是阴沉、负面的。黑色思考帽也就是考虑事物的负面因素，它是对事物负面因素的注意、判断和评估。运用黑色思考帽需要考虑的问题是：是真的吗？它会起作用吗？缺点是什么？它有什么问题？为什么不能做？

绿色思考帽：绿色是草地，生意盎然、肥沃丰美。绿色思考帽代表创意与创造性的想法。运用绿色思考帽需要考虑的问题是：有何不同的想法？新的想法、建议和假设是什么？可能的解决办法和行动的过程是什么？选择是什么？

蓝色思考帽：蓝色是冷静的，它也是天空的颜色，在万物上方。运用蓝色思考帽需要考虑的问题是：我们走了多远？下一步做什么？蓝色思考帽代表思维过程的控制与组织。它可以控制其他思考帽的使用。

资料来源：爱德华·德·波诺. 六顶思考帽［M］. 德·波诺思维训练中心编译. 北京：新华出版社，2002.

2. 知觉的恒常性

知觉的恒常性又将称为刻板印象（stereotyping），指的是根据某人所在的群体特征来判断该个体（罗宾斯，2005）。也就是说，人们常常用社会定型的看法，如根据某人的年龄、国籍、种族或其他社会团体的印象来判断某人。一个企业经常用某个大学的毕业生，这些学生工作表现很不错，那么以后在对这个大学的某个毕业生进行面试时，就很容易认为这个学生今后也会表现不错。这就是知觉的恒常性。

现在同样的问题是，知觉的恒常性是好，还是不好？答案同样也是辩证的。

知觉的恒常性有时会造成因循守旧、循规蹈矩和社会偏见，不利于工作的开展和进步，要尽量避免。中国目前正处于经济转型和社会变革时期，企业家们只有适当地打破知觉的恒常性，才能打破各种不合时宜的旧框框，改变传统落后的管理方式，与时俱进，通过创新使企业获得更多更好的生存发展空间。企业的研发人员只有源源不断地了解社会新的变化和趋势以及客户各种新的需求，开发出新的产品和服务，才能赢得市场。

然而，有时我们也需要运用知觉的恒常性。譬如，当我们无法得到某个个体的具体信息而又必须对其进行评判时，我们就要运用知觉的恒常性，也就是采取其所属团体的特征来推断该个体，这有时是不得已的事情。

3. 知觉的理解性

人是高级而有文化的动物，因此，人对某个对象进行知觉，不会只停留在符号表面，还会挖掘符号里面深层的意义。这种对某个被知觉对象的符号赋予一定意义的现象就是知觉的理解性。譬如，当我们看见影视作品中关于自然景物的描写（如日出、日落、花开、花落）时，就不会仅仅认为这是日出、日落、花开、花落，还会根据当时的故事情节产生各种联想——日出和花开可能代表了事物发展积极和充满希望的含义，而日落和花落可能代表了事物发展消极和衰落的意义。

知觉的理解性对人们正确地认知环境有时是有积极意义的。譬如，人们可以通过对各种社会文化符号的深度挖掘，从而更好地理解环境，有效地适应环境。

但在有些时候，知觉的理解性也会带来负面的结果。譬如，当你用一种文化环境下某种符号的意义去理解另一种文化环境下同一种符号的意义时，就有可能发生错误。我们中国人点头，表明你同意对方的观点；而日本人点头则只是表示他在听，并不一定表示同意。现在随着经济的全球化，外国公司进入中国，中国企业走向世界，处在跨文化环境下的管理者必须提高自己的跨文化智商，才能很好地理解不同文化环境下符号的意义，从而把握好自己和他人的行为。关于跨文化智商，请大家阅读第10章“跨文化中的人际行为”。

4. 晕轮效应

晕轮效应（holo effect）是指依据人或事物某一个方面的特征（如外貌、地位、成就、智力、颜色等）来形成对此人或事物的总体印象。譬如，当人在某一个方面（如才艺）很突出，人们也许会认为此人的人品和其他方面素质也都很好。反之，当人在某个方面曾有严重不足（如重大过失），人们也许会认为此人一无是处。当人们乘坐飞机、火车时，如果在某个方面得到非常好的服务（譬如服务员的微笑很甜美），那么在对此次服务的其他方面（如空气质量、食品可口程度、座椅舒适度等）进行评价时，往往倾向于给出较高的评价。这种晕轮效应现象在现实工作、生活中是很普遍的。

晕轮效应显然会影响人们对人、事物和环境进行客观理性的认知和判断，所以在科学研究活动中是必须避免的。然而，在很多管理实践中，管理者有时会有意地运用晕轮效应来影响人的行为。譬如，市场营销活动中，商家会通过突出其产品和服务的某个方面的优势来赢得顾客的总体好感，形成良好的口碑，带动更多的人来购买。

5. **对比效应**

对比效应（contrast effet）是指当人们对某个对象进行认知评价时，由于其他对象的存在而影响了对该对象的真实评价。譬如，你是一位求职者，在申请某公司的职位，如果排在你前面面试的求职者表现平平，那么会有利于对你的评价，你相对来说会显得更优秀。反过来，如果他们表现很突出，那将不利于对你的评价。

对比效应作为人的知觉特征之一，同样也无绝对的好坏之分。人们在管理实践中，有时要突出对比效应。譬如，管理者为了让员工保持危机意识、不断创新，有时会将自己公司生产的产品故意与其他公司生产的更优质产品放在一起对比，让员工参观，这可以使员工真正感受到差距，从而努力学习进取。而有些时候，管理者要尽量减少对比效应以获得公正客观的评价。譬如，管理者对员工的能力和工作业绩评价时，应该尽量采用同一个参照系和标准，这样员工才能心服口服。

6. **投射效应**

投射效应（projection effect）是指人们根据自己个人的认识和想法来推断别人，也就是认为别人和自己一样。

人与人之间存在很多共性，也存在个体差异。因此投射效应既有益又有害。如果你在一些基本问题上采用投射作用，会有利于你对他人的正确判断。我们经常说的换位思考就是让你假想你处在别人的位置上会怎么样，从而能更好地理解现在正处在那个位置上的人。工作轮换也能增进相互理解。一个高情商的人有很强的同理心（compassion），是指这个人很善于理解别人的感受和想法。换位思考可以增强人的同理心。然而，在有些具体的方面，投射效应会使我们误判别人。古人常说，“以小人之心度君子之腹”，就是指这种现象。

7. **知觉防卫**

知觉防卫（perception defense）是指人们对阻碍自己发展的信息或者与自己看法不一致的信息，有时会故意视而不见或将输入的信息加以歪曲（杨锡山，1986）。譬如，两个敌对的国家都会对对方的好消息视而不见，而对坏消息则倍加宣扬。

很多时候，知觉防卫会阻碍人们对事实和真理的发现。当发现实验现象与自己先前已建立和被人广泛认同的理论相矛盾时，有些研究人员可能会对该现象视而不见，甚至歪曲事实，这是非常有害的。当然，当相互竞争的公司之间、敌对国家之间存在严重的分歧和冲突时，知觉防卫不仅普遍存在，而且被视为一种斗争策略和形式。

8. **先入效应**

先入效应（primary effect）是指当人们对某个对象进行知觉时，第一次印象具有重要影响（杨锡山，1986）。譬如，人在应聘面试时，最初几分钟的表现给面试考官留下的印象是非常重要的。人一生中的很多“第一次”（如第一次上学、第一份工作、第一次出国、第一次谈恋爱等）都会给人留下深刻的印象。

先入效应对管理实践有重要意义。人们有时需要运用先入效应的作用，重视对第一印象的管理。譬如，公司要建立良好的接待流程和方法，给第一次到公司访问的政府官员、客户、合作者等留下良好的印象。公司必须很好地组织新员工加入公司的第一次培训，使他们充分了解公司的历史和现状、特点、文化价值观以及对员工的行为要求。当然有些时候，人们不要过于强调对某个人和事物最初的印象而忽略后面呈现的信息，要尽量保持全面、理性、公正和客观的心态，正确地评价人和事物。

9. 近因效应

近因效应（recency effect）是指人们有时会根据最近、最新的信息来对某个人或事物进行认知判断。譬如，企业举行某个产品推介或培训活动，总的活动时间为4天。活动刚开始第一天的节目是重要的（先入效应），而活动最后一天甚至最后一刻的节目对人形成的印象也是特别重要的（近因效应）。在管理实践中，有时需要运用近因效应，如搞活动需要有"压轴好戏"（把最好的节目放在最后面）就是这个道理。但有时也需要避免近因效应，这样才能更加理性、公正和客观地评价人和事物，这在社会调查研究中非常重要。

第三节　人的归因

一、归因的内涵和重要性

人们既会对某个对象进行认识判断，形成印象，还会深入探究某种行为或事情发生的原因，心理学上称后者为归因（attribution）。譬如，企业发现自己产品市场份额在减少，企业发现核心员工开始流失，电视台发现某个频道节目的收视率在下降……对于这些现象，管理者只有正确的知觉（及时、准确地了解情况）还不够，还必须有正确的归因（分析、弄清产生该情况的原因），这样才能找到解决方法。教师如发现某个学生平时表现一直良好，而最近出现反常的行为（如经常迟到、学习劲头下降、精神不振等），就必须认真分析、找到该学生产生行为变化的原因，以对症下药，将学生拉回正常的轨道。

有一位非常成功的企业家，记者被他取得的众多成就所折服，于是对他进行采访。整个交流过程如下：

记者："先生，您成功的诀窍是什么？"

企业家："好的决策。"

记者："您作出好的决策的诀窍又是什么？"

企业家："是过去的经验。"

记者："那么，先生，您的这些经验从何而来呢？"

企业家："以前坏的决策。"

从中可以看出，一个成功的企业家必须善于从经验中进行学习（Russo和Schoemaker，1989）。美国创新领导中心（Center for Creative Leadership）的研究发现，成功的管理人员更擅长于做到下面四点：经常收集关于个人和组织绩效的反馈，以建设性的方式来解读他们所获得的信息，运用这些信息来调整个人行为并改进运营效果，帮助他人认识和运用这些经验、教训来提高个人和组织的绩效。日本本田首次将小功率摩托车销售到美国时，开始的决策是采用摩托车经销商，效果不好。管理人员认真分析美国人的特点，进行反思和改进，然后调整分销策略，依靠体育商品和自行车商店进行销售，取得了很好的经营效果。本田管理人员的成功在于灵活、学习、适应以及在作出决定后，努力把决策引向更为正确的方向。当带着一个错误的产品进入一个自己不熟悉的市场时，本田没有花费时间为公司的困境寻找替罪羊，本田的员工反而努力地工作来扭转境况，在过程中创新并把握机遇。

二、归因理论

1. 凯利的归因理论

人类在归因时，往往把人的行为、结果的原因归为内因和外因。内因就是指个体自身的原因，外因是指个体之外的其他环境因素。

譬如，领导交给员工一项任务，员工没有达到目标。领导对员工未能达到目标有两种归因：一是归为内因，领导认为员工没有达到目标是因为员工自身的主动性、能力或工作方法不对；二是归为外因，领导认为该员工没达到目标是因为外部条件不成熟或环境突变造成的。显然，归为内因和外因会极大地影响领导对该员工的态度和下一步的行为。

心理学家凯利（Kelly）提出一个归因理论来将人的行为归为内因或外因。他认为，分析判断某个人的行为是内因还是外因引起，主要取决于三个因素（见图 2-6）。

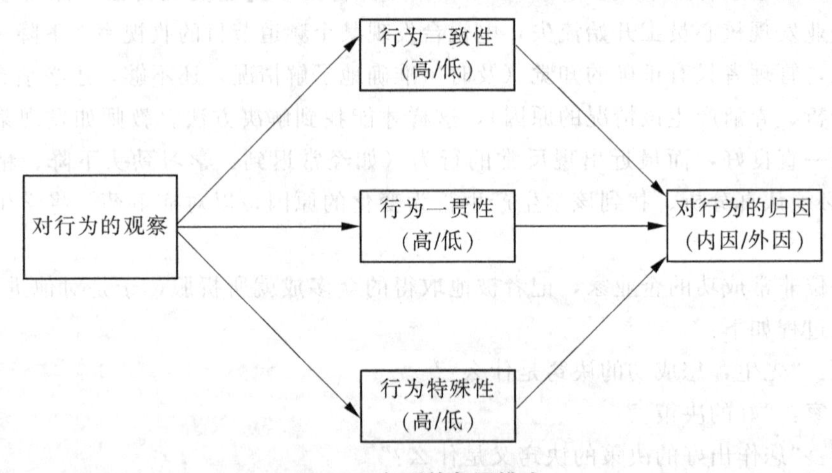

图 2-6　凯利的归因模式

① 一致性（consensus），指所有人都有类似的行为。显然，一致性越高（别人都这样做，你也一样），越是外因引起；一致性越低（别人都不这样，就你这样），越是内因引起。

② 一贯性（consistency），指在所有不同时间，这个人都有类似的行为或情况发生。显然，一贯性越高（你一贯如此），越是内因引起的；一贯性越低（你就这一次如

此），越是外因引起。

③ 特殊性（distinctiveness），指个体在不同情况下是否表现出不同的行为。显然，特殊性越高（你就在这种情况下如此），越是外因引起；特殊性越低（你在任何情况下都如此），越是内因引起。

譬如，领导发现某个员工在加班，进一步了解发现：①很少有其他员工加班，就这个员工加班（一致性低）；②该员工在相当长一段时间内都加班（一贯性高）；③该员工在不同工作岗位和环境下都加班（特殊性低）。由图 2-7(a) 可以得出，该员工加班是由于其自身原因（如勤奋、上进心强、对公司忠诚等）引起，应该对其积极肯定和激励表彰，号召员工向其学习。又如，领导发现某个员工在工作中犯了错误导致产品质量下降，进一步了解发现：①很多员工都犯了此错误（一致性高）；②该员工在相当长一段时间内不犯此错误，这次是偶然（一贯性低）；③该员工在其他部门岗位或环境下工作时一般不犯类似错误（特殊性高）。由图 2-7(b) 可以看出，该员工犯错是由于外部原因引起的，领导应该检查生产管理系统，分析在系统设计上的问题，然后加以改进。

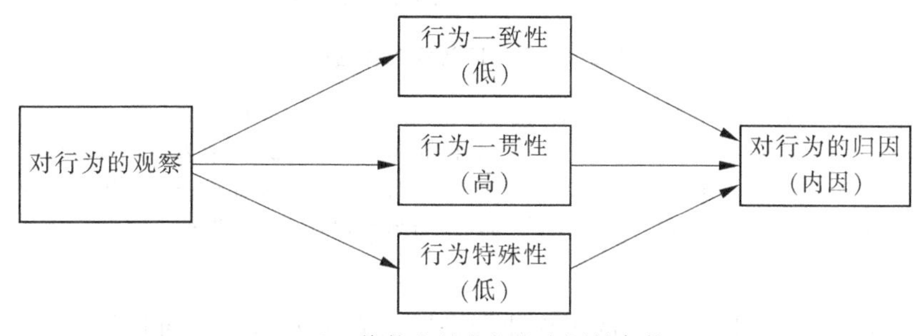

(a) 将某人行为归为内因的条件

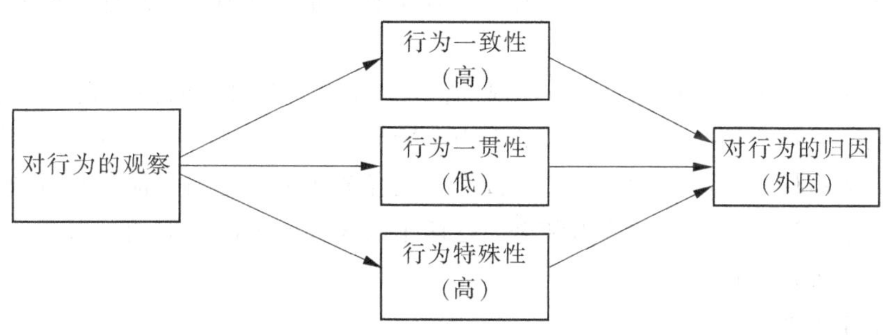

(b) 将某人行为归为外因的条件

图 2-7　应用凯利归因理论将人的行为归为内因或外因的条件

由上面的分析可以看出，归因会进一步影响我们对人和事物的知觉判断。譬如，我们将一个人的成功或失败归为内因时，就会影响对这个人的知觉；当归于外部原因时则不太会影响对这个人的看法，而只是影响我们对外部环境的看法。

2. 维纳等人的归因理论

事实上，我们只是将一个人的工作表现归因于其内因或外因还是不够的，我们还要知道内因或外因的具体因素。维纳（Weiner）等人对这一问题进行了进一步研究，提出了如图 2-8 所示的因果关系归因模型。达夫特等人（2004）也在其著作中详细解释了这个模型。这个模型用了两个维度来描述具体的原因：第一个维度是“原因是内在的还是外在的”；第二个维度是“原因是稳定的还是不稳定的”。这样就可以得到四种工作业绩的原因类型。

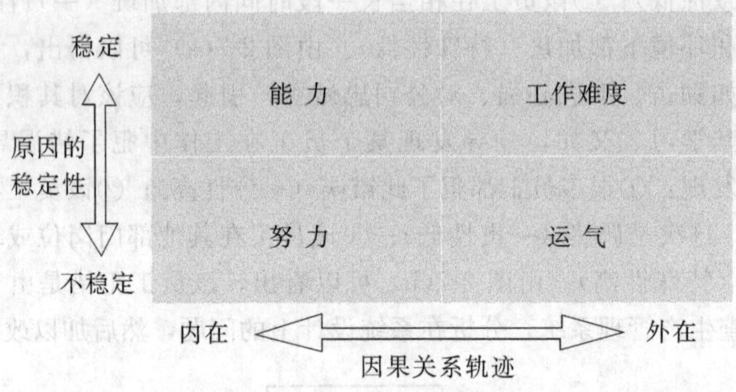

图 2-8　用归因解释工作绩效

资料来源：（1）B. Weiner，I. Freize，A. Kukla，L. Reed，S. Rest，and R. M. Rosenbaum，“Perceiving the Causes of Success and Failure，” in E. Jones，D. Kanouse，H. Kelley，R. Nesbitt，S. Valins，and B. Weiner（eds.），Attribution：Perceiving the Causes of Behavior（Morristown，NJ：General Learning Press，1971），pp. 45～61.

（2）达夫特等著．组织行为学［M］．杨宇等译．北京：机械工业出版社，2004：105。

（1）能力

当我们认为一个人取得这样的工作业绩是因为其个人内在的而且是稳定的原因时，我们将其工作业绩归因为其个人的能力。譬如，我们经常说：“他是特别聪明的人，所以他能做成这笔生意。”或者，“他之所以没有完成任务，是因为欠缺这方面的能力。”

（2）努力

当我们认为一个人取得这样的工作业绩是因为其个人内在的但却是不稳定的原因时，我们将其工作业绩归因为其个人的努力。譬如，我们经常说：“他这个人特别努力，所以超额完成指标。”或者，“他之所以没有达到任务要求，是因为他没有抓紧时间。”

根据这个理论，一个人的能力和努力这两个因素都为内因，但相对而言，前者是相对稳定的，后者是不稳定的。

（3）工作难度

当我们认为一个人取得这样的工作业绩是因为其个人外在的而且是稳定的原因时，我们将其工作业绩归因为工作难度。我们经常说：“他承担的这项任务特别简单，所以他完成得不错。”或者，“他之所以没有完成这项任务，是因为这个任务难度太大。”

（4）运气

当我们认为一个人取得这样的工作业绩是因为其个人外在的而且是不稳定的原因时，我们将其工作业绩归因为运气。譬如，我们经常说：“他这个人运气不错，刚好遇到好天气，所以生产任务超额完成。”或者，“他这次没能完成生产任务，确实是因为天气突然变坏，生产计划严重拖延，他真是太倒霉了。”

根据这个理论，一个人的工作难度和运气这两个因素都为外因，但相对而言，前者是稳定的，后者是不稳定的。

三、人的归因过程特征

像知觉一样，人的归因过程也具有一些特征，有时人会发生归因失真的偏差。

1. 基本归因错误

组织行为学家研究发现，尽管人们在评价他人的行为时有充分的证据支持，但人们总是倾向于低估外部因素的影响，而高估内部或个人因素的影响，这被称为基本归因错误（fundamental attribution error）（罗宾斯，2005）。这种现象解释了下面这种情况：有时，当领导者发现员工的业绩不佳时，领导更倾向于将其归因于员工自身不努力，而不是工作环境、条件方面的原因。

2. 自我服务偏见

组织行为学家研究还发现，当人们在评价自己的行为时有一种自我服务倾向性——成功了，我们会归因于自己内在因素（如自身能力和努力）；失败了，我们归因于外部环境因素（如工作难度太大或运气坏）。这些被称为自我服务偏见（self-serving bias）。

上面这两种归因错误都会影响我们对人的行为和事物发生的原因的准确分析。从理性的角度来说，我们应该完全避免这两种归因错误。但在现实环境中，由于复杂的竞争关系，国与国之间、企业与企业之间、人与人之间经常犯这种归因错误——有时是无意的，有时是有意的。有意的情况又分为两种：第一种是恶意的，此时错误归因的目的只有一个——打击竞争对手，发展自己，这是竞争环境中经常出现的现象。第二种是善意的，目的主要是为了帮助家人、同事和朋友，或者使其戒骄戒躁，保持清醒的头脑；或者使其更加自信自强、努力奋起。

在当今社会中，越来越流行一个词——感恩。当我们取得了成功时，要有一个正确的心态。我们取得成功除了自身的努力和能力外，也要看到各个方面（如政府、社会、学校、老师、同学、同事、合作者、客户等）曾经给予的关爱、支持和帮助所起的作用，还要看到运气对我们的青睐。这样我们就会有更好的心态，也会有更好的人际关系环境。更理性地总结过去的经验，才能在未来获得更多的成功。

第四节　如何提高知觉和归因的准确性和创造性

人的知觉和归因之间有着密切的联系。可以说，知觉和归因都是人对人和事物的认识。知觉是要回答“是什么”，相对而言，属于较浅层的认识；归因是要回答“为什么”，相对而言，属于较深层的认识。作者认为，从本质上说，归因是更为深层的知觉。这二者之间是相互促进的，正确知觉有利于正确的归因，正确的归因有利于正确的知觉。既准确而又有创造性的知觉和归因才有可能产生正确的决策和行动。下面我们分析如何提高知觉和归因的准确性和创造性。

一、提高知觉和归因的准确性

提高知觉和归因的准确性有以下方法。

1. 从多个角度获得信息

当我们需要对某个人、事物或环境进行知觉判断或者对某种现象进行原因分析时，我们掌握的相关信息越多，就越能了解事情的全貌，提高准确性。譬如，在管理实践中，公司在面试应聘者时，会从不同的角度提问和测试，以全面了解一个人在个性、价值观、态度、能力、经验等各方面情况。

2. 从多个来源获得信息

光有多个角度的信息还不够，这些信息最好还要来自不同的对象，这样我们就能得到不同对象对同一角度方面的不同评价信息，从而消除由于信息来源单一造成的偏差。譬如，公司在招聘员工时，会让公司不同的人（未来的直接上司、间接上司、下级等）依次对候选人进行面试；企业在对员工的绩效评价中，有时也会采用360度的方式——人们要接受来自其上级、下级、平级等各方面人士的打分。这样做都是为了获得更为全面的信息，减少单一来源信息的偏差。

3. 从多个时间点获得信息

除了多个角度和来源获取信息外，还需要在多个时间点来采集信息。譬如，我们要了解一个人的发展潜力，我们不仅要了解他/她的现状，更重要的是要了解他/她的发展过程，即在不同时期的表现，这样才可以推断出其发展潜力。

4. 要采用理性和系统思考的分析方法

掌握了充分的信息之后，我们必须运用正确的方法进行分析，才能有正确的知觉判断和归因。这里，最重要的两个方面就是理性和系统思考。所谓理性，就是要注重事实的真实性，不要让人的情感和偏好因素影响我们发现原貌和真相。所谓系统思考，就是要注重事实之间的关联性，不要偏重局部某个角度、来源和时点的信息，而是要充分考虑各种信息之间的关联互动性以及这种关联互动性随时间的动态演变关系，这样才能得到正确的判断和原因。

二、提高知觉和归因的创造性

在现实中，光有准确性是不够的，处在一个变革的环境下，我们还需要有足够的创造性，才能提出各种新的方法来应对变化的世界。从前面的分析我们可以知道，人的知觉和归因都会受到各种因素的限制，使我们缺乏创造性。譬如，知觉的恒常性、知觉防卫、基本的归因错误和自我服务偏见等都会对创新有不良影响。

阿马柏利（Amabile）提出了创造性的三要素模型（three-component model of creativity）。他认为，个体的创造性需要三个要素：专业知识、创造性思维技能和内在的任务动机，如图2-9所示。这三项要素中任何一项的水平越高，则个体的创造性也越高。根据这个模型，我们可以得出提高人的创造性的方法：

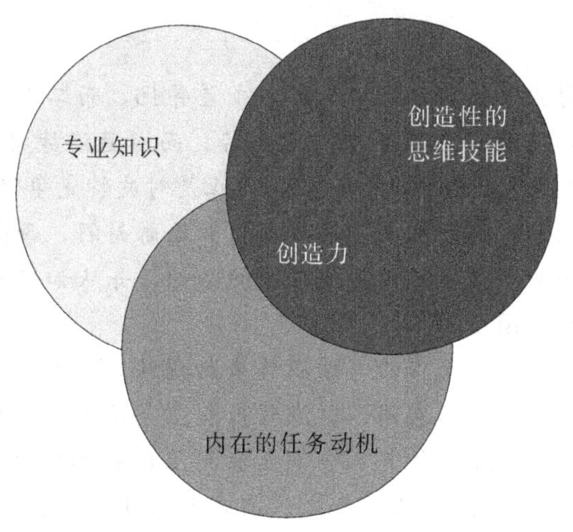

图 2-9 创造力的三要素

资料来源：(1) Amabile T M. Motivating Creativity in Organizations [J]. California Management Re-view，Fall 1997，43.

(2) 罗宾斯．组织行为学 [M]．孙健敏等译．北京：中国人民大学出版社，2005：148。

1. 提高个体的信息量和知识量

阿马柏利认为，一个人要能创新，必须具有一定的专业知识作为基础。世界知名的科学家、艺术家、企业家等，他们之所以能够创新，与他们具备足够多的专业知识、技能和经验是分不开的。一个人掌握的信息量和知识量越多，在遇到问题时就越有可能搜索到相关的信息和知识，这些信息和知识之间碰撞和融合，往往会产生新的解决问题的方法。

2. 提高个体创造性的思维技能

人们要创新，除了要具备足够的信息量和知识量以外，还必须采用创新的方法对这些信息和知识进行加工。譬如，人们要学会另辟蹊径看待熟悉的事物、学会逆向思维、学会类比思维、学会移花接木、学会归纳思维等。另外，研究还发现，一些人格特征，如高智商、独立、自信、冒险、内控性、对模糊性的容忍力以及对挫折的坚持性，都会促进人的创造性，因为创造性会打破常规，会受到传统观念的压力，个人必须在上述个性方面与众不同。

3. 提高个体的内在热望

人们要创新，除了要具备足够的信息量和知识量以及创新的方法外，还必须具有发自内心的从事某种工作任务的愿望。对工作本身的兴趣和热爱，能使一个人始终保持对工作的新鲜感和激情，激发人的灵感和创造。当然，工作环境对提高个体的这种内在热望影响是很大的。譬如，组织在工作设计时强调根据个人的兴趣安排岗位，对员工信任、授权和投入资源，建立鼓励尝试、容忍失败、崇尚建设性争论的氛围，奖励创造性行为和表现等，都会促进组织中个人创新的热情。

波特说，企业获得竞争优势无外乎低成本或差异化，而二者不可得兼。想要同时兼具二者的企业，反而会在竞争中处于劣势。而《蓝海战略》（*Blue Ocean Strategy*）一书中提出的“蓝海竞争”的概念，正是对波特竞争优势理论的突破。

作者采用案例研究的方法，从太阳马戏团、黄尾葡萄酒、西南航空等案例中归纳出开拓蓝海、为企业获得更广阔竞争环境的结论，并从如何进行蓝海战略制定和执行的角度加以详细阐述。

所谓蓝海，是与红海相对而言的。按照作者的说法，“红海代表现今存在的所有产业，这是我们已知的市场空间；蓝海则代表当今还不存在的产业，这就是未知的市场空间”。由于“在红海中，每个产业界限已被划定并为人们所接受，竞争规则也已为人们所知。在这里，企业试图击败对手，以攫取更大的市场份额”，“随着市场空间越来越拥挤，利润和增长的前途也就越来越暗淡。产品成了货品（commodities），残酷的竞争也让红海变得越发鲜血淋漓”。与之相对，“蓝海代表着期待开发的市场空间，代表着创造新需求，代表着高利润增长的机会。尽管有些蓝海完全是在已有产业边界以外创建的，但大多数蓝海则是通过在红海内部扩展已有产业边界而开拓出来的……在蓝海中，竞争无从谈起，因为游戏的规则还未制定”。在作者看来，蓝海战略——这种以低成本方式追求差异化的战略竞争模式——不仅可行，而且是企业获得长久的可持续竞争优势的唯一选择。

蓝海战略的核心是创新。这种创新不仅仅局限于技术上的创新，更重要的是，它反映的是理念的创新、战略思维的创新，以及围绕着这种创新所展开的系统变革过程。

作者提出了价值创新（value innovation）的概念，并将此视为蓝海战略的基石。“价值创新”，首先就要打破管理者在战略思维中的原有框架限制。所谓的“结构和市场边界”并不实际存在，它们“只存在于管理者的头脑中”。对蓝海战略而言，“不会让现有市场边界限制它们的思维。问题的关键是如何开创它，这就需要把注意力从供给转到需求上，把重点从竞争转到价值创新上，也就是通过价值的创新来开启新的需求。有了这个新重点，企业就有希望完成发现之旅，系统地跨越现有竞争边界看市场，将不同市场的现有元素重新排序，构建出新的市场空间，从而创造出新的需求水平”。实际上，作者在此已经揭示出企业管理普遍存在的骗局，即按照已有理论模型进行现实管理。实际上，理论是人们对于研究客体的抽象假设和逻辑推演，但它并不等同于现实。在思维上的创新，必须打破原有理论范式的限制，从新的角度发现问题本质。

由价值创新的观点，作者从买方价值判断的角度，将产品按买方要素进行分解，按照买方要素分布情况绘制新的价值曲线。而蓝海战略成功的关键就在于能否找到从未有过的元素进行创造，把某些关键元素进行增强，同时削弱次要元素和剔除无关元素，重塑市场的竞争游戏规则，从而以低成本来获得差异化的竞争优势。

基于此，作者提出了“蓝海战略的六项原则”，即“重建市场边界、注重全局而非数字、超越现有需求、遵循合理战略顺序”的“战略制定四原则”和“克服关键组织障碍、将战略执行建成战略一部分”的“战略执行二原则”，这是全书的主要部分。其核心就是通过合并细分市场的整合需求，来实现企业的竞争突破。由此，将蓝海战略开发成一个实用性的模板，从而可以将企业的蓝海战略由过去企业家的个人天才创造转变为可系统地进行复制的工具。

蓝海战略理论，更多的是从市场营销角度来论述战略问题。在这本书中，我们明显可以看到定位、引爆流行、客户导向型管理等理论的影响。蓝海战略的主要贡献是从一个新的角度对这些已有成功理论进行整合，并将其上升到战略高度，来探讨企业如何获得持久竞争力的问题，并在一个可操作层面给出自己的答案。

红海战略	蓝海战略
竞争于已有的市场空间	开创无人争抢的市场空间
打败竞争对手	摆脱竞争
开发现有需求	创造和获取新需求
在价值与成本之间权衡取舍	打破价值与成本之间的权衡取舍
按差异化或低成本的战略选择协调公司活动的全套系统	为同时追求差异化和低成本协调公司活动的全套系统

资料来源：金 W 钱，勒妮·莫博涅．蓝海战略——超越产业竞争，开创全新市场［M］．吉密译．北京：商务印书馆，2005.

本章小结

关于人的行为模式，沃森、托尔曼、卢因和华莱士等人各有不同的观点，这些观点的发展趋势是越来越清晰地揭示影响人的行为的系统因素。

知觉是人对某个对象（如人、事物和环境等）的信息进行分析从而对其形成某种认识和判断的心理过程。按照对象不同，知觉可分为自然知觉和社会知觉。社会知觉包括对他人的知觉、对人际关系的知觉、对社会角色的认识与判断、对自己的知觉。对人、事物和环境及时准确的知觉是人成功的第一步。

知觉过程包括注意、组织、解释、检索和判断阶段。

影响人的知觉过程和结果的三大因素为知觉对象（目标）、知觉者和知觉进行的情景。

人们对某个对象形成某种认识和判断常常会发生偏差。造成知觉偏差的主要原因可以汇总为九个方面：知觉的选择性、知觉的恒常性、知觉的理解性、晕轮效应、对比效应、投射效应、知觉防卫、先入效应和近因效应。我们应该辩证地看待这些产生偏差的机理，有时要防止，有时要利用。

人们既会对某个对象进行认识判断，形成印象，还会深入探究某种行为或事情发生的原因，心理学上称后者为归因（attribution）。

人类在归因时，往往要把人的行为、结果的原因归为内因和外因。

归因理论主要包括凯利的归因理论和维纳等人提出的归因理论。

凯利提出的归因理论将人的行为归为内因或外因。他认为，分析、判断某个人的行为是内因还是外因引起，主要取决于三个因素：一致性（consensus）、一贯性（consistency）和特殊性（distinctiveness）。

维纳等人提出的归因理论用两个维度来描述具体的原因：第一个维度是“原因是内在的还是外在的”；第二个维度是“原因是稳定的还是不稳定的”。这样就可以得到解释四种工作业绩的原因类型：能力、努力、工作难度、运气。

人的归因过程具有一些特征，有时会发生归因偏差。尽管人们在评价他人的行为时有充分的证据支持，但人们总是倾向于低估外部因素的影响，而高估内部或个人因素的影响，这被称为基本的归因错误（fundamental attribution error）。当人们在评价自己的行为时有一种自我服务倾向性——成功了，会归因于自己内在因素（如自身能力和努力）；失败了，会归因于外部环境因素（如工作难度太大或运气坏）。这些被称为自我服务偏见（self-serving bias）。

提高知觉和归因的准确性有以下方法：从多个角度获得信息；从多个来源获得信息；从多个时间点获得信息；要采用理性和系统思考的分析方法。

阿马柏利（Amabile）提出了创造性的三要素模型（three-component model of creativity）。根据该模型，提高个体的创造性可以从下面三个方面努力：提高个体的信息量和知识量；提高个体创造性的思维技能；提高个体的内在热望。

复习思考题

1. 关于人的行为模式有哪些不同观点？

2. 什么是知觉？包括哪些不同类型？重要性是什么？

3. 什么是知觉偏差？结合自己的工作和生活实例，详细说明知觉偏差现象及其原因。

4. 知觉偏差什么时候需要避免，什么时候需要运用？

5. 认识知觉偏差产生的原因对解释和预测人的行为有什么作用？

6. 试仔细分析知觉过程的不同阶段。

7. 什么是归因？归因结果对人的行为具有什么影响？

8. 详细解释凯利和维纳等人提出的两种归因理论。认识这两种理论对改善管理工作具有什么意义？

9. 人会产生哪些类型的归因偏差？归因偏差什么时候需要避免，什么时候需要运用？

10. 如何提高知觉和归因的准确性和创造性？

本章案例

如何在应聘面试中恰当地表现自己

一、面试前

面试是个复杂的系统工程，面试前需要详尽而又周密的准备。准备的情况如何，很大情况决定了应聘者面试的成功与否。

(1) 了解、定位自己

如果你打算卖一件东西，你会在推销之前先想清楚东西的卖点是什么？卖给谁？以什么样的价格卖出去？这同样适用于人们找工作的时候。找工作的过程实际上就是推销自己的过程。所以，推销之前，有很多非常重要的问题要思考。你的人生理想是什么？你想要从事的职业是什么？你有什么样的性格、兴趣爱好？适合什么职业？同其他应聘者相比，你的优势和劣势在哪里？你有哪些重要成就，做过哪些值得一提的事？你未来的发展计划是什么？你能够胜任什么级别的职位和待遇？也许有人认为了解自己是件相对容易的事情，但事实上，同大多数知觉过程相比，了解自己的过程同样受众多因素的影响，是非常复杂的，因为人是非常复杂的，而了解、判断自己的过程又很难保持中立、客观。所以，人们往往是从别人对自己的评价中得出自己的性格特点；自己的优势、劣势往往是从过去的一两件成就或者失败的案例中总结出来的；在判断自己适合什么工作的时候，人们往往更愿意认为自己适合那些“高档”、“光鲜”的职业。

而定位自己的过程，除了要对自己了解外，实际上还要求你对整体就业环境、对招聘公司、对你的竞争者有准确的判断，这更是件非常复杂的事情。

例子1：2001年毕业的某软件学院动画设计专业学生小王，一心想在网站设计上有所成就。他带着精心准备数月的动画网站作品毛遂自荐到各网络公司求职的时候，迎接他的却是一次次闭门羹。时值网络泡沫破灭，网络公司头疼的不是找不到人才，而是如何裁员。小王在找工作时，虽然考虑到了自己的兴趣、爱好和职业理想，但一相情愿地认为网络公司一定会青睐他这样有这方面专长的人才，而忽略了整体就业环境对公司进行决策时起到的影响作用，导致了失败。而他的同学——同样学习动画设计专业的小李，在定位自己的过程中，充分认识到了整个就业环境的特点，利用自己的专长，在广告设计公司找到了一份满意的工作。

例子2：林女士是即将毕业的MBA学生，有着优秀的外语水平和多年的实践经验，所以她信心十足地在家里等待着某著名外企的面试通知，可她等到的结果却是简历未通过。林女士质疑这个结果，人力资源经理简单地回答了她的疑问：“很抱歉，如果您参加了我们的招聘会的话，应该了解到我们这次主要招聘的是比较低级别的职位，适合没有经验的本科生。您很优秀，但我们这次提供的职位并不适合您。”

因此，充分的自我了解和定位是十分必要的，这不仅能够保证面试的成功，还可以避免在找到梦寐以求的工作后不久却发现这家公司并不适合你。

找工作通常不是一蹴而就的，当你面对一次次挫折的时候，又如何再次重新审视和定位自己？这又是一个非常复杂的归因过程。失败的原因是什么，是因为自己的选择、定位出了问题还是由于其他原因？是不是太自负了，目标是不是设定得过高了？不同的人经历失败后的收获也是不同的，归因能力强的应聘者在失败的过程中能敏锐地发现和分析、总结问题，从而对自己有更准确的认识和定位。归因能力弱的应聘者经历了失败，也带来了更多的困扰、更多的影响因素，更加难以作出判断。

（2）包装自己

了解了自己的兴趣、爱好，给自己设定了职业目标之后，就要开始向目标公司求职了。公司考察应聘者，一般先从简历开始。

例子3：A公司人力资源经理王先生面前摆着今天招聘会上收到的一千多份简历。他又是欣喜又是发愁，欣喜的是有这么多候选人供他挑选，发愁的是如何才能尽快从中挑出合适的人选，通知其来参加随后公司组织的面试。王先生决定先采用通常公司筛选简历都会使用的办法——关键指标筛选来剔除大部分简历。所谓关键指标，就是设定一些硬性条件，把不符合这些条件的简历剔除掉。王先生飞快地浏览着。这个专业不对口，不要；这个学习成绩不优秀，不要。轮到某大学生小张的简历了。小张为了这份简历可是下了很大工夫的，二十多页纸图文并茂地记载了他从小学到大学的各项成就，内容丰富不说，还找了专门的美术社进行排版、印刷。与其说是简历，其实更像是一本宣传册。小张投递简历的时候信心十足，心想这样精美的简历一定能吸引人力资源经理的眼球。事与愿违，王先生拿过简历，看都没看，直接扔到了一边。“我要的信息夹杂在你这二十多页文字、图片中，看完你的简历至少要花五分钟时间，每份简历都这么厚，我今晚不睡觉也看不完所有的简历啊。”

小张犯了求职过程中很常见的知觉错误。因为面对海量的应聘者，人力资源经理在第一轮筛选简历的时候首先想到的并不是根据你的闪光点来把优秀的应聘者挑出来，而是首先把不符合条件的简历剔除掉。在一页至二页纸的空间内，简洁、清楚地呈现出你的基本信息和成就，将最值得突出的经历或成就用黑体或者斜体突出出来，是比较职业、比较受人力资源经理认可的做法。由于简历筛选过程中的知觉特点，所以在这一过程中不犯错误甚至比出彩更重要，因为犯了错误往往是致命的。

例子4：小李将印有向A公司求职字样的简历递给了B公司。B公司的人力资源经理陈先生看到后立即将其丢弃在一旁。“无论你多么优秀，但你对我们公司这样不重视，要你来面试也是浪费彼此的时间。”

第一印象的重要性毋庸置疑，面试者敲门进入面试房间的那一刻，面试官第一眼看到的就是你的仪容、气质。从组织行为学的角度来讲，印象的形成大部分来自于非语言信息，看到的比听到的更让人印象深刻。因此让自己看起来好看、舒服一些，对于你的面试结果有很大的影响。所以如何着装，是个绝不能马虎的环节。干净、整洁自不必说，面试着装还要考虑许多因素，其中最重要的是你的着装会给面试官留下什么样的印象。所以面试着装其实是个非常典型的知觉问题。既然是知觉问题，就要考虑对方对你的感受，因此面试着装并没有一成不变的标准，而是要根据对象不同而因地制宜的。

例子5：计算机系的应届毕业生小李为求职作了充分的准备，这其中自然包括一套价值不菲的西服套装。A 公司为其提供了一个程序员岗位机会。尽管只是第一轮面试，小李觉得还是应该做到万全准备，面试前特地将西服、领带、衬衫干洗，熨烫整齐，为的是给面试官一个最好的第一印象。因为是第一轮面试，公司安排了部门的一名程序员小陈来主持，希望能够考查一下小李基本的技术知识。面试过程显得有些滑稽，面对西装革履的应试者，一身休闲的面试官小陈竟然有些紧张，拘谨地问了几个问题后面试匆匆结束。握手告别后小陈松了一口气："怎么感觉好像我被面试啊。"

有了上次的失败经历，小李这次面试吸取了教训，穿戴的随意得多。这是一家日资企业，接待人员彬彬有礼地将小李领到了面试房间。没等坐下，小李的心里已经凉了半截，因为他面前的几位面试官无一不是西装、领带。原来，对于大部分日企来讲，着装都有着严格的规定，面试更是非常正式的场合，即便是技术职位的面试，也马虎不得。

例子 6：天气预报说明天 34 摄氏度，小刘明天要参加一个欧洲咨询公司的面试。小刘犯起了嘀咕：这么热的天，我如果穿的一身整齐、长袖衬衫配上领带，是不是太呆板了？都说欧美企业管理上很人性化的，估计穿短袖去比较合适吧。第二天的面试进行得还算顺利，面试类型是咨询公司常见的案例面试，小刘很有条理地完成了案例分析。不过，他的面试官是这样向人力资源经理汇报面试结果的："小伙子很聪明，也具备基本的商业知识。但是，如果把我放在客户的角色上，我不会接受他给我提出的解决方案。学生气太浓，不够职业，他说什么我都很难信服。"显然，他随意的着装是造成这种印象的重要原因之一。专业服务类企业如律所、会计师事务所、咨询公司、投资银行等，高度的职业化是其从业者所必备的基本条件，因此着装上格外严谨、保守。

例子 7：在小王的印象中，电视中企业领导们都是风度翩翩，相当有派头的。小王参加面试的行头也不含糊，一身名牌不说，衬衫上还特意配上了精致的袖扣，再配上一副细边黑框眼镜，小伙子看起来非常英俊、潇洒。此刻小王坐在某大型国企总部的会议室内接受面试，对面几位领导正襟危坐，让人不免有些紧张。小王很有自信，侃侃而谈，领导们频频点头表示认可。面试结束了，人事部负责人请示坐在中间的老总的意见，老总的回答非常简单："不踏实，不能要。"这样的结果，恐怕很大部分原因要归罪于小王的那身行头。

二、面试中

面试是个交互的过程。同所有知觉过程一样，面试官决策的结果其实并不取决于应试者所拥有的或者所表现出的能力，而是取决于面试官所感知到的应试者的能力。大部分的时候，这个感知过程还受到外界因素的影响，充满了各种知觉偏差问题，如知觉的选择性、晕轮效应、知觉的恒常性等，应试者也无从把握，有时随机性很强。

例子 8：小丁正在接受面试。面试时间规定为 30 分钟，还有 5 分钟面试就结束了。在面试官王总的眼里，眼前这位小伙子感觉上普普通通，结果似乎已经确定了。面试时间还没到，出于礼貌，王总还是让面试继续进行了下去。该问的也都问过了，还剩下 5 分钟，随便问点什么吧。

王总："你有什么爱好？"

小李："我的爱好是旅游，有的旅游经历会让我终身难忘。"

王总："是吗，那你说说你都有什么特别的旅游经历？"

走南闯北、见多识广的王总暗自心想你一个小孩子能有什么特别的经历。

小李："我在大三的暑假，从成都骑自行车一路到拉萨……"

王总听到这个回答，竟然马上来了精神："什么？你从成都到拉萨，骑自行车？你竟然坚持下来了？走的是川藏线还是滇藏线？用了多长时间啊……"

原来，王总也酷爱旅游，还是个酷爱徒步、自行车旅游的背包族。年轻的时候走过大江南北，却唯独一直没能下定决心去西藏，这一直是他不小的遗憾。眼前这位年轻人的形象马上发生了变化，越看越亲切，觉得他谈起历险经历的兴奋劲，酷似年轻时的自己。面试结束时间到了，秘书进来提醒王总。王总说："嗯，我知道了，你安排一下，把后面的面试顺延 10 分钟……小丁，你接着说。"……

例子 9：吴经理今天的心情非常糟糕，因为上午竟然被下属当着其他员工的面顶撞，让他很是难堪。看着眼前放着的两份简历，吴经理心想心情不好归不好，可别耽误了正经事。于是，吴经理努力让自己保持心平气和的心态进行下午的面试。这是一个重要岗位的招聘，通过前几轮的面试，已经圈定了两个候选人，下午的面试两个人表现得都不错，还真是让吴经理难以取舍。既然临场表现都不错，只好参照两个人简历中的基本信息作选择了，毕竟面试只是一时的表现。简历比较的结果竟然也是各有千秋，都是学校的好学生啊。"咦，应试者甲来自 A 大学。A 大学，那不就是上午顶撞我的女孩毕业的学校吗！"上午的一幕幕浮上眼前。"他们学校的学生不听话，不好管啊！"

面试过程中面试官一般会安排一个让应试者问问题的环节，既表示对应试者的尊重，能够让应试者更多地了解企业，也是发现对方兴趣点的好办法。应试者却往往如临大敌，不知道该问什么问题才恰当，才显得自己"有水平"。这么一个双向沟通的环节，也经常容易出问题。

例子 10：公司的首轮面试是由参加工作两年的小宋主持的。因为专业相近、年龄相仿，小宋对应试者小李的面试过程进行得非常顺利，到了问问题的环节了。看着眼前这个比自己小两岁的小师弟，小宋觉得有好多经历可以和他分享，有许多过来人的经验想传授给他，满心期待小李来问问题。小李很是得意地抛出他早已准备好的问题："我知道贵公司去年在 A 国市场实现了 N% 的营业额增长，同时在 B 国又针对该国特点，推出了××产品，市场占有率超过了××竞争对手……"这是小李的策略，在问问题的时候不忘表现他对公司的了解和自己的见解。"我的问题是，今后 5 年，公司在全球范围内是如何制定自己的战略的？"小宋顿觉哭笑不得，且不说你的前言中好多新闻和数字我也是头一次听说，就说你问我的问题，你觉得问我一个工作两年的小兵合适吗？小宋出于礼貌，硬着头皮把从公司大会里听到的一些公司未来远景方面的信息讲给小李听，中间还要以面试官的姿态对小李不时表达的个人见解发表自己的评价。这个让小宋非常尴尬的问题终于结束了，小宋心想下个问题我要好好回答，顺带把该介绍、该分享的东西说一下。"你还有什么其他问题吗？""您刚才的解答让我受益匪浅，我没有其他问题了"。

三、面试后

面试结束并不代表你能做的努力就结束了。考虑到知觉过程中的各种现象，如近因效应，应试者可以做的还有很多。

例子11：王总正在电脑前犹豫不决：小陈和小张两个应试者表现都不错，实在难以取舍。他试图努力回忆昨天面试两个人的表现，试图作个最后决策。这时电脑提示有新邮件，打开一看，是一封来自小张的感谢信。在信里，小张又一次表达了对公司浓厚的兴趣，对面试过程中没有回答清楚的问题作了解释，最后还不忘重温一遍面试过程中的一个有趣场面。王总看后不禁一笑，昨天面试的一幕幕在脑海里又过了一遍。“嗯，就是他了！”

案例思考题

1. 上面11个案例分别反映出人在知觉和归因过程中的哪些特点？

2. 站在应聘者的角度，为了成功地获得工作机会，应该如何掌握和运用知觉和归因过程的规律，从而有更好和合适的行为表现？

3. 站在面试考官的角度，为了选择到自己真正需要的人，有时应该如何避免知觉和归因方面的缺陷？

参考文献

1. 杨锡山等．西方组织行为学［M］．北京：中国展望出版社，1986.

2. 斯蒂芬·P. 罗宾斯．组织行为学［M］．10版．孙健敏，李原译．北京：中国人民大学出版社，2005.

3. SCHERMERHORN J R Jr.，HUNT J G，OSBORN R N. 组织行为学［M］．8版．刘丽娟，杨月洁，徐菡等译．北京：清华大学出版社，2005.

4. 理查德·L. 达夫特，雷蒙德·A. 诺伊．杨宇，闫鲜宁，于维佳译．组织行为学［M］．北京：机械工业出版社，2004.

5. 张春兴．现代心理学［M］．台北：东华书局印行，1991.

6. B. Weiner，I. Freize，A. Kukla，L. Reed，S. Rest，and R. M. Rosenbaum. Perceiving the Causes of Success and Failure［M］. //JONES E，KANOUSE D，KELLEY H，et al.，Attribution：Perceiving the Causes of Behavior［M］. Morristown，NJ：General Learning Press，1971：pp. 45～61.

7. AMABILE T M. Motivating Creativity in Organizations［J］. California Management Re-view，Fall 1997：p. 43.

8. Russo J E，Schoemaker P J H. Decision traps：The ten barriers to brilliant decision-making and how to overcome them［M］. New York：Simon & Schuster，1989.

9. 金W钱，勒妮·莫博涅．蓝海战略——超越产业竞争，开创全新市场［M］．吉宓译．北京：商务印书馆，2005.

10. 爱德华·德·波诺．六顶思考帽［M］．德·波诺思维训练中心编译．北京：新华出版社，2002.

第3章 学习与决策

学习目标

1. 认识到学习对人的重要性，掌握学习的准确概念。
2. 掌握人的知识来源模型中获取知识的四种方法和实施的具体措施。
3. 掌握获取知识和传递知识的有效方法。
4. 了解、掌握人获得新的行为的三种不同理论（行为理论、认知理论和社会学习理论）的内涵和管理实践方法。
5. 掌握对人的行为绩效管理的组织行为矫正方法。
6. 认识决策的内涵，以及不同的决策类型及其针对的问题特点。
7. 了解决策的过程，以及对过程中不同阶段的管理方法。
8. 充分认识和掌握四种重要的决策行为模型：经济理性模型、有限理性模型、判断经验与偏差模型、社会模型。
9. 认识人的个体特征对决策效能具有的影响及有效地管理这种影响的方法。

第一节 学习的概念和重要性

学习（learning）是我们经常提起和熟悉的名词。你今天如果听了老师讲课、看了书、做了作业，你就可以说“我今天学习了”。而在组织行为学中，“学习”一词还有更多的内涵。不同学者对学习提出了不同的定义。很多学者将学习主要定义为行为的改变。譬如，杨锡山（1986）在其著作《西方组织行为学》中认为“学习是人们经过练习而获得的、带有永久性的行为改变”。维斯（Weiss，1990）将学习定义为“在经验的作用下发生的相对持久的行为改变”。罗宾斯（2005）还特地强调了该定义的四个重要方面：①学习的定义中关注的是行为，只有行为活动出现了变化，才意味着学习发生了。②学习关注的是变化，这种变化可以是积极的，也可能是消极的，但都可称为学习。③这种行为变化应该是相对持久的。暂时的变化可能仅仅是反射的结果，而不是学习的结果。如果一个人的行为突然有了改变，但只是“五分钟的热情”，那就不是持久的行为改变，不能称为学习。④学习必须包含某种类型的经验，这些经验可以是自己的直接经验（亲身实践或观察），也可以是间接经验（如阅读、看影视作品等），行为的改变是由这些经验引起的。

尽管在西方组织行为学中，绝大多数学者将学习定义为行为的改变，但是作者认为，在定义学习时，我们还是应该强调“知”和“行”两个方面，这样更加全面、准确，更符合社会现实。因为，人的改变确实包含“知”和“行”这两个方面，而且这两个方面还互相影响。中国古代学者提出的“知行合一”，实际上也谈到了人学习应该达到的目标和境界。所以本书作者将学习定义为：学习是人的认知（知识）和行为发生改变的过程。

一个人降生到世界上，有一些行为是本能的、天生的，而大量的行为是经过后天学习而来。人在成长的过程中，学会了如何工作，如何生活，如何与家人、同事、朋友以及陌生人相处，如何面对成功和失败、机遇和挑战，如何面对事业发展的起步、发展、高峰和退休期，如何面对自己的童年、少年、青年、中年、老年，甚至生命的最后时光。人生是一个单向的过程，永不可逆。不同的年龄阶段，人总会面临新的环境，过去的经验以及从中总结出的规律可以给人们一些参考，但永远不可能帮助人们百分之百地预测和解决未来的问题。处于变化的环境中，人们必须终身学习。毛泽东说“活到老，学到老”就是这个道理。从这些分析中我们也可认识到，学习也是人们适应环境的动态过程。中国正处在社会变革时期，随着经济的全球化、信息技术的飞速发展、政治经济体制政策的改变和社会多元文化的初步形成，需要企业的领导者和员工不断学习新的知识，改善自身的行为，更好地适应环境。

作为企业，要对新进来的员工进行培训，使员工在工作中按企业希望的观念和行为方式去工作。对员工来说，这也是一种学习。我国一些知名的企业如联想、华为、中兴等，以及一些外国公司都非常注重对新员工的培训。因此，很好地了解、掌握学习方面的理论和方法，对管理自己和他人的知识和行为具有重要意义。

下面，我们将分别论述学习的两个方面：人如何通过学习获取新的知识、人如何通过学习获得新的行为。

第二节　人如何通过学习获取新的知识

一、人获取知识的重要意义

关于学习，有一个非常基本的、人人都不可回避的问题值得我们进行专门和系统的探讨和思考：人应该如何有效地去获取知识，以及如何将自己的知识有效地传递给别人？一方面，生活在一个充满变化的环境和时代，我们每个人只有不断地学习、获取新的知识，更新、完善自我，才能保持可持续生存和发展，作为领导者也才能建立长青的基业。另一方面，每个人总希望把自己人生积累的知识和经验传递给其想传递的人（如领导者想将自己的经验传给接班人并让所有员工领悟其经营理念且付诸行为，教师想将自己的学识和经验传递给学生，父母想将人生经验传递给孩子等），这样人们积累的知识和经验才能让别人少走弯路，才能发挥更大的作用和价值。然而，并不是人人都能处理好这两个问题，由此也就造成了一些个人和组织不能自我更新而保持长久生存和发展，以及人一辈子积累的知识、经验不能为后人理解、借鉴使后人重蹈覆辙的结果。总之，人们不能有效获取和传递知识曾造成了多少个人、组织和社会的问题或悲剧。

但长期以来，除了正规教育外，人们将获取知识和传递知识视为一种自然行为而没有将其作为一个专门问题来系统研究。作者认为，人获取知识和传递知识的过程实际上是可以被管理的。下面，我们先分析知识的概念，提出人的知识来源模型，然后基于此模型建立人的知识获取和知识传递过程的管理方法。

二、前人关于知识的概念和人的知识来源的一些研究

从古希腊时代开始，哲学就经常探讨“什么是知识”这样一个问题。西方哲学家普遍认为，“知识是经过验证的真实的信念”。这个概念最初是由柏拉图在其著作中提出来的。关于人的知识来源，西方哲学中存在着理性论和经验论。理性论认为，真正的知识并非是感官的经验而是心理思维过程的产物，知识可以通过运用概念、法则、理论等思维的构成物进行演绎推理得来（数学就是例子）；经验论却认为，知识是人通过对特定感官经验进行归纳而得到的。

在组织行为领域，Kolb（1984）提出了个人学习循环四阶段模型，认为学习就是解释人们在这个世界上发生的事情，同时通过人的思维将其转化为一种抽象的概念（即知识）并在现实中将这种概念加以运用的过程。这四个阶段是：①实在的经验（concrete experience）。人在这一阶段获得亲身的体验和经历，②反思性观察（reflective observation）。人在这一阶段对体验和经历进行回顾和反思，并重新进行有意识的观察，③抽象的概念化（abstractive conceptualization）。根据对经验的反思进行抽象思维，提出概念（即知识）。④积极的实践（active experimentation）。将获取的知识运用于新的实践并检验它，重新回到第一步即再次获得实在的经验。个人的学习及知识的获取和运用就是这样循环反复进行的。Gavin（2000）认为，人的学习有三种方式：①知识收集（Intelligence）。通过收集组织内外的信息和知识进行学习。②经验学习（experience）。通过不断的实践经验获取知识进行学习（如学习曲线的应用）。③实验学习（experimentation）。通过不断尝试，探索、发现新知识。Wenger（2002）等提出了“实践社区”（community of practice）的概念。它是在某个问题上有共同兴趣的人组成的群体相互交流和探讨，以深化各自在某个问题上的理解、知识和技能，利于人们的学习。

三、知识的概念、知识的存在位置、知识的来源模型

1. 知识的概念

陈国权（2003）认为，前人提出的知识概念，即“知识是经过验证的真实的信念”，显得过于完美了。人类在长期的实践和研究中，建立了自己的知识体系（如各种模型、定理、定律等），但是这些知识不能完全被认为是“经过验证的真实的信念”。譬如，关于光的本质，有的科学家曾提出光的粒子论，认为光的本质是粒子；而有的科学家提出光的波动论，认为光的本质是波。科学家最后得出的结论是光的波粒二象性论，指出光既是波，又是粒子，从而使我们更好地认识和利用了光。再如，牛顿第二定律是当时经过大量的实验总结出来的，经过广泛的实践应用，被认为是完全可以反映和预测物质运动的规律，甚至“放之四海而皆准”，但后来科学家却发现它只是对宏观物体在一定运

动速度范围内适用，而对高速运动的微观粒子就不适用了，需要用新的量子力学理论来分析。可以说，光的粒子论、波动论、牛顿第二定律等都是人类的知识，但都不能被称为是“经过验证的真实的信念”，而需要不断地修正和发展；即使量子力学、波粒二象性论等，也许还将在很多细节方面接受未来的检验而加以改进。自然科学中的知识如此，社会和管理科学中的知识也是如此。

陈国权（2003）认为，人类对自然和社会领域中的任何一个问题的认识都是不断深化发展的，在某个阶段提出的理论（即知识）并非“经过验证的真实的信念”，而只是“认知”（perception）而已。因此，陈国权（2003）提出知识的概念是：“知识是人对自然与社会的本象和法则的认知”，或“自然与社会的本象和法则在人脑中的投射”。这里，“本象”就是指“存在的真实状态或本质”，譬如研究“光是什么”就是在研究光的“本象”，光的粒子论、波动论、波粒二象性论等都反映了人对光的“本象”的认知。“法则”就是机理或规律，譬如研究“物质的运动遵循什么规律”就是在研究物质运动的“法则”。牛顿第二定律、量子力学中的有关定律等都是反映了人对物质运动“法则”的认知。既然知识从本质上是一种认知，认知就有可能是正确的，也有可能是片面或错误的；那么，知识也就有可能是对自然和社会的本象和法则正确的反映，也有可能是片面或错误的反映，并非绝对的“经过验证的真实的信念”，因此是需要不断发展和改进的。

2. 知识的存在位置

知识既然是“人对自然与社会的本象和法则的认知，是自然与社会的本象和法则在人脑中的投射”，所以知识应该隐含或存在于三种地方：（1）隐含在自然与社会的现实与历史之中，有待人的认识和挖掘；（2）投射在人的大脑中，人通过与自然和社会的交互，形成对其本象和法则的认知；（3）记录在一定的媒介（或载体）上，这是人将其大脑中对自然和社会本象和法则的认知重新编码存储在其他媒介（如书、文件、报告、网站、录像带等）上。因此，人的知识也就隐含或存在于这些位置。图 3-1 表示了知识的概念、知识隐含或存在的位置以及人类知识的来源途径。关于知识的隐含或存在的位置，本文以人对树叶的知识做比喻（见图 3-1 最下边部分）。先看最左边的一片树叶：真实的树叶存在于自然之中，它的本象和法则也就隐含在其中。再看中间的树叶：人通过去观察树叶，形成了对树叶的认知（即知识），存在于人的大脑中（如画家脑中的树叶）。最后看最右边的树叶：人将其大脑中对树叶的认知文本化了，记录在媒介上（如画纸上的树叶）。

3. 人的知识来源模型：四种方法

根据图 3-1 中知识隐含或存在的位置，陈国权（2003）提出人的知识来源的四种方法：①体验法（experiencing）。通过在自然和社会环境中实践、观察、体验，直接获得知识。②交流法（communicating）。通过与有知识的人交流，间接获得知识。③解读法（reading）。通过解读载有知识的各种媒介（如书、期刊、网站等）来获得知识。④反思法（reflecting）。通过专门、有意识、有目的地总结、研究和反思已有的经验和知识，来获得新的知识。显然，人获取知识时可能对四种方法都会采用，只是针对不同的知

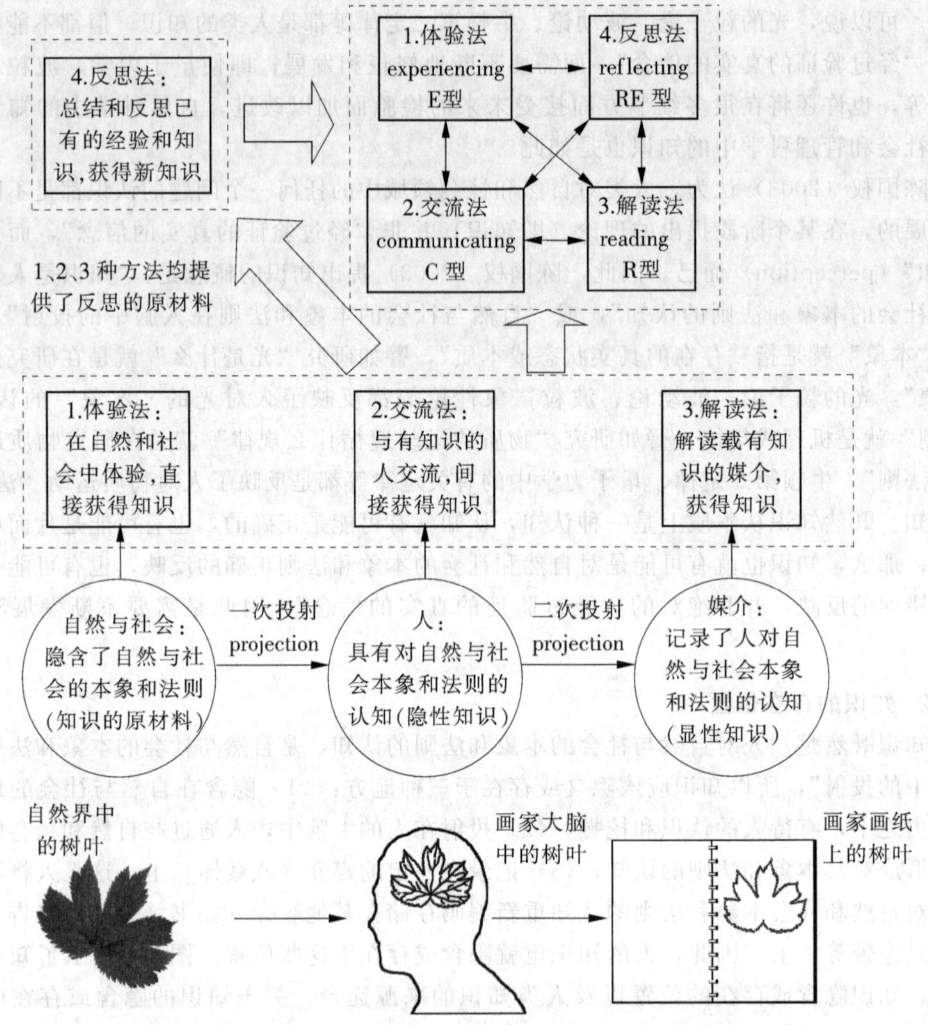

图 3-1　知识的概念、知识隐含或存在的位置以及人的知识来源模型

资料来源：陈国权．人的知识来源模型以及获取和传递知识过程的管理［J］．中国管理科学，2003，11（6）：pp. 86～94.

识可能侧重于采用不同的方法。另外，不同方法之间是相互关联和支持的关系（图 3-1 右上部分箭头代表）。

四、人的知识来源模型中四种方法的实施要点

1. 体验法

体验法认为，人的知识不可能凭空产生，源头上都来自于周围的自然和社会环境，人通过与自然和社会的直接交互能获得大量的信息、知识和灵感。譬如，人从鸟类飞翔中得到启发，发明了各种飞行器；人从蚂蚁和大雁的行为方式中得到灵感，更能深刻体会团队工作的要领；人从雪花的分形结构中得到智慧，提出建立分形的企业组织结构；

杰克·韦尔奇一次在海滨游泳时突发灵感而提出公司“无边界管理”的理念，强调像GE这种大规模的跨国公司管理中要打破各部门、各层次之间的壁垒，让信息和知识能得到充分的共享和交流……人类在宇宙世界中是非常渺小的，其生存、发展所需要的很多方面，如空气、阳光、食物以及知识和智慧等都来自于自然。人只有用心去融入、观察、聆听、感受和领悟自然，才能悟出更多的知识和智慧。人离自然越近，就越能获得知识。人类历史发展到今天，现代科技和管理已经非常先进，但为什么我们依然发现古人的很多经典著作非常有价值，现代人的思想和理论很难超越它们？作者认为，古人所处的社会环境比现在要简单得多，没有现代社会这样的物欲横流和浮躁心态，他们能静下心来，用心地感悟自然，从自然中领悟出真道（即自然的本象和法则）。除自然外，人的知识还来自于对社会环境的体验。一个孩子生下来，生活在不同的国家，其体验和领悟的知识是不同的。一个大学生毕业后，工作在不同的组织、不同的部门和岗位，与不同的人交往、共事，工作、生活上经历不同的事情，得到的体验和知识都将是不同的。

体验法的核心观点是：人要丰富自己的知识，先要丰富自己的体验。要点如下。

（1）适当变换环境

人获得灵感和顿悟有时需要新的外界刺激。如果人长期在一种熟悉的环境下工作和生活，也许很难产生新的灵感。人们常说：“熟悉的地方没有风景。”新的环境给予的刺激会激发人的灵感。让自己有在各地工作、生活或旅行的经历，体会各种自然和人文景观、文化、风土人情、生活方式，会极大地丰富一个人的体验，从而获得新的知识。有人说：“好文章只此人情物理，名将相无非孝子贤孙。”人对自然和社会接触和体验得越多，就越能体会各种“人情物理”（知识），做出好文章，丰富知识，成就人生和事业。譬如，国内某著名管理学院院长经常去国外大学和研究机构考察学习，前后加起来有几年时间。他说，这些经历大大开阔了眼界、丰富了知识，对他如何在国内办好管理学院起了十分重要的作用。

（2）用心观察环境

人还可以经常用心观察身边的环境，从一些习以为常的现象中思考和学习。曾有一个教授讲授《创造学》时用了这样一种方法：让学生每天观察一次家门口的一棵树上的某片叶子，连续记录下这片叶子的变化，然后让学生在一定天数后作分析，结果很多学生都有意想不到的体会和发现。

（3）适当尝试不同的工作

尝试不同的工作有多种方式：更换工作组织的类型（年轻人在刚开始工作头几年可以尝试不同的单位，以积累经验）、在同一个组织中进行工作轮换（日本企业对员工常这样）、地点轮换（跨国公司培养有潜力的年轻员工的方法）。

（4）适当尝试新的做法

即使一个人在同样的组织和岗位上工作，也可以尝试用不同的方式。一个领导也要敢于突破旧框框，尝试新做法。中国领导人进行改革开放，都是“摸着石头过河”，先慢慢做试验，从中总结知识和经验，再不断推广。

(5) 适当尝试与不同特点的人打交道

人们经常只愿意与自己合得来的、自己能管得了的、自己的朋友等打交道。其实，人应该尝试与上述情况相反的人打交道，积累不同的体验，这样可以丰富人的经历、知识和经验，今后处理类似问题会更为有效。

(6) 适当尝试挫折

人们经常只愿意经历成功，不愿体会挫折和失败。其实适当地体验失败对一个人是非常重要的经验。作者认为，在一些不是至关重要的场合，不要过于追求成功，可以做适当的冒险，尝试一点失败，观察周围的反应，积累人生经验。

(7) 适当尝试预测

预测某些正在进展的重大事件的未来结果，到时候通过将自己的预测与实际的结果进行比较，可以检验和发展人的知识和智慧。

总之，体验法的核心就是要尽可能地丰富一个人多方位的体验，从而达到丰富其知识的目的。在管理教育中，很多参与活动和场景的安排，实际也是在给学生模拟各种体验。

2. 交流法

交流法认为，人的很多知识来自于别人的教导、分享和指点。人的知识在很大程度上来自正规教育，除此以外，人的知识还来自非正式的渠道。一个真正善于向他人学习的人是那些善于寻找任何机会、向任何值得学习的人学习的有心人。在人们的正规教育基本相同或没有本质差别的情况下，人与人之间成功的差别在很大程度上来自非正式渠道的学习。一些成功的政界领导人、企业家和学者，都曾有受到智慧之人“指点”或“点拨”的经历。通过这些非正式渠道的学习，人们可以丰富自己的知识，特别是得到名家指点并与之交流，更可以大大开阔自己的视野，使知识得以融会贯通。这种非正式渠道的交流对成年人的学习显得特别重要。

交流法的核心观点是：要丰富自己的知识，就要丰富自己的人际学习网络。

(1) 规划自己获取知识的人际网络

一个人首先要根据自己所需要获取的知识，寻找并确定具有这些知识和经验的人，要建立自己知识来源的人际网络。人必须扩大视野，了解社会里不同的职业类型，分析不同职业人士中哪些可以成为自己获取知识的人际网络中的一员。这种人际网络可以包括外部同行、内部员工、合作者、服务对象（如客户）、社会各界人士、朋友等。在建立获取知识的人际网络时，还要学会评估这种网络的有效性：一是效能（effectiveness)，即网络中确实包括具有自己所需知识的人。二是效率（efficiency）。要选择那些自己本身又有很好的获取知识网络的人进入自己的网络中，那就可以通过这个人高效地获得更多的知识网络。

(2) 建立从别人那里获取知识和指点的双赢条件

建立了有效的获取知识网络，还必须思考一个重要问题：网络中的人凭什么愿意与你交流，传授知识给你？显然，你需要与对方建立双赢的关系。尽管不同的情况下人们会有不同的建立双赢关系的条件，但作者认为，在非正式渠道的学习中，知识的相互交流、分享是非常重要的回报方式。

(3) 建立从别人那里获取知识和指点的良好心态

要从别人那里获取知识，人还必须具备四种良好的心态：虚心、诚心、童心、用心。第一，虚心。中国人常说“山外有山”。老子《道德经》第66章上说：“江海之所以能为百谷王者，以其善下之也，是以能为百谷王。”Argyris（1991）在《哈佛商业评论》上的文章《如何教聪明的人更好地学习》中指出，聪明人由于有太多的自我防卫心态，所以就不愿意接受别人的教导。一个人只有真正具有自己知识不够的心态，才能更好地学习。第二，诚心。一个人只有发自内心地表现出真诚，才会获得名家的指点和传授。历史上很多成功人士，由于自己的真诚都获得过有识之士的指点。第三，童心。《易经》中“蒙卦”是专门论述人的学习的，其第六五爻为“童蒙，吉”。意思是说：人保持一种童心（即开放和好奇心）对其学习是非常重要的。成年人学习新知识困难的原因之一就是在其意识中沉淀的教条、框框和偏见。第四，用心。只有用心，才能在与人交流的过程中抓住每一点知识。

（4）掌握交流的技巧

还要掌握交流的技巧。要学会与对方“深度汇谈”（dialogue）（Senge，1990），使自己进入对方所言谈的环境和境界；要真正站在对方的角度看待和分析其经验和教训，才能真正理解并获得知识；也要学会引导对方理解自己关注的问题和环境，使其能对你“对症下药”。深度汇谈式的交流过程应该是情感气氛良好的、合作的、开放的，只有这样才能产生碰撞和火花。深度汇谈式的人际交流既是人创造也是获取和传播知识的方式。人在交流过程中还要注意根据人的不同特点，采用不同的编码表达方式，尽量用故事、案例等方式作为知识载体，这样才能更好地表达和传递知识。与不同的人交流方式的不同，实际上就是采用的知识载体的不同。孔子提出的“因材施教”，说的就是要根据对象的不同特点采用不同的教学方式（即知识载体）。

3. 解读法

解读法认为，人类大量的知识记载在各种媒介（如文献、书籍、杂志、报纸、电视以及网站等）中。这些媒介是对各种自然和社会现象、事件和规律等知识的记录，是人获取知识的重要来源。毛泽东熟读中国历史和古书，掌握了前人的经验和教训，对成功指导中国革命起了重要作用。国内一些优秀的企业家很认真地研读中国的古书，从中领悟前人的智慧，为己所用。还有些企业家很善于从权威的杂志和网站中动态地把握最新的信息、知识和走向，以使本企业的管理和决策紧跟时代的脉搏。

解读法的核心观点是：要丰富自己的知识，就要丰富自己获取知识的媒介。

（1）建立自己知识来源的媒介

人要根据自己所需要获取的知识，规划和建立自己知识来源的媒介。此时同样需要自己扩大视野，或求助于名家的指点，规划自己获取所需知识的全面而高效率的最佳媒介。譬如，企业家的媒介可以是：中国的古书、经典的商业和管理著作、知名和有特色的国内外商业期刊、电视、网站等。

（2）采用合适的解读方法

解读并非易事。尽管前人早已将知识和智慧写在书上，但并不是所有后人都能领悟到这些并指导自己的人生和事业。作者认为，读书的根本问题是要真正理解原作者表达思想和知识的文字编码方式，站在作者的角度来理解其要表达的含义。譬如，很多人即使借助白话解释也不容易真正看懂古书，主要原因是不了解古人的表达方式（即文字编码方式)。古人表达时惯于采用比喻和精练的方式(即成语),如拔苗助长、狐假虎威等。其实每个成语都是一个故事。如果不懂这些成语的来龙去脉,就无法解读古书。作者认为解读古书有八个要点:了解古人文字表达中的典故,弄清通假字在当时的含义,了解作者写作此书的背景和方式,联想现实世界以及自己掌握的有关知识来理解作者的观点,用建设性而不是完美的态度来看待作者的观点,给自己创造一个心静的环境来以静养智慧,随时记下自己的认识和理解,分析、选取其中对自己的现实工作和生活有价值的观点并列出具体的应用方法。做到这几点,解读的成效就会大大提高。

4. 反思法

反思法认为,人的很多知识是基于对过去所发生的、经历的、了解的事情或案例以及已有的知识,进行回顾、分析、总结、归纳和反思而得到的。孔子说,"温故而知新";人们常说,"前事不忘,后事之师"。人是通过不断的尝试、摔倒,然后回顾、纠正,最后学会了骑自行车。人类很多重大的发明和突破,都是来自对以前实验成败的总结和反思。很多企业家的英明决策常来自对以前错误决策的总结和反思。"失败乃成功之母。"自然和社会世界中所有的规律、法则和道理,都隐含在它们的系统本身以及历史的长河里所发生的事件之中,人类只有经常向后看,不断总结和反思,才能认识和领悟其中的本象和法则,获得知识。然而,从过去发生的事情中学习绝非易事,表现在:对很多人而言,成功的事件不易重复,而同样错误却一犯再犯。

反思法的核心观点是:要丰富自己的知识,就要建立科学的反思习惯和方法。

(1) 要形成总结和反思的习惯

一个人不能只是一个劲地往前走,应该在适当的时候停下来,给自己总结和反思的时间。古人特别强调"反躬自省"、"吾日三省吾身"。反思可以是在人完成某个阶段的工作、经历完某件事情、完成了人生的某个阶段后进行,每个人可以根据自身的情况选择适当的时机进行总结和反思。中国共产党在历史上特别重视进行阶段性的批评和自我批评,从而使中国革命能从胜利走向胜利。美国军队已经将事后评估法(after action review,AAR)作为军队每次完成任务后必做的一件事来进行反思和学习(Garvin,2000)。Kleiner(1997)等提出了一种学习历史法(learning history)来帮助公司人员从历史和发生的案例事件中学习反思。

(2) 反思前要重视记录和收集信息

要使反思的过程发生,人必须先有体验或进行调查研究,才能获得反思的原材料。因此,人要养成重视记录所经历事情和感受的习惯,如记日记、写案例。除了正常的记录外,还要注意有意识地进行收集和调查。毛泽东指出"没有调查就没有发言权",这里可引申为"没有调查就没有反思",但收集和调查都需要花费成本。另外,有时当一个项目完成时间太长,人们需要很长时间才能看到其结果时,反思也是难以进行的。譬如,我们现在很难马上得到三峡工程能否抵御百年不遇的洪水或战争的考验的结果,因此对一些年龄很大的设计人员也许就很难在其有生之年来总结和反思其设计,反思的过程只能由后人来完成了。这些都会给本人通过反思而学习造成困难。

(3) 反思时要采用全面和真实的信息

只是收集了信息还不行，反思过程还必须真正使用全面和真实的信息，才可能得出正确的结论（知识）。否则，反思过程得出的将是错误的结论。譬如，美国在1984年发射“挑战号”航天飞机时发生爆炸，就是由于反思时只是采用了以往所有发射的一部分数据，从而得出了“发射环境温度与密封圈磨损无关”的错误结论（知识），因而造成历史惨剧。但在现实中，采用全面和真实的信息并不容易，以偏概全、自我防卫、领导权威、面子和情感因素等都是阻碍。

(4) 要有理性、冷静、中正、客观的反思态度

有了全面的信息，还必须有客观和建设性的解读才能获得知识。解读就是对这些信息进行归因的过程，得出之所以会这样、那样的原因和机理。知觉的选择性（片面）、知觉的恒常性（思维定式或思维偏见）、知觉防卫、自我服务倾向、晕轮效应、先入效应、近因效应等都是需要避免的。譬如，有人做事成功了就归功于自己，失败了就归罪于他人。还有人通过反思过程得出与自己已有的或传统的知识不一样的结论时，不敢打破传统的认识框框，突破不了传统的心智模式（mental model），尤其当人们经历失败后进行反思时更是不敢面对现实。总之，反思过程的正确态度必须是：理性、冷静、中正、客观。

(5) 要运用正确的思维方法得出结论

人们还必须建立正确的思维方法进行反思。除了传统逻辑学中的求同法和求异法、现代数理统计分析和数据挖掘方法外，系统思考（system thinking）方法（senge，1990）在分析、寻找事物之间的因果关系和本质机理方面是非常有用的。系统思考法能帮助人们站在一个包含了更多因素的大系统内来思考问题，而且考虑时间延迟特性，因而使人们能看清整个系统的系统动力学特征，从而更好地发现各种事件间的因果关系，得出正确的结论。

(6) 形象表述反思得出的知识

要善于将总结和反思所得到的知识、经验和教训用简明、形象、比喻和生动的语言来表达，以利于今后应用。譬如，邓小平在改革开放初期提出“不管白猫黑猫，抓住老鼠就是好猫”、“两手抓，两手都要硬”、“摸着石头过河”、“发展才是硬道理”等。国内外一些成功的企业家也特别善于总结、反思，提出自己的一套管理理论。譬如，韦尔奇总结出“无边界管理”，柳传志总结出“搭班子、定战略、带队伍”、“拐大弯理论”和“入模子培训”等。

(7) 沟通分享

一个人要善于将总结、反思出的知识与人分享，进行传播，以发挥作用，还可从别人那里得到反馈意见，从而不断改进。

(8) 敢于将总结反思得到的知识应用于实践并不断改进

要敢于应用和实践自己提出的知识，举一反三，应用在自己工作、生活的不同方面，在实践中不断总结、分析、改进和完善。譬如，毛泽东思想是经过多次的革命实践总结出来的，邓小平理论是经过多年的改革开放实践总结出来的。一种知识和理论只有通过不断实践才能得以检验、深化和完善。

五、知识来源模型的应用：将人获取知识和传递知识的过程管起来

从知识来去的角度来说，任何人在这个世界上都要做两件事：①获取自己所需的知识，用于工作和生活；②将自己有关的知识和经验传递给自己想传递的人。下面从两个角度来讨论知识来源模型的应用：①指导人们如何获取知识；②指导人们如何传递知识。

1. 人的知识获取过程的管理

陈国权（2003）提出了人的知识获取过程的管理模型。一个人根据知识来源模型获取知识的过程包括以下步骤（见图 3-2）：①确定自己人生的事业和生活目标；②确定为达到该目标自己需要哪些不同的知识；③系统规划、选择不同知识的不同来源方法（如体验法、交流法、解读法、反思法）；④综合实施不同知识的不同来源方法（如体验法、交流法、解读法、反思法）。四种方法的实施要点上面已有论述。下面只举例简要说明个体使用四种方法时的角色。

假设，当一个人（简称 A）想获得某种知识（简称 K 知识），采用四种方法时的角色如下。

- 体验法。A 先要分析、确定什么样的环境和体验可以使自己体验得到 K 知识，然后创造条件获得这种环境和体验，使自己获得 K 知识。这时 A 既是计划者也是参与者。
- 交流法。A 先要找到具有 K 知识的人，然后用合适的方法进行交流，使自己获得 K 知识。这时 A 既是计划者也是参与者。
- 解读法。A 先要确定什么样的媒介可以使自己得到 K 知识，然后用合适的方法去获得和解读，使自己获得 K 知识。这时 A 既是计划者也是参与者。
- 反思法。A 先要确定什么样的反思方法和技巧可以使自己反思得到 K 知识，然后按照这种反思方法和技巧进行反思，使自己获得 K 知识。这时 A 既是计划者也是参与者。

这里只是单个地看这四种方法，实际上这四种方法可能会综合采用，此时就需要系统地规划和实施。对每个人来说，终身学习获取知识的过程是一个复杂的系统工程。要获取的知识越多，时间越长，系统就越复杂，因此要有系统的思维和方法才能有效地将该过程管理好。

总之，通过图 3-2 所示的过程，再加上第 3 部分论述的四种方法的具体操作要点，应用系统工程方法，我们就可以将人获取知识的过程有效地管理起来。

2. 人的知识传递过程的管理

陈国权（2003）还提出了人的知识传递过程的管理模型。一个人根据知识来源模型传递知识给别人的过程包括以下步骤（见图 3-3）：①了解某人（要传递的对象）的某些工作和生活目标；②确定某人为达到该目标需要哪些知识；③总结自己的知识并确定哪些准备传递给某人；④系统规划自己的知识传递给某人的方法（如体验法、交流法、解读法、反思法）；⑤帮助某人综合实施获取自己知识的不同方法（如体验法、交流法、

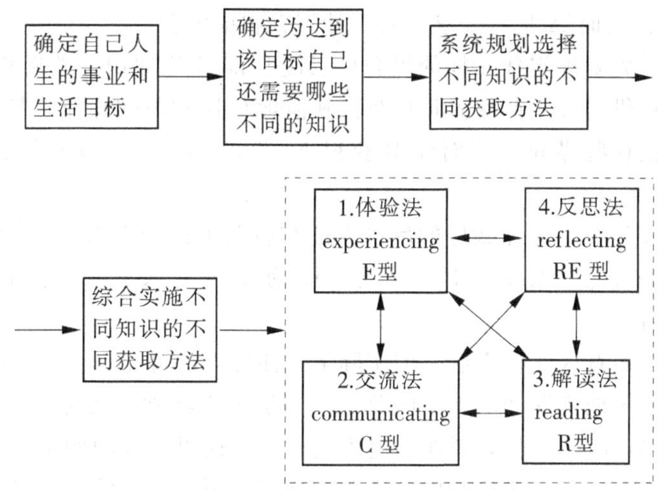

图 3-2 基于知识来源模型的知识获取管理过程图

资料来源：陈国权．人的知识来源模型以及获取和传递知识过程的管理［J］．中国管理科学，2003，11（6）：86～94.

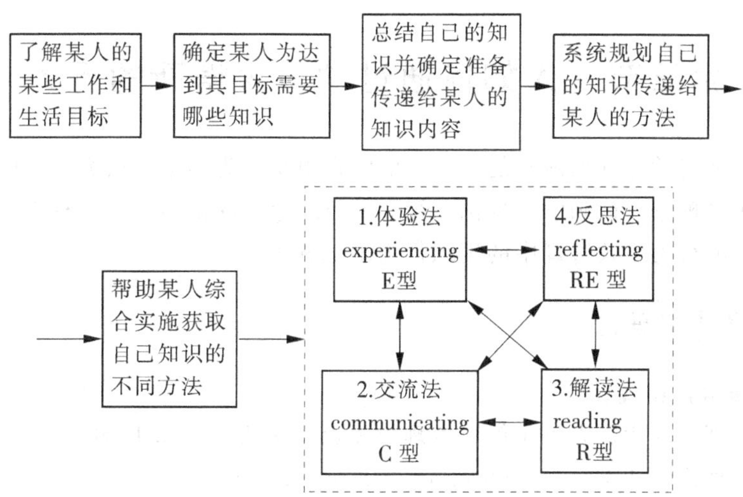

图 3-3 基于知识来源模型的知识传递过程管理图

资料来源：陈国权．人的知识来源模型以及获取和传递知识过程的管理［J］．中国管理科学，2003，11（6）：86～94.

解读法、反思法）。四种方法的实施要点上面已有论述。下面只举例简要说明人在实施四种方法中的角色。

假设，当想传递知识的人（简称 A）想将自己的知识（简称 K 知识）传递给需要这种知识的人（简称 B）时，A 可以帮助 B 实施这四种方法，A 的角色要点如下：

- 体验法。A 先要分析确定什么样的环境和体验可以使 B 体验得到 K 知识，然后帮助 B 获得这种环境和体验，使 B 获得 K 知识。这时 A 是一个计划者和提供者。
- 交流法。A 要与 B 交流，甚至还要找到具有 K 知识的其他人与 B 交流，使 B 获得 K 知识。这时 A 是一个参与者、计划者和提供者。

- 解读法。A 先要确定什么样的媒介可以使 B 得到 K 知识，然后将自己的 K 知识写成文字提供给 B，或者帮助 B 获得其他含有 K 知识的媒介，甚至参与和帮助 B 来具体解读这些媒介，从而使 B 获得 K 知识。这时 A 是参与者、计划者和提供者。
- 反思法。A 先要确定什么样的反思方法和技巧可以使 B 反思得到 K 知识，然后帮助 B 进行反思（甚至与 B 一起反思），使 B 获得 K 知识。这时 A 是一个计划者和参与者。

这里只是单个地看这四种方法，但实际上这四种方法可能都会采用，也许只是时间不同，这时就要系统地规划和实施。因此，将知识传递给别人实际上是一个系统工程。要传递的知识越多，时间越长，系统就越大越复杂。这里最好的例子就是父母对小孩的教育。对父母来说，这是一个终身的系统工程项目。要使自己的人生经验能很好地传递给子女，人就得有这种系统的思维和方法才能有效地将这个过程管理好。

总之，通过图 3-3 所示的过程，再加上前面论述的四种方法的具体操作要点，应用系统工程方法，就可以将人传递知识的过程有效地管理起来。

第三节　人如何通过学习获得新的行为

人到底是如何学习（形成新的行为）的？在组织行为学中，研究人员曾提出了三种理论：行为主义理论、认知学习理论、社会学习理论。在论述完这三种理论后，我们还要介绍在对人的行为绩效管理中的组织行为矫正方法。

一、行为主义理论

1. 经典条件反射理论

行为主义理论的代表人物是俄国生理学家巴甫洛夫（Ivan Pavlov），他提出了经典条件反射学习理论（classical conditining learning theory）。

（1）非条件反射

人的很多行为是非条件反射的结果。譬如，轻轻敲打人的膝盖附近，小腿就会弹起。巴甫洛夫拿动物做实验，他在狗前面放一块肉，狗就会分泌唾液。这种行为是先天的、本能的对刺激的反应，不能称为学习。

（2）条件反射

我们都知道，对一只刚生下来不久的狗，在它面前打铃发出铃声，它是不会有唾液分泌的。也就是说，铃声这种刺激不会导致狗产生分泌唾液的行为。但是巴甫洛夫却做到了这一点。他做了一个实验，每次在狗面前放肉之前都先加上铃声，狗会因为看到肉而分泌唾液。试了若干次以后，狗一听到铃声（即使没有肉），也会分泌唾液。这说明，狗产生了行为改变——听到铃声就分泌唾液，这就是学习。

在上面的例子中，肉是非条件刺激物，有它必有分泌唾液的行为，这是非条件反射。铃声是条件刺激物，它本身并不能使狗产生分泌唾液的行为，但条件刺激物（铃声）与非条件刺激物（肉）同时使用，并产生行为后，就可以使狗认识到条件刺激物与非条件刺激物之间的联系，从而使得条件刺激物单独存在时也会产生行为。

2. 操作性条件反射理论

操作性条件反射理论（operant conditioning）的代表人物是美国哈佛大学心理学家斯金纳（B. F. Skinner），其主要观点是：行为是行为结果的函数。指的是，人们会根据其某种行为的结果好坏来继续这种行为（形成持久的行为改变），或者停止这种行为（也是一种行为改变）。譬如，如果一个人在某种行为发生后，得到令其高兴、满意的结果，那么这种行为就会重复；如果其得到的是令其不开心或不满意的结果，就会减少或停止这种行为。这种情况在心理学中被称为强化（reinforce）。凡能影响行为频率的刺激物，即称为强化物（reinforcement）。因此，人们可以通过控制强化物来控制行为，求得员工行为的改造（behavioral modification）。

在管理实践中，有四种强化方式：①正强化（positive reinforcement）。这是指用某种有吸引力的结果，使得员工好的行为重复出现。②负强化（negative reinforcement）或回避（avoidance）。这是指预先告诉某种不符合要求的行为或不良绩效可能引起的不良后果，从而让员工通过按组织所要求的方式行事或避免不符合要求的行为来回避这些令人不愉快的后果。③自然消退（extinction）。这是指对员工的某种行为不予理睬，以表示对该行为的轻视或某种程度的否定，从而减少员工的某种行为。④惩罚（punishment）。这是指以某种带有强制性和威胁性的结果来创造一种令人不快甚至痛苦的环境，以表示对某些不符合要求行为的否定，从而消除这种行为重复发生的可能性。从强化的时间安排上有连续强化和间断强化两种方法，会影响强化的效果。

关于强化理论，在后面工作激励部分还会有相关论述。

3. 经典条件反射理论和操作性条件反射理论之间的区别与联系

经典的条件反射理论和操作性条件反射理论都属于行为主义学派。本作者认为，经典的条件反射理论关注的是图 3-4 所示的前端的“刺激”，操作性条件反射理论关注的是后端的“结果”，目的都是为了持久改变中间的“行为”。

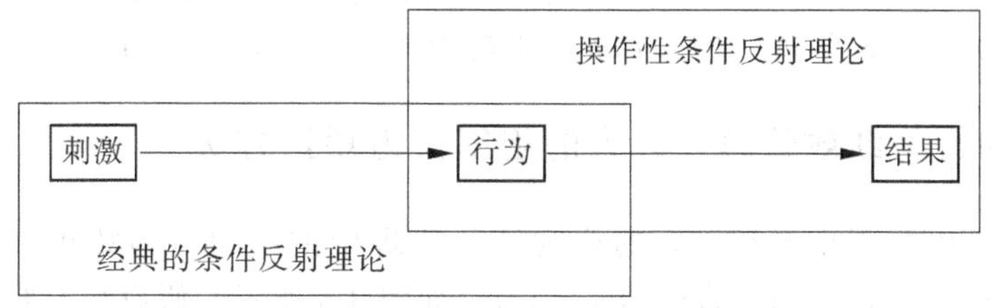

图 3-4 行为主义理论中有关学习的两种理论之间的关系

二、认知学习理论

认知学习理论的主要代表人物是格式塔学派的科勒（W. Kohlar），他在特纳利夫岛上研究黑猩猩的学习行为长达七年之久，写出了经典著作《猿猴的智力》。杨锡山教授

(1986) 在其著作《西方组织行为学》(第 63 页) 中专门介绍了科勒进行黑猩猩试验的摘要。

“科勒于 1913 年接受普鲁士学院的邀请到康那利群岛中的特纳利夫岛研究黑猩猩。由于第一次世界大战的爆发，他被迫留在岛上，研究了近七年的黑猩猩学习。他的一项研究是，把笼外的香蕉用绳子绑着，猿猴踌躇片刻后将香蕉拉入笼内。科勒认为，在这种情景中，动物把问题作为一个整体就很容易掌握。另一个例子就是把香蕉放在笼外猿猴拿不到的地方，还放了几根中空的竹竿，每根竹竿都太短，在笼内够不着笼外的香蕉。为了解决这个问题，两根竹竿必须接起来（一根末端插进另一根的一端），使其成为其长度足够达到香蕉的竹竿。因此，动物必须在两根竹竿之间发现一种联系。

苏丹是科勒的一只最聪明的猿猴，当最初面临这个问题时它失败了。后来它站起来拾起两根竹竿，坐在旁边的箱子上，茫无目的地玩弄竹竿。玩着的时候，碰巧发现两根竹竿可以连接成一条直线，于是把细小的一根插入较粗的一端。于是猛起转身，跳起来冲向笼栅，开始用接起来的竹竿去取香蕉。”

科勒认为，黑猩猩们突然产生这种新的行为，是因为一种顿悟，也就是其认知方面的突然改变。从这个意义上说，认知学派强调，人的认知的改变会引起行为的改变。人一旦有了新的认知，懂得了新的知识或道理，其行为就会发生变化。譬如，一个人一旦加入教会，就会不断受到教化和感召，其行为就会发生改变。在日常工作、生活中，我们会发现，一个人经历某种事情，会在某天突然悟出某种道理，行为也就随之而改变，甚至是脱胎换骨的改变。

作者认为，认知学派理论在组织行为学中虽然强调得不多，但应该引起重视。因为人是高级的、有智慧的、偏理性的生物，认知的改变会对行为的改变产生重要影响。

三、社会学习理论

20 世纪 70 年代出现了以班杜拉为代表的社会学习理论（social learning theory），该理论与前面理论最大的不同主要是：行为主义学派和认知学派都强调基于直接经验的学习，而社会学习理论强调学习的另一种途径——间接经验，即通过观察、了解和思考别人的行为而获得自身行为的改变。这种理论认为，人类许多行为是从观察别人的行为中习得的。这里包括注意和记忆别人的行为和模仿再现。一个人生下来，很多行为都是模仿别人而形成。人们常说“近朱者赤，近墨者黑”，就是这个道理。

四、人的行为绩效管理——人的组织行为矫正方法

鲁森斯（2003）提出了在对人的行为绩效管理中的组织行为矫正方法（organizational behavior modification，简称 OB Mod），如图 3-5 所示。假设我们要改善服务员对客户的服务，我们可以采取下列步骤。

第一步：要在银行柜台服务员的所有行为中，找出那些对其工作绩效（如工作效率和客户满意度等）具有重要影响的关键行为。因为，据研究表明，员工所做的每一件事（或每一种行为）对其绩效结果并不具有同等的重要性，真正关键的行为只占总行为的 5%～10%，但可以给员工带来 70%～80%的绩效（罗宾斯，2005）。

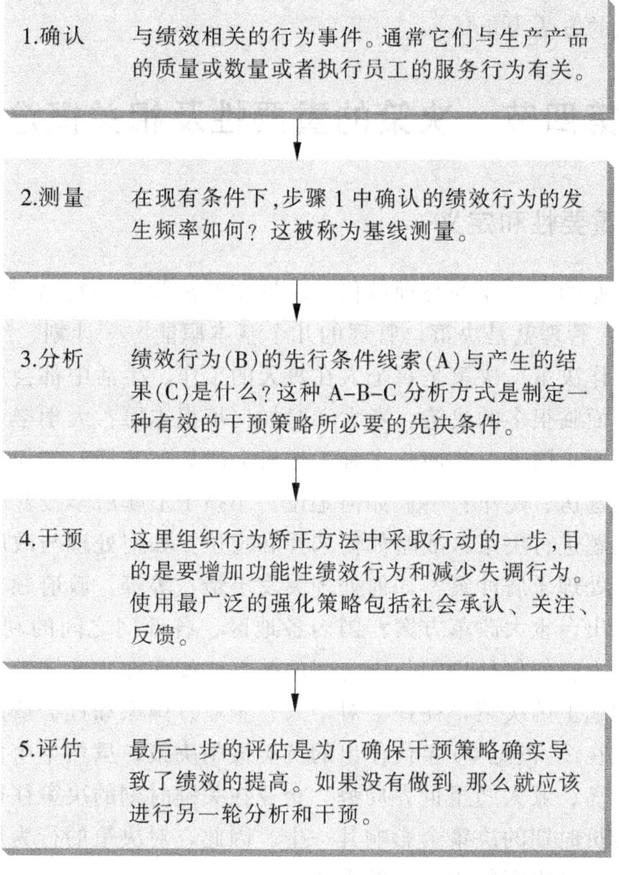

图 3-5 鲁森斯提出的人的行为绩效管理中的组织行为矫正方法

资料来源：弗雷德·鲁森斯．组织行为学［M］．王垒等译．北京：人民邮电出版社，2003.

第二步：测量员工在上述关键行为方面的现状，即发生的频率。这需要通过对员工的行为进行实际观察，员工自我回答问卷，员工的上司、同事或者客户填写问卷等方式来实现。这里需要采用比较定量的方法进行。

第三步：分析因果关系。哪些因素（A）会导致产生与绩效有关的行为（B），而这些行为（B）又会导致产生哪些结果（C）。这一阶段最好是几个人在一起集思广益，根据组织的现状进行系统的分析，理清各种因素之间的相互关系。只有这样才能有针对性地进行干预。

第四步：采取行动、进行干预。通过采取一些具体措施，提高导致关键绩效行为的因素 A（譬如社会承认、关心、积极正面的反馈等），从而增加此行为 B 的频率；或者降低导致不良绩效行为的因素 A（譬如忽视、批评、惩罚等），从而减少此行为 B 的频率。管理者要根据具体情况采取合适的策略。

第五步：评估改进。评估采取的正面干预措施在多大程度上增加了导致良好绩效行为的频率以及最终绩效的改进情况，评估采取的负面干预措施在多大程度上减少了导致不良绩效行为的频率以及最终绩效的改进情况。这步工作需要获得定量的数据并进行定量分析。如果有改进，就继续原来的方案；如果没有效果，就应该重新进行分析和干预，直至找到有效的方法为止。

第四节 决策的重要性及相关概念

一、决策的重要性和定义

决策是非常普遍的、重要的心理过程。诺贝尔经济学奖获得者赫伯特·西蒙（Hebert Simon）指出：管理就是决策。管理的几个基本职能——计划、组织、领导、控制等，每个方面都要作决策。决策是每个人在每天的工作、生活中都会遇到的问题。

人在一生中要面临很多的决策：考大学时如何填报志愿？大学毕业时是工作还是继续读研究生？要不要出国学习？面临多种工作机会时如何选择？如何选择朋友？如何选择终身伴侣？如何选房、购车？事业如何定位？小孩子上哪所学校？等等。企业管理者经常需要对下列问题进行决策：战略如何选择和定位？如何处理与政府、合作者、客户之间的关系？如何处理矛盾冲突？如何处理突发事情？等等。政府领导人需要在下列方面进行决策：如何出台重大改革方案？国内各地区、各部门之间的利益矛盾如何化解？如何合理地分配权力？如何处理国与国之间的关系？如何在联合国针对重大国际问题进行投票？在重大问题上的决策，往往会对个人、企业、国家和社会造成重大而深远的影响。譬如，毛泽东在20世纪50年代作出的抗美援朝决策，虽然半个世纪过去了，但至今还在影响朝鲜半岛、亚太乃至世界局势。企业在关键时刻的决策往往关系到其生死存亡。个人在人生转折时期的决策会影响其一生。因此，对决策的行为加以研究，以提高人的决策能力，一直是组织行为学中的重要领域。

那么，什么是决策？对于这样熟悉的名词，要给其下一个严格的定义时，往往并不容易。作者认为，决策是人在面临多个目标和方案进行分析、选择和解决的心理过程。在这个定义中，最需要强调的是“选择和解决”。如果摆在一个人面前的只有一个选择，那不能称为决策，只有当人面临多种可选方案或有多条路可走时，才是决策问题。著名组织理论学家巴纳德曾指出，“决策的过程主要是一个缩小选择范围的过程”。组织行为学要研究的就是人在面临多种可选方案时的心理行为特征，从而提出改进人类决策效能的手段。

二、决策的过程

不同学者提出了不同的决策过程模型。鲁森斯（2003）总结了西蒙和明茨伯格各自提出的三阶段模型。另外，罗宾斯（2005）还提出了理性决策过程的六个步骤。

1. 西蒙提出的三阶段模型

诺贝尔奖获得者赫伯特·西蒙认为，决策过程分为以下三个阶段。

(1) 智力活动

这个阶段主要是对环境进行搜索，确定决策的情景。

（2）设计活动

这个阶段主要是探索、发展和分析可能发生的行为系列。

（3）选择活动

这个阶段主要进行实际的选择——在上述可能的行为系列中选择一种行为。

2. 明茨伯格提出的三阶段模型

著名的组织理论学家明茨伯格及其同事提出了以下三个阶段的组织决策过程模型。

（1）确认阶段

这个阶段主要是认知到问题或者机会，并且进行诊断。

（2）发展阶段

这个阶段主要是搜寻现有的标准程序或者解决方案，或者是设计全新的、量身定做的解决方案。

（3）选择阶段

这个阶段主要是确定最终要选择的方案。

这种选择要么是通过判断（在决策者经验或者直觉的基础上进行判断），要么是通过分析（在逻辑和系统的基础上对备选方案进行分析），要么是通过权衡（由一组决策者参与决策的过程，并且政治的操纵参与其中，整个决策过程就是权衡的过程）。一旦决定被正式接受，授权就产生了。

3. 罗宾斯提出的理性决策过程

罗宾斯（2005）认为，理性的决策过程包含六个步骤（见图3-6）。

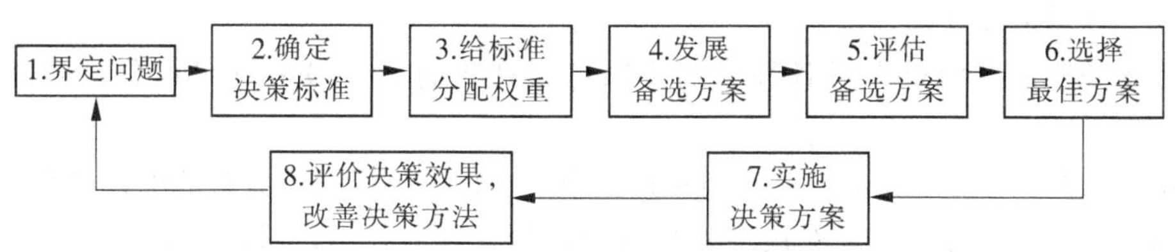

图3-6 决策的过程模型

说明：此图是本书作者在罗宾斯（2005）6阶段模型上加上后面第7、第8两个阶段后得出。

（1）界定问题

准确地界定问题是决策成功的第一步。人们在决策最初必须弄清楚要处理的是一个什么性质的问题？问题涉及的主要利益相关者有哪些？它们最关心的是什么？解决这个问题的关键在哪里？等等。如果一个人遇到问题就匆忙作出决策，最后的结果往往是错误的、事与愿违。

（2）确定决策标准

将决策问题的性质和关键弄清楚以后，还必须确定选择评判不同可选方案时需要考虑的主要方面（标准）。譬如，公司招聘选拔重要岗位人选时，就必须考虑几个因素，譬如，品德、个性、能力、经验、学习能力和发展潜力。

（3）给标准分配权重

确定决策标准后，还必须确定每个标准的重要性程度，也就是分配权重。譬如，上面的例子，企业招聘一个重要岗位人选，是品德更重要，能力更重要，还是个性适合更重要？是以前有过类似工作的经验、来了就能上手更重要，还是其本身的学习能力和发展潜力更重要？确定这些标准重要性排序是决策中非常重要的工作。

(4) 发展备选方案

通过各种方式获得可能的备选方案。譬如，企业可以通过发布招聘广告，获得可挑的人选。

(5) 评估备选方案

获得若干可能的备选方案后，就要根据前面确定的标准和权重分别对这些方案进行评价。譬如，企业可以针对上述几个候选人分别进行评价，综合打分。

对各种备选方案的评估，主要有两个指标：风险和不确定性。

① 风险（risk）。风险实际上代表了由某种决策 A 导致发生某种结果 B 之间的概率。在有风险的情况下，决策者虽然不能确切地知道给定决策方案行动的后果，但是具有足够的信息可以估计出产生不同后果的可能性。风险本质上是一个客观的概念，但由于人们对风险存在不同的认知，所以在实际决策中，人们对风险的主观认知对决策方案的最终选择影响也很大。

② 不确定性（uncertainty）。不确定性是指，决策者缺乏足够的信息来估计某种可选方案后果发生的概率的程度。不确定性越高，就越表明，决策者越不能估计某种决策方案产生某种后果的概率。越是确定性的情况，决策者就越清楚某种可选方案产生某种后果的概率。显然，不确定性是更难处理的情况。

(6) 选择最佳方案

采用各项标准和权重对各种可选方案进行评价打分，最后选出得分最高的最佳方案。

也许人们认为，决策到这一步就可以结束了。但是作为一个完整的决策过程，还应该包括实施该决策方案，并对决策效果进行评价，然后作出改进的过程。因为只有这样，人类才能不断改进前面六个步骤中采用的标准和方法，从而不断提升自己的决策能力。

(7) 实施决策方案

这是一个执行阶段，是把决策方案变成行动和现实的过程。譬如，企业正式聘用被挑选出来的某人担任某个岗位的职务。

(8) 评价决策效果，改善决策方法

这个阶段是有意识和系统地收集得到决策结果的信息，然后分析、评价下列方面：决策有没有达到预期的目的？为什么达到了或没有达到？决策中对问题的界定正确吗？决策标准选定得合适吗？各个标准的权重分配合适吗？备选方案的数量和质量过关吗？分析评估备选方案正确吗？最后确实是选择了得分最高的方案吗？实施方案过程准确到位吗？决策的最终效果如何？只有在充分回顾、反思了这些问题，才能吸取经验、教训，改进在各个阶段的表现，从而提高总体的决策成效。人的决策能力就是通过这种学习的过程不断改进的。

正确地认识、了解、掌握和运用上面决策的八个阶段模型对一个人的正确决策是非常必要的。

第五节　决策的不同类型和理论

一、决策的类型及其特点

1. 决策的类型

根据诺贝尔奖获得者赫伯特·西蒙的观点，决策可以分为两种类型：程序化决策和非程序化决策。

（1）程序化决策

这是指经常出现的、常规化的决策问题，以至于可以摸索出其中的规律，并制定出相应的决策程序和规则来解决它。这类决策称为程序化决策。譬如，企业日常的生产计划制订、普通员工的招聘、一般质量问题出现后决定排除方法等，都属于程序化决策范围。

（2）非程序化决策

这是指新的、突发的决策问题，没有现成的程序、方法和标准可以来处理这样复杂的问题，必须采用新的方法来解决它。这类决策称为非程序化决策。

2. 各类型的特点

一般来说，程序化决策处理的是结构良好的问题，其特点是：熟悉的问题，决策目标明确，后果容易估计，与问题相关的信息清楚，易于获取。

非程序化决策处理的是结构不良的问题，其特点是：新的决策问题，决策目标不很明确，后果难以估计，与问题相关的信息模糊，不易得到。譬如，突发的自然灾害（如1998年大洪水）、突发和大面积公共卫生事件（2003年的非典型肺炎）、恐怖袭击（如美国“9·11”事件）、突发性灾难（如美国挑战者号航天飞机发射时爆炸、哥伦比亚号航天飞机返回地球时失事）等，都属于结构不良的问题，需要采用非程序化决策方法。由于这种决策问题不常出现，所以没有先前建立的决策规则可以利用。这种类型的决策实际上需要解决问题（problem-solving）。这是一种决策形式，其中的问题是独特的，可选行动方案必须在没有程序化决策规则的帮助下提出并进行评价。

表3-1说明了程序化决策和非程序化决策之间在决策问题类型、出现频率、决策目标、所需信息、决策结果、组织的层次、决策需要时间、决策依据的基础等方面的差别。

二、决策的不同理论

关于决策理论的不同类型，人们提出了不同的分类方法。比较典型的有须英偶（1991）提到的规定决策论和陈述决策论，以及鲁森斯（2003）总结提出的四种决策行

表 3-1 决策类型的比较

特　　征	程序化决策	非程序化决策
决策问题类型	结构化强	结构化差
出现频率	重复的、日常的	新的、不经常的
决策目标	清楚、明确	不清楚、模糊
所需信息	容易得到、渠道明确	不易得到、渠道不明确
决策结果	一般	重要
组织的层次	组织低层	组织高层
决策需要时间	时间短	时间长
决策依据的基础	靠组织的决策规则和流程	靠个人的直觉、判断力和创造力

资料来源：在下列文献提供的表格上修改而成：MOORHEAD G，GRIFFIN R W. Managing People and Organizations：Organizational Behavior［M］. 5th. Houghton Mifflin Company，1998.

为模型。

1. 须英倜总结的规定决策论和陈述决策论

须英倜（1991）在《中国大百科全书：心理学卷》对规定决策论和陈述决策论进行了下面的详细论述。他认为，决策就是研究人们从多种可能性中作出选择的过程。决策理论可分为两类：规定决策论和陈述决策论。规定论研究为取得理想或最佳结果，应当如何作出决定的问题；而陈述论则关心在真实情况下人实际上是如何作出决定的。前者强调"应当"，带有规定性，是一种最佳理性模式；后者着重"实际"过程，是一种心理行为模式。

20 世纪 40 年代，美国的冯·诺伊曼（Von Neumann）和摩根斯坦（Morgenstern）提出博弈论，标志着现代决策论的产生。规定论应用概率统计方法提出以追求最大效益为目标的经济人决策模型，被广泛应用于经济、商业和企业管理中。50 年代 W. 爱德华兹研究了人的主观因素对决定过程的影响，对传统规定论提出了心理过程修正，形成了陈述决策论。

规定论和早期陈述论的研究都以经济统计模型为基本模式，其中最主要的概念为决策（或决定）过程中选择所得结果的实际效益以及被选择状态可能出现的概率。根据状态出现概率的不同，决策（或决定）过程可分为 3 类：①确定状态下的决策（相应于状态概率为 1）；②不确定状态下的决策（状态概率未知）；③带风险的决策（状态概率已知，但不等于 1）。在不同类型的决策方法中，主导思想都为求取最大效益。早期陈述论的不同在于它强调对概率和效益的主观度量。爱德华兹首先提出了主观概率的概念和用统计学理论描述的方法。各种心理实验手段，如心理等级排列、有限间隔测量等被用于对主观概率和效益的测量。

20 世纪 60 年代后期，随着认知心理学的发展，行为决策理论逐步脱离了传统的经济学和统计学模式而转向认知模式，其着眼点为决策（或决定）行为的内部认知过程和机制，这是所谓新陈述决策论。新陈述论有统计型和陈述型两类：统计型借助认知的统计描述进行判断和选择，其代表性理论为信号检测论；陈述型研究认知过程，以期发现判断和决策的奥妙，其中最重要的是 H. A. 西蒙提出的启发式判断理论。按照这种理论，人们不是通过复杂的统计演算，而是通过简捷的直觉判断作为最终决策基础。所谓直觉，并不是天生的灵感，而是以认识和经验为基础的信息加工结果，它是人的简化问题求取最佳决策的机制。

2. 鲁森斯总结的人类四种决策行为模型

根据鲁森斯（2003）对前人决策理论的系统回顾，总结提出了人类四种决策行为模型，如图 3-7 所示。

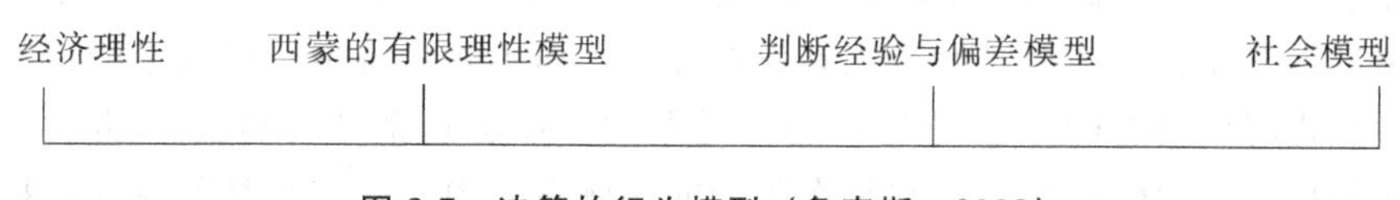

图 3-7 决策的行为模型（鲁森斯，2003）

（1）经济理性模型

经济理性模型在决策思想上存在着以下基本假设（Wallace 等，1982；杨锡山，1986）。

① 决策者是追求最大限度的组织目标的完全理性的人。

② 决策者拥有为作出最优决策所必需的全部正确的信息。

③ 所有决策者在作出选择时，能用相同的态度来运用信息。

④ 决策者只对能写成线性形式并具有一个或一组目标的问题找到最佳方案。

很显然，这些假设有时很难成立，完全理性模型有明显的局限。第一，该模型没有考虑到决策者的偏好、知觉、个性、动机和学习等心理因素对决策的影响。第二，随着社会的发展，一个人的知识和才能越来越不能适应决策的需要，因此需要群体决策，而参与同一决策的不同人会存在个体差异，不可能用完全相同的态度来运用信息作出选择。

（2）有限理性模型

西蒙为了用更加符合现实的模型来代替经济理性模型，提出了有限理性（bounded rationality）模型。他认为管理决策行为可以用下面的说法更好地描述（鲁森斯，2003）。

① 管理者追求的是满意解，而不一定是最优解。

② 管理者能够对真实世界进行适当的简化，而且对简化是满意的。

③ 管理者在选择时并不需要确定所有可能的方案并从中挑选，因为他们使用满意的原则而不是最大化的原则。

④ 管理者会用简单的经验启发式原则，或者总结出的生意窍门，以及以前的习惯方式来进行决策。这样的技术不会对他们的思维能力要求过高，而且也能令他们相对满意地解决问题。

西蒙的有限理性决策模型更好地反映了社会现实，获得了 1977 年诺贝尔经济学奖。它对管理实践的指导意义是，管理者的资源是有限的，必须考虑投入/产出的比例，没有必要投入那么多的资源来追求最优解，而应该将资源投在最能产生令人满意的投资回报方案上。

(3) 判断经验与偏差模型

西蒙的有限理性模型是对经济理性模型的重要补充，但是这个模型并没有说明决策判断的偏差是如何产生的，为此，认知决策学家卡纳曼（Kahneman）和特维斯基（Tversky）提出了判断经验与偏差模型。他们认为，决策者主要依靠启发式方法（简化的策略或者经验原则）来进行决策。所谓启发式方法（heuristic），是指人在解决问题时所采取的一种根据经验规则进行发现的方法。荆其诚（1991）在《中国大百科全书：心理学》中对这一概念作了非常细致的解释："启发式方法的特点是，在解决问题时，利用过去的经验，选择已经行之有效的方法，而不是系统地、以确定的步骤去寻求答案。启发式解决问题的方法是与算法相对立的。算法是把各种可能性都一一进行尝试，最终能找到问题的答案。但它是在很大的问题空间内，花费大量的时间和精力才能求得答案。启发式方法则是在有限的搜索空间内，大大减少尝试的数量，能迅速地达到问题的解决。但由于这种方法具有尝试错误的特点，所以也有失败的可能性。科学家的许多重大发现，常常是利用极为简单的启发式规则。认知心理学的信息加工理论认为，启发式是人类思维解决问题的重要方法。在人工智能中常用启发式设计计算机程序，模拟人类解决问题的思维活动，已经证明，这是一条有效的途径。"

这种判断的启发可以减少决策者对信息的要求，并通过以下原因产生实际性的帮助。

① 对过去的经验进行总结，并提供一个简单的方法来对现实情况进行评估。

② 制定简单的启发原则或者标准操作程序来收集复杂信息，并进行计算。

③ 节约大量的心理能量和认知过程。

当然上面这些方法尽管使决策过程变得简单，并在一定程度上让人满意，但也会导致错误和偏差，主要包括三个方面：

① 易获得性启发（availability heuristic）。这是指决策者在对判断进行认知输入时，倾向于根据他们记忆中事件发生的频率、可能性来进行判断。譬如，一些刚发生的、在我们自己身边的、当时影响很大的、印象很深刻的事件更容易从我们的记忆中被提取出来，作为我们判断的依据。譬如，人们在评估朋友对自己是否关心时，容易根据最近一段时间朋友对自己的行为来评价，而可能忽视其以前的表现。我们在判断学校的学风时，容易只从身边的学生表现作出评判。我们在评价一个人的品质或者能力时，会根据其所做的影响最大的一件事来评价。所有这些都是易获得性启发，给我们提供了在搜集信息和作出判断上的捷径。显然，这种捷径也会带来偏差。譬如，这种偏差可能会体现在，我们有时会夸大小概率事件发生的可能性（如飞机空难），而低估一些大概率事件发生的可能性。

② 代表性启发（representative heuristic）。这是指决策者倾向于根据一个业已存在的决策经验（特别是依据相似事件发生的陈规）来判断实际事件发生的可能性。譬如，管理者可能会根据以前跟某类人打交道的经验来判断他若再次与此类人打交道时的结果。这种判断有点类似知觉的恒常性，尽管能在有些时候给我们快速的判断，但也可能造成偏差，因为同一类人中总会有个体差异。

③ 锚定与调整的启发（anchoring and adjustment）。这是指决策者的判断是从一个最初的决策标准或价值开始，在这个标准的基础上进行调整，最后作出判断。譬如，我们在商场买东西时，或多或少都会受到售货员最初开出的价格的影响。这种启发性虽然能够使我们快速决策，但也会造成偏差，因为对方开出的初始价格可能与他能接受的成交价格相差甚远。

（4）社会模型

图 3-6 的最右端是来自心理学的社会模型。弗洛伊德认为，人类是由一系列的感受、情绪和直觉构成的，人类的行为主要是由无意识的需求所驱动。

很多心理学家的研究都表明，人类的决策行为会受到很多因素（如个人的情绪情感以及社会压力）的影响。

① 个人情绪情感的影响——承诺的升级

罗宾斯（2005）指出了承诺的升级倾向（escalation of commitment）这一现象。它指的是，人们一直固守着某项决策，尽管有明显证据表明该决策是错误的。譬如，当一个人在公共汽车站等车时，等得越久的人越会一直等下去，因为觉得自己已经付出了太多。一位女士和某位男士谈恋爱已经五年，现在发现这位男士已经发生了变化，没有多少优点可以吸引她了，但她可能还会同该男士结婚，因为她觉得自己已经付出了太多的情感。有人认为，付出越多越有包袱，越难以自拔。这是有一定道理的。承诺的升级主要的负面效果是，它使人们太多地关注沉没成本（sunk cost），让人在错误的泥潭中越陷越深，不能自拔。

当然，承诺的升级有时是很有积极意义的。它会使人坚持不懈地朝着一个目标奋斗到底，获得最后的胜利。譬如，马云经营阿里巴巴，虽然曾经历多次失败，但最后获得了成功。当代毕昇王选是激光汉字照排系统的创始人，最初也还有其他机构的研究人员在研究同样的技术，但他能坚持到最后，所以获得了成功。

② 群体社会压力

众所周知，心理学家阿什（Asch）所做过的实验表明了人类的非理性。他发现，在比较线段的长度这样的对与错、白与黑非常明显的情景中，有超过 1/3 的实验被测试者会屈从于团队的压力而作出明知错误的选择。这反映社会压力对人的行为影响巨大。

上述四个模型应该来说是总结了人在做决策时四种可能的行为方式。其中经济理性模型只是反映了人们作决策时的向往、理想或极限，它不会真正存在。西蒙的有限理性模型在很大程度上反映了现实，表明人们尽管向往追求最优解，但在实际上会对其理想的追求作出让步（或者说简化）——从追求最优解到追求满意解。判断经验和偏差模型从另一个角度反映了现实，它表明人们尽管希望根据最完美的理论作出决策，但在实际上会对决策的理论进行简化——人们会基于从过去的经验中得出的规则作为其决策的理论，而不会去片面追求完美的理论。人的行为特点极大地影响了这种简化过程，当然会造成一定的偏差。社会模型是最极端的非理性情况，反映了人在某种特定环境下会越来越偏离理性，越来越受到情绪情感、价值观、社会压力以及无意识的因素的影响。图 3-7 中，左右两种是极端情况，从左到右，决策的理性越来越减少，社会性越来越多。

中间的两种——有限理性模型及判断经验和偏差模型，代表了更多的现实情况，更好地反映了人类决策行为的现实、本质和共性，因此分别获得了1977年和2002年诺贝尔经济学奖。由此我们也可以说明，科学家对人的决策行为的研究和认识也是逐渐深入，越来越接近真实情况。

第六节　个体因素对决策的影响及提高决策效能的因素

一、个体因素对决策效能的影响

关于人的个体特征对决策效能的影响，我们以吉尔·哈夫等人的研究来说明。吉尔·哈夫等人在2005年发表的文章“An Empirical Test of Cognitive Style and Strategic Decision Outcomes”中，详细研究了个人的认知性格类型对人的决策结果的影响。他们先是提出了若干假设，然后采用了为期7天的模拟决策训练，对参加者的认知性格、决策结果进行了测量，采用统计方法进行了分析，得出了很有意义的结论。下面就简要说明。

1. 人的认知性格的测量

关于人的认知性格，他们采用的是MBTI测试方法。MBTI是麦尔斯和布瑞格斯两位心理学家在著名心理学家荣格的理论上发展起来的性格评估工具，它通过四个方面不同偏好（外向 Extravert/内向 Introvert、感觉 Sensing/直觉 iNtuition、思考 Thinking/情感 Feeling、判断 Judging/感知 Perceiving），将人的性格分为16种类型（ESTJ、ESFJ、ENTJ、ENFJ、ESTP、ESFP、ENTP、ENFP、ISTJ、ISFJ、INTJ、INFJ、ISTP、ISFP、INTP、INFP）。

2. 人的决策结果的测量

关于人的战略决策结果，他们采用的变量包括：决策质量、决断力和被感知的有效性三个指标。这些结果是通过一个决策模拟得到的。具体的做法是：

吉尔·哈夫等人得知一个由私人非赢利性培训中心赞助的领导力发展课程培训项目，有749名经理人参加。其中72%为男性，28%为女性；平均年龄为42.6岁；90%以上具有本科以上学历；50%以上来自员工超过10 000人的组织。这个培训项目长达一周时间，旨在通过决策模拟来提高这些参加培训的中高层管理者的领导力。培训项目名称为LGE（Looking Glass Experience）。培训师设计了一个制造眼镜的公司的案例，并给每个经理人都分配了一个管理角色（可以是总裁、副总裁、部门主管、车间主任等），并被分派到不同的小组，每个小组形成了这个公司的领导班子（包括1个总裁、3个副总裁、3个部门主管和2～3个车间主任），他们每人都有自己的办公室。他们需要为公司的发展作出各种真实的决策，每两个月还需要在一起召开1天的会议。在会议之前，参与者会拿到与他们职位相关的信息文件，并被要求在第二天早晨开会之前至少花两个小时来学习这些材料（如各种公司报表和备忘录）。到了第二天早上，参与者会找到自己的办公室、电话簿和可用的会议室收集额外的信息，举行会议并作出决策。培训师还告诉所有参加者，这些活动并非角色扮演或一般意义上的比赛，而是要求大家真刀真枪地分析公司情况，并进行经营决策，以战略性地推进这家眼镜公司的发展。研究显示，由于培训环境设计逼真，这些参与者很快就忘记了他们进行的是一场模拟决策，而是像往常工作一样行动起来。

整个模拟过程结束后，参加者要对自己的决策行为和结果表现进行自我评估。另外，来自参与者所在组织并受过培训的观察者也对参加者进行评估和反馈。评估指标包括：

① 决策质量。整个决策模拟过程中，会让每个参与者对一系列提问进行回答，回答时采用选择题的方式，每个提问都包含一系列的可能选择，可以挑选一个或多个选项。事先会邀请行业和学术领域的专家为每个提问的每种选择的质量进行等级评定，充分讨论直到达成一致意见，将每个提问的每种选择的决策质量确定为“好”、“差”或“无关紧要”，最后还要分配权重。譬如，“缩短无用的管理服务”是一个“好”选择，得分为10；而“参加有毒废物的政策行动团体”是一个“坏”选择，得分为1点。每个参与者总的决策质量按下面公式计算：整体决策质量=（“好”决策得分－“坏”决策得分）/“好”决策的总分。

② 决断力。在整个模拟过程中，每个参与者个人提交的问题总数代表其决断力。

③ 被感知的有效性。在整个决策模拟过程中，每位参与者都为所有参与者（包括自己）的“做事能力”（7级量表，从“最有效”到“最无效”）进行评估。

3. 研究假设：个人的认知性格类型与人的决策结果之间的关系

这些研究人员提出了下列假设。

假设1：NT型（直觉/思考）管理者比NF（直觉/情感）、SF（感觉/情感）、ST（感觉/思考）管理者更具有决断力。

假设2：NT型（直觉/思考）管理者比NF（直觉/情感）、SF（感觉/情感）、ST（感觉/思考）管理者更能制定高质量的战略决策。

假设3：E型（外向）管理者比I型（内向）管理者更具有决断力。

假设4：J型（判断）管理者比P型（感知）管理者更具有决断力。

假设5a：J型（判断）管理者比P型（感知）管理者被感知的有效性更高。

假设5b：T型（思考）管理者比F型（情感）管理者决策被感知的有效性更高。

假设5c：E型（外向）管理者比I型（内向）管理者决策被感知的有效性更高。

4. 研究发现：个人的认知性格类型对人的决策结果影响的统计分析

研究人员通过结构方程模型对上述数据进行分析，对各个假设进行了验证，得出了如表3-2所示的结果。

结果发现：假设1、假设2、假设5b、假设5c得到了验证，而假设3、假设4、假设5a没有得到验证。

表 3-2 个人的认知性格类型对人的决策结果影响的统计分析

研究假设序号	自变量	因变量	研究之前的假设	研究之后的证明
1（√）	NT，NF，SF，ST	决断力	NT 高；NF、SF、ST 低	NT 高；NF、SF、ST 低
2（√）	NT，NF，SF，ST	决策质量	NT 高；NF、SF、ST 低	NT 高；SF、ST、NF 低
3	E，I	决断力	外向(E)比内向(I)强	外向(E)与内向(I)没有差别
4	J，P	决断力	判断(J)比感知(P)强	判断(J)与感知(P)没有差别
5a	J，P	被感知的有效性	判断(J)比感知（P）高	判断(J)与感知(P)没有差别
5b（√）	T，F	被感知的有效性	思考(T)比情感(F)高	思考(T)比情感(F)高
5c（√）	E，I	被感知的有效性	外向(E)比内向(I)高	外向(E)比内向(I)高

最后的结论是：

结论 1 有证据支持：NT 型（直觉/思考）管理者比 NF（直觉/情感）、SF（感觉/情感）、ST（感觉/思考）管理者更具有决断力。

结论 2 有证据支持：NT 型（直觉/思考）管理者比 NF（直觉/情感）、SF（感觉/情感）、ST（感觉/思考）管理者更能制定高质量的战略决策。

结论 3 没有证据支持：E 型（外向）管理者不一定比 I 型（内向）管理者更具有决断力。

结论 4 没有证据支持：J 型（判断）管理者不一定比 P 型（感知）管理者更具有决断力。

结论 5a 没有证据支持：J 型（判断）管理者不一定比 P 型（感知）管理者决策被感知的有效性更高。

结论 5b 有证据支持：T 型（思考）管理者比 F 型（情感）管理者决策被感知的有效性更高。

结论 5c 有证据支持：E 型（外向）管理者比 I 型（内向）管理者决策被感知的有效性更高。

作者对有关结论进行了说明：在通常情况下，NT 型（直觉/思考）管理者在客观信息的基础上运用他们的直觉进行认知跳跃可以获得更多高质量的决策；相反，SF 型（感觉/情感）管理者花费时间去寻找大众接受的决策，因此决策数量最少，取得的成效最低。E 型（外向）管理者比 I 型（内向）管理者更有效率，尽管事实上外向者并不比内向者更果断。

作者最后指出，组织不应忽视直觉/思考（NT）风格对决策制定的价值。从实践意义上说，组织要保证具有 NT 风格的领导者进行战略决策，为决策制定提供 NT 方法的指导，以及/或使用鼓励 NT 行为的决策程序。

二、有效地管理个体因素对决策效能的影响

从上面的研究发现可以看出，个体因素（特别是人的认知类型）对人的决策效果影

响很大。那么，我们应该如何管理个体因素对决策效能的影响呢？下面我们介绍荣格提出的相关理论和方法。

荣格是非常著名的心理学家。他最早划分出人收集信息的两种类型（感觉 Sensing 和直觉 iNtuition）和作出判断的两种类型（思考 Thinking 和情感 Feeling）。收集信息类型与判断类型结合起来就形成了人的认知类型（cognitive style）的主要部分。主要的认知类型包括 4 种：感觉/思考型（ST）、感觉/情感型（SF）、直觉/思考型（NT）和直觉/情感型（NF）。每一种认知类型对管理决策的影响都不一样。

① 感觉/思考型（ST）。这种类型的人注重事实。这种类型的人首先对环境、条件进行客观的分析，然后作出一个客观的决定。ST 认知类型对于一个组织是有价值的，因为它能够产生一个明确、简单的解决方案。ST 的个体能够注重细节，很少犯不符合事实的错误。但他们的弱点在于：他们具有忽视决策相关的人际关系的倾向，所以往往会疏远其他人。还有，他们倾向于回避风险。

② 感觉/情感型（SF）。这种类型的人也收集有关事实的信息，但是，他们在进行判断时，会注重考虑决策对其他人的影响，他们非常重视人际关系。SF 在作决策方面的优势是，他们有能力处理好人际关系问题，有能力计算出风险；但是 SF 在接受可能打破组织规则的新思想方面存在一些困难。

③ 直觉/思考型（NT）。这种类型的人善于想象，注重各种选择的可能性，然后对可能性进行客观的、不包含感情色彩的评价。NT 喜欢提出新思想，他们更愿意着眼于长期。他们善于创新，愿意承担风险；但 NT 的弱势在于，有时可能会忽视事实，忽视其他人的感觉。

④ 直觉/情感型（NF）。这种类型的人善于想象，注重各种选择的可能性，然后在评价可能性时，特别会考虑决策对其他人的影响。他们喜欢参与性的决策，乐于向员工授权。NF 在决策时注重想象而不是客观数据，会基于个人偏好进行决策；但是 NF 决策时对其他人的需要过于敏感。

上面论述了人的这四种不同个体特征对决策的影响。显然，任何一个人都只是其中的一种类型，所以每个人的决策方式都存在优缺点。那怎么办呢？MBTI 的提出者之一伊莎贝尔·布里格斯·迈尔斯提出了下面的 Z 字型决策模型（见图 3-8）。这种模型能将上面 4 种偏好（感觉、直觉、思维和情感）的优势全部整合起来，提高个人的决策效能。

根据这一模型，正确的决策和解决问题的过程要经过以下四个步骤：

① 考察事实与细节。运用感觉（S）来收集与问题有关的信息。

② 产生可供选择的方案。运用直觉（N）来提出各种可能性。

③ 客观地分析每一种可能性。通过思考（T），客观地评价每一种选择的结果。

④ 评价影响。运用情感（F）来判断各有关者会受到什么样的影响。

该理论在有效地管理个体因素对决策效能的影响方面的启发是：

① 运用 Z 字型模型，个体可以发展、培养自己不擅长的感知和判断方式来进行决策。譬如，一个人如果能坚持有意识和系统地运用 Z 字决策过程，他/她就会慢慢同时具备感觉（S）/直觉（N）、思考（T）/情感（F）方面的风格，而且在不同的情况下

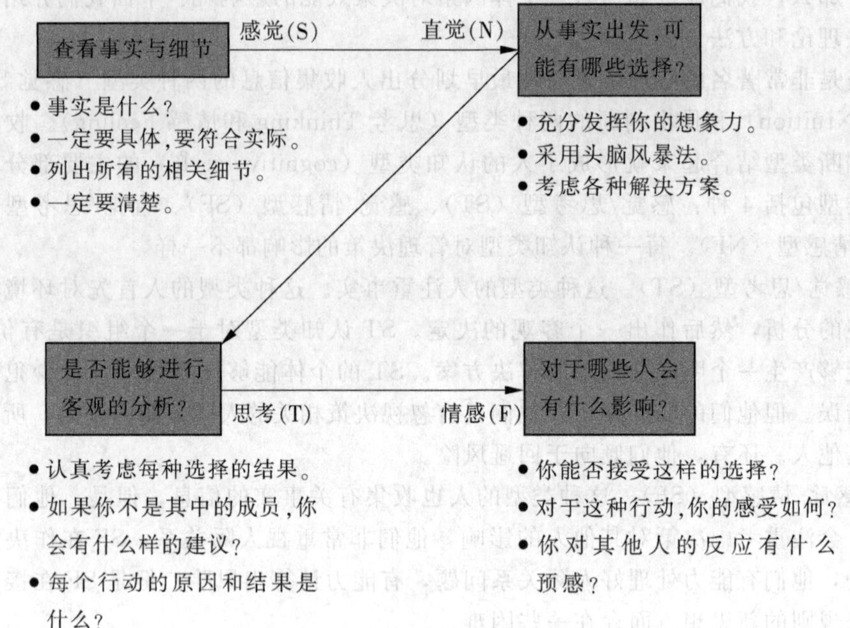

图 3-8 Z 字形决策和解决问题模型

资料来源：(1) Kroeger O, Thuesen J M. Type Talk at Work [M]. Delacorte Press, Otto Kroeger Associates, 1992.

(2) 黛布拉 ·L. 纳尔逊，詹姆斯·坎贝尔·奎克. 组织行为学：基础、现实与挑战 [M]. 桑强，王丽娟，蒙欣等译. 3 版. 北京：中信出版社，2004：308.

知道如何偏向于不同的决策风格，最终达到提高决策成效的目标。

② 运用 Z 字型模型的另一种方法是依靠其他人来完成自己不擅长的活动。人们可以将不同特点的人吸收进自己的决策团队，这样就可以整合不同的风格和能力，提高决策的效能。譬如，一个 NF 类型的个体，为了有助于对选择方案进行客观理性的分析，他可以求助于自己所信任的一个 NT 类型的个体。

本章小结

学习对人是非常重要的。西方学者将学习主要定义为人的行为的持久改变。本书作者从“知”和“行”两个方面定义学习：学习是人的认知（知识）和行为发生改变的过程。

根据人的知识来源模型，人通过学习获取新的知识包括四种方法：体验法、交流法、解读法和反思法。体验法（experiencing）通过在自然和社会环境中实践、观察、体验，直接获得知识；交流法（communicating）通过与有知识的人交流，间接获得知识；解读法（reading）通过解读载有知识的各种媒介（如书、期刊、网站等）来获得知识；反思法（reflecting）通过专门、有意识、有目的地总结、研究和反思已有的经验和知识，来获得新的知识。人获取知识时可能四种方法都会采用，只是针对不同的知识可能侧重于采用不同的方法。不同方法之间是相互关联和支持的关系。人获取知识和传递知识的过程都是可以被有效管理的。

关于人通过学习获得新的行为，组织行为学中有三种不同的理论：行为主义理论、认知学习理论、社会学习理论。

行为主义理论中包括巴甫洛夫的经典条件反射理论和斯金纳的操作性条件反射理论。经典条件反射理论认为，通过让人认识并建立条件刺激物与非条件刺激物之间的联系，从而使得条件刺激物单独存在时也会产生非条件刺激物要产生的行为。操作性条件反射理论认为，人们会根据其某种行为的结果好坏来继续这种行为（形成持久的行为改变），或者停止这种行为（也是一种行为改变）。管理实践中有四种强化行为的方式：正强化、负强化、自然消退、惩罚。从强化的时间安排上有连续强化和间断强化两种方法。

经典的条件反射理论和操作性条件反射理论的相同点是都属于行为主义学派；不同点是：前者更关注“刺激—行为—结果”中前端的“刺激”，而后者更关注后端的“结果”，但目的都是为了持久改变中间的“行为”。

科勒等人的认知学派理论强调，人的认知的改变会引起行为的改变。人一旦有了新的认知，懂得了新的知识或道理，其行为就会发生变化。

鲁森斯提出的对人的行为绩效管理的组织行为矫正方法是非常实用的管理措施，主要步骤包括：确认、测量、分析、干预、评估。

决策是非常普遍的、重要的心理过程，每个人在每天的工作、生活中都会遇到。决策是人在面临多个目标和方案进行分析、选择和解决的心理过程。

不同学者提出了不同的决策过程模型。西蒙的三阶段模型包括：智力活动、设计活动和选择活动。明茨伯格的三阶段模型包括：确认阶段、发展阶段和选择阶段。本作者改进罗宾斯理论得到的决策过程八个步骤是：界定问题；确定决策标准；给标准分配权重；发展备选方案；评估备选方案；选择最佳方案；实施决策方案；评价决策效果，改善决策方法。对各种备选方案的评估，主要有两个指标：风险和不确定性。正确地认识、了解、掌握和运用上面决策的八个阶段模型对一个人正确的决策是非常必要的。

决策可以分为两种类型：程序化决策和非程序化决策。程序化决策是指经常出现的、常规化的决策问题，以至于可以摸索出其中的规律，并制定出相应的决策程序和规则来解决它。非程序化决策是指新的、突发的决策问题，没有现成的程序、方法和标准可以来处理这样复杂的问题，必须采用新的方法来解决它。

一般来说，程序化决策处理的是结构良好的问题，其特点是：熟悉的问题，决策目标明确，后果容易估计，与问题相关的信息清楚，易于获取。非程序化决策处理的是结构不良的问题，其特点是：新的决策问题，决策目标不很明确，后果难以估计，与问题相关的信息模糊，不易得到。

关于决策理论的不同类型，人们提出了不同的分类方法。比较典型的有须英偶提到的规定决策论和陈述决策论，以及鲁森斯总结提出的四种决策行为模型。

须英偶认为，决策理论可分为两类：规定决策论和陈述决策论。规定论研究为取得理想或最佳结果，应当如何作出决定的问题；而陈述论则关心在真实情况下人实际上是如何作出决定的。前者强调“应当”，带有规定性，是一种最佳理性模式；后者着重“实际”过程，是一种心理行为模式。

鲁森斯总结提出的四种决策行为模型包括：经济理性模型、有限理性模型、判断经验与偏差模型、社会模型。这四种模型反映了人在作决策时可能的行为方式。其中经济理性模型只是反映了人们作决策时的向往、理想或极限，它不会真正存在。西蒙的有限理性模型在很大程度上反映了现实，表明人们尽管向往追求最优解，但在实际上会对其理想的追求作出让步（或者说简化）——从追求最优解到追求满意解。判断经验和偏差模型从另一个角度反映了现实，它表明人们尽管希望根据最完美的理论作出决策，但在实际上会对决策的理论进行简化——人们会基于从过去的经验中得出的规则作为其决策的理论，而不会去片面追求完美的理论。人的行为特点极大地影响了这种简化过程，当然会造成一定的偏差。社会模型是最极端的非理性情况，反映了人在某种特定环境下会越来越偏离理性，越来越受到情绪情感、价值观、社会压力以及无意识的因素的影响，譬如承诺的升级倾向（escalation of commitment）和群体压力导致人的盲目从众。

人的个体特征对决策效能具有重要影响。吉尔·哈夫等人的研究发现：①NT 型（直觉/思考）管理者比 NF（直觉/情感）、SF（感觉/情感）、ST（感觉/思考）管理者更具有决断力、更能制定高质量的战略决策；②T 型（思考）管理者比 F 型（情感）管理者决策被感知的有效性更高；③E 型（外向）管理者比 I 型（内向）管理者决策被感知的有效性更高。但没有证据支持：①E 型（外向）比 I 型（内向）更具有决断力；②J 型（判断）比 P 型（感知）更具有决断力；③J 型（判断）比 P 型（感知）决策被感知的有效性更高。

有效地管理个体因素对决策效能的影响方面的方法是：①运用荣格的理论——Z 字型模型，个体可以发展、培养自己不擅长的感知和判断方式来进行决策；②运用 Z 字型模型的另一种方法是依靠其他人来完成自己不擅长的活动。人们可以将不同特点的人吸收进自己的决策团队，这样就可以整合不同的风格和能力，提高决策的效能。

复习思考题

1. 人为什么需要终身学习？试通过你个人和其他人的经验案例进行深入探讨。
2. 学习的准确内涵是什么？你是如何理解的？
3. 人的知识来源模型中四种获取知识的方法分别是什么？如何在你的工作和生活中具体实施？
4. 如何有效地管理人获取知识和传递知识的过程？
5. 人获得新的行为方面，有哪几种不同的理论？每种理论的内涵分别是什么，如何在管理实践中应用？
6. 鲁森斯提出的对人的行为绩效管理的组织行为矫正模型中包括哪些重要步骤，如何在管理实践中具体应用？
7. 决策包括哪些不同类型？分别针对什么类型的问题？试举例说明。
8. 关于决策的过程，不同学者提出了哪些不同的观点？

9. 鲁森斯总结提出了哪几种决策行为模型？试对每种模型的概念进行详细说明。
10. 人的个体特征对决策效能具有哪些影响，如何有效地管理这种影响？

本章案例

华北空中交通管理局如何管理员工的学习

民航华北空中交通管理局（以下简称华北空管局）是1996年2月8日在民航华北航务管理中心的基础上成立的实行企业管理的事业单位，行政上隶属民航华北管理局，业务受民航总局空中交通管理局的领导和管理。现有职工1 300多人，年事业性收入2亿多元，副业收入1 000多万元。华北空管局负责民航华北地区（包括北京市、天津市、河北省、山西省、内蒙古自治区）的空中交通管制、通信、雷达、导航、气象和航行情报服务等工作的业务管理，负责华北地区空中交通管理的发展规划、航路建设、各类业务人员的培训与考核、无线电管理，负责协调本区域内民用机场的航班飞行时刻、编辑发布地区性航行情报资料，负责组织实施区域内的专（包）机以及航班飞行的保障工作。它是民航空管系统七大地区管理局之一。

华北空管局成立以来，以“争中国空管第一，与国际标准接轨”、“建立安全、高效、科学一体化的华北空管系统”为目标，发扬“首创、实干、奉献”精神，奋发图强，锐意进取，在安全保障能力上取得了重大突破，为华北民航事业的持续、快速、健康发展作出了突出贡献。目前中国经济快速发展，民航业务量迅猛增长，如何保障飞行的安全和高效，成为空管局的重要使命。而要保障飞行的安全和高效，管理局（作为一个高可靠性组织），就必须创造环境和方法，使交通管制人员能够有效地学习，尤其要善于从各种失误经验中学习。

一、失误经验的获得：关注从外部获取失误经验和在内部制造模拟失误经验

组织要从失误中学习，首先必须获得失误的经验。然而，作为一个高可靠性、安全性要求的行业，又不允许你犯太多的错误后从中学习，因为那样代价太大。所以，处在这种行业，失误经验的案例不能全部来自内部，组织必须特别善于了解外面同样和相近行业中其他组织的失误经验，并从中学习和总结。另外，组织还可以在保证安全的前提下，进行模拟训练，从而获得经验，从中学习和思考，找出薄弱环节和事故隐患，并加以改进。

华北空管局有“事故讲评会”制度。每当全球范围内发生空难事故或出现严重事故征候，局里上至局安委会，下至相关行业的班组都要召开事故分析会，分析背景资料，寻找症结，对比自身，查找安全隐患，研究改进和防范措施，制定类似情况一旦发生时的指挥预案，防患于未然。华北空管局还经常让管制员做雷达模拟之类的特情训练，其中有些情景不一定会在实际中发生，但作为管制员一定要清楚并具备这样的经验，从而在一旦发生时知道如何处理。空管局每年会对每个班组进行技能考核（如换季考试），

包括模拟机和笔试，促进员工唤醒相应的操作技能。这些技能考核对评定业绩没有实际意义，主要目标是为了帮助员工提高应对各种情况的能力。

二、失误经验的评判：建立低门槛化和多级别的失误标准

由于是高可靠性行业，因此不能只从那些重大的事故中学习，任何一个可能引发重大事故的小错误或征候都应该成为学习的来源，而且要努力探讨其发生的原因以及它可能导致的重大后果。因此，组织必须建立低门槛和多级别的失误案例选取标准，这样有利于员工抓住所有的学习机会。

在华北空管局，既有衡量事故的标准，也有衡量事故征候的标准，而且有多个等级，这样就有利于员工从经验中学习。

三、失误经验的记录：全程记录所有事实

作为一个高可靠性行业，组织一旦出现失误或重大事故，必须全面地分析所有信息，因此必须对相关过程全程记录。

华北空管局对控制塔台会连续不间断地对所有工作人员的工作情况和操作过程等进行全程录音录像，一旦有需要即可调用，便于对事故或征候进行全面系统的分析。

四、失误经验的分析：采用系统思考的方法

作为一个高可靠性行业，组织必须尽量避免失误，但一旦有失误，必须采用系统思考的方法，尽量从不同的角度分析原因，对经验进行深度挖掘，即使此次失误只是由某单个或少数几个原因引起。这种多方面探究失误原因的做法，能够使组织从少量失误中获得更多收获。

中国国际航空公司的一架飞机曾经在韩国汉城附近降落时坠毁，是一起重大的航空灾难。无论是作为航空公司还是空中交通管理部门，都必须采用系统思考的方法进行分析和学习。国航的资深飞行员就认为，汉城事件不能把责任完全推向机长，其实还要分析多方面的因素，包括培训、训练和管理等各个方面。采用系统的分析方法有利于防止类似失误和灾难的发生。

五、失误经验的分析：建立员工的心理安全感

组织出现了操作失误以后，有关员工往往很紧张，担心自己会受到领导和同事的责难，前程受到影响。为了使员工能认真分析原因、总结经验教训，必须做到几点：第一，出了事故要尽量避免把责任简单地归结为某个人。也就是说，事故的原因还是会尽量弄清楚的，只是不作出完全针对个人的事故结论。第二，领导必须学会在组织中创造一种安全的心理环境，让员工感到，讲出真实的情况和原因不但不会受到人们的指责，还会被看做是一种负责任和诚实的态度，会受到大家的鼓励和肯定。第三，领导还可以通过开展各种非正式的文艺和联谊活动，加强各部门之间或部门内员工之间的相互了解和友谊，从而降低员工的工作和心理压力，提高团队成员的心理安全感，使员工能更好

地面对失误，从中学习和改进。

在华北空管局，经常举行各种寓教于乐的活动，如曾经开展爬楼梯比赛，冠军是一位40多岁的管制员，这样使管制员保持良好的精神面貌。另外，团委还在管制员和飞行员之间开展跨组织的文艺活动，以及邀请管制员给飞行员讲课，加强了空中交通管理局管制员和航空公司飞行员之间的相互理解和沟通。这些活动都大大降低了员工的心理压力，提高了心理安全感，能更好地从失误中学习和改进。

六、失误经验的学习：指导过程要将学习经验和建立自信心统一起来

作为一个高可靠性行业，操作员有了失误一定会有很大的心理压力和负担，如何既让操作员从失误中学习，又不失去自信，这是非常重要的。人们常说，“不经历风雨，怎么能见彩虹”。理论上说，一个管制人员或飞行员只有经历大风大浪，甚至失误和事故，才能增加自身的知识和经验，变得更为成熟和优秀，善于从容应对各种问题。但是，空中交通管理和航空飞行，都是可靠性要求很高的行业，员工承受的压力是别的行业和部门员工不能与之相比的。华北空管局的教员介绍说，如果空管人员曾经指挥错了，以后再指挥往往就会打哆嗦。飞行员也是如此。国航的教员介绍说，如果飞行员曾经驾驶出了跑道，就会产生特别深的心理阴影，很难磨灭，每次开飞机到跑道时阴影就会显现，因为飞行员总是觉得要对数十上百人的生命负责。如果真是出了一起重大事故，造成了生命和财产的巨大损失，就会给犯错误的飞行员更大的心理创伤和精神压力，并使其自信心受到沉重打击。有这样一个例子：1997年，国航的986次航班飞机与俄罗斯的伊286飞机在首都机场的西跑道上交叉而过，距离非常近，差点相撞，情况相当危险。俄罗斯和国航的机长后来都下来了，堵在管制室门口非常生气地问：“这是谁在指挥?”显然情绪都非常激动。当时，负责指挥的这位管制员心理压力特别大，从那以后，他再也不敢指挥了。总之，一次事故给管制员或飞行员自信心的打击是巨大的，严重时还会使他们犯心理疾病，更不用说继续从事管制或飞行行业，所以这些人的经验也就不能再用在他们自己身上了。尽管其他人可以从这些人的经验中学习，但花这么大的代价所获得的经验还是有所浪费。前面提到，几年前国航的一架飞机在汉城坠毁，虽然机长活下来了，但他很难再飞了（或者说一辈子都不可能飞了）。他本来是可以克服的，但是没有人去对他实施良好的心理辅导使他重返岗位。

因此，空中交通管制员和飞行员如何对待失败，如何既从中获得经验教训，又从阴影中走出来，是非常重要的问题。也就是说，我们既要让管制员或飞行员从失误和事故中学习，同时其自信心又得到保护。国航的一位资深飞行员给我们讲了这样一个故事：波音公司的一位资深飞行教员长期飞波音737飞机，具有很丰富的经验，曾经作为教官，负责检查各飞行机长的技术水平。有一次，他负责检查一个飞行机长（恰巧是其非常要好的朋友）的飞行情况，发现该机长在飞机起飞前忘记了把惯性导航系统调到正确的位置，导致飞机起飞后不能用该惯性导航系统飞行。起飞后，机长也发现了这个操作失误，不过机长还是想尽了办法，运用自己精湛的飞行技术，采用原始的导航系统完成了那次航班任务。之后，这位资深飞行教员对这位飞行员如此评价：“你应该算是一个

出色的飞行员，我为什么这样说呢？你确实是忘了在开始把惯性导航系统调到正确的位置，但你能发现这个问题，并且用多年的知识和经验保证了本次航班任务正常顺利地完成。所以我认为你是一个出色的飞行员。”教员的这种评价，既使得该飞行员能认识到自己的失误、产生愧疚感，又肯定了该飞行员多年的知识、经验和技术，所以后来他再也没有犯这样的错误，成为一名更为优秀的飞行员。作为航空公司，应该多培养、发现这些飞行技术精湛而同时又懂得心理学的教练员，通过他们带出更多的优秀飞行员。这些教练不但要理论知识好，实践经验丰富，关键要有人格魅力，能帮助年轻飞行员学习、成长并树立自信。国航的一位资深教练员认为，新学员（副驾驶）在学习中会出现一些不当操作，教练员应让他/她在纠正错误的同时很好地树立自信。

七、失误经验的学习：指导过程要将学习和安全统一起来

师徒制是传递隐性知识和经验的重要形式，但是航空飞行作为具有高可靠性要求的行业，知识和经验的传递有其特殊性，这就是：如何在给新手体验的机会和保证飞机安全性之间达到平衡。这一点对空中管制和飞行都是一样的。管制教员要将一个新手培养成一个出色的管制员，必须让其尽量多体验不同的危险和复杂的情景，但同时又要保证安全。譬如，华北空管局的教员说，他们在新手现场实习中，经常要提醒新手们，下一个时段是一个事故高峰，要多加注意和小心。但是，当遇到复杂情况和问题时，教员随时都可能剥夺新学员的指挥权，这会使学员失去锻炼的机会；反之，放手太多，则会危及安全。什么时候收，什么时候放，有时确实很难把握，不可能用一个很量化的指标来说明。同样，飞行教官要将新手培养成优秀的飞行员，也必须让其在不同危险和复杂情况下进行独立决策，增强其处理这些问题的经验和知识，但同时又要保证安全。因此，在管制和飞行培训中，这是一个被称为“放手量”的问题，需要很好地把握一个度。

八、失误经验的分享：建立良好的分享机制使好的经验快速传播

航空飞行业作为具有高可靠性要求和不间断运行的行业，要求知识和经验能快速地传递，这样就可以使更多人共享和运用这些个别经验，更好地提高组织运行的安全可靠性。

华北空管局建立了非常好的分享机制：

第一，每日的基层班前会，由各班组主持召开，进行交接班、工作部署和业务讨论；每日下午的生产讲评会，由总值班室负责召集，局值班领导和各单位值班领导参加，由各单位汇报生产、设备和工作质量，总值班员当场协调、处理有关问题，布置晚间和第二天生产任务、工作重点，局值班领导进行工作质量、状况讲评；班后讲评会，各班组召开，由班组成员对值班的状况进行研究探讨，总结得失。

第二，每周召开领导班子碰头会，领导们总结上周工作，交换意见，部署本周工作；每月召开安全委员会，研究安全生产动态，对近期集中的问题予以重点讨论，寻求解决方案；每季度召开党委书记例会，由各单位党委书记通报工作、人员情况，交流经验，对带有普遍性的问题集体研究解决方案。

第三，每季度的换季学习。季节对航空的影响很大，不同的季节、不同的气候条件下飞行和指挥的特点不尽相同，各类设备对气候条件的要求也有较大的差别。针对工作实际，空管局按季度在各基层单位组织换季学习，通常有研习历史资料、检测保障设备、设计保障预案、聘请专家授课等内容，如此强化全员的业务素质，提高在不同气候环境下的安全保障能力。

第四，整个民航总局有简报和相应的网站，所有信息共享。在每个月就对事故有一个统计，会下达到空管局。民航内部对任何事故都有一个详细的通报过程。

第五，班组经常进行人员微调，每次一般换一个人，既保持人员相对稳定和安全性，又要加强不同组之间的经验分享。

九、失误经验的分享：建立良好的心理手段避免不良经验和压力的传播

在航空业，心理安全是非常重要的。据介绍，飞行事故发生的特点是：不出问题时各地都没有问题，但一出就是一片，呈现出事故“扎堆”现象。也就是在临近的时间、区间内接二连三地出事。譬如，国航的飞机在韩国坠毁后，紧接着就是大连的“5·7空难”事件。在航空业，无论是飞行员还是管制人员的心有时是很敏感的。因此，如何采取有效的心理学手段，对操作人员进行辅导，以避免不良经验、情绪和压力的传递是非常重要的。

十、失误经验的运用：渐进式修改组织的流程制度系统使经验为更多人运用

高可靠性的组织必须不断地从过去的失误经验中学习，改进组织的相关流程、制度和系统，使经验为更多的人所用。但是，为了安全，这种改变必须是渐进式的，因为突变会带来操作人员的不适应。

在华北空管局，所有的规章制度和操作程序的改变都是渐进式的，而不是激烈和根本式的变革。即使要采用全新的一套系统，也必须实施有效的过渡期管理。在过渡期间，新旧两套系统都要用，旧系统是作为一套备用系统，新系统对旧系统的替代采用的是渐进的方式，只有当这一步使用熟练后才会过渡到下一步。这样是为了在学习新系统的同时，确保安全。

说明：

本案例采用实地考察和人员访谈的研究方法。研究人员首先向华北空管局的有关领导提出了本次调研的问题——空中管制和航空飞行业作为高可靠性组织，如何有效地从失误的经验中学习和改进，并介绍了该问题的研究背景以及国内外已取得的一些进展和成果。然后，在华北空管局有关领导的支持下，对空管局进行了实地参观考察，并与有关人员就上面调研的问题进行了深入的访谈和研讨，具体包括：①听取从事空中管制多年的资深主管和操作员介绍空中交通管理方面的概况、流程、技术以及安全事故方面案

例的介绍；②现场参观了位于首都机场的塔台控制室，近距离了解整个机场飞机起降方面的实况以及7位空管小组成员的管制操作工作；③与有关人员进行深入会谈，对象包括：华北空管局1位局机关领导、负责空中管制的2位管制人员、1位国航飞行员。

致谢：衷心感谢国家自然科学基金（70272007）的资助，以及华北空中交通管理局的许腾波、史立文、罗乔光、国麒和中国国际航空公司的徐瑞等在案例调查中提供的大力支持。

案例思考题

1. 作为一个可靠性要求很高的行业，员工从经验（尤其是失误的经验）中有效地学习有哪些特殊要求？

2. 华北空中交通管理局采用了哪些方法来促进员工从经验中学习？

3. 运用人的知识来源模型，对华北空中交通管理局采用的学习方法进行归类。

4. 你认为，华北空中交通管理局还应该采取哪些具体措施来更好地促进其员工的学习？

参考文献

1. 陈国权．人的知识来源模型以及获取和传递知识过程的管理［J］//中国管理科学，2003，11（6）：86～94。

2. NONAKA I，TAKEUCHI H. The knowledge creating company：How Japanese companies create the dynamics of innovation［M］.（New York）Oxford：Oxford University Press，1995.

3. KOLB D A. Experiential Learning：Experience As The Source of Learning & Development［M］. Englewood Cliffs，NJ：Prentice Hall，1984.

4. GARVIN D A. Learning in Action：A Guide To Putting The Learning Organization To Work［M］. Boston，MA：Harvard Business School Press，2000.

5. WENGER E，MACDERMOTT R，SNYDER W M. Cultivating Communities of Practice—A Guide to Managing Knowledge［M］. Boston：Harvard Business School Press，2002.

6. ARGYRIS，C. Teaching Smart People How to Learn［J］//Harvard Business Review. 1991，May-June：99～109.

7. KLEINER Art，ROTH G. How To Make Experience Your Company's Best Teacher［J］//Harvard Business Review，1997. September-Octpber. 172～177.

8. RUSSO J E，SCHOEMAKER P J H. Decision traps：The ten barriers to brilliant decision-making and how to overcome them［M］. New York：Simon & Schuster，1990.

9. SENGE P M. The fifth discipline：The art and practice of the learning organization［M］. New York：Doubleday Currency，1990.

10. 杨锡山等．西方组织行为学［M］. 北京：中国展望出版社，1986.

11. 斯蒂芬·P. 罗宾斯．组织行为学［M］. 孙健敏，李原译．10. 北京：中国人民大学出版社，2005，

12. WEISS H M. Learning Theory and Industrial and Organizational Psychology［J］//DUNNETTE M D，HOUGH L M，eds. Handbook of Industrial & Organizational Psychology. Palo Alto：Consulting Psychologists Press，1990，1（2）：172～173.

13. 弗雷德·鲁森斯. 组织行为学 [M]. 王垒等译. 北京：人民邮电出版社，2003.

14. 黛布拉·L. 纳尔逊 D L，詹姆斯·坎贝尔·奎克. 组织行为学：基础、现实与挑战 [M]. 3版. 桑强，王丽娟，蒙欣等译. 北京：中信出版社，2004.

15. 荆其诚. 启发式方法 [M] //故乔木. 中国大百科全书：心理学. 北京/上海：中国大百科全书出版社，1991：241.

16. 须英倜. 规定决策论和陈述决策论 [M] //胡乔木. 中国大百科全书：心理学. 北京/上海：中国大百科全书出版社，1991：173.

17. MOORHEAD G，GRIFFIN R W. Managing People and Organizations：Organizational Behavior. 5ed. Houghton Mifflin Company，1998.

18. HOUGH J R. and dt ogilvie. An Empirical Test of Cognitive Style and Strategic Decision Outcomes. Journal of Management Studies 2005，42：2.

第4章 个性与能力

学习目标

1. 掌握个性的概念、类型与测量方法
2. 掌握几种对人的行为与绩效有影响的重要个性特征
3. 了解人格类型与工作匹配的关系
4. 熟悉能力定义、分类与测量方法
5. 熟悉能力的六种结构理论
6. 了解人的能力发展过程

第一节 个 性

个性的研究在组织行为学中占有重要的地位。俗话说，人心不同，各如其面。这就说明了世界上没有两个个性完全相同的人。因此，要使组织中的每个员工人尽其才，才尽其用，发挥整体效能，就必须了解其个性特征，预测个性的发展趋势，引导员工个性向好的方向发展。

惠普公司的个性和团队

惠普公司在科罗拉多斯普林斯拥有一家180名人员的金融服务中心，两年前，瑞德·布莱兰成了这里的一名领导人。在这个新位置上干了几个月后，布莱兰注意到他的一个团队的成员间难以合作。“这是个性冲突的一个典型事例。”他说，“他们就是不喜欢对方。如果一个八人团队中有两个人不能很好相处，请相信我的话，这是分裂性的。”

布莱兰给这个团队时间设法解决问题。“当然，我对他们谈起了这些问题，但我主要关心的是使他们确信工作必须完成，而没有考虑他们能否和谐相处。”他说，然而，九个月后，这个团队仍然不能很好地共同工作。生产能力不足，士气很低。“我知道我不得不采取点措施，因为这已经开始影响他们的工作。”布莱兰解释说。他随后解散了这个团队，把它的成员安排在别处，而不试图决定谁对谁错。布莱兰说：“这个团队的成员在执行其他任务时表现很好。”他把他们的团队动力与一个运动团队的动力进行比较。如果性情不对头，队员无论好与坏都无关紧要，关键是它不会发挥作用。作为一名团队领导，你必须知道它什么时候达到这一点。这与科学相比更是一门艺术，而这就是使工作如此有趣的东西。

资料来源：唐·荷尔瑞格，2001

一、个性的定义和重要性

1. 个性的内涵及意义

你是谁？你如何描述你具有的优点与缺点？你与其他人存在哪些差异？你如何界定与衡量这些差异？心理学家往往用个性概念来回答上述问题。

个性，又称人格（personality），源自拉丁文 persona，意指演出时所戴的假面具，也就是说代表各种人的身份与特征。在我们的日常生活中，个性也是一个很常用的词。人们常用一种突出的心理特征来形容一个人的个性，如善良、温和、坚强、懦弱等，有人统计字典上的这类形容词有 4 000 个以上。心理学中，个性的定义也林林总总。20 世纪 30 年代，有人查阅文献发现，学者们对个性所下的定义不下 50 种。目前广泛运用的定义是：个性是在先天生理素质基础上，在一定的社会历史条件下的社会实践活动中经常表现出来的、比较稳定的、区别于他人的个体倾向和个体心理特征的总和。这就说明，个性是由需要、动机、态度、兴趣、理想、信念、世界观等组成的个性倾向和由能力、气质、性格组成的个性心理特征有机结合而成的。

个性倾向性是指人对社会环境的态度、行为的积极性特征。它主要表现在心理活动对客观事物的选择性、对事物的不同态度以及行为方式上，它是个性的潜在力量，是人们进行社会活动的基本动力。个性心理特征是在人的个性差异中比较经常的、稳定的、具有决定意义的部分，它表明一个人的典型心理活动和行为。它包括人能够顺利完成某种活动所必备的心理特征，即能力；人的心理活动的动力特征，即气质；人对现实的稳定的态度和习惯化了的行为方式，即性格。

从组织管理角度看，知人、识人是选人、用人、留人的基础。要做好识人工作，就必须首先从了解员工的个性入手，了解员工的性格、气质、能力的差异，这不仅有助于影响员工、激励员工，而且更能提高用人的有效性，增强组织的竞争力。

2. 个性特点

(1) 组合性

个性不是一个孤立的心理特征，而是一组心理特征的有机组合。因此，要准确描述某个人的个性，就必须说出一组心理特征才行，仅有某个特征是不够的。如你看到某人进行了一次充满激情的演讲，就断定此人是外向型，这是不够的，还必须观察他是否好动、乐于交往、热情开朗等。

(2) 稳定性和可变性

每一个具体人的个性都不是一朝一夕形成的，而是在先天生理素质基础上，受家庭、社会潜移默化的影响和学校教育的熏陶，以及实践活动的锤炼塑造形成。所以，个性一旦形成，就比较稳定少变，总以重复性、持续性、必然性的面貌出现。比如任性的人，对己、对人、对事、对工作处处表现出刚愎自用的特点。

个性的稳定只是相对的，不是绝对的。随着社会实践条件、人的知识水平、家庭和个人生理、心理等因素的变化，个性及心理特征也必须发生变化。这种变化，一般来说，可以发生在任何人的任何年龄阶段上。特别是如果人在生活实践中遭遇和经历了某种重大事件，便会给人的个性打上深深的烙印，并使其个性发生变化。

(3) 一般性和独特性

每个人不管其个性心理如何不同，都包含有人类共同的心理特点，都带有本民族思想感情、文化传统、生活习惯等因素的影响，这些必然在个性心理特征方面形成共同的典型特征。但是，世界上不会有两个个性心理特征完全一样的人，即每个人都有区别于他人的能力、气质和性格，人们之间普遍存在着个性差异，即个性心理的独特性。

(4) 生物制约性和社会制约性

人既是生物实体，又是社会实体。人与生俱来的生物特性是种族发展和遗传的产物。科学实验证明，高级神经活动类型影响个性形成，并使个性的某些成分表现出一定差异。例如，甲、乙两个学生的神经类型不同。甲的神经反应过程强而灵活，乙的神经反应过程是弱的、不灵活的，甲、乙两名学生都很用功，都很关心学习成绩的好坏。当一次考试后二人同时得知自己成绩都不及格，二人的反应差异很大。乙的反应是长久的，产生了抑制状态；甲的反应是短暂的，产生了兴奋状态。这种生物的高级神经活动特点对个性的影响，就是生物制约性。但不能把个性心理特征视为先天决定、人的头脑中固有的。个性心理特征就其本质来说是社会的。人们来到社会上，就处于各种复杂的社会关系中，时时刻刻受到社会各种意识形态的宣传和教育的影响，受到一定的政治关系的强大作用，受到社会生产方式中各种关系的制约。这种社会存在，决定了每个人的意识、心理无不具有社会性。

因此，人们个性心理特征的形成和发展，既受先天生理素质（主要是指遗传因素）影响，也受环境、教育、社会实践的影响。其中，先天生理素质是个性心理特征形成、发展的前提，社会环境是个性心理特征形成、发展的决定性因素，教育对其形成、发展具有主导作用，社会实践是其形成、发展的主要途径。

二、关于个性的不同分类及相应的描述模型

个性的理论很多，但主要分为两类：一类是个性的类型理论，包括四种气质类型理论、荣格的内外向性格等；另一类是个性的特征理论，包括卡特尔的人格特质论、“大五”人格模型等。

1. 四种气质类型

气质是心理活动的动态特征，它与日常所说的脾气、秉性相近。“江山易改，秉性难移”说的是，气质较多地受个体生物组织的制约，是天赋的心理特征，与人的其他心理特征相比有更强的稳定性。一个人的气质，在他参与的不同活动中会有近似的一贯表现，一般与活动的内容、动机和目的无关。例如一个稳定沉着、具有内向气质的人，不论是参加庆祝会还是追悼会，不论是受到表扬还是批评，都会喜乐自持，哀怒有控，不会表现出手舞足蹈或呼天抢地等情不自禁的举动来。在生活中，个人的气质特点在任何时间、场合都会表现出来。气质是一个人的自然特征、精神风貌的集中表现。

(1) 什么是气质

气质是人典型的、稳定的心理特点，是人天生的、表现在心理活动动力方面的个性

心理特征。这一定义有几层意思：

气质是先天的个性心理特征。它的某些特点随着遗传与生俱来，使得气质比能力与性格更受制于生理组织因素。那些刚来到世间的婴儿，有的爱哭泣，有的好动，有的安静。这些最初的特征，在这些婴儿以后的成长阶段，如儿童阶段的游戏、作业和交际活动中都有所表现。

气质也是人的心理活动的动力特征。心理活动的动力特征是指心理活动过程的速度、稳定性、强度和指向性等。心理活动过程的速度，具体指的是知觉的速度、思维的敏捷性以及情感发生的快慢、情绪体验的快慢等。心理活动过程的稳定性，指注意力集中时间的长短。心理活动过程的强度是指情绪和情感的强弱程度、意念力的强弱程度等。心理活动过程的指向性，指的是心理活动指向外部世界还是指向自己的内心世界。平时我们常说的，此人“外向”，彼人“内向”，即是指的气质特点。

气质，作为决定人的心理活动方面的自然属性，使每个人增添了独特的色彩，使得茫茫人海、芸芸众生中，每个人表现出斑驳陆离的个性特色。气质没有好坏之分，每一种类型的气质特点，各有其长短。关键在于，在社会实践活动中，要注意气质与工作、事业、生活的心理适应性，扬长避短，使气质能够熠熠闪光。

(2) 气质的类型与特征

人的气质千差万别，但如果对人群进行观察就不难发现，气质也有一些相似的类型。系统的气质学说最早是由古希腊的医生希波克拉底（Hippocrates，公元前460—公元前377年）和罗马医生盖仑（Galen，129—200）提出的。当时他们用人体的体液解释气质缺乏科学证据，但这种分类是从实际生活中概括出来的，具有朴素的唯物主义的思想，所以为人们普遍接受。

后来，苏联著名的生物病理学家巴甫洛夫（Pavlov，1879—1936）的高级神经活动学说为这种分类提供了科学的基础。

希波克拉底和盖仑认为人体内有四种体液：血液、黏液、黄胆汁和黑胆汁。四液的含量决定了人的气质。这四种体液含量多的人依次形成了多血质、黏液质、胆汁质和抑郁质四种气质类型。其一般特征为：

胆汁质，情绪兴奋性高，反应迅速，心境变化剧烈，抑制能力较差。易于冲动，热情直率，不够灵活。精力旺盛，动作迅猛，性情暴躁，脾气倔强，容易粗心大意。感受性较低而耐受性较高，外倾性明显。

多血质，情绪兴奋性高，思维、言语、动作敏捷，心境变化快但强度不大，稳定性差。活泼好动，富于生气，灵活性强。乐观亲切，善交往，浮躁轻率，缺乏耐力和毅力。不随意反应性强，具有可塑性。外倾性明显。

黏液质，情绪兴奋性和不随意反应都较低，沉着冷静，情绪稳定，深思远虑，思维、言语、动作迟缓。交际适度，内心很少外露，坚毅执拗，淡漠，自制力强。感受性较低而耐受性较高。内倾性明显。

抑郁质，感受性很强，善于觉察细节，见微知著，细心谨慎，敏感多疑。内心体验深刻但外部表现不强烈，行动迟缓，不活泼。易于疲劳，疲劳后也易于恢复。办事不果断和缺乏信心。内倾性明显。

上述传统的气质体液分类学说一直被沿用至今，在现实社会或文学作品中还可以找到。

这些气质类型的典型代表人物，如《水浒传》中的李逵就是胆汁质的代表，《红楼梦》中的王熙凤则是多血质的典型，林黛玉属于抑郁质的人物，薛宝钗则是黏液质的人物。因此，这种气质体液分类有很大的参考价值。

在现实生活中，只有少数个体是各种气质类型的典型代表，而大多数个体只是接近于某种气质，同时又有其他气质的一些特点。纯属于某一气质类型的人是极少见的。不过气质类型的划分，毕竟给我们认识人的心理特征以有力的理论指导，帮助我们理解个体心理以充分调动人的积极性。

(3) 气质在组织管理活动中的作用

气质类型本身只有心理特征和表现方式的区别，并无优劣之分，各种气质的人都可以成为优秀的人才，走向成功。因为每种气质中都是积极、消极的发展因素并存，如多血质的人既容易形成灵活、活泼开朗、善交际等品质，也可能养成肤浅、不踏实、不真挚等毛病；抑郁质的人具有深刻敏锐、洞察力强、精细的优点，但也可能是阴沉的、多愁善感的。因此，气质不能决定个人活动的价值和成就高低。

气质具有较强的稳定性，但也具有可塑性，作为气质的生理基础的高级神经活动类型在外界条件的影响下是可以改变的，因此气质也会随环境、教育程度的变化改变。因此在实践中每个人都应该学会自学掌握、控制自己的气质，发展气质的积极方面，限制并改变消极方面，努力培养自身良好的心理品质。同样，在组织的教育、培训工作中，要因材施教，增强针对性，既要扬长，又要避短，帮助员工完善自己的气质。

气质对人的行为、对人的活动效率都有很大影响，因此对组织管理工作有重要的意义。

① 根据人的气质特征来调动人的积极性，合理用人。管理工作纷繁复杂，每项工作都有自己的特点，每个人也都有自己的气质特征。所以，要尽量使人的气质特点与工作的特点相互协调配合，才能各尽所能、各得其所，有利于工作。在现代工业企业中，普遍存在着人机关系，操纵精密机器、控制现代化设备、监控大型仪表，都要求人们能迅速地对各种信息变化作出反应，并能相应采取正确的措施，如果不选择多血质气质的工人而是选择黏液质或抑郁质的工人从事上述工作就会影响工作质量和工作效率。一般情况下，多血质的人应该安排他们做一些社交工作（如采购员等），胆汁质的人可以委任突击性、开拓性工作，黏液质的人可以做一些从事核算和监督职能（如会计、统计等）的管理工作，抑郁质的人可以安排他们做一些研究工作。一些特殊职业对人某一方面的气质特征有特殊要求，如飞行员、运动员、驾驶员、宇航员等工作责任重大，要求极灵敏的反应，敢于冒险，机智果断，能经受高度的身心紧张等，这种情况下气质特征决定着一个人是否适合这一职业，应该通过心理测定来作为选拔依据。

② 根据人的气质特征来合理调整组织结构，增强团体战斗力。人的气质特征有积极的一面，也有消极的一面，合理调整不同气质的人员，组成一个团队，形成气质互补的组合，就可以起到相互克服气质的消极影响，发挥气质的积极作用，从而达到增强凝聚力、战斗力的目的。例如，一个领导班子要作出一个重大决策，需要有果断、机智、

冷静、细心、创新、激情等不同气质类型的心理品质，但是很少有人同时具备上述品质，这就要求气质互补的团体组合。

③ 根据人的气质特征来做好管理工作。不同气质的人，对挫折、压力、批评、惩罚的容忍接受程度不同，对思想感情的接受程度不同。所以，做管理工作、做人的转化培养工作的重点就要有所不同。多血质的人豁达大度、反应灵活、接受能力强，对他们的培养、教育可采用批评和劝导相结合的方式；胆汁质的人积极主动、生气勃勃、容忍力也强，培养、教育他们，既要开展有说服力的严厉批评，提高他们的自制力，又不能激怒他们，激化矛盾；黏液质的人沉着、坚毅、冷静，情绪反应较慢，对待他们要耐心说服、开导，多用事实说话；抑郁质的人，情感深刻、脆弱、孤僻、冷淡，对待这样的人，不可在公开场合批评他们、训斥他们，而应在关怀中激励，在情感中引导，使他们自觉接受别人的批评或主张。

气质在组织管理中的作用，尤其在管理人、培养人、使用人方面的作用，绝不仅限于上述三个方面，许多内容有待组织行为学中开展深入研究。

2. 荣格的内外向性格论

(1) 什么是性格

性格是一个人对现实的态度和习惯的行为方式中所表现出来的较为稳定的心理特征。简单地说，性格是人对现实的稳定态度和习惯化的行为方式。

性格是个体对社会环境较稳定的态度和行为方式。每个人对人、对事、对社会总会有自己的态度并见诸行动，经过长期的社会生活实践和人们的心理认知活动，这种态度与行为逐渐巩固下来，在以后的社会活动中自然地、反复地表现出来，形成了个人的一种习惯方式。性格是一个人现实态度和行为方式的统一。

性格是稳定的、独特的心理特征。社会中没有两个性格完全相同的个体，性格总是某个个体的性格。即使是同一性格特征的人，不同人表现也会不一样。例如，同是勇敢、鲁莽的性格，张飞粗中有细，李逵横冲直撞、不顾后果。性格一旦形成就比较稳定，在个体的生活实践中经常表露出来。

性格是个体的本质属性，在个体心理特征中起核心作用。气质是心理过程的动力特征，能力是个体完成所面临的某项活动所必备的心理特征，只有性格才能使它们带有一定的意识倾向性，作用于客观现实。性格对气质和能力的影响是很大的，它能使三者结合成个体心理特征这一有机整体。

气质和性格所反映的是人的本质属性的不同侧面：气质更多反映个性的自然属性；而性格反映了人的社会属性。前者的形成多与遗传因素有关；后者则更多受到社会环境的影响，可塑性比前者大。在社会意义的评价上，气质无好坏之分，无论哪种气质类型的人都可以取得显著成就；而性格则有好坏之分（如勤奋比懒惰好、诚挚比虚伪好），对事业有显著影响，既密切联系又相互区别。

气质和性格相互影响，密切相关。首先，气质可以影响性格的表现方式，使同一性格内容有不同的表现色彩。例如，助人为乐的性格特点在不同气质类型的人身上表现形式不一：胆汁质者表现为热情、豪爽、快速、有力的助人方式；多血质者能灵活机动地帮助人想出各种解决问题的方法；黏液质者不露声色、脚踏实地地给予支持；抑郁质者从细枝末节处发现对方的难处，给予细致的关怀。虽然表现风采各异，但都有共同的性格内容。其次，气质可以影响性格形成的难易和速度。例如，胆汁质的人容易形成勇敢的性格；黏液质的人容易形成自制力。此外，性格可以在一定程度上调控、掩盖或改造气质，使气质的消极因素得以抑制，积极因素得以发展。具有意志坚强的性格特征的人，胆汁质者可克制急躁，黏液质者能鼓起勇气，多血质者能尽力使自己脚踏实地一些，抑郁质者能减少自己的消极情绪。

性格有复杂的结构。现实世界多姿多彩，因而人就会产生形形色色的态度以及相应的行为方式，形成各种各样的特征。构成性格的特征可以依据态度体系、情绪、意志理智等来划分。

① 性格的态度特征，指对待和处理社会关系的性格特征。可以分四类：对社会、集体和他人的态度方面（如善良、诚实、热情、残酷、虚伪、冷淡等）；对待劳动、生活、学习的性格特征（如勤劳、懒惰、认真、敷衍、进取、守旧、细致、马虎等）；对待劳动产品的态度特征（如勤俭、挥霍、爱惜公物等）；对待自己的性格特征（如自尊、自信、自律、骄傲、自卑、自大、放任、谦逊等）。

② 性格的情绪特征，指情绪活动的强度、稳定性、持久性及主导心境等方面的特征。表现在：情绪的高涨与低落、稳定与波动（指忽高忽低、忽冷忽热）、持久与短暂（如几分钟热情）、情感的深厚与淡薄。主导心境指一段时间内支配性的主要情绪状态，如愉快、乐观、精神饱满、抑郁、低沉、消极、悲观等。

③ 性格的意志特征，指一个人是否具有明确的目的性、纪律性与散漫性、独立性与易受暗示性、自制力与冲动性、主动性与被动性、镇定与惊慌、果断与优柔寡断、勇敢与怯懦、坚韧性与动摇性等。

④ 性格的理智特征，指在感知、注意、记忆、思维、想象等认识过程中表现出来的性格特征。如分析型与综合型、快速型与精确型、保持持久型与迅速遗忘型、深刻型和肤浅型、再造想象型与创造想象型等。

（2）荣格的向性说

向性说是按照个体心理活动的倾向来划分性格类型的学说。瑞士心理学家荣格将人的性格分为外向型和内向型两种。

内向型性格：沉静谨慎，深思熟虑，顾虑多，反应缓慢，适应性差，情感深沉，交往面窄，较孤僻；长处是内在体验深刻，具有自我分析和自我批评精神。

外向型性格：主动活泼，情感外露，喜欢交际，热情开朗，不拘小节，独立性强，对外界事物比较关心；但比较轻率，缺乏自我分析和自我批评精神。

荣格在测验中发现，多数人是介于二者之间的中间型。

3. 卡特尔的人格特质论

人格特质论认为，要想了解个体，就必须将行为模式分解为一系列可以观察的特质。根据特质理论（trait theory），这些特质是人类共有的，因此将这些特质组合在一起就形成了个体的人格。特质理论的代表人物是雷蒙德·卡特尔（Raymond Cattel），他经过大量的实证研究，找出了16种根源特质，代表行为差异的基本属性，每个要素特质又分为低分者特征和高分者特征两个极端（见表4-1）。

表 4-1 卡特尔的 16 种人格特质

特质名称	低分者特征	高分者特征
1. 乐群性	缄默、孤独	乐群、外向
2. 聪慧性	迟钝	聪慧
3. 稳定性	情绪激动	情绪稳定
4. 好强性	顺从、谦逊	支配、好强
5. 兴奋性	严肃、审慎	乐天、兴奋
6. 有恒性	敷衍了事	负责有恒
7. 敢为性	胆怯、退缩	冒险、敢为
8. 敏感性	理智、注重实际	敏感、感情用事
9. 怀疑性	信赖、随和	怀疑、刚愎
10. 幻想性	现实	幻想
11. 世故性	直率、天真	世故、精明
12. 忧虑性	自信、沉着	忧虑、抑郁
13. 实验性	保守、传统	激进、自由
14. 独立性	随群、依赖	自立、决断
15. 控制性	不拘小节	自律严谨
16. 紧张性	心平气和	紧张困扰

资料来源：孙建敏等，2005.

尔后，卡特尔在这 16 种个性特质的基础上设计出一种自陈式问卷（又称 16PF）。问卷共有 A、B、C 三种模式，A、B 模式由 187 个问题组成，C 模式较简洁，只有 107 个问题，该测验的信度与效度均不错，在企业管理、医院组织等领域得到广泛的应用。

4.“大五”人格模型

“大五”人格模型（the big five）是近年来比较有代表性并得到广泛应用的人格模型。它认为，所有人的个性都可以分为 5 个特质维度：外向性（extraversion）、合群性（agreeableness）、责任感（conscientiousness）、情绪的稳定性（emotional stability）和经验的开放性（openness to experience），详见表 4-2 对“大五”特征的具体描述。

表 4-2 “大五”特质因子

外向性	该人是合群的、自信的并且是好交际的（与保守的、羞怯的、安静的相反）
合群性	该人是合作的、热情的并且是令人愉快的（而不是冷漠的、令人不愉快的、敌对的）
责任感	该人是努力工作的、有组织性的、可靠的（与懒惰的、没有条理的、不可信赖的相反）
情绪的稳定性	该人是冷静的、自信的、镇定的（与不安全的、焦虑的、消沉的相反）
经验的开放性	该人是有创造力的、有好奇心的、有修养的（而不是实际的、兴趣狭窄的）

资料来源：黛布拉·L. 纳尔逊等，2000.

大量研究表明，“大五”人格因素与工作绩效之间有着较强相关关系（见图 4-1）。团队成员在责任感、合群性、外向性和情绪稳定性方面的平均得分越高，他们所在的团队的绩效就越好。

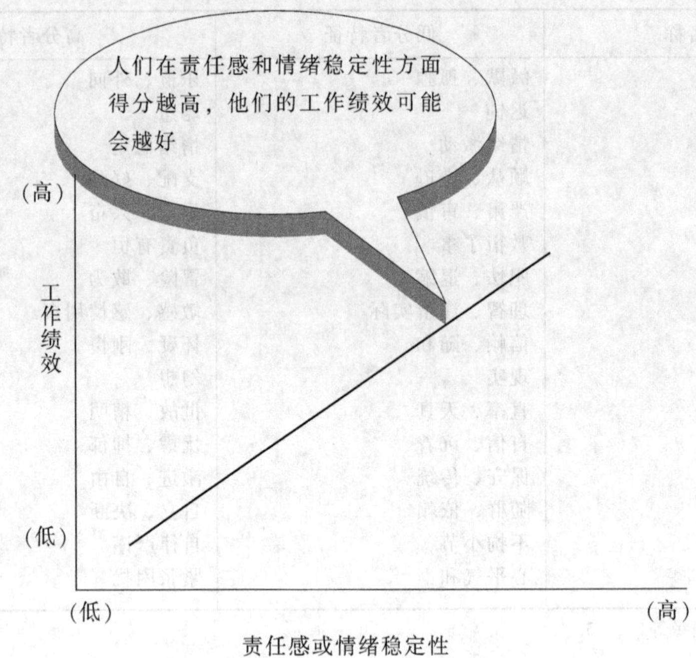

图 4-1　两个主要人格变量的影响

资料来源：杰拉尔德·格林伯格等，2005.

三、个性的测量方法

由于个性内容的复杂性，对于个性的测量与评价就成了一个较复杂的问题。在心理测量中，对个性的测量，主要使用问卷法和投射法。

1. 问卷法

问卷法又称自评量表，是心理学常用的方法之一。这种方法就是把所要了解的问题列出来，交由被试者去回答。在个性测量中，一般的做法是把拟测量的某种个性特征（方面）用多个问题的形式写在卷面上。每一道问题下，有供被试者作选择回答的两个或多个以上的答案。在被试者作答时，根据自己的实际情况只能两中择一或是多中择一。所谓两中择一式的反应模式，即被试者必须在“是”与“否”中选择其一；而多中择一式的反应模式，一般是指等级评定法，也就是说，这些可供选择的反应是按某一标准排列成一个有序的等级。不论是哪种反应模式对于被试者而言，他们的反应都被限于给定的范围之内，从而问卷法又有封闭式反应之称。这样，问卷法就不好处理某些复杂灵活的情况。比如，许多人的反应，在某种情景下，他们行为可能是这样，而在另一种情景下，他们的行为也许会不一样。可见，封闭式的反应限制了所量度的个性的多样性。此外，问卷法还有一个被试者是否如实回答实验者问题的态度考察问题。但这个问题在实验设计中倒不难加以解决。问卷法虽然有这些限制，但它仍是度量个性的一种有用工具。它的最大可取之处似乎是：①反应标准确定，便于作数量处理；②能在短时间取得大量的数据；③从大量数据中，可以测定一般人的典型反应；④所得反应可通过统计上显示的正常状态来加以阐明（荆其诚、喻柏林，1986）。

一个最著名的量表是明尼苏达多项人格调查表（MMPI）。该量表测评较为复杂，有550格题目，在中国有修订版，有较高的信度和效度。另外，“大五”人格特质是通过NEO人格量表（NEO personality inventory）测量的。近些年在企业组织中广为流行的一个自陈量表是麦尔斯—布瑞格斯类型指标（myer-briggs type indicator，MBTI），MBTI是在荣格的理论上发展出来的。

2. **投射法**

投射法，又称投射测验。在投射测验中，测试者向个体出示一些画片、抽象图形或者照片，要求他们描述自己所看到的东西，或者根据所见到的东西讲一个故事。投射测验背后的原理是：每个人对刺激的反应可以反映出他独特的个性。常见的投射测验有罗夏墨迹测验与主题统觉测验。

（1）罗夏墨迹测验

罗夏墨迹测验（Roshach ink-blot test）是由瑞士精神病医生罗夏在1921年编制的。方法是采用10张对称的墨渍图（其中5张黑色、5张黑色加彩色）。主试者向被试者逐一出示卡片并逐张提问：这可能是什么？你看见了什么？或这使你想起了什么？测验利用人们惯常的趋向会把它们想象成动物、白云、战场、脸谱等，使被试者在无意中反映了自己的思想、愿望、情感等方面的特征。对被试者的回答要从以下四方面评定：①部位。被试者对墨渍的反应是全部还是部分？用以测试被试者的风格。②决定。被试者对图形是形状反应还是颜色反应？把图形看成静态的还是动态的？用以测试情绪的稳定和思维的类型以及内倾还是外倾？③内容。把墨渍看成是动物、人物、植物还是风景？用以测试愿望、态度和思想等特点。④从众性。被试者的反应与一般人的反应相同还是与众不同？（龚敏，2002）

（2）主题统觉测验

主题统觉测验（thematic apperception test，TAT），为美国的默利（H. A. Murray）和摩根（C. D. Ivlorgan）在1930年所创制。TAT是另一种著名的投射测验。这类测验包括30张画片，意义暧昧。每张图内至少有一个人物，也有风景。测验进行时，被试者一张一张地观看画片，并根据画片中的内容和人物自己编制一段故事。要求其内容必须包括：①画片的情景怎样。②情景发生的原因。③将来的演变，可能有什么结果。④个人的体会。

TAT测验认为，个人对画片情景编制的故事与其生活经历有密切关系。被试者在编造故事时，不知不觉地把自己内心深处的冲突、需要、动机和愿望，用故事情节反映出来，即把个人的心理活动投射在故事之中，实验者通过分析、研究和解释，就可以了解其个性中存在的各种需要以及其他内容。

四、个性对人的行为和绩效的影响

研究表明，下列个性特征对人的行为和绩效有着显著的影响，了解它们对于预测组织中的人的行为有很大的作用。

1. 自我效能感

自我效能感（self-efficacy）是指个体对自己能够按指定水平来执行某个行动的信心。比如，假设有两个人，他们的上司给他们分配了同样的任务。其中一人非常自信能够成功地完成任务，另一个却顾虑重重，哪个人更有可能成功？我们说第一个人在自我效能感的人格特征上程度更高。所以简单地说，自我效能感就是个体对自己有能力完成一项具体任务的信心。研究表明，具有高度自我效能感的人常会对工作及他们的生活持乐观态度，通常获得成功的概率较大。另外，自我效能感是可以改变的，这一点与人格其他方面有所不同。比如，当一个人失业时，他的自我效能感会受到挫伤。然后，如果他们接受了求职培训并找到了新工作后，他们的自我效能感自然会随之上升。因此，管理者激发员工成功的信心，提升员工的自我效能感对于开发员工潜能、完成组织绩效是非常重要的。

2. 控制点

控制点（locus of control）是指个体对自己是否能够掌握命运的认知倾向。如果一个人相信自己就是命运的主人，能够控制发生在自己身上的事，则称其为内控型的人（internals）。反之，相信环境和他人控制自己命运的人，则称外控型的人（externals）。研究控制点对组织理论有非常重要的意义。内控型的人对工作有更高的满意度，更加适合管理职位，并且偏好参与型的管理方式。另外，内控型的人显示出了更高的工作动机，更相信努力工作会带来更好的绩效，获得更高的薪水。他们所表现出的焦虑水平也比外控型的人更低。因此，了解下属控制点对管理者是有价值的。

内控者适合创造性和独立性的工作活动，比如几乎所有的成功销售人员都是内控型的人。外控者对于流程化、程式化的工作更喜欢，并且不太喜欢参与决策。

3. 自我监控

自我监控（self-monitoring）指的是个体根据外部情景因素来调整自己的能力。高自我监控者更善于根据外部环境的因素来调整自己的行为，他们对环境线索十分敏感，能够根据不同情景采取不同行为，善于在各种环境中发挥自己的明显优势，即给人留下深刻印象。而自我监控能力弱的人正好相反，他们对环境线索不敏感，他们更多地根据自身的状况行事，而不是关注环境因素。因此，自我监控能力弱的人，其行为在不同情景下是一致的。研究表明，高自我监控的管理者在职业中会更加灵活应变，得到更多机会，更可能在组织中占据核心位置。

自我测试：你的自我监控能力

对以下的表述，如果符合你的行为特点，请计为T（对）。如果该表述不能反映你的行为特点，请计为F（错）。

1. 我发觉自己很难去模仿他人的行为。
2. 在聚会和社交场合，我从来不尝试着去说或者去做别人可能会喜欢的事。
3. 我只会为自己认为正确的观点去和别人争论。
4. 我可以就自己几乎一无所知的话题作即席演讲。
5. 我觉得自己会为了给别人一个好印象或者取悦别人而演戏。
6. 我会成为一个好演员。
7. 在人群中，我很难成为大家的注意中心。
8. 在不同的情景下，或者和不同的人在一起时，我经常表现得不像同一个人。
9. 我不太擅长使别人喜欢我。
10. 我并非时时都像自己所表现出来的那样。
11. 我不会为了取悦他人而改变自己的意见（或者改变自己做事的方式）。
12. 我曾经考虑过要做一名演艺人员。
13. 我从来不擅长看手势、猜字谜一类的游戏，或即兴表演。
14. 我在改变自己的行为以适应不同人和不同情景方面存在困难。
15. 在聚会上，我总是让别人一直开玩笑、讲故事。
16. 我觉得自己在公司里显得有点笨，并且无法表现得像自己应该表现的那样好。
17. 我可以看着任何人的眼睛说谎而面不改色（只要出发点是好的）。
18. 我可能会欺骗别人，表面上表现得非常友善而实际非常讨厌他们。

打分时，如果在以下项目中选择了T，每一项加1分：4、5、6、8、10、12、17和18；如果在以下项目中选择了F，每一项加1分：1、2、3、7、9、11、13、14、15和16。把得分加起来，就是你的总分。如果得分在11分或者以上，那么你很可能是一个自我监控能力强的人。如果得分在10分或者以下，你很可能是个自我监控能力弱的人。

资料来源：黛布拉·L. 纳尔逊，2004.

4. 自尊

自尊（self-esteem）是个体对自我价值的认知表现。自尊心强的人对自己有一个积极的认识。他们认识到自己有缺点，同时也有优点，并相信自己拥有工作成功所必需的大多数能力。自尊心弱的人对自己的看法是消极的，他们更在意别人对自己的看法并强烈受到外界的影响。自尊心弱的人会恭维那些给他们积极评价的人，贬低那些给他们消极反馈的人。研究表明，自尊心与工作满意度之间存在正相关，自尊心强的人比自尊心弱的人对工作更满意。成功会增强自尊，失败会降低自尊。因此，管理者应该致力于员工合适的挑战和成功的机会，激励员工提高自尊。比如，美国思科系统公司（Cisco

System）就是一家相信自尊的公司。

每隔4个月，思科系统公司的CEO就会穿一件红色的围裙，拿上一个装满冰激凌的帆布袋，穿行于公司总部的办公室，给员工们派发冰激凌。向员工问好时，他总是说："嗨，我叫约翰·钱伯斯，是思科公司的头儿。"你也许会觉得，这种行为对一个CEO来说，实在是不同寻常，但钱伯斯对自己以及对员工的信心，给这一公司带来了很好的幽默感，也带来了成功。

思科公司在数据网络设备行业处于主导地位，而数据网络设备则是互联网和企业计算机网络系统的核心。自从钱伯斯1995年1月就任CEO后，思科的股价增长了800%，在仅仅8年半的时间里，使公司的市值超过1 000亿美元——创下历史最快记录（即使是微软，也花了11年才做到了这一点）。

钱伯斯正准备把思科投入一个更大的竞争市场——每年2 500亿美元的电信设备市场。在这里，他必须与规模是思科2倍的北方电信、3倍的朗讯以及7倍的西门子进行竞争。钱伯斯希望思科能成功。钱伯斯的自尊和自我效能感以及一个能够提升员工自尊的文化氛围将帮助公司做到这一点。

在钱伯斯的儿童时代，自信对他来说至关重要。他成长在一个无法确诊学习能力障碍的时代。因为有严重的阅读障碍，他无法学习阅读。钱伯斯儿时的阅读指导员回忆说："他知道自己有问题，但他清楚应该做些什么，并对此毫不犹豫。他没有因为无法阅读而为自己找借口。真是非常难得。钱伯斯的努力得到了回报，高中毕业时，他获得了班级第二名的成绩。"

在思科，钱伯斯创建了一种文化氛围。如果有人说：我不可能自己做完每一件事，我需要找个合作伙伴，并且相信我可以控制整个过程。这非但不是软弱的标志，反而是实力的证明。协作非常重要，不能在团队里扮演好角色的管理者们将被淘汰。钱伯斯经常从他的员工那里征集问题，比如苏格兰的工厂怎么样了？我们的垒球队运作正常吗？我们是否需要在公司内建一个日托中心？这样的协作以及随之而来的成功点燃了员工的自尊。

尽管思科在电信业面临着艰难的竞争，但华尔街仍然看好这家公司。众多分析家们把公司的成功和美好前途归功于钱伯斯本人，以及他对管理者们的激励方式。这种激励方式促使他们能始终保持对消费者的关注。

[讨论题]

管理者们应该怎样做，才能激发员工的自尊？激发员工的自尊为什么非常重要？

资料来源：黛布拉·L. 纳尔逊，2004.

5. 积极情绪倾向和消极情绪倾向

近几年，研究者开始探究稳定、持久的心情状态在工作中的作用，逐渐认识到个体在积极情绪（positive affectivity）与消极情绪（negative affectivity）上的先天差异。这些差异可看做是个体人格中的主要因素。具体来说，具有高度积极情感倾向的个体可能对世界有一种健康的心态，用积极的眼光看待他人、自己与事物，处于积极的情绪状态。相反，那些具有较高消极情感倾向的个体对自己和别人持有消极的观点，总会用消极的态度来诠释模棱两可的情景，并经常处于消极的情绪状态。研究表明，具有积极情感的员工会增加团队合作行为，而消极的情绪状态会导致消极的集体情感，从而工作团队效率降低。工作中积极或消极情感的稳定倾向不仅对个人的工作满意度有重大影响，还会影响整个组织的气氛。因此，积极情感在工作场合无疑是一种财富。管理者可通过很多措施提高积极情感，包括允许参与决策，创造愉快的工作环境等。

五、个性理论在管理中的应用

我们认为，在现代企业管理中，对人才的选拔与使用，不仅要注意他们的知识、技能及智力水平，更要注重他们的个性特征与个性类型。根据员工不同的个性特色采用不同的管理方法，做到人岗匹配，人尽其才。

美国心理学家约翰·霍兰德（John Holland）的人格—工作适应性理论（personality-job fit theory）为工作岗位要求与个性特点之间的匹配提供了最好的解释。霍兰德认为，个体人格类型主要有六种，即现实型、研究型、社会型、传统型、企业型与艺术型。每一种人格类型都有与之相匹配的工作环境。表4-3中分别描述了六种人格类型的特色，同时列举了与他们匹配的职业范例。

表4-3 霍兰德的性格类型与职业范例

类　型	性格特征	职业范例
现实型：偏好需要技能、力量、协调性的体力活动	害羞、真诚、持久稳定、顺从、实际	机械师、钻井操作工、装配线员工、农场主
研究型：偏好需要思考、组织和理解的活动	分析、创造、好奇、独立	生物学家、经济学家、数学家、新闻记者
社会型：偏好能够帮助和提高别人的活动	社会、友好、合作、理解	社会工作者、教师、议员、临床心理学家
传统型：偏好规范、有序、清楚明确的活动	顺从、高效、实际、缺乏想象力、缺乏灵活性	会计、业务经理、银行出纳员、档案管理员
企业型：偏好能够影响他人和获得权力的言语、活动	自信、进取、精力充沛、盛气凌人	法官、房地产经纪人、公共关系专家、小企业主
艺术型：偏好需要创造性表达的、模糊且无规则可循的活动	富于想象力、无序、杂乱、理想化、情绪化、不实际	画家、音乐家、作家、室内装饰家

资料来源：孙健敏等，2005.

人格—工作适应性理论认为，当性格与职业相匹配时，则会产生最高的满意度和最低的流动率。社会型的个体应该从事社会型的工作，传统型的个体应该从事传统型的工作，以此类推。一个现实型的人从事现实型的工作比从事研究型的工作更为合适。社会型的工作对于现实型的人则可能最不合适。这一模型的关键在于：

① 个体之间在性格方面存在着本质的差异；

② 工作具有不同的类型；

③ 当工作环境与性格类型协调一致时，比不协调时会产生更高的工作满意度和更低的离职可能性。

第二节 能 力

在微软，小人物带来大利润

“如果让 20 名最聪明的员工离开公司，那么我会告诉你，微软会成为一家无足轻重的公司。”

——比尔·盖茨，微软总裁

软件开发产品一直在不断变革，因此能够开发出新的产品是成功的关键。微软公司的企业战略就是凭借对快速变化的企业环境的认识和适应而超出所有的竞争对手。为了实现这一点，微软公司需要有一种激励个体间竞争的组织文化。那些没有这种技能和能力的员工就不可能在这种环境中感到舒服或取得成功。

普通智力是微软每年在评价 120 000 名应聘人员时需要考虑的主要特征。招聘的目的是为了找到最聪明的人并安排给他们最合适的工作，以便发挥他们的智慧和能力。普通智力甚至有时要比经验考虑得更多。微软公司一直以拒绝招聘那些有丰富的软件开发经验的应聘者而出名。相反，微软公司努力招聘那些来自大学数学系或物理系的学生——这些人在普通智力方面拥有“很强的马力”，却在软件方面没有任何经验。

员工招聘和工作安排对于微软是如此重要以至于总裁比尔·盖茨经常要面试那些有希望的应聘者。盖茨相信智力和创造力是很难教会或学会的，因此在员工录用到公司后，微软公司不能在这方面投入太多的精力。他还认为，聪明的员工是微软成功的关键因素。按照盖茨的观点：“如果让 20 名最聪明的员工离开公司，那么我会告诉你，微软会成为一家无足轻重的公司。”一些行业专家同意微软的观点。他们的分析认为，微软公司的竞争优势来源于金融资本、出色的产品和一支聪明而又积极进取的队伍。况且，微软已经把自己定位在为新的基于互联网的行业开发软件，公司员工的智力将继续成为取得成功的关键。

资料来源：理查德·L. 达夫特，2004.

一、能力的定义和分类

1. 能力的内涵

能力（ability）是指一个人顺利地完成某项活动所必需的并直接影响活动效率的个性心理特征。它是个性心理特征的综合表现。一个人的能力高低会影响他所掌握的各种活动的成绩和活动效果。

任何一种单一的能力都难以成功地完成某项活动，因为任何一项活动都往往是多种能力结合的结果。例如，进行知识的学习，要求具有良好的观察力、记忆力、理解力和抽象概括等能力；飞行活动要求飞行员具有良好的知觉辨别能力、良好的注意力分配能力和具有动作反应灵活协调、情绪稳定、意志坚强等心理品质，这些心理品质都是属于能力的不同方面。由此可见，能力是一种与活动要求相适应并影响活动效果的个性心理特征的综合表现。

2. 心理能力的维度

（1）语言理解
（2）知觉速度
（3）归纳推理
（4）演绎推理
（5）空间视觉
（6）记忆力

3. 九种基本体质能力

力量因素：
（1）动态力量
（2）躯干力量
（3）静态力量
（4）爆发力

灵活性因素：
（5）广度灵活性
（6）动态灵活性

其他因素：
（7）躯干协调性
（8）平衡性
（9）耐力

4. 智力（一般能力）

反映每一个个体完成一切活动都必须具有的共同能力。主要包括：

（1）思维能力，指对事物进行分析、综合、抽象和概括的能力，在一般能力中起核心作用；

（2）观察能力，指对事物进行全面、细致审视的能力，主要指知觉能力；

（3）语言能力，指个体描述客观事物的语言表达能力；

（4）想象能力，包括再造想象和创造想象的能力；

（5）记忆能力，是个体积累经验、知识、技能，形成个性心理的重要心理条件；

(6) 操作能力，指通过人的各种器官，主要是手、脚、脑等并用解决人机协调、完成操作活动的能力。

这些一般能力的稳定、有机的综合就是通常所说的智力。智力的核心是抽象概括能力，创造能力是智力的高级表现。

5. 特殊能力

指个体从事某种专业活动应具备的各种能力有机结合而形成的能力，如教学能力、管理能力等。特殊能力是在特殊活动领域中表现出来的。

一般能力与特殊能力相互联系形成辩证统一的有机整体。一方面，个体从事某种职业或专业活动时，一般能力（智力）在特殊方面的独特发展，就成为特殊能力的组成部分。例如，记忆力属于一般能力范畴，但话务员在业务工作中刻苦训练，能记住 2 000 个电话号码，这种记忆能力就变成了专业技术方面的特殊能力了。另一方面，在特殊能力得到发展的同时，一般能力也不断提高。这种事例也不胜枚举。具备特殊能力的数学家、科学家、哲学家和音乐家，他们的一般能力会较快地发展，而普遍地高于平常人。

二、能力的结构理论

能力是具有复杂结构的心理特征。研究能力的结构，分析能力的组成因素，对于深入理解能力的本质，合理设计能力测量的手段，以及科学地拟定能力培养的原则，是十分必要的。由于能力是一个十分复杂的心理特征，研究者们对能力的结构有不同的认识，因而出现了不同的理论。下面介绍三种主要的能力结构理论。

1. 二因素结构说

英国心理学家和统计学家斯皮尔曼（C. Spearman）在 20 世纪初运用因素分析法对智力问题进行了研究，提出了能力的二因素结构理论。

斯皮尔曼认为，能力是由一般因素（G）和特殊因素（S）构成的，完成任何一项作业都是由 G 和 S 两种因素决定的。例如，一个算术推理作业由 G+S1 决定，而一个语言测验作业由 G+S2 决定。两套测验的结果如果出现正相关，就是因为它们有共同的因素 G；而它们不完全相关，就是因为每种作业包括不同、无联系的 S 因素造成的。根据这些相关性，他认为在能力结构中，第一位的和重要的因素是一般因素 G，各种能力测验就是通过广泛取样而求出 G 因素。

2. 多因素结构说

美国心理学家塞斯登（L. Thurstone）提出了多因素结构理论。塞斯登认为，能力是由许多彼此无关的原始能力构成的，大多数能力可以分解为 7 种原始的因素，它们是：计算、词的流畅性、词语意义的理解、记忆、推理、空间关系和知觉速度。他对每种因素都设计了测验的内容和方法。然而，实验的结果同他设想的相反，每一种能力与其他种能力都有正相关。这说明各种能力因素并不是绝对割裂的，而是可以找到一般的因素。

3. 智慧结构理论

美国心理学家吉尔福特（J. P. Guilford）提出了一种新的能力结构设想，称为智慧结构学说。他认为智慧因素是由操作、内容和产品3个变项构成的，因此，他以排列组合的方法，提出智慧可能由120种因素组成（见图4-2）。

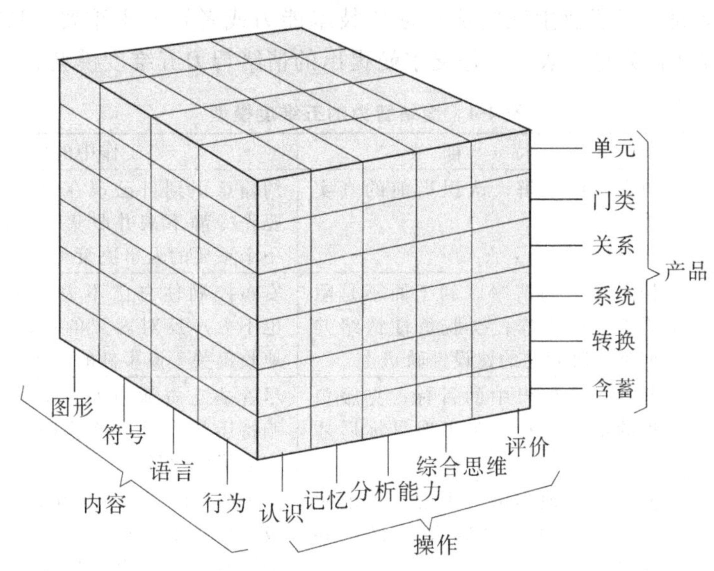

图 4-2 吉尔福特的智慧结构图

吉尔福特认为，能力的第一变项是操作，它包括认识、记忆、分析能力、综合思维和评价5种能力类型；能力的第二个变项是内容，它包括图形、符号、语言和行为4种类型；能力的第三个变项是产品，即能力活动的结果，它包括单元、门类、关系、系统、转换和含蓄6个方面。每个变项中的任何一个项目与另两个项目相结合，一共可以得到4×5×6＝120种结合。每一种结合形成一种能力因素。

4. 层次结构论

英国心理学家弗农（P. E. Vernon）把智力分为4个层次。最高层次是智力的普遍因素（G因素），是决定一个人智力高低的主要成分；第二层次分为两大因素群，即言语和教育方面的因素、操作和机械方面的因素；第三个层次分为几个小因素群，即言语理解、数量、机械信息、空间能力和手工操作等；第四层次指各种特殊因素。

5. 多元智力论

近些年来，美国心理学家霍华德·加德纳（Howard Gardner）的多元智力论（multiple intelligence）得到越来越多的关注。加德纳的多元智力除了数量/逻辑与语词/言语能力两个维度外，还包括人际交往能力、内敛性、视觉/空间知觉能力、音乐能力、身体/肌肉运动知觉、自然主义、存在主义、情绪性八个维度。加德纳认为，多元智力中的各维度是同等重要的，多数人在其中的三个或四个维度上表现优越，而且因为这些维度都是不固定的，所以总是存在改善的机会。

6. 情绪智力论

最早提出情绪智力（emotional intelligence，EI）概念的是心理学家彼得·萨洛维（Peter Salovey）和约翰·D. 梅耶（John D. Mayer），他们认为传统智商概念忽视了情感能力。然而使EI广受关注的是心理学家丹尼尔·戈尔曼，他把情绪智力定义为：察觉自己和他人的感受、进行自我激励、有效地管理自己以及他人关系中的情绪的能力。戈尔曼认为，情商对于职业生涯的成功远比技术能力或者智商更重要。IQ使你获得工作，而EQ使你获得升迁。表4-4是戈尔曼提出的情绪智力五维度模型。

表4-4 情绪智力的五维度模型

情绪智力的维度	特征	工作中的例子
自我察觉	对自己的了解，认识当前的真实感觉	约翰意识到自己现在很生气，因此他需要先冷静下来并收集更多的信息，再作一个重要的人事决策
自我约束	控制自己的情绪以利于而不是阻碍手头的工作；摆脱负性情绪并回到解决问题的建设性轨道上	安布控制住自己不表现出不安的情绪，也不大声反对客户的投诉，而是尽量多地收集关于该事件的事实
自我激励	坚持追求理想中的目标；克服负性的情绪冲动，在实现目标后才感到满足	尽管缺乏资源以及最高管理层的支持，帕特还是克服了这些挫折，坚持成功地完成了该项目
共情	能够敏感地察觉并理解他人的感受；能够感觉到他人的感受和需要	因为团队的领导知道她的成员体力耗尽，或者精神上很疲倦了，所以她在午休时把所有人都带出去玩板球，以帮助他们恢复精力
社交技能	辨别社交场合的能力；顺利地与他人互动，形成社交网络；能够引导他人的情绪和行为方式	杰里米从他的职员的一些非言语的表现看出来他们并不接受公布的新政策，所以会议结束后他一个个找他们面谈，解释为什么他们可以从新政策中获益

资料来源：弗雷德·鲁森斯，2003.

三、能力的测量

人的各种能力总是通过各种心理特征表现出来的，因此，如果能够对人的有关心理特征进行测定，就能测量出一个人在某方面可能存在的能力。能力测验，按测验方式可以分为个人测验和群体测验；按测验内容可以分为文字测验和非文字测验；按能力的性质可以分为一般能力测验、特殊能力测验、创造力测验、情绪智力测验等。

1. 一般能力测验

在心理学中，智力是指各种基本能力的综合，包括观察力、记忆力、思维力、想象力、注意力，所以它又称一般能力。智力测验主要是对应聘者的数字能力和语言能力进行测试。常见的智力测验有比奈—西蒙智力量表、韦克斯勒成人智力量表、瑞文智力测验量表。

在常用的斯丹福—比奈量表中，采用智力年龄（心理年龄，MA）代表智力达到的年龄水准，它与实际年龄（生理年龄，CA）的比称为智力商数（简称智商，IQ），代表被试者的智力水平。

$$IQ=(MA/CA)\times 100$$

智商为人的普通心智机能提供了一种综合指数，法国心理学家特曼（L. M.

Terman)、美国心理学家韦克斯勒（D. Wechsler）等人都通过智商研究了人的智力分布，说明了智力差异的常态曲线分布。表4-5为韦克斯勒智力分布表。

表4-5 韦克斯勒智力分布表

IQ	类 别	智商/%
130以上	超常	2.2
120～129	优秀	6.7
110～119	中上（聪明）	16.1
90～109	中等	50.0
80～89	中下（迟钝）	16.1
70～79	低能边缘	6.2
69以下	智力缺陷	2.2

资料来源：荆其诚等，1986.

我国心理学界20世纪80年代初对228 000个儿童的智力进行普查。调查发现，智力超常和智力缺陷各占3%左右。智力测验在人才选拔、职业指导、儿童教育、临床诊断等方面得到许多应用，成为度量智力水平的普遍标准。因此，用智力测验了解儿童智力发展状况是可行的，但不能绝对化，不能完全用智商断定儿童的智力，必须结合一个人学习、工作中的能力表现进行全面评价。

一般能力倾向测验用于测量从事某项工作所具备的某种潜在能力的心理测试。它在人员选拔与安置中应用最广。美国劳工部的一般能力倾向成套测验（GATB）由8个纸笔测验和4个仪器测验组成，可以测量9个因素：语言能力、数字能力、空间能力、一般学习能力、形状知觉、文书知觉、运动协调、手指灵巧、手的敏捷。这9个因素中的不同因素组合代表着不同种类职业能力倾向，如数字能力、空间能力和手的敏捷性较好的人适于从事设计、制图作业以及电器职业，因此，GATB也常用来测定职业倾向，进行职业指导。

2. 特殊能力测验

特殊能力测验主要针对特定职位而设定的测试，又称技能测试。比如，对秘书进行文书能力测验；对机械工进行机械能力测试；对会计进行珠算、记账、核算等能力测试。再如，对飞行员就要从语言表达、智力、机械知识、空间定向、注意分配、反应灵活性、动作协调等方面的心理特性进行测试。测定方法通常是采用一整套仪器及纸笔测验。心理学家从一系列测验项目的结果中，根据常态分配曲线组成了所谓飞行能力9级制。获得测验分数愈高者，飞行能力愈好，淘汰率也较低；反之，分数较低者，淘汰率则较高。表4-6是美国飞行人员心理选拔测验项目。

3. 创造力测验

美国心理学家吉尔福特（J. P. Guilford）认为创造性思维（即创造力）包括求同思维（聚合思维）、求异思维（发散思维）两类。所谓求同思维就是指根据已有的假设、条件来综合得出解决问题的一种答案的思维方式。所谓求异思维又称发散思维，是指寻求多样性答案的思维方式，比如数学中的一题求多解就是求异思维。吉尔福特认为，创造力的本质是求异思维，而不是求同思维。他进一步阐述求异思维的测量可以通过求异

表 4-6 美国飞行人员心理选拔测验项目

项	目	测验要求
1.	自传表	与驾驶、领航和轰炸训练有关的经验背景、社会和家庭状况
2.	一般知识	对于飞机、飞行技术、汽车驾驶、机械学、体育运动的兴趣和知识
3.	空间定向	在一幅大的图片和地图中找出一幅与其有共同内容的小地形照片
4.	观察辨识速度	迅速辨识形状的异同及对象的细节
5.	选择反应时间	对于不同空间位置的视觉刺激物进行选择性反应
6.	旋转追踪和注意分配	眼手的协调活动，同时进行两项工作的注意分配
7.	手指动作灵巧性	以手指精确地玩弄小物体的动作速度
8.	舵的控制	以脚调节飞机方向舵的踏板
9.	复合协调活动	对于连续呈现的视觉刺激物在操纵杆上作出连续协调运动反应
10.	双手追踪	以双手协调动作把指针保持在运动的目标上
11.	瞄准器操作	以瞄准器追踪或瞄准一个运动目标
12.	判断	解决实际问题的能力
13.	协调阅读	迅速读出雷达显示器上的目标的距离和方向
14.	阅读理解	阅读技术资料，并根据材料得出逻辑结论
15.	仪表和表格阅读	阅读仪表及复杂表格的速度与准确度
16.	机械原理	日程生活中的机械常识和经验，对物体安排的表象及推理
17.	机械了解	关于机器的构造，工作和修理的知识
18.	仪表理解	根据飞机仪表来确定飞机方位
19.	数学测验	简单运算的速度和准确性，运用和了解数字
20.	理智活动	判断实际情况的能力

资料来源：荆其诚，林仲贤，1986.

思维的流畅性、变通性及独特性这三个维度来进行。

① 流畅性，指的是在单位时间内产生多种反应的数量。高创造力的人，能在短时间内想出数量较多的项目，即反应迅速而且众多。

② 变通性，指的是作出不同反应的范围或维度范围越大、维度越多，说明变通性越强。变通性强的人，在解决问题时能触类旁通，举一反三，不拘泥于现有的常规方法。如创造力测验中有这样一道题就是测查变通性的：要求被试者在 5 分钟之内列出“砖”的用途。如果被试者列出的用途只局限于建筑范围内，如盖房子、建教室、铺路、垒墙等，被试者变通性较差。如果被试者举出的例子范围很广，并有一些特别的用途，如压纸、钉钉子、磨红粉等，则说明变通性很强。

③ 独特性，指的是能对问题提出超乎寻常的、角度独特的见解，不受已有观念的束缚和限制（孙健敏，2005）。

吉尔福特特别强调，在求异思维这三个维度中，最反映创造力思维核心的是求异思维的独特性，独特性的表现与否是创造力最关键的衡量指标。

4. 情绪智力测验

目前，美国进行的情绪智力测试，影响较大的有两种：一是乐观测试；一是 PONS 测试。

乐观测试的目的是为了了解个人的价值观状况。它是由马丁·塞格曼设计的，通过问题的方式来进行测试。乐观测试首次被应用于对一家保险公司新雇员的测试，通过测试发现，获得乐观测试高分者（但在公司常规测试中失败者）要比在乐观测试中失败者（但在公司常规测试中成功者）的保险销售额好得多。

PONS（profile of nonverbal sensitivity）测试是由罗伯特·罗森斯发明的，其目的是测试个人情绪的能力。其基本方法是将一些人的情感肖像如愤怒、嫉妒、感激等进行编辑处理，让受试者通过图片提供的线索，来判断这些人的情绪。获得 PONS 高分者，在社交和工作中有成功的倾向。

四、人的能力的发展

不同的人能力是有差别的，这是不以人的意志为转移的客观存在。认识到这种差异，就能选贤举能，促进事业发展。刘邦深谙此道，善用人而得天下；项羽不明此理，纵有万丈豪情、盖世武功，也只能众叛亲离、自刎乌江。这是众所周知的道理。但是千百年以来，识别人的能力差异是一个极为复杂、困难的问题，这是英雄无用武之地的悲剧大量发生的重要原因。

“千里马常有，而伯乐不常有”表达了对这一问题无可奈何的感叹；“黄钟废弃，瓦釜雷鸣”抒发了对无能者当道、怀才者不遇的愤懑；“冯唐易老，李广难封”是仁人志士报国无门的千古绝唱。可见，能力差异的准确识别有迫切的社会需要。

在社会生活中，人的能力差异是多方面的，主要有以下几种。

1. 能力发展的水平差异

不同人的能力发展程度存在明显的差异。这可以从具有一致标准的一般能力方面来衡量。有人智力超常，有人智力低弱，多数人处于中间状态。心理学家经过大量研究，基本上得到一个共同的结论：全人口的智力分布基本上呈正态分布，两头小，即能力低下者、才能卓著者极小，中间大，即一般能力者占绝大多数。这就是智力差异的常态曲线分布。

2. 能力类型的差异

能力类型的差异，指能力的质的差异，主要表现在：

① 能力的知觉差异。这是反映人们在知觉方面有分析型、综合型和分析综合型的区别。分析型者对事物细节感知清晰，而对整体感知较差；综合型则正好相反；分析综合型兼而有之。

② 能力的记忆差异。主要指人们在表象和记忆方面有听觉型、视觉型、动觉型和混合型。视觉型特点是视觉表象清晰；听觉型特点是听觉表象占优势；动觉型是指对动作感受深刻；混合型是指各种记忆综合使用效果好。

③ 能力的思维差异。指在思维方面人们有抽象思维、形象思维、逻辑思维等区别。

心理学上，能力类型的差异可以通过对特殊能力的各种测验来定量分析。如在航空心理学中，通过知觉辨别、空间定向、注意力分配、反应灵活性、动作协调、情绪以及性格特点等方面来测定人的飞行能力，作为飞行人员选拔和训练的参考。

3. **能力发展早晚的差异**

这是指个体能力发展的年龄阶段的差异。有的人在儿童或少年阶段，在某种能力方面就达到相当高的水平，即所谓早熟、少年早慧。这样的事例古今中外屡见不鲜，如战国时秦国甘罗 12 岁毛遂自荐出使赵国，出色完成使命；唐朝王勃 6 岁善文辞，10 岁能赋，13 岁写就千古名作《滕王阁序》；莫扎特 3 岁发现三度音程，5 岁作曲，6 岁登台演奏，12 岁创作大型歌剧；控制论创始人维纳 4 岁学习，14 岁毕业于哈佛大学等。相反，有些人的突出能力到了中年以后甚至晚年阶段才表现出来，达到很高的水平，被称为大器晚成。如我国著名画家齐白石 40 岁才表现出绘画才能；达尔文青年时被认为智力低下，50 岁写出《物种起源》，成为进化论的创始人；摩尔根 60 岁发表基因遗传理论。这些状况表明了个体能力发展的早晚差异。

科学计量学的研究结果表明，人的能力发展有早晚的差异，但就大多数人来说，存在一个创造与成熟的最佳年龄区间。美国学者莱曼（Lehman）曾研究了几千名科学家、艺术家、文学家的成就与年龄的关系，发现 25 岁～40 岁是创造的峰值年龄区间，这与心理学家的分析吻合。莱曼进一步研究了不同学科的最佳创造平均年龄，见表 4-7。

表 4-7　各学科最佳创造平均年龄表

学　科	最佳创造平均年龄	学　科	最佳创造平均年龄
化学	26～36	声乐	30～34
数学	30～34	歌剧	35～39
物理学	30～34	诗歌	25～29
实用发明	30～34	小说	30～34
医学	30～39	哲学	35～39
植物学	30～34	绘画	32～36
心理学	30～39	雕刻	35～39
生理学	35～39		

资料来源：郑晓明，2002.

我国学者张笛梅统计了 600—1960 年间 1234 位科学家的 1911 项重大科学成就，据此画出人才成功曲线图，发现取得第一项重大创造的年龄高峰段在 31 岁～35 岁；取得重大创造项数的年龄高峰在 36 岁～40 岁之间（见表 4-8 和图 4-3）。与莱曼的结论基本一致。

表 4-8　人才成功年龄段

年龄段	取得第一项重大创造的人数	取得最大创造的项数
16～20	21	21
21～25	110	118
26～30	233	294
31～35	253	328
36～40	218	323
41～45	166	278
46～50	106	201
51～55	63	117
56～60	36	83
61～65	20	44

资料来源：郑晓明，2002.

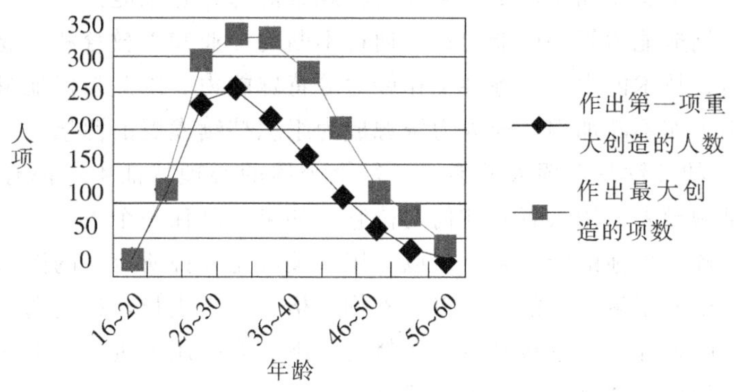

图 4-3　人才成功曲线图

资料来源：郑晓明，2002.

可见，对多数人来说，青、中年期是能力表现的突出阶段。

五、能力与组织管理

研究个体的能力结构和能力差异，有助于管理者发现人才，量才用人，合理分工，达到人尽其才、才尽其用的理想境界，提高组织活动的绩效。为此，组织活动中要注意处理好下列问题：

① 合理招聘人才，量才录用。一个好的管理者并不是谋求把能力最优者聚集在自己的周围，而是正确确定本企业所需要的能力标准，谋求适应该组织能力标准的人才。只有这样才能既不浪费人才，又能提高工作效率。这几年，有的领导者片面理解企业竞争的根本是人才的竞争，大量招聘高学历人才，结果用非所学，既增加内耗，提高了管理成本，又浪费了人才。

② 人的能力要与岗位相匹配。不同性质的组织工作，不同层次的管理者，需要有不同的能力。作为管理者，一般必须具备决策能力、人际关系能力、技术业务能力。但处于不同层次的管理者，对上述三者能力要各有侧重。担任高层职务的管理者应侧重于决策、计划指挥、协调等组织管理能力；担任基层职务的管理者应侧重于业务、技术、事务性能力；同时他们又都应该兼顾协调人际关系的能力。人的能力与工作、职务应该相匹配，而不能高职低能，用庸才、蠢才，造成管理低水平，工作低效率。

③ 人的能力要互补，人与人之间的能力是有类型差异的，这种差异不仅是客观的，而且是普遍的。一个团体中，特别是领导班子中，要有不同能力特点的人互相搭配，相得益彰。要有“运筹于帷幄之中，决胜于千里之外”、指挥有效、控制有方的帅才；要有能率部下冲锋陷阵的将才；要有泥瓦匠式的协调人才；要有各种一技之长的专门人才。并且这些人才的能力能形成有效的合力，才能保证组织的战斗力。

④ 有效地加强员工能力开发是组织管理的重要内容。现代社会，知识更新速度加快，员工培训已成为组织管理工作的重要内容。由于人的两种能力—— 一般能力和特殊能力，对各类组织工作都有直接和间接的促进作用，而员工能力结构又各不相同，因此，必须依据人的能力差异，因材施教组织培训，以有效提高员工的能力。一般说来，

要通过提高人的科学文化知识水平，来提高其观察能力、思维能力、分析能力、计算能力、想象能力、创造能力等一般能力；要通过不断的专业知识教育和专业技能教育，提高人的业务能力、技术能力、事务性工作能力等特殊能力。以此来保证组织队伍的素质不断提高，基础工作不断加强，使人力资源成为组织持续发展的源泉。

⑤ 用人艺术的关键是发挥人的能力。每个个体的心理特征中，都有积极因素和消极因素，问题是领导者（用人者）如何对待它。如果只盯住一个人的消极面就不能识别人的长处，就发挥不出他的能力来，所以，用人关键是发挥所有人的能力，就是用人所长，避其所短。全面了解人的能力特点，不拘一格，用人之长，择优选拔。

⑥建立有效的人才竞争选拔制度。要努力打破陈腐的用人观念，引入竞争机制，建立依照工作绩效择优选拔制度，使人才脱颖而出。

本章小结

个性，又称人格，是指具有一定倾向性的各种心理品质的总和，它包括个性倾向性和个性心理特征。个性的理论主要分为两类：一类是个性的类型理论，包括四种气质类型理论、荣格的内外向性格论等；另一类是个性的特质理论，包括卡特尔的人格特质论、“大五”人格模型等。个性的测量方法主要为问卷法与投射法。

几种对人的行为与绩效有影响的主要个性特征分别为：自我效能感、控制点、自我监控、自尊、积极情绪倾向和消极情绪倾向。在组织行为中，要特别关注个性特征与职业匹配，霍兰德的人格—工作适应性理论值得在工作中关注。

能力是指一个人顺利地完成某项活动所必需的并直接影响活动效率的个性心理特征。能力可分为一般能力、特殊能力、创造力、情绪智力等。一般能力主要指智力，测量人的智力水平常用的工具有比奈—西蒙智力量表、韦克斯勒成人智力量表。

能力的结构理论有二因素论、多因素论、智慧结构理论、层次结构论，多元智力论与情绪智力论。目前，多元智力论与情绪智力论受到广泛的关注与应用。

人的能力发展的差异主要表现为发展水平的差异、能力类型的差异以及能力发展早晚的差异三个方面。在组织管理中要把握好个性、能力的差异，适才适岗，才能人尽其才、才尽其用。

复习思考题

1. 什么是个性？什么是能力？什么是智力？

2. 简述情绪智力与职业发展的关系。

3. 阐述四种气质类型理论对我们的管理工作有何意义？

4. 概述“大五”人格模型中各维度与工作绩效的关系。

5. 谈谈自我效能感、控制点、自我监控、自尊、积极情绪倾向与消极情绪倾向是如何影响员工的行为和绩效的？

6. 简述各种能力结构理论。

本章案例

Bob Kierlin 的企业“螺钉螺帽”

如果你几年前买了 Fastenal 的股票的话，你现在可以很放心，因为你的股票局面良好。事实上，这家企业的利润在过去 5 年中每年都在以高于 38%的比例上涨，甚至还超出可口可乐、微软、通用电气等一些历史悠久的大牌公司。与这些偶像公司不同，Fastenal 的生产线似乎并不那么有魅力。这家公司经营的是螺钉螺帽——有 49 000 个不同的产品种类，620 家分店通常都分布在美国与加拿大的一些小城镇上。

Fastenal 的首席执行官 Bob Kierlin，一位 58 岁的工程师在 1967 年和他的牌友们一起建立了公司。早在他 7 岁在父亲开的一家汽车零件铺时，他就知道自己想要开一家自己的公司。当时，同龄的男孩子们都梦想着成为一名棒球运动员。而 Kierlin 却只想着制造和出售东西。在主修完工程专业后，他进了国际商用机器公司（IBM）。然而，大公司的职员生活并不适合他。他想做的就是回到明尼苏达州的 Winona，即 Fastenal 公司的发源地和现今所在地。

Winona 并不是你想象中的每年销售额达到 250 亿美金的公司的所在地应有的样子，而 Bob Kierlin 也不是你想象中的一个经营着这么大公司的人。Kierlin，公司里也有人亲热地把他叫做 BK，因他非常节俭的生活方式而著名。例如，他最近到加利福尼亚出差，并没有乘飞机前往，而是开着公司的小型客货两用车，往返 5 000 英里，沿途停靠在便宜旅馆和快餐馆。他总是穿二手的西服和短袖衬衫。大部分的首席执行官都不会这么干。而且，他们也不会愿意只拿 120 000 美元的年薪。你大概也能猜到，他对待员工也不会十分慷慨，他的员工拿不到额外津贴，并且一点养老金都没有。

Kierlin 给了他的员工什么呢？责任感，很强烈的责任感。在很多公司，升到高级职位的过程中总要历经磨难。而在他的公司，营销人员只要 3 年就可能晋升为商店经理。例如，新泽西州哈肯萨克分部的经理就只有 24 岁，却已能带着比他更年轻的助理，有大量的机会为当地分部作出各项决策。包括从日常事务（如以帮朋友搬家为交换条件来免费得到旧办公家具）到更复杂的事务（如解决一个棘手的、影响了销售业绩的货物清单分配问题）。这些经理们既为公司省钱又卖力工作的原因很简单：他们薪水的一半都来自奖金，公司的效益越好，他们的利益也越大。迄今为止，各方都有所收益。

虽然 Kierlin 对公司很放心，但他还是很努力地工作着。他并没有陶醉在自己的成功里。他每天早上 6 点之前到达公司，然后就立即开始工作——着手管理他心目中最重要的资产：人力。如果一家商店一天的利润超过了 5 000 美元，Kierlin 就将此记录下来，并且召见这位经理以示祝贺。除此之外，当他出差旅行的时候，总要在当地的分店停顿一下，询问经营情况。

Kierlin 强调说，给人们以责任感，而不是生产线和利润，正是企业的宗旨所在。对他来说，只有人才是企业真正的“螺钉螺帽”。他主张说：“相信人，给他们作决定、冒险和努力工作的机会。这样，我们的企业就会获得成功。”

案例思考题

（1）你认为 Bob Kierlin 的人格对近年来 Fastenal 令人惊异的辉煌成就起到了什么作用？在这一案例中什么样的人格因素是最重要的？

（2）Faslenal 公司内部的人说 Kierlin 永远不会退休，但猜想他还是会退休的。你认为 Fastenal 会改变吗？公司的风格会一直保持下去吗？

（3）你认为 IQ 和 EQ 在 Bob Kierlin 经营企业方式中各自起到了什么作用？

资料来源：杰拉尔德·格林伯格等，2005.

参考文献

1. JOHNS G，SAKS A M. Organizational Behavior［M］. 6ed Pearson Prentice Hall，2005.

2. SCHERMERHORN J R，HUNT J K，OSBORN R N. Organizational Behavior. 7th ed. John Wiley & Sons，LnC，2000.

3. 荆其诚，林仲贤．心理学概论［M］. 北京：科学出版社，1986.

4. 杰拉尔德·格林伯格，罗伯特·A. 巴伦．组织行为学［M］. 范庭卫等译．7 版．南京：江苏教育出版社，2005.

5. 郑晓明．组织行为学［M］. 北京：经济科学出版社，2002.

6. 戴维·布坎南，安德杰·赫钦斯盖．组织行为学［M］. 李丽等译．北京：经济管理出版社，2005.

7. 李剑锋．组织行为学［M］. 北京：中国人民大学出版社，2000.

8. 郑晓明．人力资源管理导论［M］. 北京：机械工业出版社，2005.

9. 理查德·L. 达夫特、雷蒙德·A. 诺伊．组织行为学［M］. 杨宇等译．机械工程出版社，2004.

10. 孙健敏，李原．组织行为学［M］. 上海：复旦大学出版社，2005.

11. 黛布拉·L. 纳尔逊，鲁姆斯·坎贝尔·奎克．组织行为学［M］. 桑强等译．北京：中信出版社，2004.

12. 弗雷德·鲁森斯．组织行为学［M］. 王垒等译校．北京：人民邮电出版社，2003.

13. 张德．组织行为学［M］. 北京：清华大学出版社，2000.

14. 唐·荷尔瑞格，小约翰·W. 斯芬卡姆，理查德·W. 渥德曼．组织行为学［M］. 胡英绅等译，大连：东北财经大学出版社，2001.

15. 龚敏．组织行为学［M］. 上海：上海财经大学出版社，2002.

价值观与态度

学习目标

1. 明确价值观的定义，解释价值系统的来源。
2. 了解价值观的不同种类及其衡量标准。
3. 讨论员工中不同价值观的表现。
4. 明确价值观在管理中的重要性和具体应用。
5. 明确态度的定义、结构。
6. 讨论态度与行为之间的关系及其复杂性。
7. 了解态度的不同类型，如工作满意度、工作投入、组织承诺、忠诚度等的含义和测量方法。
8. 明确态度在管理中的应用，了解改进员工态度的方法。

提高组织的凝聚力成为衡量管理工作有效性的一个标准。但是员工离职率居高不下的现象提示人们，实现这一目标并非易事。在许多企业，管理层采取了许多措施提高组织的凝聚力，但员工们的抱怨、牢骚并未减少。那么，如何才能让员工满意呢？满意的员工会积极主动工作吗？本章将通过对价值观、态度等概念的讨论，回答类似的问题。

第一节　价　值　观

2001 年郑总从研究所辞职，和 5 位志向相同的同学、朋友一起创立了高科技企业宏志公司。从做国外通信设备公司的代理起步，积累市场、技术的经验，逐步向开发、研制方向发展。经过 5 年的创业打拼，企业在通信设备行业迅速发展，目前销售额达到 3 亿元，人员 180 多人，其中三分之一是研发人员。公司的中期发展方向是在成为国内该领域最好的全套方案提供商的同时积累丰富的系统集成和研发经验，选择2～3 个技术方向集中研发，形成核心技术，在若干个应用领域逐步赶上并超过国际上的领先企业。

几年以来，经历了市场的潮起潮落，郑总和创业骨干始终对产业的前途充满信心。他经常对大家讲，“用生命去追求事业”；对每个项目，要用“愚公移山”的精神，精诚所至，金石为开；在市场竞争中要一往无前，“捡回每一根稻草”。郑总这样说，这样要求，自己也是这么做的。在业务中郑总一直身先士卒，率先垂范。正是依靠这种顽强的拼搏精神，公司多次在危难关头逆势而上，在业界后来居上，被公认为“战斗力强的队伍”。公司因此也形成了一种崇尚英雄主义的无形氛围。

由于人员素质高，技术提升快，市场竞争力强，宏志公司在国内市场上声誉鹊起，形成一种蓄势待发的良好前景。

业务快速发展自然需要更多人手，最近几年来，宏志高薪招聘了大批大学生、研究生，这在这个新兴产业中已经引起了一定的震动。郑总多次和企业高层、人力资源部门沟通，阐明自己的思路和要求：希望这些新进力量在业务中迅速成长，成为企业大发展的中坚力量。

但是，最近一年多来，在大量招聘的同时，人员流动率居高不下。由于宏志良好的业界形象，不少毕业学生在宏志工作一年半载后，跳到别的公司，甚至竞争对手那里，有几起跳槽事件对业务造成较大的损失。由于竞争加剧，业务成本高，去年的销售额增加50%，而利润增加不大。这一现象在去年年底总结时，高层管理者进行了认真的讨论，大家反映：新聘员工素质是比较高的，但是不少人不能吃苦，难以适应宏志高强度的工作氛围，宁愿到待遇较低、工作要求相对宽松的公司。赵副总经理说，他曾对几位要走的员工进行过挽留、沟通，他们说，一开始也充满激情，但工作一段后发现工作强度大、竞争激烈，困难很多，缺少业绩，创业员工可以“用生命去追求事业”，力争第一，不断创造。而自己作为一个普通员工，很难长期保持这种状态。所以，尽管赵总再三说明郑总和公司对新员工有足够的耐心和时间帮助大家提升、发挥潜能，但这几位还是没有留下来。

人力资源部部长赵女士是三年前从外企加盟宏志的。她说：郑总和企业高层、创业员工大多数是20世纪80年代理想主义年代成长起来的，身上确实充满了使命感，富于理想和激情，宏志也确实是一个欣欣向荣的公司，这也是吸引她的一个重要因素。但是应该注意，近两年多来招聘的大学生、研究生是改革开放初期出生的，他们成长在一个物质生活相对丰裕的时代，不少人是独生子女，追求生活质量，要求他们和创业员工那样艰苦奋斗是需要一个过程的。

大家的讨论使郑总陷入思考，他知道企业多方面都有待加强和规范，现在看来，培养一批骨干员工尤其需要更细致的工作，自己也需要深入研究。

宏志公司面临的一个重要问题涉及郑总、创业骨干和新员工们在工作价值观的认同问题。在日常生活和工作中，价值观潜移默化地影响着人的行为，而且影响着人在工作经历和组织中的整体感受——是否愉快、健康、如意。我们经常听到一些议论：“我找工作，首先看能否有发展提高的机会”；“这个领导太专制了，我无法忍受”。这些茶余饭后漫不经心的闲谈，实际上反映了价值观对人们观念和行为的影响。

一、价值观的定义、来源和重要性

价值观代表了一系列基本的信念：从个人或社会的角度来说，某种具体的行为类型或存在状态比相反的行为类型或存在状态更为可取。这个定义包含着判断的成分，反映了人们在观念上对于正确与错误、重要与不重要、好与坏的判断和评价。一个人认为最有意义的、最重要的客观事物，就是最有价值的东西；反之，就是最无价值的东西。比如，人们对金钱、友谊、权力、自尊心、工作成就和社会的贡献等因素的总看法、总评价就不尽相同，有人看重金钱报酬，有人注重工作成就，有人认为地位、权力最重要，有人把对国家的贡献看得最有价值等，这就反映了不同的价值观。

价值观包括内容和强度两种属性。内容属性说明某种方式的行为或存在状态是重要的；强度属性表明其重要程度。如果根据强度排列一个人的价值观，将各个事物的看法和评价根据心目中的主次轻重、相对重要性排列成次序，形成层级，就是价值观体系。价值观和价值观体系是决定人们行为的核心因素。

1. 价值观的来源

人们的价值观体系来自何处？一部分是遗传的，其余则受到社会环境的影响，如民族文化、家庭教育、教师、朋友等。

从遗传的角度，对分开抚养的双胞胎进行的研究表明，大约40%的工作价值观是遗传获得的。所以，亲生父母的价值观在解释一个人的价值观方面起着重要的作用。但是，价值观的变异大部分是由社会环境因素引起的。

从社会历史来看，人类文化中有些价值观经历千百年历练，被证明是合理而有用的，在文明中沉淀下来，代代相传。诸如和平、自由、民主、权益、尊严、荣誉、诚实、正直、道义、公正、平等、合作、快乐、勤俭等，都是文化中被肯定的价值观，它们相对稳定不变，即使变动，也极其缓慢。这样，作为个体来说，一个人出生后，就生活在现实社会中，接受文化的洗礼，在社会规范的作用、塑造下建构起自己的价值观体系和行为风格。在这一过程中，人们所处的社会生产方式及经济地位，对价值观的形成有决定性的影响。

家庭教育、学校教育、同伴团体、社会舆论、大众传播媒介及其他社会文化因素在价值观的形成中扮演了重要的角色，例如父母、老师、朋友和英雄模范人物的观点与行为，对价值观的形成有不可忽视的作用，尤其是在幼年和少年时期，作用更为明显。最终，人们学会判定是非、善恶、美丑、优劣，懂得应诚实、合作、正直、进取。

人的价值观一旦形成，就如同社会文化价值观一样，是相对稳定和持久的。这样的行为会形成相对一致的标准，不致陷于变化无常的盲从状态。当然，价值观并非绝对一成不变。当人们处在某种新的环境，其行为必须符合新的情景要求时，人们常常会对旧的价值观提出疑问，对可能不再适合的部分进行修正，经过反复、比较，导致价值观的变化。

2. 价值观的重要性

从组织行为学的观点来考察，价值观影响当前及将来员工的行为，所以对价值观的了解很重要。因为从个体的层面看，价值观：

① 影响员工对其他个人及群体的看法，从而影响到人与人之间的关系；

② 影响个人所选择的决策和解决问题的方法；

③ 影响个人对所面临的形势和问题的看法；

④ 影响工作态度和有关行为的道德标准；

⑤ 影响个人接受或抵制组织目标和组织压力的程度；

⑥ 影响对个人及组织的成功和成就的看法；

⑦ 影响对个人目标和组织目标的选择；

⑧ 影响组织中激励机制的建立和人力资源政策的制定；

⑨ 影响领导风格。

之所以了解员工的价值观，是了解员工工作态度和动机的基础，对理解员工的心理、预测员工的行为极其重要。

从群体、组织的层面看，个体对组织核心价值观的认同是影响组织效能的重要方面。价值观影响人们的知觉和判断，每个人在加入组织之前，已经形成自己的价值判断。如果这种判断与所在群体、组织的制度、文化所体现的核心价值观一致，那么，就容易形成志同道合的效果。反之，就需要培训、磨合，甚至可能跳槽，“道不同不相与谋”。

当然，在拥有比较完备的信息时，员工和组织都会尽量寻找和自身价值观基本一致的工作场所和组成人选，这就是信息理论中讨论的自我选择。

二、价值观的分类和衡量标准

作为一个基本的信念和判断，价值观代表了人对周围的客观事物（包括人、事、物）的意义、重要性的总评价和总看法。价值观是一个复杂的体系，有不同的类型，不同个人、群体、组织的价值观是不同的。

1. 斯普朗格尔的价值观分类

美国组织行为学家斯普朗格尔（E. Spranger）最早对人的价值观进行归类，他将价值观分为下列六类。

① 理性价值观：以知识和真理为中心，强调通过理性批判的方式发现真理；

② 唯美的价值观：以形式、和谐为中心，强调对审美、对美的追求；

③ 政治性价值观：以权力、地位为中心，强调权力的获取和影响力；

④ 社会性价值观：以群体、他人为中心，强调人与人之间友好、博爱；

⑤ 经济价值观：以有效、实惠为中心，强调功利性和实务性，追求经济利益；

⑥ 宗教性价值观：以信仰、教义为中心，强调经验的一致性及对宇宙和自身的了解。

当然，没有哪个人是绝对属于某一种类型的。一个人并不是只具有一种类型的价值观。实际上，六种类型在不同的人有着不同的配置。根据阿尔波特（G. W. Allpork）等人的调查，这六种价值观在美国社会中起中心作用，但哪些最为主要在看法上有分歧，在美国以第三种、第五种居多。他们还发现：不同职业的人对这六种价值观的重视程度不同，形成了不同的优先顺序，反映了不同的价值体系（见表 5-1）。

表 5-1 三种职业的人对价值观重要性的排序

排序	牧师	采购代理商	工业工程师
1	宗教	经济	理性
2	社会	理性	政治
3	唯美	政治	经济
4	政治	宗教	唯美
5	理性	唯美	宗教
6	经济	社会	社会

资料来源：张德．组织行为学．北京：高等教育出版社，1999：44.

2. 罗可奇的价值观调查

米尔顿·罗可奇（Milton Rokeach，1973）设计了罗可奇价值观调查问卷（rokeach value survey，RVS），包括两种价值观类型，每一种类型有18项具体内容。第一种类型称为终极价值观（terminal values），指的是一种期望存在的终极状态，是人一生中希望实现的最根本的目标。诸如舒适的生活、成就感、世界和平、平等、自由、快乐、自尊等。另一种称为工具价值观（instrumental values），指的是人喜欢的行为方式或实现终极价值观的手段。诸如勤奋工作、襟怀开阔、清洁、勇敢、宽容、富于想象力、顺从、负责、自律等。表5-2列出了每一种价值观类型的内容。

表 5-2 罗可奇价值观调查中的两种类型：终极价值观和工具价值观

终极价值观	工具价值观
舒适的生活（富足的生活）	雄心勃勃（勤奋工作、奋发向上）
振奋的生活（刺激的、积极的生活）	襟怀开阔（开放）
成就感（持续的贡献）	能干（有能力、高效率）
世界和平（没有冲突和战争）	欢乐（轻松、愉快）
美丽的世界（艺术与自然的美）	清洁（卫生整洁）
平等（兄弟般的情谊、机会均等）	勇敢（坚持自己的信仰）
家庭安全（照顾自己所爱的人）	宽容（谅解他人）
自由（独立、自主的选择）	助人为乐（为他人的福利工作）
幸福（满足）	正直（真挚、诚实）
内在和谐（没有内心冲突）	富于想象力（大胆、有创造性）
成熟的爱（性和精神上的亲密）	独立（自力更生、自给自足）
国家安全（免遭攻击）	智慧（善于思考）
快乐（快乐的、悠闲的生活）	逻辑性强（一贯性强、理性的）
救世（救世的、永恒的生活）	博爱（温情的、温柔的）
自尊（自重）	顺从（忠于职守、尊重他人）
社会承认（尊重、赞赏）	礼貌（彬彬有礼的）
真挚的友谊（亲密关系）	负责（可靠的）
睿智（对生活有成熟的理解）	自我控制（自律、有约束的）

资料来源：斯蒂芬·P. 罗宾斯著．孙健敏等译．组织行为学（第7版）．北京：中国人民大学出版社：140.

一些实证性的调查研究表明，RVS价值观在不同人群中有较大的差异，与阿尔波特的发现一致，相同职业或类别的人（例如公司管理者、工会会员、父母、学生）倾向于拥有相同的价值观。例如，美国的一个调查研究比较了公司管理者、钢铁业工会的会员和社区工作者（W. C. Frederick 和 J. Weber，1990），结果表明3组人的价值观存在显著的差异，如表5-3所示。社区工作者认为平等是最重要的终极价值观；社区工作者将助人为乐排在工具价值观的第2位。这表明管理者、工会会员和社区工作者对企业所做的事情有不同的兴趣和价值判断。这样，当公司管理者与其他两类人中的股东坐在一起谈判或讨论有关企业的经济和社会政策时，他们可能从各自不同的价值观出发。在个人价值观相当复杂的公司里，要想对某个具体问题或政策达成一致意见可能是相当困难的。

表 5-3 管理者、工会会员和社区工作者的价值观排列

管理者		工会会员		社区工作者	
终极价值观	工具价值观	终极价值观	工具价值观	终极价值观	工具价值观
1. 自尊	1. 诚实	1. 家庭安全	1. 负责	1. 平等	1. 诚实
2. 家庭安全	2. 负责	2. 自由	2. 诚实	2. 世界和平	2. 助人为乐
3. 自由	3. 能干	3. 快乐	3. 勇敢	3. 家庭安全	3. 勇敢
4. 成就感	4. 雄心勃勃	4. 自尊	4. 独立	4. 自尊	4. 负责
5. 快乐	5. 独立	5. 快乐	5. 能干	5. 自由	5. 能干

资料来源：斯蒂芬·P. 罗宾斯著．孙健敏等译．组织行为学（第7版）．北京：中国人民大学出版社：141.

组织行为学研究中，对工作价值观有大量的分析。斯蒂芬·P. 罗宾斯（Stephen P. Robbins，2005）总结了这一方面的工作，将美国劳动力大军不同时期占主流地位的工作价值观整合为4个阶段（见表5-4）。将美国员工根据他们进入劳动力队伍的不同年代而划分为4个群体。由于多数人在18～23岁之间开始工作，因而这些时代与员工年龄有着紧密的联系。

表 5-4 美国劳动力大军不同时期占主流地位的工作价值观

阶 段	进入劳动力队伍的年代	现在的大概年龄	占主导地位的价值观
1. 新教伦理	在20世纪50年代末以前	55岁～75岁	努力工作、保守、对组织忠诚
2. 存在主义	20世纪60年代至70年代中期	40岁～55岁	重视生活质量、不从众、寻求自主、对自己忠诚
3. 实用主义	20世纪70年代中期到80年代末	30岁～40岁	追求成就、雄心勃勃、努力工作、对事业忠诚
4. X代	20世纪90年代至今	小于30岁	灵活、对工作满意、有闲暇、对关系忠诚

资料来源：斯蒂芬·P. 罗宾斯著．孙健敏等译．组织行为学（第7版）．北京：中国人民大学出版社：141.

美国社会的主流价值观是新教伦理，在20世纪50年代末以前进入美国劳动市场中的人普遍崇尚新教伦理，忠诚于雇主，视努力工作为天职，终极价值观是舒适的生活和家庭安全。

在20世纪60年代至70年代中期进入美国劳动力大军的员工深受人权运动、越南战争和生育高峰的影响，多数人接纳存在主义哲学，更关注生活质量而不是财富积累的多少。对自主的向往使得他们对自己而不是对组织忠诚，把自由和平等看得更高。

而20世纪70年代中期到80年代末进入工作领域的人反映出美国社会向传统价值观回归的倾向，他们更强调获得成就、取得物质上的成功。这代人受里根保守政策、信息技术发展、创业风潮的影响，信仰实用主义，把组织看做是职业生涯的工具。终极价值观的成就感和社会认同感被放在较高的位置。

最后一类人就是现在的X代，追求灵活性、生活的选择权、工作满意的实现。家庭和社会关系对这群人是非常重要的，金钱成为重要的职业绩效评判指标。为了获得更多的闲暇、生活方式的选择范围，他们宁愿舍弃提薪、头衔、保险和晋升机会。他们对友谊、幸福和快乐评价更高。

罗宾斯对美国不同时期占主流地位的工作价值观讨论说明，尽管每一个人的价值观是不同的，但一代人的价值观中可能存在一定的共性，反映这代人成长时期的社会价值观，往往会打上时代的烙印。

社会文化是影响一代人价值观形成的大环境、大气候，不同的时代精神、不同的社会风尚会从宏观方面影响一代人的价值观。这在我国近、现代的历史转折中也得到相当的体现，如我国20世纪50年代共和国凯歌行进时期培养的一代青年、十年“文化大革命”动乱环境中经过磨难的一代青年、80年代改革开放初期成长起来的一代青年、90年代改革进入攻坚期后成长起来的青年在价值观上都有某种鲜明的特征。本节开始所讲的宏志公司的案例就反映了两代人工作价值观的不同特点。

三、价值观在管理中的应用

通过以上论述我们可以认识到，价值观与人的世界观、人生观紧密相连，对个体心理和行为、对群体凝聚力和组织效能有广泛的影响。价值观是相对稳定和持久的，所以这些影响也是深远的。管理者必须重视价值观的作用。

首先，组织目标、愿景和制度的制定，必须考虑到员工和群体的价值观，重视价值观的引导。

只有在平衡各方面价值观的基础上才能选择合理的组织目标，保证组织活动的有效性。比如，对企业来说，消费者要求价廉物美，生产者要求减少工作压力增加赢利，职工要求增加工资和福利，股东要求增加赢利，政府部门要求企业能创造出更多税收和就业机会，因此，选择企业目标时必须兼顾这些方面的利益，达到平衡。

组织领导人都有自己的愿景，个人愿景要转化为员工共同的愿景才会形成组织的愿景。领导人自己的愿景要转化为共同愿景，必须与员工价值观兼容，才能得到大家的认同。

规章制度的制定也要考虑到员工价值观的影响。在同一个客观条件下，对于同一个事物，组织成员的价值观是不会完全相同的，这就会导致员工行为的不一致。如对同一个规章制度，如果两个人的价值观相反，那么他们将会采取完全相反的行为。认为这个规章制度是合理的人就会认真贯彻执行；认为这个规章制度是错误的人就会拒不执行。而这种截然相反的行为，将对组织目标的实现起着完全不同的作用。

在全球化的时代，组织活动的范围扩大，不同国籍、宗教信仰、背景、习惯的人们一起工作，必然出现员工、顾客价值观多元化的问题，这样对不同价值观的顾客提高服务水平、对不同价值观的员工进行有效激励，成为决定组织核心竞争力的重要因素。同时，信息时代日新月异的变化——日益激烈的竞争和业务形式不断创新，使制度约束日益滞后，组织为了增强适应性而趋于灵活化，授权程度加大，业务决策重心下移，对员工硬性的制度约束有减少趋势，知识劳动者的增加使监督难度增大。因此基于价值观的管理，增强员工自我约束和内在控制，是降低组织活动风险的重要一环。

其次，要致力于组织文化建设，根据组织的使命、任务，树立明确的组织价值观，去建立大家共同接受、认可的价值体系和制度体系，提高组织的凝聚力。

许多组织成功的经验之一，就是有明确的价值观，即有共同的信念，并严守这个信念。正如IBM公司的董事长兼总经理托马斯·沃森（小沃森）在他所著《一个企业和它的信念》一书中回顾他父亲老沃森创建公司几十年成功的历史时坚定地认为：第一，任何组织要生存和取得成功，必须有一套健全的信念，作为该企业一切政策和行动的出发点；第二，公司成功的唯一最重要的因素是严守这一套信念；第三，一个企业在其生命过程中，为了适应不断改变的世界，必须准备改变自己的一切，但不能改变自己的信念。在该公司价值观和信念中最核心的内容就是为顾客提供世界上任何公司都比不上的最佳的服务，追求卓越的精神以及对公司职工的尊重。也正是因为该公司始终严守这些信念，所以它在同行业的竞争中获得了最广大的市场。

和世界上其他长盛不衰的优秀企业一样，IBM将人性化的价值观与商业化的操作成功地融为一体，克服激励方法的局限，使员工为企业目标的实现提供源源不断的力量源泉。因为，企业持续增长的动力源在于员工为企业目标的不断努力。而要使员工为企业目标不断努力，一个基本的方法就是利用金钱、权力、地位等手段激励员工，但在激励层面管理层和员工是无法平等的。而且，员工的欲望水涨船高导致很高的激励成本。另一方面，激励机制是不完备的。研究人员的重大科学发现、员工在危机关头为组织和社会利益而舍生忘死的行为，都是无法用金钱、权力、地位等激励的。而确立高尚的、体现对自然法则和价值公理遵守的价值观，企业就可以得到员工认同，员工在这里得到了与上级的平等，自觉地为企业目标努力。

再次，管理者还必须重视价值观的变化及其对组织行为的影响。一方面，要使组织工作适应人们普遍存在的价值观，如在组织活动中对个人权利的尊重、树立生态、环境保护的价值观等。组织只有不断适应人们普遍存在的价值观，才能得到社会的认可，从而获得有持续发展的空间。另一方面，管理者要注意树立和培植新的价值观。如我国改革开放初期，深圳所流行的时间就是金钱、效率就是生命、信息就是资源等价值观念向内地传播。这些价值观念一旦为更多的人所接受，就大大地推动了我国社会主义市场经济的发展。

第二节 态 度

企业实习的经历

H曾在证券公司从业，近年证券业低靡，自己也需要提高，于是投考名校攻读MBA。去年暑假面临实习，H考虑到中国正在成为世界工厂，就想到制造企业实习，了解制造业的情况。还好，他联系到珠江三角洲一家陶瓷企业，该企业近年来发展很快，营销网络遍及南方各省，也力图向北方发展。企业为了提高管理水平，引进了一些职业经理人充当部门经理。H到企业后，与董事长D总沟通，董事长希望H通过实习对企业管理的改进提出一些具体的建议。H也与部门经理沟通了一下企业情况，大家都感到问题很多。有的职业经理人发牢骚说：外企管理规范，可是在这里，自己提出过好些改进措施，得不到认同。老职工有人抱怨引进的职业经理人薪水高，来了后效果不明显。众说纷纭，都感到企业发展存在的问题很多，但似乎谁都拿不准。面对较大规模的企业，如何较快地了解情况、发现关键问题呢？H回顾了自己在学校学习的知识，在和大家讨论、沟通的基础上，设计了一个问卷，请公司各方面的人员填写。在回收问卷、总结统计的基础上，针对前期沟通和问卷调查中反映的情况，H深入实际，和业务人员、管理人员、技术人员反复讨论，终于对企业的问题理出了头绪，提出一些切实可行的建议。

建议中涉及的有些问题是高管们开始没有意识到的，有些结果令管理层吃惊。例如，有些待遇优厚、工作条件好的员工抱怨也很大。H的建议得到了管理层的好评，大家称赞H有眼光，说接受过系统管理训练的人眼光确实不一样。H说大企业内部总是层级制的，面对同样的现象，不同员工的态度、动机是有差异的，上级要了解下级真实的态度和动机，实际上很不容易。比如公司做预算时，几乎所有了解情况的下级都会打埋伏、留一手，和上级讨价还价。H的位置比较中立，又一定程度地深入了基层，所以了解到更多的实际情况。

人们在知觉基础上与人交往、与客观事物接触，就会逐渐形成态度。由于每个人的社会生活环境、知识经验不同，待人处事的态度往往迥然而异。态度差异是个体差异的一个重要方面，对人的行为有很大的影响，这是组织行为研究必须注意的。

一、态度的定义、来源和重要性

态度是指个体对外界事物的一种较为持久而又一致的内在心理和行为倾向。人们在认识客观事物或在工作交往中，总是对人或事产生不同的反应，作出各种各样的评价，如赞成或反对、亲近或疏远、喜欢或厌恶、接纳或排斥等。这种对客观对象所表现出来的积极、肯定的或消极、否定的心理倾向，是一种内在的心理准备状态，它一旦变得比较持久稳定，就会成为态度。

态度有指向性，态度必须有态度主体（态度持有者）和态度客体（态度对象）。比如某人对所从事工作的态度、领导对群众的态度、员工对经理的态度等。态度具有相对稳定的连续性。例如，某党员对党组织的忠诚态度，廉洁奉公者不为金钱所动的态度等。

1. 态度的心理结构

态度的心理结构由三种成分构成：认知、情感和意向。

（1）态度的认知成分

指人对事物的看法、评价以及带评价意义的叙述。包括个人对某一对象的理解、认识以及肯定与否定的评价。态度中包含的理解、认识是主观的，无论是否符合实际。如主管认为在一个员工有效进行某项操作之前，应该进行两周的培训，就反映了主管对于培训的态度，实际上可能 4 天培训就可以。态度中包含的肯定或否定的评价是一种认知体系，如“歧视员工是错误的”就是一种信念的价值陈述，与价值观有密切关系。认知成分直接或间接地涉及态度表达。如“目标管理可以调动人的积极性”是直接赞成的鲜明观点，而“强调数量容易使人忽视质量”则是间接不赞成的态度。所以态度不等于认知，但含有认知倾向。

(2) 态度的情感成分

即人对事物的好恶，带有感情色彩和情绪特征。人的喜爱或讨厌、热爱或憎恨、尊敬或蔑视、耐心或厌烦、热情或冷淡、谦逊或骄横等，都反映出人的态度，如“我不喜欢张经理，因为他歧视民工”。态度与情感不能画等号，但态度含有情感倾向，情感情绪可以直接反映出态度。

(3) 态度的意向成分

即人对事物的行为准备状态和行为反应倾向。态度不同于行为，但态度含有行为倾向，人的行为反映态度，如“我厌恶张经理，不想见他”。

态度的三种成分之间的关系是复杂的。一般情况下三者是协调一致的。如对工作的重要意义认知清楚，则情感上会热爱工作，表现在行为上是专心一致，认真负责，甚至废寝忘食。但三种成分之间也可能不一致，如往往有人说：“理智地说，某一制度（政策）是正确的，但感情上我难以接受，因而行动就有抵触。”这就表明了三者的不协调。

态度的情感成分是关键部分，我们平时讲的态度主要指情感成分。一个人不能看到另一个人的情感（情绪成分）或者认知（信念、信息成分）成分，它们只能靠推断。例如，当主管安排一名新员工参加一次为期两周的培训时，我们推断：①这名主管对于所需要的培训时间有强烈的感觉；②这个人认为这样一次长度的培训是必要的。由于真实态度难于直接观察，所以在组织行为研究中，理解态度形成的前提是非常重要的。

2. 态度的来源

态度，和价值观一样，一部分是从父母身上遗传的，其余则从教师、朋友、同辈群体那里获得。例如，人在幼年和少年时期，模仿自己崇拜的、尊敬的甚至可能是害怕的人的态度。人们经常观察家庭成员和朋友们的态度和行为方式，然后调整自己的态度和行为方式以便与他们保持一致。人们也会模仿英雄模范人物或者流行人士的态度，如在创业领域，许多技术英雄的态度会得到其他人的认同，而在社会上，许多人对麦当劳食品的态度则与对时髦的追捧有关。

当然，态度不像价值观那么稳定；态度也不像价值观那样黑白分明，态度可以落在非常赞成和非常不赞成的连续体中的任何一点。组织可以采取许多措施改变人们的态度，如广告就试图改变顾客对某种产品和服务的态度。

3. 态度的重要性

态度属于行为的指导和动力系统，对人的行为有很直接的影响，因而在组织行为研究中是一个重要的议题。

态度影响行为效果。以稳定积极的态度对待工作，就会努力提高绩效；以积极主动的态度对待学习，容易激发强烈的求知欲望，使人感知敏锐、观察细致、思维活跃。反之，如果对学习抱厌恶的态度，效率就会很低。

态度影响认知与判断。态度一旦形成会对认知产生反作用，有正向作用，也有负向作用。以正确的价值观为基础的科学态度会对人的社会认知、判断产生积极的影响；而如果态度形成使人产生心理反应的惰性（如对人、对事物形成了僵化、刻板的态度）就会干扰、妨碍认知与判断的准确性，容易产生偏见、成见，导致判断失误。例如，对犯错误的人产生厌恶的态度，即便改好了也表示怀疑。

态度影响忍耐力。忍耐力指人对挫折的耐受、适应能力，它和人对所从事活动的态度有密切关系。例如，追求真理、热爱科学的人，对试验的失败有较强的忍耐力；对团体有认同感、抱有忠诚态度的员工，当团体遭遇挫折时，能够休戚与共、风雨同舟，表现出较强的忍耐力。反之，出现挫折就会产生抱怨、牢骚甚至辞职离去。

态度影响相容性。在社会交往中，人们对自己、他人、集体的态度，往往影响他与群体的融合程度；同样，组织成员之间的相互态度也影响组织的凝聚力。如果人与人之间持有真诚、友好、热情、谦和、宽容、互助的态度，那么社会成员之间会和睦相处，相容性高，组织也会富于凝聚力。反之，虚伪、冷漠、敌视、傲慢、苛求、尖刻的态度则会导致人际关系紧张，凝聚力降低。

卡茨（Katz，1960）曾总结了态度在整个工作过程中有四大功能，体现了态度在组织行为研究中的地位。

① 调整功能。态度有助于人们根据工作环境的变化而进行调整。当员工享受良好待遇时，容易对管理和组织形成一种积极态度。当员工受到严厉斥责和没有加薪时，容易形成消极态度。员工根据这些态度调整自己以适应工作环境，这些态度也成为今后行为的基础。

② 自我保护功能。态度还有助于员工保护自我形象。例如，资深经理的决策经常受到一位下级经理的挑战，资深经理会觉得年轻人骄傲、缺乏经验。事实上，年轻经理的质疑是正确的，资深经理经常作出错误的决策。但资深经理不愿意承认，努力保护自我，把责任推到别人身上。因此，态度能够为行为找理由，保护自我。

③ 表现价值的功能。态度为人们提供了表现价值的基础。例如，一个上级希望下级努力工作时可能说："努力工作是公司的优良传统，并使我们走到了今天的位置。你在工作中继承传统。我们希望每个人都认同这种传统。"

④ 知识功能。态度有助于提供参考的标准和框架，使得人们能够组织和解释周围的世界。

二、态度和行为之间的关系

态度影响行为，但行为本身不是态度，而是态度的外显，是在态度的影响下表现出来的对态度对象的具体化。态度对行为的作用要受到多种因素的影响。另一方面，在通常的情况下，了解一个人的态度不能只靠直接观察，还要借助他的外显行为去推测。这样就使得态度和行为之间的关系错综复杂，组织行为学在这一问题上的研究也经历了较长的过程。

1. 态度一致性

在实际中，经常会发现人们改变他们说过的话，以便保持言行一致。当一名大学生想到一个公司实习时，他认为这个公司的管理水平很高。然而，如果他没有被公司接纳，他可能说："这个公司并不像宣传得那么好。"

组织行为学的研究表明，人们总是寻求态度之间以及态度和行为之间的一致性。这意味着个体试图消除态度的分歧并保持态度和行为之间的协调一致，以便使自己表现出理性和一致性。当出现不一致时，个体会采取措施以回到态度和行为重新一致的平衡状态。要做到这一点，要么改变态度，要么改变行为，或者为这种不一致找一种合适的理由。

例如，A公司人力资源部的一名招聘人员，他的工作是走访大学校园，向学生宣传A公司的优势，吸引并确定合格的求职者。如果他自己认为A公司的工作环境并不好，对大学毕业生提供的机会也很少，他就会处于冲突状态。随着时间的推移，招聘者的冲突状态会发生三种可能的改变。一种是通过不断宣传A公司的优势，自己对A公司的态度向积极方面转化。另一种是他对A公司的态度日益消极，公开指责公司宣传与实际不符并准备离开。第三种可能是招聘者认识到A公司的工作环境确实不理想，但自己作为职业经理，必须宣传好的一面。他可能进一步合理化：完美的工作场合是没有的，A公司固然有问题，但也有优势，自己的工作就是宣传好的一面。

2. 认知失调理论

如果知道了某人对某种事物的态度，能否根据一致性原理来预测这个人的行为？如果小李认为公司的薪水太低，那么薪水的明显增长是否会改变他的行为，使他努力工作呢？对这一类问题的讨论就涉及认知失调理论。

认知失调理论（cognitive dissonance）是列昂·费斯廷格（Leon Festinger）在20世纪50年代后期提出的，试图解释态度和行为之间的联系。认知失调指个体可能感受到的两个或多个态度之间或者他的行为和态度之间的任何不和谐。任何形式的不和谐都是令人不安的，因而个体将试图减少这种不协调，寻求使不协调最少的稳定状态。

没有人能够完全消除不协调状态。例如，大家都知道逃税是不对的，但还是有很多人逃税。或者家长告诉孩子饭后刷牙，但自己却做不到。那么，到底将不协调降低到什么程度呢？这取决于3个因素：导致不协调的因素的重要性；个人认为他对这些因素的影响程度；不协调可能带来的后果。

如果不协调的因素相对而言不太重要，则改变这种不平衡的压力就比较低。反之，压力就大。例如，公司总裁老杜坚信企业不应该污染空气和水，但是如果将老杜公司的废弃物排入当地的河流中（假设这种行为尚无相关法律）能使公司获得很大收益，老杜该怎么办？显然老杜面临高度的认知失调。因为河水对当地人民生活的重要性，老杜无法忽略这种不一致。他可能采用下述途径处理面临的困境：第一种是改变行为，停止污染河流；第二种是认为这种不协调的行为毕竟不重要，以此来减少不协调程度（"处在管理者的位置上，我不得不考虑企业生存问题，等公司发展了，我们会努力治理污染”）；第三种是老杜改变态度（“污染河流没什么错”）；最后一种是寻找其他因素来平衡不协调因素（“我们生产的产品的社会效益要大于污染的损失”）。

个体认为他对认知因素的影响程度影响到他对不协调作出反应的方式。如果他认为这种不协调是不可控制的结果，他没有选择的余地，就不大可能改变态度。例如，如果不协调行为是老板指令的结果，那么减少不协调的压力就比个人自发行为所带来的不协调要小。尽管失调存在，但可以被合理化，得到辩解。

奖赏也影响个体试图减少不协调的动机。当高度的不协调伴随着高奖赏时，可以减少不协调所产生的紧张程度。奖赏通过增加个体平衡的一致性来起到减少不协调的作用。

这些中介因素表明，不协调并不一定使人们直接寻求一致性，朝着减少不协调的方向努力。当上述3个因素的作用到达一定程度时，降低不协调的努力会发生。

认知失调理论有助于预测员工行为改变的倾向性。例如，如果由于工作需要要求人们去做与他们的个人态度相冲突的事情，他们将努力改变自己的态度，以便使他们的态度与言行协调一致。

3. A—B 关系

在早期的态度研究中，人们一般认为：态度与行为之间存在逻辑上的因果关系，态度决定行为。这符合人们的一般直觉，例如，人们所看的都是自己喜欢的节目，员工逃避自己厌恶的工作等。

20世纪60年代末，韦克（A. W. Wicker，1969）的文章对这种态度与行为之间假设的关系（A—B）提出了挑战，认为态度与行为之间不相关，或者至多只有很小的相关关系。近年来克饶斯（S. J. Kraus，1995）等人的研究表明，这种A—B关系可能因为中介变量的权变因素而得到改变。

第一个中介变量是态度与行为的具体性，可以增强A—B关系的相关程度。测量的态度和确认的行为越具体，越可能表明态度和行为之间的联系。如果你问周围的人是否关心保护环境，多数人可能会说“是”。但这并不意味着他们愿意进行垃圾回收——从垃圾箱中挑选出可再利用的物品，这里的态度与行为之间的相关性可能只有+0.20左右。但是，如果问题更具体一些，例如，问他们认为在挑选可再利用的物品这件事上个人有多大义务，态度与行为之间相关性可能会达到+0.50，甚至更高。

第二个中介变量是社会规范对行为的约束。态度与行为之间的不一致可能是因为社会压力强迫个体按照一定的行为方式行动。也就是从众行为的影响。

第三个中介变量是问题中所涉及的态度的体验。如果要评价的态度针对的是个人有过体验的事情，态度与行为之间的关系可能更强烈。例如，如果要求没有工作经验的大学生评价跳槽率的各项因素的重要性，并据此预测流动行为，显然是不精确的。

随着态度对行为的影响作用的研究不断深入，一些研究者们转向另一个方向——考察行为是否影响态度，这被称为自我知觉理论。例如，当问一个人关于某事物的态度时，个体首先回忆他们与这种事物有关的行为，然后根据过去的行为推断出对该事物的态度。所以，如果一名联想老员工被问及对联想公司的态度时，他可能想："我在联想工作 10 年了，肯定喜欢它。"所以，自我知觉理论认为态度是在事实发生之后，用来使已经发生的东西产生意义的工具，而不是在活动之前知道行动的工具。

自我知觉理论得到了广泛的支持。这表明人们擅长于为行为寻找理由，而不擅长于去做有理由应该做的事情。

三、态度的不同类型和测量方法

理论上关于态度的讨论很多，但是管理的实际操作领域，与工作满意度、组织承诺有关的具体的员工态度是关注的主要内容。通过相关因素的测量来反映、了解员工对工作、组织的态度，对于加强管理工作的有效性非常关键。

1. 态度的不同类型

在组织行为学中，我们关注的是与工作和工作环境有关的态度，主要反映为四种：工作满意度、工作投入、组织承诺、组织公民行为。其中工作满意度、工作投入的讨论集中于员工对工作的态度，而关于组织承诺、组织公民行为的讨论集中于员工对整个组织的态度。

工作满意度指个人对他所从事的工作的一般态度。工作满意度高的人，对工作就可能持积极的态度；对工作不满意的人就可能持消极的态度。一般讲员工的态度，更多的是指工作满意度。

工作投入是组织行为学中较新的概念，指的是一个人心理上对工作的认同程度，认为工作绩效对自我价值的重要程度。工作投入度高的人，对工作有强烈的认同感，很在意他所从事的工作。

组织承诺指的是员工对于特定组织及其目标的认同，并且希望维持组织成员身份的一种状态。高组织承诺意味着一个人对所在组织的认同。

组织公民行为（organizational citizenship behaviors，OCBs）是目前非常流行的概念，被定义为"个体的行为是自主的，并非直接地或外显地由正式的奖惩体系引发，这种行为的不断积累能够增加组织的有效性"。(Organ，1988)

这四种态度是相关的，但也有明显的区别。

2. 态度调查

了解员工态度，对人力资源政策的制定具有重要的指导意义。管理者如何获得员工态度的信息呢？最普遍的方法是通过态度调查来进行。

典型的态度调查针对管理层希望了解的问题确定调查目的，由此设计出能反映职工态度的一系列陈述或问题，形成态度调查表，由被调查者填写。根据个人对题目的反应给分，分数代表他对该事件的态度以及强弱程度，根据被试者的态度总分，从而看出员工的态度和变化趋势。当然，以个人的态度分数为基础，还可以对群体、部门、组织的总体态度进行研究。为了准确地反映真实的态度，心理学家先后开发了多种专业性的量表。表 5-5 是态度调查表的一般形式。

表 5-5 态度调查示例

使用下面的评价标准回答每一个问题。

5=非常同意　4=同意　3=不确定　2=不同意　1=强烈反对

问　题	分数
1. 这个公司是非常好的工作场所。	______
2. 如果我努力的话，我可以在这家公司里出类拔萃。	______
3. 这家公司的薪酬水平比其他公司有竞争力。	______
4. 员工晋升的决策都很公平。	______
5. 我了解公司提供的各种福利待遇。	______
6. 我的工作能充分发挥我的能力。	______
7. 我的工作具有挑战性，但负担不重。	______
8. 我相信并信任我的上级。	______
9. 我可以随时将我的想法告诉我的上级。	______
10. 我知道我的上级对我的期望。	______

态度调查的结果经常令管理层十分吃惊。例如，国内一家制造企业的技术员工流动率很高，开始管理层认为是待遇问题。但是采用了有吸引力的薪酬结构后状况并没有改变。后来，通过专业人员设计的员工满意度调查发现，导致员工不满意的主要因素是因为这个家族企业在干部任命上存在一定问题，员工对一些干部不满，进而认为管理层不公正，所以在积累了一定的技术能力后纷纷跳槽。这次调查才使管理层发现了真正的问题所在，使问题逐步改善。在本节开始的案例中，也存在类似的情况。

在不同类型的员工态度中，工作满意度、工作投入集中于员工对工作的态度，相对于工作满意度，工作投入体现了更多的积极性和主动性，其测量与工作满意度有较强的相关性，所以我们介绍工作满意度测量；而组织承诺、组织公民行为的讨论集中于员工对整个组织的态度，我们也以介绍组织承诺的测量为主。

3. 工作满意度测量

工作满意度是得到广泛认可的员工态度类型。洛克（Locke，1976）认为它“源自对个体的工作或者工作经历的评估的一种快乐或积极的情绪状态”。工作满意度是员工对工作知觉的结果。这里的工作不仅包括处理文件、接待客人和驾驶汽车这些显而易见的活动，也包括与同事、领导相互交往，遵循组织的规章制度，符合绩效评估标准等因素。所以，工作满意度的测量是一个复杂的工作。

有两种广泛应用的测量方法：单一整体评估法和工作要素总和评分法。单一整体评估法只要求个人回答一个问题，例如，“把所有的因素考虑在内，你对自己的工作满意吗?”然后被试者就从数字 1～5 中圈出一个合适的数字，分别代表从“非常满意”到“非常不满意”的程度。而工作要素总和评分法首先要确认工作中的关键因素，然后询问员工对每一个因素的感受，根据标准量表评价这些因素，然后将分数相加就产生了工作满意度总分。

直觉上容易认为工作要素总和评分法能够得出比单一整体评估法更精确的评价。然而，研究结果并不支持这种直觉。因为工作满意度概念的内涵太广，单一整体评估法实际上成了包容性更广的测量方法。

由于工作是多个独立因素的综合，所以从因素分析的角度讨论，有许多因素影响工作满意度。组织行为学多年的研究已经形成了影响工作满意度的重要特征（P. C. Smith 等，1969），包括：

① 工作本身。包括有趣的任务、来自工作本身的反馈和自主性、学习机会和接受责任的可能性。

② 公平的薪酬和晋升政策。员工把薪酬、晋升看做管理者对于他们对组织贡献的评价，晋升为员工提供了成长机会、社会地位，当员工感到薪酬、晋升是公正地建立在绩效、技能基础上时，满意度会提高。

③ 上级的管理。上级的领导作风、提供技术帮助和行为支持的能力。领导风格有两个维度：一是员工中心性，通过上级对于员工的个人关注程度来进行测量。可以通过考察员工工作情况、给出建议来帮助员工、与员工的沟通等方面表现出来。另一个维度是参与，管理者允许下属参与一些影响下属工作的决策。在多数情况下，上级营造的参与性的氛围，对员工的满意度有积极的作用（K. I. Miller 和 P. R. Monge，1986）。

④ 同事。同事的技术能力和互相支持的程度。支持性的同事和融洽的同事关系既提高效率，也满足员工社交需求，直接促进工作满意度的提升。工作团队就是一个例子。

⑤ 工作条件。工作条件是保健因素，如果条件良好，不会有满意度上升的问题；如果条件很差，则可能影响工作满意度。

工作满意度的测量促进了组织行为研究的深入，关于工作满意度和绩效、离职率、缺勤率之间的影响关系得到一系列具体结果。

在满意度和绩效的讨论中，早期的观点可以概括为一句话："快乐的工人生产率高。"但是相关研究表明，如果满意度和绩效之间存在正相关关系的话，这种相关性也很弱，大约＋0.17 左右。引进中介变量会改善这种关系，例如公平的奖金发放、员工水平高，满意度和绩效之间的相关性比较高（P. M. Podsakoff 和 L. J. Williams，1986）。另外的研究表明，满意度确实引起部门和组织层面的绩效提高（C. Ostroff，1992）。当然，对于因果关系的方向，是满意度影响绩效还是绩效影响满意度，这个问题还在争论。

满意度和缺勤率之间有一定程度的负相关。中介变量起着重要作用，实际例证说明，虽然高的工作满意度不一定导致低的缺勤率，但是低的工作满意度更有可能带来缺勤现象。实例是在西尔斯和罗巴克（Sears & Roebuck）公司发生的事实，该公司在芝加哥和纽约有两个总部，公司规定：不允许员工因为可以避免的原因而缺勤，否则要受到惩罚。4 月 2 日芝加哥发生的一场反常的暴风雪为芝加哥的员工创造了不去工作的借口，暴风雪使交通瘫痪，员工不去上班也不受惩罚。而同一天纽约天气相当好。这个自然实验为比较两地员工的缺勤率提供了机会。研究发现，这天纽约的员工中，满意群体和不满意群体缺勤率一样高；而在芝加哥，高满意度员工的出勤率比低满意度员工的出勤率高得多（F. J. Smith，1977）。

相对于满意度和缺勤率之间的关系，满意度和离职率之间的负相关程度更高（P. W. Hom 和 R. W. Griffith，1995）。当然，其他因素，如劳动市场的状况、任职时间的长短等都对离职率有影响。在满意度和离职率之间的关系中，一个重要的中介变量是员工的绩效水平。预测高绩效员工的流动情况时，工作满意度并不重要；而对低高绩效员工工作满意度的影响要高得多。

高的工作满意度还有很多其他作用。有研究显示，高度满意的员工一般会有较好的健康体魄，更快地学会新的工作任务，在工作中出现较少的事故，抱怨也较少。从正面角度来看，在工作满意度和知觉到的压力之间有一个强的负相关（M. A. Blegen，1993）。也就是说，通过建立满意度，压力可能会减少。

4. 组织承诺测量

在信息技术和全球化浪潮的冲击下，面对变化加快、工作保障减少、竞争加剧、工作压力增大等问题，建立一种关心人的、有生气的工作场所，将激发员工的承诺，提升组织的有效性，所以组织承诺得到越来多的认可。

组织承诺是反映员工对组织的忠诚度的一种态度，表达了员工对组织及其前景的关注。通常包括三个方面：保持组织成员身份的强烈期望；愿意付出更多的努力来代表组织；对组织的价值观和目标的信任和接受。因此可以对组织承诺进行测量。表 5-6 所示的组织承诺调查问卷（organizational commitment questionnaire，OCQ）的一个例子。

表 5-6　组织承诺调查问卷

下面列出的是代表员工可能持有的、对他为之工作的公司或组织所感受到的一系列表述。根据你对目前工作的特定组织的亲身感受，请选择每一句表述下的 7 个备选项之一，以表明你对这句表述的赞同或者不赞同的程度。*

1. 为了有助于这个组织获得成功，我愿意付出比一般的期望更多的努力。
2. 我和朋友谈及这个组织时，把它描述为一个非常值得为之工作的组织。
3. 我对于这个组织没有什么忠诚度。(R)
4. 为了使这个组织的工作得以开展下去，我愿意接受几乎任何类型的工作任务。
5. 我发现我的价值观和组织的价值观非常相似。
6. 我自豪地告诉别人，我是这个组织的一部分。
7. 只要工作类型相似，我就能在另外一个组织中工作得很好。(R)
8. 在工作绩效方面，这个组织确实把我激发到了最佳状态。
9. 我目前所处环境的非常小的变化都会导致我离开这个组织。(R)
10. 我非常高兴我在当时抉择时选择了这个组织而不是其他组织。
11. 一直留在这个组织不会有太多收益。(R)
12. 我经常发现很难赞同这个组织关于员工的重要事情的政策。(R)
13. 我确实很关注这个组织的命运。
14. 对于我来说，这是可能选择的组织中最好的一个。
15. 在我这方面，决定在这个组织工作肯定是一个错误。(R)

* 对每个陈述项目的答案由一个 7 点量表来评定，这个 7 点量表的各个值的意义表示：(1)非常反对；(2)比较反对；(3)有一点儿反对；(4)既不反对也不赞成；(5)有一点儿赞成；(6)比较赞成；(7)非常赞成。“R”表明这是一个反面表述，需要反向计分的项目。

组织承诺与高绩效、低离职率和低缺勤率之间有正相关关系（M. J. Somers，

1995)，组织承诺的预测结果比工作满意度要好（L. M. Shore 等，1989），因而值得管理者们加以注意。

在工作满意度、组织承诺进行测量的基础上，对于组织公民行为也有不少研究。组织公民行为的人格基础反映了员工合作、助人、关心人和有责任心的特质；而态度基础在于员工报答组织。研究发现，过程和结果的公正性和组织公民行为有较强的相关性(L. L. Cummings 和 B. M. Staw)。所以，程序公正性使得员工知觉到组织支持，反过来促使员工以超出一般工作要求的公民行为进行报答。所以，程序公正性对组织公民行为是重要的。

除了承担额外或超出责任要求的角色外，组织公民行为在于本质上的自由或自愿性，而不是由正式奖惩体系引发。组织公民行为的主要表现为：①利他主义；②责任心；③公民道德（如自愿代表公司参加社区计划）；④运动员风格（虽然团队未听从自己的建议招致失败，也能分担团队项目的失败）；⑤谦逊（E. W. Morrison，1994）。

研究表明，出现组织公民行为的个体确实能较好地执行任务，获得较高的绩效评估。同时，组织公民行为与团队和组织的绩效有关。当然，与工作满意度、组织承诺一样，组织公民行为的概念和研究也遭到许多批评，需要更深入的研究（Mark C. Bolino，1999）。但总而言之，这些组织公民行为对于管理是非常重要的，管理者们应该大力提倡，这是当今时代管理十分重要的问题。

四、态度在管理中的应用

本节的论述说明，态度是组织行为研究中一个重要的议题。态度有复杂的结构，不能直接观察，只能通过人表现出来的语言、文字、表情、行为推测人对事物的认知、情感和意向。这就要求管理者充分重视态度在管理中的作用，深入研究与态度有关问题，正确分析，采取切实有效的措施改进管理工作。

第一，要充分认识员工态度在管理中的作用和这种作用的复杂性。由于组织层级制的存在、管理幅度的限制，加之态度本身的内在性质，管理者很容易忽略员工的态度和内心感受，为一些表象迷惑，就事论事采取一些治标不治本的管理措施。比如，有一些管理者听到人们抱怨沟通不畅，就匆忙采取措施，规定每月或每周召开几次会议加强沟通，这样的措施可能没有改善沟通，反而加剧文山会海。实际上，决策权的分配方式不仅影响沟通成本，而且影响基层管理人员和员工对于沟通的态度。所以，因决策权的分配不当而形成的沟通障碍是难以通过会议沟通消除的。因此，观察管理现象，必须充分认识员工态度对认知、行为的影响作用，才能提高分析能力。

第二，运用多种方法定期进行员工态度调查能够提醒管理层潜在的问题，及时了解员工的意图，为管理层提供有价值的信息。一方面，通过相关因素的测量来综合反映员工总体的态度。另一方面，通过各种具体调查把握具体人员在具体问题上的态度。在态度测量时，应将各种测量方法同人的一贯表现结合起来，综合评定，才能得出比较可靠的结论。为此必须注意：

① 在设计员工态度调查表时，一方面，要深入分析态度的结构，注意态度类型的分析选择，如前所述的员工满意度、工作投入和组织承诺、组织公民行为等类型的着重点

是不同的；另一方面，要注意不同专业测量法的应用，如态度量表法、自由反应法和生理反应法等。

态度量表法是根据测量的需要针对特定的调查目的，由专业管理人员设计出包括若干题目的量表。在心理学中，为了准确测量，先后出现瑟斯顿式、利克特式、语义分析等专业性的量表。

自由反应法，就是要创设一定的条件，让被测者自觉或不自觉地表明自己对某对象的态度，从而直接得到或经过分析得到被测者的态度。可以提出一些开放式的问题，如“你对本单位的改革有何看法”等，由被测者自由反应。也可以提出未完成的句子，如“假如我是×长”等，由被测者写完。这样可以看出被测者的态度。

生理反应法，就是通过个体的生理反应指标来测量个体态度的方法。从心理学研究来看，运用一定的仪器测量人们身体的指标（如血压、脉搏、呼吸、皮肤温度等），由此探求身体的生理指标和个人的情绪、认知、行为的关系。而生理反应测量正是从生理指标的变化来测量一个人对某问题的真实态度。这种方法又称测谎术，长期以来受到不少误解，要么被神秘化，要么被绝对排斥。实际上，和使用仪器的其他科学方法一样，生理反应法有其特殊功能但又不是万能的。

② 采用多种调查方法掌握人的态度。除了应用前面介绍的态度调查表来反映员工总体的态度外，还有主管人或者同事平时观察法、有关资料统计法、面谈等。

主管人员和同事与员工来往关系最密切，通过彼此来往和接触最容易观察到所属职工的态度及其变化倾向。

组织内的某些资料也能反映职工态度的好坏，要加强相关性强的敏感指标的研究，有效分析员工态度。如职工迟到、早退、请假的次数和时间越多，离职率越高，惩处人数和次数越多，就表明其态度越恶劣；反之，则表示职工态度良好。

由主管人员与职工进行个别谈话，也是了解职工态度的方法之一。为了取得更好的效果，要注意面谈对象的代表性和把面谈内容事先通知面谈者，特别重要的是要让面谈者没有顾虑。主管人员谈话过程中必须注意善于倾听。特别要重视人员调离前的面谈和调入后的面谈，这时最容易了解到真实的情况。

第三，要持续改进与态度有关的分析方法，提升研究水平的深度、广度。由于态度的复杂性以及影响管理效果的多种因素，加之现有分析方法的局限（一个典型的问题是，常用数据的相关分析根本无法说明因果关系，这是许多研究结论无法推广的重要原因），使得与态度有关的分析比较复杂，需要多种方法、多角度地比较，才能得出相对正确的结论。

例如，布雷菲与克罗克特（A. H. Broyfield 和 W. H. Crockett，1977）累积40年的研究，以问卷法、量表法、谈话法等调查了许多职工的态度及相应的生产率，发现员工的态度与生产效率之间并无一定的关联。他们认为，出现这种情况的原因有二：一方面，在雇佣劳动的条件下，对一般职工来说，生产效率并非最主要的目标，这只是他们借以达到目标（如工资、奖金、自我实现等）的手段。因此，即使一个人对生产持消极态度，但为了达到自己心目中的目标，还必须以高生产率为手段。另一方面，人的需要是多方面的。当生活基本需要满足后，员工目标便转移到社会需要上，希望获得朋友和同事的好感，希望自己与大家同属一个群体而不被孤立。如果某个人的工作效率过高地超出同行，就可能被大家指责为破坏进度者而遭受排斥。因此，对自己工作满意的员工有降低生产效率以谋求与众人一致的可能性；而且目前工作不满意的员工，也有为不让别人小瞧自己而加紧工作，提高工作效率的可能性。可见，态度与生产效率之间的关系，远比一般管理人员设想的要复杂。

但是，后来的研究表明，如果用组织承诺、组织公民行为这样的态度类型，并引入一些中介变量，工作态度与绩效之间的相关关系就会有相当程度的改进。这就大大推进了态度与绩效关系的研究结果。就我国目前的情况看，尽管不排除态度与生产效率不一致的情况，但多数情况还是态度积极比态度消极的员工生产效率高，所以管理层应该关注、分析并采取切实措施改进员工工作态度，从而提升生产效率。

第四，由于态度对人的行为影响是多方面的，所以，管理者面临的另一项重要任务是通过改善对员工的态度来增强其动力作用，还要通过对职工的教育来达到自我态度的改善，以激起他们最大限度的热情与工作积极性。为此，要注意：

① 研究改变员工的态度的方法，排除改变态度的障碍，这符合组织和员工的共同利益。

阻碍人们改变态度的基本障碍有两种：一种是先行承诺（prior commitments）。当人们觉得要为先前采取的某类行为负责而不愿意改变态度时，就出现了这种障碍。根据自我知觉理论，决策者倾向于坚持错误的行为，形成决策中的承诺升级（escalation of commitments）（J. Brockner，1992）。第二种障碍是信息不充分，找不到任何改变态度的理由。老板不喜欢副手的消极态度，但副手对自己的行为非常满意。这样除非老板能够让副手看到，为什么消极态度对职业发展或者其他所期望的个人目标有害，否则副手的消极态度可能会继续下去。这就形成了障碍。

当然，可以利用很多方法来克服种种障碍，从而改变态度。常用的方法有如下几种。

- 提供新的信息。信息会改变一个人的信念，渐渐地改变态度。例如，工人对管理层持敌视态度，然而当一些工人提升进入管理层之后，逐渐了解到公司为帮助工人进行了不少努力，改变了他们对管理层的信念和对公司的态度，越来越亲近公司。
- 利用恐惧。恐惧能够改变态度，而且恐惧的程度对结果非常重要。人们经常忽视低水平的恐惧，因为警告没有唤起他们的注意；在中等程度的恐惧下，人们经常会改变态度；而对于高水平的恐惧，人们经常拒绝这些过于有威胁性的信息，固执己见。例如，美国卫生与公共服务部发现，禁烟的广告在利用和激发起中等程度的恐惧时是最有效的方法，而如果用将要死于癌症的病人来做禁烟广告，对吸烟者非常有威胁性，以至于会关掉广播，拒绝收听，达不到预期的效果。
- 解决态度和行为间的分歧可以改变态度。
- 朋友和同伴的影响或劝说改变态度。当然，当人们对某个特定事件的态度涉及利益时，人们会排斥朋友对自己的影响。

② 整理资料，深入分析，采取相应的管理措施。

通过各种调查方法取得资料后，就要对所取得的资料进行系统整理，比较分析。在此基础上，制定相适应的管理措施，这对提高组织士气具有重要作用。

例如，一个组织可以根据实际情况选择增强员工满意度的方法。例如，西南航空公司在员工中推行了一种有趣的文化：管理者清楚地表明对他们不尊敬也是没有关系的；做自己想做的，一定程度上减少了厌烦，提升了员工满意度。有效的人力资源管理公司如迪斯尼、福特、IBM 和柯达，把大量的精力用于了解将要雇用的新员工和现有老员工的兴趣和技能，目的就是要获得人和工作的恰当的匹配。

组织承诺的讨论表明，管理者面临一个矛盾的情景：一方面团队工作、授权和扁平结构的发展需要自我激励和组织承诺程度高的员工；另一方面快速变化的环境削弱了员工承诺的形成。戴思勒（Dessler，1999）认为，以下方法有助于解决两难情景，提高员工的组织承诺。

- 选择合适类型的管理者，实践员工第一的价值观。
- 明确并传达任务。明确组织的任务和价值体系并善于展示；实行基于价值观的雇佣政策；着重以价值观为基础的指导和培训。
- 确保组织公正。建立全面的投诉程序；提供广泛的双向沟通。
- 营造社区感。引导建立一致的价值观；重视互助作用和团队合作。
- 支持员工发展。帮助新员工面对工作挑战；责任丰富化并授权；内部晋升；建立员工持股制度等。

综上所述，组织的领导人，应当仔细地观察、了解下属人员的态度，并通过教育和各种影响去改变他们的不正确态度，进一步发扬、巩固正确态度，提高士气，以增进员工对组织的忠诚度与向心力，使员工对工作更热忱，对同事更和谐，对管理措施更支持，使每个人工作得更为满意，表现得更好。这样，整个组织就会达到更好的效能。

本章小结

本章对与工作表现紧密相关的个体心理因素——价值观、态度进行详细考察，探讨这些因素对员工行为的影响及其在管理中的应用。

1. 价值观

价值观代表一系列基本的信念，反映人们在观念上对于正确与错误、重要与不重要、好与坏的判断和评价，是决定人们的行为的核心因素。

斯普朗格尔（E. Spranger）将价值观分为理性、唯美、政治性、社会性、经济性、宗教性等六类。不同职业的人对这六种价值观的重视程度不同，形成了不同的优先顺序，因此价值观与职业、工作的匹配是很重要的。罗可奇（Milton Rokeach）将价值观分为终极价值观、工具价值观两个层次，为组织制度、文化建设中关注价值观的变化，注意员工价值观的引导、整合提供了依据。

在不同的时代，价值观呈现出不同的特点，组织在甄选员工时，对候选人不仅要考虑他的能力、经验、动机，还应该考虑与组织相适应的价值系统。

2. 态度

态度对人的行为具有指导性和动力性的影响，研究表明工作满意度、工作投入和组织承诺与缺勤率和流动率都呈现负相关关系。但态度是难以直接观察的变量，要借助他的外显行为去推测。态度的三种成分之间关系复杂，并不总是协调一致，这些都为管理者了解员工的真实态度增加了困难。因此，通过适当的方法、机制测量态度非常重要。

组织行为学关注的是与工作和工作环境有关的态度，主要集中在工作满意度、工作投入、组织承诺、组织公民行为上。其中工作满意度、工作投入的讨论集中于员工对工作的态度，而关于组织承诺、组织公民行为的讨论集中于员工对整个组织的态度。这些不同类型态度的研究，使态度与行为之间关系的研究得到深入，为管理方法的改进提供了更有力的依据。

管理者应该经常了解员工的态度，因为态度是潜在问题的警报。在了解态度时，要注意态度和行为之间的复杂关系。排除改变态度的障碍，采取切实措施实现组织与员工利益的兼容，并逐渐引导、改变员工的态度。

复习思考题

1. 什么是价值观？价值观对人的行为有什么影响？
2. 讨论终极价值观与工具价值观的异同。
3. 对比新教伦理、存在主义、实用主义和X代类型的人在终极价值观上的异同。
4. 从职业价值观的角度，讨论中国、日本与英美文化的区别及其对管理的影响。
5. 举例讨论区域文化差别对经济发展和管理方式的影响。
6. 举例说明价值观在管理中的应用。
7. 什么是态度？举例说明态度的结构？态度对人的行为有什么影响？
8. 举例说明在组织中了解员工态度的困难。管理者应该注意什么问题？
9. 举例说明认知失调理论与态度有什么联系。
10. 什么是自我知觉理论？它怎样提高我们对行为的预测能力？
11. 讨论态度和行为的关系时有哪些权变因素？举例说明。
12. 管理中员工态度有哪些不同类型，如何测量？
13. 说明工作满意度概念的含义，影响工作满意度的主要因素有哪些？
14. 快乐的工人生产率高吗？说明你的观点。
15. 工作满意度与缺勤率、流动率之间有什么关系？
16. 什么是组织承诺？如何提高员工组织承诺？
17. 什么是组织公民行为？它是如何产生的？举例说明。
18. 哪些障碍使得人们不能改变自己的态度？态度如何才能得到改变？

本章案例

卢作孚和民生公司

卢作孚（1893—1950），四川合川人，中国现代杰出的实业家，被毛泽东称为在中国近代民族工业发展中四个不能忘记的人物之一。幼时贫寒，自学成才。17岁加入同盟会，投身辛亥革命，立志富国强民，实业救国。1925年，卢作孚以实现孙中山先生的“民生主义”为目标，成立民生实业股份有限公司，靠亲友、地方绅士的支持，筹集8 000元资本购买了一条仅70余吨的小客船，艰难起步，十年后便声誉鹊起，统一川江航运，承担长江上游70%的运输业务，职工人数达4 000人，迫使外国航运势力退出长江上游，并相继在上海、南京、武汉、宜昌等地设立分公司。抗日战争后发展远洋航运，航线遍及中国香港、中国台湾、日本和东南亚地区，成为我国当时最大的航运民营企业。

民生公司的迅速崛起与卢作孚在经营管理方面除弊立新、大力改革有关。

航运的首要问题是安全，这不仅关系到乘客、职工的生命和公司的财产安全，也关系到公司的声誉，所以卢作孚特别重视安全措施。员工上岗必须经过专门训练和实习，正式员工进行定期、不定期轮训。充实设备，延揽专家，提升技术水平。在二十多年航运历程中没有发生过一起因为玩忽职守而造成的海损事故。这与其他公司事故频发的状况相比，是了不起的奇迹。

卢作孚提出“服务高于一切”的口号。当时的外国轮船公司条件恶劣，经常打骂、侮辱乘客。卢作孚组织员工积极改善客运工作，完善硬件设施，开发服务项目，提高服务技能和质量，使客运收入、货运业务稳定增加，在与外国轮船公司竞争中逐渐壮大。

在组织管理体制上废除根源于封建买办性质的三包制（也称买办制），实行经理制（也称四统制）。民生公司创办时，航运界普遍实行的是滥觞于外国在华轮船公司的买办制，即驾驶、轮机、航运三个部门分别包给专人管理，用人、业务、耗材分别由大小买办层层承包。卢作孚经过调查，创立四统制，即公司统一任用人员；船长统一指挥驾驶；经理统一掌握业务；公司统一核发分配物料。完善了一整套职责制度、工作程序、各种标准，轮船管理井井有条，其他公司7天航行周期的航线民生公司只用3天就可完成。

加强业务管理。创立了调船会议制度，船舶上和分公司通过电台汇报信息以资决策。在船员大会上，员工讨论业务报告，提出建议，进行监督。这些民主管理的措施在改进业务、改善作风方面收到了良好效果。

民生公司实行奖励工资制，把员工的技术、能力、贡献、表现和工龄结合起来确定薪酬。同时建立全面的福利制度，推行《保险章程》、《职工救助金条理》，从伙食津贴、宿舍住宅、带薪休假、子女教育、家属安置、医疗体检、残疾救助、退休养老、死亡抚恤、保险、消费合作社等方面都有明确规定。卢作孚还提倡“职工股东化、股东职工化”，并制定了奖励职工投资的办法，设立“红酬股”，切实保障员工的权益。

卢作孚在民生公司创建的管理模式，独树一帜，激发了员工的积极性、主动性，员工们以优良的服务为旅客排忧解难，安全、迅速、舒适、清洁引领了航运的新风尚。在当时劳资纠纷频繁，生产秩序混乱的情况下，民生公司建立起以劳资协调为特征的相对稳定、有序、高效的民生公司管理模式，体现了卢作孚设想的充满东方伦理观念和福利经济色彩的理想。史料记载，民生公司的薪酬和福利长期保持同行最高水平，员工招聘时录取的比例是10：1。当时在工人流传的一首打油诗“女儿女儿快成长，长大驾给民生厂，三天打一回牙祭，半个月关回饷”，就反映了社会上对民生公司员工待遇的看法。

公司业务迅速发展需要大量训练有素的员工。但是当时整个社会文化程度低，缺乏专业化的技能和素质。因此，怎样培养、训练员工，建立一支符合规范化的业务技术和现代企业管理要求的员工队伍，是公司持续发展的关键。卢作孚认为“中国的根本问题是人的训练”、“人才为立业之本”，在民生公司发展过程中始终将员工的训练、教育作为提高公司竞争力的头等大事。

民生创立之初，卢作孚就在公司章程中规定纯利润的3%～5%用于文化教育方面的项目，使职工教育有了经费保障。随着公司发展，职工训练、教育工作进入规范化、专业化的轨道。公司陆续设立了训练委员会、人事课训练股，制定了《本公司职工训练方案》、《本公司职工任用与训练办法》；在北碚建立训练基地落实全员训练、全面训练的方针；师资队伍、教育设施等日益完善、充实，按照管理人员、技术人员、一般员工的不同性质开办各种形式的培训班，通过职业道德、职业技能、军事体能、文娱美育、劳动体育等方面的训练提高员工的综合素质。同时，不拘一格选拔干部，基层员工经过培养不断成长，许多人被选为干部，成为公司发展的组织保证。因此，民生成为当时依靠企业力量开展职业教育的典范，被誉为“一个培养人和训练人的大学校”。

民生的员工训练中首要的是职业道德训练，其中“民生精神”的训练居于核心地位。在公司开办的各种训练班上，都开设有“民生精神”训练课。体现这一精神的口号，如“公司问题，职工来解决；职工问题，公司来解决”、“梦寐不忘国家大难，作息均以人群为乐”等，被印在轮船的床单上、茶杯上，使爱公司、爱国家的教育涵盖面遍及员工工作、生活的一切场合，并在各种规章制度中加以贯彻，使思想教育落到实处。

民生公司是以实现孙中山“民生主义”为目标的，成立伊始就确定了“服务社会、便利人群、开发产业、富强国家”的公司宗旨，明确民生公司不是单纯的追求利润，而是把国家、社会利益放在第一位，要求员工将积极分担公司“实业救国”的责任作为自己的使命。1933年，卢作孚“民生精神”（又称“民生灵魂”）的系统体系正式形成，他认为“个人为事业服务，事业为社会服务，个人的工作是超报酬的，事业的任务是超经济的”。鼓舞员工在共同的信念下，“捏紧拳头，裹紧肚皮，渡过难关，艰苦创业”，卢作孚的言论被同事们称为“事业中心论”。

在民生精神的训练中，集中强化爱国、集团、服务和艰苦创业等四方面的意识。

除了利用不同场合宣传爱国意识外，民生公司刊物——《新世界》发挥了有力的传媒作用。卢作孚经常向职工表达创办民生公司旨在抗御外侮、收回利权的愿望，鼓吹民族自强精神，响亮地提出“制海为救国唯一途径”、“不能制海者必受制于人”等口号，唤起职工的爱国激情。在九·一八二周年纪念大会上，卢作孚倡议通过了抵抗日本侵略的爱国公约，在要求抵抗日本侵略的同时要求研究日本办事的方法，赶超日人刻苦耐劳的精神，“在技能上谋战胜日人”，“在各部分事业上谋战胜日人”，确定了超过日船的工作质量标准。卢作孚常用“跛不忘履”、“眇不忘视”的警句，鼓励员工振作精神，勇敢地投入争夺航权的斗争，努力“向世界的高标走”。

卢作孚注意培养职工的集团意识，“现代文明因为有了科学的方法，适用在社会上，便有了科学的组织方法。社会愈进化，便是组织愈扩大，一个组织形成一个集团”，“民生公司便是一个集团，我们在这个集团当中，应该抛弃个人的理想，造成集团的理想；应该抛弃个人的希望，集中希望于集团”。因此，“个人的问题都让集团去解决”，大家“相互帮助、共同工作、共同讲学、共同娱乐或运动”。他竭力向公司职工灌输“大家庭”的观念，“我们要努力于民生公司，有如努力于自己的家庭；要忠实于民生公司，有如忠实于自己的家庭一样”。这种集团意识深入人心，达到目标、信念和步调的一致，凝聚力由此而生。

优质服务是轮船航运企业的生命线。卢作孚要求员工认识自身工作的社会价值，“个人是要帮助所在的事业，使自己有显著的成绩表现在事业上；事业尤其要帮助所在的社会，使事业有显著的成绩表现在社会上。我们所要求的不是一群人只为自己，而是一群人为更大的人群；我们所要求的不是事业的大小与他事业比赛，而是事业对于社会帮助的大小与他事业比赛。”使员工个人、集团事业、社会三者形成目标一致、利益相关的整体，使每个员工把自己的工作，升华到服务于事业和社会的高度，自觉地以优良的服务扩大公司的信誉，以优质的服务招揽八方顾客。

艰苦奋斗、勤俭创业意识是中华民族的传统美德，也是民生精神训练的永恒主题之一。卢作孚经常回忆民生公司艰难奋斗的历史，强调“如果整个公司的人有这个精神，可以建设一桩强固的事业，如果整个民族有这一种精神，更可建设一桩强固的国家了”。为此卢作孚一贯坚持勤俭办企业，要求员工将传统美德发扬光大。公司有一系列规定，如婚丧不许送礼，不许嫖赌、吸大烟，不许行贿受贿等，以保持艰苦朴实、蓬勃向上、奋发进取的活力。

“民生精神”重视人的社会价值，以集团精神作为黏合剂，注重思想感染、精神训练和职业教育，与科学的管理制度相得益彰，在民生公司内造就了一种规范化的工作秩序和引导、激励职工的气氛，成为民生公司员工普遍认同的价值观和行为准则。员工们自觉遵守公司制度，视公司为家，视旅客为亲人，敬业爱岗，蔚然成风，创造了许多感人事迹。抗日战争中民生公司是大后方连接前线的水陆运输的重要承担者，公司轮船运送伤兵时，有些伤兵心态失衡，往往寻衅闹事，损坏用具，殴打船员，船员们总是顾全大局，忍受委屈，体谅同情。1941 年 8 月 22 日，“民俗轮”在航行中遭 7 架敌机轰炸，70 多名船员奋不顾身保护伤兵和旅客，献出了自己的生命。1942 年 12 月 24 日，“民享轮”在秭归遭遇 6 架日机轰炸，轮机严重受损，船员死伤过半，幸存人员视死如归，坚守岗位，奋力将轮船驶离险境，送旅客上岸躲避，并连夜修复机器，趁早上浓雾掩护将船开到目的地，旅客中的军人目睹船员们不怕牺牲、舍己救人、公而忘私的表现也深为赞佩。1949 年 9 月初，重庆大火，37 条大街小巷化为焦土，公司襄理用拖轮把两个装炸弹的船拖开，否则炸弹爆炸会危及几万市民生命，最后以身殉职。45 名员工为了转移被大火围住的 2 000 名百姓而英勇牺牲。这些危难关头的表现，充分体现了民生员工的精神和素质。

卢作孚高尚人格的道德感召力在“民生精神”的训练中起到了巨大的带动作用。他志在教育救国、实业救国，为此倾注毕生心血，民生是他实现理想的一个实验场所。所以卢作孚身为一个大型企业的创始人，自己却没有股权，股东们为了酬谢其功绩而赠送干股，他将红利全部捐赠给文教公益事业。他几十年如一日殚精竭虑、宵旰勤劳，生活上却艰苦朴素、廉洁自持。公司创办之初卢作孚的薪水仅 30 元。他谢绝了四川省主席杨森 500 大洋月薪公职邀请。卢作孚的月薪后来随着公司发展有所增加，但也远远低于一个船长的月收入。他身后没有留给后代任何财产，体现了他的格言“人生的目的在于奉献，而不在索取”。卢作孚目光远大，抱负宏伟，又能不尚空谈，脚踏实地，循序推动；他始终保持平民本色，急公好义，关心青年成长，关心职工生活。卢作孚作为民生精神最典型的实践者，中国传统的君子风范和现代企业领袖人格魅力在他身上完美结合了起来，得到了中外一致的称颂。晏阳初怀念卢作孚：“他是位完人，长处太多了。”梁漱溟评价他：“作孚先生胸怀高旷，公而忘私，为而不有，庶几乎可比古之贤哲焉。”美国杂志《亚洲与美洲》在《卢作孚与他的长江船队》一文所说：“卢作孚是一个没有受过正规教育的学者，一个没有个人现代享受要求的现代企业家，一个没有钱的大亨。”

卢作孚的高尚人格成为当时一代青年的精神偶像，感召了众多人才相率来归，忠实追随，成为公司的骨干，而广大员工、股东也紧密团结，群策群力，克服重重困难，使民生公司以小克大，在激烈竞争中脱颖而出。

和平时期除旧布新提高企业竞争力和员工凝聚力的种种创举，在民族危亡关头变成了同仇敌忾的英雄史诗。1938 年秋，卢作孚指挥民生船队，完成了被称为“中国抗战史上的敦刻尔克”的宜昌大撤退，在日军的炮火和飞机轰炸下，经过长江三峡，将滞留宜昌的战时物资、设备和人员抢运进川，从而保存了中国民族工业的命脉。

当时，日军占领武汉，疯狂进攻宜昌，中国军队浴血作战，敌机不断轰炸。宜昌人满为患，物质堆积如山，秩序非常混乱。卢作孚临危受命，果断部署，精密运筹，最大限度地发挥运能，终于在宜昌沦陷前，将设备、物资全部运走，人员被撤运一空，创造了人间奇迹。

60 多年后，中央电视台《东方时空》专题节目有此评述：“那些抢运入川的物资，很快在西南和西北建立了一系列新的工业区，尤为重要的是以重庆为中心的兵工、炼钢等行业的综合性工业区，构成抗战时期中国的工业命脉。正是这些撤退运输到大后方的工矿企业成为抗战的坚强后盾，生产了大批枪炮，为前线的将士们提供了源源不断的杀敌武器，为战争的最后胜利提供了有力的保证。而这一切，都归功于宜昌大撤退。”

在宜昌大撤退中，敌机不断轰炸，公司损失轮船 16 艘，116 名员工牺牲，61 人受伤致残，每天都有船毁人亡的惨剧。然而没有一个员工临难苟且、擅离岗位。正是员工的重大牺牲才成就了绝世伟绩。

在抗日战争中，为了运送部队、伤兵、难民等各类人员，民生公司承受着经济上的巨大压力。战时钢板价格上涨千倍，机油上涨 200 倍，煤价超过战前 150 倍。其他各种原材料也都上涨百倍，外国轮船运费是平时的十倍以上。但为报效国家，卢作孚降低收费。宜昌大撤退中，货物运费只有平时十分之一，器材每吨收费仅 60 元左右，公教人员半费，战区难童免费。面对资金压力，卢作孚调集民生公司其他产业的资金，顽强地支撑着这场事关国家命运的大决战。

敦刻尔克大撤退依靠国家力量、由军事部门指挥完成，宜昌大撤退则完全依靠卢作孚和他的民生公司，以布衣之身、公司之力，匡扶国运，挽狂澜于既倒，扶大厦之将倾，彰显了一个企业家和一个公司在国难时期承担的社会责任和发挥的重要作用，仅此一点，卢作孚和民生公司就是不朽的。亲历了宜昌大撤退的中国平民教育家晏阳初说："在中外战争史上，这样的撤退只此一例。"卢作孚去世后，黄炎培曾这样悼念他："君其安眠吧！几十百年之后，有欲之君者，其问诸水滨。"

案例思考题

1. 试从终极价值观与工具价值观的角度讨论卢作孚的个人价值观。

2. "民生精神"体现了什么样的价值观？"民生精神"体现的企业价值观与卢作孚个人价值观之间有什么联系？

3. "民生精神"是如何为员工接受的？

4. 你认为民生员工的工作态度如何？为什么会产生这样的态度？从工作满意度、工作投入和组织承诺、组织公民行为等方面讨论。

5. 民生公司管理方式有什么特点？这对今天的中国企业管理有哪些启示？

参考文献

1. 张德. 组织行为学［M］. 北京：清华大学出版社，1998.

2. 张德. 组织行为学［M］. 北京：高等教育出版社，1999.

3. 斯蒂芬·P. 罗宾斯著. 组织行为学. 7版. 孙健敏等译. 北京：中国人民大学出版社，1997.

4. ROKEACH M. The Nature of Human Values［M］. NY：Free Press，1973.

5. FREDERICK W C，WEBER J. The Values of Corporate Managers and Their Critics：An Empirical Description and Normative Implications［M］//FREDERICK W C，PRESTON L E. Business Ethics：Research Issues and Empirical Studies. Greenwich，CT：JAI Press，1990.

6. ROBBINS S P. Organizational Behavior：Concepts，Controversies，Applications［M］. 10th Ed. 清华大学出版社，Prentice-Hall International，Inc.，2005.

7. KATZ D. The functional approach to the study of attitudes［J］. Journal of Opinion Quarterly，1960 Summer：pp. 163～204.

8. FESTINGER L. A theory of cognitive dissonance［M］. Stanford，CA：Stanford University Press，1950.

9. WICKER A W. Attitudes versus action：the relationship of verbal and overt behavioral responses to attituden objects［J］. Journal of Social Issues，Autumn 1969，pp. 41～78.

10. KRAUS S J. Attitudes and the prediction of behavior：A meta-analysis of the empirical literature［J］. Personality and Social Psychology，January 1995，pp. 58～75.

11. LOCKE E A. The Nature and cause of job satisfaction［M］. DUNNETTE M D. Handbook of Industrial and Organizational Psychology［M］. Chicago：Rand McNally，1976，p. 1300.

12. SMITH P C，KENDAL L M，HULIN C L. The measurement of job satisfaction in work and retirement［M］. Chicago：Rand McNally，1969.

13. MILLER K I, MONGE P R. Participation, Satisfaction and productivity: A Meta-analytic review [J]. Academy of Management Journal, Dec. 1986, p. 748.

14. PODSAKOFF P M, WILLIAMS L J. The relationship between job performance and job satisfaction [M] //LOCKE E A. Generalizing from Laboratory to fields setting [M]. Lexington Books, Lexington , Mass. , 1986.

15. OSTROFF C. The relationship between satisfaction, attitudes and performance: An organizational level analysis [J]. Journal of Applied Psychology, Dec. , 1992, pp. 963~974.

16. SMITH F J. Work attitudes as predictors of attendance on a specific day [J]. Journal of Applied Psychology, Feb. , 1977, pp. 16~19.

17. HOM P W, GRIFFITH R W. Employee turnover [M]. Southwestern, Cincinnati, 1995, pp. 35~50.

18. BLEGEN M A. Nurse's job satisfaction: A meta-analysis of related variables [M]. Nursing Research, January-February 1993, pp. 36~41.

19. SOMERS M J. Organizational commitment, Turnover and Absenteeism: An examination of direct and interaction effects [J]. Journal of organizational behavior, 1995, pp. 49~58.

20. SHORE L M, THORNTON G C, NEWTON L A. Job satisfaction and organizational commitment as predictors of behavior intentions and employee behavior [M]. Academy of Management Proceedings, 1989, pp. 229~333.

21. ORGAN D W. Organizational Citizenship Behavior: The good soldier syndrome, Lexington Books, Lexington, Mass. , 1988.

22. CUMMINGS L L, STAW B M. Research in Organizational Behavior, Vol. 17, JAI Press.

23. MORRISON E W. Role definition and Organizational Citizenship Behavior: The importance of employees' perspective [J]. Academy of Management Journal, 1994. pp. 1543~1567.

24. BOLINO M C. Citizenship and impression management: Good soldiers or good actors [J]. Academy of Management Review, 1999, pp. 82~98.

25. ORGAN D W, RYAN K. A Meta-Analytic Review of Attitudinal and Disposition: a Predictors of Organizational Citizenship Behavior. Personnal Psychology, 1995, 48, pp. 775~802.

26. BROCKNER J. The escalation of commitment to a failing course of action: Towards theoretical progress, Academy of Management Review, Jan. 1992, pp. 39~61.

27. BROYFIELD A H, CROCKETT W H. Employee attitudes [M]. Ames: Iowa State University Press, 1977.

28. DESSLER G. How to earn your employees' commitment. Academy of Management Executive, 1999, p. 65.

工作压力与情绪情感

学习目标

1. 了解和掌握工作压力、工作倦怠的基本概念和影响因素。
2. 了解工作压力的管理方法。
3. 了解和掌握情绪情感的概念、基本理论。
4. 了解情绪情感在管理中的应用。

第一节 工作压力

到底谁的工作压力更大

近年来，工作压力的问题引起了社会上的普遍关注。许多调查机构纷纷进行了针对不同人群的工作压力方面的调查。姑且不对这些调查的准确性进行评价，单单是把这些调查的结果罗列出来，就颇有一点儿工作压力“大比拼”的味道。

高层管理者压力大

2004年，北京易普斯企业咨询服务中心联合《财富》中文版对1576名高级管理人员所作的调查显示，近70%的高级管理人员感觉自己当前承受的压力较大，其中21%认为自己压力极大。男性高级管理人员自我描述的压力明显高于女性，最高管理层压力大于部门经理。高级经理人的压力来源最主要是个人责任、人际关系和角色冲突三个方面。

职业女性身心更疲劳

北京零点市场调查有限责任公司通过网上调查方式对415位北京的公司白领进行调研，结果发现：职场男女工作压力大体相同，但女性的身心疲劳度高于男性。职业女性的身心更显疲劳，这与女性同时承担更多的家庭压力有关，也与女性面临压力的自然反应表现和应对压力的疏通方式不够积极有关。

北京中年高级知识分子压力远大于普通人群

中国人民大学人口与发展研究中心对北京市的2 500位中年高级知识分子进行的调查显示：有83.3%的被调查者有工作压力，而普通人群有工作压力者的比例是53.6%。科研教学任务重、强度大是工作压力来源的首位。另外，中年知识分子往往有较大的抱负和追求，争取更大的学术成就也就成为他们重要的工作需要，若得不到满足，这方面的压力将会越来越大。

中国会计人工作压力沉重

上海国家会计学院中国会计视野网站经过网上调查，出台了《中国会计人工作压力调查分析报告》，用真实数据描述中国目前会计人的工作压力情况。结果显示，会计人的压力处于“压力明显”程度的占85%，处于“压力大”以上程度的占60%。知识更新居工作压力首位。注册会计师压力最突出。

到底谁的工作压力更大？这也许是一个永远的谜团。但是有一点可以肯定：工作压力是管理中一个不容忽视的重要问题，因此需要对工作压力形成的原因和应对策略进行了解。

一、工作压力的定义和重要性

1. 工作压力的定义

如果我们问一个人：“你的工作压力大吗？”人们的反应可能是：我觉得工作压力挺大的，因为工作节奏太快，每天从早到晚忙个不停；或者因为市场竞争太激烈，把客户争取到手往往很不容易，要付出太多的努力；或者因为知识更新太快，有能力的年轻人不断成为自己的竞争对象，自己稍不留神就有可能失去工作机会。人们对压力的联想往往是那些使人感到紧张的事件或环境刺激。因此，在日常的概念中，常常将压力理解为外部的事件或刺激。但是，我们也可能会注意到一个现象：对于从事同样工作或者处在同样情景下的不同的人来说，有的人体验到的压力大一些，而有的人体验到的压力则小一些。因此，压力似乎是同人们的主观体验密切相联系的。

在压力的科学定义中，更加强调的也是压力的主观体验。组织行为学中认为压力（stress）是个体对需要或外部紧张刺激的生理或心理反应。例如，鲁森斯（2003）将压力定义为人对于外部情景的一种适应性反应，它导致了组织参与者的生理、心理和/或行为上的变化；纳尔逊和奎克（2004）认为，压力是一个人面对需求时所体验到的抗争或逃避的一种无意识的准备状态。而那些引起压力体验的外部事件或环境刺激则被称作是压力源。

由于压力的主观体验的特性，国内有学者建议将“压力”一词翻译为“应激”（石林等，2000）。事实上许多科学论文中使用的是“应激”一词。不过，在本书中，我们继续使用“压力”的译法，因为这种译法更为国内的读者所熟悉。

最早将压力的概念引入到社会科学领域的是哈佛著名的生理学家坎农（W. Cannon），尽管在他的观点中强调的比较多的是个体的生理反应（赖斯，2000）。坎农在20世纪二三十年代提出机体在面临外部紧张刺激时会试图维持体内环境的平衡，因此会提高体内的生理唤醒水平，也就是机体在受到外力作用时会“反弹”或“防止变形”。压力的生理反应可能包括交感神经系统的唤醒和肾上腺分泌激素等。压力的心理反应也表现为一种心理唤醒状态，个体内部会出现一种解释性的、情感性的、防御性的反应。可见，压力是当个体面临紧张刺激时所产生的内部的一种生理和/或心理准备状态，使得个体随时准备对刺激作出反应。

了解了压力的概念，那么就不难理解什么是工作压力。Beehr 和 Newman（1978）提出工作压力是由于工作特征和个体特征交互作用的影响从而使个体正常的生理和/或心理功能得到改变。工作压力通常来源于工作特征，某些工作特征可能给个体带来紧张和威胁，主要表现在工作中的过分要求以及工作中的供给不充足（赖斯，2000）。工作中的过分要求的典型例子就是在短时间内要求完成大量的工作而出现工作超负荷状态，工作中的供给不充足主要是不能满足雇员在工作中期望的一些事情，例如工资过低、缺乏晋升和成长机会等。

2. 工作压力的重要性

工作压力是管理中一个不容忽视的问题，这个问题之所以重要是因为工作压力往往会给个人和组织带来严重的影响。对于组织中的员工来说，工作压力可能会带来身体健康和心理健康方面的问题。对于组织来说，工作压力可能会影响组织中的生产力和利润。由于工作压力对组织的影响是通过工作压力对个体的影响而间接导致的，因此工作压力最直接的后果是表现在个体层面的。

（1）压力的不良后果

Beehr 和 Newman（1978）将工作压力给个体带来的不良后果归纳为三类，即心理健康症状、生理健康症状和行为症状。赖斯（2000）列举了工作压力所导致的个体产生的一些典型的心理、生理和行为症状的清单，如表 6-1 所示。

表 6-1　工作压力导致的个体心理、生理和行为症状

心理健康症状	生理健康症状	行为症状
● 焦虑、紧张、迷惑和急躁 ● 疲劳感、生气、憎恶 ● 情绪过敏和反应过敏 ● 感情压抑 ● 交流的效果降低 ● 退缩和忧郁 ● 孤独感和疏远感 ● 厌烦和工作不满情绪 ● 精神疲劳和低智能工作 ● 注意力分散 ● 缺乏主动性和创造力 ● 自信心不足	● 心率加快，血压升高 ● 肾上腺激素和去甲肾上腺激素分泌增加 ● 消化功能失调，溃疡 ● 身体受伤 ● 身体疲劳 ● 死亡 ● 心脏疾病 ● 呼吸问题 ● 汗流量增加 ● 皮肤功能失调 ● 头痛 ● 癌症 ● 肌肉紧张 ● 睡眠不好	● 拖延或逃避工作 ● 绩效或生产能力降低 ● 酗酒和吸毒人口增加 ● 工作完全破坏 ● 去医院次数增多 ● 为了逃避，饮食过度，导致肥胖 ● 由于胆怯，吃得少，可能伴随着抑郁 ● 没胃口，瘦得快 ● 冒险行为增加，包括不顾后果的驾车和赌博 ● 侵犯他人，破坏公共财产，偷窃 ● 与家人和朋友关系恶化 ● 自杀或试图自杀

（2）工作中也需要适度的压力

一提起压力，人们通常将其视作是消极的、痛苦的，或者是有害的和破坏性的，是应该避免的。然而要想有效率地工作，需要有机体达到一定的唤醒水平。科学家认为，压力并不完全是不好的。有些良性的压力对身心健康和工作成就是一种良好的刺激。压力研究的大师汉斯·薛利（Hans Selye）就提出生活中有些压力是积极的压力，这样的压力可以加深我们的意识水平，增加我们的心理警觉程度，还经常导致一些高级的认知和行为表现。

工作压力大使年轻人产生动脉硬化

近年来，许多科学研究结果均表明，工作压力大可导致心脏病的发生。但是，很少人具体地知道，工作压力大可以直击年轻人的动脉血管，使其在很早的时候就开始变厚。芬兰科学家最近公布的一项研究成果显示，沉重的工作压力可以使三十多岁的年轻人的动脉出现增厚。

芬兰科学家对1 020位年轻人的工作及其心血管健康情况进行了调查。调查结果发现，与工作压力不大的年轻人相比，工作压力大的年轻人的动脉容易在较早的时候就开始出现变窄的情况。研究人员表示，这说明，工作压力大对动脉硬化有着前期作用。动脉硬化会使血管内的块状物越积越多，最终影响血液的正常流通，并导致心肌梗死或中风的发生。

心理学家耶基斯和多德森在20世纪初就通过研究发现了唤醒水平与工作绩效之间关系的一个著名的定律，被称作是耶基斯—多德森定律（Yerkes-Dodson Law）。这是描述压力与绩效水平之间关系的一个著名的法则。该定律认为：在唤醒水平达到一个最优点之前，工作绩效是随着唤醒水平的提高而提高的；当唤醒水平超过了这个最优点之后，工作绩效会逐渐下降。唤醒水平是由压力引起的。完全没有压力或者极高的压力都不利于人们取得高的绩效，而处于中等水平的某种适度的压力则会使人表现出最高的绩效水平。因此，压力或者唤醒水平与工作绩效的关系基本上呈现出一个倒“U”形曲线，如图6-1所示。

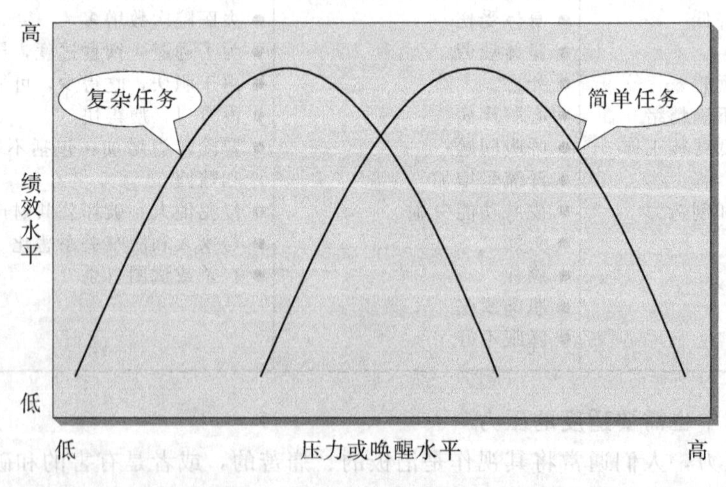

图6-1 耶基斯—多德森定律

从图6-1中我们可以看出，对于复杂任务而言，达到最高绩效水平所需的最佳压力或唤醒水平比简单任务要低一些，因为复杂任务本身可能就意味着一种压力。

因此，工作压力既有其积极的一面，也有其消极的一面。工作压力有时可以提高工作绩效，但是如果工作压力超出了个体所能承受的范围，就会造成不良影响。

二、工作倦怠

1. 工作倦怠的概念及表现

提到工作压力，就会使人们联想到一个近年来出现频率颇高的词汇——工作倦怠(job burnout)。我们知道，工作压力可能会对个体的身心造成一种紧张状态，而过度的紧张使得个体感到疲惫、焦虑、压抑、工作能力下降，甚至感到心力交瘁。这种状态就是工作倦怠的表现。

工作倦怠是近年来组织行为学领域有关工作压力研究中关注的一个重要课题。“工作倦怠”一词在中文中也常常被翻译成“工作枯竭”、“职业耗竭”等，主要是指个体由于长期处于工作压力之下而产生的一些负性的认知和情感反应。工作倦怠的概念最早是由精神病学家 Freudenberger 于 1974 年提出的。早期的研究主要是基于那些从事医护工作或服务业工作人员的工作经历，他们的工作属于情绪性工作，经常面临精神和人际压力，因而容易产生一些筋疲力尽、工作热情降低、对人冷漠等负性症状。工作倦怠就是用来描述工作中的个体所体验到的这些负性的症状。

Maslach 和 Jackson（1981）提出了工作倦怠的操作性定义，从三大类典型症状上来描述工作倦怠，即情感耗竭（emotional exhaustion）、人格解体（depersonalization）和个人成就感降低（diminished personal accomplishment）。

① 情感耗竭是工作倦怠症状的一个最主要的表现。它是指个体感到自己有限的心理资源过度透支，产生一种过度疲劳、心力交瘁的感觉。

② 人格解体是工作倦怠在人际交往方面的表现。主要是指以冷淡、疏离、刻薄甚至冷漠的态度对待工作中的服务和交往对象，而且情绪容易激动、易怒、对人不耐烦或缺乏情感投入。

③ 个人成就感降低是工作倦怠者在自我评价方面的特点。工作倦怠的个体对自己往往产生消极评价，通常是在工作方面，感到自己无能、缺乏成就感。因此，工作倦怠者对环境的应对能力大大降低。

工作倦怠不但会影响到个体的身心健康、人际关系，而且还会使个体对工作产生消极情绪，造成工作绩效低下，与他人关系恶化，从而对组织造成不良后果。

2. 工作倦怠的成因与形成过程

工作倦怠主要的影响因素包括：工作特征因素，例如工作量或工作时间的压力过大；职业的特点，例如从事情绪性工作，需要控制自己的情感或者面对复杂的人际关系；缺乏有效的社会支持系统，例如从上司、同事、家人等处得不到有效的社会支持；组织因素，例如组织中缺少参与的机会、组织处于变革之中等；个体特征因素，例如A型性格、自我效能感（self-efficacy）、内外控制点（internal/external locus of control）等。

压力的研究者维尼格和斯普瑞德利（R. Veniga & J. Spradley）经过研究发现，工作压力导致员工工作倦怠的过程分为五个阶段：

- 阶段一：蜜月阶段。刚刚进入某个工作环境不久的员工怀着年轻的理想，充满热情和抱负。如果在这个阶段员工的期待得到了满意的解决，就会产生满意感；否则就会有压力产生，进入应激状态。
- 阶段二：燃料短缺阶段。持续一段时间的应激状态使员工开始产生疲劳感，并随着时间的推移而加重。
- 阶段三：慢性阶段。疲劳症状加重，产生疾病，并出现抑郁、焦躁等心理反应。
- 阶段四：危机阶段。个体的疲劳症状继续加重，直到崩溃的边缘。
- 阶段五：崩溃阶段。个体无法承受压力，无法继续工作，出现严重的生理和心理问题，身心崩溃。

我国职场人士的工作倦怠指数

2004 年，中国人力资源开发网（简称“中人网”，网址：www.China-HRD.net）联合新浪网、中国青年报等国内众多知名媒体启动了中国“工作倦怠指数”调查。将近 4 000 名职场人士参与了调查。调查的结果中有下列一些主要发现：

- 有70％的受调查者出现了轻微的工作倦怠；有39.22％的受调查者出现中度的工作倦怠；还有13％的受调查者则出现了严重的工作倦怠。
- 女性的工作倦怠程度高于男性。调查结果显示，有37.23％的男性出现了工作倦怠，有41.38％的女性出现了工作倦怠。
- 在受调查者中，本科学历的职场人士中有68.81％的人工作倦怠程度较高，接下来依次为高中、大专以下学历的人群（38.75％）、大专学历的人群（38.46％），而硕士以上学历的职场人士工作倦怠程度相对最低，但这一比例也达到了35.76％。
- 在受调查者中，政府机关或事业单位职场人士出现工作倦怠的比例最高，达到46.40％；其次是国有企业（40.90％）；再次是三资企业（39.17％）；而民营企业工作倦怠程度相对较低，为36.95％。
- 在所有受调查职业中，“公务员”有54.88％的人出现了工作倦怠，是工作倦怠比例最高的职业，而人力资源从业人员则是倦怠程度最低的人群，仅为30.53％。
- 从行业来看，“政府·公共事业”为工作倦怠最严重的行业，比例高达52％。
- 从职位高低来看：“普通员工”出现工作倦怠的比例最高，达48.19％。接下来依次为高级专业人员（39.78％）、中级专业人员（33.12％）、中层管理人员（33.07％）。高层管理者出现工作倦怠的比例最低，仅为26.07％。

调查中显示的工作倦怠的原因主要有：

① 好好工作，却不一定能得到相应的回报。有76.6％出现工作倦怠的受调

查者选择了这一原因。

② 对单位内部的沟通状况不满意。有68.3%的工作倦怠者选择了这一原因。

③ 组织不够公正。有65.4%的工作倦怠者选择了这一原因。

④ 单位的规章、制度和各类要求有很多不合理的地方。有63.5%的工作倦怠者选择了这一原因。

⑤ 对自己的直接上级的管理方法和风格不满意。有62.6%的工作倦怠者选择了这一原因。

此外，有59.3%的工作倦怠者认为单位的分工不是很明确；有58.8%的工作倦怠者认为与单位所强调的价值追求格格不入；有45.4%的工作倦怠者认为对工作方面的人际关系很伤脑筋；有43%的工作倦怠者认为单位不能够为其工作提供必要的支持；有40.7%的工作倦怠者认为所从事的工作不具有挑战性；有36.5%的工作倦怠者认为自己提出来的一些好的想法与建议不能得到领导的重视；有31.7%的工作倦怠者认为工作中缺乏自主性与独立性；有29%的工作倦怠者认为工作负担太重。

三、工作压力的来源与测量

1. 工作压力的来源

库伯（C. Cooper）对工作压力的来源做了一个简明的总结，他认为产生工作压力的因素主要包括工作条件、角色、人际关系、职业发展、组织系统以及家庭压力和工作压力交互作用的影响，如表6-2所示。

罗宾斯（2005）对不同学者提出的工作压力来源进行总结，将其归纳为三类潜在的压力源：环境因素、组织因素和个体因素。

（1）环境因素

环境因素主要是指组织外部的社会环境中可能对个体产生工作压力的因素。环境因素主要包括经济因素、政治因素和技术因素。当经济紧缩或者经济不景气时，人们对工作的稳定性和安全感就更为担忧。而当社会政治动荡或存在较大不稳定性时，也常常会使人们感到更大的工作压力。技术的迅速进步或更新迫使员工必须在短时间内学会新的技能，同时也会使员工常常担心由于自己的知识落伍而不能胜任工作，因此工作压力也比较大。

（2）组织因素

组织因素指的是存在于组织内部的可能对个体产生工作压力的因素。组织因素可以大体上归纳为以下几类：工作任务要求、角色要求、人际关系、组织结构与设计、领导、组织的生命周期。

工作任务要求主要包括一些工作设计有关的因素、工作的物理条件等。例如，工作过于枯燥、缺乏自主性、时间过于紧迫等都会产生较大的工作压力。而工作的物理条件如办公空间过于拥挤也容易使员工产生焦虑。

角色要求方面的主要的压力源是角色模糊和角色冲突。角色模糊是指员工感到对自

表 6-2　工作压力的主要来源

压力源	主 要 因 素	可 能 后 果
工作条件	● 工作的数量上超负荷 ● 工作的质量上超负荷 ● 生产线歇斯底里症 ● 工作决策与责任 ● 物理危险 ● 多变的工作 ● 技术压力	● 体力和精神疲劳 ● 筋疲力尽 ● 烦恼和紧张增加
角色压力	● 角色不确定性 ● 性别偏见和性别角色陈规 ● 性骚扰	● 焦虑和紧张增加 ● 工作绩效低 ● 工作满意度低
人际关系	● 不理想的工作和社会支持体系 ● 政治竞争、嫉妒或生气 ● 缺乏对员工管理的关心	● 紧张增加 ● 血压上升 ● 工作不满
职业发展	● 升职或降职 ● 工作安全性 ● 抱负受挫	● 低生产能力 ● 失去自信 ● 焦虑增加 ● 工作满意度降低
组织系统	● 僵化和缺少人性化的组织系统 ● 监督不足或培训不足 ● 政治斗争 ● 员工无参与决策权	● 动机和生产力低下 ● 对工作不满意
家庭工作交互影响	● 人口过剩 ● 夫妻缺少支持 ● 婚姻冲突 ● 双重工作压力	● 精神冲突和疲劳增加 ● 动力和生产力低下 ● 婚姻冲突增加

己所承担的角色的期待不够清楚，不知道自己到底该做哪些工作。角色模糊会降低工作的有效性，产生低的工作满意度和低的绩效水平，出现较高的焦虑。角色冲突对员工产生工作压力主要是由于员工所承担的多重角色中，不同角色对员工的期待不同，从而使员工产生焦虑和无所适从。

人际关系方面的因素对工作压力的影响主要是由于人际关系的紧张或冷漠，使得员工缺少有效的社会支持系统，当需要帮助的时候无法得到他人的支持。另外，有些工作对人际关系方面的要求较高，经常需要处理复杂的人际关系，或者需要说服别人，这样的工作也容易使人产生较高的压力。

组织结构与设计方面的因素对工作压力的影响主要表现在员工在组织中没有机会参与决策、组织中的规则过于烦琐、沟通不畅等，员工会容易变得烦闷，工作满意度降低。

组织处于其生命周期的不同阶段，员工所感受到的工作压力也有所不同。例如，当组织处于初创期或者变革期，不确定性较大，员工感受到的工作压力也较大；而当组织处于比较平稳的成熟期时，员工感受到的工作压力则较小。

(3) 个人因素

个人因素一方面包括个人在工作之外的生活事件或者家庭问题产生的不良情绪可能会蔓延到工作中，增加工作压力；另一方面是指个人的人格特点。

一些特定的生活事件可能引起压力。亲人的生病或亡故、离婚、孩子出生等这些生活事件都会给个体带来压力。生活事件所引起的压力很早就引起了研究者的注意。从20世纪60年代开始，华盛顿大学的赫姆斯（T. Holmes）和美国海军医药神经精神病研究所的瑞（R. Rahe）开始研究生活事件对压力的影响，并且编制了量表测量生活事件的压力值。例如，下列一些生活事件在赫姆斯和瑞的量表中的压力值分别是：

- 配偶死亡：100
- 离婚：73
- 家中亲人死亡：63
- 结婚：50
- 家庭成员患病：44
- 子女出生：39
- 中等数额贷款抵押：31
- 搬家：20

针对同样压力源，每个人感受到的压力程度是不同的，这主要是由个性特征的不同而造成的。通常认为，具有A型性格的个体更容易产生压力感。A型性格是一种行为模式，主要有以下表现：

- 非常强烈的时间紧迫感，总是驱使自己在最短的时间内干最多的事情；
- 具有攻击性，好斗，对阻碍自己的人或事物进行攻击；
- 急躁，缺乏耐心，对很多事情的进展速度感到不耐烦；
- 总是试图同时做两件以上的事情；
- 情绪波动，易产生愤怒情绪和敌意感等。

具有A型性格的人无论在工作中还是在工作之外都容易产生压力感。有证据表明A型性格的人更容易得心脏病，这与他们的过度紧张、敌意和易怒有关。而具有B型人格的人患心脏病的可能性则比A型性格的人要小得多。B型性格的突出特征是从容、随和，不太有时间紧迫感，也很少产生敌意和攻击性行为。

此外，自我效能感（self-efficacy）表示的是一个人对自己的自信程度。高自我功效的人面对压力时对自己更加自信，能以积极的方式应对压力。控制点（locus of control）也是影响人们对压力感知的重要因素。如果一个人常常将发生的事件归因于可控的内部因素，他就会认为自己拥有战胜困难的主动权，可以积极地采取行动；如果归因于不可控的外部因素，则只会屈服于压力，消极地听天由命。

2. 工作压力的测量

对工作压力进行测量有不同的角度和方法。从测量的角度上来讲，有的是从工作压力所导致的结果角度进行测量，例如通过对工作压力所导致的心理、生理和行为症状进行诊断，从而评判出个体所感受到的工作压力水平；有的则是从压力源的角度进行测量，例如对个体所处的工作环境中有可能产生压力的工作任务、人际关系、组织系统等因素进行评估。从测量的方法上来看，有的是通过个体主观感知或者自我报告进行测量的，例如一些对工作压力进行测量的问卷就属于这种类型；而另一些测量则是通过一些客观的生理指标来进行的，因为工作压力可能会导致一些特定的生理症状。

下面就是一个压力小测验的例子。

压力自测

下面这些题目用来评估你所感受到的工作压力，请根据自己的实际情况作出判断，对每道题目在从 1 分到 4 分的尺度上进行评判（1——从不；2——偶尔；3——经常；4——不断或几乎总是）。

1. 我被委派的工作量多到无法愉快地胜任。
2. 我被指派的工作困难到无法顺利地完成。
3. 干扰太多。
4. 我无法确定何时该做何事。
5. 我在同一时间被不同的人指派做不同的工作。
6. 我对周围的人感到恼怒。
7. 我担心我的工作无法达到标准。
8. 危机总是不停地出现。
9. 我的工作量总是不可预测地出现变化。
10. 我在白天结束时总是感到精疲力竭。
11. 我对工作感到厌倦。
12. 我的工作过于简单。
13. 我对物理条件、噪声感到厌烦。
14. 我的工作似乎无关紧要且要求不高。
15. 流言蜚语或暗箭伤人的情况太多了。
16. 我周围的人太缺乏幽默感了。
17. 我的工作量不足以使我保持忙碌。
18. 我期望发生一些令人兴奋的事情。
19. 我周围的人全都令人厌烦。
20. 我的工作不断重复并且单调乏味。

把前面 10 道题的分数加起来得到的分数记为 P，后面 10 道题的分数加起来得到的分数记为 T，两者共同反映出你的工作压力情况。

P 和 T 都不高于 23 分：你的工作可能很愉快，不会受到压力的困扰。

P 高于 23 分：和大多数人一样，你的工作有压力；

T 高于 23 分：你的工作倾向于枯燥乏味，你可能感到不受重用或者不满；

P 或 T 高于 29 分：你可能感到被工作压力搞得喘不过气来。

四、工作压力管理的方法

1. 应对压力的策略

所谓应对压力，通常就是指任何预防、减弱或消除压力源的努力，包括积极的和消极的、有意识的和无意识的，也包括以最小的痛苦方式对压力的影响进行忍受（Matheny 等，1986）。通常人们应对压力时希望得到两种结果中的一种或两种，即改变自我与环境的关系，或者减少情绪上的痛苦与紧张。有些方法是改变自我与环境的关系，例如改变认知评价、对造成压力的问题予以解决等；有些方法则是倾向于调整情绪，例如向朋友倾诉等。

比灵斯和莫斯（Billings & Moos）曾经对应对压力的策略与方法进行了一个简单的分类，将应对行为分为积极的和逃避的，同时将应对压力的焦点分为倾向于问题和倾向于情绪两种。关于应对压力的策略和方法的较为全面的分类来自于马塞尼（K. Matheny）和他的同事组成的压力研究小组，他们在对应对压力有关的文献进行深入的综述和元分析之后，提出了应对压力的两大类策略，即预防策略和抗争策略（Matheny 等，1986）。所谓预防策略，就是想方设法防止压力源的出现或者增加抵御压力的资源；抗争策略，就是指设法减轻或者消除已经存在的压力源。预防策略主要用于个体只是感知到有潜在的压力源存在，并没有实际引起压力反应时，而抗争策略则是用于压力源已经引起压力反应时。每种策略中又包含有多种应对方法，如表 6-3 所示。

表 6-3 应对压力的预防与抗争策略

预防策略	抗争策略
1. 调整生活避开压力源 2. 调整要求水平 3. 改变引起压力的行为方式 4. 扩展应对资源 a. 身体优势 b. 心理优势 信心 控制感 自尊 c. 认知优势 功能促进信念 时间管理技巧 专业能力 d. 社会支持优势 社会支持 友谊技巧 e. 经济优势	1. 监视压力源和症状 2. 集中资源 3. 攻击压力源 a. 解决问题 b. 坚定 c. 脱敏 4. 容忍压力源 a. 认知重建 b. 否认 c. 感觉集中 5. 降低唤起水平 a. 放松 b. 倾诉 c. 宣泄 d. 服药

从表中我们可以看出，预防主要有四种基本的策略：①调整生活避开压力源。例如，离开压力过大的工作环境等。②调整要求水平主要是指做与自己所拥有的资源相符的事情。如果做超出一个人工作能力的工作可能带来很大的压力。③改变引起压力的行

为方式。是指改变自己易于产生压力的行为方式，例如改变 A 型行为方式。④扩展应对资源是指增加有助于应对压力的各种资源。扩展应对资源是一种使自己有备无患的做法，使自己一旦面临压力时有足够的资源可以应对。需要扩展的资源包括身体的优势（使自己保持良好的健康状况）、人格因素（建立自我功效和控制感）、能力优势（提高能力水平）、培养社会支持网络、增强经济基础等。

抗争策略主要包括五种类型的典型策略：①监视压力源和症状主要是认清哪些刺激引起我们的工作压力，另外还包括注意到自己产生了哪些生理紧张信号。②集中资源是为了采取积极的应对努力而进行的准备、组织与安排。③攻击压力源是最为积极主动的一种策略，包括积极地寻求信息和支持来解决问题，改变认知结构，建立起坚定的信念，对压力源进行系统脱敏等。马塞尼小组非常强调这样的策略，因为他们是支持消除压力比忍耐压力更好这样一个观点的。④容忍压力源主要是指当压力源无法通过直接的行动努力予以消除的时候，通过改变对压力源的认知来减轻或消除压力。认知重建是一种主要的改变认知的策略。⑤降低唤起水平则是使由于压力引起的生理和心理的紧张状态得到缓解，例如进行放松练习、向他人倾诉或自我宣泄、服用一些降低紧张的药物等。

2. 个体管理压力的方法

尽管工作压力的很多来源存在于个体外部，但是如果个体能够采取一些积极的措施，也可以尽可能地减少压力所带来的负面结果。个体管理压力的方法很多，下面列出的仅仅是一些常用的方法。

（1）进行有效的时间管理

现代社会生活节奏快，每个人又通常承担着多重角色，人们整天觉得有很多事情做不完，因此感到压力很大。其实，造成这种结果往往是由于没有安排好时间。有效的时间管理需要注意的几个问题是：

① 为所要做的事情设定轻重缓急次序，通常可以按照重要性的高低和紧急性的高低将事情划分在四个象限中。人们往往会自然而然地做那些紧急但不重要的事情，但分配较多的时间做那些最重要的事情才是更加有效的时间管理方法。

② 学会对自己说“不”，放弃一些次要的事情。压力的一个重要来源就是当面临请求时，发现自己很难说“不”，结果就是把自己置于千头万绪、疲于奔命的境地。

③ 积极采取行动，改变拖延的习惯。拖延是造成压力的一个重要原因，很多时候，由于把今天该做的事情拖到明天，日积月累，每件事情都是到了最后一分钟才紧紧张张地赶完。

④ 创造一个有效率的工作环境可以更有效率地利用时间。例如，物品放置得有序可以节省找东西的时间，及时地扔掉一些无用的东西。此外，学会利用一些提示时间和计划的外部手段，例如即时贴、日历、提醒器等。

（2）善于运用社会支持系统

社会支持系统是一种重要的应对压力的资源。通常来说，社会支持系统包括家人、朋友、同事和专业机构等。向他人倾诉自己所感受到的压力也是一种有效压力管理的策略。那些将郁闷深埋在心中的人和那些愿意同他人交流的人比起来，前者往往会产生更多的生理和心理症状。如果一个人周围有很多朋友支持，就不易产生孤独感和恐惧感，于是他们对一些潜在的压力源也就不感到有压力了。个体也可以在社会支持系统的帮助下找到积极的解决问题的策略或者进行认知重建。专业机构和专业人士往往是被人们忽略的社会支持系统，像心理咨询师这样的专业人士，往往能够提供家人和朋友无法提供的一些专业帮助。

(3) 认知重建

很多时候，压力来自于人们对外部环境的一些认知建构。所谓认知，就是人们对事物的信念、看法、评价和解释。人们对事物不同的认知就导致了他们不同的压力感受性。很多压力都来自于不合逻辑或不合理的信念，是一种主观压力，这些主观压力会导致不恰当的或不适度的情绪和行为反应。人们的不合理信念，往往有以下三个特征。

① 绝对化的要求。是指人们以自己的意愿为出发点，对某一事物怀有认为其必定会发生或不会发生这样的信念，它常与必须、应该这类词连在一起，如“我必须成功”、“他应该对我好”等。由于绝对化的要求通常难以满足，因此怀有这种信念的人极易产生压力。

② 过分概括化。主要表现在以偏概全，包括对自己的过分概括化和对他人的过分概括化。例如，自己某一件事没办好、某一次没有获得成功，就是自己毫无价值、一无是处的证明；领导批评了自己一次就说明领导以后不会相信自己的能力了。

③ 糟糕透顶。认为一旦某一事情发生了，必定会非常可怕、非常糟糕、非常不幸。这种信念会导致个体陷入严重不良的情绪体验，如焦虑、耻辱、自责自罪、悲观、抑郁中难以自拔等。

要想进行认知重建，首先就是要意识到这些不合理的信念，然后进行积极的自我交谈，从而改变不合理的信念，建立合理的信念。

(4) 进行放松练习

包括马塞尼小组在内的很多压力研究专家都认为放松法是一种有效的治疗方法。放松训练是一种用于应对紧张、焦虑、不安、气愤等压力反应的有效方法。最常用的一种是逐步肌肉放松法，这种方法最初是在1938年由雅各布森（E. Jacobson）发明的，以后流行起来，并且得到其他压力治疗专家的补充和完善。放松练习主要是利用交感神经系统和副交感神经系统相互制约的特点，设法让副交感神经系统处于控制状态，从而让交感神经系统安静下来。放松之前应做好准备工作，找到使自己感到舒适的环境和姿势。放松的顺序是从手臂部到头部再到躯干部，最后到达腿部。放松的过程可以分为五个步骤：集中注意、肌肉紧张、保持紧张、解除紧张、肌肉松弛。除了肌肉的放松之外，还有想象放松和深呼吸放松法。想象性放松就是在大脑中呈现出某种舒适、惬意、轻松的情景，进而达到放松的目的。深呼吸放松法是通过呼吸节奏的调整抑制交感神经系统的作用。

除了上述这些方法之外，宣泄也是一种释放压力的方式。据说有的公司就专门有一间屋子里面放上一些供击打用的毛绒玩具等物品，员工可以在里面释放情感。另外，从事一些自己感兴趣的活动将注意力从引起压力的事件中转移出来也是消除紧张的一种良好方法，例如可以参加体育运动、听听音乐等。

『杀人游戏』与工作压力

游戏是一种释放工作压力的手段。近几年，一种叫做“杀人”的游戏在许多公司里都很流行。许多白领对这个游戏乐此不疲，在午休的时候甚至下班以后都热衷于玩这个游戏。

“天黑请闭眼……杀手杀人……老板您又被杀了！”一个写字楼中的某媒体公司的七八个年轻人午休时又玩起了杀人游戏。谈起这个游戏，员工们这样说：“其实就是发泄发泄情绪，这个游戏的特殊性，能把同事间的小摩擦半真半假地给抹了。”“老板中午没应酬时也会加入进来，由于午休只有1个半小时的规定让大家很不爽，所以大家一玩准先‘杀’老板出气，甭管他是冤枉还是真杀手。”公司老板则笑着说：“如果能通过这样的游戏，让我和员工们的关系更加融洽，我宁愿被‘杀’。”北京心理咨询热线的专家说，之所以白领对这种游戏乐此不疲，和工作压力有关。游戏时扮演角色杀人或辩解也是一种对平时工作压力、心理压力过大的适时发泄。

北京白领爱上工间锻炼

许多白领每天承受很大的工作压力，又整天闷在写字楼里，长期以来，压力带来的生理和心理症状越来越严重。正是由于许多人意识到了这样的问题，许多上班族开始注重利用午休时间锻炼身体，而越来越多的健身中心也逐渐向写字楼靠拢，有的甚至直接开设在写字楼中。有的上班族喜欢在风和日丽的午间在公司附近散步、慢跑，有的则到健身中心进行器械练习或者跟随老师练习瑜伽。一些坚持了一段时间健身的上班族都认为这种方式对于缓解工作压力非常有好处。有的人认为中午进行适当的活动可以提高下午的工作效率，也可以减轻身体的不适；有的人认为同事们一起参加健身运动，也有利于交流感情，这样心情好了，自然就感到工作压力不那么重了。

3. 组织管理压力的方法

组织所采取的压力管理方法主要包括两大类：一类是设法消除由于工作任务和组织设计所导致的压力源；另一类是实施员工帮助计划。

(1) 减少组织中的压力源

工作本身的一些因素是造成工作压力的主要因素。因此可以设法对工作做一些改变。例如，可以对工作进行重新设计和安排，将工作负担过重的工作适当减轻负担，将过于枯燥的工作进行扩大化和丰富化，增加其趣味性和意义；改善一些工作的物理条件，增加安全性和舒适性；实行灵活的工作时间和休假，使员工有机会得到放松。另外，角色模糊和角色冲突也是组织中压力的重要来源，通过工作分析和工作流程的改善使员工的工作角色清晰化，也可以减轻压力。

(2) 实施员工帮助计划

员工帮助计划（employee assistance program，EAP）是由组织（如企业、政府部门、医院等）为员工设置的一套系统的、长期的福利与支持项目。通过专业人员对组织的诊断、建议和对员工及其亲属提供的专业指导、培训和咨询，旨在帮助解决员工的各种心理和行为问题，维护员工的心理健康，提高员工在企业中的工作绩效以及改善组织气氛和管理。

根据实施时间长短，员工帮助计划可分为长期和短期两种。长期的员工帮助计划是作为组织中一种常设的职能或者一个系统项目来实施的。短期的员工帮助计划是组织在某种特定状况下才实施的，比如并购、裁员或高失业率时期，在相对较短的时间内帮助员工解决一些特殊问题，或者帮助组织顺利度过一些特殊阶段。根据服务提供者，员工帮助计划分为内部员工帮助计划和外部员工帮助计划。内部员工帮助计划是建立在组织内部，配置专门机构或人员，为员工提供服务。外部员工帮助计划是由外部的专业机构进行运作的。

员工帮助计划的内容主要包括：专业的员工心理健康问题评估；利用海报、小册子、网站、健康知识讲座等多种形式进行心理健康宣传；工作环境设计与改善；员工和管理者培训，主要是掌握压力管理的有关方法；多种形式的员工心理咨询，充分解决员工心理困扰问题。

五、工作与生活的平衡

工作与家庭往往会互相影响。员工可能会将个人和家庭中的问题带到工作中来，而工作中的问题也可能会波及整个家庭。在如今快节奏的社会中，加班或者把工作带回家里做，对许多员工已经是家常便饭。工作中的压力常常会在家庭环境中释放，从而影响家人的情绪情感，影响婚姻质量、子女教育等问题。而家庭中发生的事情也往往会使员工在工作中分散精力、效率降低、缺勤等。

工作与家庭冲突产生的原因主要有两个：一是由于多重角色所带来的冲突；二是在工作和家庭两个情景下的情绪体验相互渗溢。目前社会中多为双职工家庭，大多数人至少都承担着工作和家庭两种角色，而这双重的角色往往造成时间上和精力上的相互争夺。情绪体验相互渗溢指的是在一种情景下积极的或消极的情绪体验会扩散到另一种情景中。研究表明，男性更容易将工作中的消极情绪渗溢到家庭中，而女性更容易将家庭中的不良情绪带到工作中。

过去的研究较多的是从消极的角度关注工作与家庭问题，事实上工作与家庭之间也可能存在积极的相互影响。近年来，一些学者开始关注工作与家庭相互促进或受益的方面。

Greenhaus 和 Powell（2006）最近提出了一个关于工作和家庭相互促进（work family enrichment）的理论。在他们的理论中，强调的是工作角色和家庭角色之间的积极影响。首先他们指出了两种角色中幸福感的累加作用，也就是一种角色中的满意或幸福感会累加到另一种角色中。其次，不同的角色对消极情绪又起到缓冲器的作用，例如家庭中的幸福会减少工作中的不愉快。Greenhaus 和 Powell 认为，工作和家庭角色的相互促进主要通过两种途径：工具性的途径和情感性的途径。工具性的途径主要是指一种角色中的资源和技能能够直接提升另外一种角色中的绩效。例如，一个人家庭成员中的某些社会关系可以帮助解决工作中的一些问题，从而提高工作绩效。情感性的途径主要指的是一种角色中的资源或技能产生了该角色中的积极的情感，而这种积极的情感又促进了另一种角色中的绩效和情感。

第二节　情绪与情感

一、情绪与情感的定义、重要性

1. 情绪与情感的定义

俗话说："人非草木，孰能无情。"情绪和情感是人们在工作和生活中普遍的心理过程。我国古代有"人有七情"的说法，所谓七情就是喜、怒、哀、乐、爱、恶、欲，就是人们最常见的七种情绪和情感反应。

关于情绪和情感的定义，目前还没有统一的说法。但是不同的定义通常都认为情绪和情感一方面是与外部的环境刺激联系在一起，另一方面是与个体的切身需要和主观态度联系在一起。情绪和情感包括几种基本的成分：内在的状态或体验、外显的表情、生理唤起。例如，格里格和津巴多（2003）认为，情绪是一种躯体和精神上的复杂的变化模式，包括生理唤醒、感觉、认知过程和行为反应，这些是对个人所知觉到的独特处境的反应。当你感觉到快乐时，生理唤醒可能是平缓的心跳；感觉是积极的；相关的认知过程包括那些使你将该情景界定为快乐的解释、记忆和预期；外显行为反应可能是表情上的（微笑）或动作上的（拥抱爱人）。Lahey（2001）认为，情绪是由刺激所引起的积极的或者消极的感受，同时伴随有生理唤起和相应的行为。彭聃龄（1990）认为，情绪和情感是人对客观事物的态度体验及相应的行为反应。它包括刺激情景及对其解释、主观体验、表情、神经过程及生理唤醒。孟昭兰（2005）人为，情绪是多成分组成、多维量结构、多水平整合，并为有机体生存适应和人际交往而同认知交互作用的心理活动过程和心理动机力量。

情绪和情感这两个概念有哪些区别和联系呢？情绪和情感既是在物种进化过程中发生的，又是人类社会历史发展的产物。无论情绪、情感或感情，指的是同一过程和同一现象，在不同的场合使用不同的词语时，所侧重的方面不同（孟昭兰，2005）。通常把区别于认识活动、有特定主观体验和外显表现，并同人的特定需要相联系的感性反应统称为感情（affect）。情绪（emotion）代表着感情性反应的过程。感情性反应作为心理活动的过程，用情绪这一术语来表示。情感（feeling）通常被用来描述社会性高级感情。一般认为，具有稳定而深刻的社会含义的感情性反应叫做情感，标示感情的内容。对祖国的热爱、对事业的酷爱、对美的欣赏、对人的羡慕和妒忌、羞愧和负罪感，这些都是情感。

2. 情绪与情感的重要性

情绪与情感在日常生活中起到重要的作用。多年以来，情绪和情感一直是心理学领域的重要研究课题。而在组织行为学领域，最近一些年才开始关注情绪这一主题（罗宾斯，2005）。

情绪在组织情景中的重要性至少体现在以下两方面。

① 在组织中，如何准确有效地理解和表达情绪对个人的绩效和组织的有效运作都非常重要。情绪智力（emotional intelligence）的概念近年来引起了比较多的关注，组织中的高成就个体往往都是那种具有比较高的情绪智力的人。有许多工作需要从事该项工作的人表现出某些符合期望的情绪和情感，也就是所谓的情绪劳动（emotional labor），例如那些与客户打交道的员工。如果员工能够在工作中有效地表达情绪情感，将会对组织的绩效很有帮助。情绪是人际沟通的工具，在组织中建立和谐、融洽的人际关系和组织氛围也需要有效地运用情绪。另外，管理中的各种决策行为也往往不是理性的，而是很大程度上受到情绪的影响和制约。

② 情绪是唤起心理活动和行为的动机。驱使人们去实现目标的是愿望和期待的情绪和激情。为实现任何目标的行动，都包含着人的认知、决策、感情和动机的整合。认知和情绪的相互作用，才使人的决策生动有力和付诸行动，使人们在必要时坚忍不拔和克服困难。情绪是心理活动的组织者。正性的情绪起到协调、组织的作用，负性的情绪起到破坏、瓦解或阻断的作用。正是因为这样的原因，很多管理行为都是通过唤起人们的情绪来达到管理的目标。例如，现在比较推崇的变革型领导行为就主张领导者通过唤起下属的情绪从而使下属做出超越基本工作期望的表现。

著名企业重视情绪和情感管理

正是由于情绪情感在组织管理中扮演了重要的角色，因此许多著名的企业都在这方面投入了较多的精力。

在西南航空公司中非常看重娱乐和幽默。在那里，娱乐和幽默被看做是工作中人际关系的润滑剂，并且可以减少工作中的压力和紧张感。虽然公司鼓励员工在工作中表达自己的幽默感，但是那些羞辱或者贬损他人的幽默或者滑稽表演在公司中是被绝对禁止的。

通用电气的情感管理重视的是培养大家庭感情的企业文化。在公司中上下直呼其名、无上下尊卑之分，人与人之间互相信赖、彼此尊重。许多经理人员都采用静默沉思的方法使紧张的情绪平静下来。他们认为坚持一段时间静默沉思之后，工作效率提高了，也不那么容易激动或发脾气了，能够更好地应对外界的压力。

在微软公司，如果说盖茨是微软的“大脑”，那么鲍尔默就是微软公司赖以起搏的“心脏”。身材魁伟、习惯咬指甲、大嗓门、工作狂的鲍尔默是天生激情派。他的管理秘诀就是激情管理。无论是在公共场合发言，还是平时的会谈，或者给员工讲话，他总要时不时把一只攥紧的拳头在另一只手上不停地击打，并总以一种高昂的语调爆破出来。鲍尔默的出现无疑为微软增添了更多的活力与激情。

二、情绪与情感的生理基础

1. 情绪的脑生理基础

从进化的观点看，情绪是在脑进化的低级阶段产生的，与那些调节和维持生命的神经部位相联系。情绪作为脑的功能，首先发生在神经系统进化上古老的部位，包括丘脑系统、脑干结构、边缘系统、皮下神经核团等这些整合机体生命过程的部位，都是整合情绪的中枢。随着人类的进化，大脑皮质，尤其是前额叶的发展对情绪和认知的整合起着重要的作用（孟昭兰，2005）。

心理学家的实验证明下丘脑与情绪具有密切的联系。下丘脑与中枢神经系统有着广泛密切的联系，也与植物性神经系统有着密切的关系。在动物实验中，用电极刺激下丘脑会产生快乐的情绪反应，因此认为下丘脑中存在快乐中枢（彭聃龄，1990）。

边缘系统中的杏仁核也是与情绪关系密切的一个脑生理结构。与以杏仁核为核心的神经环路联系的自主神经系统调节的内脏系统、内分泌系统都参与情绪的发生、维持和变化。杏仁核通过一种复杂的加工过程评价刺激。在这个加工过程中，不应仅仅将杏仁核理解为一个情绪的中心点，而是把它理解为一种构成情绪的网络性组合连接的组织。杏仁核的操作好像是一个情绪的“计算机系统”，有着复杂的传递通道，整合着内导外导信息。从解剖上说，刺激输入是从感觉系统到杏仁核；输出是从杏仁核上行到脑的高级部位和下行到运动系统，在网络内进行情绪加工。

新的研究更加确定了杏仁核是情绪的重要机制。LeDoux（2000）提出了一个双环路理论，描述了感觉刺激向杏仁核传递的另一条路经。这条路径显示：感觉刺激输入到丘脑，一条路径直接到达杏仁核而不必首先传递到新皮质。丘脑—杏仁核投射是一条“捷径”，丘脑—皮层—杏仁核投射是一条“大路”，或称绕行路。双通道的作用在于：捷径通道保证更快地检测来自环境的威胁刺激。然而捷径对信息的评价是初步的，只有双通道结合提供的信息才具有整合意义。按照这个理论，情绪环路路径是：情绪刺激从感官经感觉丘脑皮层携带信息首先到到杏仁核并立即触发先天性粗略的情绪。同时刺激从感官经感觉丘脑皮层到达前额叶等高级区域对信息进行加工，并向下传递到杏仁核产生精细的情绪以及对刺激事件的意识。

大脑皮层的高度分化为情绪的分化提供了可能。由皮层运动区支配的躯体骨骼肌运动，尤其是面部肌肉的运动，是人类具有多种精细分化的情绪的直接机制。面部肌肉的运动构成表情模式，是由于从皮层运动区发出的神经冲动与整合先天情绪模式的杏仁核神经环路之间存在着联系，皮层向皮下传送的冲动及其反馈是整合表情和感情体验的完整机制。由此可见，神经系统的各级水平几乎都参与情绪的发生和变化中。每一次情绪的发生都是多级神经生理整合活动的结果（LeDoux，2000）。

2. 情绪的生理反应

生理反应是情绪过程的重要构成成分。情绪过程所伴随的生理反应包括呼吸系统、血液循环系统、皮肤电和脑电反应以及内分泌系统的变化。

情绪对呼吸系统的影响主要表现在呼吸的频率、深浅、快慢和均匀程度都会随着情

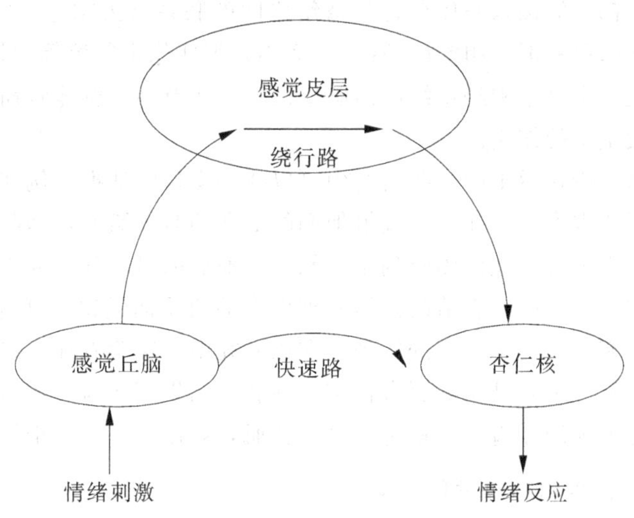

图 6-2 杏仁核的情绪双通道图

绪的变化而变化。情绪状态也会对心血管系统产生一系列变化，例如心率加快、血管收缩和舒张、血压和血糖升高等。脑电波会随着情绪的变化而呈现出不同的波形。皮肤电反应的变化主要是由于情绪活动的影响下交感神经系统的变化使得皮肤电阻发生变化。在不同的情绪状态下，内分泌系统分泌的激素会受到影响。例如，在紧张、焦虑和愤怒等情绪下，会增强肾上腺的活动，分泌更多的肾上腺素。

三、几种代表性的情绪理论

有代表性的情绪理论主要包括三种：詹姆斯—兰格的躯体反应理论、坎农—巴德的中枢神经过程理论和认知评价理论。

1. 詹姆斯—兰格的躯体反应理论

也许你会认为人们是由于首先有了某种情绪然后才产生行为反应的。例如，你首先感到很气愤（情绪）才会去拍桌子（行为反应）。但是，100 多年前，著名的心理学家威廉·詹姆斯（W. James）却提出了相反的看法，他认为我们是首先有了躯体反应，然后才感受到某种情绪的。按照詹姆斯的理论观点，我们是因为哭泣而感到难过的，是因为大笑而感到快乐的，我们因为动手打所以生气，因为发抖所以害怕。情绪只是对于身体状态的一种感觉，它的原因纯粹是身体的。

与詹姆斯同期的一位丹麦心理学家卡尔·兰格（K. Lange）也提出了同样的观点。因此，这类情绪理论就被称为詹姆斯—兰格理论。根据这一理论，体验到一个刺激引起的自动唤醒和其他躯体行动后，才会产生特定的情绪。詹姆斯—兰格理论强调了外周神经系统的作用，把情绪链中最重要的角色赋给了内脏反应，而控制它的自主神经系统的反应是中枢神经系统的外周。因此，这种理论也被称为情绪的外周学说。

尽管这一理论遭到质疑，但是流传至今，被看做第一个真正的情绪理论。詹姆斯首先提出了情绪的发生与身体的变化相联系的论点。这是构建情绪理论的重要组成部分，迄今任何情绪理论都不能抹杀身体变化与情绪之间的联系（孟昭兰，2005）。詹姆斯指出，他的理论是指那些所谓“粗糙的情绪”，而不是那些像审美感等“精细的情绪”。詹姆斯的理论不只注意了自主神经系统的内脏反馈，也注意到了躯体骨骼肌肉系统引起的表情活动在情绪发生中的作用。

詹姆斯—兰格理论在后来的一些研究中可以找到支持的证据。例如，在莱尔德所做的研究中，实验者要求大学生在电极接触他们的面孔的时候皱眉，即收缩肌肉、紧皱眉头，结果这些大学生报告说他们体验到了愤怒。在他们的另一项研究中，当人们在观看卡通片时，那些被诱发出微笑表情的人体验到更多的快乐而觉得卡通片更有趣。Strack等人（1988）的研究也得到了类似的发现。在该研究中，实验者让一组被试用牙齿咬住钢笔观看卡通片，另一组被试用嘴唇含住钢笔观看，结果用牙齿咬住钢笔的一组觉得卡通片更有趣，这是因为用牙齿咬住钢笔会牵动笑肌，而用嘴唇含住钢笔则不会。

2. 坎农—巴德的中枢神经过程理论

生理学家沃尔特·坎农（Walter Cannon）反对外周主义而支持中枢主义。在20世纪二三十年代，坎农和其他一些批评者指出了詹姆斯—兰格理论的一系列不足。例如，他们提到，内脏反应与情绪无关——即使通过手术切断内脏同中枢神经系统的联系，实验动物仍然会继续存在情绪反应。坎农着力于脑的研究，发现将猫的大脑皮质切除后，并不影响动物表现出情绪行为的能力。切除了丘脑以上的全部两半球，动物仍然表现出了愤怒。根据实验结果，坎农认为，感受器接受的信息通过丘脑部位时，冲动一方面上行传导到大脑皮层，另一方面下行激活自主神经系统。皮层兴奋下行时，解除了丘脑的抑制状态，释放了丘脑的兴奋。而丘脑兴奋上行到皮层时，皮层感觉与丘脑兴奋的结合，专门性质的情绪体验就附加到简单的感觉上，才是情绪体验产生的机制。由于丘脑是该理论中最重要的生理结构，因此这种理论也被称为情绪的丘脑学说。

反对詹姆斯—兰格理论的学者还辩论说，自主神经系统的反应显然太慢了，不足以成为引发情绪的源头。按照坎农的观点，情绪反应要求大脑在输入刺激和输出反应中起作用。来自丘脑的信号到达皮层某一位置，产生情绪感觉，到达另一位置而引起情感的表达。另一位生理学家菲利普·巴德，也得出同样的结论。一个情绪唤起的刺激同时产生两种效应通过交感神经系统导致了躯体上的唤起，并通过皮层得到情绪的主观感受。该理论说明情绪刺激产生的两种同时反应——生理唤醒和情绪体验，它们之间没有因果关系。如果某事令你生气，在你心跳加快的同时，你心里想“太可气了！”既不是你的躯体导致了精神上的反应，也不是你的精神导致了躯体上的反应。坎农—巴德理论预测了躯体和心理反应的独立性。

3. 情绪的认知评价理论

阿诺德在20世纪60年代提出了情绪的认知评价理论，认为情绪产生于评价过程，情绪体验是有机体对刺激事件的意义被知觉后产生的，而刺激事件的意义来自评价。她举例说，在森林里遇到一只熊，会产生极大的惊恐，而在动物园里看到熊时，不但不产生恐惧，反而产生兴奋和惊奇。这种情绪反应的区别来自对情景的知觉—评价过程。阿诺德把情绪的产生与高级认知活动联系起来，认为情绪产生于大脑皮层与皮层下部位的相互作用。阿诺德描述了情绪产生的神经学路径，包括大脑皮层高级中枢、丘脑系统和自主神经系统联结网，认为情绪性刺激在皮层上产生对事件的评估，只要事件被评估为对有机体具有足够重要的意义，皮层兴奋即下行激活丘脑系统，丘脑系统改变自主神经系统的活动而激起身体器官和运动系统的变化。此后，自主神经系统的活动上行再次通过丘脑而达到皮层，并与皮层的最初评价相结合，转化为情绪体验。

阿诺德理论的发展主要包括两类理论。以沙赫特为代表的认知—激活理论，研究生理激活变量与认知的关系。以拉扎勒斯为代表的纯认知理论，从环境、认知和行为方面阐述认知对情绪的影响。

斯坦利·沙赫特的理论认为，情绪的体验是一种生理唤醒和认知评价相结合的状态，两者对于情绪的发生同等重要。所有的唤醒都被假定为一般的、没有差别的，而且唤醒是情绪序列的第一步。你对你的生理唤醒进行评价，来努力决定你的感觉是什么，哪个情绪标签最为合适。

拉扎勒斯（Lazarus，1984，1991）是另一位认知评价观点的倡导者，认为情绪体验不能被简单理解为在个人或大脑中发生了什么，而要考虑和评估环境的交互作用。拉扎勒斯强调评价通常是在无意识状态下发生的。拉扎勒斯认为：情绪的发展来自环境信息；情绪依赖于短时的或持续的评价；情绪是一种生理、心理反应的组织。

一些学者提出了对认知评价理论的挑战。对于某些情绪体验的解释是不需要认知评价的。体验到强烈的、没有明显原因的唤醒不会带来中性的、没有差异的状态。例如，你的心跳突然加速，呼吸变快变浅，手心出汗，你会对这些症状做何解释呢？人们通常会把那些无法解释的生理唤醒看做是消极的、要出问题的信号。Zajonc（1980）的研究表明人们的某些情绪反应是在无意识中产生的。在一系列关于轻微曝光效应的研究中，给被试者呈现各种刺激，例如外文单词、数字、奇怪的面孔等，它们都被飞快地呈现，因此无法被意识到。那些被呈现次数最多的图片，受到喜欢的程度最强，然而这些增加的喜欢程度与意识毫不相关。也有学者认为，认知评价是一种重要的但不是唯一的情绪体验过程（Izard，1993）。在某些情况下，个体会进行认知评价，试图解释为什么会有这种感受。而在有的情况下，你的情绪体验不需要任何解释。

三种情绪理论所描述的情绪活动机制可以用图6-3表示。

四、情绪情感管理

情绪与情感管理可能包括很多方面，在下面的内容中仅介绍近年来在组织中的情绪情感管理方面受到较多关注的两个课题：情绪性工作和情绪智力。

1. 情绪性工作

情绪性工作的概念最早是由社会学家Hochschild提出来的。情绪性工作概念的提出是与服务经济的兴起密不可分的。20世纪七八十年代，西方国家的服务型经济迅速发展。在服务型的工作中，员工表达自我的情绪和控制自我的情绪成为其工作内容的一部分。当员工需要在工作中按照组织的要求来管理自己的情绪时，他们所从事的工作就是情绪性工作。Hochschild将情绪划分为个人内心中体验到的情绪和公众场合中表现

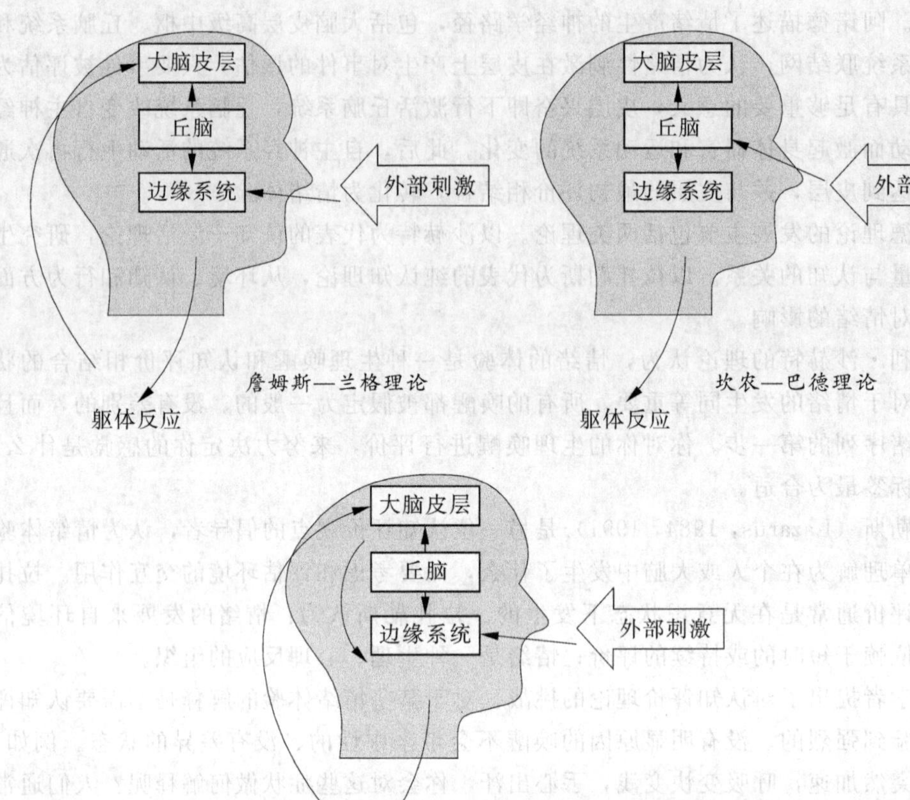

图 6-3　三种情绪理论机制

出来的可以观察到的情绪。从事情绪性工作的人就是要通过管理自己的情绪从而在公众面前表现出符合某种特定期望的情绪。例如，航空公司的乘务员所从事的工作就是典型的情绪性工作，在他们与乘客接触的服务过程中，除了有体力和认知方面的付出之外，还需要付出情绪方面的努力才能有效地完成工作。Morris 等人（1996）认为，情绪的产生很大程度上决定于社会环境，他们认为情绪性工作是个体在人际交往的过程中，努力使自己表现出符合组织要求的情绪行为。后来的研究者将情绪工作的范围扩大到既包括与外部客户交往，也包括与内部客户交往。

早期的研究者主要强调的是情绪的外部表现行为，后来的研究者也开始注意到情绪的内在感受。Glomb 等人（2004）提出了情绪工作的两个维度：一个维度是表现维度，也就是情绪表现得恰当与否；另一个维度是感受维度，指的是情绪的表现与内部感受是否相一致。如果在某个情景下要求表现出积极的情绪，那么就可能出现三种情况：感受到积极的情绪体验同时也表现出积极的情绪，也就是说情绪是一种真实的表现；没有感受到积极的情绪，但是表现出来，这是一种假装表现；感受到负面的情绪但是没有表现出来，也就是压抑表现。从事情绪性工作的人常常需要假装表现或者压抑表现，这需要个体在情绪方面付出较大的努力。因此，如果个体长时间处于高强度的情绪性工作状态，会伴随有较多的心理能量的付出，容易感受到工作压力，甚至产生工作倦怠。对于从事情绪性工作的员工加强压力管理方面的帮助以及提高心理健康方面的辅导是非常必要的。

2. 情绪智力

最初对情绪智力开展研究并发展出系统的理论的是两位心理学家 Salovey 和 Mayer。他们在 20 世纪八九十年代开展了大量的有关情绪智力的学术研究。他们最初对情绪智力的定义是：审视自我和他人的情绪和情感的能力；识别情绪并运用情绪信息指导思维和行动的能力。他们将情绪智力作为社会智力的一个子系统。而真正使情绪智力或者情商（EQ）这个概念家喻户晓的是记者出身的心理学家丹尼尔·戈尔曼所写的两本畅销书。戈尔曼的书中引用了 Salovey 和 Mayer 的研究，并进一步将情绪智力定义为：觉察自己和他人的感受、进行自我激励、有效地管理自己以及与他人关系中的情绪的能力。戈尔曼提出了情绪智力的五个主要的维度。

① 自我意识。个体对自身情绪状态的意识，例如当某人在发火时他能够意识到自己这种生气的情绪状态，知道自己需要先冷静下来。

② 自我控制。个体控制自己的情绪使之适应环境的能力，特别是控制住有可能对工作造成不利影响的情绪，例如心情不好的时候能够控制住自己不向客户表达负面情绪。

③ 自我激励。克服消极情绪，以积极的情绪坚持实现理想中的目标，例如在工作中遇到挫折的时候，依然情绪饱满地完成工作目标。

④ 通情能力。个体正确感知他人的情绪情感的能力，例如能够觉察出领导的情绪状态、打算换个时间再和他讨论。

⑤ 社会技能。个体有效地对他人施加影响或建立持久关系的能力，例如影响或说服他人接受某个建议。

情绪智力的作用在管理实践中常常可以找到一些支持的证据。例如，在 AT&T 的贝尔实验室的科学家和工程师中，那些优秀员工与一般员工比起来，学术上的天赋或者智商的差别都不很明显，而真正有差别的是优秀员工更善于运用诸如社交技能这样的情绪智力。许多员工并不乏专业技术方面的能力，但是不能得到提升，主要的原因也是情绪智力方面的，例如不善于建立良好的工作关系、太有野心、与领导的关系糟糕等。而对于领导者来说，专业技术水平也不像人际技能这样重要。因此，在人员选拔与开发方面，情绪智力得到了越来越多的重视。

本章小结

工作压力是由于工作特征和个体特征交互作用的影响从而使个体正常的生理和/或心理功能得到改变。工作压力往往会给个人和组织带来严重的影响。工作压力可能会对个体的身心造成负性的症状，即工作倦怠，表现为情感耗竭、人格解体和个人成就感降低。产生工作压力的因素主要包括工作条件、角色、人际关系、职业发展、组织系统以及家庭压力和工作压力交互作用的影响，这些因素可以归为环境因素、组织因素和个体因素。应对压力的两大类策略是预防策略和抗争策略。个体和组织都有许多管理压力的具体方法。

情绪情感是在外部环境刺激下个体产生的态度体验及相应的行为反应，包括内在的状态或体验、外显的表情和生理唤起。情绪的产生与丘脑、边缘系统、大脑皮层等多个脑生理结构有关，并且引起多种生理反应。有代表性的情绪理论主要包括三种：詹姆斯—兰格的躯体反应理论、坎农—巴德的中枢神经过程理论和认知评价理论。情绪性工作和情绪智力是情绪情感管理在组织情景中较受关注的课题。

复习思考题

1. 怎样理解压力的概念？什么是工作压力？
2. 工作压力会给个人和组织带来怎样的影响？
3. 什么是工作倦怠？工作倦怠是怎样产生的？
4. 产生工作压力的因素主要有哪些？
5. 什么是应对压力的预防策略和抗争策略？
6. 个体和组织分别有哪些管理压力的方法？
7. 怎样理解情绪和情感的概念？
8. 情绪情感在管理中有何作用？
9. 情绪与哪些脑生理结构有关系？
10. 比较和评价主要的情绪理论。
11. 什么是情绪性工作？
12. 如何理解情绪智力的概念？

本章案例

天慧公司超负荷的员工

作为一家面临着激烈的市场竞争的IT企业，天慧公司和许多其他公司一样，也常常期望它的员工为公司做更多的工作。员工们常常要加班到很晚，甚至通宵达旦，在星期日和节假日也不例外。小王加入这家公司快八个月了，他说："我几乎从来没有按时下班过，七八点钟下班就算早的了，天天在公司吃盒饭，家里都不用开火了，有两次甚至直接睡在公司的沙发上了。"提到加班工作，员工们可以理解公司所处的行业竞争激烈，但是令他们感到吃惊的是这种加班工作几乎成了永久性的了。在天慧公司所处的行业中，近年来公司之间的并购也成为一个潮流。目前，他们正在与另外一家公司进行并购，在这个过程中，许多部门的工作负担都大大加重了，甚至要完成数倍于原来的工作量。

天慧公司的员工们并不是唯一体验到越来越高的工作压力的人们。许多公司面临着在竞争中被挤垮的危险，许多公司通过裁员的方式来应对压力、减少成本或者仅仅为了能够生存下去。天慧公司也进行过这样的裁员。通常，那些裁员后保留下来的员工需要承担更多的工作任务，公司期望他们肩负起振兴公司的重任。员工人数减少了，但是他们需要完成以前更多数量的员工能够完成的工作量，维持同样的甚至达到更高的生产力水平。这些裁员的幸存者们心中也常常忐忑不安，因为不知哪一天，公司又要进行新一轮的裁员，到那时自己是否还能幸免就成了一个未知数。不管怎样，这意味着员工需要在每天或每周工作更长的时间。在天慧公司，当你在周末或者节假日走进公司的话，你很难想到这是节假日，因为有那么多人正在公司中忙碌。

在这种超负荷的工作状态下，往往意味着某些工作的完成质量受损、很多被认为不太重要的工作被忽视、每天工作更长的时间、将工作带回家里完成、在双休日和节假日工作。很显然，这种增加的工作时间意味着员工花在其他事情上的时间减少，例如享受家庭生活的时间、娱乐休闲的时间、从事业余爱好的时间。持续增加的工作负担和减少的休闲时间导致了工作压力水平不断上升、更低的生产力和服务质量以及个人幸福感的降低。天慧公司的许多员工就在抱怨自己每天所做的就是在上班的路上以及在上班，许多人由于没有时间和家人在一起而影响家庭关系，现在公司里还有许多大龄的单身贵族没有时间考虑自己的个人问题。

天慧公司也在想办法回报员工所付出的超负荷的努力。例如，公司正在设法为员工提供更多的加班补助，让员工感到自己为公司作更多的贡献是能够得到经济上的回馈的。公司也正打算引入员工帮助计划，通过提供心理咨询等方式帮助员工应对工作压力。

案例思考题

1. 导致天慧公司员工工作压力的因素有哪些？
2. 天慧公司的员工由于工作压力产生了哪些后果？
3. 公司应该采取哪些措施解决员工的工作压力问题？

参考文献

1. BEEHR T A, NEWMAN J E. Job stress, employee health, and organizational effectiveness: A facet analysis, model and literature review [J]. Personnel Psychology, 1978, 31: pp. 655～699.

2. BILLINGS A G, MOOS R H. The role of coping responses and social resources in attenuating the stress of life events [J]. Journal of Behavioral Medicine, 1981, 4: pp. 139～157.

3. COOPER C. Identifying stressors at work: Recent research development [J]. Journal of Psychosomatic Research, 1983, 27: pp. 369～376.

4. GLOMB T M, TEWS M J. Emotional labor: A conceptualization and scale development [J]. Journal of Vocational Behavior, 2004, 64: pp. 1～23.

5. GREENHAUS J H, POWELL G N. When work and family are allies: A theory of work family enrichment [J]. Academy of Management Review, 2006, 31: pp. 72～92.

6. IZARD C E. Four systems for emotion activation: Cognitive and noncognitive processes [J]. Psychological Review, 1993, 100: pp. 68～90.

7. LAHEY B B. Psychology: An introduction [M]. 7th ed. McGraw-Hill, 2001.

8. LAZARUS R S. On the primacy of cognition [J]. American Psychologist, 1984, 39: pp. 124～129.

9. LAZARUS R S. Cognition and motivation in emotion [J]. American Psychologist, 1991, 46: pp. 352～367.

10. LEDOUX J. Emotional networks in the brain [M]. Lewis M, Haviland J. Handbook of Emotions. 2nd. The Guilford Press, 2000.

11. MORRIS J A, FELDMAN D C. The dimensions, antecedents and consequences of emotional labor [J]. Academy of Management Review, 1996, 21: pp. 966～1010.

12. MASLACH C, JACKSON S E. The measurement of experienced burnout [J]. Journal of Occupational Behavior, 1981, 2: pp. 99～113.

13. MATHENY K B, AYCOCK D W, PUGH J L, et al. Stress coping: A qualitative and quantitative synthesis with implications for treatment [J]. Counseling Psychologist, 1986, 14: pp. 499～549.

14. SANTROCK J W. Psychology [M]. 6th ed. McGraw-Hill, 2000.

15. ZAJONC R B. Feeling and thinking: Preferences need no inference [J]. American Psychologists, 1980, 35: pp. 151～175.

16. [美] 戈尔曼．情感智商 [M]. 耿文秀，查波译．上海：上海科学技术出版社，1997.

17. [美] 戈尔曼．EQ-II: 工作 EQ [M]. 耿文秀，查波译．上海：上海科学技术出版社，2000.

18. [美] 格里格，津巴多．心理学与生活．王垒等译．北京：人民邮电出版社，2003.

19. [美] 赖斯 P L. 压力与健康．石林等译．北京：中国轻工业出版社，2000.

20. [美] 鲁森斯．组织行为学 [M]. 王垒等译．9 版．北京：人民邮电出版社，2003.

21. [美] 罗宾斯．组织行为学 [M]. 孙健敏，李原译．10 版．北京：人民大学出版社，2005.

22. [美] 纳尔逊，奎克．组织行为学：基础、现实与挑战 [M]. 桑强等译．北京：中信出版社，2004.

23. 孟昭兰．情绪心理学 [M]. 北京：北京大学出版社，2005.

24. 彭聃龄．普通心理学 [M]. 北京：北京师范大学出版社，1990.

工作激励

学习目标

1. 掌握四种激励理论的分类和不同特点。
2. 分别掌握四种内容型激励理论（马斯洛的需要层次论、赫茨伯格的双因素理论、奥尔德佛的ERG理论以及麦克利兰的激励需要理论）的主要观点和实践方法。
3. 分别掌握三种过程型激励理论（佛隆和劳勒的期望模式、亚当斯的公平理论、洛克的目标设置理论）的主要观点和实践方法。
4. 掌握强化理论的主要观点和实践方法。
5. 掌握综合型激励理论（波特和劳勒的综合激励模式）的主要观点和对实践的意义。
6. 领会和掌握激励的六个一般原则。

作为一个组织的管理者，必须懂得如何采取有效的方法让员工能够积极地、有创造性地、全心全意地为组织工作。要做到这一点，管理者就必须了解工作激励的相关理论、方法和技巧。在组织行为学中，工作激励是一个非常重要的领域，前人研究的理论概括起来主要包括四大类：内容型激励理论、过程型激励理论、强化激励理论和综合型激励理论。关于这些理论，国内外研究者在其著作中都进行了不同程度的介绍（杨锡山等，1986；徐联仓，1994；徐联仓和陈龙，1994；王重鸣，2000；卢盛忠、余凯成等，1993；陈国权，2000；张德、陈国权，2000；罗宾斯，2005；Moorhead，1998；德利，1998)，本章基于这些材料归纳整理形成。我们在下面各节中分别论述这四种理论，最后要提出在管理实践过程中如何进行激励的具体原则和方法。

第一节　内容型激励理论

内容型激励理论关注的基本问题是：要懂得如何激励人，首先必须了解人的需要是什么。因为，只有那些人们内心深处真正的需要（最好是还没有被满足）才会激发人们去行动。需要是人们行为的动因。内容型激励理论主要研究的就是人到底具有哪些各种不同的需要，所以这种理论也被称为需要理论。其中主要包括：马斯洛的需要层次论、赫茨伯格的双因素理论、奥尔德佛的ERG理论以及麦克利兰的激励需要理论。

一、马斯洛的需要层次论

心理学家马斯洛于1943年在其《人类动机理论》（*A Theory of Human Motiva-*

tion）一文中首先提出了这一影响深远、为当今世人熟悉的理论。马斯洛认为，人生来就渴望满足一系列的需要，其特点为：①人类有五种基本的需要（生理、安全、归属、尊重、自我实现）。不管是属于哪个国家、地区、文化和种族，人的这些基本需要是一样的。②这些需要是有层次区别的，是由低级向高级发展的。最低级的需要是生理需要，最高级的需要是自我实现需要。因此，人类的需要是不断随着低层次需要的满足而逐步向高层次需要发展的。只有在先满足低层需要的前提下，高层需要才会变得重要。而低层次的需要得到满足后，就不再有激励作用。需要总是逐层得到满足，直到最后自我实现需要变成主要的激励因素（见图 7-1）。

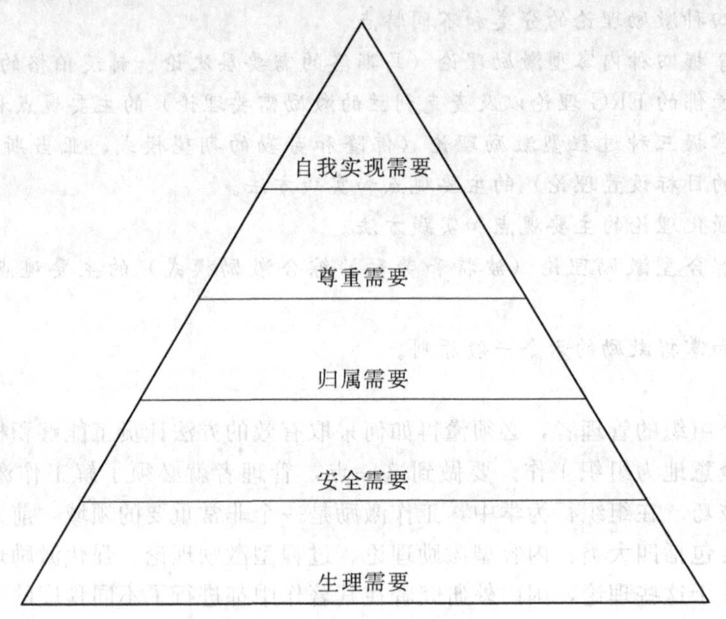

图 7-1　马斯洛的需要层次论

下面介绍这五种基本需要的内涵以及在实际管理工作中满足它们的措施。

生理需要是人类维护自身生存最基本的、各种非习得的原始需要，它包括各种衣、食、住、行等方面的需要。在实际的管理工作中，维持基本生活所需的工资待遇、维持生命健康的工作环境（如适当的温度、良好的通风设备、无毒车间等）、适当的休息时间保障、正常的家庭和个人生活等，都是用来满足这一最基本需要的方法。

安全需要是人类要求保障自身安全、避免失业和丧失财产等威胁的需要。在管理工作中，安全需要可以通过工作合同书、长期雇佣、足够的医疗和意外保险以及良好的退休福利制度等方法来满足。

归属需要是人类对从属于某个群体或组织、与人交往、被人接纳、获得情感（如关心、友爱、爱情）等方面的需要。人是社会性的生物，当生理和安全的需要相对满足后，这类需要就突出起来。这种需要比生理、安全的需要更加细致，更加难于捉摸，它和一个人的性格、经历、教育、国籍以及宗教信仰等都有关系。管理者满足员工归属需要的措施有：建立组织和员工之间的共同利益机制（如给员工股权、期权）、鼓励和保障员工在组织之外的家庭和个人生活、鼓励在组织建立各种非正式群体、开展各种非正式的社交活动以加强员工之间的相互交往、让员工加入各种团队以培养其对团队和组织的意识和认同感（group identity）、组织开展各种有意义的活动增进员工之间的感情以及对组织的感情等。

尊重需要是指受人尊重以及自尊的需要。人们不仅需要加入一个群体，而且还需要受到群体成员的尊重和承认，并在其中享有较高的地位。这类心理需要可以通过设置各种工作头衔和职位、鼓励员工参与、听取员工意见、给有贡献的员工物质和精神奖励以及其他尊重员工个人特点的形式来满足。

自我实现是马斯洛理论中最高层次的需要，它是指人总是希望能最大限度地发挥自身的潜能，达到自己内心真正向往的目标和境界。马斯洛在其著作中描述了自我实现人的特征："能更有效地意识到现实，认识自己和认识别人，自发性，集中处理问题，独立性，自主性，不断有新鲜的鉴赏感觉，有不受束缚的想象力，对社会有兴趣，与有同样自我实现需要的人有深厚友谊，民主的性格，能辨别目的和手段，幽默感，创造性，有反潮流的精神"（马斯洛，1943；杨锡山等，1986）。这类需要实际上是不容易满足的。在实际的管理工作中，要想尽各种办法使员工有充分发挥其潜能和满足内心真实愿望的机会（如让其做自己感兴趣的工作、承担挑战性的目标和任务、员工参与决策、实行提案制度、支持员工任何好的设想），以尽量满足他们这方面的需要。

应用马斯洛的需要层次论对员工进行激励的一个重要前提，就是要了解员工的需要到底是什么。在不同国家、不同时期以及不同企业中的员工，他们的需要不仅是不同的，而且是动态变化的。因此，管理者应该经常性地用各种方式进行调查，弄清员工哪些需要还没有得到满足，然后有针对性地进行激励（见表7-1）。

马斯洛的需要层次论是组织行为学中激励理论的基石，得到了广泛的流传。他所提出的人类需要层次性的观点反映了社会的现实，所提出的人类需要自低级到高级逐步满足的次序也大体上符合人的本性。当然国外对其观点也有一些争论，主要是围绕几个问题：某一层次的需要得到一定满足后，是不是一定会削减这种需要？是不是只有低级需要得到满足之后才会有高级需要？大约在原始论文发表十年以后，他曾试图修改某些观点。譬如，他认为人某方面的需要得到一定满足后，往往是增加而不是削减了这种需要；又认为高层次需要也可能在低层次需要被长期剥夺或压抑后出现，代替了过去所主张的只有低级需要得到满足之后才会有高级需要的看法。当然，他对自己原有的一些见解也感到难以确定，指出人类行为是由多方面因素来决定和激发的，是非常复杂的。显然，即使对人人皆知的需要层次理论，还存在不断研究和实践的空间。

二、奥尔德佛的ERG理论

ERG理论是奥尔德佛（P. Alderfer）在20世纪70年代提出的，它认为人有三种基本需要。

表 7-1　需要层次与管理对策

需要的层次	激励（追求的目标）	管理策略
(1) 生理的需要	工资 健康的工作环境 各种福利	待遇奖金 保健医疗设备 工作时间 住房福利设施
(2) 安全的需要	职业保障 意外事故的防止	雇佣保证 退休金制度 意外保险制度
(3) 归属	友谊（良好的人际关系） 团体的接纳 与组织的认同感	协谈制度 利润分配制度 团体活动计划 互助金制度 教育培训制度
(4) 尊重的需要	地位、名誉 权力、责任 与他人工资之相对高低	人事考核制度 晋升制度 表彰制度 选拔进修制度 委员会参与制度
(5) 自我实现的需要	能发展个体特长的组织环境 具有挑战性的工作	决策参与制度 提案制度 研究发展计划

资料来源：徐联仓，陈龙．组织行为学［M］．北京：中央广播电视大学出版社，1994．

① 生存（existence）需要。这是指人全部的生理需要和物质需要，如衣、食、住、行等各个方面。组织中的报酬、工作环境和工作条件等，都和这种需要有关。这一类需要大体和马斯洛需要层次中的全部生理需要和部分安全需要相对应。

② 关系（relatedness）需要。这是指在工作环境中对人与人之间的相互关系和交往的需要。这与马斯洛需要层次中的部分安全需要、全部归属需要和部分尊重需要相对应。

③ 成长（growth）需要。这是人要求得到提高和发展的更高层次的需要。成长需要的满足要求充分发挥个人的潜能，有所作为和成就，并不断地创新和向前发展。这一类需要可与马斯洛需要层次中部分尊重需要和全部自我实现需要相对应。

ERG 理论有以下几个重要的观点：

① 在同一层次上，少量需要满足后，会产生更强烈的需要。譬如，不少人赚了一些钱后想赚更多的钱，刚当了基层领导后希望今后能提升到更高的位置。

② 较低层次需要满足得越充分，对较高层次的需要越强。这一点和马斯洛的观点一致。譬如，人们解决了生存条件（基本温饱），就会考虑发展问题（学习深造）。

③ 较高层次需要满足得越少，低层次需要则更加强烈。譬如，一个人如果在未来发展方面感到没有希望，也许会退而求其次——好好把握现在，先满足生存和关系上的需要再说。

ERG 理论是对马斯洛需要层次观点的有力补充，主要表现在：

① 马斯洛的需要层次论是基于满足—前进的逻辑，认为人较低层次需要相对满足后，会向更高层次需要前进。而 ERG 理论不仅是满足—前进，还包括受挫—倒退。即较高层次需要得不到满足时，会转向追求低层次需要。

② ERG 理论不认为激发高层次需要一定要先满足低层次需要。人由于其个性、生活经历以及所受教育的影响，可能会使其对高层次需要有特别的欲望。

③ ERG 不认为剥夺是激发需要的唯一手段。个人成长需要相对满足后，可能会更增强其强烈的程度。

④ 按照马斯洛的需要层次论，在某一时期，人的五种需要中会有一种需要表现出主导优势。而 ERG 理论则认为，一个人可同时拥有几个需要，而且不一定表现出强度上的多大差别。

一般认为，ERG 理论很好地补充了马斯洛需要层次论的不足，更全面地反映了社会现实，是需要理论上的很大进步。

三、赫茨伯格的双因素理论

1. 双因素理论的基本概念

双因素理论是由美国心理学家赫茨伯格（Frederick Herzberg）发展起来的。他在 20 世纪 50 年代采用关键事件法，对美国匹兹堡地区的 11 个工商业机构的 200 多个工程师和会计师进行了调查，主要是问他们在什么时候、什么情况下对工作特别满意或特别不满意以及产生的原因。根据调查结果，他发现这些被访者对工作不满意的因素，大都与外部的工作环境有关，如企业政策与行政管理、监督、与主管的关系、工作条件等。而使他们感到满意的因素，一般是由工作本身产生的，如工作本身的兴趣和挑战性、工作上的成就感等。由此，赫茨伯格提出，存在着两种不同类型的激发因素。一类是能促使人们产生工作满意感的因素，称为激励因素（motivating factor）；另一类是促使人们产生不满的因素，称为保健因素（hygiene factor）。激励因素系指和工作内容紧紧联系在一起的因素。这类因素的改善，往往能给员工以很大程度的激励，产生工作的满意感，有助于充分、有效、持久地调动员工的积极性。保健因数系指和工作环境或条件相关的因素，这些因素处理不当，或者说这类需要得不到基本的满足，会导致员工的不满，甚至严重挫伤其积极性；反之，满足这些需要则只能防止员工产生不满情绪，而不会产生满意。这就是双因素理论（2-factor theory）。这两类不同因素的具体内容，如表 7-2 所示。

赫茨伯格认为以前的满意—不满意观念（即认为满意的对立面是不满意）是不确切的，满意的对立面应该是没有满意（而不是不满意），不满意的对立面应该是没有不满意（而不是满意）。可用图 7-2 来表示。也就是说，有了激励因素，就会产生满意；而没有激励因素，则没有满意，也没有不满意。有了保健因素，不会产生不满意，但没有满意；而没有保健因素，则会产生不满意。

表 7-2 激励和保健因素

保健因素（外在因素）	激励因素（内在因素）
● 公司（企业）的政策与行政管理	● 工作上的成就感
● 技术监督系统	● 工作中得到认可和赞赏
● 与上级主管之间的人事关系	● 工作本身的挑战意味和兴趣
● 与同级之间的人事关系	● 工作职务上的责任感
● 与下级之间的人事关系	● 工作的发展前途
● 工作环境或条件	● 个人成长、晋升的机会
● 薪金	
● 个人的生活	
● 职务、地位	
● 工作的安全感	

资料来源：(1) 杨锡山等. 西方组织行为学［M］. 北京：中国展望出版社，1986.
(2) Herzberg F, Mausner B, Snyderman B. The Motivation to Work［M］. 2nd. Wiley, 1959.

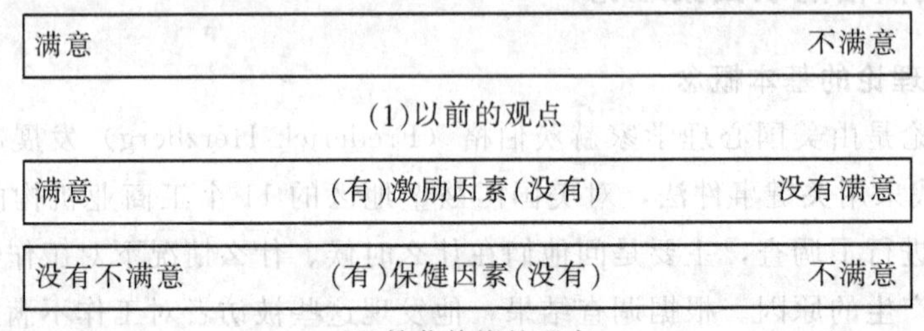

图 7-2 赫兹伯格的双因素理论

资料来源：杨锡山等. 西方组织行为学［M］. 北京：中国展望出版社，1986.

赫茨伯格的双因素理论和马斯洛的需要层次论既有联系，又有区别。需要层次论针对的是人类的需要和动机；而双因素理论则是针对满足这些需要的目标或诱因。双因素理论中的保健因素相当于需要层次论中的低层次需要，这些需要的满足仅能消除不满，但不能导致满足。就是说，它们只能维持工作激励在零状态，是防止产生不满的前提，只能看做是激励的起点。相应地，激励因素相当于需要层次论中的高层次需要。这一类需要的满足才能真正导致满意，真正充分持续地激励员工（见图 7-3）。

当然，赫茨伯格的双因素理论也引来了当时一些理论学家的争议和批判，主要针对的是其研究方法和对象。赫茨伯格采用的关键事件法被认为有损于其研究成果的效度，因为人们常常倾向于将满意的结果归于自己的努力和工作上的成就，而将不满意的结果归结为他人和客观环境。另外，人们还批评其研究中有限的样本数。尽管如此，双因素理论一直被管理学术家和企业界广泛采用。

2. 双因素理论对我们的启示

作者认为，双因素理论最大的贡献在于提出了关于激励的重要观点：真正对人的工作起最重要和持续激励作用的工作本身给人们带来的生命价值和意义，因而对当代工作

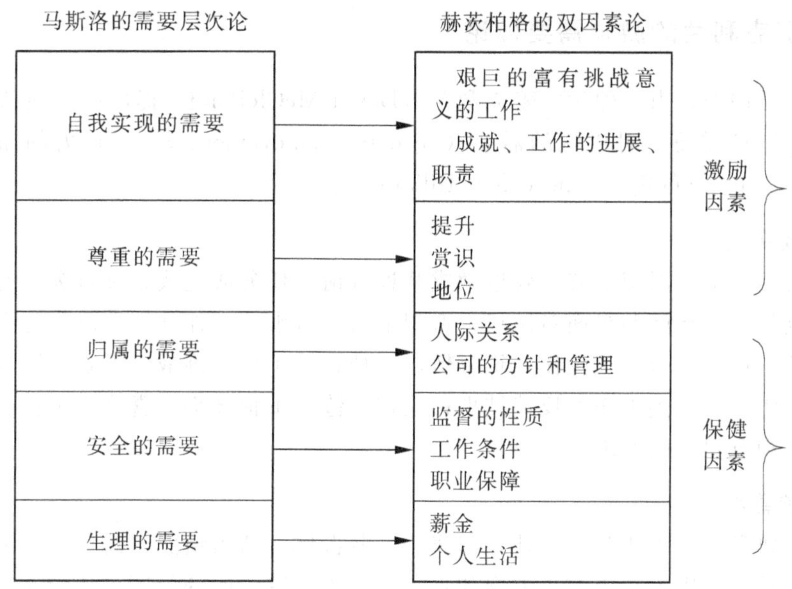

图 7-3 马斯洛和赫茨伯格激励理论的比较

资料来源：杨锡山等. 西方组织行为学［M］. 北京：中国展望出版社，1986.

激励具有重要指导意义。传统的激励方式往往只是注重工资、奖金和工作条件等外在因素，这些办法作用有限甚至难以见效。双因素理论将这些因素归为保健因素则对此提供了解释，强调管理者要从员工的工作本身上想办法来对员工进行激励。这方面的措施包括：

① 充分了解员工的兴趣、爱好，尽量将员工安排在其喜欢的工作岗位上。很多人可能都会有这样的感受，当其做自己真正愿意做的事情时，往往不容易感到疲劳，而且对其他方面的要求不会那么强烈。在现代社会，随着各种物质生活水平的提高，人们将越来越看重工作本身对自己生活和生命的价值和意义。工作成为生活的一部分，并正成为现代人以及组织行为学家关注的问题。因此，管理者一定要了解员工的需要，有针对性地进行激励。

② 在员工的工作设计上应尽量丰富工作的内容，增加趣味性和挑战性，减少传统工作的单调和重复、平淡和乏味。双因素理论应用于工业管理的一项引人注目的贡献就是工作丰富化。这是 20 世纪 60 年代提出的一种新的劳动组织方式，通过工作丰富化，提高工作本身的挑战性和意义，以激发员工的积极性。

③ 正确地发放工资和奖金。在我国目前的生活水平下，物质和金钱的激励作用还是不可忽视的。问题是要适当地发放工资和奖金，以发挥其激励作用，防止其变成保健因素。多数组织行为学家强调，金钱激励必须与员工的绩效挂钩，如果两者没有联系，那么花钱再多，对员工也起不了激励作用，而一旦停发或少发，则会造成员工的不满。这时工资和奖金就成了保健因素。如果工资和奖金反映工人的绩效，那么它们就可以发挥激励作用，也就成了激励因素。这样就可以将企业有限的物质资源充分利用好，以创造更多的财富。

四、麦克利兰的激励需要理论

激励需要理论是由心理学家麦克利兰（David McClelland）提出的。他认为人在较高层次上有三种需要：对成就的需要（need for achievement）、对权力的需要（need for power）、对情感的需要（need for affiliation）。

1. 成就需要

成就需要是指人渴望卓有成效地做成某种事情、任务或达成某种目标。有成就需要的人的特点是：喜欢问题和面对挑战；希望干出一番事业，往往给自己确定有一定难度和挑战性的目标；热爱本职工作，很有敬业精神；乐于接受挑战、喜欢冒风险；愿意承担责任；希望很快得到工作的反馈结果；孜孜不倦，不怕挫折；喜欢表现自己；对事情的成功和胜利有强烈的要求。

2. 情感需要

情感需要是一种希望与人为伴、归属于某些群体、获得情感的需要。有强烈情感需要的人往往希望从别人那里获得安慰和肯定，享受亲密无间的氛围；他们通常由衷地关心别人的感受，愿意做与人打交道的工作，喜欢安慰和帮助有困难的伙伴；他们喜欢建立和保持一种融洽的社会关系，而对被人和群体拒绝感到痛苦；他们珍惜人与人之间的友爱和情谊，很富有人情味。

3. 权力需要

权力需要的本质是渴望控制其环境中的各种资源。具有较高权力需要的人对施加影响和控制表现出很大兴趣。他们寻求领导位置，喜欢与人争辩，健谈、直率、头脑冷静，善于提出问题和要求，喜欢教训别人，乐于演讲。

以上这三种不同的需要反映了人不同的偏好。对一个组织来说，各方面需要的人都是有价值的，应该合理搭配。情感需要强的人有利于在组织中建立良好融洽的人际关系，有利于人们的身心健康和相互合作。少量权力需要强的人对组织也是必要的，因为组织是由很多不同的人组成的，所以必须有少数人对其他人进行有效的组织、控制、协调、领导和施加影响，才能使大家朝着共同的目标前进。成就需要强的人对组织是十分重要的。麦克利兰曾力图用事实来说明，具有成就需要的人对企业、对国家的重要作用。一个企业拥有这种人越多，发展和成长就越快，效率就越高。一个国家拥有这样的人越多，就越能兴旺发达。这些观点对当今的中国是很重要的。为了培养中国未来的员工队伍，我们从小就要通过各种形式（书报、电影、电视等）来加强对少年儿童的成就需要教育。

马斯洛的需要层次论、赫茨伯格的双因素理论、奥尔德佛的 ERG 理论以及麦克利兰的激励需要理论中各种不同需要的比较如图 7-4 所示。

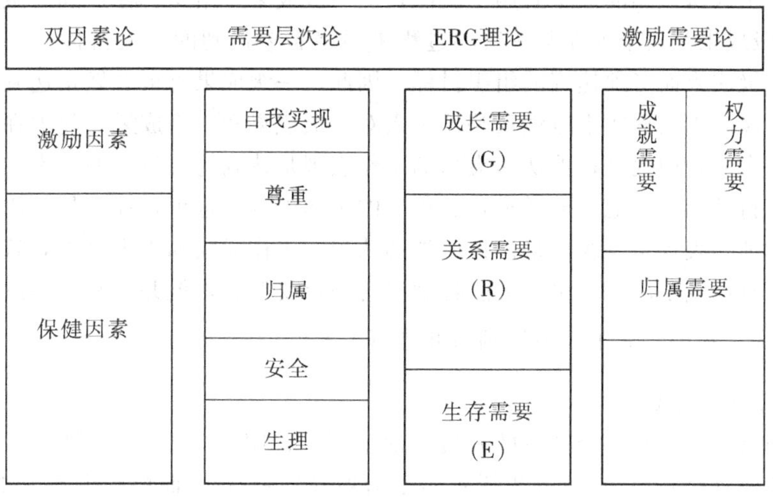

图 7-4 内容型激励理论中的四种理论对比

第二节 过程型激励理论

过程型激励理论着重研究人从动机产生到采取行动的心理过程。其中主要包括：佛隆的期望理论、亚当斯的公平理论、洛克的目标设置理论等。

一、佛隆的期望理论和劳勒的期望模式

1. 佛隆的期望理论公式

佛隆在1964年首次提出了期望理论。其基本观点是，人们只有在预期其行为有助于达到某种目标的情况下，才会被充分激励起来，产生内在的激发力量，从而真正产生行动。这种激发力量的大小等于该目标对人的效价与人对能达到该目标的主观估计（期望值）的乘积。可用下面的公式表示：

$$F = \sum V \times E$$

动机激发力量（motivational force，F)，是指个人所受激励的程度。

效价（valence，V)，是指个人对自己所要采取的行动将会达到某一成果或目标的偏爱程度，是个体对这一成果或目标之价值的主观估计。当个人对达到某种成果或目标漠不关心时，效价值为零；当个人宁可不要出现这种结果时，效价为负值；当个人希望达到该预期结果时，效价为正值；当个人强烈期待出现预期结果时，效价值就很高。总之，只有在效价大于零时，个体才会有一定的动力。效价值越高，动力越大。

期望（expectancy，E)，是指个人对其某一特定行动将会导致预期成果（或目标）的概率估计，即个人根据其经验对自己所采取的行动将会导致某种预期成果之可能性的主观估计。

实际上，在佛隆的期望理论中还提出了工具性或手段性（instrumentality，I）的概

念。他认为，个人所预期的成果有两个层次，即一级成果（组织目标）和二级成果（个人目标）。二级成果是指个人在某一行动过程中最终希望达到的个人目标；一级成果则是为了达到二级成果而必须达到的组织目标。因此，一级成果可被看做是达到二级成果的工具性或手段。工具性或手段性反映了个人对一级成果和二级成果之间内在联系的认识。例如，一个人希望提升；他认为突出的工作表现是达到这一目标的因素；因此他努力工作，希望自己能出色地完成任务，有很好的工作表现。这里，提升是二级成果。而良好的工作成绩和表现是一级成果。按照他的认识，工作成绩和表现可以导致提升的可能性，就是工具性或手段性。尽管佛隆提到了这一重要概念，但并没有将其反映在数学公式 $F=\sum V\times E$ 中。后来，劳勒则对此进行了发展。

2. 劳勒的期望模式

劳勒的期望模式是对佛隆理论的发展。他主要是将期望（E）更加细化了，将其分为努力导致绩效（$E\rightarrow P$）的期望和绩效导致结果（$P\rightarrow O$）的期望两大类。也就是说，个人努力的程度正比于努力导致绩效（$E\rightarrow P$）的期望、绩效导致结果（$P\rightarrow O$）的期望以及个人对最终成果的效价（V）这三者的乘积。用公式表示为：

$$E=(E\rightarrow P)\sum[(P\rightarrow O)V]$$

其中：

E（effort）表示个人所作的努力；

P（performance）表示工作绩效（组织目标）；

O（outcome）表示成果（个人目标）；

V（Valence）表示成果对人的吸引力大小（效价）；

（$E\rightarrow P$）表示个人对努力导致绩效的期望值；

（$P\rightarrow O$）表示个人对绩效导致成果的期望值。

劳勒的期望模式如图 7-5 所示。

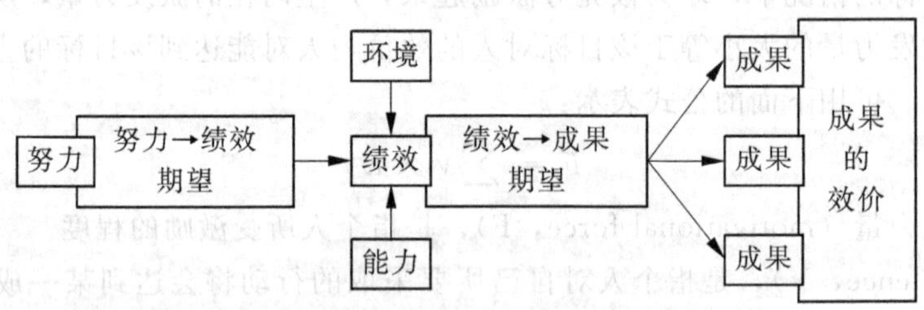

图 7-5 劳勒的期望模式示意图

3. 期望理论对我们的启示

根据以上两种期望理论，管理者要将员工积极性充分调动起来，有以下几个措施：

(1) 根据员工的需要设置报酬和奖励措施（提高效价 V）

要使员工产生很大的激发力量，必须提高各种报酬和奖励措施在员工心中的价值。为此，首先要调查、了解不同员工的需要偏好，根据不同的需要给不同员工设定报酬和奖励方案，让员工可以选择。譬如，对年轻员工来说，可能更喜欢得到进一步培训、深造的机会以及外出旅游；中年员工承受着更大的经济压力，可能更喜欢得到经济上的报酬；老年员工可能更喜欢各种送温暖和关心活动。另外，效价也会随着个人所处的时间和场合的不同而变化，管理者应该动态地了解和把握这些变化。

(2) 给员工创造良好的工作条件，增强其达到目标的信心（提高 $E \to P$）

要使员工产生激发力量，必须提高他们对达到目标的信心。为此，首先要根据员工的能力和外部条件，合理地给员工设定有一定难度但又是可以经过努力达到的目标。另外，要给员工创造工作条件，投入所需要的人、财、物资源。这样员工才会信心百倍、干劲儿十足地去工作。

(3) 建立有功必赏的奖罚分明制度，提高员工的工作热情（提高 $P \to O$）

除了要提高员工对达到组织目标（相当于一级成果，例如，生产指标、工作任务等）的期望值外，还要提高他们对其完成组织目标后达到个人目标（相当于二级成果，如金钱、安全、认可、成就等）的期望值。只有这样，他们的积极性才会被真正地调动起来。为此，必须在组织中建立有功必赏的奖罚分明制度，这样就会增强员工的工作热情，使他们感到有奔头。

二、亚当斯的公平理论

1. 公平心理公式

公平理论是美国心理学家亚当斯（J. S. Adams）在 20 世纪 60 年代提出来的。他认为，在组织中，员工对自己是否受到公平合理的对待是十分敏感的，他们有时更关注的不是他所获得报酬的绝对值，而是与别人比较的相对值。人们往往喜欢不断地与他人进行比较，并对公平与否的程度作出判断，从而对自己工作积极性产生影响。可以用下面的公式表示：

$$\frac{O_A}{I_A}=\frac{O_B}{I_B} \qquad \text{报酬相当，}A\text{ 感到公平（满意）}$$

$$\frac{O_A}{I_A}>\frac{O_B}{I_B} \qquad \text{报酬过高，}A\text{ 感到不公平（满意）}$$

$$\frac{O_A}{I_A}<\frac{O_B}{I_B} \qquad \text{报酬不足，}A\text{ 感到不公平（不满意）}$$

其中：

A，B 表示相比较的两个个体；

O（output）表示个人通过某项工作从组织中得到的报酬或产出。譬如：工资、奖金、提升、表扬、尊重、对工作本身的兴趣，等等；

I（input）表示个人对该项工作所投入的努力或代价。譬如：时间、产量、质量、学历、职称、技术等级、职位、职务、社会地位、资历、对工作的投入（努力程度）、对组织的忠诚、年龄、性别等。

$\frac{O_A}{I_A}$ 与 $\frac{O_B}{I_B}$ 分别表示个体 A 与 B 的“所得的报酬”与“所投入的努力”之比率。

公式中具体显示了 A 与 B 相比较后所出现的三种基本心理状态：

第一，A，B 两者比例相等，即报酬相当，个人感到公平。此时员工受激励的状态不变。

第二，A与B比较报酬过多，尽管感到“不公平”，但一般都会产生满意、受到激励。

第三，A与B比较报酬过少，感到不公平。这时员工可能出现的情况是：①心理挫折和失衡。②改变投入。③要求改变产出。④改变对自身的看法。⑤改变对他人的看法。⑥改变比较对象，与一个更差的人比较；或自我安慰，与自己不如现在的过去进行比较。⑦离开现在的环境，进入新的组织去工作。

员工产生不公平感的原因是多方面的。第一，组织在客观上确实存在不合理分配的现象。第二，不同员工在投入和所得上存在不可比性，人总是过多地估计自己的投入和别人的所得。第三，不同员工对投入和产出的认知不同，他们总是挑选对自己有利的方面与人进行比较。第四，组织中的一些绩效考评和奖励制度不透明，总是暗箱操作，增大了员工的猜测和不公平感。

2. 公平理论对我们的启示

(1) 要重视了解员工的公平感

无论在西方国家还是在中国，公平比较都是客观存在的现象。我国由于多年的计划经济和“大锅饭”的影响，人们的公平比较心理较重。尤其是在改革开放、社会转型、各种经济形式并存的今天，社会不公平感和由此带来的“红眼病”现象较为普遍。因此，作为管理者，首先要注意了解员工的公平感，从而对症下药。

(2) 建立赏罚分明的制度

员工的不公平感有时确实是因为组织没有合情合理地奖励员工，存在着有功者不奖、无功者领赏的不良现象。当组织中不良的政治现象和行为（如照顾个人情面、拉帮结派、徇私舞弊等）较多时，就会这样。组织只有消除这些不合理的现象，建立赏罚分明的制度，才能让广大员工真正感到公平。

(3) 实行量化管理、增加透明度

公平感的产生很大程度上是员工主观猜测的结果，人们总是倾向于认为自己得到的比别人少，而付出的比别人多。因此，如果能在绩效考评和奖励制度上实行一定程度的量化管理，做到一切都可以打分计算，并提高整个工作的透明度，那么员工就会心服口服。但是，实行量化管理和增加透明度会给一些领导的权力造成冲击，因为领导的有些权力往往来源于一些人为和主观的操作手法。因此，要在企业中实行这种制度阻力还是很大的。

这里要提一点，由于国家文化的不同，在西方一些企业，企业有时采用信封发工资，以消除人们的不公平感。在我国，这种方法的有效性需要通过实践检验。人们可能的顾虑是，它可能使员工更容易作出各种猜测，不公平感更强。

(4) 战略为主，平衡为辅，加强对员工的教育

在一个组织中，由于操作中的因素以及人们认知的差别，做到绝对公平是不可能的。组织一方面要从自身最重要的战略需要出发来建立制度，另一方面要适当地采取平衡和补偿的策略。另外，还要加强对员工的思想教育，加强沟通，以将员工由不公平感造成的负面影响降到最低程度。

三、洛克的目标设置理论

1. 目标设置激励理论的基本观点

目标设置理论是由美国心理学家洛克在 1967 年提出的。他认为人的任何行为都是受某种目标的驱使。因此，通过给员工合理地设定目标，可以激励员工。

目标设置理论可以用图 7-6 表示，其中有几个基本概念。

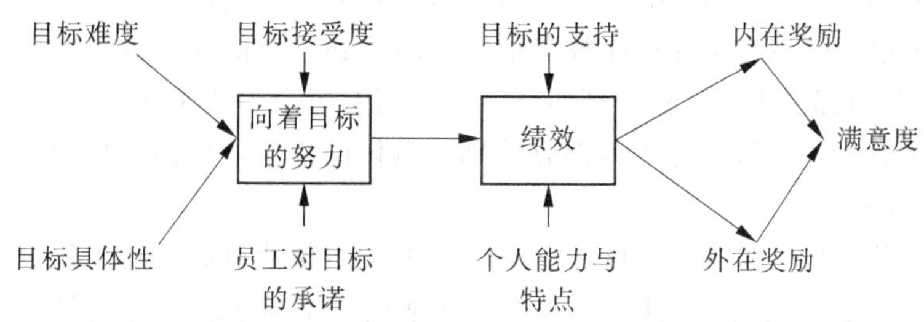

图 7-6　目标设置理论示意图

资料来源：MOORHEAD G，GRIFFIN R W. Organizational Behavior [M]. Houghton Mifflin Company，1998.

① 目标难度（goal difficulty）。这是指目标的挑战性和达到目标所需的努力程度。洛克认为，有难度但又可实现的目标是最有效的。

② 目标具体性（goal specificity）。这是指目标的清晰度和明确度。具体的目标是最有效的。

③ 员工对目标的接受度（goal acceptance）。这是指员工接受目标（认为是自己的）的程度。

④ 员工对目标的承诺（goal commitment）。这是指员工对达到目标的兴趣和责任感。

从图 7-6 可以看出，目标难度、目标的具体性、员工对目标的接受度、员工对目标的承诺这四个因素共同决定了员工向着目标的努力程度。而员工向着目标的努力，加上组织的支持以及其个人能力与特点则会共同影响员工的绩效。组织根据绩效给员工相应的内在和外在奖励，从而最终决定了员工的满意度。

目标设置激励理论总的要点是：

① 有目标比没有目标好。

② 具体、可操作、分阶段性的目标比空泛的、号召性的目标好。

③ 有一定难度的目标比随手可得的目标好。

④ 能被人接受的目标比不能被接受的好。

2. 目标设置激励理论对我们的启示

目标设置理论在组织管理中的应用主要是通过目标管理（MBO）来实现的，其主要要点是：

① 管理者一定要善于给员工设定目标。目标要有一定的难度，这样可使得员工完成任务后有一定的成就感；另一方面，目标又是可以经过努力实现的，不能太难。在摩

托罗拉（中国）公司，公司的高层管理人员每年开始都要给一般的中层管理人员定目标。高层管理人员根据公司发展的总体需要以及该部门的情况，给管理人员确定本年度需要达到的工作指标。这一目标有一定的难度，因此高层管理者与本部门主管共同商量更具体的指标，并了解他们达到这一目标的困难和需要，然后给他们提出一整套克服这些困难的办法和支持条件，譬如安排培训的机会等。整个过程是双向和交互式进行的。最后，中层管理人员对上级确定的目标真正认同，作出承诺。在摩托罗拉（中国）公司，这一活动被称为是个人承诺（personnel commitment）活动。

② 给员工定目标一定要有具体数字指标并落实到具体的人。我国的邯郸钢铁厂和青岛海尔集团公司都是实行目标管理的典范。公司对每个一线工人的工作目标（成本、质量）、所负责任的工作区域界限等都有明确、具体的规定，指标能用数字表示的一律用数字，绝不模糊。

③ 给员工及时的工作绩效考核和反馈。这是指不断地对员工的工作进行阶段性的考核，从而向员工指出其接近目标的程度，使他们能不断了解工作进展，掌握工作进度，及时进行自我行为监督和行为调整，以便如期完成目标。

④ 建立个人目标和组织目标的关系。目标设置理论中的目标主要是指组织的目标。目标管理（management by objectives，MBO）的过程实际上是组织目标在整个组织内分解传达，通过合作的目标设置过程，最后变成每一个员工的工作目标的过程。因此，目标管理（MBO）有助于目标设置理论在组织内系统地实行。要使得目标的设置能真正对员工起激励作用，管理者应该考虑组织目标实现对员工个人发展目标实现的意义，要善于建立二者之间的正相关关系。只有这样，员工在努力实现组织目标的过程中，就会不断看到实现自身目标的希望，因此就更加有积极性。

第三节　强化型激励理论

一、斯金纳强化理论的基本内容

1. 强化理论的基本概念

强化理论的主要代表人物是斯金纳。他着重研究人的行为的结果对其行为的反作用。他发现，当行为的结果有利于个体时，这种行为就可能重复出现，行为的频率就会增加。这种状况在心理学中被称为强化（reinforce）。凡能影响行为频率的刺激物，即称为强化物（reinforcement）。因此，人们可以通过控制强化物来控制行为，求得员工行为的改造（behavioral modification）。这一理论就称为强化理论。

2. 强化的基本方式

在管理中，应用强化理论改造行为一般有以下四种方式。

① 正强化（positive reinforcement）。这是指用某种好的结果，使得员工好的行为重复出现。强化物包括组织中的各种正面刺激，如增加工资、发放奖金、荣誉表彰、认可、鼓励、赞赏、提升以及创造令人满意的工作环境等。

② 负强化（negative reinforcement）或回避（avoidance）。这是指预先告诉某种不符合要求的行为或不良绩效可能引起的不良后果，从而让员工通过按组织所要求的行为方式行事或避免不符合要求的行为来回避这些令人不愉快的后果。譬如，制造企业对新来工作的一线新员工进行安全教育，授课者会给新员工介绍正确的操作行为，还要告诉新员工不按照这种操作行为可能引起的各种不良后果的案例和照片（如发生人身伤亡的惨状）。这种教育就会促进新员工今后要遵守正确的操作方式，以避免不良后果的发生。还譬如，银行对新员工进行入司教育的方式之一，就在让新员工去监狱参观，了解各种金融领域犯罪案例，从中受到教育，引以为戒。

③ 自然消退（extinction）。这是指对员工的某种行为不给予回应，以表示对该行为的轻视或某种程度的否定，从而使该员工的这种行为减少。譬如，领导发现某个员工出于某种个人目的对自己进行不恰当的吹捧奉承，他不希望员工再这样做，但也不想让这个员工难堪，所以就采取不对该员工的行为给予任何回应（即自然消退）的方式。

④ 惩罚（punishment）。这是指以某种带有强制性和威胁性的结果（例如，批评、降薪、降职、罚款、开除等）来创造一种令人不快甚至痛苦的环境，以表示对某些不符合要求行为的否定，从而消除这种行为重复发生的可能性。譬如，公司对泄露机密和违法乱纪的员工采取开除、追究法律责任。

从强化的时间安排上有以下两种方法会影响强化的效果。

① 连续强化。这是指行为每出现一次就给予强化。例如，流水作业线上的装配工人，在其产品通过质量控制检查仪时，就能得知自己的工作情况如何。

② 间断强化。这是指在行为出现若干次后才给予一次强化。间断强化既可按一定时间间隔给予强化，也可在行为出现到一定数量后给予强化。

二、强化理论对我们的启示

在管理上可以用强化理论来影响员工的行为，使其朝有利于组织目标实现的方向发展。这里需要考虑以下几方面的问题。

1. 强化方式的正确选择

员工的年龄、性别、个性特点、地位、心理需要和承受能力不同，组织应该根据不同的情景选择合适的强化方式。按员工心理可接受的程度，这几种方式的排列顺序依次为：正强化、负强化、自然消退、惩罚。他们最愿接受的方式当然是正强化，尽量避免使用惩罚的方式。当企业有时不得不使用惩罚的方式时，一定要告诉事情的原因和真相，让其心服口服，并告诉他们正确的方式应该怎么做，还要将惩罚和正强化二者结合起来，当员工出现有所改正的表现时，应及时给予正强化，使之得到肯定及巩固。

2. 正确选择强化物

要根据员工的需要和特点，正确地选择正反两方面的强化物。譬如，在正强化时，根据需要，可采取的奖励措施有：绩效工资、公开表扬、员工对工作有更多选择权、给予员工更大的发挥潜在能力的机会、给予员工更大的权力或发言权等。在惩罚时，可以有降低工资、公开批评、降低职位等措施。

3. **正确选择强化时间**

选择强化的时间段时关键要考虑不同时间的强化效果。譬如，很多教育培训项目往往是选择在组织中刚来新人时（如公司进来新雇员、学校新生刚入学）或组织的转变时期。这时进行强化和行为改造，员工心理容易接受，行为容易改变，组织所花时间和费用最少，效果最佳。

要注意时间频率。一方面，要及时对员工的行为进行反馈，使员工看到其所受的奖励或惩罚与其行为的直接联系，这样才能达到强化的效果。另一方面，强化又不能太频繁，因为行为改造一般是在一段时间内起作用，随着新奇感的消失，正强化的作用会减弱，员工可能会把它看做是报酬系统中的常规部分。

4. **强调员工的社会学习（间接行为改造）**

在行为改造的方式上，还要强调员工的社会学习（social learning），即人们通过观察他人的行为并识别其结果，然后改变自身行为。譬如，组织对以往发生的一些重大安全事故或不良现象，反复地以各种方式告诉员工，让员工从这些人的事情和教训中学习。如果让员工从自身的行为中来认识某种安全操作道理，显然代价是很高的。

第四节　综合激励理论

激励是一个非常复杂的问题，涉及人类行为的诸多方面。前面所介绍的各种内容型激励理论、过程型激励理论、强化型激励理论都是从某个方面论述了激励的原理和方法。对于现实中复杂的激励问题，应该从各个方面综合地加以考虑。波特和劳勒的综合激励模式是一种有代表性的综合激励理论。

一、波特和劳勒的综合激励模式图

波特和劳勒的综合激励模式如图 7-7 所示。该模式中分别包含有：员工的努力程度、工作绩效、内外奖酬、满足感这四个主要变量。它所体现的关系主线是：员工的努力程度导致其工作绩效，而工作绩效将使员工获得组织给予的内在和外在奖酬，各种奖

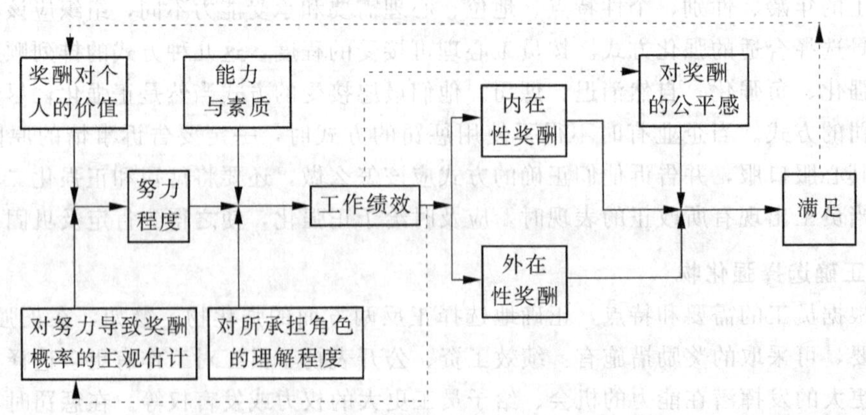

图 7-7　波特和劳勒的综合激励模式

酬将影响员工的满足感。具体来说，决定这四个主要变量的各种关系如下。

人的努力程度是指个人所受到的激励强度和所发挥出来的能力，它的大小综合取决于个人对某项奖酬（例如：增加工资、分发奖金、提升职位等）价值的主观看法，以及个人对努力将导致这一奖酬可能性（概率）的主观估计。其中，奖酬对个人的价值因人而异，取决于它对个人的吸引力。而个人每次行为最终得到的满足感，又会反回来影响个人对这种奖酬价值的估计。同时，个人对努力可能导致奖酬概率的主观估计又受上一次工作绩效的影响。

工作绩效是员工的工作表现和实际成果。工作绩效取决于个人所作出的努力程度、个人的能力与素质以及对自己所承担角色的理解程度（包括对组织目标、所要求的活动、与任务有关的各种因素的认识程度等）。

奖酬是完成绩效所导致的各种奖励和报酬，它包括内在性奖酬和外在性奖酬两种。内在性奖酬、外在性奖酬以及主观上所感受到的奖酬的公平感，共同影响着个人最后的满足感。内在性奖酬更能给员工带来真正的满足。另外，个人对工作绩效和所得奖酬的评价、比较会形成员工的公平感。

满足感是个人当实现某种预期目标时所体验到的满意感觉。它是一种态度，一种内在的认知状态，是各种内在因素（如潜在的责任感、胜任感、成就感等）的总和。

从上面的分析可以看出，波特和劳勒的综合激励模式实际上是佛隆的期望理论、劳勒的期望模式、亚当斯的公平理论、赫茨伯格的双因素论以及斯金纳的强化理论等方面的综合。

二、波特和劳勒的综合激励模式给我们的启示

① 综合激励模式使我们认识到，对员工的激励是一个十分复杂的问题。管理者既要学会系统思考，又要抓主要矛盾。在企业的实际管理工作中，针对员工的积极性方面出现的问题，我们要善于从不同的角度来考虑激励的方式，查出造成问题的原因。这些问题可能主要是由某个方面的因素造成的，也可能是由几个不同方面的因素同时作用造成的；可能是几种因素平等地起作用，也可能是某个因素起主要作用。管理者要学会利用不同的理论，从不同的角度来解决问题。

② 任何一种综合激励模式都很难包容一切。该模式尽管包含了几种不同的理论，但实际上主要反映的还是期望理论，强化理论就反映得不够。另外，一种综合激励模式包含的理论越多，那么它对每种理论反映得就越粗略。

③ 现实问题往往是越来越复杂的。作为管理人员，一方面要善于应用目前的四种激励理论来分析现实问题，另一方面还要善于在解决现实复杂管理问题的过程中，不断创新，发展新的激励理论。

第五节　管理实践中关于激励的一般原则

管理实践是复杂的，不同组织的情况不同，采用的具体激励方式也将不同。下面，我们提出关于激励的六个一般原则：物质激励与精神激励相结合原则、正激励与负激励

相结合原则、内在激励与外在激励相结合原则、按需激励原则、组织目标与个人目标结合原则和严格管理与思想工作相结合原则（陈国权，2000）。

一、物质激励与精神激励相结合原则

物质激励是提高员工积极性很重要的一个方面。在中国这样一个发展中国家，温饱问题才基本解决，奔小康正是许多人追求的目标，员工关心组织给予的物质待遇是十分正常的。改革开放后，我国实施联产承包责任制、珠海市重奖科技有功人员、高校重金引进特聘教授、大学按不同的岗位给教师定不同的年薪、北大方正要造就一批科技百万富翁等等。从这些社会上已经或正在发生的新闻事情中，我们可以看出，物质是激励员工很重要的一种方式。邓小平同志指出："不重视物质利益对少数先进分子可以，对广大群众不行。一段时间可以，长时期不行。革命精神是宝贵的，没有革命精神，就没有革命行动。但是，革命是在物质利益的基础上产生的。如果只讲牺牲精神，不讲物质利益，那就是唯心论。"我们可以把物质利益理解为人们的生存需要和安全需要，而奉献精神甚至牺牲精神则反映了人们高级的自我实现需要。在某些特定情况下，人们可以为组织牺牲自己个人的物质利益、不计较个人得失。例如，举世闻名的红军长征、解放军的抗洪救灾、非典时期医务工作者不顾个人安危救助病人等，但不能把这些情况看做是普遍的规律。邓小平讲"一段时间可以，长时期不行"，确实是一语道破的。

当然，仅有物质激励显然是不够的。根据马斯洛的需要层次论，物质是人们较低层次的需要，当这一层次需要得到相对满足后，人们就会重视其他方面的需要，总希望得到社会和组织的尊重、重视和认可。譬如，我国改革开放后有一批富起来的私营企业家，他们所受的教育不多，所赚的钱一生都用不完。物质生活富了以后，他们需要得到社会承认、要求有一定社会地位的愿望就变得日益强烈。企业内部也是如此，员工总是有各种各样的精神需求。譬如，公司对员工的公开表扬、授予各种荣誉证书（如优秀员工）、给予某种职位、让其承担重要岗位和责任、对其工作和生活给予各种关心和温暖，这些措施对员工来说，都是重要的激励方式。

因此，在实际的管理工作中，要将物质激励与精神激励二者有机地结合起来。譬如，在某机床厂，对各部门年轻人组成的新产品开发团队的激励就包括两种：一是物质金钱激励，小组成员的奖金是一般员工的 2～3 倍，而且是逐月刺激，达到指定任务就给奖励，任务全部完成后还要追加。二是精神激励，主要是厂领导对这些年轻人给予充分重视，给其压重担，为他们创造良好的工作条件，促其早日成才。这两种方式相结合取得了很好的效果，厂里新产品开发速度大大加快，并在市场竞争中创造了很好的效益。

总之，考虑到我国社会主义市场经济的特定历史条件、政治方向、经济基础、文化传统的制约，任何一个组织都要将物质激励与精神激励结合起来，既要反对唯精神主义，也要反对拜金主义。既要强调奉献（精神激励），也要承认贡献（物质激励）。只有这样，才能取得最大的激励效果。

二、正激励与负激励相结合原则

正激励和负激励是一种通俗的说法。正激励指的是用某种正面的结果，譬如，认可、赞赏、增加工资、提升或创造一种令人满意的环境等，以表示对员工行为的肯定。而负激励指的是对员工不良的行为或业绩，采用某种负面的结果，譬如，批评、扣发或少发工资、降级、处分等，来表示对员工行为的否定。

在实际的管理工作中，应该将正激励与负激励相结合，实行所谓奖惩结合、奖罚分明、批评与教育结合的制度，在西方也称为胡萝卜加大棒的激励方法。因此，对于员工好的工作成绩和行为要及时给予表扬，使之得到大家的认可，从而继续发扬下去。对于有破坏性倾向等不良的行为，必须严格管理，按企业的制度进行查处，这样就避免再次发生，做到防患于未然。譬如，操作人员要严格遵守操作规程、教师上课不能迟到、学生考试不能作弊等。在使用负激励的过程中，管理者应该认识到，员工的年龄、性别、个性特点、地位、心理需要和承受能力是不同的。当企业有时不得不使用惩罚方式时，一定要告诉员工事情的原因和真相，让其心服口服，还要告诉他正确的方式应该怎么做，并将惩罚和正强化二者结合起来，当员工出现有所改进的表现时，应及时给予正强化（肯定），使好的行为得到巩固。总之，只有从正、负两个相反的角度同时对员工的工作和行为进行评价和反馈，才能使他们不断提高自己。

三、内在激励与外在激励相结合原则

传统的激励办法是以各种物质刺激和精神刺激为手段，根据员工的绩效给予一定的工资、奖金、福利、提升机会以及各种形式的表扬、认可和荣誉等。这些激励与工作本身并不直接相关，只是作为对于员工付出劳动的补偿，因而称为外在激励。赫茨伯格提出的双因素论认为，这些物质和精神上的激励都属于外在激励，它对人的激励作用是有限的，而人们对工作本身的兴趣以及从中得到的快乐才对人具有根本性的激励作用，这就是内在激励的概念，它包括人们对工作本身的兴趣、工作对人的挑战性、工作中体会到的责任感和成就感、人从工作本身体会到的生命价值和意义等，都是对人更直接和持久的激励。这些激励属于工作本身，可以激发人们内在的积极性，因而称为内在激励。麦格雷戈曾说，外在激励的管理思想好似牛顿的力学观点，把人们视为静止的物体，只有依靠外力才能移动。但人是有机体，有内在动力，运用内在激励，可以得到更强的动力。

在我国现阶段，企业经常采用给员工提高工资、增加奖金、采取各种名目繁多的福利措施、提高员工生活和健康方面的保险、设置各种等级的职位让员工有奔头、确定各种荣誉称号让员工好的工作表现得到承认和发扬等。所有这些措施都对员工起着重要的激励作用。然而，这一切都只是让员工产生了对企业的满足感，而不是对工作本身的满足感。

很多组织行为学家都认为，让人们从心底把工作当成一种享受，从中体验到生命的价值和意义，这是一种非常高的激励境界。麦克利兰的激励需要理论指出，人有追求成就的需要，如果工作本身能让人们发挥其技能和潜力，那么这种工作本身就可以使人感到满足。这时候，人完成工作任务，取得成就就是极大的激励，会从中感到极大的满足。这种从工作本身中产生的内激励能较长久地维持，使人的受激励水平总是保持在一定水平上。在实际的管理工作中，有条件的时候要尽量根据员工的兴趣来安排工作，并尽量使工作丰富化，增加趣味性，并让员工有自我管理工作的权力。团队工作是一种很好的方式。在对一些企业的调研中作者发现，让那些对某种技术开发工作有兴趣的年轻员工参加团队，给他们以挑战性的工作，提供掌握新技术的机会，还让他们对自己的工作安排和选择有一定的自主权，从而使他们在完成一项工作后得到很强的自我满足感，就是对他们最好的奖励。

因此，我们应该将外激励与内激励有机地结合起来。当然，在我国经济和社会发展的现阶段，对很多人来说，工作还是作为重要的谋生手段，外在激励仍然是很重要的。人们很难完全根据自然的需要来选择工作。但不管怎么说，企业还是应该最大限度地进行内激励，从而取得最大的激励效果。

四、按需激励原则

经济发展水平不同的国家、同一个国家处在不同的时期，人们对生理、安全、归属、尊重和自我实现的需要是不同的。同样，在一个组织中，因为年龄、个性、性别、职位、经历、教育程度等各方面的不同，员工对不同方面的需要都会有差别；同一个人，由于时间和位置的变化，各方面的需要也在变化。因此，动态地掌握员工需要的变化，并根据这些变化制定相应的激励措施，一直是管理者面临的重要问题。这就是按需要激励原则。要做到这一点，需要考虑以下几个方面。

第一，要根据不同的需要理论，开发测试员工需要的方法和工具。显然，这些研究开发工作的依据是马斯洛的需要层次论、赫茨伯格的双因素理论、奥尔德佛的 ERG 理论以及麦克利兰的激励需要理论。可以开发出的测试方法包括问卷测试、投射法测试等。组织要定期地对员工的需要进行调查，并就员工的年龄、性别、职务、地位、教育程度等，找出各类人员需要的特点。

第二，要在组织内建立多种多样满足员工不同需要的方法。这包括两个方面的含义：①不同层次的需要都有具体的措施对应。以马斯洛的需要层次论为例，对员工的生理、安全、归属、尊重和自我实现的需要组织都应有相应的措施。②对同一层次的需要，要准备不同的选项，使员工有挑选的余地。譬如，对于员工的成就需要，企业可以采用的方式有：给员工安排挑战性的工作、采纳员工的创新建议、鼓励员工自己设置高标准的目标、让员工选择他最愿意做的工作、在组织中多设置一些职位等级等。

第三，实施报酬制度时，真正建立员工可以选择的制度。近年来国外推行的自助餐式的福利制度就是适应员工具体要求的一种典型的奖酬办法。它可以让员工根据自身的需要，从公司所提供的报酬项目中，选择自己想要的。当然，每人所享受的福利待遇，就金额来说，是有一定的标准和限度的。这种做法，除了事先的安排、计价和会计手续等需要一定的费用外，企业总的福利支出并不增加，但是由于员工对所得福利待遇的效价提高了，这就为提高工作绩效带来了积极的效果。

五、组织目标与个人目标结合原则

在组织行为学中，激励所采用的手段都是从员工自身的目标和需要出发的。而员工之所以能从组织中得到其所需，是因为组织目标的实现。也就是说，个人投入自身的资源给组织，使组织的目标得以实现，员工再从中实现个人的目标。所以，组织目标和个人目标是相互依存的。从激励的角度来说，就是要贯彻组织目标与个人目标相结合的原则。

要贯彻组织目标与个人目标相结合的原则，必须真正建立组织目标和个人目标的正相关关系。组织战略目标的制定是高层决策者的重要任务，必须根据市场情况、顾客需求、技术发展等来正确制定，使组织提供的产品和服务能得到社会的承认，实现组织的目标和价值。员工看到了这一点，就会看到实现自身目标的希望。另外，更重要的一方面是要让员工看到，组织在实现其目标的过程中，个人也在不断地向自身的目标前进。譬如，清华大学当前的组织目标是要建成世界一流大学。而要实现这一目标，学校必须在学术水平（如科研论文的数量和质量、对国家有重大影响的研究课题和成果）、研究经费、研究基础设施、教授水平、学生质量、学生毕业走向社会后对社会的贡献等方面，都取得长足的发展。为此，学校对所有的教师提出了新的要求。譬如，要求教师争取在国内外重要的学术刊物上发表文章，要做对国家有重要影响以及能反映清华声音的高水平项目，要不断改进教学方法，培养更好的学生。为此，学校制定了很多具体的奖励制度来激励教师在这些方面取得进展，在各种物质待遇和工作条件正在做大力改进。显然，学校在不断接近这些目标的过程中，学校的每一名教师自身也在得到发展。可以想象，当清华大学达到这一宏伟目标时，必定会得到社会各界和校友丰厚的回报，这些回报也会以各种形式反馈给每一位教师。因此，从这个意义上说，学校目标和个人目标是统一的，每个人都会随着学校的成长而成长，每个人都会随着学校的发展而发展。过去，我们非常强调员工的奉献精神，即舍弃个人利益而顾及组织的利益，这当然是重要的。但不能只片面强调这一点。我们要强调，在制定激励制度时，应该建立组织目标和个人目标的正相关关系，让所有的员工都看到，组织目标实现了，自身的目标也就达到了。达到这一点对人的激励作用将是巨大的、长远的。

要贯彻组织目标与个人目标相结合的原则，除了要建立组织目标和个人目标的正相关关系外，还要建立赏罚分明的制度，让每一个员工看到，只要自己为组织的目标作出了贡献，就会得到回报，自身的目标就能实现。因此，建立量化考核制度，提高奖励制度的公开性、透明度，就能使员工抛弃各种顾虑，一个劲儿地往前冲，将所有的精力和能量集中在工作上，有利于组织目标和个人目标的实现。

六、严格管理与思想工作相结合原则

在企业的实际管理工作中，必须贯彻严格管理与思想工作相结合的原则。这两方面都是十分重要的。

严格管理包括两个方面的含义。第一，严格管理是指组织对于员工的工作方法（如各种操作规程）、工作标准（如成本、质量、效率）以及其他工作制度等方面实行严格控制，完全按规定办事，对任何人一视同仁。在我国现阶段，很多经营良好的企业都非常注重严格管理。海尔集团、北京开关厂、邯郸钢铁厂都是这方面很好的例子。譬如，海尔在管理实践过程中，逐步形成了 OEC 管理模式（即日清日高管理法），全方位地对每人每天所做的每件事进行控制和清理，做到“日事日毕，日清日高”。具体地说就是，企业每天所有的事都有人管，做到控制不漏项；所有的人均有管理控制内容，并依据工作标准进行对照、总结、纠漏，达到对事物发展过程进行每日控制、事事控制的目的。它具体由目标体系、日清控制体系、有效激励机制三个体系构成。推行 OEC 管理，使员工的工作目标更为明确，工作热情更高，大大提高了生产进度和产品质量，为海尔成为国内外的知名企业作出了重要贡献。邯郸钢铁厂实行模拟内部市场和成本否决的管理模式，先根据市场情况定出产品可接受的销售价，倒推出产品的总成本，然后将总成本一步一步分解到企业的各部门、各工序，最后落实到每个员工，并对员工的具体工作制定严格的标准。这种严格管理模式给企业带来了巨大的效益。北京开关厂实行“99＋1＝0”的管理方式。其含义是，假设生产一个产品有 100 道工序，99 道工序做得很好，而只有 1 道工序做得不好，对企业来说都是不能接受的。企业之所以这样做，就是为了加强管理，确保产品的质量。我国企业没有像西方企业那样经历过很长的工业化发展时期，因此，强调严格管理对我国现阶段企业来说是十分重要的。事实也证明，我国当前很多发展得好的企业，都很强调严格管理。

严格管理的第二层含义是：在评价员工的工作绩效和行为，对员工实施奖励、惩罚或提升时，一切照章办事，赏罚分明，而不考虑任何人情面子，真正实行能者上、不能者下。我国现在不少企业，在用人制度上，能根据员工的学历、业绩和能力不拘一格地提拔人才，而不考虑其年龄和资历。这些措施给企业带来了巨大的活力。

所谓思想工作，一方面是指企业在制定各种严格管理标准并据此对员工进行考核的时候，要通过双向沟通让员工理解企业这样做的理由，这样做对企业和个人的价值。只有这样，才能真正使员工从心理上接受这些严格管理方法。另一方面，思想工作强调在对员工进行评价、管理、奖惩和提升的过程中，要考虑员工的心理需要，加强沟通，倾听员工的所思所想，关心员工的切身利益，采用各种形式使员工保持良好的情绪。这一点实际上是配合严格管理进行的。譬如，很多企业实行岗位聘任制度，能者上、不能者下。这就使得很多以前没有赶上读书机会、没有学历背景的员工会下岗。尽管这种严格管理的做法对企业长远发展有利，但在短期内肯定会使一部分人的利益受损。他们会有不良情绪和抱怨，处理得不好甚至还会有过激行为。因此，管理者应该及时做好有关员工的思想工作，让他们理解企业的意图和难处。另一方面，还要从别的角度考虑给他们以利益补偿，并帮助他们寻找新的出路。这就是所谓“无情下岗，有情操作”。只有这样，才能缓解企业在变革时期的矛盾。企业应出一些钱，切实解决员工的困难，关心他们，体贴他们。这种感情投资将会收到回报，员工将以更高的热情去工作。

本章小结

工作激励理论概括起来主要包括四大类：内容型激励理论、过程型激励理论、强化激励理论和综合型激励理论。

内容型激励理论主要关注的是人的需要，它包括马斯洛的需要层次论、赫兹伯格的双因素理论、奥尔德弗的 ERG 理论以及麦克利兰的激励需要理论。

马斯洛的需要层次论认为，人类有五种基本的需要：生理、安全、归属、尊重、自我实现；这些需要是有层次区别的，是由低级向高级发展的。

ERG 理论认为，人有三个方面的需要：生存需要、关系需要、成长需要；在同一层次上，少量需要满足后，会产生更强烈的需要；较低层次需要满足得越充分，对较高层次的需要越强；较高层次需要满足得越少，低层次需要则更加强烈。

双因素理论认为，工作中存在两种不同类型的激发因素：激励因素、保健因素。激励因素是指和工作内容相关的因素，得到时会产生满意，得不到时既不会产生满意也不会产生不满；保健因素是指和工作环境或条件相关的因素，得到时既不会产生满意也不会产生不满，得不到时则会产生不满。真正对人的工作起重要和持续激励作用的工作本身给人们带来生命价值和意义。

麦克利兰的激励需要理论认为，人在较高层次上有三种需要：对成就的需要、对权力的需要、对情感的需要；组织中有这三种不同的需要的人应该有一种恰当的搭配比例。

过程型激励理论着重研究人从动机产生到采取行动的心理过程。这其中主要包括：佛隆的期望理论、亚当斯的公平理论、洛克的目标设置理论等。

佛隆的期望理论认为，人们只有在预期其行为有助于达到某种目标的情况下，才会被充分激励起来，产生内在的激发力量，从而真正产生行动。在佛隆基础上进一步发展起来的劳勒的期望模式认为：个人努力的程度正比于努力导致绩效（$E \to P$）的期望、绩效导致结果（$P \to O$）的期望以及个人对最终成果的效价（V）这三者的乘积。这两种理论的意义是：根据员工的需要设置报酬和奖励措施（提高效价 V），给员工创造良好的工作条件，增强其达到目标的信心（提高 $E \to P$），建立有功必赏的奖罚制度，提高员工的工作热情（提高 $P \to O$）。

亚当斯的公平理论认为，员工有时更关注的不是其所获得报酬的绝对值，而是与别人比较的相对值。人们往往喜欢不断地与他人进行比较，并对公平与否的程度作出判断，从而对自己工作积极性产生影响。

洛克的目标设置理论认为，人的任何行为都是受某种目标的驱使。因此，通过给员工合理地设定目标，可以激励员工；只有建立有一定难度的但又可实现的、具体可操作的、能被人接受的目标，才能对员工有激励作用。

斯金纳的强化理论认为，人的行为的结果对其行为具有反作用，当行为的结果有利于个体时，这种行为就可能重复出现；反之，行为就会减少。强化包括四种基本的方式：正强化、负强化、自然消退、惩罚。强化的时间安排包括：连续强化和间断强化。

激励是一个非常复杂的问题，涉及人类行为的诸多方面。每种理论都只是从某个方面论述了激励的原理和方法。对于现实中复杂的激励问题，应该从各个方面综合地加以考虑。波特和劳勒的综合激励模式是一种有代表性的综合激励理论。该模式主要包括员工的努力程度、工作绩效、内外奖酬、满足感这四个主要变量，体现的关系主线是：员工的努力程度导致其工作绩效，而工作绩效将使员工获得组织给予的内在和外在奖酬，各种奖酬将影响员工的满足感。

激励的六个一般原则是：物质激励与精神激励相结合原则、正激励与负激励相结合原则、内在激励与外在激励相结合原则、按需激励原则、组织目标与个人目标相结合原则、严格管理与思想工作相结合原则。

复习思考题

1. 激励理论包括哪四大类？试简要说明其不同的侧重点。

2. 内容型激励理论主要包括马斯洛的需要层次论、赫茨伯格的双因素理论、奥尔德佛的 ERG 理论以及麦克利兰的激励需要理论，试对它们进行比较。

3. 双因素论的基本观点是什么？对管理工作有什么重要启示？

根据麦克利兰的激励需要理论，如何在青少年中进行成就需要方面的教育？

4. 过程型激励理论主要包括佛隆的期望理论、亚当斯的公平理论、洛克的目标设置理论，试分别说明其基本观点。

5. 根据期望理论，我们应如何激励员工？

6. 不公平感产生的原因有哪些？此时员工会有什么样的行为表现？消除员工不公平感有哪些措施？

7. 为什么给员工设置目标会对其有激励作用？目标设置有哪些基本原则？

8. 强化有几种基本方式？应如何应用该理论使员工的行为朝企业所希望的方向发展？

9. 试说明波特和劳勒的综合激励模式的主要观点以及对管理工作的意义。

10. 王思成是一位北京某老牌国有企业的领导，如何留住员工并激发他们的工作积极性对他来说已是一个越来越难的问题。原因之一就是：北京是一个开放城市，各种外企以及高科技公司很多，它们能提供相对较高的待遇，对本企业员工的想法和观念影响很大。实际上，王总所遇到的问题对我国很多国有企业具有一定的普遍性。请问，你如何运用有关激励理论来提高这些国有企业员工的积极性呢？

11. 在我国改革开放二十多年来，有一种“59 岁现象”，即有少数国有企业的领导在即将退休之前都为个人大捞一把，严重者还因违法而受到制裁。请你运用所学的激励理论，结合有关实例分析其中的原因，并提出一些解决的建议。

12. 改革开放以来，越来越多的外国公司进入中国，越来越多的年轻人去外企工作。请根据你所了解的情况和掌握的知识，分析影响中国员工满意度的因素。

13. 试结合六个实例说明你对激励的六个一般原则的认识和理解。

本章案例 1

硅谷高科技员工的激励

一些人认为，典型的加利福尼亚人与世界上别的地方的人有所不同。尽管这是人们的某种成见，但是至少有一部分加州人确实与众不同。这部分人在硅谷工作，就职于那些推动科技与信息发展前沿的高科技公司。

以他们当中的一员凯西小姐为例，她典型的一天是这样度过的：白天工作12个小时后，晚上9点锻炼身体，然后接着工作。这就是她一贯的作息安排，每周6天，并一直能坚持好几个月。凯西是娱乐产品部的项目经理，主管电脑游戏光盘的制作。她一般每周工作100个小时左右。和她在硅谷的那些同事们一样，她并不需要遵守严格的时间规定，而只是在自己想工作的时候才工作，只不过她大多数时候都想工作而已。

什么可以激励人们过这样一种生活呢？在硅谷，很多特殊的机会层出不穷，这就为某些人提供了强大的激励机制。在这里，一种普遍的激励因素是金钱。在今天，硅谷有三分之一以上的高科技公司给员工以股权，而对非高科技公司，这一比例不到十二分之一。因此，在这一行业中，短时间内暴富是完全可能的。而且即使有人赚不到钱，他能得到的基本补偿金也非常诱人。例如，硅谷的软件、半导体工人每年平均可以得到7万美元的补偿金，而美国普通工人平均每年只能得到27 000美元。

对于这个行业的人来说，对所从事工作的热爱是另一个重要的激励因素。虽说钱很重要，但很多人承认，如果只是为钱，他们是不会像现在这么努力的。事实上，很多人都认为自己的工作可以与音乐家的工作相媲美，因为工作给了他们发自内心的快乐，工作本身就是最吸引他们的地方。

第三个激励因素是，在硅谷的工作有很高的显示度，容易为人所认可。相对于其他行业的人来说，他们有更多的机会在顾客中闻名。比如说，娱乐产品部发行了凯西监制的游戏光盘。成千上万的顾客会来买这种光盘，并在他们的电脑上使用。她的名字就会出现在制作人员的名单中，就像电影制片人的名字出现在影院中一样。

来自同行的压力和认同也是非常重要的激励因素。这个行业中的人工作时间都很长，这也成了整个行业通行的一种“标准”。人们去上班时就知道自己必定要工作很长时间，这是既定的事实。他们这么做是因为每个人都这样，不这么做的人就会遭到同行的讥讽。

最后一个激励因素是这些工作所提供的自主性。事实上，现在流行的很多管理方式，比如说授权，就诞生于硅谷。诸如惠普和苹果电脑一类的公司已经摈弃了传统组织机构中指令控制式的管理。公司从不对员工的工作时间安排、工作进度以及服装规范等方面加以规定。相反，员工可以来去自由，可以带宠物上班，也可以在家工作。简而言之，他们可以自主选择在何时、何地以及以什么方式开展工作。对于今天的很多员工来说，这种弹性是非常有吸引力的。

资料来源：MOORHEAD G，W. GRIFFIN R. Managing People and Organizations：Organizational Behavior. 5th. Houghton Mifflin Company，1998.

案例思考题

1. 如何用马斯洛的激励理论来解释硅谷员工的行为？
2. 如何用赫茨伯格的双因素理论对员工的行为加以解释？
3. 对于成就、归属和权力的需要是否对这些员工有激励作用？

本章案例 2

沃尔玛在激励员工方面遇到的问题

世界上最大的零售商沃尔玛公司，目前正面临着如何激励员工的问题。多年来，这家公司都使用一种相对宽松和直接的方式来激励员工，以保持他们的忠诚度。公司主要是通过给员工股权来激励他们，而员工的正常薪水并不高。为了说明沃尔玛公司历史上股权激励制度曾经起过的作用，我们来举个例子。比如，一名员工在 1970 年公司股票上市时，用 1 650 美元买了 100 股，到 1993 年时，他拥有股票的价值就是 350 万美元。

20 世纪 70 年代后期到 80 年代这段时间里，沃尔玛的股票每年都上涨不少。公司通过利润分享计划建立了养老基金，基金中大部分的钱都投资于购买公司的股票。这样，养老基金也会随着公司股票价格上涨而增加。除此以外，沃尔玛还以八五折的优惠给本公司员工出售股票，以鼓励他们直接购买。买股票的钱甚至可以直接从工资单上支付。

员工一直相信，他们对公司所作的贡献对公司和自己都是有利的，因为养老基金和他们个人的股票价值都在不断地往上涨。员工都受到了很大的激励，对公司非常忠诚。山姆·沃尔顿是公司的创立者，他本人也促使了这种忠诚度和工作动机的形成。他平易近人的处事方式和公司的良好运作，使公司拥有了零售业界最忠诚、最积极献身的员工。公司一直被员工和业界认为具有非常优越的工作环境。

然而到了 20 世纪 90 年代，情况开始发生变化。首先，虽然公司利润仍然相当高，但公司的发展减缓，收入和利润已经没有太大的增长，从而导致了沃尔玛股票价格的下跌。1993 年，公司股票每股的价格是 30 多美元，到 1995 年底，就只有 20 美元左右了。股票的下跌大大削减了养老基金和员工的个人股票价值。结果，公司长期拥有的员工忠诚度开始下降，工作动机开始减弱。

1992 年山姆·沃尔顿去世以后，公司文化也开始发生一些微妙的变化。这使问题更加严重。公司新的管理层试图保持原有的经营方式以及与员工之间的关系，但不少主管人员缺乏领导魅力，也不能坚持山姆·沃尔顿过去倡导的与员工个人接触的管理方式。另外，新来的员工当然不可能有机会见到公司的创立者山姆·沃尔顿本人，因而也无法从老一辈公司领导那里受到教育和感染。

除了忠诚度和工作动机方面的问题以外，沃尔玛还面临因经济危机引发的其他问题。比如说，在避免工会组织不利于公司的集会方面，以前沃尔玛做得很好。但现在由于对养老金和其他激励越来越不满，工会组织各种集会并取得胜利的机会越来越多。自 1991 年至 1993 年，整个公司只出现过三次工人集会，而 1994 年一年就出现过四次。

等待着沃尔玛的将是什么呢？每个人都在猜测。虽然沃尔玛作为一个雇主的形象受到了负面的影响，但大多数专家从一个雇员的角度来看，仍然认为它是该行业最好的公司之一。而且，公司现在还在赢利，管理层也坚信股票价格会再次上升。因此，他们相信员工还是会对公司满意的，也会为公司继续作贡献。但也有人认为，出现的问题对公司的损害已经造成，沃尔玛将不会再度拥有它曾代表过的优越工作环境的形象。

资料来源：MOORHEAD G，GRIFFIN R W. Managing People and Organizations：Organizational Behavior [M]. 5th. Houghton Mifflin Company，1998.

案例思考题

1. 用什么激励理论能最恰当地解释沃尔玛发生的问题？
2. 如果在当前的困难情况下，由你来管理沃尔玛，你将如何来激励员工？
3. 对一个组织来说，提供太多的奖励和正强化可能吗？如果可能的话，它会对组织产生什么样的影响？

参考文献

1. 杨锡山等. 西方组织行为学［M］. 北京：中国展望出版社，1986.
2. 卢盛忠，余凯成，徐昶等. 组织行为学——理论与实践［M］. 杭州：浙江教育出版社，1993.
3. ROBBINS S P. Organizational Behavior［M］. 8th ed. Prentice-Hall International，Inc.，1998.
4. 王重鸣. 管理心理学［M］. 北京：人民教育出版社，2000.
5. SCHERMERHORN J R，Jr.，HUNT J G，OSBORN R N. 组织行为学［M］. 8版. 刘丽娟，杨月洁，徐蕊等译. 北京：清华大学出版社，2005.
6. 理查德·L. 达夫特，雷蒙德·A. 诺伊. 组织行为学［M］. 杨宇，闫鲜宁，于维佳译. 北京：机械工业出版社，2004.
7. 黛布拉·L. 纳尔逊，詹姆斯·坎贝尔·奎克. 组织行为学：基础、现实与挑战［M］. 桑强，王丽娟，蒙欣等译. 3版. 北京：中信出版社，2004.
8. 徐联仓，陈龙. 组织行为学［M］. 北京：中央广播电视大学出版社，1994.
9. MASLOW A H. A Theory of Human Motivation［J］. Psychology Review，July，1943.
10. ALDERFER P. Existence，Relatedness and Growth：Human Needs in Organizational Setting［M］. Free Press，1972.
11. 罗伯特·德利. 组织行为学［M］. 陈国权译. Heriot-Wat 大学，1998.
12. 陈国权. 群体动力与激励理论［M］//张德. 组织行为学（第五章）. 北京：清华大学出版社，2000.

第3部分

PART

群体行为

第8章 群体行为分析

学习目标

1. 掌握群体的概念、群体的不同类型及其对个人和组织的作用。
2. 了解非正式群体形成的原因、类型，在管理中正确引导的方法。
3. 掌握和运用关于群体管理的系统模型和群体动力理论。
4. 掌握人在群体中的不同类型行为（群体压力导致的从众行为、社会助长作用、社会抑制作用、社会懒惰行为、合作和竞争行为）的表现特征、产生原因和管理手段。
5. 认识群体发展的不同阶段，了解相应的管理对策。
6. 掌握群体有效性的四个指标（绩效、群体成员满意度、群体学习、外部满意度）以及各因素（群体的结构、群体规模、群体规范、群体凝聚力、群体气氛）对其影响。了解高效群体的特点。
7. 掌握群体间绩效的概念、影响因素和管理方法。

作为一种高度社会化的生物，人总是需要工作和生活在各种各样的群体之中。这个群体可能是一个家庭，可能是企业的一个生产班组或新产品开发小组，可能是某个医疗小组，可能是某个球队，也可能是某航班飞机上的一群机组人员……人们在这些不同的群体中工作和生活，一方面为这个群体付出，另一方面也从群体中得到他们所希望的各种东西，包括生理、安全、归属、尊重以及自我实现等需要。因此，群体是十分普遍而重要的社会现象。群体介于组织与个体之间，个体组成群体，群体形成组织。就像研究个体层次行为是研究群体层次行为的基础一样，研究群体层次行为则是研究组织层次行为的重要基础。个体、群体和组织是不可分割的统一体。正因为如此，研究人在群体中的心理与行为特点，一直是组织行为学中的重要内容。

第一节　群体的内涵、类型和作用

一、群体的内涵

从心理学的角度来说，群体是指由两个或两个以上成员组成的、具有共同关注的目标/任务/活动、在行为上相互作用、在心理上相互影响的人群集合体。群体具有以下三个重要特征（杨锡山等，1986；徐联仓，1994）。

① 成员在心理上都能互相意识到群体中其他个体的存在，成员之间相互依存。

② 成员在行为上相互作用，相互影响。在当今信息网络时代，行为上的相互作用和影响并不一定需要直接面对面接触。远程通信和办公等现代手段使人与人之间相互作用的时空变得更大了。

③ 成员有共同关注的目标和利益。在多数情况下，该目标和利益是一致的，群体中各成员承担各自的角色（可能相同也可能不同），具有群体意识和归属感，具有我们同属于一群的感受，意识到我是这个群体中的一员。但在有些特殊情况下，如下棋比赛的两个人也可以认为是一个群体，但他们之间的目标则是负向相关的，一方获胜则另一方失败。但他们对这一目标却是共同关注的。

根据这一定义，企业中的新产品开发小组、质量活动小组、火电站的中央控制组、参加辩论赛的大学代表队等，都是群体的例子。但也并不是我们见到的所有人群都可以称为组织行为学意义上的群体。譬如，马路上围观看热闹的人群就不是群体，因为他们尽管能感受到对方的存在，但相互之间没有依存关系，行为上也不相互作用和影响，也没有共同关注的目标和利益。另外，上述群体的定义实际上也对群体的人数进行了限制。也就是说，当某个人群中人数多到不能使人与人之间都有机会进行相互作用时，它也就不能被称为群体。

二、群体的类型

根据构成群体的原则和方式，可以将群体划分为正式群体和非正式群体。

1. 正式群体

正式群体是指由组织正式确定，具有明确的组织方式、工作方式和任务目标的群体。这种正式性可以由组织图反映出来，譬如企业中的部门、科室、生产班组等，这种群体是相对稳定的。它也可以是组织根据需要在某个时期组建的，具有临时性的特点。譬如，企业根据当前市场需求，临时从市场、设计、工艺、制造、采购等部门抽调人员组成的新产品开发小组，或为解决眼下的质量问题而组建的质量攻关小组。作为组织的正式群体，它们都有很多共同点。譬如，群体有明确的编制和组织形式，每个成员有明确的分工、责任、权利和义务。为了保证工作目标的实现，还有统一的规章制度和组织纪律，并具有明文规定的规范标准。正式群体的成员必须从事由组织目标所规定的活动，受到正规的奖惩制度的激励和约束。

2. 非正式群体

非正式群体与正式群体相反，它不是由组织正式规定而建立的，而是组织中的人们在工作生活中为了某些需要而自然结成的，成员之间的关系是松散的。根据形成的动机，非正式群体包括以下几种类型。

（1）友谊情感型非正式群体

这是组织中的员工为了寻求相互关照、情谊和友爱而自发结成的群体，是很普遍的。譬如，几个情投意合的人经常在一起谈谈心，互相给予情感、物质或工作上的支持。还有各种同学会、老乡会、战友联谊会、插队联谊会等。在我国，这种类型的非正式群体往往对满足人们的心理需要有很大的作用，对其工作本身也有重要的影响。

(2) 利益型非正式群体

这是由于对某类特定事物和利益共同关心而形成的群体。譬如，在某企业中为了支持受到上级不公平对待或解雇的同事，一些具有相同背景和利益的员工自发组成一个群体，来进行声援。企业中某些员工自发组成业余质量小组，经常在一起讨论如何改进产品质量、降低成本、提高效率，并向企业提各种具体建议。在摩托罗拉公司，就有很多自发组成的全面顾客满意（total customer satisfaction，TCS）团队，它们对改进公司的产品质量、增加顾客满意度起了非常重要的作用。

(3) 兴趣爱好型非正式群体

这是组织中的人们由于共同的业余爱好和兴趣而结成的群体，如各类棋、琴、书、画、舞、唱等小组。它们可以丰富员工的生活，减缓工作压力、提高健康水平。

组织行为学认为，任何组织内部都会存在各种类型的非正式群体。这是因为，组织成员除了通过工作满足某些需求之外，还有许多其他的个人需求要通过与其他成员之间的非正式交往来满足。在企业之间和员工之间竞争日益激烈、人的工作压力不断加剧的今天，企业必须重视非正式群体对员工的积极作用，加以鼓励和支持。当然，在组织中也会不可避免地存在某些对组织不利的小团体，对于这些，组织领导要加以正确引导和纠正，使其对整个组织目标的实现和员工的利益产生积极的影响。

三、群体的作用

为什么要建立群体？群体介于个体和组织之间，对个人和组织都有重要作用。

1. 群体对个体的作用

根据麦克利兰的观点，人们都有成就、权力和情感的需要。这些需要在人们作为一个独立的个体时是不容易实现的，因此就要组建群体。譬如，人们在企业中工作或大学里学习的过程中，对同类专业领域感兴趣的人会形成一个群体，相互分享、交流，解决各自遇到的问题，促进自己在事业、学业上成长，获得成就。具有共同利益的人会形成群体，以联合起来争取更大的权力和利益。具有某种共同的不平常人生遭遇和经历的人形成群体，相互安慰、相互鼓励，获得力量，共同面对工作、生活的挑战，满足情感上的需求。根据马斯洛的理论，任何人都有生理、安全、归属、尊重和自我实现的需要。在这些需要中，生理和安全方面需要的满足有时要从群体中获得，而归属、尊重和自我实现等必须通过社会群体来实现。譬如，缺乏了别人的存在，我们也就无从谈到归属和尊重。

2. 群体对组织的作用

任何一个组织都是由人组成的系统，这个系统是由不同的群体组成。在整个系统中，不同群体被划分为不同的定位和任务分配，以降低管理难度和提高组织运行的效率。各个群体之间既相互分工又相互合作，才能共同完成组织的目标。

第二节 群体管理的系统思想

一、群体系统的构成

了解了群体的内涵、类型和作用后，我们必须知道应该如何来管理一个群体。针对群体的管理，不同的教科书中都罗列了大量的概念和方法。这里，我们首先要讲述群体管理的系统思想和框架，然后再分别展开分析各种不同的概念和方法。

著名社会心理学家霍曼斯（G. C. Homans）于1955年提出了较完整的群体系统模型（见图8-2)。模式包括四部分：群体的背景因素、群体被要求的行为、群体实际表现出的行为以及群体行为的最终结果。

1. 群体的背景因素

主要包括群体的工作条件、自然条件、管理环境、正式组织的领导方式、规章制度、奖惩制度、群体在组织中的地位等。显然，这些背景主要是群体之外的组织环境因素。在实际工作中，我们应该为群体的运行创造良好的外部条件。

2. 群体被要求的和给定的行为

主要包括要求的行为、要求的相互作用、要求的思想情绪、给定的情绪和价值观。在实际工作中，这些被要求的行为应该根据上面的各群体背景因素、群体内部情况以及群体的目标定位来合理地确定。被要求的行为只有与群体的背景因素、群体内部情况和其目标定位一致匹配，才能推动群体的良好运作。

3. 群体实际表现出的行为

主要包括内部系统（四要素为：表现出的活动、相互作用、思想情绪、规范）和内部社会性结构。

霍斯曼（G. C. Homans）对不同群体进行分析发现了共性：任何一个群体都存在着相互联系的三个组成要素：活动、相互作用、思想情绪（见图8-1)。

（1）活动

一个群体要存在和发展，必须进行各种各样的生产和社会活动。譬如，生产班组要进行生产活动，研究开发小组要开展科研和新产品开发活动，一群关系好的朋友要经常在一起相聚。这些活动的开展都是为了满足群体内外的各种需要。

（2）相互作用

这是指群体成员在进行各种活动的过程中，在行为上会发生各种形式的相互影响，包括各种语言或非语言的信息沟通、相互交往和相互接触。

（3）思想情绪

在群体进行各种活动以及成员之间相互作用的过程中，成员一定会形成某种思想或情绪情感上的反应，表现为人们的态度、心情、感受、意见和信念等。尽管个人的思想和情绪属于人的内心思想活动，它不一定能被直接看到，但可以通过人们在活动和相互作用中的表现而被其他人感觉到。人的思想情绪又会反过来影响各种活动和相互作用。

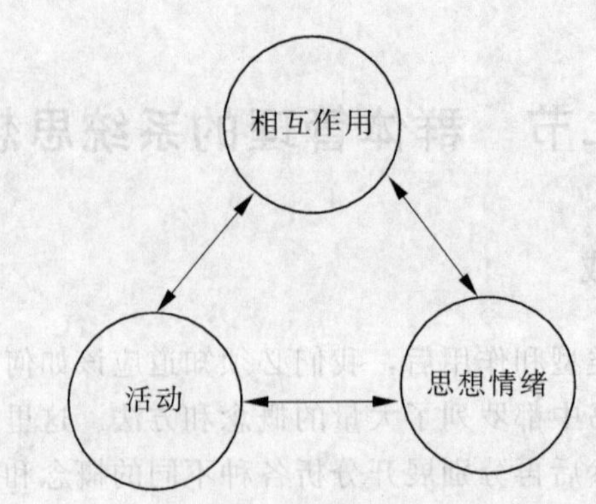

图 8-1　群体的组成要素

资料来源：(1) HAMPTON，SUMMER，WEBBER. Organizational Behavior and the Practice of Management. 3rd. Eai，1978.

(2) 杨锡山等. 西方组织行为学［M］. 北京：中国展望出版社，1986.

(3) 徐联仓. 组织行为学［M］. 北京：中央广播电视大学出版社，1994.

群体的这三个组成要素（活动、相互作用、思想情绪）是互相联系、互相影响的。后来，霍斯曼还加入群体的规范，与活动、相互作用、思想情绪一起统称为群体系统的四个要素。

因此，在实践中，要很好地管理一个群体，管理者必须对群体的内部系统（活动、相互作用、思想情绪、规范）进行有效的管理，同时设计和运行合理的群体内部社会性结构。

4. 群体行为的最终结果

主要包括群体的生产率、凝聚力、满足感和个人成长，它们又会反馈回去影响群体的背景因素。

尽管霍曼斯系统模型只是一般性地描述群体的组成、运作和结果，但在一定程度上有助于我们掌握群体管理的系统思想、各相关变量和基本框架（见图 8-2）。

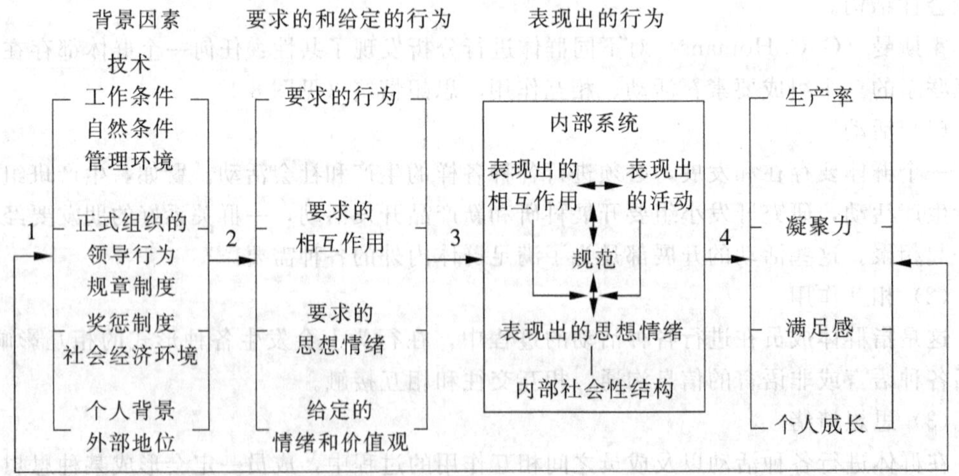

图 8-2　霍曼斯群体系统模型

资料来源：(1) G. C. Homans，The Human Group，1955.

(2) 杨锡山等. 西方组织行为学［M］. 北京：中国展望出版社，1986.

二、群体动力

群体动力论（group dynamics）主要研究群体中支配行为的各种力量对个体的作用与影响。前面我们在个体行为中提到，德国社会心理学家卢因（Lewin）曾指出，人的行为是个体特征变量和环境变量二者的函数，提出了 $B=f\ (P \cdot E)$。这里，B 为行为；P 为个体变量（譬如遗传、能力、个性、健康情况等）；E 为环境变量（譬如是否有别人在场、个体的行动目标是否受到阻碍等）；f 指函数关系。后来，他将这种关于个体行为的理论推广到群体行为研究中，以说明群体中成员之间各种力量相互依存和相互作用的关系，说明群体中个人的行为。群体动力的主要观点是（杨锡山等，1986）：

第一，群体中个人行为的方向和强度决定于个人现存需要的紧张程度和情景力场的相互作用关系。

第二，人们结成的群体不是静止不变的，而是一直处于不断相互作用和相互适应的过程。就像河流一样，表面上似乎平静，实际上却不断地在流动。他把这种现象称为准停滞平衡（quasi-stationary equilibrium）。

第三，群体的行为不等于群体中各个成员个人行为简单的算术和，它包含有集体智慧，因而可能会产生出新的行为形态。群体与个体的关系是：总体不是部分的总和，因为各部分相互作用的结果，可能大于或小于总和。

下面各节中，我们将全面分析群体管理的各个方面。

第三节　群体的行为特征

人在群体中的行为会表现出不同于个体处于独立情景下的行为反应，呈现出新的特点。主要体现为：群体压力导致的从众行为、社会助长作用、社会抑制作用、社会懒惰行为、合作和竞争行为。

一、群体压力的影响：社会从众行为

群体成员的行为通常具有跟随群体的倾向。当一个人发觉自己的行为和意见与群体中多数人不一致时，一般会感到一种心理紧张，心理上产生一种压力。这就是群体压力（group pressure）。这种压力促使人与群体主流的行为和意见趋于一致。人在群体中的这种要求与多数人一致的现象，称为社会从众行为（social conformity）。

从众行为的产生，一方面是源于马斯洛指出的人的安全需要。在群体中，标新立异或与众不同往往会使一般人担心由于背离群体的主流做法而丧失安全感，而会感到孤立、不安和不和谐。反之，当人与群体保持一致时，就会有一种安全和舒服感。群体压力与正式的权威命令不同，它不一定是强制地影响个体的行为，而是由于多数人的意向在影响着个人的行为反应，个体在心理上往往难以违抗。因此，群体压力对人行为的影响，有时并不一定亚于权威命令。

从众行为的产生，另一方面也是因为个体其他方面的实际需要。譬如，一个人在工作或生活中所需要的大量信息，都是从别人那里得到的，离开了他人，个人几乎难以活动，这样就使人逐渐形成不自觉地依赖他人的心理，从而导致从众。还有，人要在工作和生活上有所成功，必须依赖于他人的努力和群体的力量。

总之，个人生活在群体之中，任何一个群体、组织或整个社会都是一个合作系统。这就意味着，在一个群体中，个体在某些时间和场合都可能会作出某种程度的让步，不愿意犯众怒，甚至委曲求全。

杨锡山（1986）在其著作中对从众行为方面的历史研究作了如下的系统介绍。从众行为的研究来自心理学家阿奇 20 世纪 50 年代所作的实验（Asch，1956）。他将几组大学生作为被试者，让他们对图 8-3 所示几条线的长短进行比较，判断图右边的 A、B、C 三条线中哪一条与左边的 X 线是同样长度。试验组每组成员 7～9 人，其中只有一名是真正的被试者，其他几个都是实验人员事先串通的合作者。试验用 12 套卡片，每套卡片有 2 张。每次给被试者看 2 张卡片（1 套），看完后请他们一个个地指出右边卡片中的哪一条与左边卡片中的 X 线同长。根据事先对合作者的交代，开始几次实验让合作者作出正确的反应，以后就故意一致地作出错误的反应，从右边卡片中选出错误的线段，在这种情况下看那一位真正被试者的选择和反应受其他人一致性错误影响的程度。阿奇在 1951 年、1956 年、1958 年多次重复试验发现：当真被试者只遇到一个成员作出的错误回答时，他将坚持自己的正确意见；当组内做错误回答的人增加到两个人时，他就会感到群体压力，这时被试者接受错误判断的次数据统计达 13.6%；当组内做错误回答的人增加到三个人时，被试接受错误判断的次数比率达 31.8%。

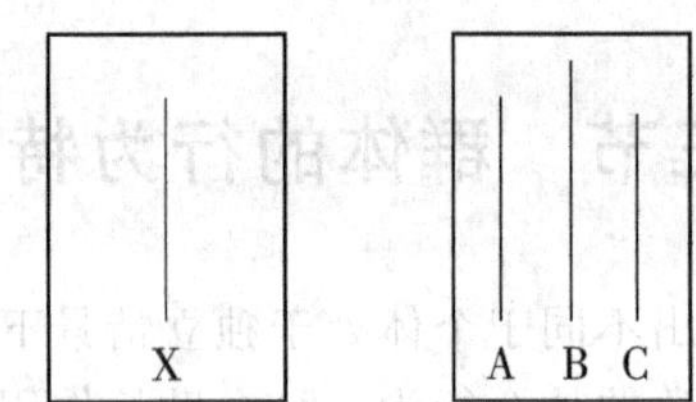

图 8-3 社会从众行为的实验研究用的卡片举例

资料来源：(1) Asch S E., Studies of Independence and Conformity: A Minority of One Against a Unanimous Majority [M]. Psychology Monagr, 1956.

(2) 杨锡山等. 西方组织行为学 [M]. 北京：中国展望出版社，1986.

(3) 徐联仓. 组织行为学 [M]. 北京：中央广播电视大学出版社，1994.

在现实中，社会从众行为往往会发生表里不一的情况。根据表面与内心从众与不从众的情况，会有以下四种组合（杨锡山等，1986；徐联仓，1994）。

① 表面从众，内心接纳。这就是所谓表里如一、口服心服。这时个体内心没有矛盾和冲突，其与群体保持平衡的关系。当群体的目标与个人的期望一致、群体的行为方式为个人完全认同时，就会达到这种理想、和谐的状态。

② 表面从众，内心拒绝。这就是所谓表里不一、口服心不服。这是权宜的从众或假从众，此时个体心理上将出现不协调和失衡的状态。

③ 表面不从，内心接纳。这种情况大多发生在个体由于其身份和地位而存在顾忌，尽管从内心里同意某一群体的想法和行为，但不公开表现其内心的真实状态。譬如，某基层管理人员内心同情其下属员工的要求，而上级领导却不同意，在上级主管会议上他就不公开表示从众和支持，可是内心却认为员工的要求是合理的。

④ 表面不从，内心拒绝。这也是表里如一，但口不服心不服。个体选择了不向群体妥协的心理状态。坚持原则、个性鲜明而直爽的人往往会采取这种态度。在很多情况下，这是一种很难得的行为表现，往往会给群体带来新的见解，有利于群体的健康发展。

影响个体从众行为的因素主要包括：个体特性、群体特征以及其他情景因素。

① 个体特征。人的从众行为倾向性在很大程度上取决于个体的特征。这些特征包括：智力和能力的高低（一般智力低者易于从众）、情绪的稳定性（焦虑且情绪不稳定者易于从众）、自信心高低（缺乏自信心者易于从众）、自尊心强弱（自尊心弱的人易于从众）、社会赞誉需要高低（社会赞誉需要高的人易于从众）、对人际关系的敏感性（看重人际关系的人易于从众）、态度与价值观（对社会评价和舆论敏感、重视道德与权威、墨守成规者易于从众）、对他人的依赖性（对他人依赖者易于接受别人的暗示而放弃己见）等等。

② 群体特征。这方面的因素包括：群体的作用（一个能够满足个体愿望和需要的群体易使个体产生从众行为）、群体的组成（当群体内多数成员的地位、能力、经验高于个体时，个体容易产生从众行为）、群体的气氛（当群体不容忍个人主见、总是对从众的人有利时，使得个体易于产生从众行为）、群体的凝聚力（当群体的凝聚力很高时，容易使个体从众）。

③ 其他情景因素。个体的从众行为还取决于其他情景因素。譬如：问题的性质（如果群体针对的问题本身复杂模糊，没有标准，则个体易于从众）、个人对群体的依赖度（当个体非常依赖于群体来达到其需要和目标时，个体就会考虑群体的意见和需要）、外界对群体的支持度（当整个组织对该群体非常认同和支持时，个体也容易产生从众行为）等。

由上可看出，个人在群体中从众行为的倾向性是个体与群体力量相对比的结果。当个体的力量能抵抗群体压力时，则会按自己的真实意见行动；当个体的力量不足以抵抗群体压力时，则会表现出从众行为。

二、群体对行为的影响：社会助长作用和社会抑制作用

群体对个体行为的影响，还表现为社会助长作用和社会抑制作用。社会助长作用是指，在群体活动中，个体的活动效率因为群体中其他成员的影响而出现提高的现象。而社会抑制作用则与此相反，个体活动的效率因为群体中其他成员的影响而受到减弱。

现实工作生活中，社会助长作用方面的例子是很多的。譬如，对跑步运动员来说，在参加比赛时的成绩往往高于其一个人锻炼时的成绩。在煤矿深处采煤的工人以团队形式工作的效率就比独自一个人工作时要高。马戏团演员、歌唱演员在观众面前的表演效果一般比一个人独自表演得好。产生社会助长作用的原因有：

① 个体希望从群体中得到尊重、赞许以及某种程度的自我实现。因此，在群体环境下，个体会拿出更多的能量和资源来取得更好的绩效，以赢得心理上的满足。所以各种形式的体育竞赛、企业的劳动竞赛、军队的大比武等活动，都是利用社会助长作用来挖掘个体潜力的好形式。

② 个体从群体中可以得到其他成员工作上或心理情绪上的帮助。譬如，产品设计人员独自开发新产品的成效就不如其与其他相关部门（如工艺、生产和市场销售部）人

员组织团队一起开发来得好，因为在团队环境下，设计人员可以从产品生产的各方面了解到更多的有用信息和技术要领。前面所提的在煤矿深处采煤的工人以团队形式工作的效率比独自工作时要高，很重要的原因是在那种寂寞的工作环境下，同伴之间的谈笑、相互关心都对员工的工作效率提高有很积极的作用。

③ 个体可以从群体的反馈中了解到自己的工作状况，而不断改进，以调整到最佳状态。马戏团演员、歌唱演员在观众面前的表演效果之所以会比一个人独自表演的好，原因之一就是这些演员能从观众的反应中不断调整自己的状态，迎合观众的需要，尽情发挥。

当然在现实工作生活中，我们也可以看到社会抑制作用方面的例子。譬如，一个新上讲台的教师第一堂课可能会怯场；学生参加毕业求职面试时会紧张；当工人刚做一个自己还不熟悉的工种时，如有人在一旁观看，其工作绩效反而下降。产生社会抑制作用的原因，主要来自于个体非良性的心理紧张对完成工作造成的不良影响。这种心理紧张主要是由于个体想从群体中得到尊重和赞许的愿望与自身对工作的信心（对工作的熟悉和自身能力）之间的差距造成的。

一般地说，决定社会助长作用或社会抑制作用大小的因素主要有：

① 工作的复杂度和难度。对于简单的工作，工作任务可以分配到具体的人，一群人共做时一般会提高个体的绩效。反之，如果工作复杂度和难度都大，工作难以分配到具体的人，协调的工作量很大，一群人共做时会使得一部分人的绩效下降。

② 个体对工作的熟练程度。如果个体对工作很熟悉，那么一群人共做时个体绩效会大大提高。相反，对不熟悉的工作，一起工作的情况下个体的绩效反而下降。

③ 个体的性格特征和心理成熟度。一个性格开朗、乐于表现、心理成熟的人在群体环境下工作绩效会提高。反之，一个性格内向、喜欢独处、心理不成熟的人在群体环境下工作绩效则会受负面影响。

因此，在实际的管理工作中，管理者要根据工作的复杂度和难度、个体对工作的熟练程度、个体的性格特征和心理成熟度，以及工作场地的可能条件，妥善地安排群体或个体工作，以充分地利用社会助长作用而减少社会抑制作用。

三、群体对行为的影响：社会懒惰行为

在有些情况下，群体对个人行为的影响还表现在社会懒惰行为（social loafing）。Ringelmann 做了社会懒惰行为对小组绩效影响的研究。他发现在拔河比赛中，3 个人一起拉的力量只能达到一个人平均力量的 1.5～2 倍。8 个人一起拉时的力量则不到一个人的 4 倍。在实际的管理工作中，我们常会发现在一些集体工作的环境下，群体中会有一些不履行应尽职责而搭便车的人。用中国的一句俗语就是："一个和尚挑水吃，两个和尚抬水吃，三个和尚没水吃。"

社会懒惰行为的发生有下面一些原因：

① 个人对群体的责任心。如果个人对整个群体没有足够的责任心和承诺，那么他就不会尽心尽责地去努力，尤其是在群体中没有严格的分工、工作没有人看见和监督的情况下，这时他可以做到"行到但心不到"。这是社会懒惰行为的首要原因。

② 分配上的平均主义。如果在一个群体中，每个成员所得到的都是同样报酬，对个人的突出表现也不会有更多的激励和认可，那么人们就会出现偷懒行为。

③ 人们的公平思想。在公平思想下，人们总不愿意多付出而少得到。因此，在得到上总是朝上看，而在工作上则眼光朝下看，谁也不愿意多出一点力，因此容易造成偷懒行为。

④ 职责不清。在工作分工和责任很不明确的群体中，成员的行动缺乏方向感，群体出了问题也不好追究，因此谁都不愿负责。

心理学家提出了下面一些实际建议，以减少群体中的社会懒惰行为：

① 增加工作的趣味性和有意义的方面，提高成员的参与程度。

② 让群体成员确信他们个人的贡献是可鉴别和有意义的。

③ 教育成员不应该容忍工作中不充分努力的行为。

④ 考核制度中要对个人的工作表现进行评价。

⑤ 奖励制度中要让成员获得的奖励中有一部分是根据其个人的表现给予的。

四、合作与竞争行为

1. 合作与竞争的内涵

合作和竞争是自然界和人类社会中的普遍现象，生物的进化和社会的发展都是这两种力量共同作用的结果。组织与组织之间、群体与群体之间以及人与人之间，总是存在着不同形式的合作与竞争。从表面上看，二者似乎是对立的，实际上，它们是对立统一的关系，一个是彼此较量，我胜你败，一个是强调配合，互相关照。两者都是完成任务和实现目标的手段。

竞争是指人与人之间、群体之间或组织之间，为了达到各自的目标，力求超过对方而取得优势地位的心理状态。而合作则是指各方齐心协力，相互配合，以求共同达成目标的心理状态。

2. 决定合作与竞争的因素

人与人之间、群体之间或组织之间的合作与竞争关系，在很大程度上取决于相互之间的目标相关性。目标相关性分为三种：正相关、负相关、无关。

① 正相关，是指一方目标的达成会使得另一方也更容易达成其目标；反过来也是。譬如，企业销售部卖出去的产品越多，维修服务部的业务量也将越多。

② 负相关，是指一方目标的达成会使得另一方更难达成其目标；反过来也是。譬如，领导要从其所有副手中挑选出一名接班人，显然这些候选人之间目标是负相关的。

③ 无关，是指一方目标的达成与另一方达成其目标没有关系。譬如，不同部门在评选各自的先进人物时相互间没有影响。

目标相关性会影响群体之间的关系到底是合作还是竞争。显然，在正相关的情况下，合作行为将占主导；而在负相关的情况下，竞争行为将占主导；在无关的情形下，既没有合作也没有竞争。所以，根据这一理论，企业可以通过人为地设定分配和激励制度等来决定群体间的目标相关性，从而影响它们之间的合作和竞争关系。

3. 合作与竞争对工作效率的影响

在个人之间、群体之间以及组织之间，什么时候应该采用合作、什么时候应该采用竞争？这里涉及一个问题，即合作和竞争对人们和群体工作的影响。心理学家经过大量研究指出，对群体内而言，应该根据工作的性质、群体成员的态度和情感定向，来确定是采用竞争还是合作，其建议是：

① 如果工作比较简单，而且每个成员单独可以完成全部工作程序，则竞争优于合作。

② 如果工作比较复杂，需要靠成员通力合作才能完成工作任务，则合作优于竞争。如某些联动作业。

③ 如果群体成员的态度和情感是属于群体定向，而且又有明确的群体目标，则群体合作优于个人竞争。

④ 如果群体成员的态度与情感是属于自我定向，而且工作本身又缺乏内在兴趣，则个人竞争优于群体合作。

群体之间的竞争与合作对群体内的工作效率有一定影响。通常情况下，群体之间的竞争，能促进群体内部的团结，减少分歧，增进成员对完成群体目标的关心程度。

竞争与合作对群体之间工作效率的影响，则要看群体工作的性质。有以下两种情况：

① 群体之间的相互依赖程度。相互依赖程度越高，越需要相互合作。譬如，企业新产品的开发，就需要设计、生产、质量、销售以及市场等很多部门的协作，这时要倡导群体间的合作。而对相互依赖程度不高的工作，如进行同样加工任务的不同生产班组之间，相互依赖度不高，则可以采用竞争的形式。

② 工作的常规化程度。高度常规化的任务很少发生变化，群体成员面对的问题非常容易分析，很少出现例外情况。这种群体活动适合于标准化的操作程序，群体之间提倡竞争，开展竞赛，有利于促进生产效率的提高。而常规化程度低的任务常常很难分析，存在很多例外情况。如市场研究部和产品开发部中遇到的大量任务都属于这一类。这类任务要进行更多的信息加工，必须与其他群体进行很多相互作用。这时应该强调合作。

第四节　群体发展的阶段模型

不同学者提出了群体发展阶段模型，下面我们主要讨论四阶段模型和五阶段模型。

一、群体发展的四阶段模型

Moorhead 和 Griffin（1998）在其著作中引用了 Bass 和 Ryterband（1979）提出的群体发展四阶段模型。Bass 和 Ryterband（1979）认为，不管是什么类型的群体（小组），自它刚建立到最后走向成熟的过程中，都会经历以下四个发展阶段：①相互接纳（mutual acceptance）；②沟通和决策（communication and decision making）；③激励和生产率（motivation and productivity）；④控制和组织（control and organization）。图8-4 表示了这四个阶段及其特征。实际上，各阶段活动之间总会有重叠，所以也不能绝对地将它们分开。

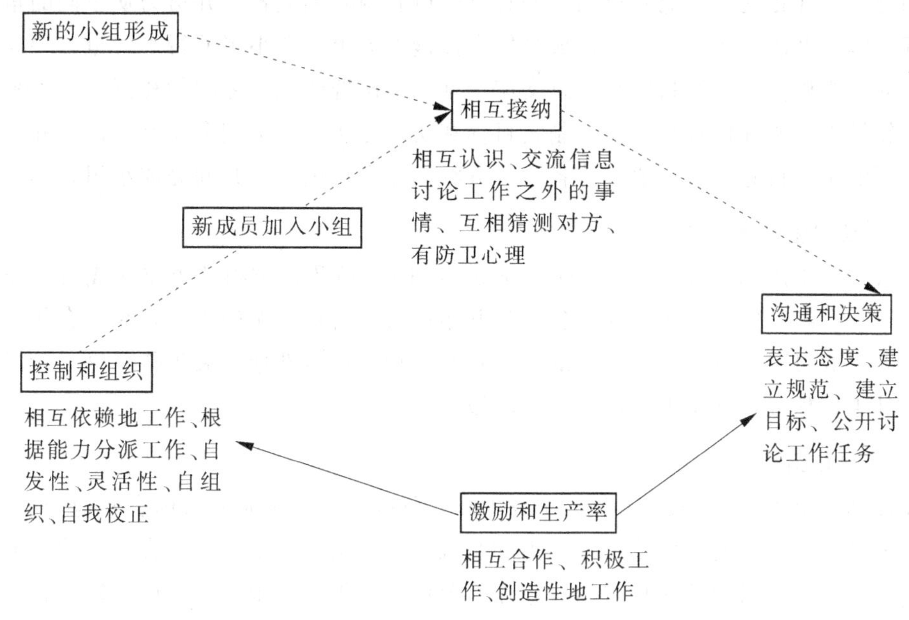

图 8-4　小组发展的四个阶段

说明：该图显示了一个新建立的小组发展成为成熟小组的过程。注意：当新的成员加入小组或小组有了新的任务时，小组又将整个地将各阶段经历一遍。

资料来源：(1) MOORHEAD G, GRIFFIN R W. Managing People and Organizations: Organizational Behavior [M]. 5th. Houghton Mifflin Company, 1998.

(2) BASS B M, Ryterband E C. Organizational Psychology, 2nd ed. Boston: Allyn and Bacon, 1979, pp. 252～254.

1. 相互接纳

小组刚刚建立的一段时期是处于相互接纳（mutual acceptance）阶段。各成员通过交流各自的信息而相互认识，他们还可以经常通过讨论与工作无关的一些问题（如天气、体育活动或组织内最近发生的一些事情）而试图了解对方。他们也可能会讨论小组工作（如目标）方面的事情，但是由于彼此之间还不是很熟悉，所以不会谈论得很深入。如果成员们在以前就很熟悉，这个阶段就会比较短。

当成员们相互认识后，他们就会去讨论更敏感的一些事情，如组织政治或最近有争议的决策。在这一阶段，成员会相互交流各自对一些问题的看法以及了解各自的反应、知识和能力，但很少发生争论。通过讨论，成员们了解他们在价值观和对问题看法上的异同，并建立某种程度的相互信任。小组成员还有可能根据他们以前在小组中工作的经历来交流彼此对小组活动的期望。然后，小组进入下一阶段。

2. 沟通和决策

一旦小组成员相互接纳对方后，就转入讨论本小组的工作，小组进入沟通和决策（communication and decision making）阶段。这时，小组成员们更加开放地进述各自的感受和观点。在相处中，他们对相反的意见会更有耐心和宽容，并努力从不同的角度探讨合理的解决办法。在这一阶段，成员们会慢慢发展出一套小组的行为规范。譬如，建立小组的组织机构、规章制度和信息交流网络；明确群体成员之间的相互依赖关系；确定小组领导人，明确权限和责任；制定目标和实现方法；成员们会相互讨论，并建立大家都认同的小组目标。然后他们给各成员分派任务和角色，以共同完成小组目标。

3. 激励和生产率

在激励和生产率（motivation and productivity）阶段，小组的重点从成员之间的个人观点转向小组具体的工作活动。各成员开始进行各自被分派的工作，相互合作、相互帮助共同完成目标，成员们受激励的程度日益增加，创造性地开展工作。这一阶段，小组完成其工作任务，开始走向最后一个阶段。

4. 控制和组织

在控制和组织（control and organization）阶段，小组为完成目标有效地开展工作。工作任务是在相互认同和根据员工能力的基础上分派给每一个员工。在一个成熟的小组中，各成员的工作活动都是自主的，工作有灵活性而不是受限于严格的规定。在必要的时候，小组会对其活动和潜在的产出进行评估和控制。小组表现出的灵活性、自发性、组织性和自我校正对它在长时间内保持高的生产效率是非常重要的。

并不是所有的小组都会经历所有这四个阶段。有些小组在到达最后一个阶段前就解散了，还有一些小组会解散得更早。

管理人员必须了解小组发展的规律，因为行为是由各自阶段来决定的。只有这样，才能更好地管理好一个小组。

二、群体发展的五阶段模型

罗宾斯（2005）在其著作中引用了前人做的研究（Tuckman，1965；Tuckman 和 Jensen，1977；Maples，1988），介绍了群体发展的五阶段模型。他们认为，群体的发展过程会经过五个明显的阶段：形成阶段（forming）、震荡阶段（storming）、规范阶段（norming）、执行阶段（performing）和解体阶段（adjourning）。

1. 形成阶段

人们刚走到一起形成群体，群体在目的、结构、领导方面都不明确，需要建立。成员们在一起确定大家都能接受的行为规范，开始把自己视为群体的一分子。到此为止，形成阶段结束。

2. 震荡阶段

这个阶段内部冲突明显。成员们虽然接受了群体的存在，但却抵制着群体对个体的限制，而且还在群体内的控制权上产生冲突。当群体内部出现了比较明朗的领导层级，群体成员在发展方向上也达成共识时，这一阶段结束。

3. 规范阶段

群体成员之间的关系发展得更密切，表现出了内聚力。成员们有一种强烈的群体认同感和志同道合感。当群体结构比较稳固，群体成员也对正确的成员行为达成共识时，这一阶段结束。

4. 执行阶段

群体的结构发挥着最大的作用，并得到广泛认同。群体成员的主要精力从相互认识和了解进入到努力完成当前的工作任务上。这是群体至关重要的阶段。

5. 解体阶段

这一阶段，群体刚完成工作任务，为解散做好各种准备。此时，高工作业绩不再是群体关注的头等大事，而是关注如何做好善后工作。

以上五阶段模型只是反映了大多数群体的发展阶段，但某些群体也会发展很快。譬如，罗宾斯（2005）指出：一项关于飞行员的研究发现，当指定三名互不认识的飞行员同舱驾驶一架飞机时，他们在开始合作后的10分钟之内就会成为高绩效群体。这种群体能快速发展建立，是因为飞行员的工作处于强组织情景中，这种情景本身就提供了飞行员事先熟悉的规章制度、任务界定、信息和资源，而这些都是群体发展过程中的必要内容。

第五节 群体有效性及其影响因素

一、群体的有效性

1. 群体有效性的内涵

Ancona等（2005）认为，群体的有效性（effectiveness）主要包括以下四个方面。

（1）绩效

绩效（performance）是指群体成员的工作成果。譬如，可以用产品的质量、数量、上市时间快慢、生产效率以及产品创新程度等来衡量。

（2）群体成员满意度

群体成员满意度（member satisfaction）是指各成员通过群体工作所得到的满足感。譬如，被信任、个人需要得到满足、个人能力得到发挥等。

（3）群体学习

群体学习（group learning）是指各成员通过群体工作所获得的新技能、新方法和良好的行为等。

（4）外部满意度

外部满意度（outsider satisfaction）是指群体满足组织之外的其他相关部门、顾客和供应商需要的程度。

因此，群体有效性和群体绩效是两个不同的概念，前者比后者宽。有效群体就是指能满足以上四个方面要求的群体，而无效群体则相反。当然，有效群体和无效群体也是相对而言的。

2. 有效群体的特征

一个有效的群体往往具有以下一些特点。

（1）清晰的目标

高效的群体对所要达到的目标有清楚的了解，并坚信这一目标包含着重大的意义和价值。而且，这种目标的重要性还激励着群体成员把个人目标升华到群体目标中去。在有效的群体中，成员愿意为群体目标作出承诺，清楚地知道希望他们做什么工作，以及他们怎样共同工作来完成任务。

（2）相关的技能

高效的群体是由一群有能力的成员组成的。他们具备实现群体目标所必需的技术和能力，而且还具有很强的相互合作能力，从而出色完成任务。后者尤其重要，但却常常被人们忽视。有精湛技术能力的人并不一定具有处理群体内各种关系的技巧，而高效群体的成员则往往兼而有之。

（3）相互的信任

成员间相互信任是有效群体的显著特征。我们在日常的人际关系中都能体会到，信任这种东西是相当脆弱的，它需要花大量的时间去培养而又很容易被破坏。只有信任他人才能换来他人的信任，不信任只能导致不信任。组织文化和管理层的行为对形成相互信任的群体氛围很有影响。如果组织崇尚开放、诚实、协作的办事原则，同时鼓励员工的参与和自主性，它就比较容易形成信任的环境。沟通、支持下属、尊重下属、公正无偏、行为一贯以及向下属展示能力，这些行为都能够帮助管理者在员工中建立和维持信任。

（4）一致的承诺

在高效的群体中，成员对群体表现出高度的忠诚和承诺。为了能使群体获得成功，他们愿意去做任何事情。成员对群体具有认同感，他们很看重自己属于该群体的身份。成员对群体目标具有奉献精神，愿意为实现目标而发挥自己最大的潜能。

（5）良好的沟通

群体成员之间、群体与管理层之间都能通过畅通的渠道交流信息。就像一对已经共同生活多年、感情深厚的夫妇那样，高效群体中的成员能迅速而准确地了解彼此的想法和情感。

（6）人际技能

以个人为基础进行工作设计时，员工的角色由工作说明、工作纪律、工作程序及其他一些正式文件明确规定。但对于高效群体来说，其成员角色具有灵活多变性，总在动态地进行调整。这就需要成员具备很好的人际（如谈判）技能。由于群体中的问题和关系时常变换，成员必须能面对和应付这种情况。成员之间有高度的相互作用和影响，因而易于调整彼此的关系。

（7）恰当的领导

有效的领导者能为群体建立愿景，指明前途，鼓舞群体成员的信心，帮助他们更充分地挖掘自己的潜力。优秀的领导者不一定非得总是做指示或控制人，而往往是对群体成员提供指导和支持。

（8）内部支持和外部支持

高效群体的必需条件还包括其支持环境。从内部来看，群体应具有合理的基础结构，如适当的培训、合理的成员绩效评价和奖酬系统。从外部来看，管理层应给群体提供完成工作必需的各种资源，群体还应与其他群体维持良好的关系。

（9）成员的工作自主性和精神状态

在高效群体中，成员对其工作具有一定的自主权，感到有一定的自由控制自己的工作。这样成员有较强的工作动机和良好的精神状态，充满自信和自尊。

二、各因素对群体有效性的影响

影响群体有效性的因素包括：群体结构、群体规模、群体规范、群体凝聚力、群体气氛等。

1. 群体结构

群体结构（group composition）是指一个群体的组成，即在一个群体中各成员所具有的各项个体特征（如性别、年龄、个性、职位、专业、经验等）的分布和组成情况（徐联仓，1994）。因此，群体结构又可更细分为：群体的性别结构、年龄结构、个性结构、职位结构、专业结构、经验结构等。

根据群体组成成分的不同，群体的结构又可分为同质结构和异质结构。同质结构是指群体成员在性别、年龄、个性、职位、专业、经验等方面都比较接近。异质结构则刚好相反，是指群体成员在上述各方面都存在着显著的不同。

企业对工作群体是采用同质结构还是异质结构，首先取决于工作的性质。一般认为，对于简单的工作、可以串行完成的工作、需要合作才能完成的工作以及必须很快完成的工作，采用同质结构效果较好。譬如，制造车间生产班组（如车床组、铣床组、磨床组）的划分一般是采用同质结构。而对于复杂的工作、必须并行完成的工作、创造性的工作以及不需要很快完成的工作，采用异质结构效果好。譬如，新产品开发小组一般是采用异质结构，小组成员来自市场、设计、开发、生产、销售等不同部门。企业的领导和决策委员会一般也应采用异质结构，因为各方面的知识和意见可以相互协作、取长补短，这对作出正确决策是有益的。

当然，决定采用同质结构还是异质结构，还取决于管理能力。一般来说，在同质结构中，由于群体成员在很多方面都比较接近，因此容易沟通，冲突会少一些。而在异质结构的群体中，由于各成员在很多方面差别较大，沟通上就会有一些潜在的困难。譬如，如果年龄差别太大，成员之间甚至会出现代沟，对同一事物的看法往往有较大差距。如果专业背景差得大，各成员在看待同一问题时往往会从自身专业出发来考虑，还由于使用的专业术语和词汇的不同，也会造成沟通的障碍。这些都是潜在冲突的来源。

而处理这些潜在的沟通和冲突问题，需要成员具有相应的管理能力。否则，群体是很难协调发展、取得良好绩效的。

总之，群体结构对群体工作时的心理气氛、和谐程度、凝聚力以及工作成效会有深刻的影响。管理者应该根据工作的性质、类型、特点、企业人员的实际情况等合理搭配，从而使群体协调一致，提高工作效率。

2. 群体规模

群体规模（group size）是指群体人数的多少。关于群体的生产力与群体规模的关系，罗伯特·德利（1998）提出了如图 8-5 所示的模型。

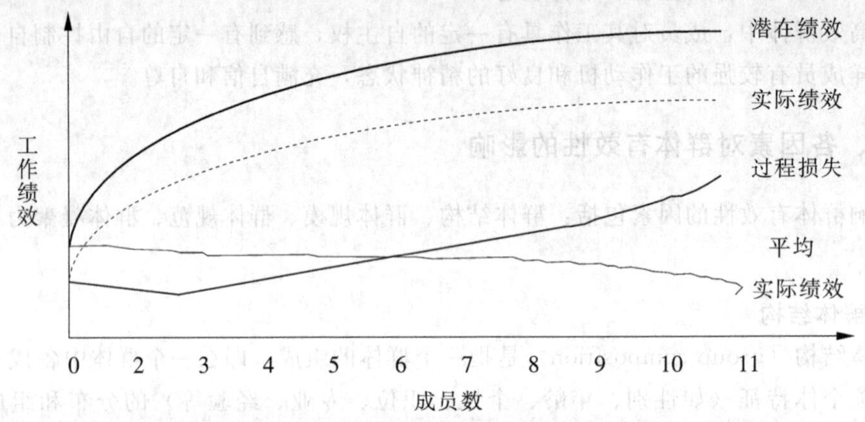

图 8-5 群体规模与工作绩效的关系

资料来源：罗伯特·德利. 组织行为学［M］. 陈国权译. Heriot-Wat 大学，1998.

由图 8-5 可以清楚地看到，工作小组的潜在绩效（potential performance）随着小组扩大而增加。潜在绩效指的是工作小组在其成员的技术、能力、经验相结合的理想情况下所能达到的最好绩效水平。显然，随着小组人数的增加，成员们解决小组所面临问题的潜在能力增大。过程损失（process losses）是指会影响小组达到其潜在绩效的各种障碍，譬如群体盲思、人际冲突和成员的离职。实际绩效是指小组的潜在绩效与过程损失之间的差值。

潜在绩效和过程损失都会随着小组规模的扩大而上升，二者相减所得到的实际绩效也有类似的趋势，但小组成员的平均实际绩效却会随着小组人数的增加而降低。原因是，随着小组规模的扩大，其内部的协调也变得更为复杂，另外还有社会懒惰行为的影响。

人们在研究和实际管理经验的基础上，对管理小组规模有下面一些看法（罗伯特·德利，1998）。

① 中等规模的小组（5～11 人）比其他人数的小组更易制定正确的决策。

② 小规模的小组（2～5 人）比规模大的小组更容易达成一致意见。

③ 大组（11 人以上）能产生更多的意见，但随着成员人数超过 20 人，意见数目与成员数目之比（类似人均实际工作绩效）开始下降。

④ 4～5 人的小组比中等或大规模的小组能获得更大的成员满意度。

⑤ 很小规模的小组（2～3 人）中，成员对工作绩效的可见性非常关心。

3. 群体规范

群体对个体行为的影响，还表现在群体规范（group norm）上。群体规范是指群体为达到目标，在一定时期内成员相互作用而形成的每个成员必须遵守的行为规范（徐联仓，1994）。这些规范确定了成员的行为范围、成员应该具备的态度，规定了什么可以做和什么不可以做，应该怎么做和不应该怎么做等。譬如，在一个团队中，为了得到尽可能多的好主意，就可以规定一条类似头脑风暴法的原则：每次只能有一个成员发言，其他成员都必须认真听，并有专人记录，任何人都不能中途打断其发言而加以评论。规范能使团队建设得更好。

当然，群体规范不可能详细具体规定每个成员的一举一动、一言一行，给出的是一个基本的行为框架。群体规范可分为正式规范和非正式规范。前者是由正式文件明文规定的，如各种规章制度和守则等；后者是群体自发形成的、不成文的，如成员之间的沟通方式和态度，各种行为和风俗习惯等。但正式和非正式规范都有约束和指导成员行为的效力。成员的行为符合这个框架和标准，就会得到群体的认同。反之，当成员偏离或破坏这种规范时，就会引起群体的注意。轻者要受到教育和指责，群体还会运用各种纠正方法，使其回到规范的轨道上来。重者则要受到惩罚，甚至被排除出群体。

群体规范对于群体具有维持作用。如果没有群体规范，群体就会像一盘散沙，失去整体性，成员不能协同起来达到共同目标。规范还具有认知标准化的作用，即把群体成员的意见和看法统一起来，为实现共同的目标服务。规范对所有成员的行为都有导向和约束作用，使他们表现出一定的群体性特点。当然，群体规范主要反映了多数成员的意见，有一定的平均性，因此它有一种使成员行为趋于中等水平的趋势，这种情况有时可能会限制群体中个别成员的积极性和创造性。

美国公司的群体规范举例

群体要形成很高的生产力，必须建立良好的群体规范。一群人在一起工作，如果没有一个良好的合作共事方式，那么相互之间的摩擦和损耗只会降低群体的生产力，甚至还不如个人单独工作时的效率。大量研究表明，一个生产力高、易出成果的群体一般都形成了良好的群体规范。

譬如，美国原阿莫科（AMOCO）石油公司对于群体（小组）开会都专门建立了 12 条规则。它们是：

（1）会议要有议程

（2）开会必须围绕中心进行

（3）会上要提建议性的意见

（4）要按时开会和结束

（5）每次只能有一人发言

(6) 每人都要对会议作贡献

(7) 会议中得到的想法属于大家

(8) 一次会议要找到 80% 的解决问题的办法

(9) 会议形成的计划要形成正式文件发给大家

(10) 会议要灵活

(11) 会议要开放和诚实

(12) 会议要有乐趣，使每个参加者快乐。

这 12 条会议规则在该公司取得了很好的效果。

Karen J. Richter 等人通过对美国一些国防公司产品开发小组的调查，得出了增强小组会议有效性的一些方法：

(1) 限制会议时间，每次最多 3～4 小时。

(2) 要有会议议程，并记录会议各项内容。

(3) 在没有对某一件事得到具体行动方案并将工作分配给各成员时，不能结束会议。

(4) 会议之间的间隔不能大于 2 周时间。

(5) 坚持要让所有有关人员都参加会议。

(6) 在开会期间，不能允许电话或其他方式干扰或打断会议。

在会议议程和会议记录方面，这些公司还有具体可操作的方法。譬如，美国很多公司都把小组会议成功的原因归结于在会议进行中严格按议程行事，以及对会议中各项议程时间的精心安排。会议议程由小组组长准备，并在会议之前就分发给每个成员。议程包括各项要讨论的条目、要显示的条目、每条目所占的时间以及参加会议的要求。会议记录包括各项活动条目、它目前的情况、要完成的日期以及任务承担人。会议结束后，这些记录必须完整而迅速地编辑、打印，并连同会上所有展示材料都分发会议参加者。

群体规范是在两种作用下产生的。第一，群体成员在共同的工作生活中，由于对某些问题确实具有共同的认识、判断和标准，因而发生类化过程，大家彼此接近，趋于一致，从而导致形成某种模式和标准，这样就可以在遇到同类问题时作出尽快的反应。第二，群体在运作的过程中，尽管开始对某些问题有不同的看法和做法，但在长期的相互作用和交往中，发生相互之间模仿、暗示和顺从等心理行为过程，从而使群体成员的意见趋于同化和统一。当然，在现实生活中也有这种情况，即群体规范的有些方面完全是由上级主管规定的。

4. 群体凝聚力

(1) 群体凝聚力的内涵

群体凝聚力（group cohesiveness）是群体对成员的吸引力，既包括群体对成员的吸引程度，又包括群体成员之间的相互吸引力。这种吸引力表现为成员在群体内团结活动和拒绝离开群体的向心力（杨锡山等，1986；徐联仓，1994）。美国心理学家多伊奇曾提出过一个计算凝聚力的公式：群体凝聚力等于成员之间相互选择的数目与群体中可能相互选择的总数目之比。

凝聚力强的群体的一般特点为：成员之间的信息交流畅通频繁，气氛民主，关系和谐；成员有较强的归属感，成员参加群体活动的出席率高；成员愿意更多地承担推动群体发展的责任和义务，关心群体，维护群体的权益；等等。

群体凝聚力与日常所说的群体团结性有类似之处，但也有区别。凝聚力主要是指群体内部的团结，而且可能出现排斥其他群体、和其他群体不团结的倾向。而我们所提倡的团结，往往既包括群体内部的团结，也包括与其他群体的团结和相互支持。

(2) 影响群体凝聚力的因素

影响群体凝聚力高低的主要因素有（杨锡山等，1986；徐联仓，1994）：

① 群体的目标。如果群体存在一个共同的目标，该目标的达成对所有成员的个人目标和切身利益都有利，这样成员之间的目标就是正相关的。这是形成高凝聚力的首要因素。

② 群体目标的达成。当各成员经过共同的努力达到目标时会增强成员之间的感情、成员对小组的认同，凝聚力会大大增强。达成的目标越具有挑战性，凝聚力就会越高。

③ 成员之间的互相学习。当群体中各成员都能从与其他成员共同工作中受益，学到更多、更新的知识时，成员之间的吸引力就强，凝聚力就会增加。

④ 共同的业余兴趣、爱好。当一个群体中各成员都能从与其他成员共同生活中得到更多的乐趣时（如有共同的爱好和兴趣），成员之间的吸引力就强，凝聚力就大。

⑤ 群体规模。群体规模小，成员间彼此相互作用与交往的机会多，感情会加强，凝聚力大；反之，则不容易凝聚。通常，凝聚力大小与群体规模成反比。

⑥ 群体与外部的关系。一个与外界相对比较隔离的群体，凝聚力高；反之则低。另外，一个本来有一定凝聚力的群体在受到外来压力时，凝聚力会更强。

⑦ 群体在外面的地位和声望。一个群体的声誉和知名度高，凝聚力强；反之就较弱。

⑧ 群体内的信息沟通。群体内信息畅通，沟通的机会多，大家之间相互理解和支持，凝聚力高；反之就较低。

⑨ 群体的领导方式。一个有个人魅力而且尊重员工、愿意与员工沟通的领导，成员就会对领导有一种向心力，凝聚力高。

(3) 群体凝聚力对群体有效性的影响

一般而言，凝聚力高的群体比凝聚力低的群体更为有效。但是不能一概而论，因为凝聚力与生产效率之间的关系还受控于群体目标和整个组织目标的符合程度。大致有这样几种情况：

① 群体和组织的目标一致，凝聚力高，生产效率高。

② 两者的目标一致，凝聚力低，生产效率也较高。

③ 两者的目标不一致，但凝聚力高，生产效率较低。

④ 群体凝聚力低，成员的态度又不支持目标，则凝聚力对生产效率不会产生明显的影响。

5. 群体气氛

根据卢因的群体动力论，群体中各成员的行为是由其所处环境与其个性二者之间相互作用的结果。因此，为了使员工形成有利于组织目标的行为，达到激励的目的，管理者一方面要选拔合适的员工，了解员工的需要、能力和特长，通过安排合适的岗位、加强培训、建立各种内在和外在的奖励措施，来激发员工的积极性和创造性。另一方面，管理者还要在组织中创造良好的群体环境，这其中既包括物质和技术环境，还包括群体的精神环境即群体的气氛。良好的群体气氛对员工的行为有重要的影响，进而影响群体的有效性。

群体气氛主要包括群体的风气、群体的领导方式、群体中成员间相互作用关系等方面。

（1）群体的风气

群体的风气是群体在工作生活中逐步形成的、约定俗成的行为习惯和精神风貌，是一种非正式的、非强制性的行为标准。不同的群体有不同的风气。譬如，人们经常讨论大学的风气，某某大学学生的学习风气好，某某大学学生考托福和 GRE 出国的风气盛，某某大学学生谈恋爱的多等。对于公司，有的是创新的风气盛，如惠普公司和 3M 公司，它们从不扼杀员工的任何一个好主意。有的公司里合作的风气好，不同部门、群体和员工之间很乐于互相合作，如美国通用电气公司（GE）就提出了建立无边界组织（boundless organization）的口号，意即打破传统的部门和分工界限，倡导相互合作。组织的一些座右铭和口号就是这种气氛的反映。

群体的风气对成员行为有重要的影响。第一、成员置身于群体中，总会受到整个群体风气潜移默化的影响，长期耳濡目染就会形成与群体一致的行为方式。群体风气对行为有规范作用。这就是人们常说的近朱者赤、近墨者黑的道理。第二、人在不同风气的群体中会产生不同的行为。譬如，在一个相互合作的群体中，成员所表现出的往往是友好、倾听、耐心以及建设性的讨论、批评和建议。而在一个相互恶性竞争的群体中，群体成员之间所表现出来的则是互相争斗、缺乏耐心、攻击性的批评、互相拆台等。

（2）群体的领导方式

群体中领导者行使权力与发挥领导作用的方式（如民主或独裁）也是群体气氛的重要方面，会对成员的行为产生重要影响。卢因和怀特等人曾经进行过一个著名的试验。他们将 11 岁的男孩若干人分成两组，每一组均由一个成人来领导，领导的方式分为专制型领导和民主型领导两种。专制型领导的特点是：所有方案由领导者一人决定；工作的方法和程序由领导者一步一步作指示，成员无法知道下一步骤及整个目标；个人工作的分配及分组时的人选均由领导者指定；领导者对成员的表扬和批评，不以客观事实为根据，全凭其个人主观好恶来决定。民主型领导的特点是：所有方针均由全体成员讨论决定，领导者只是在旁鼓励与支持；成员工作的程序与目标，在讨论时可获得了解；在技术上需要建议时，领导则提出两个以上的方案，由成员自己决定选择；分组时，个人可以自由选择同伴，工作的分配也由群体自己决定；领导者以客观事实根据来表扬和批评成员；领导者尽量不代替成员工作，而努力在精神上成为他们之中的一员。整个试验的结果如下：在专制型群体中，各个成员的攻击性言行要比民主型群体中多得多，尤其是直接指向成员的攻击性行为要比指向领导者的多。在专制型群体中，成员还表现出对领导者服从，喜欢表现自我；而在民主型群体中，成员彼此友好，以工作为中心的接触多。在民主型群体中，"我"字使用的频率低，而"我们"使用得多；专制型群体多以"我"字为中心。在引入试验性的"挫折"时，民主型群体的各成员团结一致解决问题；专制型群体中则彼此推卸责任并进行人身攻击。领导者不在场时，民主型群体的成员仍能自发主动地继续工作；而专制型群体的成员工作动机大大减低。民主型群体的成员对群体活动的满足感较高。

研究指出，要形成良好的群体气氛，领导的行为应该具有以下一些特点。

① 沟通。向群体成员解释有关决策和政策，使他们知晓；及时提供反馈；坦率承认自己的缺点和不足。

② 支持下属。对群体成员和蔼可亲，平易近人，鼓励和支持他们的意见与建议。

③ 尊重下属。真正授权给群体成员，认真倾听他们的想法。

④ 公正无偏。恪守信用，在绩效评估时能做到客观公正，应予以表扬的尽量表扬。

⑤ 行为一贯。处理日常事务应有一贯性，明确承诺并能及时兑现。

⑥ 展示能力。通过展示自己的工作技术、办事能力和良好的职业意识，培养下属对自己的钦佩与尊敬。

（3）群体中成员间相互作用关系

群体中成员间相互作用关系主要体现于两种类型的行为：一类是群体成员对工作任务的行为，称为工作任务型；另一类是群体成员对个人的行为，称为人际关系型。这些行为有时会起正的、积极促进的作用，而有时则起负的、消极的作用。

正的人际关系型行为包括有：①互相团结、帮助、鼓励；②相处轻松、和谐自然、没有紧张感；③相互谅解、真诚相待、赞同和遵从正确的意见；④耐心、宽容等。

负的人际关系型行为包括有：①有太多的意见分歧、即使正确也不赞同、消极地拒绝对方；②情绪紧张、相处不自然；③喜欢对抗、为自己辩护。④烦躁、不容忍对方的失误等。

正的工作任务型行为包括有：①乐于向别人提供信息以及利用他人的信息；②真诚地提供和接受有益的建议、感想和指导；③利用所有人的智慧，考虑所有人的意见进行决策；④细致耐心地交流和讨论，反复说明以澄清观点等。

负的工作任务型行为包括有：①对有关信息保密，也不乐于采用他人的信息；②批评、指责、挑毛病；③只从自己的意见出发考虑问题、争吵不休、群体很难达成决议；④缺乏耐心、粗枝大叶、草率作出决定等。

显然，在群体中这两种相互作用关系都是十分重要的。群体成员间如果能形成一种相互尊重、团结合作、情谊深厚的人际关系，对大家的工作成绩和心理健康都是十分有利的。在工作上，如果能形成相互间良好的信息共享和沟通、真诚提供看法和建议的平等民主型的工作关系，显然就能产生更好的工作绩效。在群体成员间的相互作用关系中，人际关系是工作关系的基础，而好的工作关系也会促进良好的人际关系的形成。

第六节　群体间绩效及其影响因素

一、群体间绩效及其影响因素

以上主要集中在谈群体内的绩效和相互关系。实际上，在达成整个组织目标的过程中，群体之间总要发生大量的相互作用。这种相互作用的结果（或产出），就是所谓的群体间绩效（inter-group performance）。影响群体间绩效的主导因素是群体间的协作程度，所有影响群体间协作的因素都会最终影响群体间绩效。这些因素包括：群体间的相互依赖程度、任务不确定性程度、时间与目标取向等。

1. 群体间的相互依赖程度

关于相互依赖程度，根据詹姆斯·汤普森（James Thompson，1967）的分类，群体间存在三种不同的关于任务相互依赖程度的分类，见图 8-6（Ancona 等，2005）。

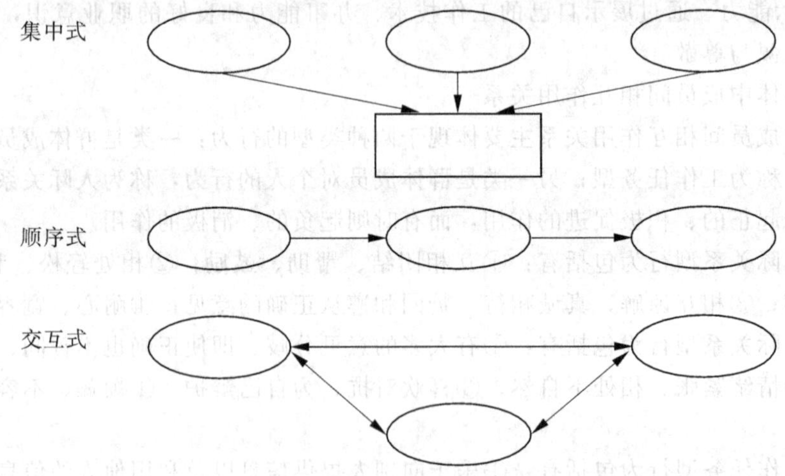

图 8-6　相互依存的各种形式

资料来源：ANCONA D，KOCHAN T A，SCULLY M，et al. Managing For The Future，Organizational Behavior & Processes [M]. 3th ed. Mason：Ohio. South-Western College Publishing，2005.

（1）顺序式相互依赖

顺序式相互依赖（sequential interdependence）是指，一个群体（如零件组装部）的工作依赖于另一个群体（如购买部）的投入，但这种依赖性是单向的。也就是说，后者（如购买部）并不依赖于前者（如零件组装部）提供投入。在顺序式相互依赖关系中，如果提供投入的群体不能够正常完成工作，那么依赖于它的群体就会受到严重影响。

（2）集中式相互依赖

集中式相互依赖（pooled interdependence）是指，两个群体的功能相对独立，但它们各自的工作或产品组合起来就成了整个组织的输出或产品。这就属于联营式相互依赖关系。譬如，一个公司的产品开发部和发货部之间的关系就是联营式关系。公司希望开发新产品，并把这些产品送到顾客手中，显然两个部门都是必不可少，但两个部门又是各自独立的，且相互之间非常不同。在其他条件同等时，群体间联营式的相互依赖关系，相比顺序式和交互式来说，对协作的要求更少。

(3) 交互式相互依赖

交互式相互依赖（reciprocal interdependence）指群体之间工作相互依赖，不断交换各自的工作成果，互为对方输入输出，以共同完成工作。譬如，公司的销售部与产品开发部就是交互式相互依赖关系。销售员与顾客进行接触，了解到他们未来的需求信息，然后将这些信息反馈给产品开发部以开发出更好的产品。如果产品开发部提供的新产品总不能令潜在的顾客感到满意，久而久之，销售人员就得不到顾客的订单。可见，两个部门之间存在着高度的相互依赖关系：产品开发部需要从销售部那里得到顾客的需求信息，以便成功地开发新产品；而销售部也依赖于产品开发部开发出新产品，这样他们才能卖得更好。

2. 任务不确定性程度

这是指群体所从事工作的类型，它可以被视为一个从高度常规化到常规化程度很低的任务连续体。高度常规化的任务很少发生变化，群体成员面对的问题很容易分析，很少出现例外情况，适合于采用标准化的运作程序。而任务连续体的另一端则是常规化程度很低的任务，这些活动结构化程度低，很难进行分析，存在很多例外情况，如市场研究部和产品开发部中遇到的大量任务都属于这一类。常规化程度低的任务需要更多的信息，群体需要与其他部门相互作用；而高度常规化的任务用规范化的方式进行运作即可，不必与其他群体进行更多的相互作用。

3. 时间与目标取向

这是指群体在工作过程中对时间和目标的看法，不同群体在这方面的不同认知会影响相互间合作共事的难度。譬如，制造人员关注的是短期目标，他们考虑的是当天的生产安排和本周的生产率。而研究与开发部的人则注重长期目标，他们致力于开发的新产品可能需要好几年才生产出来。同样，工作群体的目标取向也常常是不同的。销售员希望卖出所有的产品，他们的目标集中在销售量、收入和市场占有率上，而顾客是否有能力支付他们购买的东西对销售员来说并不重要。而信贷部的人则希望保证只向那些信誉良好的顾客销售产品。这些目标上的差异常常使销售员和信贷员之间很难沟通，当然他们之间的相互协作就更难了。

二、管理群体间关系和绩效的方法

在管理群体间关系和绩效方面，罗宾斯（1997）提出了7种方法。根据付出代价的多少，这些方法依次为：规则与程序、层次等级、计划、联络员角色、特别工作组、工作团队、综合部门。

1. 规则与程序

在管理群体间关系上，最为简单、花费也最低的办法是：事先构建一系列正规的规则与程序来具体说明群体间应该怎样相互作用。这些规则与程序把群体之间相互作用的需要减少到最低程度。其主要缺点是，只有当人们能事先预期到群体间的活动方式时，规则和程序才有效。在动荡和变革情况下，仅仅有规则和程序并不能充分保证群体之间的有效协作。

2. 层次等级

在管理群体间关系时，如果程序与规则不足够充分，那么组织中层次等级的使用就会成为首选办法。这种方法是求助于组织中更高层次的主管来解决群体间的协作事宜和问题。其最大局限在于，它增加了上级主管花费的时间。如果所有问题都用这种方法解决，组织中的高层主管无疑会陷于解决群体间问题的汪洋大海之中，再没有时间处理其他更重要的事。

3. 计划

这是指运用计划来促进协作。如果每个群体都有自己负责的具体目标，那么每个群体都知道自己应该做什么、自己的责任范围，以及减少群体间冲突的条例。其缺点是，当群体没有清晰界定的目标时，或群体之间密切联系在一起时，靠计划作为协作手段将起不了什么作用。

4. 联络员角色

联络员是一个很特殊的角色，它是为了促进两个相互依赖的工作单元之间的沟通而专门设计的。其最大局限性是，在处理相互作用群体之间的信息时，联络员的个人能力是有限的，尤其在大型群体中和相互作用相当频繁的群体中更是如此。

5. 特别工作组

特别工作组是一个临时性的群体，它由来自不同部门的代表组成，它的存在时间取决于问题得以解决的时间。一旦问题获得解决，特别工作组的成员又会返回各自的部门中。在相互作用的群体数目较少时，特别工作组是一种协同活动的最佳手段。

6. 工作团队

当工作任务更为复杂、在决策方面需要的时间很长、沟通的范围又很广时，使用相对长久的工作团队是最佳做法。它们常常是针对那些经常发生的问题而设计的，团队成员既与他过去所在的功能部门保持联系，又与工作团队保持联系。当团队的任务完成时，每一个成员又可以用全部时间处理他在原职能部门的工作。

7. 综合部门

当群体间的关系过于复杂，以至于通过计划、特别工作组和工作团队等方式都无法协调时，组织就应该构建综合部门。它们是永久性的部门，成员正式由共同完成任务的两个或多个群体组成。这种永久性的群体维持起来代价很高，但是，当组织中很多群体的目标相互冲突、非常规的问题很多，以及群体间的决策对组织的总体运行有着相当大的影响时，就应该使用这种方法。在经营过程中组织经常会面临一些问题，譬如，要长期进行经费削减，决定如何裁员，决定如何分配越来越少的资源。在这些情况下，综合部门的使用是管理群体间关系的有效手段。

本章小结

群体是指由两个或两个以上成员组成的、具有共同关注的目标/任务/活动、在行为上相互作用、在心理上相互影响的人群集合体。群体介于个体和组织之间，对个人和组织都有重要作用。

根据构成群体的原则和方式，可以将群体划分为正式群体和非正式群体。正式群体是指由组织正式确定，具有明确的组织方式、工作方式和任务目标的群体。非正式群体与正式群体相反，它不是由组织正式规定而建立的，而是组织中的人们在工作生活中为了某些需要而自然结成的，成员之间的关系是松散的。根据形成的动机，非正式群体包括：友谊情感型非正式群体、利益型非正式群体、兴趣爱好型非正式群体等。管理者要对非正式群体加以正确引导，使其对整个组织目标的实现和员工的利益产生积极影响。

霍曼斯的群体系统模型包括四部分：群体的背景因素、群体被要求的行为、群体实际表现出的行为以及群体行为的最终结果。该模型虽只一般性地描述了群体的组成、运作和结果关系，但有助于人们掌握群体管理的系统思想、各相关变量和基本框架。

群体动力的主要观点是：群体中个人行为的方向和强度决定于个人现存需要的紧张程度和情景力场的相互作用关系；群体不是静止不变的，而是一直处于不断相互作用和相互适应的过程。群体与个体的关系是：总体不是部分的总和，因为各部分相互作用的结果，可能大于或小于总和。

人在群体中的行为会表现出不同于个体处于独立情景下的行为反应，呈现出新的特点，主要体现为：群体压力导致的从众行为、社会助长作用、社会抑制作用、社会懒惰行为、合作和竞争行为。

群体发展的四阶段模型认为，群体的发展会经过四个阶段：相互接纳、沟通和决策、激励和生产率、控制和组织。群体发展的五阶段模型认为，群体的发展会经过五个明显的阶段：形成阶段、震荡阶段、规范阶段、执行阶段和解体阶段。

群体的有效性包括四个指标：绩效、群体成员满意度、群体学习和外部满意度。影响群体有效性的因素包括：群体结构、群体规模、群体规范、群体凝聚力、群体气氛等。一个有效的群体具有以下九个特点：清晰的目标、相关的技能、相互的信任、一致的承诺、良好的沟通、人际技能、恰当的领导、内部支持和外部支持、成员的工作自主性和精神状态。

群体间绩效是指群体与群体之间相互作用的结果（或产出）。影响群体间绩效的主导因素是群体间的协作程度，所有影响群体间协作的因素都会最终影响群体间绩效，这些因素包括：群体间的相互依赖程度、任务不确定性程度、时间与目标取向等。管理群体间关系和绩效方面有七种方法：规则与程序、层次等级、计划、联络员角色、特别工作组、工作团队和综合部门。

复习思考题

1. 什么是组织行为学意义上的群体？它有哪些不同类型？群体对个人和组织有哪些作用？

2. 霍曼斯的群体系统模型和卢因的群体动力观点对有效管理群体有哪些指导意义？

3. 人在群体中的行为与个体行为相比有什么不同特点？在实际管理工作中如何加以利用？

4. 影响群体内成员间合作与竞争的主要因素是什么？如何根据不同情况决定是采用合作、竞争还是其他方式？

5. 群体形成过程包括哪几个阶段？了解这些阶段对管理群体有什么作用？

6. 什么是群体的有效性？影响群体有效性的因素有哪些？

7. 什么是群体结构？同质结构和异质结构各适用于什么情况？

8. 群体的规模对群体的绩效可能会有哪些影响？在管理中应如何确定群体规模大小？

9. 群体规范是如何形成的？对群体有哪些作用？

10. 群体凝聚力受哪些因素影响？它是如何影响群体绩效的？

11. 群体气氛主要包括哪些方面？它对群体绩效有什么影响？

12. 什么是群体间绩效？影响它的因素有哪些？

13. 一个高效的工作团队必须集成每一个成员所拥有的信息、知识和能力。请根据你曾经在团队中工作的经历说明如何做到这一点。

14. 当前，社会鼓励学生组建创业团队开展比赛，有些团队还进一步发展成为公司。你认为应该如何管理一个创业团队，才能使其取得成功？

15. 企业经常组建跨部门团队来解决出现的产品/服务质量问题。请根据你的认识论述成功管理这种团队的要点。

本章案例

A 机床厂的并行工程产品开发团队

一、并行工程产品开发模式简介

20 世纪 80 年代中期以来，制造业商品市场发生了根本性的变化。同类商品日益增多，企业之间的竞争愈来愈激烈，而且越来越具有全球性，长期的卖方市场变成了买方市场。顾客对产品质量、成本和种类要求越来越高，产品的生命周期越来越短。因此，企业为了赢得市场竞争的胜利，就必须加速新产品开发、提高产品质量、降低成本。

传统的产品开发模式是实现这一目标的障碍。传统的产品开发模式是沿用“串行”、“顺序”和“试凑”的方法，即先进行市场需求分析，将分析结果交给设计部门，设计部门人员进行产品设计，然后将图纸交给另一部门进行工艺方面的设计和制造工装的准备。采购部门根据要求进行采购，等一切都齐备以后进行生产加工和测试。产品结果不满意时再反复修改设计和工艺，再加工、测试，直到满足要求。这种方法由于在产品设计中各个部门总是独立地进行，特别是在设计中很少考虑到工艺和工装部门的要求、制造部门的加工生产能力、采购部门的要求以及检测部门的要求等。因此常常造成设计修改大循环，严重影响产品的上市时间、质量和成本。传统串行工程的产品开发模式见图8-7（a），按功能部门划分的组织方式见图8-7（b）。

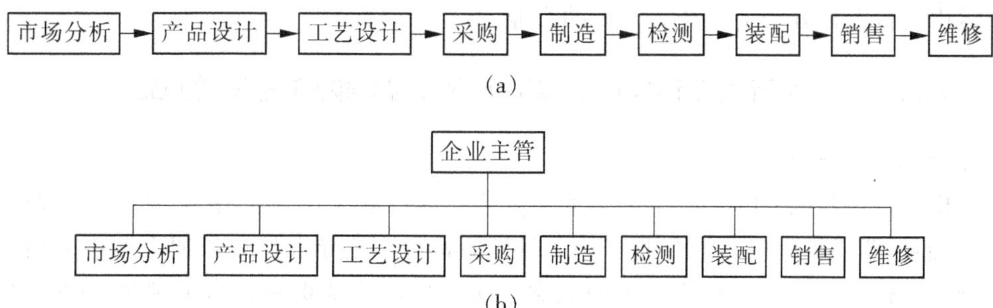

图 8-7 传统串行工程的产品开发模式和按功能部门划分的组织方式

为了改变这种情况，人们提出了产品开发的并行工程模式。并行工程是集成地、并行地设计产品及其相关的各种过程（包括制造过程和支持过程）的系统方法。这种方法要求产品开发人员从设计一开始就考虑产品整个生命周期中从概念形成到产品报废处理的所有因素，包括质量、成本、进度计划和用户的要求。根据这一概念，并行工程是组织跨部门、多学科的开发小组，在一起并行协同工作，对产品设计、工艺、制造等上下游各方面进行同时考虑和并行交叉设计，及时地交流信息，使各种问题尽早暴露，并共同加以解决。这样就使产品开发时间大大缩短，同时质量和成本都得到改善。图8-8分别表示了并行工程的产品开发模式和相对应的跨部门多学科小组的组织方式。

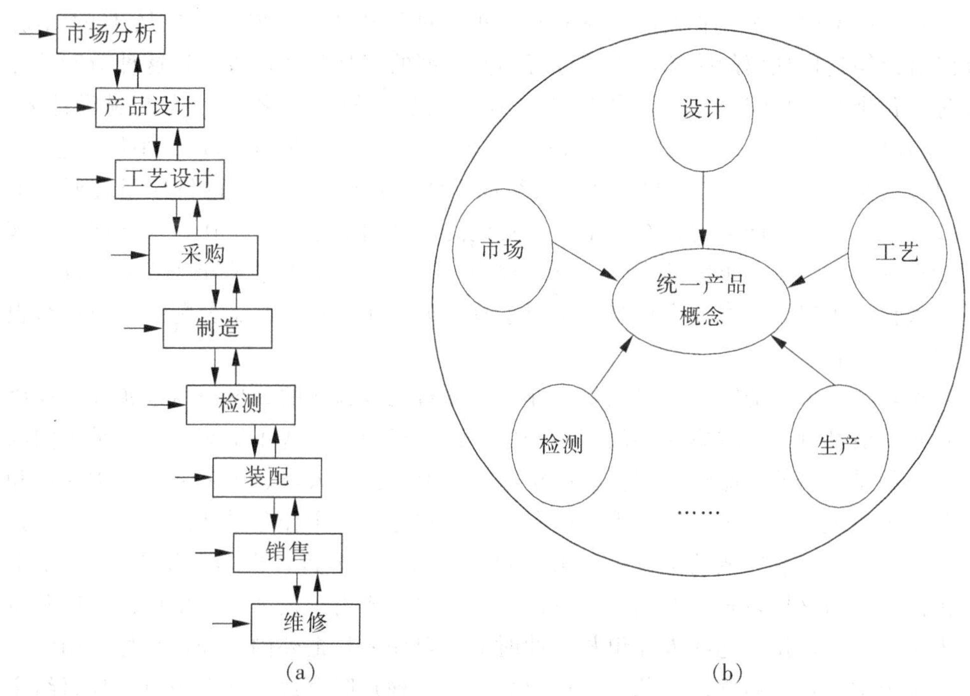

图 8-8 并行工程的产品开发模式和相对应的跨部门多学科小组的组织方式

并行工程在20世纪90年代开始传入我国。我国863计划CIMS主题下专门列入了并行工程方面的研究课题，不少企业开始进行这方面的实验探讨，A机床厂就是中国率先运用并行工程方法进行产品开发的企业。

二、A机床厂实行并行工程产品开发的跨部门团队管理

1. 团队组织形式

A机床厂是我国CIMS应用最早的企业之一，曾获美国ASME颁发的“工业领先奖”。我们在调研中发现，该企业有一个明显的特点，领导人员在长期实践中采用一系列先进制造技术，形成了开放的思想观念。实践使该厂认识到，为了满足TQCS综合目标的产品开发，企业不仅要具有较好的硬件环境（如设备等条件），而且必须改革企业内部的经营管理机制，创造出新产品开发的软件环境。为此，该厂自1994年末开始，HXA784、XHA785立式加工中心，B-279万向节卧式加工中心，XHAD3412、XHAD2415定梁龙门加工中心和XKA2420×50数控定梁龙门镗铣床等，在其新产品开发中，采用并行工程方式进行开发（该厂内部称之为敏捷工程）。为实施并行工程，该厂进行了多层次、多形式和多渠道的思想发动工作。厂级主管领导多次召开厂务会及中层领导会，特别是在有生产、技术、主要管理处室的领导参加的敏捷工程全体人员的会议上进行了思想动员和发动，并将这项工程贯穿于并行工程的始终。这种转变观念、面向市场、统一思想的宣传教育工作是非常重要而有效的，它对统一认识、统一指挥、统一行动起到保证作用。

在新产品开发中，打破了原来设计、工艺、生产等部门之间的分割和串行设计方法，而建立跨部门、多专业人员组成的开发小组进行新产品开发。该厂从1994年底就开始经常组织这样规模的跨部门小组进行不同类型的产品开发。该厂把这种新产品开发小组称为包乘组。1996年该厂某铣床开发小组便是由组长（1名）、主任机械设计员（1名）、主任电气设计员（1名）、设计人员（3名）、大件工艺员（1名）、小件工艺员（1名）以及装配工艺员（1名）共9名组员组成。他们分别来自该厂的铣床研究所、工艺处以及加工分厂等不同部门，在一个独立且脱离原部门的办公室工作，来共同完成该铣床的设计开发。另外，小组的实际运行过程中，还存在一个由组长和2名主任设计员组成的3人核心小组，负责整个小组的重要事宜，如工作安排、奖金分配等。小组组织结构如图8-9所示。

当然，这种小型的跨部门组织受企业主管并行工程运作的领导小组来领导。在该机床厂每年一般都有5个左右这样的产品开发小组在运行。这些小组大概有三种不同的类型。第一种是全新的产品开发项目，组员由设计部门技术人员、工艺部门技术人员和车间工艺人员组成，组长则由负责生产的分厂厂长担任，整个任务是从产品设计、工艺工装设计到新产品试制完成的全过程。第二种是来图生产项目（也称合作生产），是由国外提供图纸，由该厂负责生产出来，跨部门项目组主要由工艺部门、生产部门以及检验部门人员组成，由搞工艺的人任组长。此时的主要任务是把外国已经设计好的图纸转化为中国标准图纸，然后确定工艺并生产出来。第三种是联合设计开发项目，项目组主要由设计和工艺部门人员组成，组长由设计部门人员担任，主要任务是与国外（如德国）

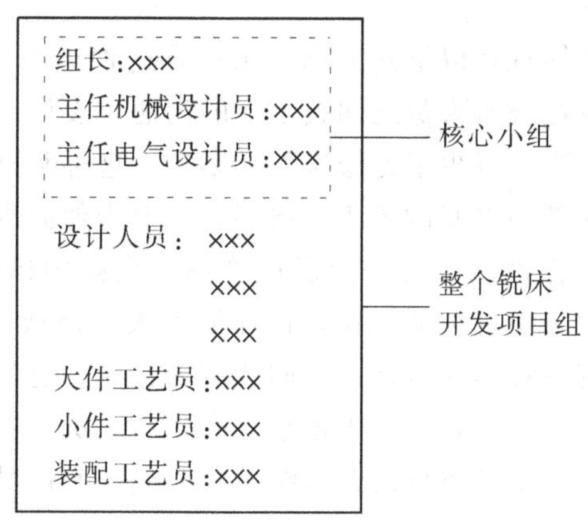

图 8-9 A 机床厂铣床开发跨部门小组的组织结构

联合设计产品和工艺，没有涉及生产部门。为了管理这些临时性跨部门小组的运作，企业形成了由总工程师、两个副总工程师、一位总厂生产副厂长、一位生产计划处处长等人组成的高层管理小组，来管理这些小组。如图 8-10 所示。

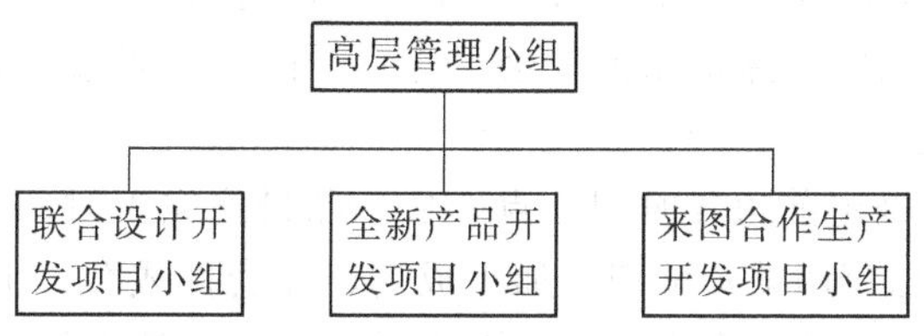

图 8-10 某机床厂并行工程实施中的管理层

2. 基本运行方式和利益分配机制

在设计、工艺和生产制造三者之间及其内部实施最大限度地并行作业；实现信息采集和传递快、反馈快、决策快，实现过程的高速运转；淡化原有的技术开发界限，培养新形势下的复合型人才。

实行小组经济承包方式，即每开发一个新产品，企业给整个小组一笔奖金，而且奖金比他们的原部门工作要高出 2～3 倍。这些小组成员除主要来自设计、工艺、检验等部门外，生产分厂的技术组有的也派人参加，以发挥他们熟悉生产现场设计、素质高和现场施工能力强等优势。每个小组人员设置尽量少而精，实行满负荷工作。小组的固定人员包括主任设计员、专责工艺员、电器主管设计员及检查等归口负责人，以及其他一般设计、工艺人员，总数一般为 8～9 人，其中主要是年轻人。小组长一般在有条件情况下，由熟悉生产现场的分厂厂长担任。除此之外，非固定人员主要是聘请年纪较大、经验丰富的机械、电气、卡具等作为专、兼职技术顾问。顾问均为高级工程师，以发挥他们的技术把关、指导、参与决策和技术协调等作用。为了使小组集中精力、排除干扰，小组成员都脱离本部门，到另一个地点集中画图、办公。在整个项目期间（一般为 8～9 个月），小组成员全部时间和精力都集中在小组之间，原来部门的事情一概不管。除了基本工资从原来部门拿以外，其他奖金均由小组组长分配。整个项目完成以后，各小组成员回到原部门工作。

这种改革措施的好处体现在以下几方面。第一，这种组织方式极大地方便了设计、工艺、生产等部门、各专业技术人员之间技术上的沟通，设计、工艺和制造、装配中的问题能尽早暴露并尽快解决，减少了返修次数。第二，这种奖励提高了小组工作的积极性和创造性，以前各专业部门之间的矛盾不再存在。因为他们现在同属一组，有着共同的目标和利益。他们的工作面向的是一个新的产品，头脑中始终有一个完整的产品概念，而不是以前在部门中一份单独的工作，这样能大大提高成员的工作热情和成就感。第三，这种组织方式具有一种面向制造、面向装配的特点。也就是说，由于小组的组长一般由主管生产的分厂厂长担任，小组中还包含有生产人员，因此小组具有很强的生产意识，他们时刻考虑设计与生产条件的紧密结合，时刻关心产品是否能生产出来。这种思想和意识必将使得产品最终上市时间大大加快。

3. 团队工作中的计划管理

(1) 编制总体网络计划

① 先确定完工时间。项目完工时间要根据企业决策的新产品最佳上市时间或产品交货期而定，而且完工点必须确保，做到万无一失。如该厂的 XHA784，XHA785 立式机床，加工中心开发时间定为从 1994 年 11 月 3 日到 1995 年 8 月 25 日，以确保参加 1995 年 9 月举行的第四届国际机床博览会。这一时间点不可改变，否则将会失去向市场展示新产品的良机。

② 倒计时递推，确定前边各时间节点。从产品最终完工时间点向回倒推，即可依次递推出产品鉴定、总装调试及试切、加工成套、配套件成套、毛坯成套、模型完工、技术开发等各时间节点，进而形成总体网络计划。该厂强调指出，各阶段工作时间长短不应按阶段需要给定，必须按总体需要而定，原因是为了市场目标。从这里我们也可以看出，采用并行工程是市场竞争的迫切需要。

③ 并行交叉原则。为了实现产品快速开发目标，在编制总体网络计划时，必须最大限度地体现开发阶段之间及其内部的并行交叉，克服原有体制下各阶段工作基本上串联的弊端。该厂在进行项目总体网络计划编制过程中，在分解各阶段工作即分解工序、分析各工序之间的逻辑关系以及确保关键长工序周期的基础上，充分利用并行工程理论，采用分批次方法，实现技术开发、毛坯制造、外购配置、加工制造的并行交叉作业，以达到边开发、边配套、边生产、边技术整顿（即整理图纸等）的目标。

④ 要强调节约资金，符合科学的制造规律和顺序。

⑤ 注意系统协调和重点突出。开发新产品是一项复杂的系统性工作，涉及很多部门，因此网络计划必须系统、严密、协调、有序。同时，必须抓住影响总周期的关键工序，并以此为主，适当展开，切不可使网络图交叉节点过多。

(2) 对计划进行分解

各工序必须编制详细的作业计划，并使计划落实到每个人。

(3) 实施计划

在计划实施过程中，必须适当地进行动态调度。具体的做法是控制节点，放开中间，抓好衔接，确保关键。

4. 团队工作中的技术管理

技术管理是指企业在新产品开发中对产品设计生产的路线安排，有关技术图纸文件的产生、传递、使用、更改以及保管等方面的管理。并行工程为了赢得产品上市时间，非常强调各部门之间的并行交叉作业，鼓励设计人员在上一阶段没有完全结束、信息还不完备时就开始下一阶段的工作。显然，传统串行开发模式下那种步步为营的开发路线，以及有关技术图纸文件的各种规定，都与并行工程的要求不相适应。这就要求企业要对有关的技术管理方式进行改革。A 机床厂在这方面采用的总的原则是：将项目化整为零，分批并行开发，不追求整机图纸和工艺文件的完整性；必要时可以直接采用技术开发原件的复制件组织生产；减少并简化图纸和工艺文件的传递路线、传递层次（部门）以及传递份数，而且还要严格限定传递时间；坚持技术上岗会，进行执行中的决策，适时地进行协调调度。

尽管要进行上述几方面的改变，但仍然要强调传统的一些技术管理措施，特别是原有各部门对新产品开发中的技术和管理的归口，其管理职能必须保持不变。这些部门要对产品开发实施必要的技术管理，如贯彻必要的开发程序、质量评审，贯彻产品质量标准、工作标准和技术管理标准（如两审、文件规范要求等）。这样做的原因是：

① 在开发全过程中，各职能部门参与综合决策，而且主任设计和工艺员本身就是各部门派出的代表。

② 技术开发部门参加技术上岗会，进行技术和管理的归口把关。

③ 项目完成后，产品后续的生产工艺改进及完善等全部职能回归原部门。

现将某机床厂实行并行工程时一些具体的技术管理条例列举如下：

① 为实现并行目标，产品设计文件、工艺文件可以以铸件、部件形式分阶段完成。

② 对先行的铸件、配套件、外协件，可用厂内技术通知替代目录。

③ 部件在设计自查完成后，即可向档案处移交，移交时应同时移交图样、目录表和分批锻、钣、热处理明细表以及铸件综合表。另外，分车间任务书、冷工艺及工时定额也要一起移交。

④ 大铸件图样设计送交时须附包承组的设计通知，通知上必须说明产品型号、产品名称、部件号、零件号、每台数量、借用关系等。

⑤ 设计部件的装配草图必须有完整的尺寸，但可以不加深。

⑥ 锻件图样设计、复杂机加工关键件图样设计、长工序复杂钣件图样设计也可以采用技术通知替代相应的正式技术文件方式。

⑦ 检图不用红笔，而用铅笔在原处修改，以保证用白图复制为正式图时图面清晰。为缩短周期可不在白图上打边框。

⑧ 采用白图（≤3＃图）和蓝图（≥2＃图）加盖正式章的图样组织生产，但目录表和工艺文件一律用硫酸纸描晒蓝本，用于生产。

⑨ 包承组完成的技术文件、工艺文件所需打字和描图等均由原各主管部门负责。

⑩ 包承组对产品进行整顿时，需按原管理要求，完成全部技术文件。包承组将原始冷加工工时汇总转交劳资处，由劳资处进行整顿后形成正式文件。

⑪ 所开发产品鉴定后，具备小批生产能力，下轮生产时档案处按图纸技术文件发

放一览表至有关部门，并收回试制图纸和文件，包承组成员回归原单位。

⑫ 经整顿后的全部成套设计及工艺文件由包承组中的设计及工艺人员带回至各归口管理单位，并经审定后归档。

三、实施的效果

该厂在实施并行工程中，由于在全厂范围内进行了广泛的思想动员，并通过有效的组织形式、严格的管理和得力的措施，充分调动了人的积极性，因而取得了很明显的效果。

1. 新产品开发样机周期缩短约一半

如XHA784、XHA785两种立式加工中心，从1994年11月至1995年8月，在10个月的时间内，就完成了从技术开发至样机的全部任务。其图纸793张，设计技术文件789页，工艺文件897页，工装图350张，比原有开发周期缩短约10个月。

再如XHAD2412、XHAD2415两种定梁龙门加工中心，开发周期14个月，比原有开发周期缩短近1年。

2. 缩短了从样机到批量生产的时间

按原有开发模式，新产品开发分为样机试制、小批试制、小批生产、批量生产4个阶段。以上所列举的两类4种新产品，实现了样机试制完成后的连续小批生产，其中XHA784、XHA785两种产品，当年试制完样机后，当年投入小批生产各10台，并于1996年实现批量生产。

按过去做法，样机完成后需进行技术整顿才能小批试制，以上两个产品的整顿时间分别需要约4个月至半年时间。而该厂在并行工程中，也将这部分工作量并行于样机制造的周期内。而小试生产周期约为10～13个月。如果再加上由小试到小批生产或批量生产的时间，至少也需要8～11个月时间，则上述两类产品从开发到小批或批量生产时间则分别为3.5～4.5年。其时间计算如下式（单位为月）：

7（10）＋12（15）＋3（5）＋10（13）＋8（11）＝40（54）

注：括号内外数字分别为XHAD2412、XHAD2415定梁龙门加工中心和XHA784、XHA785立式加工中心各生产阶段所用时间。

其中：7（10）为样机技术开发周期；

12（15）为样机制造周期；

3（5）为样机后技术整顿周期；

10（13）为小批试制周期；

8（11）为小批试制后整顿及小批生产周期。

而采用并行工程开发的上述品种的周期仅分别为10个月和14个月。

综上所述，从技术开发到小批生产或批量生产总周期，并行工程模式比原有模式缩短了3倍以上。

3. 产品综合技术经济指标好，符合市场需求，经济效益好

上述产品通过参加1995年北京国际机床博览会和厂内展览，受到用户普遍欢迎和肯定，并取得不少的订货合同或意向。又因在样机制造阶段，该厂销售部门就组织了对

产品的宣传和组织样本制作和发放等工作，扩大了产品的影响，样机顺利销出。由于产品采用了多项新技术、新工艺，技术指标和技术水平达到国际同类机床水平，在价格上也具有低于国外进口设备的优势，因此产品市场前景很好。此外，由于在开发中采取多种技术和管理措施，如采用国外原装进口数控系统及关键配套件、一次涂装工艺等，可使机床可靠性有很大提高，提高了产品竞争力，也为工厂带来可观的效益。

4. 培养锻炼了一批年轻的技术骨干人才

通过并行工程的开发模式，使年轻人得到比较全面的锻炼和提高。由于参加了从设计开发、工艺开发至现场生产技术服务、制定工时、批量生产、技术整顿等工作，因而小组成员知识面大大拓宽，具有了初步复合型人才的素质，成长为技术骨干。与过去相比，其成熟期缩短约 3 年以上。

5. 积累了体制改革的经验

初步建立起企业对市场需求的快速反应的管理体制和工作模式，为今后快速开发新产品打下一定基础，为企业内深化管理体制改革摸索了经验。

然而，该企业在实施并行工程中也遇到了一些管理上的问题。

四、存在的问题

尽管取得了良好的结果，但是该厂在实施并行工程过程中也产生了下列问题。

1. 开发小组与职能部门之间的矛盾

在新产品开发过程中，尽管设计开发的主体工作是由开发小组完成的，但是各职能部门（如设计、工艺、图纸、档案管理、标准化及生产等）也参与了大量的工作。很多工作如技术标准审查、描图、晒图、某些热加工方法的制定、工装等生产技术准备以及生产调度等方面，各职能部门都做了大量的工作。特别是产品开发试制完了以后，小组就解散了。按该厂规定，新产品的后续批量正式生产的技术指导和服务工作又回归原来各职能部门进行管理（而不是由原小组成员管理），因此这些部门承担了所有后续工作量。但是在奖励制度上，部门人员所拿的奖金与小组开发人员比起来显得非常少，因此对各部门的积极性是很大的挫伤。尽管企业高层有硬性规定，即职能部门必须支持新产品开发小组的工作。但长期下来，由部门不满意造成的问题越来越严重。

2. 开发小组如何形成智力优势

开发小组往往是由各部门一些技术人员（特别是年轻人）组成，他们尽管积极性高，但并不能代表原专业部门的最高技术水平。因此这种与原部门基本上隔离的状态（尽管有时也聘请一些退休的老专家），会造成在新产品开发中不能真正发挥企业各部门的整体技术优势和智力优势，影响了产品的竞争能力。

3. 多项目之间的协调问题

如果企业新产品较多，且在开发中都采用这种小组形式进行则会造成两个方面的问题。第一，造成原各职能部门的削弱。各职能部门技术人员的暂时流失，使人才资源成为瓶颈。各职能部门主管手下缺兵少将，造成日常工作无人做，必然会形成不满，对小组工作不予支持。第二，小组多了以后，各小组在技术、设备、资源利用上必然会争夺而形成矛盾，协调起来较为困难。而且也会给生产造成较大混乱，到时只能靠现场调度来解决，工作量很大。

4. 对企业现有规章制度的冲击

形成开发小组较多时，也必然对企业现行规章制度形成冲击。该企业目前正在实施ISO 9000，其中强化产品开发和各职能部门的工作规范。但为了实施并行工程，企业往往制定了一些临时性的措施，与这些工作规范形成冲突，使得企业在开发小组与ISO 9000系列实施选择中处于两难和矛盾的境地。

5. 人的传统工作方式和观念造成的问题

该企业设计技术人员思想中普遍存在一个不利于并行工程实施的传统观念：他们习惯于在自己的设计方案全部完成和成熟后才交给下一个部门，不愿在设计进行过程中即自己的方案不够成熟的时候就把自己的方案交给下一个部门，并与之进行交流。

第一，他们担心不够成熟的观点和方案会遭到其他人的挑剔和指责。设计部门在自己图纸全部完成以后交给工艺部门编制工艺文件，但由于工艺人员事先没有参与进去，因此必须花很长时间去理解和消化设计图纸，而且往往难以领会设计人员的真正意图，而造成时间的无谓损失和交接上的曲解。

第二，设计人员在开发过程中不愿意其下游的工艺、制造等部门参与进来的另一个原因是：设计人员认为设计是新产品开发中最重要的部分，因为这其中包含很多创造性的内容，在心理上认为这些创新是他们独有的知识产权。他们担心如果其他人员从头到尾参与进来，将会掌握和了解他们的知识和技术，因而愿意独立和单干。而且，他们还担心如果工艺和制造部门人员参与进来，往往会只从工艺和生产的要求考虑对他们进行指指点点，会影响其创造性的发挥。从另一方面来讲，设计部门往往更被企业所重视，工资待遇高于其他工艺和制造部门。所以工艺和制造部门人员本身也不愿意参与进去，因为参与进去不受设计人员欢迎，待遇也不多，因此没有积极性。

设计部门常与其下游的工艺、制造部门存在心理上的对抗意识，不愿意合作，他们之间往往互相指责。工艺和制造部门总是从工艺性、可制造性方面挑设计的错，指责他们的设计工艺性不好，不利于检测仪表和工装设备的准备，正常生产节拍被打乱，工人工时不好计算等。而设计人员则认为新产品创新方案对生产车间和工艺提出新要求是正常的、难以避免的，因而指责工艺、生产部门总是抱着传统的想法不放，以及生产部门太看重车间的生产任务进度。

在产品方案讨论决策中还存在部门利益之争、学术观点之争和个人面子之争。实行并行工程中经常需要召开由不同部门的技术人员参加的方案讨论及评审会，会上总会存在不同看法，表现出3种不同性质的争论：部门利益之争、学术观点之争和个人面子之争。设计部门完全承担产品开发责任，同时也享有最多的利益。因此，开会时往往会形成这样一个局面：工艺、制造等各下游部门都一致地对设计部门提意见。各个部门的意见往往是从它现有的工艺方法和水平、技术能力、生产能力以及需要完成的任务订单而提出的，他们总是希望新产品设计能适合于本部门，这样他们可以省掉诸如准备新的检测设备、改造工装、调整生产节拍等很多费事的工作。但设计人员也有自己的理由，他们认为有些创新性的设计是为了市场竞争力，为了保证其产品创新性，工艺和制造部门作相应调整是必需的。这就是部门利益之争。技术专家之间的学术之争表现在：对同一设计方案，不同的人具有不同学术观点。个人面子之争是由于技术人员在讨论过程中，由于自己的方案没有被采纳或受到不友好的指责而使面子受到伤害之后，为了挽回面子而形成的意气之争。

6. 后勤部门人员素质问题

并行工程的实施需要技术部门（设计、工艺、制造）和后勤部门（如零部件采购）的协同工作。技术部门（设计、工艺、制造）人员一般都是大学毕业，素质较高，他们在技术上能够互相理解，但是后勤部门（如采购）大学毕业生较少。一般认为，采购就是做生意，高中毕业即可，因而人员素质较低。如果采用并行小组工作方式，他们很难理解和领悟技术人员对零部件产品质量和性能的真实需求，在采购中也不会随机应变。除了技术素质较差以外，一些人在当前有些不良社会风气影响下思想素质也较低。对少数采购人员来讲，选定零部件供应厂家则意味着高额回扣等个人经济利益，因此并不太关注技术人员对零部件的技术与时间要求。

7. 传统体制的问题

传统的国有企业"大锅饭"机制使企业主管在新产品方案协调过程中难以公正地进行决策。企业主管或协调人在组织产品开发方案讨论过程中，面对各部门之间的利益冲突有时很难公正地裁决。极少数主管存在这样一种心理：反正都是国家财产，决策的好坏又不影响自己的个人利益，得罪人太多也不好。因此在方案决策时，往往采用轮流坐庄的办法，即这次采用这个部门的意见，下次则采用另一个部门的意见。这种决策实际上是轮流照顾各个不同部门的利益，而不是以方案的合理为依据。

案例资料来源：陈国权．并行工程管理方法与应用［M］．北京：清华大学出版社，1998.

案例思考题

1. A机床厂采用跨部门团队形式实施并行工程产品开发取得了哪些成果，试从行为科学的角度来分析原因？

2. 请对A机床厂在采用跨部门团队实施并行工程过程出现的问题提出解决的方法和建议。

3. 一个跨部门产品开发团队要取得成功，既要进行良好的内部管理，又要协调该团队与其他群体（如相关职能部门或其他开发团队）之间的关系。请综合提出跨部门团队内部管理和群体之间关系管理的一般性原则措施。

参考文献

1. ASCH S E. Studies of Independence and Conformity: A Minority of One Against a Unanimous Majority [M]. Psychology Monagr, 1956.

2. 斯蒂芬·P. 罗宾斯. 组织行为学［M］. 孙建敏等译. 7版. 北京：中国人民大学出版社，1997.

3. 罗伯特·德利. 组织行为学（爱丁堡商学院MBA系列教材）. 陈国权译. Heriot-Wat 大学，1998.

4. 陈国权. 群体心理与群体行为［M］//张德. 组织行为学（第四章）. 清华大学出版社，2000.

5. 陈国权. 并行工程管理方法与应用［M］. 北京：清华大学出版社，1998.

6. ROBBINS S P. Organizational Behavior: Concepts, Controversies, Applications. 7th ed. Prentice-Hall International, Inc. 1996.

7. Tuckman B W. Development Sequences in Small Groups [J]. Psychological Bulletin, June 1965, pp. 384~399.

8. TUCKMAN B W, JENSEN M C. Stages of Small-Group Development Revisited [J]. Group and Organizational Studies, December 1977, pp. 419~427.

9. Maples M F. Group Development: Extending Tuckman's Theory [J]. Journal for Specialists in Group Work, Fall 1988, pp. 17~23.

10. MOORHEAD G, GRIFFIN R W. Managing People and Organizations: Organizational Behavior [M]. 5th. Houghton Mifflin Company, 1998.

11. BASS B M, RYTERBAND E C. Organizational Psychology, 2nd ed. Boston: Allyn and Bacon, 1979, pp. 252~254.

12. ANCONA D, KOCHAN T A, SCULLY M, et al. Managing For The Future, Organizational Behavior & Processes [M]. 3th ed. Mason: Ohio, South-Western College Publishing, 2005.

群体沟通与群体决策

学习目标

1. 充分认识到信息沟通对个人、群体和组织的重要性。
2. 掌握信息沟通中书面沟通、口头沟通和非文字语言沟通三种方式的内涵、作用、相互关系和使用技巧。认识到技术手段对当今社会信息沟通的作用，提高自己的使用技能。
3. 深刻认识、理解信息沟通过程中编码、传递和解码三个环节的特点，以及产生噪声（信息失真）的原因。
4. 理解小群体沟通中四种不同的人际沟通网络：轮式沟通、链式沟通、圆式沟通、全方位沟通。掌握其各自的特点，知道在什么情况下选用。
5. 掌握三大类信息沟通渠道的特点和建立方法：正式沟通和非正式沟通，单向沟通和双向沟通，上行沟通、下行沟通和平行沟通。
6. 认识沟通有效性的三个重要指标（沟通的准确性、实时性和效率）的准确含义和衡量方法。
7. 了解影响沟通的有效性的障碍、提高有效性的指导原则和具体方法。
8. 认识群体决策的必要性、优缺点，掌握选择群体决策的儒姆—叶顿—亚戈模型的使用方法。
9. 认识到群体决策中意见分歧产生的原因以及解决方法。
10. 充分认识群体决策中成员表现出的特殊行为特征：群体盲思、阿背伦悖论现象、群体偏移、群体极化。深刻理解它们产生的原因、不良影响，并掌握改进群体决策的头脑风暴法、德尔斐法和列名群体法的原理和运作方法。

第一节　关于沟通的基本概念

一、沟通的普遍性和重要性

每一个人自出生起就是工作和生活在各种不同的群体和组织中，因工作和生活的需要，人必定要与其他人进行各种形式的相互交流。有人研究过，人处在觉醒状态的时间里，有70%的时间是在进行各种沟通（听、说、读、写等）。对每一个群体而言，为了完成群体的工作任务，满足成员的需要，成员们之间也需要不断地交换信息。在一个组织中，各部门和群体在分工协作、达成组织共同目标的过程中，也需要不断地进行信息沟通。如图 9-1 所示（Moorhead 和 Griffin，1998）。将组织中的各种行动协调一致是沟通的首要目标。而要达到这一点，组织内必须共享信息和表达情感，因为它们对协调行动起支持作用。共享信息主要是为了让各部门和群体了解组织的目标、工作任务、工作结果、组织决策等各方面的信息。而表达情感则是人们交往和感情方面的需要，它是沟通中不可缺少的部分。

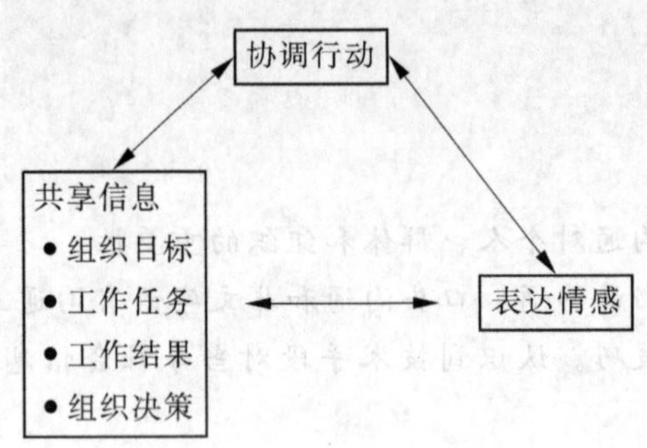

图 9-1　组织沟通的三种目的

说明：将组织中的各种行动协调一致是组织沟通的首要目标。共享信息和表达情感对协调行动起支持作用。

信息沟通总是不断地在人与人之间、群体与群体之间、组织与组织之间进行。信息沟通系统对于组织来说，就像神经系统对人体一样不可缺少。信息流控制着组织的物流、资金流，对组织的发展至关重要。当今信息技术发展最重要的影响就是大大改变了人们之间的沟通方式。因此，无论是从时间还是从空间上来看，信息沟通都是人类十分普遍的行为和活动，是组织行为学重要的研究内容。

二、沟通的内涵

信息沟通译自英文 communication，也有人翻译成意见交流或意见沟通。信息沟通的完整内涵是指人与人之间、群体与群体之间、组织与组织之间传达思想、交流情报和信息的过程。人与人之间传达信息的工具不仅是语言、文字、符号，也包括姿态和行为。

三、沟通的几种方法

信息沟通方式如图 9-2 所示，包括书面沟通、口头沟通和非文字语言沟通三大类（Moorhead 和 Griffin，1998）。

1. 书面沟通

书面沟通指的是用书面形式进行的信息传递和交流，包括书面通知、书信、备忘录、报告、手册、简报、文件、通信、刊物等方式。书面沟通的优点是：具有准确性和权威性，比较真实，不受时间和地点限制；信息可以长期保存；便于查看和核对；可减少在多次的传递和解释中造成的信息失真。书面沟通的缺点是：一旦形成书面文件就不

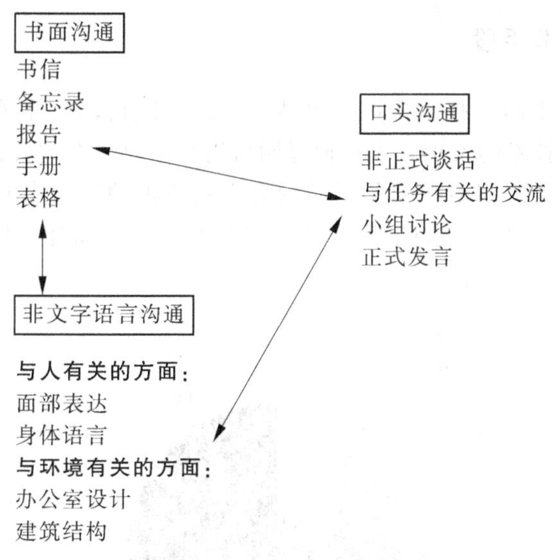

图 9-2 信息沟通的方式

易随便修改，有时文字冗长不便于阅读，形成书面也比较费时。

2. 口头沟通

口头沟通是运用口头表达的方式来进行信息的传递和交流，包括开会、会谈、对话、演说、报告、电话、市场访问、非正式谈话、与任务有关的交流、小组讨论等各种方式。口头沟通的优点是：比较灵活、简便易行、速度快、有亲切感；双方可以自由交换意见，便于双向沟通；在交谈时还可借助于手势、体态、表情来表达思想，有利于对方更好地理解信息。口头沟通的缺点是：受空间限制；人数众多的大群体无法直接对话；口头沟通后保留的信息较少。

在管理中，口头沟通与书面沟通都是必不可少的，但用得更多的是口头沟通。通常，在传递重要的、需要长期保存的信息时，宜使用书面沟通；传递一般性的、暂时性的、有关例行工作的信息，以口头沟通更为简便。在班组科室中，一般说来成员不多，工作场地较为集中，担负的大多是执行性任务，因此应特别重视口头沟通。

3. 非语言文字沟通

非语言文字沟通指的是用非语言符号系统进行的信息沟通，它又可分为与人有关的和与环境有关的两个方面。与人有关的方面包括人的手势、表情动作、体态变化、眼神、眼色、身体距离等各个方面。与环境有关的方面则与办公室的设计和布置、房屋的建筑结构有关。譬如，办公桌之间不加隔离的设计布置以及以玻璃代作墙壁的房屋建筑结构就表明了一种开放式的沟通环境。

语言沟通与非语言文字沟通通常是交织在一起的，这两个方面配合得越好，沟通的效果也越好。但在沟通时，要注意保持两者在意义上的一致性，否则就容易使人不好理解。譬如，怒气冲冲地表扬人，嬉皮笑脸地批评人，怒目而视地抚摸，板着面孔与人打招呼，都会使信息模糊而使人难以捉摸，影响沟通效果以致招来误会，带来麻烦。

四、沟通的技术手段

信息沟通会使用不同的技术手段，包括：电话、传真、计算机网络（电子邮件）、邮政传递。随着科学技术的发展，人们通过网络进行沟通的方式日益增多。如图 9-3 所示，这是目前美国国内使用最频繁的不同沟通方式所占的比重（Moorhead 和 Griffin，1998）。从中可以看出，传统的邮政和电话总共占了 70%，而计算机网络已经上升到了 17%，这个数量还在不断增长。

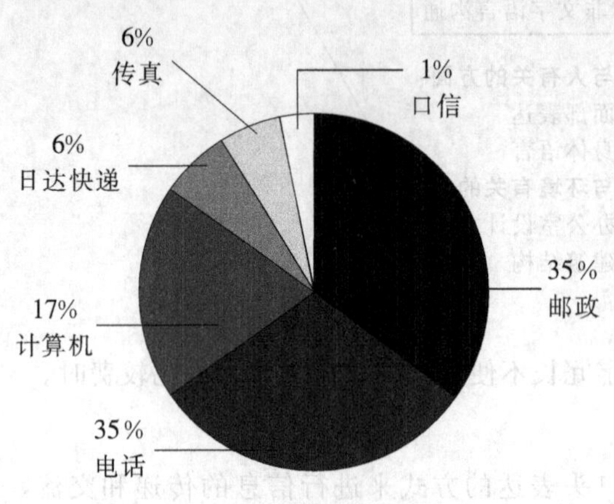

图 9-3　美国使用最频繁的沟通方式

第二节　信息沟通的一般过程模式

信息沟通过程的一般模式如图 9-4 所示（Moorhead 和 Griffin，1998）。在信息沟通时，发讯者将他要向对方发送的信息（包括数据、想法、意见和观念等）先进行编码，变成受讯者所能够理解的信息（包括语言、文字或其他身体符号）传递出去，经由一定的路径传达到受讯者处，由其接收。受讯者在接收之后要根据自己的理解和认知将信息解码，变成自己的信息和观念，然后作出反应，给发讯者以反馈，一方面是表明自己是

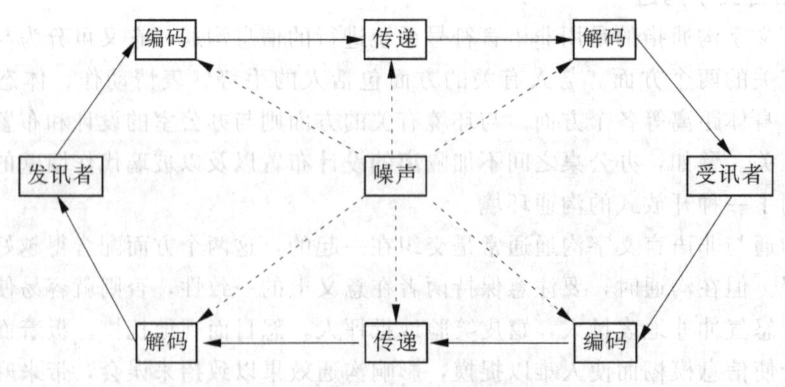

图 9-4　信息沟通的过程模型

否接收和理解该信息，另一方面是要将自己的看法和观点告诉发讯者。反馈的过程又将重复编码、传递和解码的过程。这就是信息沟通来回的完整过程。当然在此过程中，可能在编码、传递和解码的阶段会使信息发生不同程度的歪曲，偏离其真实的含义，这就是噪声。这就是信息沟通的一般模式。

第三节 信息沟通的不同类型

一、小群体沟通中几种不同的人际沟通网络

人际沟通网络是指人与人之间沟通时不同沟通路径所组成的结构形式。图 9-5 中列了 4 种：轮式沟通、链式沟通、圆式沟通、全方位沟通（Moorhead 和 Griffin，1998）。轮式沟通表示主管人员居中分别与其下属发生沟通联系。链式沟通中，信息逐级传递，但可以上下双向进行。圆式表示几个人依次联系沟通。全方位沟通表示每个人都可以与其他人直接地发生双向自由的沟通，并不突出领导。

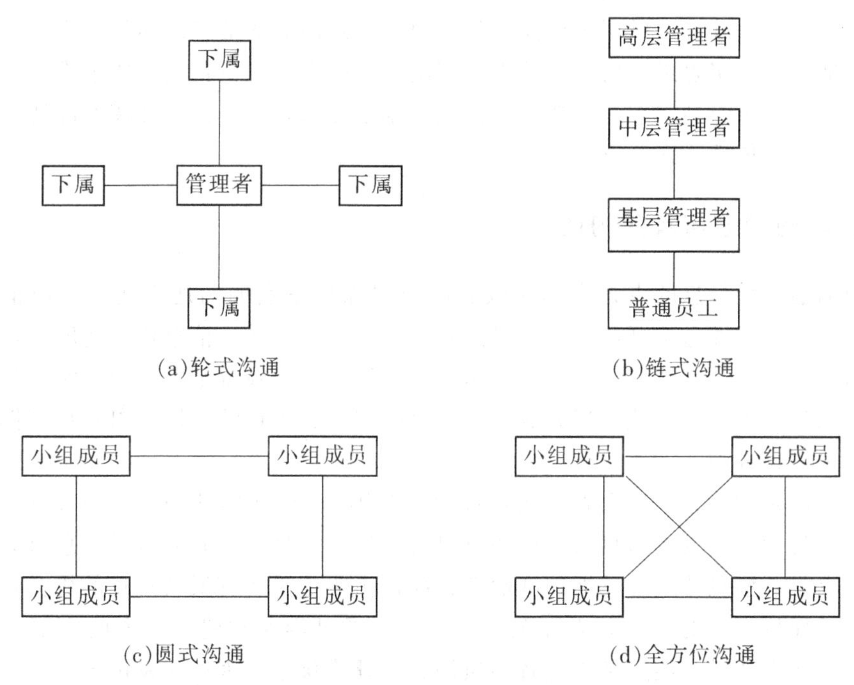

图 9-5 几种不同的人际沟通网络

这几种不同的人际沟通网络对沟通的有效性（沟通传递信息的正确性、解决问题的速度）以及对人的心理（对领导的突出、成员的满意度）等都有一定程度的影响。如表 9-1 所示。

表 9-1　不同的人际沟通网络的特点比较

指　标	轮式沟通	链式沟通	圆式沟通	全方位沟通
解决问题的速度	快	中	慢	快
正确性	高	高	低	中
对领导的突出	高	中	低	无
成员的满意度	低	中	高	高

二、正式沟通与非正式沟通

正式沟通是指通过组织明文规定的渠道进行的信息传递和交流。譬如，上级的指令逐级向下传递、下级的情况逐级向上报告、组织与组织之间的信函来往等。正式沟通的优点是：信息沟通能得到保障，有较强的约束力，易于保密。一般重要的信息通常都采用正式沟通方式。其缺点是：沟通速度慢，显得不够灵活。

非正式沟通是指在正式沟通渠道之外的信息传递和交流。譬如，员工之间私下交换意见、背后议论别人、小道消息、马路新闻传播等。其优点是：沟通方便，内容广泛，方式灵活，沟通速度快，可用于传播一些不便于正式沟通的信息。而且由于在非正式沟通中容易把人的真实思想、情绪、动机表露出来，因而能提供正式沟通中难以获得的信息，管理者应该善于利用它。其缺点是：过程难于控制，传递信息往往不确切，易于失真和曲解，容易传播流言蜚语。

三、单向沟通与双向沟通

单向沟通是指信息的发送者和接收者的位置保持不变的沟通方式，如作报告、演讲、上课，一方只发送信息，另一方只接收信息。其优点是：信息传递速度快，易保持信息传出的权威性。其缺点是：信息传递的准确性较差，较难把握沟通的实际效果，有时会使受讯者产生抗拒心理。当完成工作的时间很急、工作性质简单以及从事例行的工作时，多采用这种沟通方式。

双向沟通是指信息的发送者和接收者的位置不断变化的沟通方式，如讨论、协商、会谈等。信息发送者发出信息后，还要及时听取反馈意见，直到双方对信息有共同的了解。其优点是：信息传递有反馈，准确性较高；由于受讯者有反馈意见的机会，使他有参与感，易保持良好的气氛和人际关系，有助于意见沟通和建立双方的感情。其缺点是：信息发送者随时可能遭到受讯者的质询、批评或挑剔，因而对发讯者有一定的心理压力；同时这种沟通方式还比较费时间，信息传递速度较慢。

莱维特对单向沟通和双向沟通做过比较研究后认为：从沟通速度来说，单向沟通比双向沟通快；从内容正确性来说，双向沟通比单向沟通好；从工作秩序来说，双向沟通容易受到干扰，缺乏条理性，单向沟通显得很有秩序；双向沟通中，接受信息的人对自己的判断较有信心，知道自己的对错；对发讯人来说，双向沟通时会感到较大的心理压力。

一般认为，在工作任务不紧迫而又需要准确地传递信息，或者在处理全新而复杂的问题，要作出重要的决策时，宜采用双向沟通方式。在上下级之间进行双向沟通时，领导者要特别注意由于他与员工的地位差别导致的心理差距对沟通过程的负面影响。

四、上行沟通、下行沟通、平行沟通

上行沟通是指下级向上级反映意见，其形式很多。譬如，领导召集员工座谈、听取各方意见、设立意见箱、建立定期的汇报制度等。上级领导应鼓励下级积极向上反映各种情况，只有上行沟通渠道通畅，才能掌握全面情况，作出符合实际情况的决策。

下行沟通是指上级领导将组织的目标、规章制度、工作程序等向下属传达。譬如，最高领导开全体员工大会，传达企业的总体发展战略和规划；下发各种文件和工作标准等。只有当下属了解和认同了组织目标和具体措施后，他们才能真正以主人翁的态度去努力完成各项任务。

平行沟通是指组织中各平行单位之间的信息交流。保持平行单位之间沟通渠道的通畅，是减少各部门之间冲突、提高组织整体化运作的重要措施。

在组织的日常运作中，要将这三种形式的沟通结合起来，形成全方位的信息畅通体系，这对组织的健康发展是十分重要的。

五、影响沟通有效性的因素

为了提高沟通的有效性，我们先要分析其影响因素。信息沟通过程会受到各种因素的影响而使沟通受到干扰。沟通的障碍可以分为四个方面：发讯者在信息表达和编码中的障碍、收讯者在接收和理解信息上的障碍、信息传递中的障碍以及接受者给发讯者反馈过程中的障碍。

1. 发讯者在信息表达和编码中的障碍

发讯者要将自己的真实意图传给对方，首先必须将它以一定的形式准确地表达出来。然而，将脑袋里所想的准确地转换成嘴上所说的或手上所写的并不总是一件容易的事。这时容易出现的问题是：第一，表达不当。譬如用词不当，词不达意；口齿不清或字体难辨；表达含糊，逻辑混乱；无意疏漏，模棱两可等。第二，语义问题。信息沟通主要是借助于语言来进行的，而语言常常有一词多义的情况。另外，当不同国家的人沟通时，由于涉及不同的语言，这种问题更明显。第三，发讯者在表达时没有考虑接收者的具体情况，如文化背景、理解能力等。这就是我们所说的对牛弹琴。第四，传送形式不协调。当信息由几种形式同时传送时，如果相互之间不能协调一致，就难以使对方正确理解所传信息的内容。例如，当信息用语言、面部表情、手势等几种形式同时传递时，如果形式之间不协调，如笑容满面地训斥、怒气冲冲地表扬，都会使对方难以理解其真实含义。第五，表达时过于含蓄。在传统的东方文化中，人们崇尚含蓄的表达方式，这种形式有其独特的魅力。但在现代商业社会中的某些场合，过于含蓄往往会降低沟通的效率，并导致误解。

2. 信息在传递过程中的障碍

信息在传递过程中的障碍主要表现在：第一，传递经过的中间对象太多，使信息的损耗增加。譬如，当组织层次过多时，信息从最高层逐级向下传递到最底层，或从最底层逐级向上传递到最高层，每经过一个层次，都可能会出现失真，过程越长，影响越大。研究表明，信息从最基层向高层沟通时，许多细节都会被除掉；而信息从最高层向底层传递时，又会逐级增加许多细节。第二，空间距离。一般说来，当发送者与接收者面对面地沟通时，由于双方能够以多种方式同时传达信息，因此有利于通过沟通搞清较为复杂的问题；而当沟通双方相隔很远，只能依靠通信或借助于通信设施传递信息时，对于复杂问题沟通的效果则不好。第三，信道弱点。如果通信技术落后，通信设备性能不良，噪声干扰大，就会造成信息丢失。

3. 接收者在接收信息中的障碍

接收者要准确地接收和理解对方发出的信息，也不是件容易的事情。其主要原因有两点。第一，社会知觉的偏差。这些歪曲包括知觉的选择性、知觉的理解性、知觉防卫、先入效应、近因效应、晕轮效应等。用一句话来说，由于各自的知识、经验、角色、地位、需要、观念等的不同，而对相同信息产生不同的看法或理解，因而对信息往往会作出自己的理解、评价和选择性的吸收。第二，信息过量。当信息超过了受讯者的处理能力时，受讯者便会处理不了这些信息且被弄得焦头烂额。

4. 接受者给发讯者反馈过程中的障碍

在信息从发讯者传给接收者后，由于信息的单向传递而缺乏给发讯者反馈，或接收者尽管有反馈，但由于反馈得不充分或不准确，而使得发讯者无法真实地了解信息被对方接收的程度，因而不能有效地调整自己的行为。这样，发讯者一方的问题得不到调整和纠正，使得沟通的有效性降低。

第四节　沟通的有效性及其影响因素

一、沟通有效性的含义

沟通的有效性是指沟通的准确性、实时性和效率。准确性是指信息从发讯者传到接收者时保持原意（即不失真、不产生歪曲、不遗漏）的程度。实时性则是指信息从发讯者传到接收者的及时程度。沟通的效率则是指单位时间内传递信息量的多少。准确性、实时性和效率这三者越高，沟通的有效性就越高。沟通的有效性对群体和组织的运作有着十分重要的影响。

二、提高沟通有效性的方法

对于促进有效沟通的方法，国内外专家曾提出过许多不同的方法。在前人的基础上，我们总结提出了关于有效沟通的 11 项原则。

① 总体考虑，确定沟通目标，明确主题和概念。管理人员首先必须明确，通过此次沟通真正希望得到什么？确定了沟通的目标，然后要确定主题，对沟通的内容进行规

划。最后，要澄清各种概念。总之，管理人员对沟通的内容事先要有系统的思考和分析。

② 了解听众，选用合适的语言。发讯者一定要根据听众的知识水平、工作背景和需要等特点来确定好表达方式。同样内容，对不同的人应该有不同的表达和编码方法，使用不同的语言。很多企业领导者有很好的管理理念，为了让员工能真正领会，他们经常采用非常简单通俗的语言来传达给员工。譬如，北京开关厂为了强调质量管理的重要性，提出了“99＋1＝0”的口号，挂在厂门口。其含意是，一个产品的99个方面（如工序等）做得好，但只要有一个方面不好，就会使质量受影响，所以要精益求精。海尔的“日清日高”管理方法，小天鹅的“末日管理”等，都是企业领导将自己的经营理念用易于理解的方式向员工沟通的例子。

③ 调动情绪。沟通是人与人之间交流信息和看法的过程。这一过程的效果不仅取决于沟通的内容和表达方式本身，还会受双方个人之间情感和情绪的影响。因此，在沟通前和沟通过程中，要注意调动对方的情绪，营造良好的气氛，这样可以提高沟通的效果。

④ 随时调整沟通的内容和方式。沟通时既要注意内容，同时也应注意语调。接收者不但受信息内容的影响，而且还受表达方式（如声调的轻重、词句的选用、面部的表情、人体的动作等）的影响。

⑤ 尽可能传递有用的信息。大凡一件事情，对人有利者，容易记住。因此管理人员在沟通时应考虑信息对下属的作用，应处处考虑对方的需要和利益。

⑥ 应有必要的反馈跟踪。信息沟通后必须同时设法取得反馈，以弄清下属是否确已了解，是否愿意遵行，是否采取了相应的行动等。

⑦ 沟通时不仅要着眼于现在，还应该着眼于未来。大多数的沟通，均求切合当前情况的需要。但是，沟通也不应忽视对长远目标的考虑。

⑧ 应该言行一致。如果管理人员口头说说与实际所做的是两回事，那么，他自己就把自己的指令推翻了。所以管理人员应该言教身教并重。

⑨ 多听，不要轻易下结论。在听取别人的陈述时，应专心致志，成为一个好听众，才能明了对方说了些什么。要学会聆听的技巧，不要轻易对对方的谈话发表评论和下结论，以免作出错误判断，影响沟通的进一步发展。

⑩ 使用例外原则。这是指为了有效地处理信息过量的问题而制定的一种限定信息传送范围的原则。按照该原则，只有特殊的偏离指示、计划和政策的信息才可以按常规向上传送，以便使上级管理者只看到确实需引起他们注意的信息。这一原则适宜在高度程序化的组织中实施，因为这类组织的运作比较单一和有规律。

⑪ 使用需知原则。这也是一种为了有效地处理信息过量问题而制定的一种限制信息传递范围的原则。按照这个原则，向下传送的信息只限于对下级人员完成其任务具有关键性的一些信息。本原则也适宜于在高度程序化的组织中实施，因为其运作比较单一和有规律。

第五节　群体决策的必要性、特点和选择

一、群体决策的必要性

尽管领导者个人的决策能力对组织的发展至关重要，但是群体决策的作用正越来越受到人们的重视。主要有以下几个方面的原因。

① 当今企业面临的是一个日益复杂多变的不确定性环境，企业需要决策的问题有时往往是复杂和动态的。一个人掌握的信息、知识以及具备的能力已经很难及时处理高难度的问题，需要集体的智慧。

② 随着社会民主化的进程，独裁专断式的领导方式已经越来越难以被接受，人们希望得到民主参与决策的权力。很多情况下，只有通过集体共同决策，才能得到大家的支持。

③ 信息技术的发展使群体决策变得更加可能。譬如，以前由于地理距离较远，公司总部领导和各分部经理之间很难坐在一起讨论，因此决策往往由总部领导作出。随着信息和网络技术的发展，即使人们相距较远，也可以群体决策。

在现实工作生活中，群体决策的例子很多。譬如，中央政治局常委、全国人民代表大会、企业的高层管理团队、飞机驾驶小组、面试小组等，都是群体决策的例子。

二、群体决策与个人决策时的特点

不少研究人员（达夫特和诺伊，2004；杨锡山等，1986；Russo、安宝生和徐联仓，1998）都对群体决策的优缺点（相对于个人决策而言）进行了分析，现总结出群体决策特点如表 9-2 所示。

表 9-2　群体决策特点分析

特　　点	描　　述
1. 正确性	群体成员集思广益，可能会有更多的想法和创意，个人的错误能得到群体的修正
2. 解决复杂问题能力	群体可以整合所有成员掌握的知识、经验、能力和资源，可能提高解决复杂问题的能力
3. 创造性	有学者认为，个人决策不受其他意见的影响，可能更放得开，更有创造性。但也有人认为，群体成员如果能采用合适的方式相互激发（如头脑风暴），可使创造性更大
4. 速度	群体成员需要在一起磋商协调，解决可能发生的分歧和矛盾，决策的速度可能会减慢
5. 冒险性	群体成员共同承担责任使得责任分散，所以可能会更冒险
6. 可执行性	群体成员集体协商得出决策方案，会得到大家的支持，可执行性强

由表 9-2 可见，群体决策在正确性、解决复杂问题能力和可执行性方面比个人决策可能会有优势，更有冒险性，但在速度方面要慢一些，在创造性方面没有定论。

三、群体决策的选择

考虑到群体决策既有优点，也有不足，我们就需要为是否采用群体决策而作出决策。在这里我们运用维克多·儒姆（Victor Vroom）、菲力普·叶顿（Philip Yetton）和阿瑟·亚戈（Arthur Jago）在领导行为研究中提出的模型来处理这个问题。根据这一理论，领导是否要采取群体决策（即让下属参与决策）主要取决于三个因素：领导者参与的风格、诊断的问题和决策规则。

儒姆—叶顿—亚戈模型认为，领导在让下属参与决策时有不同的风格。如表9-3所示，这些风格由极端个人决策（独裁）至极端群体决策（高度民主）。

表9-3 领导让下属参与制定决策的行为风格

	决策风格	描述
极端独裁个人决策 ↑ ↓ 高度民主群体决策	AI	领导独自解决问题或者根据所有获得的信息独自作出决策
	AII	领导从下属那里得到必要的信息然后独自决定解决问题的方法
	CI	领导分别单独与有关的下属一起讨论问题，获取他们的想法和建议，但是没有把他们组织在一起讨论，然后主管作出最后的决定
	CII	领导与下属一起作为一个团队来解决问题，收集下属的想法和建议，然后作出决定
	G	领导与下属一起作为一个团队来解决问题，主管的角色更像是总协调人，不需要影响团队去采纳自己的想法，而是非常乐意地接受和采纳任何得到整个团队都支持的解决方案

注：A＝独裁；C＝咨询；G＝群体。

AI＝极端独裁决策；AII＝一般独裁决策；CI＝个别咨询决策；CII＝团体咨询决策；G＝群体决策。

资料来源：（1）VROOM V H，JAGO A G. The New Leadership：Managing Participation in Organizations [M]. Upper Seddle River，NJ：Prentice-Hall，Inc.

（2）理查德·L. 达夫特，雷蒙德·A. 诺伊著．组织行为学 [M]. 杨宇，闫鲜宁，于维佳译. 北京：机械工业出版社，2004.

领导要依据下面八个方面来选择上述五种决策模式的一种，见表9-4。

表9-4 影响领导选择个人决策还是群体决策的因素

影响因素	描述
1. 质量要求（QR）	决策的质量有多重要？（如果高质量的决策很重要，领导应该亲自参与决策）
2. 责任感要求（CR）	下属对于决策的支持有多重要？（如果下属的支持很重要，领导应该让下属参与决策）
3. 领导者的信息（LI）	领导是否有足够信息作出高质量决策？（如果领导掌握的信息或专业技能不够，下属应该帮助他获取信息）

续表

影响因素	描　述
4. 问题结构（ST）	决策问题是否清晰？（如果问题很模糊，领导必须和下属一起工作以澄清问题并确定可能的解决方法）
5. 责任感可能性（CP）	如果领导必须自己作决定，其下属是否会支持和愿意对该决策负责？（如果是，那么下属的参加就不那么重要了）
6. 目标一致（GC）	下属的想法是否和要决策问题的目标一致？（如果不是，领导者就必须亲自参加决策）
7. 下属矛盾（CO）	下属之间是否会存在对决策方案的不同意见？（如果有，下属们可以通过参与决策过程解决矛盾）
8. 下属信息（SI）	下属是否有足够的信息作决定？（如果有，他们可以参与并承担更多的决策责任）

资料来源：同表 9-3。

图 9-6 的决策树表明了领导应该如何根据上述八个因素的实际情况来从五种让下属参与决策的模式中进行选择。领导应用该图时就从左边开始，一步一步往右进行选择。

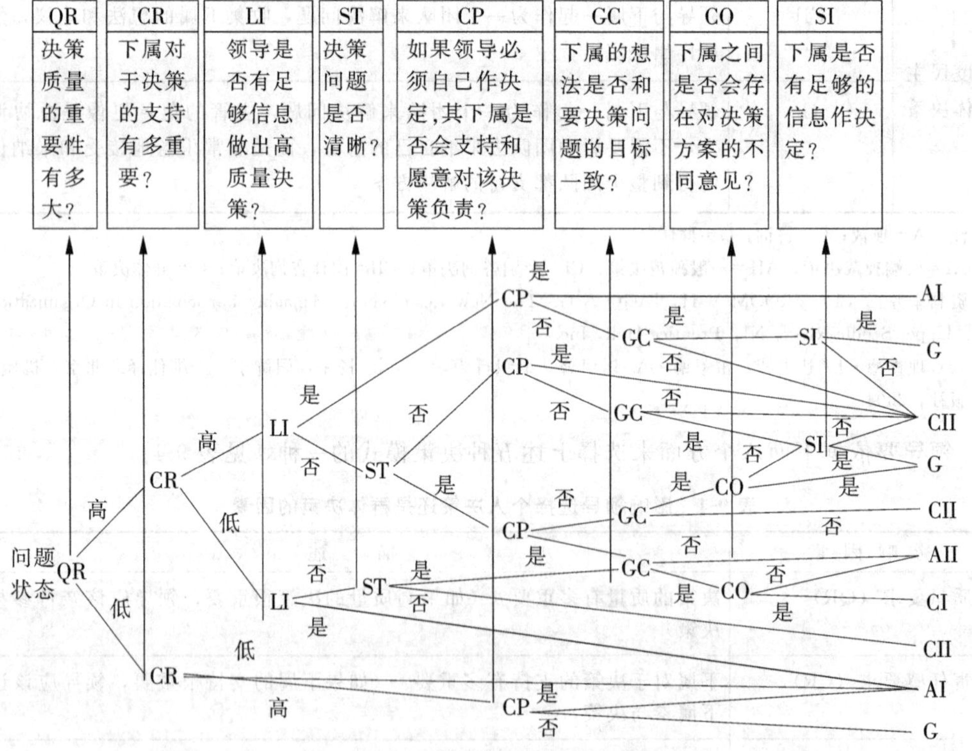

图 9-6　选择群体决策的过程图

资料来源：同表 9-3。

第六节 群体决策中的意见分歧和解决方法

一、群体决策中产生意见分歧的原因

人与人之间总是存在个体差异，因此群体成员在一起讨论问题、作决策的过程中，常常会产生意见分歧。这些意见分歧有些时候是一件好事，它反映了成员对决策问题的不同看法，可以使群体对问题所涉及的各个方面有全面多角度的认识，从而作出高质量的决策。但有时会带来问题。如果群体中存在过多的意见分歧，群体就难以最终形成决策，甚至破坏其凝聚力，群体解散。群体成员的意见分歧主要是由于各成员在知识结构、心理特征和利益倾向等三方面的差异造成的。

下面，我们以汽车制造企业为例来说明。譬如，某汽车制造企业要开发一种新的汽车产品，就需要来自市场、设计、工艺、制造、采购、销售、维修等不同部门的人员（甚至还有客户和供应商）形成跨部门小组来共同完成。团队从专业结构上需要包括机械、材料、力学、电子、自动控制、空调、音响等相关方面的技术人员和专家。

根据陈国权（1998）的研究，对一个跨部门多学科的群体，我们可以用成员的知识结构、心理特征、利益倾向来描述成员之间的差异，分别用图 9-7（a）、（b）、（c）表示。

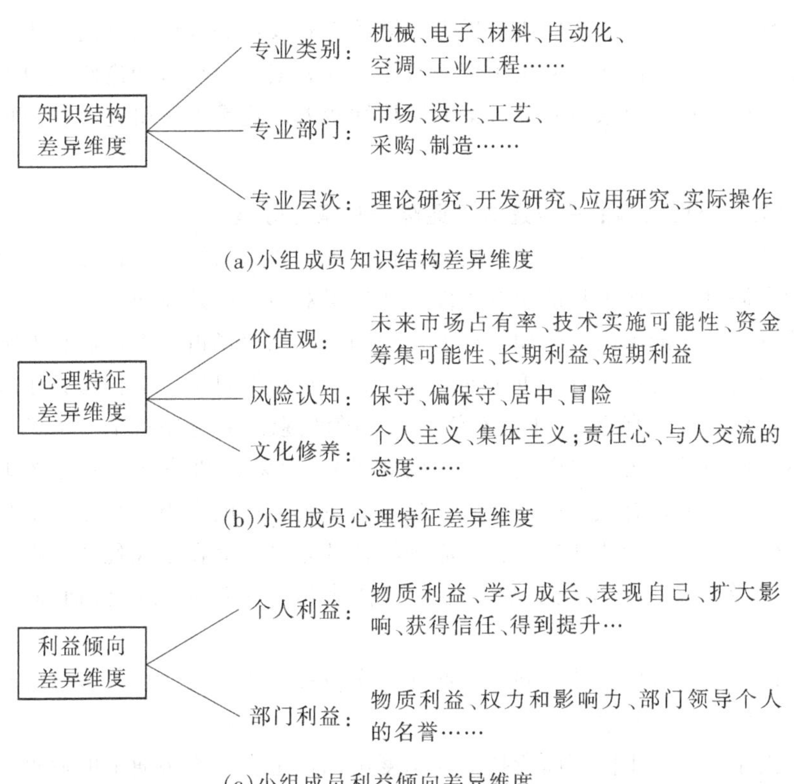

图 9-7 制造产品开发小组成员知识结构、心理特征和利益倾向之间的差异

资料来源：陈国权. 并行工程管理方法与应用［M］. 北京：清华大学出版社，1998.

小组成员知识结构的三个描述性维度分别为专业类别、专业部门、专业层次。专业类别是指不同的专业背景，如开发一种新的轿车车型需要机械、材料、力学、制造（热加工、冷加工）、电子、自动化、计算机、化工、空调、工业工程以及管理等各方面的专业人员。专业部门是指这些小组成员来自企业的哪些部门，例如有来自设计、工艺、制造部门的，也有来自检验、维修、服务及销售部门的。专业层次是指小组成员在其专业领域内的工作是从事理论研究、开发研究、应用研究，还是直接从事车间现场生产操作和管理。

1. 小组成员知识结构的差异造成沟通障碍和意见分歧

由于小组成员知识结构在专业类别、专业部门和专业层次上的不同，对成员之间的沟通可能造成的沟通障碍和意见分歧是：

第一，小组成员由于互相之间难以理解他人的专业背景知识和专业术语，容易造成交流上的困难。有时，即使是对同一个问题，由于不同专业人员使用的词汇及表达方式不一样，也会造成相互之间的误解，使讨论时间延长，工作效率降低。

第二，另外，各专业人员往往偏爱自己的专业。在产品方案开发过程中，容易从本专业出发考虑问题，并强调其重要性，而轻视了其他专业人员的价值。

第三，来自不同部门的人员易于从本部门关注的相关方面出发来考虑设计或工艺方案。

第四，具有不同专业层次的成员思考问题的方式及偏好也可能不同。从事实际应用或生产操作的人员主要倾向于从实用性来考虑设计方案。而从事理论研究的人员学究味较浓，他们考虑深远，但未免有时方案的实用性较差。这是由于研究习惯和角度不同造成的差异。

2. 小组成员心理结构的差异造成沟通障碍和意见分歧

小组成员心理特征方面的差异分别为：价值观、风险认知、文化修养。价值观从广义上讲是指人们对于某些事物的偏好程度。在这里对新产品开发而言，主要是指成员对该新产品开发所重视的侧面。譬如，有人重视的是未来市场占有率，而有人则重视技术实现或资金筹集的可能性；有人重长期利益，有人重短期目标。文化修养在这里主要指一个人是负责任（坚持真理），还是不负责任（随波逐流）；是坚持个人主义（顾面子），还是以集体利益为重（勇于接受他人的正确意见）。风险认知是指成员对该新产品开发方案中哪些方面认为是有风险的以及对风险系数主观估计的大小。显然，小组成员在价值观、文化修养以及风险认知这三方面心理特征的差异，会在很大程度上影响小组成员之间的沟通以及对产品方案的最后决策。具体来讲，可能造成的沟通障碍和意见分歧是：

第一，由于成员价值观的不同，因此在方案设计和决策时往往只考虑自己认为是最重要的方面，发生矛盾和争执。

第二，由于成员对不同问题所持风险态度不同，也会造成沟通上的障碍。

第三，文化修养的影响在于两方面。一方面，如果一个成员个人主义很强，那么即使他发现自己错了，也不会虚心接受或同意他人正确的观点，而固执己见；而集体主义精神强的人则会顾全大局，不在乎自己的面子。另一方面，如果一个人责任心强，他就会敢于坚持真理，不会随波逐流，会向他人详细解释自认为正确的方案；而相反，一个没有责任心的人即使认为正确也懒得争辩，会随大流，但这绝不是集体主义精神所致。

3. 小组成员利益结构的差异造成沟通障碍和意见分歧

小组成员利益倾向差异主要包括个人利益差异和部门利益差异，可能造成的沟通障碍和意见分歧是：

第一，小组成员会有自己的个人利益考虑，譬如，从参与项目开发中获得实际的物质利益、获得学习和成长、表现自己的能力、扩大自己在组织中的影响、获得原来部门主管或者现任的新产品开发主管的信任、得到认可和提升等。群体成员考虑自己的个人利益虽然也能对推进项目开发有积极作用，但有时造成小组内部的沟通不畅和不良冲突。

第二，小组成员来自不同的部门，有时是部门利益的代表，而不一定是站在整个组织利益的角度来考虑新产品开发方案。他们考虑的部门利益可能包括：部门物质利益、部门的权力和影响力、原部门领导个人的名誉和影响等。这些考虑有时会造成沟通和决策上的障碍。

二、群体决策对意见分歧的解决方法

我们仍然以汽车制造企业为例，来说明如何采取有效措施，加强群体成员之间的沟通，解决意见分歧，以形成合理的决策。

1. 建立适当的团队内外的利益和权力均衡机制

要使得跨部门产品开发小组获得成功，根本的问题还在于：组织必须建立适合组织战略发展的利益均衡机制。第一，企业领导人必须站在企业全局的高度，分析企业的战略以及该新产品对战略的意义。根据新产品对战略的重要性程度，确定给跨部门开发小组的资源投入和授权大小，跨部门小组主管和各职能部门主管在新产品方案决策上的权力分配，以及小组与各部门之间利益矛盾和冲突解决机制。第二，企业领导人必须尽量地考虑各方利益分配，让各方对产品开发成功给自己带来的好处清晰、明了，从而在跨部门小组与各部门之间建立相互协作和支持关系。第三，在小组内部，应该建立既强调基于个人绩效的考核，又要强调基于团队的绩效考核，在团队内部建立共创共享的文化氛围。

2. 建立小组内不同专业语言和词汇的对应表

小组成员分别来自市场、设计、工艺、制造、销售等部门及不同专业（机械、电子、材料、自动化、计算机等），有的还有用户和供应厂商。由于工作和专业背景不同，他们对同一问题的描述往往用不同的词汇来表达，因此要使得小组成员间有效地进行沟通，必须明确这种客观差异，建立语言词汇对应表，使得小组成员在讨论时能相互理解。这一点非常重要。很多外国公司在运行跨部门产品开发小组初期，小组内经常相互争执，讨论经常偏题，其原因并不是对某一方案达不成一致意见，而是由于专业词汇不同，大家对同一个问题各说各的，相互误解。

3. **给小组内提供更有效的信息沟通方式，加强小组决策中主持人的作用**

实施跨部门产品开发小组时，应尽可能给小组成员提供更多的高科技信息沟通方式，如计算机联网通信（电子邮件、数据交换）、不同地域的多媒体会议系统等，使成员之间建立更多的沟通渠道。另外，在小组决策会议里，小组成员都是成年人，都有一定的专业知识、经验和能力，他们都有希望得到小组认可的心理需要。作为小组长或会议主持人必须能够进行有效的引导和协调，在各成员共同参与支持下营造一种开放坦诚的、具有建设性的讨论气氛，使每一个成员都能毫不保留地、客观地阐述自己的观点，共同讨论、得到正确的方案，使每一个成员都能从中得到满足，增强小组的凝聚力，真正用集体的创造力和智慧解决产品设计中的各种问题。同时，针对成员不同的专业背景，组长在主持会议时对同一问题可用不同的专业术语加以重复描述，这样能减少成员交流中的障碍，对小组的沟通和决策十分重要。

4. **选择合适的决策机制**

在上述措施的基础上，还必须合理选择最终的决策机制。

群体决策是由多个人完成的。根据达成最终决策方案过程中各成员的贡献，可以将群体决策分为：一致决策、多数决策（2/3 或 1/2 多数）、少数决策、权威决策。如图 9-8 所示。

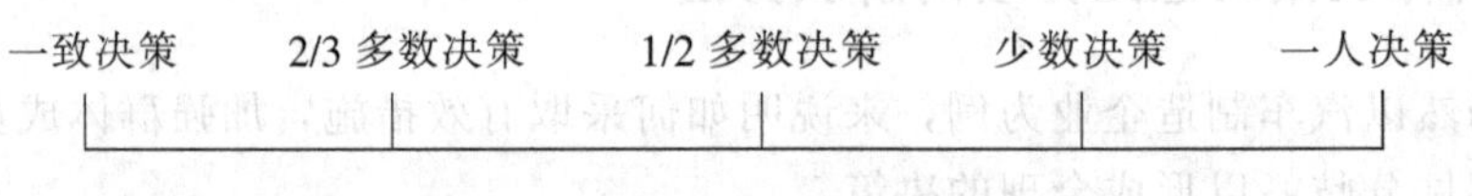

图 9-8 群体决策的五种机制

（1）一致决策

一致决策（consensus decision-making）是指群体在决策时会对要决策的问题进行充分讨论，征求所有人的看法和意见，只有当所有人都一致同意某个方案时，才最终完成决策。这种决策方法在日本和有些北欧国家的组织中经常采用。显然，获得所有人真正的同意不是一件容易的事情，群体必须对要决策的问题所涉及的各个方面、每个成员所关注的各个方面进行充分的分析和研讨，并尽可能获得更多的可选方案，对这些方案进行详细的分析比较，直到有一种方案能让每个成员都能接受。在一些非常重大的问题上，采用一致决策还是必要的。一致决策的优点是决策满足多方意见，容易执行，便于加强群体成员之间的凝聚力。缺点是时间和资源消耗大，不容易达成最终的方案。

（2）多数决策（2/3 或 1/2 多数）

多数决策（majority decision-making）是指群体在决策时会对要决策的问题进行充分讨论，虽然征求所有人的看法和意见，但当不可能让所有人都达成一致时，会根据大多数人的意见确定最终方案。这种决策方法在北美国家最为盛行，后来在一些东方国家也会采用，目前已经越来越成为普遍的群体方式。多数决策有时需要大于 2/3 的人同意，有时只需要 1/2 的人同意。获得意见的方式一般是采用无记名投票，当然也可以采用举手或者口头表态的方式进行。这种方式的好处是决策速度比一致决策要快，多数人同意容易使决策得到执行。缺点是若采用公开发表意见或举手的方式，有时也会使成员迫于群体压力而不发表自己的真实意见。

（3）少数决策

少数决策（minority decision-making）是指群体在决策时会对要决策的问题进行讨论，少数成员会发表自己的看法、观点，并形成决策方案，虽然会征求所有成员的看法和意见，但决策方案的确定主要是依据少数人的意见最后确定。这种决策方法在一些非民主化国家和组织中比较多见。在组织处于紧急情况下会采用。这种方式的好处是决策速度比多数决策更快，缺点是只考虑少数人的意见，决策方案可能得不到所有人的支持，人们的参与感和满意度会下降。

（4）一人决策

一人决策（authority decision-making）是指群体在决策时会对要决策的问题进行讨论，群体中的某个权威人士会发表自己的看法、观点并提出决策方案，虽然会征求所有成员的看法和意见，但决策方案的确定主要是该权威的意见最后确定。这种决策方法也是在一些非民主化国家和组织中比较多见。在组织处于紧急情况下也会采用。这种方式的好处是决策速度非常快，缺点是只考虑某个人的意见，决策方案可能得不到所有人的支持，人们的参与感和满意度普遍下降。

第七节　群体决策中表现出的特殊行为特征和改进措施

一、群体决策中表现出的特殊行为特征

组织行为学家们长期都在研究人们在群体决策中的特殊行为特征。作者在这些研究发现的基础上总结出下面这几个方面：群体盲思、阿背伦悖论现象、群体偏移（群体极化）。

1. 群体盲思

美国心理学者欧文·贾尼斯（Irving Janis）在研究中发现了群体盲思（groupthink）这种群体决策行为现象及特征。简单地说，群体盲思是指一个内部高度团结、与外部高度隔绝、领导方式高度强势的群体在决策过程中表现出高度一致的行为，作出错误的决议，产生不良后果的现象。

贾尼斯对美国历史上造成重大影响的决策案例研究后发现，很多后来被证明是错误的决策都存在群体盲思现象。譬如，罗斯福执政时发生的珍珠港被偷袭事件（杨锡山，1986），1960 年杜鲁门内阁决定放任麦克阿瑟越过三八线进攻朝鲜，1960 年肯尼迪的决策班子决定派 1 400 名雇佣军在古巴猪湾登陆，20 世纪 60 年代约翰逊总统决定对南越的军事干预逐步升级等（徐联仓，1994），以及美国宇航局在 1986 年决定发射挑战者号最后发生大爆炸（纳尔逊等，2004）。

反过来，贾尼斯也发现，凡是正确的决策都避免了群体盲思现象。譬如，第二次世界大战后，杜鲁门内阁制定并实行援助西欧战后经济复兴的马歇尔计划，1962 年肯尼迪总统成功处理加勒比海事件（即古巴导弹危机）。

在这些案例研究的基础上，贾尼斯总结出群体盲思产生的条件、表现出的症状、产生的结果，最后他还提出了防止的措施。

群体盲思产生的条件包括：

① 群体内部高度团结，凝聚力强。这可能是因为大家利益高度一致，情投意合。

② 群体与外部隔绝。群体成员在地理上和/或心理上与外部联系少，自我封闭，得不到外部不同的信息、反馈和质疑。

③ 群体领导强势。这可能是因为领导过去成就大、威望高，但又比较独断专行，大伙虽心知肚明，但都不敢冒犯。

④ 群体面临压力。这可能是因为决策必须在一定时间内作出，成员们有一种紧迫感。

⑤ 决策程序不合理，重大决策不予重新复核审议（徐联仓，1994）。

群体盲思的症状包括以下方面（杨锡山，1986；纳尔逊，2004）。这八个方面是两两对应的。

① 无懈可击的幻觉。群体成员盲目乐观，藐视困难，愿冒风险。

② 群体道德的幻觉。群体成员盲目坚持群体自定的道德标准，认为他们的行动是符合道德的，不会受到责备。他们忽视或不顾决策将产生的道德影响。

③ 全体一致的幻觉。群体成员认为，所有人在决策意见上完全一致。个别人的沉默会被误解为同意。

④ 绝对正确的幻觉。群体成员为他们的决策编造各种解释，使它们似乎显得非常合理，绝对正确。其结果就是其他可选择方案得不到考虑，并且不愿意重新思考群体作决策时所持的假设。

⑤ 低估对方的力量。群体对对方的领导人抱有成见，认为对方愚蠢软弱，不堪一击，或认为对方是个坏人，不愿或不屑于与其谈判。

⑥ 缺乏自我质疑。群体成员不表达他们对决策方案的怀疑或担心，这妨碍了对决策方案的质疑和批评。

⑦ 压制内部的异议。群体中任何成员表示对决策方案的怀疑或担心，其忠诚度就会受到质疑，其他成员会对其施加压力。

⑧ 拒绝外部的意见。群体成员拒绝和抵制外界的不同观点、劝告或阻止。他们会继续坚持群体的观点，使群体不受外部意见的影响。

作者认为，这八个方面的症状实际上包括四对，图 9-9 从正反两个方面分析了症状。

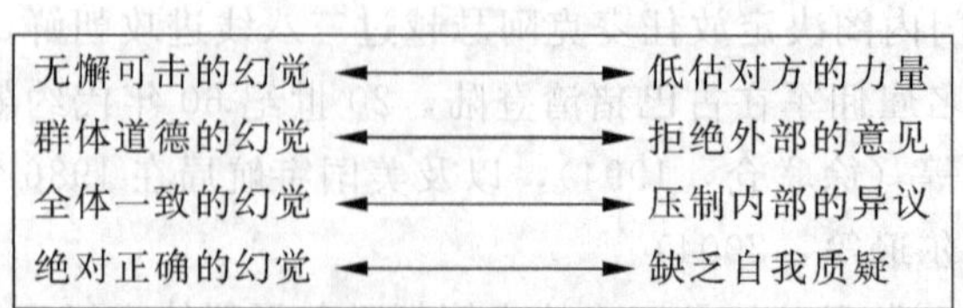

图 9-9 群体盲思的症状

群体盲思会产生的后果是（杨锡山，1986）：

① 对可供选择方案的不完整的调查评议。

② 对目标的不完整的调查评议。

③ 对优先选择方案的风险性考虑不足。

④ 对信息了解不足。

⑤ 信息处理过程中有偏见。

⑥ 欠缺对可选择方案的重新评价。

⑦ 不制定针对意外情况的应变方案。

因此我们必须采取措施防止群体盲思的发生：

① 领导应该改变自己强势的领导风格，采用民主集中式的决策方法。

② 领导应该避免一开始就表达出自己的意见，要先听，最后再发表意见。

③ 领导应该在群体内创造一种心理安全感（psychological safety），让成员感受到可以自由发表意见而不担心会受到指责。

④ 每个成员应该公开坦诚交流，开展建议性争论（constructive controversy）。

⑤ 群体成员应该考虑不同的决策方案，对决策方案从不同角度进行质疑和评估。

⑥ 咨询外部专家的意见。

⑦ 建立几个群体，同时对一个问题进行决策，并综合比较。

⑧ 任命一个故意反对者唱反调，激发群体从不同的角度思考和评估决策方案。

2. 群体决策中的阿背伦悖论现象

阿背伦悖论现象（Abilene Paradox）是指在群体决策过程中由于各成员没能公开发表自己的真实意见，结果导致群体采取的决策行动与他们真正意图完全相悖的现象。哈维（Jerry B. Harvey）在1974年的一篇文章中初次提出这一现象（Harvey，1974），后来又在其出版的著作中对相关问题作了更深入的阐释（Harvey，1988）。

阿背伦悖论的命名源自于哈维讲的一个小故事：某年7月的一个下午，得克萨斯州的科莱曼城（Coleman）气温高达104华氏度。一对夫妇与妻子的父母共四人坐在门廊，风扇慢慢转着，他们尽可能地减少活动量，喝柠檬水，偶尔玩玩多米诺骨牌。妻子的父亲忽然提议他们四人开车去阿背伦（Abilene）的自助餐馆吃饭。阿背伦距离科莱曼城53英里，他们需要冒着沙尘暴和炎热天气才能到达那里。女儿和母亲表示附和，女婿对此建议虽有些许怀疑但仍表示了赞同。于是他们开着一辆没有空调的别克车，经过长途跋涉赶到那里并吃了顿颇为乏味的午餐。四小时后，他们终于返回科莱曼城，酷热难耐而又精疲力竭。在一段时间的沉默后，他们开始评论这番经历。结果发现，四个人原本没有一个人真正愿意去阿背伦，只是因为猜测其他三人愿意去而没有表示反对意见。他们所做的事情竟然是他们都反对的事情！哈维于是将这种现象称之为阿背伦悖论（Abilene Paradox）。

每个人只要回顾自己在组织和群体中工作的经历都可以发现，这种现象在群体决策中并不罕见，尤其当决策过程追求一致性而掩盖不同的意见和问题时更容易发生。这种现象的出现无论对群体和个人都是非常不利的，因此群体在决策的过程中，片面追求一致性是很危险的，群体中的每个人应该说出自己的真实想法，以避免这种现象的发生。

但是，在学术界和管理实践中，阿背伦悖论并没有受到应有的关注，而与其极为相似的前面提到的另一种现象——群体盲思——却颇受瞩目。群体盲思与阿背伦悖论所反映的都是群体在决策过程中追求高度一致的决策结果并导致不利后果的现象。但是，二者存在很大差异。大体而言，阿背伦悖论现象是一种缺乏活力（low energy）的状态（譬如：犹豫、漠不关心、消极、痛苦、冲突等），而群体盲思则是一种充满活力（high energy）的状态（譬如：态度积极、群体兴奋、高凝聚力、团队精神等），二者在一些方面存在差异（Kim，2001）。

表 9-5　阿背伦现象与群体盲思的比较

	阿背伦现象	群体盲思
群体凝聚力	凝聚力会导致阿背伦现象，但它不是主要原因；决策结束后，群体凝聚力降低甚而会失去凝聚力	凝聚力是引发群体盲思的最主要的原因；决策结束后，群体成员的凝聚力会变得更强
领导风格	没有领导、领导无能或无效	尚无确切特点。但大概至少存在两种领导风格：不公正领导和放任型领导。其中，放任型领导风格下未必一定出现群体盲思
外在威胁的压力	没有明显的外部敌人或威胁	存在主观的或客观的外部威胁，因而群体作出不合理的决策，增加团结性
个人观点/群体幻觉	成员坚信自己的观点但不公开表达，因而当制定决策或应对决策结果时，会感觉痛苦、愤怒、无能和失败	成员执著于共同的群体幻觉（例如刀枪不入、全体一致）。制定决策时不会感到痛苦，对决策结果乐观
强制/自愿	成员感觉是被迫作决策，不愿意对决策承担任何责任，因而不表达自己的真实意愿和观点，只是赞同误解了的集体观点，以便在一定程度上避免承担本该承担的责任	在成员看来，作出的选择是他们自由意愿的体现，因此愿意支持群体决策
不满意/满意	成员对决策不满意	成员对决策和群体本身都表示满意
消极态度/积极态度	成员态度消极	成员态度积极
责备他人/防御心理	成员将对决策的不满意怪罪到他人尤其是管理者身上	对于那些可能破坏群体对过去决策效果满意度的反面信息，成员有防御心理，会尽力防止领导者和同伴收到这些信息
担心分离/凝聚力	作出不合理决策的最主要因素是群体成员害怕分离	高群体凝聚力是最主要的原因，害怕分离是相对次要的原因*

*注：Kim 指出，据 Janis（1982）的观点，凝聚力只是群体盲思的必要条件，而不是充分条件；其他前提变量包括：组织的结构问题（如群体孤立）和刺激性的环境（如外部威胁的压力）。详见：Janis，Irving L. *Groupthink*. Boston：Houghton Mifflin，1982.

阿背伦悖论现象的出现对群体决策非常不利，因此需要识别群体、团队或组织“开往”阿背伦悖论现象的信号。这些可能的信号包括（Harvey，Novicevic，Buckley 和

Halbesleben，2004)：(1) 管理者公开不怕不知道。(2) 组织在关键问题上很少有或者没有冲突或争论。(3) 领导至上和强势组织文化。(4) 组织中缺乏多样化的观点。(5) 缺乏对功能失常的决策环境的认知。(6) 员工对组织漠不关心。(7) 组织中的“救世主”情结和管理角色的焦虑。(8) 组织中出现“沉默的螺旋”(spiral of silence)。

3. 群体偏移和群体极化

罗宾斯 (2005) 在其著作中引用前人的研究 (Isenberg，1986；Hale 和 Boster，1988；Paese，Bieser 和 Tubbs，1993；Kogan 和 Wallach，1967；Wallach，Kogan 和 Bem，1962；Clark Ⅲ，1971)，分析了群体偏移 (group shift) 现象：群体讨论使群体成员的观点朝着更极端的方向偏移，这个方向是讨论之前他们有所倾向的方向。结果是，保守的类型会变得更加保守，激进的类型会变得更加冒险。群体讨论会放大群体的最初观点。当然，群体决策的结果是更加保守还是更加激进，取决于群体最初的观点。但更多的情况下，群体决策倾向于更为冒险。

关于群体向冒险偏向的原因，人们有不同的解释。有些学者认为，在群体讨论中成员之间越来越熟悉和融洽，因此容易在后面的讨论中达成一致的观点，而且群体决策由多人负责，分散了每个人承担的决策风险。但至于是更加保守还是更加冒险，作者认为，社会文化和组织文化影响很大，在一个崇尚勇敢、冒险的社会和组织里面，可能会发生冒险偏移，而在一个崇尚谨慎和保守的社会里，可能会发生保守偏移。

纳尔逊等 (2004) 在其著作中也引用了前人的研究 (Stoner，1968；Moscovici 和 Za valloni，1986；Goethals 和 Zanna，1979；Vinokur 和 Burnstein，1974)，分析了一个类似的概念——群体极化 (group polarization)，这实际上是群体偏移中的一种，指群体会作出比个人更冒风险的决策。

二、改进群体决策的方法

针对群体决策存在的上述特殊现象，为了消除其负面影响，组织行为学家提出了下列改进群体决策的方法：头脑风暴法、德尔斐法和列名群体法。

1. 头脑风暴法

头脑风暴法 (brainstorming) 的基本思想是，如果要产生尽可能好、尽可能多的观点或想法，那么就要鼓励每一个成员将自己的观点贡献出来，而且在他们提出自己观点的过程中，不要作任何评价 (纳尔逊等，2004)

实施头脑风暴法的操作方法是：6 人～12 人围坐在一张桌旁，群体领导先向大家清楚讲明要讨论的主题，要求每个人轮流发言，尽可能想出各种解决问题的方法和建议。然后开始，每人轮流发表意见，该过程会根据需要持续一段时间。在人们发表意见的过程中，不管提出的想法多么新奇古怪，多么和其他人的观点不一致，也不能被评论，更不能被批评。另外，每个人不要重复别人的观点，要绞尽脑汁，尽量提出新的有创意的想法 (罗宾斯，2005)。头脑风暴的过程中，人们会相互激发各自的想象力和创造力，而且又不会相互指责，所以整个过程比较自由。这是一种适合于群体创新、集思广益的好方法，应用也比较广泛。

2. 德尔斐法

德尔斐法（delphi technique）是在20世纪40年代由美国兰德公司研究人员提出的一种专家集体判断和预测的方法（杨锡山，1986；鲁森斯，2003），其实施方法如下：

① 建立一个专门小组作为主持机构。

② 专门小组根据自己的专家库选定咨询意见的专家名单。

③ 专门小组将要咨询意见的文字和表格以书面打印或电子方式发给每个专家。每个专家并不面对面一起工作，只是和专门小组进行通信联系，每个专家成员要匿名提出自己的意见。专家成员相互并不知道对方，也更无从联系。

④ 专门小组从专家那里收集到书面的意见反馈。在汇总所有信息意见的基础上，形成进一步要征询的问题。将这些问题和其他专家在前一阶段的匿名意见发给所有专家，让他们重新考虑自己的意见。任何时候，每个人都可以保持或修改自己的意见，修正时需要说明原因。

⑤ 经过多次重复上面的第4个过程，逐步得出最后的决策结果。

上面是德尔斐法操作过程的几个主要步骤，在不同地方使用时可能会略有变化，但它们的共同点是：成员之间不见面、独立自由思考、作出判断。这种方法会避免群体压力、社会懒惰行为、群体盲思、阿背伦悖论现象、群体极化、群体偏移等不利于群体决策的现象发生，在实践中采用较多。

3. 列名群体法

列名群体法（nominal group technique）与德尔斐法不同的是：列名群体法的参加成员是可以面对面坐在一起的，但是相互的语言交流依然受到限制，主要依靠书面交流。具体操作方法如下（杨锡山，1986；鲁森斯 2003）：

① 建立一个专门小组作为主持机构。

② 专门小组选定参加专家的名单，7人至10人，依次围坐。

③ 专门小组负责人给出需要决策的问题、介绍列名群体的工作方法后，群体成员将每个人的意见写在一叠纸条上。

④ 专门小组记录员将每个人的意见都放到大记事板上公布，但不作任何讨论。

⑤ 专门小组主持对每条意见的讨论，参加讨论的人员在澄清意见后，表明支持还是不支持。专门小组人员要记下所有的意见。

⑥ 专门小组对记录下来的想法进行分类，让参加人员秘密写下对这些意见的排序投票。

⑦ 专门小组对大家投票情况进行统计，选出排在第一位的为最后决策。

列名群体法实施过程中，每个人虽然可以发表自己对不同意见的看法，但这种看法不会直接针对提出这个意见的人，另外投票也是匿名的，所以同样也能避免能说会道的人主宰、降低群体压力对个人决策的干扰，因而也是一种常用的群体决策方法。

随着计算机、人工智能和网络技术的发展，各种技术支持系统被开发出来提高群体决策效能。这些技术系统的采用，也可以在某种程度上防止群体决策中不良特殊行为的出现，提高群体决策效能。

本章小结

信息沟通对个人、群体和组织都是十分普遍而重要的行为现象。信息沟通是指人与人之间、群体与群体之间、组织与组织之间传达思想、交流情报和信息的过程。人与人之间传达信息的工具不仅有语言、文字、符号，也包括姿态和行为。沟通的目的是为了共享信息、协调行动、表达情感，以共同完成群体或组织的目标。

信息沟通方式包括书面沟通、口头沟通和非文字语言沟通三大类。书面沟通指的是用书面形式进行的信息传递和交流。口头沟通是运用口头表达的方式来进行信息的传递和交流。非语言文字沟通指的是用非语言符号系统进行的信息沟通，包括与人有关的方面（面部表达、身体语言等）和与环境有关的方面（办公室设计、建筑结构等）。管理实践中，要同时注重采用三种沟通形式而且不同形式之间还要相互协调。

信息沟通会使用不同的技术手段，如电话、传真、计算机网络、电子邮件、邮政传递等。随着科学技术的发展，人们通过网络进行沟通的方式日益增多。

信息沟通过程中，发讯者和接收者之间要相互进行编码、传递、解码，然而这三个环节都存在噪声（信息的失真）。

小群体沟通中有几种不同的人际沟通网络。人际沟通网络是指人与人之间沟通时不同沟通路径所组成的结构形式，主要包括四种：轮式沟通、链式沟通、圆式沟通、全方位沟通。轮式沟通表示主管人员居中分别与其下属发生沟通联系。链式沟通中，信息逐级传递，但可以上下双向进行。圆式表示几个人依次联系沟通。全方位沟通表示每个人都可以与其他人直接地发生双向自由的沟通，并不突出领导。这几种不同的人际沟通网络对沟通的有效性、人的心理（对领导的突出、成员的满意度）等都有一定程度的影响。

沟通还包括正式沟通和非正式沟通。正式沟通是指通过组织明文规定的渠道进行的信息传递和交流。非正式沟通是指在正式沟通渠道之外的信息传递和交流。

单向沟通是指信息的发送者和接收者的位置保持不变的沟通方式。双向沟通是指信息的发送者和接收者的位置不断变化的沟通方式。

上行沟通是指下级向上级反映意见，其形式很多。下行沟通是指上级领导将组织的目标、规章制度、工作程序等向下属传达。平行沟通是指组织中各平行单位之间的信息交流。

以上三种类型的沟通各有其优缺点。在组织的日常运作中，要将这三种形式的沟通结合起来，形成全方位的信息畅通体系，这对组织的健康发展是十分重要的。

沟通的有效性是指沟通的准确性、实时性和效率。准确性是指信息从发讯者传到接收者时保持原意（即不失真、不产生歪曲、不遗漏）的程度。实时性则是指信息从发讯者传到接收者的及时程度。沟通的效率则是指单位时间内传递信息量的多少。准确性、实时性和效率这三者越高，沟通的有效性就越高。沟通的有效性对群体和组织的运作有着十分重要的影响。

影响沟通的有效性的障碍包括：发讯者在信息表达和编码中的障碍、收讯者在接收和理解信息上的障碍、信息传递中的障碍，以及接受者给发讯者反馈过程中的障碍。

提高沟通的有效性就是要克服上面各种障碍。有效沟通的原则包括：①总体考虑，确定沟通目标，明确主题和概念；②了解听众，选用合适的语言；③调动情绪；④随时调整沟通的内容和方式；⑤尽可能传递有用的信息；⑥应有必要的反馈跟踪；⑦沟通时不仅要着眼于现在，还应该着眼于未来；⑧应该言行一致；⑨多听，不要轻易下结论；⑩使用例外原则；⑪使用需知原则。

群体决策的必要性主要体现在：决策问题的复杂性、社会的民主化、信息技术的发展。群体决策在正确性、解决复杂问题能力和可执行性方面比个人决策可能会有优势，更有冒险性，但在速度方面要慢一些，在创造性方面没有定论。

群体决策的选择主要依据儒姆—叶顿—亚戈模型：领导要依据下面八个方面来选择五种决策模式的一种。八个方面因素是：质量要求（QR）、责任感要求（CR）、领导者的信息（LI）、问题结构（ST）、责任感可能性（CP）、目标一致（GC）、下属矛盾（CO）、下属信息（SI）。五种不同程度的群体决策模式是：极端独裁决策（AI）、一般独裁决策（AII）、个别咨询决策（CI）、团体咨询决策（CII）、群体决策（G）。操作时以决策树的形式出现。

以制造企业新产品开发团队为例，群体决策中的意见分歧主要来源于成员之间的个体差异，包括：各成员在知识结构、心理特征和利益倾向三方面的差异。解决这些差异的方法有：建立适当的团队内外的利益和权力均衡机制；建立小组内不同专业语言和词汇的对应表；给小组内提供更有效的信息沟通方式，加强小组决策中主持人的作用；选择合适的决策机制。

根据达成最终决策方案过程中各成员的贡献，可以将群体决策分为：一致决策、多数决策、少数决策、权威决策。

群体决策中成员会表现出下面一些特殊的行为特征：群体盲思、阿背伦悖论现象、群体偏移（群体极化）。

群体盲思是指一个内部高度团结、与外部高度隔绝、领导方式高度强势的群体在决策过程中表现出高度一致的行为，作出错误的决议，产生不良后果的现象。群体盲思产生的条件包括：①群体内部高度团结，凝聚力强；②群体与外部隔绝；③群体领导强势；④群体面临压力；⑤决策程序不合理，重大决策不予重新复核审议。群体盲思的症状包括：①无懈可击的幻觉；②群体道德的幻觉；③全体一致的幻觉；④绝对正确的幻觉；⑤低估对方的力量；⑥缺乏自我质疑；⑦压制内部的异议；⑧拒绝外部的意见。群体盲思产生的后果是：①对可供选择方案的不完整的调查评议；②对目标的不完整的调查评议；③对优先选择方案的风险性考虑不足；④对信息了解不足；⑤信息处理过程中有偏见；⑥欠缺对可选择方案的重新评价；⑦不制定针对意外情况的应变方案。防止群体盲思发生的措施：①领导应该改变自己强势的领导风格，采用民主集中式的决策方法；②领导应该避免一开始就表达出自己的意见，要先听，最后再发表意见；③领导应该在群体内创造一种心理安全感，让成员感受到可以自由发表意见而不担心会受到指责；④每个成员应该公开坦诚交流，开展建议性争论；⑤群体成员应该考虑不同的决策方案，对决策方案从不同角度进行质疑和评估；⑥咨询外部专家的意见；⑦建立几个群体，同时对一个问题进行决策，并综合比较；⑧任命一个故意反对者唱反调，激发群体从不同的角度思考和评估决策方案。

阿背伦悖论现象是指在群体决策过程中由于各成员没能公开发表自己的真实意见，结果导致群体采取的决策行动与他们真正意图完全相悖的现象。阿背伦悖论现象是一种缺乏活力的状态，而群体盲思则是一种充满活力的状态。阿背伦悖论现象在群体、团队或组织出现的信号包括：①管理者公开不怕不知道；②组织在关键问题上很少有或者没有冲突或争论；③领导至上和强势组织文化；④组织中缺乏多样化的观点；⑤缺乏对功能失常的决策环境的认知；⑥员工对组织漠不关心；⑦组织中的救世主情结和管理角色的焦虑；⑧组织中出现“沉默的螺旋”。阿背伦悖论现象对群体决策非常不利，因此需要采取有效的措施防止。

群体偏移是指，群体讨论使群体成员的观点朝着更极端的方向偏移，这个方向是讨论之前他们有所倾向的方向。结果是，保守的类型会变得更加保守，激进的类型会变得更加冒险。群体讨论会放大群体的最初观点。

群体极化，是群体偏移中的一种，指群体会作出比个人更冒风险的决策。

改进群体决策的方法包括：头脑风暴法、德尔斐法和列名群体法。采用计算机、人工智能和网络技术，也可防止群体决策中不良特殊行为的出现，提高群体决策效能。

复习思考题

1. 试通过个人和组织的实例，说明信息沟通对个人、群体和组织的重要意义。

2. 组织中的很多问题产生于不良的沟通，请根据你的工作学习经历举例说明，并提出改进沟通的措施。

3. 信息沟通方式包括哪三种？你如何提高自己在这三个方面的沟通技巧？

4. 信息沟通包括哪些技术手段？对你和你所在的组织而言，这些技术手段发挥了哪些作用？你觉得自己还应该提高哪些技术手段的使用技能？

5. 信息沟通的基本过程包括哪些环节？为什么这几个环节都会产生噪声（失真）？

6. 小群体沟通中有哪几种不同的人际沟通网络？各自具有哪些特点？人们应该如何根据情景合理选用？

7. 正式沟通和非正式沟通对个人和组织的作用分别是什么？应该在什么时候采用？

8. 单向沟通和双向沟通分别具有什么特点？应该在什么情况下采用？

9. 上行沟通、下行沟通和平行沟通各自的特点是什么？组织应该如何建立三种沟通方式并存的体系？

10. 什么是沟通的有效性？回忆自己的沟通方式，你如何大致评价自己沟通的有效性？

11. 影响沟通有效性的障碍主要包括哪些？请举例说明。

12. 提高沟通的有效性有哪些重要原则？你应该如何在管理实践中采用？

13. 为什么需要群体决策？与个人决策相比，群体决策有哪些优缺点？应该在什么情况下选择合适的群体决策模式？

14. 分别以制造业和服务业中的某种团队运作为例，说明群体决策中意见分歧主要产生原因？如何解决意见分歧？

15. 根据达成最终决策方案过程中各成员的贡献，可以将群体决策分为哪些类型？应该分别在什么情况下采用？

16. 试举例说明群体决策中成员会表现出哪些特殊的行为特征？

17. 分别说明群体盲思、阿背伦悖论现象、群体偏移、群体极化等现象的特点、产生原因、对组织的影响。

18. 改进群体决策的方法包括哪些？管理实践中应该如何采用？

本章案例

俄罗斯图—154客机与美国波音757货机发生空中相撞事故

一、事故概况

根据中新网北京2002年7月2日的消息，德国当地时间7月1日晚，一架俄罗斯的图—154客机与一架美国敦豪（DHL）公司的波音757商用大型运输机在德国南部的伯林根上空猛烈相撞，坠毁在康士坦茨湖附近，两架飞机上71人全部遇难。美国飞机上有2名飞行员，俄罗斯客机上有69人，其中包括52名俄罗斯儿童，他们很多年龄低于18岁。这些儿童乘飞机前往西班牙的巴塞罗纳参加一个联合国教科文组织的活动。由于这两架飞机在相撞前都进行过重新加油，因此爆炸异常猛烈。目击者说，他们听到巨大的爆炸声，空中火球满天飞。大小残骸随后拖着长长的火舌从天而降，散落在几十平方公里范围内，并导致一些民用建筑物失火。这是近几年来发生的最严重的一次空难，令全世界震惊。

俄罗斯的图—154客机从莫斯科起飞，目的地是巴塞罗纳，出事前曾在德国慕尼黑作短暂停留。波音757货机从巴林起飞，目的地是布鲁塞尔，中途曾在意大利停留。这两架飞机的航线确实存在交叉，而且交叉点又是处于德国和瑞士两国边界附近，这就意味着飞机要在航线交叉点附近接受两个国家的空中交通管制部门的交接指挥。飞机相撞前是由德国空中交通管制部门指挥，后来交由瑞士空中交通管制部门指挥（尽管当时飞机还在德国上空）。瑞士空中交通管制部门接手后几分钟——当地时间7月1日晚上23时35分至23时36分两架飞机相撞，当时飞行高度为10 600米。

二、事故发生后各方的反应

这两架飞机相撞的直接原因是在德国上空同时下降，最后在高空相遇发生爆炸解体。据说，相撞是在两架飞机的飞行员眼睛相互对视中发生的！据《纽约时报》报道，德国调查官员研究了俄罗斯巴什基尔航空公司的图—154客机和敦豪国际速递公司的波音757货机上的录音资料，并公布了调查结果。调查结果表明，事故发生时，两架飞机上的撞机预警系统（也称防止空中交通事故系统）都在正常工作。事故发生前不到1分钟时，两架飞机的撞机预警系统都发出“事故！事故！”的报警；在撞机前40秒，波音飞机的预警系统发出下降指令，图—154的预警系统命令飞机爬升。但是仅1秒后，瑞士苏黎世机场导航中心却要求图—154飞机下降。两个指令相互矛盾，到底听谁的？就在那一瞬间，图—154飞行员作出了生死选择：他还是相信了瑞士导航中心，降低飞行高度。两架飞机同时下降……悲剧就这样发生了。

这里要介绍一下基本知识。这两架飞机的飞行指令来自两个地方：一是飞机上的防止空中交通事故系统；二是位于地面的瑞士苏黎世机场导航中心。飞机上的防止空中交通事故系统会监测飞机周围的各种目标，给飞行员发出爬升或者俯冲的指令，以避免相撞。然而，位于地面的机场导航中心也会根据它发现的两架飞机之间的距离对每架飞机给出指令。当然，只有当两架飞机之间的距离小到一定程度时，机上的防止空中交通事故系统才会起动报警，给飞行员发出指令。也就是说，只有当距离相近到一定程度时，飞行员才有可能得到来自本飞机和地面的两个指令。

上面是最直接和最终的事实。当然，相关各方包括德国空中交通管理部门、瑞士空中交通管理部门、俄罗斯航空公司、美国DHL公司等都对事故发生背后的原因和责任归属问题发表了不同意见。

1. 德国方面的观点

德国方面认为，瑞士导航控制中心给出的指令是错误的。德国联邦航空事故调查局7月8日宣布，7月1日德国南部上空两架飞机相撞的原因已经初步查明，俄罗斯图—154失事客机的飞行员得到了与事实（俄客机自动报警系统发出的指令）截然相反的指令，从而导致了空难的发生。

德国方面还认为，瑞士导航控制中心给出的指令太晚。德国调查人员指出，直到两架飞机发生相撞前50秒钟，瑞士航空管制部门才命令图—154客机驾驶员降低高度以避免和同高度的波音757货机发生碰撞。航空界的标准预警时间应为90秒。但又过了25秒钟，地面控制人员发出第二次紧急指令后，俄罗斯客机才开始俯冲。当俄图—154客机和波音757货机相撞前，两位飞行员在最后几秒钟都互相看见了对方的飞机，并曾力图改变航向避免相撞。调查人员称，他们差不多全部完成了两架飞机黑匣子数据的分析调查，结果显示，在相撞前几秒钟，两架飞机的相撞警告系统同时警告驾驶员紧急改变航向。“黑匣子记录显示，在相撞前的几秒钟，两位飞行员互相发现了对方高速迎面而来的飞机，并尝试采取换向等措施力图避免两机相撞。然而，一切都已太晚了。”调查人员在一份声明中指出：“一般我们发现一个目标后，大脑需要两三秒钟处理信息的时间，才能决定最终该采取何种行动。然而当他们看到彼此的飞机时，时间已经太短。”另据德国媒体20日报道，德国康斯坦茨检察院已经决定以“疏忽导致他人死亡罪”对瑞士苏黎世空中导航中心进行司法调查。但瑞士方面坚持认为，50秒钟的预警时间虽然非常紧张，但这并非航管人员“不负责任”的表现。德国商业飞行员工会批评瑞士航空管制人员仅仅给飞行员50秒钟修正航线时间的“毛躁”做法。通常情况下，地面控制人员应该在两架有可能经过同一点的飞机交叉前10分钟发出警报。

德国方面还认为，瑞士导航控制中心发出指令时并不清楚他是在向哪架飞机下指令。德国调查人员说，7月1日德国南部上空两架飞机在相撞前，瑞士空中导航员发出指令时并没有说清楚他是在向哪架飞机下指令。德国空难调查办公室发言人弗兰克·格德纳说：“实际情况是，（两架飞机的）飞行员不知道他（空中导航员）在向谁说话，但我们尚不能对此事的后果做出评估。"

德国方面还认为，瑞士导航控制中心的通信线路出了故障，而且人员不到位。事故发生时，两架飞机都是在瑞士导航控制中心的管辖范围内，但是德国卡尔斯鲁厄机场导航中心还是在撞机前 2 分钟发现了险情，并试图联系苏黎世机场，但是电话总是占线，即使使用优先线路都无法接通。据悉，苏黎世机场导航中心的 4 条电话线当晚有 3 条因维修而关闭，剩下的 1 条线也一直在占线。另外，当时瑞士空中导航中心只有 1 名航管人员值班，其他人在轮休，忙不过来也是事故发生的因素之一。

2. 瑞士方面的观点

瑞士空中导航控制中心负责人安通·马格在苏黎世举行的记者招待会指出，瑞士的调度员是在相撞的几分钟以前才从德国同行那里接过导航任务的。在对两架飞机的导航中，导航员的行动是正确的，没有错误；两架飞机同时降低飞行高度才导致了相撞事故。马格说，出事前约 5 分钟，瑞士空中导航员接替德国同行对两架飞机进行导航。接手后，在两机相距 13 公里至 16 公里、飞行高度为 10 800 米时，瑞士导航塔就要求俄罗斯图—154 飞机降低飞行高度，但俄驾驶员在导航塔第三次发出指令时才采取行动；与此同时，美国波音 757 飞机的自动警报系统也命令驾驶员降低飞行高度，而美机驾驶员没有等待瑞士导航塔的许可，就执行了自动警报系统的指令。他表示，对瑞士空中导航控制中心来说，目前有两个疑问需要解答：一是为什么俄罗斯飞机对导航塔的指令反应那么慢？二是为什么美国飞机的自动警报系统指令飞行员下降？马格说，假如波音飞机保持原来的高度，撞机事件大概就不会发生了。马格还说，瑞士导航员具有多年的导航经验，他当时"正确地启动了正常的躲避程序"，而且无线电系统和交流的语言都没有问题。

然而，在德国空难发生近两周后，瑞士空中导航控制中心当时的值班导航员 13 日表示，他愿意承担对 7 月 1 日两架飞机高空相撞事故的责任。这位当时未公布姓名的导航员在由其律师当日向瑞士和德国报界提供的一项书面声明中说，这次空难悲剧是人、电脑、导航和传输器材以及有关规章等共同造成的。他本人与其中的若干失误有牵连。他说，作为导航员，未能避免事故的发生，自然要承担责任；而且这次事故的受害者大多数是儿童，他特别感到痛苦。"我在此向遇难者的亲人表示深切的同情和哀悼。"这名导航员还透露，他已接受过德国联邦航空事故调查局的调查，并表示将与有关当局充分合作，以复原这一事件的真相。

3. 美国方面的观点

7 月 2 日在苏黎世举行的一次记者招待会上，美国敦豪航空公司（DHL）的代表阿克谢—吉茨和瑞士空中导航控制中心调度员工会的发言人安托—马格，对 1 日晚发生在德国高空的撞机事件进行了彼此吻合的评述。美国 CNN 有线电视网根据他们的评述现已再现出撞机事件的具体情景。吉茨说，瑞士的调度员简直是在拼命地试图防止空难的发生。"负责这个地区空中安全的苏黎世空中指挥中心不断地呼叫俄罗斯驾驶员，请他改变飞行高度，因为他现在正飞在不该飞的高度上。"吉茨指出，到了最后的时刻，我们（敦豪）的驾驶员因得到相撞预警系统的警告，还在试图调整飞行高度。

敦豪公司介绍，这架波音 757 货机是 1990 年出厂的，平时维护非常及时有效，不存在什么事故隐患。而那架图—154客机是1995年才出厂的，机上设备也非常先进。安装有这种名为防止空中交通事故系统的飞机本来可以避免发生空中碰撞事故的，这种设备能自动跟踪飞机四周的各种危险目标，并发出让飞行员爬升或者俯冲的指令，来及时避免发生撞山或者和其他飞机“碰头”之类的事故。由于这种系统彼此间可以互相应答，因此处于有相撞可能航线上的飞机，从理论上来说都是不会发生碰撞的。

4. 俄罗斯方面的观点

俄罗斯巴什基尔航空公司的总经理认定这起空难是因为德国调度部门延误了办理同瑞士调度部门交接手续的时间而酿成的，因此已经决定很快就对德国调度员提起诉讼。

失事的图—154客机的机长今年52岁，有12 000小时的飞行记录，并担负过向巴西和巴基斯坦运送人道主义援助物资的任务。他和领航员英语熟练，同时掌握各种国际航线的管制要求。因此不存在听不懂地面指令这样的语言沟通问题。瑞士航空部门也证实，同俄罗斯飞行员交流没有语言上的问题。

关于这次撞机事故的责任，俄罗斯总统普京一方面强调，他不愿在调查结果正式公布之前过多表态，另一方面他也认为，俄罗斯飞行员在这次事故中没有什么责任。普京所以这样说，是因为飞机黑匣子记录的资料已经把空难之前1分钟时两架飞机之间、空中地面之间的各种联系再现出来，谁是谁非已经基本真相大白。

5. 英国方面的观点

据英国《泰晤士报》报道，6个月以前，欧洲航空交通管制部门降低了对飞机飞行中彼此之间所保持距离的要求，以便在有限的空间里同时允许更多的飞机飞行。这项名为降低垂直分离最小值（RVSM）计划规定，飞机在欧洲上空29 000英尺高度飞行时，彼此之间相隔的距离由原来的2 000英尺减少为1 000英尺；而在29 000至41 000英尺高度时，这一距离应保持为2 000英尺。欧洲航空交通管制部门要求航空公司提高标准，保证飞机飞行高度的精确性，以适应这一新计划的出台。虽然许多飞机上都装有提醒飞行员避开其他飞行物的雷达预警系统，但是在飞行速度达到每小时500英里时，飞行员往往只有几秒钟的时间可以作出反应。从飞行航线来看，俄罗斯的图—154客机和美国敦豪公司的波音757货机7月1日晚确实很有可能相撞。

三、事故发生之后

事故发生引起国际社会的震惊。7月8日，正在外地视察的俄罗斯总统普京临时改变行程，来到巴什基尔自治共和国首府乌法市，亲自悼念在7月1日撞机事故中遇难的儿童和机组人员。当天早晨，俄罗斯政府派出的伊尔-76专机载着已经确认身份的32具遇难者尸体从德国返回巴什基尔。在隆重的葬礼结束之后，这些遇难者被安葬在位于乌法市南部的一个墓地。普京一下飞机就直接从机场乘车赶到这里，对遇难者家属表示慰问，并且按照俄罗斯的习俗向每座坟墓敬献了两束玫瑰。各国政府和组织也不断向遇难者表示慰问。

另据《中国日报》网站消息，由于发生的飞机相撞事故的初步调查结果是因为瑞士方面的人员失误，为此，瑞士航空交管部门7月9日颁布新的命令规定，在任何时间内必须有两名指挥员在雷达站值班。据路透社报道，瑞士航空管理局在一份声明中称，为了防止类似的事故再次发生，瑞士航空交管部门“不能由一人来监控雷达中转站”，直至他们发布新的通知。这份声明还强调，由于此次空难的具体原因还在进一步调查中，因此，这份命令不应被看做对航空交管部门的指责。瑞士航空部门官员 7 月 3 日承认，在 7 月 1 日德国南部上空两架飞机相撞前，由于空中交通并不繁忙，瑞士雷达站内两名员工中的一名曾离岗休息。这一发现说明此次空难可能主要是由于地面导航失误引起的。

然而，由于这起空难导致很多俄罗斯人包括 52 名儿童失去生命，两年后，此空难引发了另一场悲剧：一名在空难中失去妻子和两个孩子的俄罗斯建筑师杀害了对该空难负有责任的苏黎世导航控制中心的值班员。之后，该俄罗斯建筑师被判入狱 8 年。

四、事故留给人们的思考

至今，这个事故还是让人们感到痛心——71 个生命，其中包括 52 个花季少年的生命，就这样顷刻之间消逝在万米高空。痛心之外，人们也感到疑惑：飞机在空中相撞是概率极低的事件，在雷达技术非常发达的今天，两架飞机怎么能在空中撞到一起，而且还是发生在科学技术处于领先地位的欧洲？到底谁应为撞机事件负责呢？

《信息时报》的编译小西在 2005 年 11 月 7 日发表过报道，认为是多种因素导致这次空难无法避免。报道如下：

“当时，图—154 客机是从莫斯科飞往巴塞罗纳途中，波音 757 则从意大利的贝加莫出发，飞往比利时的布鲁塞尔。两架飞机发生碰撞时所处的高度是 3.6 万米，虽然出事地点是在德国，但却是在瑞士苏黎世空中导航控制中心的管辖范围内。据德国联邦航空事故调查局的调查，这起空难原因是由于俄罗斯图—154 客机飞行员得到了相互矛盾的指令造成的。苏黎世导航控制中心有两个工作平台，也有两个导航员值班，但却只有一个人在工作，另一人在休息。当唯一值班的空管员彼得·尼尔逊发现险情时，已经剩下太少时间。在两机相撞前不到一分钟时，尼尔逊才和图—154 的飞行员取得联系，并指示他下降 1 000 英尺。但这时，两架飞机上的撞机预警系统都工作正常并且保持着相互联络。图—154 客机上的预警系统提醒飞行员让飞机爬升。最后图—154 飞机按照空管员的指示降低飞行高度，而同一时间波音 757 货机的飞行员已经按照撞机预警系统的提示下降，于是发生两机相撞的悲剧。

事发时只有尼尔逊在值班，一个人盯着两个工作平台，无疑他是顾不过来。直到空难发生前一分钟，他才发现险情。尼尔逊对此的解释是，当时他注意到另一个屏幕上显示了另一起可能发生碰撞的险情，他花了几分钟去解决。但这对于图—154 和波音 757 来说，同样也是极其宝贵的几分钟。如果他早一点命令飞机下降，飞机上的撞机预警系统也不会发出警告，干扰飞行员的行动，那悲剧也就不会发生。

此外，苏黎世导航控制中心另外还有一套防止空难的预警系统，但当晚因为要维修而关闭了。德国西南部卡尔斯鲁厄机场导航中心曾在撞机前 2 分钟发现险情，并试图通过电话提醒苏黎世机场的同行。但据称，苏黎世机场导航中心的 4 条电话线当晚有 3 条因维修而关闭，唯一剩下的 1 条电话线碰巧还占线。

尼尔逊还说，他意识到自己的工作超出负荷，曾打电话要求加派人手。但也因为电话线路太过繁忙而联络不到。而且因为线路的繁忙，也导致图—154 的飞行员不能及时得到尼尔逊的指引，因为当时尼尔逊正和 DHL 的货机进行对话。最后尼尔逊和图—154 联系上时已迟了 23 秒。不要小看这 23 秒，它足以避免空难的发生。正是所有这些问题导致了悲剧的发生。

空难发生后，尼尔逊被暂停职务。两周后，他委托其律师发表书面声明，表示愿意承担这场空难的责任。但他辩解说，悲剧是人的操作、电脑、导航和传输器材以及有关规章等多种因素共同造成的，他本人与其中的若干失误有牵连。他承认，作为导航员，未能避免事故的发生，自然要承担责任，而且这次事故的受害者大多数是儿童，他感到特别痛苦。

有人说，不管有多少因素，其实这起悲剧还是可以避免的。因为在这起空难发生前一年，在日本就曾经发生过类似的例子。那次两架飞机也是在相同的轨道上，飞行员也得到了相反的指示——空管员和撞机预警系统的命令完全相反。幸运的是，两架飞机的飞行员最后都决定遵从撞机预警系统的指引，避过一劫。当时两架飞机距离只有 100 米远。"

《中国青年报》驻莫斯科记者王晓玉曾经在 2002 年 7 月 5 日写了一篇报道，具有代表性，她提出了以下一些疑问。

"对苏黎世空管站提出的疑问：第一，当天晚上本来应该有两个调度员一起值班，但其中一个却擅离职守，在此空域飞行的 5 架飞机只能由另外 1 人调度，这种违反操作规程的行为是不是构成玩忽职守？第二，苏黎世空管站在事故发生之前关闭了能够预警空中飞机相撞的报警设备，瑞士方面解释说，这是为了对设备进行检修，由于夜间的飞行密度很低，这种做法符合常规。第三，为什么苏黎世空管站的空管人员在飞机出事前的 50 秒才开始提醒俄罗斯客机的飞行员，如果真的是俄罗斯飞机没有反应，为什么不向波音货机发出指令？对此，瑞士方面辩解说，50 秒的时间对调整两架飞机的高度已经足够，当然前提是飞行员要服从指挥。

对俄罗斯客机的疑问：如果瑞士空管人员所说的完全属实的话，那么俄罗斯飞行员在听到地面发出的指令后反应非常迟缓，到底是什么原因促使飞行员不愿接受地面指挥呢？一种解释是，飞机上的无线电系统出现故障，飞行员根本没有听到任何指令。另外一种可能是飞行员听到了指令，但恰恰在这个时候飞机上安装的测试飞机间距离的自动报警系统发出警报并指示飞机提升高度，飞行员不知道是听地面指挥下降，还是遵照仪器的指示爬高，从最后结果看，飞行员在最后关头还是认为地面人力调度更准确。

根据目前掌握的情况，波音 757 货机在事故发生之前的几分钟没有和地面进行任何联系，它在两机相撞之前降低高度的理由应该是听到了飞机上报警设备的信号，并且按照上面的提示改变飞机的高度，不然这架飞机绝不会突然改变高度。"

王晓玉记者在 2002 年 7 月 10 日又写了一篇报道，在介绍了一些事实后，最后提出了许多"假如"，表达了一种遗憾的心情：

"事实上，瑞士苏黎世空管站发现两机有相撞危险是在事故发生之前 1 分钟左右，它发出了让俄罗斯飞机下降的指令。但几乎就在同时，两架飞机上安装的自动报警系统也发出信号，并提示俄罗斯客机爬升、波音货机下降。在这一情况下，俄罗斯飞机的驾驶员不知听谁的才对。事故发生后，瑞士方面据此指责俄罗斯飞行员犹豫不定、行动迟缓。大约 14 秒以后，地面再一次向俄罗斯飞机发出降低飞行高度的指令，这一次俄罗斯飞行员不再犹豫，按照地面指挥降低到指定高度。他哪里知道，自己这次执行的是一个死亡命令。

现在，基本情况已经清楚，造成两机相撞的直接原因是地面空管向俄罗斯飞行员发出了错误的指令。问题是，在这个情况下，俄罗斯飞行员是不是应该听从地面的指挥。按照国际航空安全条例，飞行员按照地面发出的指令行事是没有任何问题的，但在飞机自动报警系统发出与地面指挥相反的指令时，飞行员应该按照仪器提示操作，这是因为迎面而来的飞机上也安装了同样的空中报警系统，这个仪器在向一个飞机发出爬升命令的同时，会自动向另一个飞机发出下降的指令，由此保证避免两架飞机发生相撞的可能。从技术规程上说，俄罗斯飞行员应该对这次空难承担一定的责任，但同行们实在为这个飞行员感到冤枉，因为他最后作出下降的决定是在地面又一次发出同样指令的情况下，可以想象他当时的矛盾心理：按照技术规程，应该提升飞机的高度，但地面几次要求他下降，肯定是有无可争辩的把握和根据的，因为人毕竟比机器更灵活。

据航空专家介绍，这种空难发生的概率非常小，而且只要有关人员按照正常的操作去做，事故是完全可以避免的。但是，不该发生的悲剧还是发生了。在当今世界科学技术越来越先进的时候，空难中技术因素已经越来越低，80%的航空事故是人为所致。这次飞机在万米高空相撞，再次证明了这个结论：假如瑞士空中管制人员工作认真负责，他们完全可以在德国同行发现问题的时候，甚至可以更早一些将两架飞机调开，此时空中报警系统还没有启动，根本不会出现空中、地面相互矛盾的指令。

假如瑞士和德国空管部门之间的 4 条电话线，哪怕其中两条线路畅通无阻，瑞士方面也会提前 1 分钟接到同行的提醒。此时采取行动，将会在时间上赢得更大的主动。

假如瑞士空中管制部门不关闭空中报警系统，那么现场调度完全可以看到仪器上对两架飞机发出的避让指令，他也不至于非要发出完全相反的命令。

假如指挥空中交通的瑞士空管人员也和他的同行一样擅离职守，两架飞机完全可以按照空中报警系统发出的指令错开高度。

假如两架飞机上不安装这种先进的报警系统，俄罗斯飞行员完全按照地面指挥的要求，或者降低或者提升高度，两机也不会相撞……

然而，这一切假设的结果毕竟都没有出现，最终展现给世人的却是一场悲剧。”

资料来源：

(1) 德国警方宣布至少 71 人在坠机事件中遇难，[2002-07-02]，http://www.sina.com.cn.

(2) 瑞士空中导航公司认为导航员行动正确没有错误，[2002-07-02]，http://www.sina.com.cn.

(3) 欧洲航管部门曾降低飞行中飞机空中间距要求 [OL] [2002-07-02]，http://www.sina.com.cn.

(4) 赵德成．两架飞机的黑匣子已全部找到，俄驾驶员反应迟钝？[OL]．[2002-07-03]，http://www.sina.com.cn.

(5) 高轶军．“同时俯冲”是德国空难机毁人亡悲剧的直接原因 [OL]．[2002-07-03]，http://www.sina.com.cn.

(6) 德空难调查称瑞导航员有过失，不知道他在向谁说话 [N/OL]．新民晚报，[2002-08-07]，http://www.sina.com.cn.

(7) 沈志珍．月初德国空难新发现，两飞行员在互视中相撞 [N/OL]．扬子晚报，[2002-07-21]，http://

www. sina. com. cn.

（8）瑞士导航员愿承担对德国空难的责任并接受调查［OL］.［2002-07-14］，http：//www. sina. com. cn.

（9）张楠. 德空难调查结果公布，指令矛盾导致飞机相撞［N/OL］. 京华时报，［2002-07-10］，http：//www. sina. com. cn.

（10）王晓玉. 德国上空撞机事件真相大白，违规操作酿惨剧［N/OL］. 中国青年报，［2002-07-10］，http：//www. sina. com. cn.

（11）赵永飞. 为防止撞机事件再次发生，瑞士航管局颁布新命令［OL］.［2002-07-09］，http：//www. sina. com. cn.

（12）瑞士导航员指令与俄客机自动报警系统指令相反［OL］.［2002-07-09］，http：//www. sina. com. cn.

（13）邵建光，刘传锦. 德国调查机构宣布两架飞机相撞事故原因查明［OL］.［2002-07-09］，http：//www. sina. com. cn.

（14）王晓玉. 德国撞机该谁负责？看事件中的几个关键人物［N/OL］. 中国青年报，［2002-07-05］，http：//www. sina. com. cn.

（15）高轶军. 今日美国报："同时俯冲"是德国空难的直接原因［OL］.［2002-07-03］，http：//www. sina. com. cn.

（16）小西. 两飞机相撞妻儿丧生，建筑师复仇刺杀空管员［N/OL］. 信息时报，［2005-11-07］，http：//news. tom. com.

案例思考题

1. 从人际沟通的角度来看，产生两机相撞的原因是什么？
2. 你如何分析俄罗斯飞行员的决策行为？
3. 这个案例对你有哪些重要启示？

参考文献

1. 杨锡山等. 西方组织行为学［M］. 北京：中国展望出版社，1986.

2. 斯蒂芬·P. 罗宾斯. 组织行为学［M］. 10版. 孙健敏，李原译. 北京：中国人民大学出版社，2005.

3. 理查德·L. 达夫特（Richard L. Daft）（范德比尔特大学），雷蒙德·A. 诺伊（Raymond A. Noe）（美）（俄亥俄州立大学）著. 组织行为学. 杨宇，闫鲜宁，于维佳译. 北京：机械工业出版社，2004.

4. 黛布拉·L. 纳尔逊，詹姆斯·坎贝尔·奎克. 组织行为学：基础、现实与挑战［M］. 3版. 桑强，王丽娟，蒙欣等译. 北京：中信出版社，2004.

5. 弗雷德·鲁森斯. 组织行为学［M］. 王垒等译. 北京：人民邮电出版社，2003.

6. 徐联仓. 组织行为学. 北京：中央广播电视大学出版社，1994.

7. 陈国权. 群体心理与群体行为［M］//张德. 组织行为学第四章. 北京：清华大学出版社，2000.

8. 陈国权. 并行工程管理方法与应用［M］. 北京：清华大学出版社，1998.

9. RUSSO J E，安保生，徐联仓等著. 决策行为分析［M］. 北京：北京师范大学出版社，1998.

10. MOORHEAD G，GRIFFIN R W. Managing People and Organizations：Organizational Behavior［M］. 5th. Houghton Mifflin Company，1998.

11. HARVEY J B. The Abilene Paradox：The Management of Agreement，Organizational Dynamics，Summer 1974，pp. 63～80. 该文被认为是对群体决策问题感兴趣的学术研究人员与管理人员必读

的文献。

12. HARVEY J B. The Abilene Paradox and other Meditations on Management [M]. San Diego, CA: Lexington Books, 1988.

13. KIM Y. A Comparative Study of the 'Abilene Paradox' and 'Groupthink' [J]. Public Administration Quarterly, 2001, 25 (2): pp. 168~189.

14. HARVEY M, Novicevic M M, BUCKLEY M. R, et al. The Abilene Paradox After Thirty Years: A Global Perspective [J]. Organizational Dynamics, 2004, 33 (2): pp. 215~226.

15. JANIS, IRVING L. Groupthink. Boston: Houghton Mifflin, 1982.

16. ISENBERG D J. Group Polarization: A Critical Review and Meta-Analysis," Journal of Personality and Social Psychology, December 1986, pp. 1141~1151.

17. HALE J L, Boster F J. Comparing Effect Coded Models of Choice Shifts [J]. Communication Research Reports, April 1988, pp. 180~186.

18. PAESE P W, BIESER M, Tubbs M E. Framing Effects and Choice Shifts in Group Decision Making [J]. Organizational Behavior and Human Decision Processes, October 1993, pp. 149~165.

19. KOGAN N, Wallach M A. Risk Taking as a Function of the Situation, the Person, and the Group [M] // New Directions in Psychology, vol. 3. New York: Holt, Rinehart and Winston, 1967.

20. WALLACH M A, KOGAN N, BEM D J. Group Influence on Individual Risk Taking [J]. Journal of Abnormal and Social Psychology, 1962, 65: pp. 75~86.

21. CLARK Ⅲ R D. Group-Induced Shift Toward Risk: A Critical Appraisal [J]. Psychological Bulletin, October 1971, pp. 251~270.

22. STONER J A F. Risky and Cautious Shifts in Group Decisions: The Influence of Widely Held Values [J]. Journal of Experimental Social Psychology, 1968 (4): pp. 442~459.

23. MOSCOVICI S, Zavalloni M. The Group as a Polarizer of Attitudes [J]. Journal of Personality and Social Psychology, 1969 (12): pp. 125~135.

24. GOETHALS G R, ZANNA M P. The Role of Social Comparison in Choice of Shifts [J]. Journal of Personality and Social Psychology, 1979 (37): pp. 1469~1476.

25. VINOKUR A, BURNSTEIN E. Effects of Partially Shared Persuasivse Arguments on Group-Induced Shifts: A Problem-Solving Approach [J]. Journal of Personality and Social Psychology, 1974 (29): pp. 305~315.

跨文化中的人际行为

学习目标

1. 了解国别文化之间的差异，以及世界文化的主要种类。
2. 在理解并掌握文化差异的基础上，深入思考沟通过程中可能遇到的文化障碍以及原因。
3. 在具体操作中，更进一步理解来自不同文化背景的谈判对象和决策人物。

案　　例

2004 年 4 月，TCL 阿尔卡特移动电话公司（TAMP）在北京举行开业典礼，宣告合资公司正式成立。成立后的 TAMP 中，中方（TCL 集团）占股 55%，法方（阿尔卡特）占股 45%。收购行动之前，TCL 集团连续 12 年以年均 42.65%的速度增长，2004 年营业收入为 402.8 亿元。收购之后，公司遇到前所未有的文化整合困难，陆续有阿尔卡特的员工离职。到 2004 年底 2005 年初，爆发了大规模的离职风波，销售部门、市场部门和公关部门里，法方员工纷纷离开。到 2005 年 5 月，TCL 通过增发 1.41 亿新股换取阿尔卡特 45%股份的方式，中止了与法方的合作。即便如此，TCL 集团自并购阿尔卡特和另一家法国公司汤姆逊后就一直处于亏损状态，截至 2005 年前三个季度，集团未经审计亏损达 11 亿元。集团董事长李东生在 2006 年 3 月接受《中国新闻周刊》采访时表示：“（TCL‘走出去’过程中），现在看来当时还是太乐观了一些，对可能出现的困难估计得不够充分。”

事实上在购并之前，董事长李东生对并购的态度相当乐观，认为整合仅仅限于技术层面，“工作量没那么大”，在实施了由 TCL 自己的团队设计出的收购方案后，18 个月内 TAMP 就能实现盈利。然而，这种对文化差异与冲突的认识不足造成了企业内部严重的文化摩擦。例如，李东生习惯在周末找下属开会讨论公司问题，然而法方员工不习惯周末工作，早早订好了旅行计划。又如，在推选领导人时，双方都没有充分考虑对方员工的想法，推出的是符合本国文化价值观的人选，从而在管理层中也埋下了冲突的诱因。还有，TCL 秉承自己的传统，喜欢迅速采取行动抓住机会，而这一点在注重流程和次序的法方员工看来，却是缺乏计划的表现。凡此种种，不一而足，导致了员工之间没有达成一致共识，公司内部文化冲突愈演愈烈，最后以法方员工纷纷离职，合资企业转为独资企业而告终。

资料来源：中国新闻周刊，2006-03-13；中华工商时报，2005-04-15；管理@人，2005，8.

第一节　理解文化的特性

一、什么是文化

“文化”一词最先来源于拉丁语中的 cultura，词根是 cult，也即祭拜、礼仪的意思。关于什么是文化，Hodgetts 和 Luthans 给出了如下几个文化的特性：

文化是可以学习的。也即是说，文化不是遗传或天生的，是可以通过学习和实践掌握的。

文化是互相分享的。文化不是某一个人所特有的，而是一个群体、组织或社会成员之间共同拥有的。

文化是代际相传的。文化是累积的结果，是可以从上辈人传导给下辈人的。

文化是有象征意义的。文化的基础是运用某些符号象征一些事物。

文化是有一定模式的。文化有着自有的结构，是一个整体，如果某些方面发生变化其余方面也可能受到影响。

文化是能适应的。文化形成的基础是人类改变自身或适应环境的能力，这一点是与动物的适应力相对应的。

由于文化的多样性和复杂性，而全球化潮流又使得跨文化交流成为商业环境中不可或缺的一环，如果缺少跨文化知识，就可能导致文化笑话，严重的甚至会给商业行为造成恶果。一个曾经在宁波一家中国造船公司工作的外国人讲了这样一个故事：

我们公司接下了为德国造远洋货轮的订单，一两个月后德方开始来电话、传真咨询工程进展情况。有中国同事对我抱怨说：“不是已签了合同吗？为什么还要盯着打听，我们准时交货不就行了。”但欧洲人对于合作的态度是，供需双方应不断保持沟通联络，随时交换进展状况及商讨技术情报，这是件十分必要的工作程序。

这份海外来函的另一个麻烦是，通篇是英文甚至德文，于是最常发生的情况是，欧洲的传真发过来后由于不知所云，便不知如何回复，即使已翻译成中文了，那也需等几个部门开会讨论磋商，还要请示领导批复。所以传真就这么搁置在一旁不久便失踪了，回复的事自然也就不了了之了。

欧洲方面望眼欲穿未见到中方的只字片语，又追过来第二封“鸡毛信”。这下公司领导开始意识到事态严重，于是公司拟了份非常有中国特色的回函：“贵方的船正在顺利地施工之中，一切良好，请放心，我们会如期交货。”欧洲方面看了此回复越发地忐忑不安，于是特派一位德国工程师前来中国造船厂督阵。他要求中方立即改造船上的一条管道，这下可是捅了马蜂窝。

首先那些干活的工人们造反了：“我们从来没这么造过船，代代相传的传统造船手艺，就这么一下子被全盘否定？再说刚造好的工程全部报废，这不是败家子吗？洋人放个屁都言听计从，我们还有没有中国人的尊严？”

中国工人的“无理取闹”惹恼了欧洲人，他们下了最后通牒，中方必须按其要求施工。中、德双方为此沟通了数天，中方领导、工程师亲自给工人做思想工作，又加派技术人员监督质量，一条管道的麻烦真是大了去了。中国员工问我：“为什么我们造得好好的，非要返工。你帮忙过去跟那老外说说通融一下，看能不能不返工，重新做太麻烦了。”

以前曾听到过一些西方人抱怨，中国人不尊重他们的意见。中方总希望通过反复“做思想工作”，试图劝说外方改变初衷。这令西方人困惑不解：中国人为何要一再地“纠缠不休”？我当然清楚我绝不可能做什么德国工程师的思想工作，我只能去做中国同事的思想工作，希望他们开窍。

资料来源：Evan. 老外看中国：中国人为何要一再地“纠缠不休”[N]. 青年参考，2006-03.

类似的故事很多，不仅发生在生活和工作于中国的外国人身上，也在中国企业走出国门的过程中一再出现。文化差异已经成为除语言障碍之外另一个容易引起误会和导致摩擦的原因。

1. 文化知识

不同文化往往有着不同的习俗和价值观。以下小测验是一个对文化知识掌握程度的测量。

（1）在日本，大声喝汤被认为是________。

① 粗鲁令人厌恶的

② 表示你喜欢这汤

③ 在家可以如此，在公共场合不可

④ 只有外国人才这样做

（2）在韩国，商业领袖倾向于________。

① 鼓励团队精神与合作

② 鼓励下属间的竞争

③ 不赞成下属直接向自己汇报，认为信息流动应该遵循固定的渠道

④ 喜欢与下属保持紧密的关系

（3）在日本，除了________之外都可以在街头的自动售货机中买到。

① 啤酒

② 加糖精的保健饮料

③ 加糖咖啡

④ 美国公司生产的饮料

（4）在拉丁美洲，经理________。

① 最愿意雇用自己的亲属

② 认为雇用亲属是不合适的

③ 有雇用少数族裔的压力

④ 常常雇用超出需要的人来完成工作

(5) 在埃塞俄比亚，当一个女人打开她家的前门时，表示________。

① 她打算请客人进来吃饭

② 只有家庭成员才可进入

③ 宗教精灵可以自由出入

④ 她愿意与任何进入的男性发生关系

(6) 在拉丁美洲，商业人士________。

① 不直视对方因为这是不礼貌的

② 等别人说完话才会开口

③ 在类似的状况下，较之北美更多地互相碰触身体

④ 避免碰到别人的身体因为这是侵犯隐私

(7) 马来西亚的主要宗教是________。

① 佛教

② 犹太教

③ 基督教

④ 伊斯兰教

(8) 在泰国________。

① 男人们在街上走路时手挽手是很普遍的

② 一个男人和一个女人在公众场合手挽手是很普遍的

③ 男人和女人一起走是粗鲁的行为

④ 传统上当男人和女人在街上碰到时他们会亲吻对方

(9) 在印度吃东西时，恰当的方法是________。

① 用右手拿食物用左手吃

② 用左手拿食物用右手吃

③ 用左手拿食物吃

④ 用右手拿食物吃

(10) 在泰国，用脚趾指人是________。

① 尊敬的象征，和日本鞠躬一样

② 即使是不小心也被认为是粗鲁的行为

③ 跳舞的邀请

④ 公共场合基本礼仪

(11) 在伊朗，经理的绩效评估建立在____的基础上。

① 宗教

② 资历

③ 友谊

④ 能力

(12) 在中国，商业谈判进程________。

① 每天在报上登载

② 细节不会被公开讨论
③ 由一个特殊观察小组经常检查
④ 由最年长的人指导
(13) 当表扬一个西班牙人的工作时，最好不要________。
① 在公开场所表扬
② 说“谢谢”
③ 加工资
④ 晋升
(14) 在一些南美洲国家，约会中____是正常的。
① 早到 10～15 分钟
② 迟到 10～15 分钟
③ 迟到 15～1 小时
④ 迟到 1～2 小时
(15) 在法国，朋友之间交谈时________。
① 通常距离一米左右
② 通常大声嚷嚷
③ 站得比美国人近
④ 往往有外人在场
(16) 在西欧，哪些花是不要送人的?
① 郁金香和长寿花
② 雏菊和丁香花
③ 菊花和马蹄莲
④ 丁香和苹果花
(17) 应该怎样送礼物给沙特阿拉伯的男性经理?
① 请他转交礼物给他的妻子
② 当面送礼给他的妻子
③ 只送礼给最年长的妻子
④ 根本不能送礼给他的妻子
(18) 送领带或围巾给拉丁美洲人时，以下哪种颜色不可?
① 红色
② 紫色
③ 绿色
④ 黑色
(19) 德国公司和家庭的门常常是________。
① 大开，表示对朋友和陌生人的欢迎
② 微开，人们进去前应先敲门
③ 半开，有些人可以进有些人不行
④ 紧紧关闭，隐私和个人空间不可侵犯

(20) 在前西德地区，有魅力的领导者________。
① 不是最受欢迎的
② 追随者众多
③ 常常被邀请任职文化组织的董事
④ 需要参加很多政治活动
(21) 提高墨西哥工人的工资，结果是________。
① 工人会延长工作时间
② 吸引更多工人上夜班
③ 工人们愿意工作的时间减少了
④ 劳动生产率下降了
(22) 中国文化教育人们________。
① 应该常常去看心理医生
② 回避冲突
③ 正视并处理冲突
④ 有冲突时寻求权威人士的帮助
(23) 在中国，以下什么不可以作为婚礼礼物？
① 玉碗
② 钟
③ 一篮橘子
④ 绣龙的礼物
(24) 在委内瑞拉，大年夜怎样过？
① 和家人一起安静度过
② 参加疯狂的邻街晚会
③ 在餐厅中戴着牛角和帽子，和着音乐和舞蹈一起度过
④ 在海边吃烤猪
(25) 如果你在伦敦的酒吧里点“bubble and squeak”，你会得到________。
① 用橄榄油炸的两条金鱼
② 冰玻璃杯里装的冻啤酒
③ 苏打水和一杯普通水
④ 油炸的碎卷心菜和土豆泥
(26) 在印度，如果一个陌生人想知道你的工作以及你的收入，他会________。
① 问你的导游
② 邀请你去他家，熟悉之后问你
③ 没有自我介绍就直接过来问你
④ 尊重你的隐私
(27) 在越南，当你感觉到自己在商业活动中吃了亏时，你要________。
① 在脸上而不是言语中表示愤怒
② 说你很生气，但是面部表情保持平和

③ 完全不表示愤怒

④ 立刻结束商业交易并走开

(28) 在印度当一名出租司机摇头时，可能表示________。

① 他觉得你的价格太高了

② 他不去你的方向

③ 他会带你去任何地方

④ 他不明白你在说什么

(29) 在英国，把食指和中指竖起成一个“V”型，并将手背对其他人是________。

① 和平的手势

② 胜利的手势

③ 二的意思

④ 骂人的意思

译自：Hodgetts & Luthans. International Management：Culture，Strategy，and Behavior [M]. 5 ed. P560. 答案见本章末。

以上问卷大致可以检查出文化知识掌握的程度，但是根据文化的洋葱比喻论和冰山比喻论（陈晓萍，2005），这些知识只是洋葱的表层，或冰山露在海面外的尖角。

洋葱比喻论将文化划分为三个层次：表层、中层和核心层。表层是我们可以看到、听到和感觉到的，就如上述小问卷中的问题及答案。中层是社会规范和价值观，也就是整体社会一致认为文化应该是什么样的，哪种想法是正确的而哪种不是。核心层更深入一些，是文化来源的基本假设，是那些毋庸置疑的深层思想，是不能用三言两语对外人解释清楚而内部人员全都心知肚明的文化行为和价值观产生的根源。

冰山比喻论与洋葱比喻论类似，区别只在于冰山理论将文化分为两部分，海平面上的冰山尖角和海平面下的冰山实体。露在海面上的部分也就相当于洋葱论的表层，而藏在海面下的部分则综合包括洋葱论的中层和核心层。按照物理学上对冰山的解释，露在海面上的部分往往只占到整个冰山体积的10%左右，而掩在海面下的部分虽然不容易被看见，却占到总体积的90%左右。换言之，当发生文化摩擦和冲突时，如果仅仅从文化表象上找原因，将很难触及真正的根源，而要想知道真正的原因是什么，需要极大的文化敏感度或文化同情心。

2. 文化敏感度/文化同情心

文化敏感度（cultural sensitivity/empathy），又称文化同情心，指的是对异类文化的有意识的了解和学习，以及真诚的理解和关心。一个有着文化同情心的国际经理，在见到与本身文化不同的现象时，不会抱怨或者逃避，而是深入了解其产生的根源，从而举一反三，心态平和地掌握更多的文化知识，为公司制定出在当地合适的政策和计划。

缺乏文化敏感度或文化同情心，愈来愈成为跨国公司国际化行为的障碍。事实上，跨国经理们对他国文化的了解程度远远低于他们对其他组织过程，如运营管理、财务管理等方面的了解。Black 和 Mendenhall（1990）发现，有40%的外派经理都由于比较差的绩效或者不能适当调整适应当地文化而不得不提前离开外派岗位；在余下的经理中，又有大约一半左右绩效仅仅勉强符合最低要求。实际上，由于缺乏跨文化知识而导致的谈判和交易的破裂每年给美国公司因外派失败带来的损失超过20亿美元。

文化敏感度很大程度上来自跨文化培训。一个经历过跨文化培训的经理，相对于一个从来没有被培训过的经理而言，尽管可能并不一定掌握更多的外来文化知识，但是往往在这方面更加敏感，也更容易理解外来文化。

二、文化的维度

将文化分拆成各个不同维度，然后对各维度进行测量，再分别比较各类不同文化的维度之间的差异，最后根据测量结果对国家和地区进行分类，是文化研究的一个传统方法。国外学术界关于文化维度的划分主要有如下几个学者的研究为代表：Hofstede、Trompenaars，以及近年来的全球领导力小组（Global Leadership and Organizational Behavior Effectiveness，又称 Project GLOBE）。以下就这三个研究的维度划分一一细述。

1. Hofstede 的文化维度

Hofstede（1983）基于对 IBM 在 50 个国家的 116 000 名员工的调查，将文化划分为四个维度：权力距离（power distance）、不确定性规避（uncertainty avoidance）、个人主义与集体主义（individualism-collectivism）、男性主义和女性主义（masculinity-femininity）。

（1）权力距离

权力距离指的是社会中拥有较少权力的人员和组织对权力分配的不平衡这一现象的接受程度。一个社会中如果人们盲目听从上级的命令，则这一社会文化被定义为高权力距离。在高权力距离的国家或社会中，即使是身处高位的人也要严格遵守这一规则。一个毕业于美国名校现在印度公司任高管的印度人这样说：

> 对我和我的部门而言，为公司创造价值并不是最重要的，最重要的是对老板的服从……我能得到现在的位置靠的是不断对老板说的话或做的事说"是"……反对老板就意味着得去找其他工作……我把思考的自由都已留在波士顿了。
>
> 译自：Hodgetts & Luthans. International Management [M], 5 ed. 117.

在低权力距离的国家和社会则与之正好相反，无论是主管还是下属都有平等表达自己意愿的自由。独裁型领导方式很难在低权力距离的国家获得成功。

根据 Hofstede 的研究，高权力距离的国家主要有马来西亚、韩国、墨西哥、印度等，而低权力距离的国家主要有奥地利、以色列、丹麦等国。图 10-1 是几个主要国家的权力距离相对位置。

（2）不确定性规避

不确定性规避指的是社会成员对于不明朗情形的恐惧和担忧程度，以及建立规则和信念去避免这些不明朗情形的程度。高不确定性规避的国家里，人们出于对模糊事件的担心，对明晰的规则、知识和专家意见的需求相当强烈，并且倾向于严格地遵守条例制度。具代表性的国家有日本、德国等。以下是一个在日本的中国留学生所讲的故事：

> 盂兰盆节假期的最后一天，我与弟弟驾车去日本著名的旅游胜地伊豆半岛游

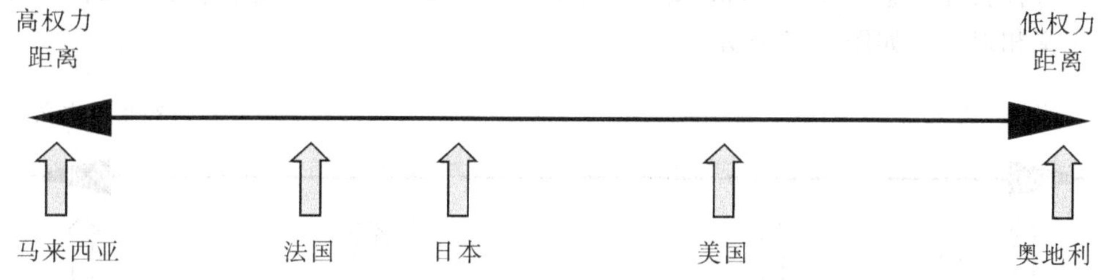

图 10-1 几个国家的权力距离相对位置

资料来源：HOFSTEDE G. National Cultures in Four Dimensions International Studies of Management and Organization，1983.

览。由于是长假的最后一天，返城的车流形成了空前的高潮，从伊豆半岛西部通往东京方向100多公里长的公路上几乎全线塞车。日本的道路十分狭窄，我们走的国道居然只有上下共两条车道，几乎所有的车都是回东京的，对面的来车很少。这样的塞车是我从来没有见过的，简直可以说是蔚为壮观，顺路望去看不到头的车流在一步一挪地缓慢行驶。100多公里的路，我们从下午四五点钟一直走到深夜12点左右。然而就在这全线堵车的100多公里的路上，居然没有出现一个维持秩序的交通警察，也没有看到一辆车从空荡荡的下行车道向前超行，甚至没有人鸣笛催促前面的车辆。日本人就那样耐心地坐在车里，一步一停地向前挪动、挪动。

资料来源：搜狐《出国论坛》人在日本版块。

在低不确定性规避的国家里，相对而言不需要严格遵守一定的程序，即兴发挥被视作是可容忍的行为。具代表性的国家有英国和美国。图10-2是几个主要国家不确定性规避维度的相对位置。

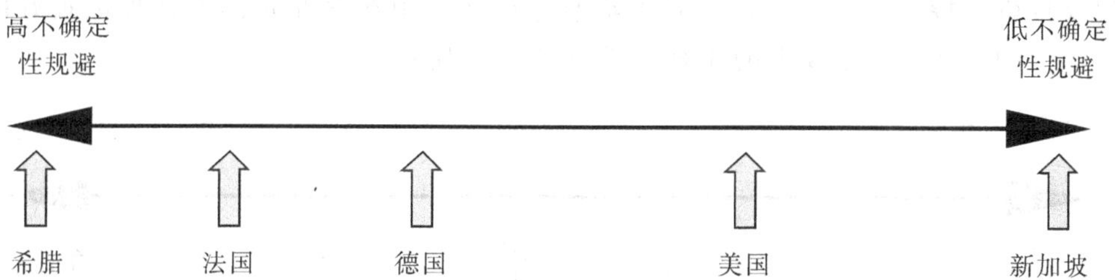

图 10-2 几个国家不确定性规避维度的相对位置

资料来源：G. Hofstede，1983.

(3) 个人主义与集体主义

个人主义指的是社会成员仅仅关注自身以及家庭，忽视社会的倾向；集体主义则指的是成员相信集体利益高于个人利益，照顾集体中其他成员同时期待得到忠诚的回报这样一种倾向。很难说集体主义和个人主义哪一种对经济和社会发展更有利，关于这方面研究结论常常相互矛盾。例如，Hofstede的研究发现高个人主义的国家往往有着相对较高的国民生产总值；其他一些比较文化研究则发现高个人主义的国家（如美国）与高集体主义的国家（如中国）相比，高个人主义国家的团队成员更容易出现互相推诿、不够努力等社会性懈怠（social loafing）的现象（Earley，1989）。几个主要国家的个体—集体主义相对位置如图 10-3 所示。

图 10-3　几个国家个体—集体主义的相对位置

资料来源：G. Hofstede，1983.

（4）男性主义和女性主义

男性主义，主要指的是传统意义上的男性价值观在社会中的被接受程度，比如独断专制、崇尚物欲、对他人缺乏关怀等；与之相反，女性主义主要指的是人们对人际关系和生活质素的重视等女性价值观在社会中的普遍程度。

Hofstede 还提到了在男性主义为主的社会里，男人主导社会各方面的现象比较突出；而在女性主义为主的社会里，性别差异相对较为模糊。在高男性主义的国家（如日本和奥地利），社会生活由男性主导，女性大多待在家里。而在高女性主义的国家（如瑞士和新西兰），人们不愿意当面发生冲突，女性高管较多，和谐是社会发展的主要目标。中国目前的社会既不是完全的男性主义，也不是完全的女性主义。在职场上女性所占比例并不小，但是和谐社会是主要发展目标。美国虽然在这一维度上的位置与中国类似，都是居中，但具体的情况与中国相比又有所不同。美国社会对女性就业持肯定态度，但同时也给愿意留在家中抚养儿童的女性提供很好的福利。主要国家在这一维度上的相对位置如图 10-4 所示。

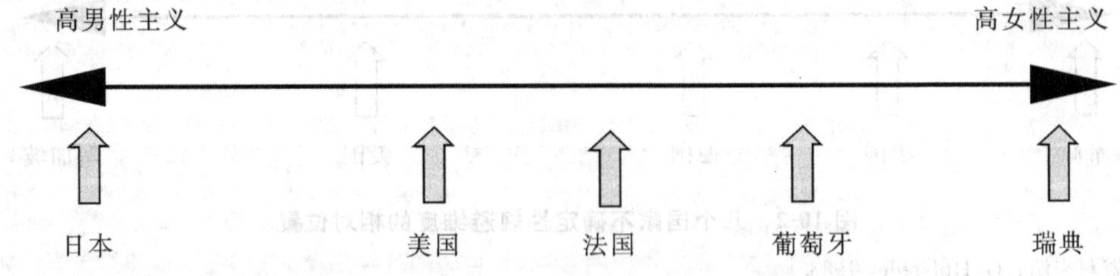

图 10-4　几个国家在男性主义—女性主义维度上的相对位置

资料来源：G. Hofstede，1983.

2. Trompenaars 的文化维度

另一个值得一提的在文化维度方面作出了重要贡献的学者是 Trompenaars，他的研究覆盖 28 个国家、47 种文化的 15 000 名经理。在 1998 年与 Hampden-Turner 合著的书 *Riding the Waves of Culture* 中，Trompenaars 列出了五大维度：一致化—特殊化（universalism-particularism）、个体—共同主义（individualism-communitarianism）、中

性—感性情绪（neutral-affective）、明确—模糊倾向（specific-diffuse）、功绩—出身倾向（achievement-ascription）。

（1）一致化—特殊化

Trompenaars的一致化指的是人们在任何情况下都无差别地遵循同样的原则和规矩；而特殊化指的是人们倾向于具体问题具体分析，不固守于某种规则的态度。一致化的态度多见于北欧和北美的国家，而特殊化的态度多见于亚洲和拉丁美洲国家。Trompenaars在他的书中举了这样一个例子来阐述一致化和特殊化文化的差别：

> 我曾经让学生们回答这样一道题，假设你坐在朋友开的车里，朋友超速驾驶时不慎撞伤了行人，你作为唯一的目击证人，你的朋友是否有权利期望你为他作证他当时没有超速驾驶？来自一致化文化社会（比如北美和大部分北欧国家）的人们回答说朋友没有这个权利，自己会作证他超速；而具有特殊化文化背景（例如日本、法国和委内瑞拉）的人们则回答说朋友有这个权利，自己不会作证超速。更有意思的是，有一次一位来自英国的女士问起被撞伤的行人伤情是否严重，一位法国女士赞同这个问题，她说伤情确实和自己是否会作证超速有关系，伤得越重，自己越有义务替朋友隐瞒。这时那位英国女士有些恼怒地微笑道："这真是太有意思了，对我而言，情况正好恰恰相反。"

从以上例子可以看出，一致化和特殊化在我们的日常生活中无处不在，而且潜移默化地对国际商务产生着深刻的影响。一般而言，一致化文化更重合同、遵守时间，而特殊化文化更重即兴发挥。

（2）个体—共同主义

个体—共同主义维度主要描述的是社会成员是重视个体还是重视追求社会共同目标。举例而言，在被问到"如果团队的一员犯了错误，是应该他自己承担责任还是整个团队来承担"这个问题时，来自个体主义文化的人往往倾向由犯错的个人承担责任，而来自共同主义文化的人倾向于由团队成员共同承担责任。从这一角度来说，Trompenaars的个体—共同主义维度其实是和Hofstede的个体—集体主义维度表述的内容相近。

（3）中性—感性情绪

中性—感性情绪维度主要描述人际关系的情绪导向。在一个中性情绪的社会里（例如，英国和日本），人们克制自己的感情，不使内心的情感表露出来；而在一个感性情绪的社会里（例如，意大利、墨西哥和中国），人们即使是在商业活动中也会公开地表达自己的情绪。中性和感性的差异表现在说话的频率、语调、选用的词汇、肢体语言等。Trompenaars用了这样一个例子来解释文化中的中性—感性情绪差异：

> 一名英国经理被派到尼日利亚工作，他发现在讨论重要问题时提高嗓门是一个有效的办法。当地下属认为像他这样一位平时很有自控力的领导偶尔提高嗓门说明了问题的重要性。在成功地领导了尼日利亚分部后，他又被派到马来西亚工作，在这里他提高嗓门的行为被认为是一件丢脸的事，下属们都不理睬他的安排，公司最后只有将他调走。

(4) 明确—模糊倾向

明确—模糊倾向表述的是关系的参与程度。在持有明确倾向的社会里（例如，美国、英国、法国），工作和生活以及个人关系是明确分开的；而在持有模糊倾向的社会里（例如瑞典和中国），工作渗透到生活的各个方面；同样，生活也与工作的各个方面融合在一起难以分清。从商业的角度来看，management-by-objective 和 pay-for-performance 都是明确倾向的表现。在这类社会里能得到老板赏识的员工大都是能创造成绩的员工。而在模糊倾向的社会里，事情的逻辑正好相反——上级和下属之间的关系是决定员工绩效的原因，而不是反过来。

(5) 功绩—出身倾向

功绩—出身倾向表述的是权力和地位的来源。在以功绩论地位的社会里（例如德国和澳大利亚），个人出身以及历史并不重要，只要做出成果就能受到尊重；与之相对应，在以出身论地位的社会中（例如印度尼西亚），决定一个人是否获得尊重主要根据他的性别、年龄、教育程度、职业以及社会关系等。在以出身倾向为主的社会里，还有一个特点就是所有人的地位都是互相关联的。如果哪一个上级决定降低自己的地位以及匹配的物质（如配车、办公室等），则所有的下级都要相应地降低自己所享有的车和办公室。

3. Project GLOBE

Hofstede 和 Trompenaars 的研究代表着跨文化研究领域的学者们在 20 世纪 80 年代和 90 年代的主要成就。进入到 21 世纪，由宾夕法尼亚大学沃顿商学院教授 House 等人领头，由全球 170 位学者共同成立了全球领导力与组织行为效用小组（Global Leadership and Organizational Behavior Effectiveness，Project GLOBE）。项目耗时 7 年调查了 62 个国家的 18 000 名职业经理，研究对象覆盖各行各业和各种大小的企业和组织。研究结果表明，全球文化可按九个主要的文化维度归类：坚定性（assertiveness）、未来倾向（future orientation）、性别平等（gender egalitarianism）、不确定性规避（uncertainty avoidance）、权力距离（power distance）、宏观集体主义（institutional collectivism）、微观集体主义（in-group collectivism）、成就倾向（performance orientation）和人性倾向（humane orientation）。从这些维度的命名就可看出，全球领导力小组的研究结果有一部分是与 Hofstede 以及 Trompenaars 的研究结果重合的，但是比起他们两人来全球领导力小组的维度划分更细致，定位更清晰。比如前面一再提到的个人—集体主义（个人—共同主义），在全球小组中被划分为两个维度：宏观集体主义与微观集体主义。前者主要是指社会成员对整个国家和社会的认同感，而后者主要是指人们对自身之外的小团体，比如家庭、所处的团队以及所任职的组织等的认同感。再比如说，如果仔细琢磨 Hofstede 的男性主义与女性主义，会发现与全球领导力小组的坚定性、性别平等、成就倾向以及人性倾向等四个维度所表述的内容有相关性，只是后者将前者一分为四，表述更为准确。其他的几个方面，比如不确定性规避、权力距离、未来倾向等与 Hofstede 的不确定性规避、权力距离、长期—短期倾向所表述的内容也基本一致。具体而言，对这九个维度的解释如下：

① **坚定性**主要指社会中的人们是爱好竞争的、主张对抗的、强硬的。坚定性较高的国家和地区主要有前东德、奥地利、希腊、美国、西班牙等；坚定性较低的国家主要

有瑞典、新西兰、瑞士、日本、科威特等。

② **未来倾向**主要指社会中的人们重视与未来相关的活动，如计划、投资等，决策的时间也相对较长。未来倾向较高的国家有丹麦、挪威、瑞士、新加坡等；未来倾向较低的国家有俄罗斯、阿根廷、波兰、意大利等。

③ **性别平等**主要指社会中男女两性角色的平等程度。高性别平等的国家有匈牙利、俄罗斯、波兰、丹麦等；低性别平等的国家有韩国、埃及、摩洛哥、土耳其等。

④ **不确定性规避**主要指社会中的人们依赖社会规范、规则和程序从而弱化对未知事件担心的程度。高不确定性规避的国家有瑞士、瑞典、新加坡、丹麦等；低不确定性规避的国家有俄罗斯、希腊、委内瑞拉等。

⑤ **权力距离**主要指社会中的人们对平等分配权力的期待程度。权力距离高的国家有摩洛哥、尼日利亚、阿根廷、泰国等；权力距离低的国家有南非、丹麦、荷兰、以色列等。

⑥ **宏观集体主义**主要指组织和社会鼓励和奖励人们以集体为导向的资源分配和行为的程度。高宏观集体主义的国家有瑞典、韩国、日本、新加坡、新西兰等；低宏观集体主义的国家有希腊、阿根廷、意大利等。

⑦ **微观集体主义**主要指人们对家庭和公司表现出的忠诚、团结以及集体荣誉感。高微观集体主义的国家有菲律宾、伊朗、印度、土耳其等；低微观集体主义的国家有丹麦、瑞典、新西兰、荷兰等。

⑧ **成就倾向**主要指社会中的人们对绩效的重视和对卓越的追求。成就倾向高的社会里（如新加坡、中国香港、中国台湾、美国等），人们坚持不懈地追求更好的成绩；成就倾向低的社会里（如俄罗斯、希腊、意大利等），人们往往将其他的事情，如忠诚、传统、家庭等置于成就之上，他们认为每一个人的成功都伴随着另一个人的失败。

⑨ **人性倾向**主要指社会鼓励人们公平、无私、慷慨、体贴地行事。在高人性倾向的社会里（如埃及、菲律宾、爱尔兰等），关怀弱者和富有同情心是很重要的。在低人性倾向的社会里（如西班牙、巴西、法国、新加坡等），人们更热衷于追求权力和物质，以及自身的发展。

三、文化族

在按照以上各文化维度仔细分析了国别文化差异之后，Ronen 和 Shenkar 在 1985 年提出了文化族的概念。他们将世界上的主要国家和地区划分为 8 个族：盎格鲁、拉丁欧洲、拉丁美洲、远东、阿拉伯、近东、北欧和德系，以及几个独立的难以被算作是任何一个文化族的国家或地区。他们的分类基于如下几个原因：①工作目标的重要性；②工作满意度和满足感的重要性；③管理和组织的变量；④工作角色和人际关系。具体分类见表 10-1。

并不是所有的跨文化研究学者都完全同意这样的分类方法，比如有的学者就认为，拉丁欧洲和拉丁美洲可以归为一类，而北欧和德系也可以合二为一。还有的学者认为，非族国家中的日本可归于远东，以色列可归于盎格鲁等。不过无论怎样，文化族这一概念的提出，便于人们更好地理解和掌握各国文化间的相似和差异，对国际化的发展起到了一定的推动作用。

表 10-1 文化族分类

盎格鲁	拉丁欧洲	拉丁美洲	远东	阿拉伯	近东	北欧	德系	非族国家
美国	法国	阿根廷	马来西亚	沙特阿拉伯	希腊	瑞典	瑞士	巴西
加拿大	比利时	委内瑞拉	中国香港	科威特	伊朗	丹麦	德国	日本
新西兰	意大利	智利	菲律宾	阿联酋	土耳其	挪威	奥地利	印度
英国	西班牙	墨西哥	新加坡	阿曼		芬兰		以色列
爱尔兰	葡萄牙	秘鲁	越南					
南非		哥伦比亚	印度尼西亚	巴林				
			中国台湾					
			泰国					

第二节 跨文化沟通

由于文化之间存在的巨大差异，有效的跨文化沟通成为了全球化过程中一个重要的任务。一位在香港任职的俄罗斯人曾如此抱怨说：

与中国人一起开会都堪称是“哑巴会”，奇怪的是，中国人私底下交头接耳时个个都挺能高谈阔论的，一旦到了正式会议上领导征询大家意见、看法时，他们的舌头都好像被割掉了似的一片死寂。大会上，站出来表态提意见的全是外籍职员，外国人于是成为离经叛道、故意挑刺的麻烦制造者。我询问中国同事，明明满肚子牢骚，有了表达的机会时为何却一言不发呢？他们回答：“干吗我要出那个头，又不是我个人的私事，中国有句古语‘枪打出头鸟’。”我曾提倡系里员工每周五搞一次早餐聚会，大家聚在一起交流各自教学、科研的心得。第一个周五，我汇报了自己的科研现状；第二个周五，一位美国同事作了报告；第三个周五，一位访问学者发了言。到了第四个周五早晨，我们这几个“外来人员”都已表述过了，该轮到香港本地同事汇报了，然而香港同事个个沉默不语，早茶会最后就这样“无疾而终”。

与聚会上沉默寡言相反，私底下的飞短流长却异常活跃，人与人之间都紧张地相互提防着。同事总喜欢抱怨他人的工作条件、待遇比自己好，若我询问怎么个好法，他们的回答是：“那还用说，很明显就是好。”我又追问有什么具体例子，他们说：“具体情况就不便讲出来了，但可以感觉出来。”我与系里的美国、法国同事聚在一起揣测香港人的这种“感觉”，始终未能破解。由于人人宁愿天天去“很明显地感觉”同事，于是到了全系员工大会上，要大家谈谈各自的想法时，会场里始终鸦雀无声，个个好像都还在沉思、“感觉”着，但就是拒绝道明自己肚子里那些“很明显的感觉”。

资料来源：青年参考：《中国人为何私下满腹牢骚，开会一言不发》，2006 年 3 月 27 日

这个故事很生动地道出了跨文化沟通中容易产生的误会。从这个例子中，我们既可以看到在上一节中讲过的权力距离这一文化维度对中国人行为的制约，也会看到在这一

节中要讲的语境这一跨文化沟通中不可避免的问题。

从权力距离的维度而言，根据全球领导力小组的调查结果（House 等，2004），中国人的价值观倾向于接受较高的权力距离；相对而言，俄罗斯人以及文中提到的美国人、法国人的价值观倾向于接受较低权力距离。这就是为什么会产生中国员工尽管很有想法，但却在会议上一言不发的局面——中国员工不愿意当面挑战领导的权威。设想一下如果采取另外一种形式，比如匿名投票，中国员工可能就更容易表达自己的意愿了。

如果从沟通的角度而言，这里就涉及本章要介绍的沟通中一个重要文化差异——语境（context）。语境是指沟通周围的其他信息，以及这些信息是怎样帮助传导沟通的。世界上的文化种类大致可分为高语境文化和低语境文化。在高语境文化社会里（例如大部分亚洲国家、阿拉伯国家、地中海国家、非洲国家等），信息的传导非常不明朗、不简洁，需要信息的接收方根据自己的知识自行作出进一步解释。而在低语境文化社会里（如美国、加拿大、德国以及斯堪的纳维亚国家），信息的发出方会采用简单明了的方式清楚表达自己的意思，而且往往也倾向于采用直接交流的媒介形式来沟通。回到开头的小故事，我们现在可以看出，中国（包括香港特区）属于高语境文化国家和地区，人们不愿意明确表达自己的意思，而且也习惯于揣测周围人的意愿；这一点就让来自低语境文化国家的外籍同事深感不解，甚至造成了一些误会。

高语境与低语境是相对而言的，不是绝对地可以把世界上所有文化分成两类。图 10-5 是各文化语境的相对位置。

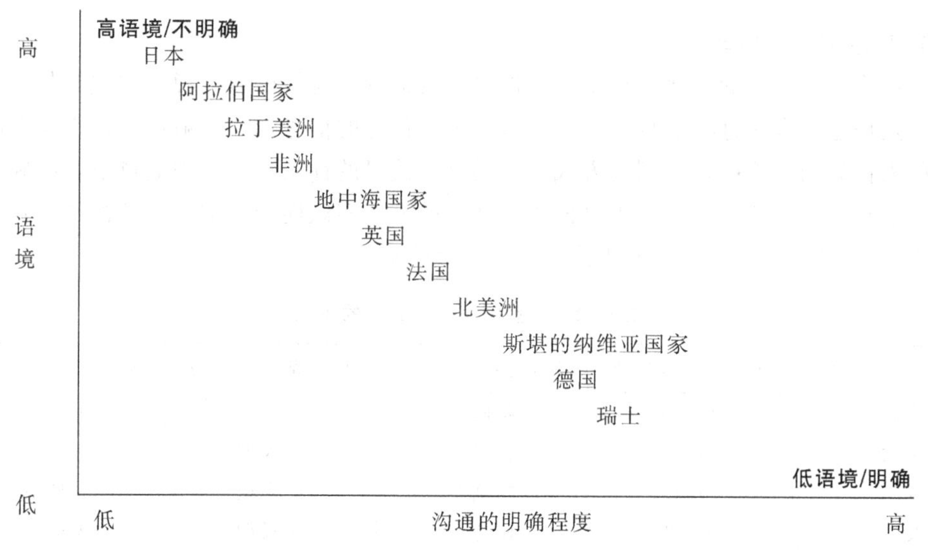

图 10-5　各文化语境的相对位置

资料来源：HALL & HALL. Understanding Cultural Differences，Yarmouth，ME：Intercultural Press，1990；ROSCH. Communications：Focal Point of Culture [J]. Management International Review，1987，27（4）：60.

除了语境之外，Hodgetts 和 Luthans（2005）还将沟通方式在文化上的差异进一步细分为以下几点。

1. 直接型—间接型

一般而言，语境愈高的文化，愈倾向于采用间接的方式。其中一个原因是生活在这样语境文化中的人们长期以来已经习惯于不间歇地收集来自各方面的信息，从而不需要再事无巨细地明确表达。而低语境文化中的人们往往平时与周围人的交流相对较浅，遇事需要直接表达方可被理解。

2. 阐述型—简短型

沟通中语言的长度可分为三种：阐述型（使用语言较多）、精确型（使用语言数量中等）、简洁型（使用语言较少）。高语境文化国家在这一方式上有两极分化的现象：阿拉伯国家、拉丁美洲以及意大利等地中海国家的人们习惯采用阐述型，语言词汇丰富，使用量大；亚洲如日本等国则习惯采用简短型，这是由“言多必失”的文化传统决定的。低语境文化国家往往居中，采用精确型，如德国、瑞士等。

3. 情景型—个人型

在有些文化中，沟通双方只有把自己放在一个大的情景（如组织、级别、资历等）下才能有效避免尴尬，比如在日本，两个公司的代表往往在见面之初就必须了解各自在公司中的地位，以及两公司之间的相对地位，以决定谁应该表现得更加尊敬谁。美国情况正好相反，以个人方式为主，通常人们之间互相称呼名字，而不是姓和职务，以显示人与人之间的平等关系。

4. 表达型—工具型

在以表达型为主的沟通过程中，词汇之外的语调、身体语言、说话方式等与词汇一同在传达信息，有时这类信息量甚至超过词汇所传达的信息量。一般而言，来自高语境文化的人们倾向于采取表达型的方式。工具型方式目的性很强，重视通过语言明确地让对方知道自己想表达的意思。来自低语境文化的人们多倾向于采取这一类沟通方式。

表 10-2 是几个国家在以上四种沟通方式上的不同。

表 10-2　一些国家沟通方式的不同

国　家	直接型—间接型	阐述型—简洁型	情景型—个人型	表达型—工具型
澳大利亚	直接型	精确型	个人型	工具型
加拿大	直接型	精确型	个人型	工具型
丹麦	直接型	精确型	个人型	工具型
埃及	间接型	阐述型	情景型	表达型
英国	直接型	精确型	个人型	工具型
日本	间接型	简洁型	情景型	表达型
韩国	间接型	简洁型	情景型	表达型
沙特阿拉伯	间接型	阐述型	情景型	表达型
瑞典	直接型	精确型	个人型	工具型
美国	直接型	精确型	个人型	工具型

资料来源：FRANCESCO A M，Gold B A. International Organizational Behavior［M］. Prentice-Hall，1998，60.

第三节 跨文化谈判

一、谈判过程中的文化差异

文化维度之间的差异和文化沟通方式的不同给跨文化交流带来了不少困扰，尤其是在跨文化谈判方面。由于谈判双方往往对对方持有一定的戒心，在遇到不熟悉的文化时，忽视礼仪、着装、语言等细节都有可能对谈判过程和结果造成不可预知的后果。

谈判的基本程序有五个步骤：准备阶段、关系建立阶段、信息交换阶段、说服阶段和妥协/达成协议阶段。其中准备阶段对于跨文化谈判而言最为重要。概括下来，当与来自其他文化的个人或组织进行谈判前，以下12个要素需要有充足的准备：

① 谈判过程的基本概念。谈判是双方竞争型还是问题解决型？

② 谈判人员的选择。是基于经验、地位、专业知识、个人品质，还是其他？

③ 谈判种类的重要性。谈判更关注具体事务，如价格；还是更关注彼此关系或说话方式？

④ 谈判形式的重要性。程序、社会行为等在谈判过程中有多重要？

⑤ 沟通情景的复杂性。肢体语言等间接沟通方式有多重要？

⑥ 说服的习惯。对方倾向于怎样说服与被说服？是基于理性论据、共同传统，还是情感？

⑦ 个人角色。谈判的动力来自个人目标、公司目标，还是社会目标？

⑧ 信任基础。信任是基于过往经验、直觉，还是规则？

⑨ 承担风险的倾向。对方在交换信息或达成协议时是否愿意承担风险？

⑩ 时间的价值。双方对时间的态度怎样？谈判的进度应该有多快？有多少灵活性？

⑪ 决策系统。双方都是怎样达成决策的——个人意愿、少数服从多数，还是小组一致同意？

⑫ 达成满意协议的形式。协议是基于信任的基础（如握手），还是双方承诺的可信度，或是法律文本？

资料来源：Weiss S E，Stripp W. Negotiation with Foreign Business Persons：An Introduction for Americans with Propositions on Six Cultures. Feb，1985.

跨国谈判中由于文化的差异导致谈判破裂的情形不在少数，更严重的是，很多公司甚至由于缺乏对对方文化背景的了解，最终也不能明白谈判不成功的原因，从而一再地犯同样的错误。以下是一家美国公司与中国公司谈判过程中出现的情形。

美方派来一个小组，由四人组成：小组长——美国人；副小组长——中国人，美国MBA毕业；律师——美国人；秘书——美国人。中方小组浩浩荡荡一行十几人，包括副总经理以及好几个部门经理。首先中方对美方的诚意就产生怀疑：这么几个人，在公司里级别还都不高，是否对方公司对我们这个项目不够重视？而美方也觉得中方决策太慢，每次提出一个问题，得到的答复都是："要回去向领导汇报。”美方想如果你们这些人都不能作决定那为什么还派你们来呢？

经过一段时间的磨合，其中包括中方对美方几次私下的打听和当面的试探，双方终于对彼此的诚意以及能力有了基本的信任。双方此时互相之间对谈判节奏也有了一定的迁就，比如美方特意放慢节奏，留给中方足够时间“向上级请示”；中方也刻意加快节奏，不在联络感情上花太多时间。终于，双方达成了一个基本协议，决定签署意向书。

于是美方律师洋洋洒洒写了一份长达几十页的法律文本，第二天拿到会议桌上让中方签字。在此之前美方副小组长（中国人）曾经提出过异议，觉得这样的东西拿出去会有不好的作用，但他说不出原因，只强调是自己的直觉。小组长也觉得可能会有不妥，但是他认为“任何事都可以谈”，尽管这个文本有点苛刻，但是将来还可以慢慢让步。结果，中方在看了文本后，什么话也没说就退出了谈判。

可想而知，这个美方谈判小组直到谈判破裂都不明所以，回去以后多半会以“奇怪的中国人”来形容这次失利。但是如果我们用上表中的谈判要素一一分析，就能很明确地看出谈判破裂的原因。

① 谈判过程的基本概念：谈判是双方竞争型还是问题解决型？

在这个案例里，美方对谈判的态度是问题解决型，认为任何事情都可以通过谈判解决；中方对谈判的态度更靠近双方竞争型，认为对方得的多了必然造成自身利益的减少。

② 谈判人员的选择是基于经验、地位、专业知识、个人品质，还是其他？

美方谈判人员的选择多是根据能力和专业知识；中方多是根据在公司中的地位和资历。

③ 谈判种类的重要性：谈判更关注具体事务，如价格；还是更关注关系或说话方式？

美方更关注具体的细节；中方更关注彼此的关系和行事方式。这也是为什么后来会一言不发退出谈判的原因——中方感觉对方很能“算计”，不重视双方长期的合作关系。

④ 谈判形式的重要性：程序、社会行为等在谈判过程中有多重要？

美方相对而言不太重视形式；中方很重形式，对每一步骤都很看重。

⑤ 沟通情景的复杂性：非语言沟通等间接沟通方式有多重要？

美方觉得语言应该能表达出一切意思，详细的文本表达了自己所有的观点；中方属于高情景文化，认为对方拿出这样详细的文本，后面十之八九隐含着对中方的不信任。

⑥ 说服的习惯：对方倾向于怎样说服与被说服？是基于理性论据、共同传统，还是情感？

很明显美方倾向于以理性论据和数据为基础；中方倾向于以情感为基础。

⑦ 个人角色：谈判的动力来自个人目标、公司目标，还是社会目标？

在这个案例里中方和美方在这一点是相同的，都是为了公司目标。但是在很多其他的谈判中，尤其是当中方为国家机关或部委时，中方是为了社会目标，这时社会影响就成为很重要的砝码；而美方可能某个谈判代表属于外派人员，很快就要结束外派期回国，此时拿下这个项目对他将来的晋升很重要，那么他的谈判动力除了公司目标外还有个人目标。

⑧ 信任基础：信任是基于过往经验、直觉，还是规则？

美方的信任基础是规则、合同、法律条款等；中方的信任基础是对美方的考验和试探。

⑨ 承担风险的倾向：对方在交换信息或达成协议时是否愿意承担风险？

相对而言，美方不愿意承担过多风险；中方更能够适应模糊的情形。

⑩ 时间的价值：双方对时间的态度怎样？谈判的进度应该有多快？有多少灵活性？

美方比较急迫，希望能赶快达成协议；中方觉得应该慢慢来，而且应该有更多的灵活度。

⑪ 决策系统：双方都是怎样达成决策的——个人意愿、少数服从多数，还是小组一致同意？

美方小组是小组长有全权决策权，其他人的意见为参考；中方小组首先需要全组人员（至少是参与谈判的高管）一致同意，其次还需向上汇报，取得上级领导的同意。

⑫ 达成满意协议的形式：协议是基于信任的基础（如握手），还是双方承诺的可信度，或是法律文本？

美方心目中的协议形式是复杂的法律文本；而中方心目中的协议形式比法律文本要随意得多，可能是口头承诺、一次握手，也可能是简单的意向书。

总体而言，通过对以上的逐条分析，我们清晰地看到美方谈判小组和中方谈判小组在文化上的差异，而且也理解了中方一言不发撤离谈判的原因。在国际化的过程中，中国公司会有越来越多的机会与外国伙伴谈判，所涉及的文化差异也会越来越多，情形越来越复杂，只有对别国文化有深入的了解，并且运用到谈判中去，才能达成双方都满意的协议。

二、不同文化的谈判风格

具体而言，不同的文化都会产生哪些不同的谈判风格呢？Pierre Casse 在他的书 *Managing Intercultural Negotiations: Guidelines for Trainers and Negotiators* 中列举了美国、印度、阿拉伯国家、瑞典、意大利等几个文化的谈判风格：

1. 成功的美国谈判者是这样的：

① 知道什么时候该妥协

② 谈判开始时态度很坚决

③ 拒绝预先让步

④ 保持秘密

⑤ 只有在谈判陷入僵局时才接受让步

⑥ 设立基本框架，具体事务由副手完成

⑦ 谈判开始前做好多手准备

⑧ 忠诚

⑨ 尊敬对手

⑩ 清楚表达自身的意思

⑪ 知道什么时候该进入下一阶段

⑫ 了解谈判的要点

⑬ 很好掌握时间，行为一致

⑭ 尽量让对手暴露底牌而尽可能长时间保护自己的底牌

⑮ 让对方自愿达成协议，寻找对自己最有利的协议

2. 成功的印度谈判者是这样的：

① 寻找真相，自己也说出真相

② 不害怕大声说话，事实上什么也不害怕

③ 自我控制

④ 寻找对谈判各方都有利的协议

⑤ 尊敬对手

⑥ 从不使用暴力或侮辱

⑦ 随时改变主意，即使会被看做不一致或很难预测

⑧ 把事情放在大的环境下看

⑨ 谦虚，信任对手

⑩ 愿意撤退，常常使用无声的抗议，愿意学习

⑪ 依靠自己的能力和资源

⑫ 被对方的精神力量所吸引

⑬ 有耐心，能吃苦，坚忍不拔

⑭ 向对手学习，避免利用对方的秘密

⑮ 不局限于逻辑，习惯依靠直觉和信念

3. 与阿拉伯国家谈判通常需要一个居中调停者，一个成功的阿拉伯调停者是这样的：

① 保护谈判各方的荣誉、自尊和威严

② 避免对手之间的对抗

③ 被所有的人尊敬和信任

④ 不会让任何一方陷入不得不认输或示弱的境地

⑤ 有足够的威望让别人听从自己

⑥ 有足够的创造性，可以提出让各方满意的解决方案

⑦ 不偏不倚，理解各方的需求，不会倾向任何一方

⑧ 能够抵制来自任何一方的压力

⑨ 找出对手最尊敬的人，用那个人的名义来说服对手改变主意

⑩ 能够保持秘密，并因此获得大家的信任

⑪ 控制情绪和情感（在适当的时候也会“失控”）

⑫ 能够将会议变成调停的工具

⑬ 知道对手在执行谈判决议时可能会碰到哪些问题

⑭ 适应大多数阿拉伯人不在乎时间的观念

⑮ 理解伊斯兰教在阿拉伯谈判方的作用——他们相信因为他们的理由正确，自己将说真话、走正确的道路，最后获得“胜利”

4. 成功的瑞典谈判者是这样的：

① 非常安静、有思想

② 极其准时

③ 极度礼貌

④ 直白

⑤ 希望高效率和高效果

⑥ 进展缓慢

⑦ 脚踏实地、极其小心

⑧ 相当灵活

⑨ 相当好地控制情绪和感觉

⑩ 对新的建议反应缓慢

⑪ 不正式，很熟络

⑫ 自以为是

⑬ 完美主义者

⑭ 害怕对抗

⑮ 非常注重隐私

5. 成功的意大利谈判者是这样的：

① 有戏剧表演的能力

② 不隐藏自己的情绪（通常半真半假）

③ 非常会通过面部表情和姿势来了解对方

④ 有历史观

⑤ 不信任任何人

⑥ 担心自己能否给别人留下好印象

⑦ 相信个人能力，不太愿意相信团队合作

⑧ 有礼貌、讨人喜欢

⑨ 对事物留心

⑩ 从不信奉绝对的观念

⑪ 能够不断想出新的办法来打击直至摧毁对手

⑫ 能够微妙地处理对抗

⑬ 有阴谋诡计的才能

⑭ 知道如何拍马屁

⑮ 能够把其他谈判人员拉入，组成复杂的谈判结构

以上是各国谈判风格的小结。当然，每个国家和文化都由许许多多的个体组成，谈判风格不可避免地会受到个体因素以及具体情况的影响，大致了解文化的影响会有帮助，但是不能完全依赖这些分析，还需要针对具体情况制定谈判策略。

本章小结

这一章主要讲到了文化差异以及由此造成的跨文化沟通和跨文化谈判中的困难。总结一下，本章主要内容有以下几点。

① 文化的性质和文化知识；

② 文化各维度分析；

③ 文化族；

④ 各国文化的语境差异；

⑤ 沟通方式以及各国沟通方式的选择；

⑥ 跨文化谈判 12 要素；

⑦ 不同文化的谈判风格。

复习思考题

1. 中国文化与外国文化相比，都有哪些特点？试用文化维度理论加以解释。

2. 中国文化属于什么语境文化？其沟通方式是怎样的？

3. 假如你代表中国公司分别与美国、印度、阿拉伯国家、瑞典、意大利等公司谈判，可能会出现什么问题？为了防止这些问题的发生，你应该向你的中方老板提出什么建议？

本章案例

跨文化收购——联想并购 IBM PC 部门

2004 年 12 月 8 日，联想集团宣布斥资 17.5 亿美元（其中包括 6.5 亿美元现金，6 亿美元的联想股份，以及承担 IBM 约 5 亿美元的负债）收购 IBM 电脑部门。此收购交易于 2005 年 1 月 27 日经联想股东批准通过后，5 月 1 日正式完成。新联想任命杨元庆接替柳传志担任联想集团董事局主席，柳传志担任非执行董事。前 IBM 高级副总裁兼 IBM 个人系统事业部总经理斯蒂芬·沃德（Stephen Ward）出任联想 CEO 及董事会董事。合并后的新联想将以 130 亿美元的年销售额一跃成为全球第三大 PC 制造商，在全球有 19 000 多名员工，年销售个人电脑约 1 400 万台，在 160 多个国家与地区销售产品，市场占有率超过 7%。

新联想对前途充满信心，有关高管在合并完成当日宣布，一年时间即可让 IBM PC 部门扭亏为盈。同时为了安抚员工，IBM 及联想高层均表示，该交易不会导致两家公司进行裁员。IBM 在美国北卡罗来纳州生产基地中的 1 900 名员工将被转到联想名下，IBM 高层向这些员工保证他们的职位将是安全的，薪酬和福利待遇与在 IBM 工作时相比将不会有很大的变化。而无论怎样安抚，IBM 的员工心中都非常忐忑不安，各种小道消息在公司中飞速传播。在 IBM 内部论坛网上，有美籍员工写道：“以后的养老金也许要改发人民币了。”另一位 IBM 退休员工（美籍）猜测说：“新业主也许做一些让员工们不易接受的事，如降低工资、减少福利等，也许18个月之后，所有的人都会被辞退……他们（联想）最好把品牌（lenovo）给换一下，从我来看，没有美国人会买这种名字的品牌。”IBM在中国的员工也有类似的感受，一位不愿透露姓名的IBM中国员工说：“PC部门的员工现在人心惶惶，大家都很敏感，不知道谁要到新公司，谁要留下。”

与普通员工的惶恐不安相对照的是IBM和联想高管的踌躇满志。联想集团新任CEO、原IBM高级副总裁斯蒂芬·沃德表示：“联想给我印象最深刻的是它的工作人员，那些与我接触过的人都是那么有干劲、有雄心，而且诚信有责。尤其让我惊异的是他们那种包容精神和对外来事物的吸收能力。”斯蒂芬·沃德不认为两个公司在管理文化和策略上会有冲突，他说：“我们的目标是一致的，都是要生产世界上最棒的PC，把我们所有的资源投入到生产中去，让PC生产尽快地增长和扩张。”新联想董事局主席杨元庆在并购得到美国政府的批准之后，也认为前途将会十分光明和平坦：“接下来要做的就是我们联想所擅长的事情了。”与此同时他也表达了适当的谨慎，决定将联想中国和联想国际暂时分开，“两个公司放在一起有很多不兼容、不匹配的地方，来一个大碰撞我觉得风险更大，所以我们的策略就是先稳定，再逐渐地整合，因为我们这两家公司实际上业务的冲突非常小，所以我们没有必要马上就‘火星撞地球’，非得把它撞成一个实体。我们打算先统一我们的产品线，之后再把中国市场上冲突的两块销售业务整合在一起。我们更关心这个企业，更知道这个企业的身体状况怎么样，适合吃什么药，所以我们觉得这必须是一个渐进式的整合，渐进式的变革对这家公司会更好。”联想中国COO刘军更对文化整合做了进一步的解释，他承认，外界对于联想和IBM两家都十分优秀的企业并购的最大质疑是双方文化的冲击——两家优秀企业都已经把企业文化固化到公司气质、员工心中，都在员工心目中培育出了极强的荣誉感，在社会公众那里培养出了极强的忠诚度。“因此，大家很自然地会问，两个强势的优秀文化怎么样融合，甚至会不会冲突。其实，就我亲身体会来看，我的感觉是两家公司在深层文化上的相似性远远大于差异性。比如，联想和IBM的企业文化都有浓厚的‘家’的气氛，两家公司的员工平均任职年限都很长，在IBM那里进入公司超过20年的不在少数，无论是IBM，还是联想都在本国获得了极高的尊敬……”

2005年9月30日，新联想宣布加速整合，改组全球组织架构。新的组织架构将于10月15日生效，联想原有业务和近期并购的IBM个人电脑业务将在全球范围内整合在一起，形成统一的组织架构。过去双方各自的产品运作、供应链和销售体系将合并，统一整合到这个全新的组织架构中。首先，新联想将全球的产品和产品营销业务整合为一个新的全球产品集团。这个产品集团将由联想集团高级副总裁兼首席运营官弗兰·奥沙立文领导，她此前曾担任联想集团高级副总裁兼联想国际的首席运营官。其次，新联想将把供应链的各环节合并成一个新的全球供应链系统，该供应链系统将包括采购、物流、销售支持、供应链战略规划及生产制造等全面运作，由联想集团高级副总裁兼首席运营官刘军领导这个全球供应链系统。刘军此前曾担任联想集团高级副总裁兼联想中国首席运营官。第三，新联想将区域总部由三个扩展到五个，区域总部将主要负责该地区的产品销售和客户服务，整体由联想集团高级副总裁拉维·马尔瓦哈领导，他目前负责联想全球的销售和渠道运作。联想同时宣布将把设在中国北京、日本大和以及美国北卡罗来纳州罗利的研发中心整合到一起，并统一由现任的联想集团首席技术官贺志强负责。调整后，贺志强、刘军、拉维·马尔瓦哈和弗兰·奥沙立文将直接向斯蒂芬·沃德汇报。

2005年12月21日，在新的组织架构生效后仅仅两个月时间，联想宣布原CEO斯蒂芬·沃德离职，由戴尔公司前高级副总裁阿梅利奥继任。联想集团与沃德都不愿就此事发表过多看法。美国《商业周刊》在并购刚宣布时（2005年5月2日）曾经采访沃德，记者问道："你是否担心你出任CEO是过渡性的，联想最终是否会选择一名中国CEO?"沃德回答："现在的事实是，我是联想的CEO，只要我能为公司股东带来利益，我会一直是CEO。我不是暂时的出任，CEO是我的职务。"由此可见，后来的离职在沃德看来，是一个不得已的选择，其中有着难以言表的苦衷。而沃德的离职也并不是唯一，2006年4月6日，原IBM高管、新联想全球渠道策略和销售副总裁Mark Enzweiler又被传离职，继任者未定。不愿意透露姓名的内部人士称，高管的频频离职从一个侧面反映出IBM模式不适合联想，两个公司之间的文化整合难度远远超过渠道等方面的整合难度。这一点COO刘军早在2005年5月18日在博鳌论坛上就有过暗示，在比较杨元庆和沃德之后，刘军说："（向老板汇报时）元庆问得更深入，因为他29岁的时候就领军联想PC，在市场里面拼杀十年了，对于市场的每一点变化和每个细节都特别了解。"而这些细微的难以用语言表述的对市场和员工的了解，正是文化的主要构成部分。

不可否认，从企业文化的层面上来看，联想和IBM有着相当多的共同之处，如前面所提到的不轻易解雇员工，都是在本国获得极大尊敬的公司等。但是，联想和IBM毕竟来自不同的国家，在考察跨国公司文化整合时，不仅要从企业文化的角度，还需要从国家文化差异的角度来研究。本例中，我们需要从中美文化差异来探讨。

仔细分析，联想的企业和国家文化与IBM的企业和国家文化之间有着相当大的差异。比如，联想更强调的是爱国主义（爱中国）；IBM更强调的是热爱公司、忠于公司。再比如，联想强调集体主义，集体利益高于个人利益，团结力量大；IBM奉行个人主义，每个员工做好自己的本职工作公司才能获得效用最大化。又如，联想是一个年轻的公司，成立于1984年，到宣布并购时仅仅有20年的历史，冲劲大；IBM成立于1911年，其历史甚至可以追溯到19世纪80年代，是一个相当成熟、稳定的公司。还有，联想提倡放手去做事，没有不可能的事，是在中国"摸着石头过河"的时代发展起来的一个公司；而IBM徽标中的蓝色代表着多思考，少冒进，提倡的是在第一时间做正确的事情。联想崇尚儒家文化中的含蓄、委婉、中庸；而IBM讲究表达自信、个性鲜明。诸如此类貌似细微的文化差异，在新联想中处处存在，为新联想文化的整合乃至最终各方面的整合埋下了坎坷的隐患。

资料来源：www.lenovo.com.cn；www.ibm.com；新浪科技，2004年12月8日；第一财经日报，2004年12月10日；赛迪网，2004年12月10日；经济观察报，2005年3月12日；ChinaByte：2005年5月2日；搜狐IT，2005年5月18日；新浪科技，2005年12月21日；人民网，2006年4月6日。

案例思考题

1. 从Hofstede的文化维度分析联想和IBM的文化差异。
2. 从Trompenaars的文化维度分析联想和IBM的文化差异。

3. 从 Project GLOBE 的文化维度分析联想和 IBM 的文化差异。

4. 你认为新联想文化整合能成功吗？如果是，需要在哪些方面作出努力？如果否，为什么？

附：文化知识小测验答案

(1) ②；(2) ②；(3) ②；(4) ①；(5) ④；(6) ③；(7) ④；(8) ①；(9) ④；(10) ②；(11) ③；(12) ②；(13) ①；(14) ④；(15) ③；(16) ③；(17) ④；(18) ②；(19) ④；(20) ①；(21) ③；(22) ②；(23) ②；(24) ①；(25) ④；(26) ③；(27) ③；(28) ③；(29) ④

参考文献

1. BLACK J S, MENDENHALL M. Cross-Cultural Training Effectiveness: A Review and a Theoretical Framework for Future Research [J]. Academy of Management Review, 1990, 15 (1), pp. 113～136.

2. EARLEY P C. Social Loafing and Collectivism: A Comparison of the United States and the People's Republic of China [J]. Administrative Science Quarterly, 1989, 34: pp. 565～581.

3. HODGETTS R M, LUTHANS F. International Management: Culture, Strategy, and Behavior [M]. McGraw-Hill, 2003.

4. HOFSTEDE G. National Cultures in Four Dimensions [M]. International Studies of Management and Organization, Spring-Summer, 1983.

5. HOUSE R J, HANGES P J, JAVIDAN M, Dorfman P W, Gupta V. Culture, Leadership, and Organizations: The GLOBE Study of 62 Societies, SAGE Publications.

6. CASSE P. Managing Intercultural Negotiations: Guidelines for Trainers and Negotiators, 1985.

7. RONEN S, SHENKAR O. Clustering Countries on Attitudinal Dimensions: A Review and Synthesis [M]. Academy of Management Journal, 1985, p. 449.

8. TROMPENAARS F, HAMPDEN-TURNER C. Riding the Waves of Culture [M]. 2nd ed. McGraw-Hill, 1998.

9. 陈晓萍. 跨文化管理 [M]. 北京：清华大学出版社，2005.

第11章 谈判与冲突管理

学习目标

1. 冲突的普遍性和内涵
2. 对待冲突的不同观点的产生与发展
3. 冲突的不同分类方法
4. 冲突产生的群体和个人原因
5. 冲突的五阶段模型
6. 冲突的五种行为意向
7. 冲突管理的基本策略
8. 谈判的内涵
9. 谈判的类型
10. 谈判的组成要素和过程
11. 有效谈判的策略

第一节 关于冲突的基本概念

一、冲突的普遍性

冲突是一种普遍的人类社会现象，在社会生活中随处可见，下面是 2006 年 5 月 10 日新浪网新闻频道的要闻条目。

北京开展文明网站评比活动　文明上网征文

- 中日战略对话达 5 点共识　同意尝试安排外长会晤
- 新浪公司宣布调整管理层　发布今年第一季度财报
- 改革以来第三次干部换血展开　交流概念替代升贬
- 外交部就越南拟在南沙群岛建电话网络等答问
- 古巴请中国参与海底采油成美热点政治话题
- 广东国土厅长建议 3 年后买房　北京五一日售 250 套
- 5 名东突疑犯正向阿尔巴尼亚申请政治庇护
- 药监局叫停奥美定注射隆胸始末　受害者约 30 万人
- 建设部批评《无极》剧组破坏香格里拉环境
- 揭秘传销教父：从理发师变为传销骗局最大赢家

欧盟公布疑似中国仿造名牌跑车照片被指太草率
广州称与肇庆情况有别　收燃气初装费未违规
银行卡跨行查询收费已成定局　交行每笔0.30元

资料来源：http：//news.sina.com.cn/（2006年5月10日，要闻部分）

其中许多要闻的内容都与冲突相关，国家之间（中日、中越、中美、中阿、中国与欧盟）、组织之间（建设部与《无极》剧组、银行之间、城市之间、政府管理部门与企业之间）、群体之间（不同消费者群体之间、不同思维方式的网民之间）、不同个体之间（传销中的各类人员）都存在着各种各样的冲突，只是冲突的程度、发展的阶段和表现方式不同而已。因此，冲突具有客观性和普遍性。

任何由人组成的组织中，都会存在着冲突，它是一种客观存在的、不可避免的正常的社会现象。冲突也贯穿于人类社会发展的整个历史，正是在各类冲突的出现和解决过程中，人类社会不断发展和延续，而在每个人每天的生活中，也会听、看，甚至亲身经历各种冲突，冲突是生活的现实。

二、冲突的内涵

什么是冲突呢？学者们对冲突的概念并没有明确一致的看法，不同的定义体现了不同研究者关注的重点和研究角度的差异。托马斯（K. W. Thomas，1977）认为，冲突是起始于参与者觉察到他人侵害或准备侵害自身利益的一个过程。M. A. Rahim（1983）认为，冲突是社会实体内部或社会实体之间出现不相容、不调和或不一致的一种互动历程。俞文钊（1993）认为，冲突是由于工作群体或个人试图满足自身需要而使另一工作群体或个人受到挫折的社会心理现象。冲突表现为，由于双方的观点、需要、欲望、利益或要求不兼容而引起的一种激烈争斗。特纳（1997）认为，冲突是“双方之间公开与直接的互动，在冲突的每一方的行动都是力图阻止对方达到目标”。罗宾斯（S. P. Robbins，2000）认为，冲突是一个过程，在这个过程中，A借由某些阻挠性的行为，致力抵制B之企图，结果迫使B在获取其目标或增进其利益方面遭受挫折。黄培伦（2001）认为，冲突是“行为主体之间由于目的、手段分歧而导致的行为对立状态”。

虽然定义不同，但是上述定义有三个共同点：

第一，冲突是互动的关系行为。冲突的行为主体可以是个体、群体或组织。冲突是上述主体之间的关系互动的历程。冲突是一个动态、不断改变的历程，采取建设性的做法，双方关系得到改善；采取破坏性的做法，引发更激烈的冲突。结果如何，要看冲突中双方的互动过程如何。

第二，冲突是一种主观的感受。从认知的观点来看，冲突是个人主观的感受。冲突中，个体感觉到愤怒、敌意、恐惧或怀疑等外显或内隐的种种情绪。是否存在冲突是一个知觉问题，如果没有“知觉到”（perceived）冲突的存在，就没有所谓的冲突。

第三，冲突来自互不兼容性。由于实际的或希望的反应的互不兼容性而产生的两个或更多主体之间的紧张状态就产生了冲突。当然，个人内部的互不兼容性可能造成前面提到的角色冲突、认知冲突、价值观冲突。所以冲突来自互不兼容。

综上所述，冲突的内涵就是个体、群体与组织在互动过程中，由于各种原因导致个体、群体或组织对彼此关系感知到的不同程度的紧张状态。

三、对冲突的不同观点

在西方世界，对冲突的认知经历了三个不同的发展阶段：避免冲突—接纳冲突—鼓励冲突。

在20世纪30年代至40年代，传统观点占主导地位。传统的观点认为，所有的冲突都是不良的、消极的，是坏事，必须避免，或者尽量减少，原因是冲突意味着意见分歧和对抗，势必造成组织、团体、个体之间的不和，破坏良好关系，影响组织目标的实现。

从20世纪40年代末到70年代中叶，人际关系的观点在冲突理论中占据统治地位。人际关系观点认为，对于所有群体和组织来说，冲突都是与生俱来的，而且无法避免。因此人际关系学派建议应接纳冲突，使其存在合理化，冲突不可能被彻底消除，有时还会对群体的工作绩效有益。

从20世纪70年代末到现在，冲突的互动观点成为理论和实践中的主流观点。冲突的互动观点认为，融洽、和平、安宁和合作的组织容易对变革的需要表现出静止、冷漠和迟钝。过多的和谐与平静并不一定总能使组织取得好的经济效果，相反会使组织缺乏生机和活力，而适当的冲突倒是有利于刺激组织健康的发展。流传许久的鲇鱼效应就非常直观地给出了冲突（而且是不可调和的、极端对立的）带来的积极效果。

鲇鱼效应

相传，挪威人从深海捕捞的沙丁鱼很难活着上岸，抵港时如果鱼仍然活着，卖价就会高出许多，所以渔民们千方百计想让鱼活着返港。但种种努力都归于失败。后来有位老渔翁发现了一个成功的秘密：鲇鱼效应。原来鲇鱼是沙丁鱼的天敌，在沙丁鱼群里适量地放入一些鲇鱼，就可以人为地制造一种紧张空气。沙丁鱼一见到鲇鱼就惊恐万状、四处逃窜，于是生命力大为增强，成活率大大提高。这样一来，一条条活蹦乱跳的沙丁鱼被运回了渔港。后来，人们把这种现象称之为“鲇鱼效应”。

基于适当冲突有益的概念，组织需要限制破坏性冲突，而促进建设性冲突，以使组织保持旺盛的生命力，不断创新和进步。美国社会学家刘易斯·科塞（Lewis Coser）概括提出了社会冲突的如下益处：

① 群体内部的分歧和对抗，能够造成一个各社会部门相互支持、相互制约的社会体系，譬如美国的三权分立制度，总统和国会之间权力分散，互相可以否决，互相制约。

② 表现出来的冲突，使对抗的成员采取合适的方式发泄心中的不满，比让怨气压

抑更减少极端事件和反应的发生概率。

③ 群体间冲突增加了群体内部的凝聚力。中国抗日战争期间，日本的侵略使国、共两党联合抗日，国内矛盾放到次要的位置。一致对外使群体内部冲突水平降低。

④ 两大集团的冲突可以表现他们的实力，最后达到力量平衡，防止了无休止的战争。可见，一定程度的冲突反而减少了冲突，获得长期稳定。如第二次世界大战后美、苏之间的核军备竞赛，最后防止了真正的核冲突。

⑤ 冲突可以促进联合，以求生存。例如，企业可以为了共同的利益结成联盟体，来解决重要的分歧问题。

西方社会中对冲突的认识经历了上面三个阶段的变化，而东方社会，尤其是中国文化中，对冲突的认识从古至今几乎都是建立在避免冲突、消除分歧的基础上的。一个“和”字被称做是中国文化精神特征的典型代表。古人云：天之道，不争而善胜，不争而自来。天时、地利、人和是环境条件的最佳组合；和为贵，是价值观的基本判断。正是这样厚重的文化基因，虽然冲突不可避免，但中国组织对冲突的处理办法几乎都是如何消除产生冲突的原因，或者尽量地避免。在中国组织的组织行为中，经常可见的是，人们不愿意对别人的意见和观点直接明确地表示不同意或者发表评论。在中国社会中，人们对冲突也表现出非常敏感的态度。直到现在，虽然一些组织的管理者意识到冲突的有利方面，但对适当冲突有利的普遍共识尚未在整个社会中建立起来。

四、冲突的类型

从不同的角度出发，冲突可以划分为许多类型。

按照冲突的主体不同，可以划分为六种类型。由于冲突的主体可以是个体、群体和组织，因此存在着个体与个体之间、个体与群体之间、个体与组织之间、群体与群体之间、群体与组织之间以及组织与组织之间不同类型的冲突。个体与个体之间的冲突又叫做人际冲突，比如员工与管理者之间、同事之间的冲突。而群体之间的冲突在组织中也非常常见，比如不同班组之间、不同部门之间的冲突。组织与组织之间的冲突在前文所引述的新浪网新闻中就体现的非常明显了。图 11-1 显示了冲突的类型。

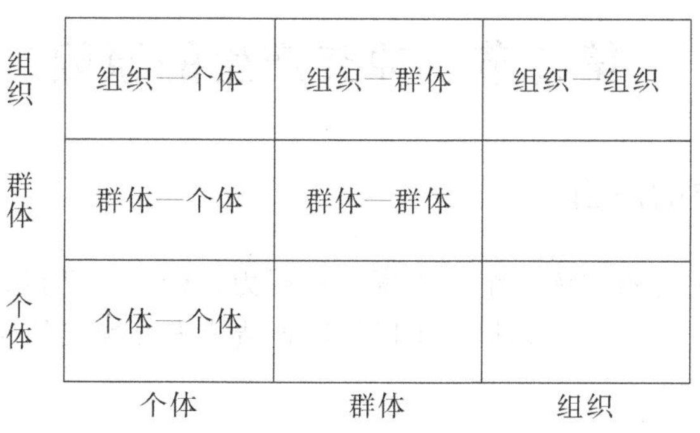

图 11-1 冲突的类型

按照冲突的互动观点，不是所有的冲突都是有益的，从冲突的结果来看，那些能够支持组织目标的实现，并改善其绩效的冲突是建设性的冲突，或者称之为有益的冲突。反之，那些阻碍组织目标实现，有损组织绩效的冲突就是破坏性的，或者称之为有害的冲突。行为学家杜布林则将在前面划分的基础上，又增加了一个维度，即实质的还是个人的。“实质的”冲突主要是由技术和行政上的因素引起的，而“个人的”冲突则是由个人之间的情感、态度、憎恨、嫉妒等引起，把这两个维度结合起来，就形成了两维空间的四种冲突类型，如图 11-2 所示。

	有益	有害
实质	类型Ⅰ（有益—实质）	类型Ⅱ（有害—实质）
个人	类型Ⅲ（有益—个人）	类型Ⅳ（有害—个人）

图 11-2　冲突的类型

类型Ⅰ：两个部门争夺开发同一产品，最后尽管重复生产，但产品都成功地投放到市场。两个部门关系不好，暗中竞争，但生产上去了，企业受益。

类型Ⅱ：两个部门为购买一部价值昂贵的机器发生了冲突，最后以购买一部比较便宜的机器而取得妥协。但是这部机器是不合适的，花了钱，生产效率并没有提高。两个部门关系不好，互相拆台，企业受损。

类型Ⅲ：财务部门和采购部门之间长期关系不好。财务部门长期指责采购部门忽视公司的财务制度，最后从账目中查出了采购员有不法行为，于是制止了这种行为的再次发生，企业受益。

类型Ⅳ：企业的生产经理对上级不满，故意拖拉生产，交货托期，引起了顾客的不满，造成企业的损失，最后这个生产经理被解雇。

按照冲突产生的直接原因来区分，冲突可以分成任务冲突、关系冲突、流程冲突。任务冲突是由于工作的目标和内容的分歧造成的；关系冲突则是人际关系造成的；流程冲突则是由于对工作完成的方式、方法的分歧造成的。

第二节　冲突产生的原因

一、人际冲突的原因

大多数人际冲突都被归因为个人因素，如智力、能力、动机、态度或人格。[①] 但是 Whetten 和 Cameron（1991）则提出了以下四种造成人际冲突的原因。

1. 个体差异

由于不同的成长、文化和家庭背景，使每个人的价值导向不尽相同，这种差异成为

① 弗雷德·鲁森斯. 组织行为学［M］. 王垒等译. 北京：人民邮电出版社，291.

冲突的一个主要来源。

2. 信息不足

组织中的沟通失败带来的冲突。冲突双方采纳了不同的信息或者是错误的信息，结果产生了冲突。一旦信息得到了更正或补充，就不存在情绪上的怨恨了，这与个体差异造成的冲突不同。

3. 角色不相容

现代组织的高度相互依赖性使组织成员的角色之间也是相互依赖的，但角色要求可能是不相容的。比如，生产经理的角色要求减少存货来控制损耗，而销售经理的角色要求对顾客送货提供保障，要维持一定的存货水平，于是角色不相容性产生了冲突。

4. 环境压力

现代社会的高压力环境会放大一些冲突。在资源匮乏或者高度不确定性的环境中，所有类型的冲突都可能发生。

二、群体间冲突的原因

群体间的冲突则多是由于组织环境中的一些条件引起的。具体来说，有以下一些方面。[①]

1. 资源竞争

组织内部的各类群体为有限的预算、空间、人力资源、辅助服务等资源而展开竞争，产生冲突。

2. 工作的相互依赖性

如果组织中的两个群体是相互依赖的，比群体之间相对独立的情况更容易产生冲突，相互依赖的群体的目标、优先性和人力资源越多样化，群体之间就越容易产生冲突。

3. 责任模糊

当一个群体努力获得更多的控制或想要在期望的行为上得到认可，或者在不期望的行为中推卸责任时，冲突就产生了。

4. 地位争斗

当一个群体努力提高自己的地位，而另一种群体视其为对自己地位的威胁时，冲突就会产生。组织内群体间对地位的不公平感往往也是产生冲突的原因。

与其他群体产生冲突的团队有一些鲜明的特征。[②] 比如，在我们（群体内部）和他们（群体外部）之间有明显的区别和比较；在与别的群体的冲突中，我们会更有凝聚力，而他们则更多被看做是敌人而不是中立者；容易过高估计自己群体的力量，而过低

---

① Gary Yukl. Skills for Managers and Leaders. Uppe Saddle River, New Jersey: Prentice Hall, 1990, 283-285.

② R L. Daft. Organization Theory and Design. West, St Paul, Minn., 1983, 424-425.

估计其他群体的力量；冲突中的群体之间沟通减少，相互充满敌意；而冲突中处于下风的群体，凝聚力受到挑战，会更加紧张。

第三节 冲突的过程

关于冲突的过程，美国的著名学者 Lous R. Pondy 曾提出过五阶段模式。认为冲突主要经历潜伏的冲突、知觉的冲突、感觉的冲突、显现的冲突和冲突结果五个阶段。[①] 这五个阶段是相互作用的，并有着一定的不严格的先后演化顺序。由此可见，虽然冲突经历五个演化阶段，但只有在显现的冲突时即用直接的争吵等表现形式时，才是最为人所知而受关注，只有在此时，冲突双方的差异才是最大的。因此我们可以把冲突仅仅看成只有两种过程，即显现冲突和隐伏冲突（包括潜伏的冲突、知觉的冲突、感觉的冲突）。很明显，在隐伏阶段，冲突处于隐形的发展中；而在显现阶段，冲突已经升级、扩大并公开化。但应用比较广泛的对冲突阶段的划分则是罗宾斯（2000）提出的如图 11-3 所示的五阶段模型。

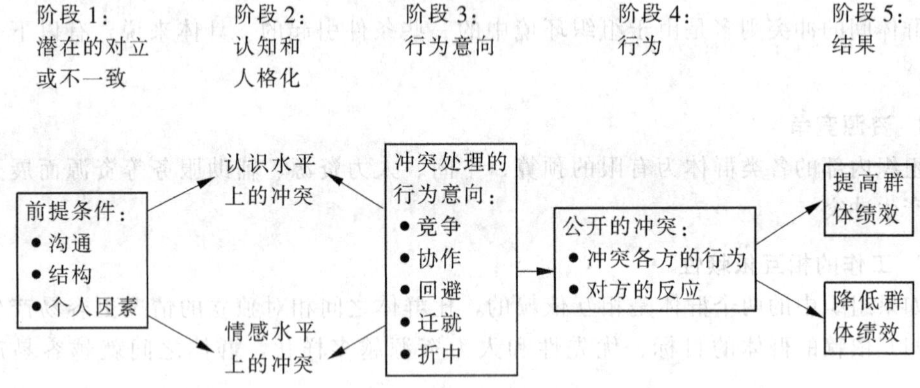

图 11-3 冲突阶段模型

阶段 1：潜在的对立或不一致

产生冲突的第一步是存在可能产生冲突的条件，分为三类：沟通、结构和个人因素。沟通、个人因素前文已述。结构因素是指组织结构沿着水平和垂直方向的分化程度越大，群体规模越大，工作分工越专业化，管理制度和范围越模糊，组织内不同群体之间目标的负相关性越大，领导风格越专制，就越易产生冲突。

阶段 2：认知和情感投入

在这一阶段，阶段 1 中各因素造成的对立或不一致被双方认识到，并对个人的情绪和情感发生影响，此时，双方都有了情感上的投入，都体验到焦虑、紧张、挫折或敌对，这才意味着双方真正产生了冲突。

---

① 郭朝阳. 冲突管理：寻找矛盾解决的正面效应［M］广州：广东经济出版社，2000，86.

阶段 3：行为意向

冲突被双方认知后，人们就会产生对付冲突的行为意向（注意：意向不等于实际的行为），图 11-4 表示了处理冲突的主要行为意向。根据两个维度，即合作程度（一方愿意满足对方愿望的程度）和肯定程度（一方愿意满足自己愿望的程度），可以确定出五种处理冲突的行为意向：竞争、协作、回避、迁就和折中。

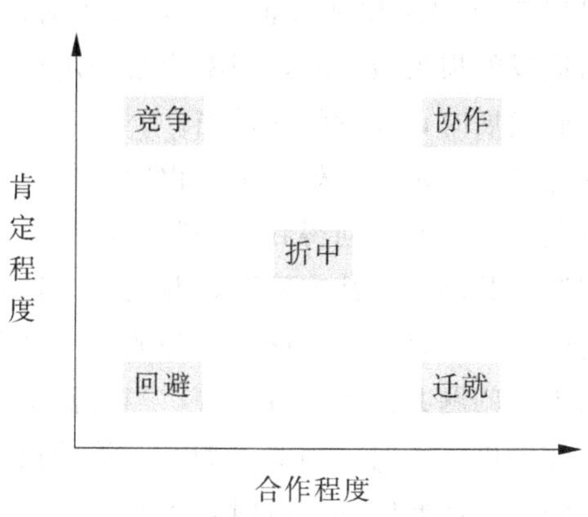

图 11-4 谈判行为意向

（1）竞争——自我肯定但不合作

是指个人或群体在冲突中寻求自我利益的满足，而不考虑他人的影响。例如，试图以牺牲他人的目标为代价而达到自己的目标；试图向别人证实自己的结论是正确的，而他人是错误的；出现问题时试图让别人承担责任。但竞争意向并不都是有害的。在下面情景中，竞争性的行为意向更适宜采用：当迅速果断的活动极其重要时（如在紧急情况下）；当需要实施一项不受人欢迎的重大措施时（如缩减开支、强调一项不受人欢迎的规章制度、惩罚）；当该问题对组织利益极为重要，而冲突一方又知道自己是正确的，为了对付那些从非竞争性行为中受益的人时。

（2）协作——自我肯定且合作

协作是指冲突双方均希望满足双方利益，并寻求相互受益的结果。在协作中，双方的意图是坦率澄清差异并找到解决问题的办法，而不是迁就不同的观点。例如，试图找到双赢的解决办法，使双方目标均得以实现；寻求综合双方见解的最终结论。当冲突双方都十分重要并且能进行妥协或折中时，当其中一方的目的是为了学习时，当需要融合不同人的不同观点时，当需要把各方意见合并到一起而达到承诺时，协作会成为非常好的策略选择。

（3）回避——自我不肯定且不合作

这是指个体或群体可能意识到了冲突的存在，但希望逃避它或抑制它。当问题微不足道，或还有更紧迫、更重要的问题需要解决时，当冲突一方认识到不可能满足自己的要求和关心时，当问题解决后带来的潜在破坏性将超过它能获得的利益时，当收集信息比立刻决策更重要时，当其他人能更有效地解决冲突时，当这一问题与其他问题无关或是其他问题的导火索时，回避会成为自然的选择。

(4) 迁就——不自我肯定但合作

如果一方为了抚慰对方，则可能愿意把对方的利益放在自己的位置之上，就是迁就。迁就就是指为了维持相互关系，一方愿意做出自我牺牲。例如，愿意牺牲自己的目标使对方达到目标，尽管自己不同意，但还是支持他人的意见等。当冲突一方发现自己是错的，希望倾听、学习一个更好的观点，并能表现出自己的通情达理时，当该问题对别人比对你更重要，并可以满足别人和维持企业时，为了对以后的事情建立社会信任时，当别人胜过自己，而造成的损失最小时，当融洽与稳定至关重要时，当管理者允许下属从错误中得到学习从而发展时，迁就就很适当。

(5) 折中——合作性与自我肯定性都处于中等程度

当冲突双方都放弃一些东西，并共同得到另一些方面利益时，就是折中。这时没有明显的赢者或输者，他们愿意共同承担冲突问题，并接受一种双方都得不到完全满足的解决方法。因此，折中的明显特点是：双方倾向于都放弃一些东西。例如，承认在某些看法上是共同的，对于出现的问题共同承担责任等。当目标十分重要，但不值得采用更为自我肯定的做法造成潜在的破坏性时，当对手拥有同等的权力能为共同的目标作出承诺时，当为了对一个复杂问题达成暂时的和解时，当时间十分紧迫需要采取一个权宜之计时，折中可以作为合作或竞争都不成功时的备用方案运用。

行为意向的产生除了与冲突情景相关外，个体性格特征也会导致在冲突中偏好不同的行为意向。

阶段 4：行为

这一阶段，双方对于冲突会真正表现出某些行为，按照由轻到重的程度排列，可以分为：轻度的意见分歧或误解—公开的质问或怀疑—武断的言语攻击—威胁和最后通牒—挑衅性的身体攻击—摧毁对方的公开努力。学生在课堂上针对教师所讲的内容提出的问题就是轻度的意见分歧或误解，而双方作出摧毁对方的公开努力则是冲突的最高形式，如罢工、骚乱或者战争等。一般来说，接近最高程度的冲突常常是功能失调的，而功能正常的冲突一般处于这个冲突连续体的较低水平上。

阶段 5：结果

冲突双方的行为会导致最后结果，这些结果可能是功能正常的（functional），即提高了群体的工作绩效，也可能是功能失调的（dysfunctional），即降低了群体的工作绩效。

尤其是群体之间的冲突，产生后对群体内外部的行为都会产生影响。对群体内部产生的影响是：人们会冲淡内部的某些分歧，使群体的凝聚力增加，成员变得更加忠诚于群体；为了对外竞争，群体内部更加关心工作任务的完成，当冲突加剧时，群体内的领导作风有时会趋向于独裁，民主减少，可是此时成员会乐意接受这种独裁式的领导；群体的组织和结构变得更加严密；群体要求成员效忠一致，组成坚固的对外统一战线。而群体间冲突对群体外部产生的影响是：群体会意识到对抗的群体是自己的敌方；群体会产生歪曲的知觉，总是多看自己的优点，多看对方的弱点；两个群体变得更加敌对时，相互交往和沟通会日益减少，知觉上的片面性会形成僵化而消极的成见；当要求他们相互听取意见时，大都只注意听取支持自己偏见的发言，而对于对方的发言，除了想挑剔毛病之外，根本听不进去。

上述行为对群体绩效、组织目标和制度会产生不同的影响。有些是好的结果，譬如，冲突能暴露组织中不合理的现象和制度，使组织能不断变革和创新，制定新的制度，提高管理水平。冲突还能将组织内的有些矛盾公开化，大家开诚布公地沟通，能够增进理解，消除更大的分裂和隐患因素，取得更加一致的意见，组织内重新形成团结的气氛，相互之间会更加贴近。冲突还可以使组织不合理的目标体系得到改进。比如，开发部门和生产部门在产品质量和成本方面的争论之后，可能得出一种既符合市场需要又符合企业生产能力的产品设计。冲突可以促进创新，因为不同观点和意见的交锋，会使人们的认识更加深化，引发新的奇思妙想；冲突使各群体充分发挥自身的能力与其他群体竞争，这样可以加速组织运转，提高绩效。但是，不容忽视的是，冲突也能带来一些有害的结果。冲突带来的压力，会影响组织成员的身心健康；剧烈冲突造成组织资源的错误分配，给组织的整体利益带来损失。当冲突双方的立场走向极端时，甚至使整个组织陷入崩溃和分裂。

第四节　冲 突 管 理

上面提到对组织冲突的破坏性和建设性的区分，仅是从理性的角度上对冲突的看法和态度，但具体到每一种冲突，对组织活动和目标实现到底产生何种影响，这往往是与管理者采取何种态度和策略有直接关系。正确的策略，可以化害为利，而错误的策略就可能化利为害，所以采取何种冲突管理的策略是重要的问题。

一、冲突管理策略

按照穆尼的观点[①]，将冲突管理策略概括归纳为五种：回避、建立联络小组、树立超级目标、采取强制方法、解决问题。

1. 回避

在组织活动中，无论是个体还是群体之间冲突是屡见不鲜的，并且常常是一件令人不快的事情。所以在冲突发生后，管理者很可能选择一种消极的处理办法，如无视冲突的存在，希望双方自己通过减少群体间的相互接触次数来消除分歧。回避作为处理冲突的常见对策其前提是，只要这种冲突没有严重到损害组织的效能，管理者是可以采取这一办法的。管理者通过回避对策，让冲突双方有和平共处的机会。如果管理者真想干预，那可能是将两个群体的注意力引向他们之间的共同点，而尽量设法掩饰他们的分歧。在一段传统相声中，两个因为小事争吵起来的路人互不相让，吵到了派出所。派出所民警并不着急处理此事，在听完各方陈述后，就将二人安排在一个小屋里，让他们等

---

① 组织效率至上，中国管理资讯整合网，http：//www.69169.cn/article_detail.asp?id=6623.

所长。随着时间的推移，两人发现自己在这里争吵和等待是得不偿失的，最后主动一起找民警，说解决了。在这段情节中，民警采用的就是回避策略。

回避是不去追究群体间冲突的原因，因此冲突可能依然存在，只不过被群体间的相互交往掩盖起来了。但是，组织的管理者面临的危险是，群体间冲突的严重程度可能在一个非常不适时的场合大大地加剧，而极其有损于组织创造成果。采用回避这样的消极办法，其结果可能会使组织在以后花费大量的人力、物力来解决群体间的冲突，而这种耗费是组织难以承受的。组织的管理者采取这种策略，面临的挑战是要密切注视群体间冲突的程度和严重性，并研究这种紧张关系对组织经历的事件可能产生的影响。虽然对于群体间某些不太严重的冲突，回避方法是合适的，管理者在处理群体间的较严重的冲突时，往往还得采取较主动的态度。

2. 建立联络小组

管理者可以用来处理冲突的第二种策略是建立联络小组。当组织内的群体交往不很频繁，而组织目标又要求他们协同解决问题时，群体间就可能产生冲突。因此，在这种情况下，互相交往对组织是非常重要的，这时需要采取建立联络小组的方法来处理群体之间的互相关系。联络小组可以促进两个群体之间的交往，联络作用可以被说成是内部边界的扩展——在两个群体间架起一座桥梁。这种联络小组，或称边界扩展小组，可能只包括冲突双方的领导，或各方的几位代表。关键的是，群体派来参加联络小组的代表的工作不是轻而易举和舒舒服服的。研究表明，联络小组的成员倾向于对工作感到不太满意，觉得工作中矛盾很大，职责又不明确，还感受到他们所处位置的其他消极因素。因此，管理者所面临的是挑选物色能胜任这种边界扩展工作和充当群体代表的人选。在企业组织之间的并购活动中，往往会成立类似的联络小组，承担沟通和冲突协调的责任。

3. 树立超级目标

树立超级目标是处理群体冲突的另一种策略，尤其在群体之间存在着相互依赖关系的情况下，这种策略有助于管理者处理组织冲突和提高组织效率。超级目标的作用在于使双方冲突的成员感到有紧迫感和吸引力，然而任何一方单独凭借自己的资源和精力又无法达到目标，并且超级目标只有在相互竞争的群体通力协作下才能达到。在这种情况下，冲突双方可以互相谦让和作出牺牲，共同为这个超级目标作出贡献，从而使原有的冲突可以与超级目标统一起来，因而有助于确保组织自觉地为这个目标努力。

从管理者的角度看，群体间的冲突往往可以树立一个超级目标而得到有效的解决。不要忘记，为了有效，这些目标必须对存在冲突的双方具有紧迫感和吸引力，而且只有通过相互协作才能达到。由于实现目标的一系列情况的需要，群体间的合作才会逐步减轻他们现在的障碍性冲突；并且，领导者可能从群体的冲突中得到教益，因为它可以使组织明确自己的更高目标。一旦将这一更高目标向处于冲突中的群体说明和沟通，便可成为组织的管理者处理群体间冲突的有效办法。

4. 采取强制方法

处理冲突的第四种策略是层级制组织内常见的办法——利用组织赋予的权力有效地

处理并最终从根本上强行解决群体间的冲突。从处于冲突中的群体的角度看，有两种方法可以来促进强制程度：第一，两个群体之一直接到管理者那里寻求对它立场的支持，由此强行采取单方面解决问题的办法；第二，其中的一个群体可以设法集合组织的力量，办法是与组织里的其他群体组成联合阵线，这种来自于联合阵线的强大阵容常常能迫使组织里的另一些群体接受某个立场。

这种处理冲突的策略，其实质是借助或利用组织的力量，或是利用领导地位的权力形式，或是利用来自联合阵线的力量。这种策略有两大优点：第一，尤其是上级组织的管理者来解决冲突时，这种解决冲突的办法只需要花费很短的一段时间，管理者作出一个决定便可解决群体间的冲突。第二，某种形式的强制存在，或许至少使这些群体作出某种决定，而不是简单地回避问题。

采用强制策略处理冲突的主要缺点是，在解决问题的过程中本来应该进行考察的重要情况往往得不到考虑。处于冲突的另一方因为觉得他们的观点没有被考虑，所以在执行决策中不可能发挥很高的效能。在短期内，强制办法可以节省管理者的时间，但久而久之，甚至需要花费更多的时间和组织的其他人力、物力，去处理群体之间在日后可能发生的更严重的冲突。

5. 解决问题

解决问题是处理问题冲突策略中最有效的方法。由于组织内的群体、个人可能不经常进行相互间的沟通，在这种情况下，采取解决问题的办法来处理冲突或许最合适，它可能是比较永久性的固定形式，它可以用来就事论事地处理某些具体问题。这种办法是将冲突双方或代表召集到一块，让他们把他们的分歧讲出来，辨明是非，找出分歧的原因，提出办法，最终选择一个双方都满意的解决方案。这种面对面的沟通形式如果利用得好，可以促进互相理解。研究表明，管理得较好的组织倾向于面对面地处理冲突，而不是回避它。

为什么解决问题的办法常常很奏效，其中有两个原因：第一，把冲突各方召到一起，一方能开始体谅另一方关心的事情，使各方了解并不是只有他们自己面临真正的问题。第二，解决问题的会议可以作为冲突各方的一个发泄场所，一个给其发泄感情的机会，这样可以净化组织空气，防止产生其他冲突。

二、冲突管理的安全阀思想

除了上述方法和策略，穆尼提出的安全阀理论值得组织的管理者思考。针对传统矛盾冲突对策的不彻底性、消极看待和处理矛盾的方法，詹姆斯·穆尼提出的宣泄理论和由此而来的社会冲突论中的安全阀理论是很有借鉴意义的。詹姆斯·穆尼认为，矛盾和冲突不能掩盖、压制，而应让它表现、发生、显现出来。有利于不同观点、情绪的宣泄，使对立情绪的人在心理上获得平衡，从而有利于矛盾的缓和解决。正如食物中毒的病人，首先要洗胃，将体内的中毒食物排泄出来，否则，即使在体内服下解毒药品，其后果仍不堪想象。用辩证法的语言来说，调和不能解决矛盾，不能掩饰矛盾，只有斗争才能使矛盾得到解决。这里的解决就是指领导得要创造一定的条件和环境，使不满情绪有一定的渠道、途径和方式发泄出来，使组织得到稳定和有序的运行，这里的发泄渠道、途径和方式就称为安全阀。安全阀是从其他学科中移植来的术语，如水利工程专家在水库设计、施工中，为确保水库安全，都设溢洪道装置，当蓄水位达到一定高的程度时，多蓄的水便从溢洪道中自流出来；再如工业锅炉设有限压阀，使锅炉内容器的压力控制在安全的系数内。无论是溢洪道还是限压阀，都是确保水库和锅炉正常运行的安全阀，没有安全阀，后果是不堪设想的。

在国际上，成功地运用宣泄和安全阀理论来认识、评价和解决矛盾及冲突的不乏其人。松下幸之助认为，身为最高领导者，要有可发牢骚的属下，不论是副总经理或秘书都可以，有这样的人是非常幸运的；无论多么伟大的人，如果牢骚没有地方发泄，就难免会感到郁闷。这么一来，就容易犯错误。

"使对方多说话"作为沟通与宣泄的重要途径之一，而"开门政策"也可以说是这一途径的具体体现。"开门政策"是国际商用机器公司（IBM）的创始人沃森的经营哲学里的一个重要组成部分，直到今天，对它的全体员工仍在实行着。其主要做法就是董事长对于任何员工的投诉，一一亲自倾听与答复。这就是人们常常提到的IBM恳谈室。尽管在对"开门政策"的评价上各有不同的主张，有人反对这种做法，认为这是耗费时日，大大加剧了厂领导者的工作负担，乃至干扰其正常的工作。但从IBM公司的实践来看，其对缓和组织冲突是有所裨益的。这种做法仍被不少公司、组织加以仿效，并获得成功和作用。如在德尔塔航空公司和列维·施特劳斯公司颇为盛行，并被称为"第五大自由"。

组织中的冲突是不可避免的，关键是如何处理并利用这种冲突使组织更加有效率。

三、冲突激发和预防的手段

近年来，组织行为学家对组织内冲突应该保持在何种水平进行了研究。冲突过多时，要想办法减少；但冲突过少时，则要想办法加强。

心理学家们提出了以下一些激发冲突的策略。

① 在设计绩效考评和激励制度时，强调群体的利益和群体之间的利害比较。

② 运用沟通的方式，通过模棱两可或具有威胁性的信息来提高冲突水平。

③ 引进外人。在组织或群体中引进一些在背景、价值观、态度和管理风格方面均与当前群体成员不同的人。

④ 调整组织结构。调整群体组成，改变工作流程或者规章制度，提高群体间工作的相互依赖性，或进行其他类似的结构变革以打破现状。

⑤ 故意引入"批评家"（devil's advocate），其角色就是有意与组织中大多数人的观点不一致；

⑥ 在群体态度和行为上，强调群体间的界限意识，群体内部团结一致，而将外部群体视为对手。

对于群体间有害的冲突，要加以预防，就可以考虑下面这些措施。

① 加强信息公开和共享。研究表明，很多冲突的产生是由于信息传达的渠道不同、掌握信息的程度不同以及对信息的理解不同等原因造成的，因此，必须在组织内建立充

分、合理的信息沟通网络，实行信息公开和共享。

② 加强正式和非正式的沟通。很多冲突是人们由于经历、知识、认识水平以及价值观的不同而产生的，为此，要注意加强员工和群体之间各种形式的正式和非正式沟通，以加强相互之间的了解、认识和学习，增进感情，这样可以减少冲突。

③ 正确选拔群体成员。成员的个性特点对冲突产生的影响很大，关心他人，愿与他人合作的人与他人产生冲突的可能性较小。为了预防冲突，群体在选择成员的时候就要考虑这一点。

④ 把饼做大。冲突往往是由于群体争夺有限资源造成的，各部门常常因为争夺人、财、物等发生冲突，将饼做大，群体间潜在的冲突就可以减少。

⑤ 建立合理的评价体系，防止本位主义，强调整体观念。不同的群体往往从本部门利益出发来考虑问题，这是冲突的根源之一。例如，销售部门倾向于满足顾客要求，希望品种多样，而生产部门从生产效率和成本出发，希望产品种类尽量少，生产尽量标准化。不同的评价标准会加剧这种冲突，因此建立整体一致的评价体系，有利于统一思想，纠正行为。

⑥ 进行工作轮换，加强换位思考。冲突的产生，有时是由于组织中的个人和群体承担的角色不同，各有其特定的任务和职责，从而产生不同的需要和利益，组织通过工作轮换的方式来加强组织成员对其他角色的了解，可以减少冲突。

⑦ 明确责任和权力。冲突有时是由于组织对群体和个人的责任和权力界限不清造成的。职责和权力规定不清，使得两个群体对工作互相推脱或者争相插手，引起冲突。为此，明确责任、权力边界，有利于减少不必要的冲突。

⑧ 建立崇尚合作的组织文化。冲突与组织文化相关，高层管理者之间的冲突也会影响下级，建立合作的组织文化，就可以形成合作的行为规范和行为习惯，减少冲突。

第五节 谈判的基本概念

一、谈判的内涵

谈判是双方或多方有共同的又冲突的目标，为了各自的利益或责任，通过协商寻找双方都能接受的方案的社会交际过程。本质上，谈判的直接原因是参与谈判的各方有各自的需要。美国谈判学会会长杰勒德·I. 尼尔伦伯格说："谈判的定义最为简单，而涉及的范围却最为广泛，每一个要求满足的愿望和每一项寻求满足的需要，至少都是诱发人们展开谈判过程的潜因。只要人们是为了改变相互关系而交换观点，只要人们是为了取得一致而磋商协议，他们就是在进行谈判。谈判是在个人之间进行的，他们或者是为了自己，或者是代表着有组织的团体。因此，可以把谈判看做人类行为的一个组成部分。"① 在我们的生活、学习和工作中，到处充满了谈判。可以说，谈判处处有、时时有。美国在哈佛大学培养各种优秀的谈判人才，其中包括高级经济谈判人才。日本和其

① 杰勒德·I. 尼尔伦伯格. 谈判的艺术 [M]. 上海：上海翻译出版公司，1986，2-3.

他一些发达国家也非常重视这方面人才的培养。① 懂得谈判对我们的工作、生活非常重要。

经济心理学认为，谈判存在于所有形式的人类群体之间，包括个体、群体、组织和国家。谈判产生的条件除了双方或多方对某一目标有分歧利益并且各方的联系是可能的之外，还有以下三个。具备这些条件之后，谈判才可能发生：①相互的妥协必须是可能的。如果某一方获得全胜或毫无得利，谈判不会发生。谈判需要参与各方相互间形成一种解决方案。②谈判参与各方作出临时性报价的可能性必须存在。③临时性报价不一定决定谈判的结果，而只有在各方都接受之后才能确定。因此，谈判的定义可以这样给出：存在特定的分歧意见的各方对一个可能的解决方案进行讨论和交换意见的相互作用的过程。该过程持续到各方达成某种妥协为止。

心理学家经验性研究的发现可以分为六个类别，各个类别又可以认为是一种影响谈判的主要因素。①一般的心理倾向。谈判倾向中的个体差异会影响到谈判的行为。谈判者的心理倾向可以是合作性的，也可以是竞争性的。②结算系统。谈判过程的不同侧面会导致不同的谈判结果。比如，产生特定利润的某些术语、达到一定的协议结果给予的奖励、谈判时间等。③双方的关系。该因素是指谈判者之间的社会关系。例如，双方在地位或权力上的差异以及关系的友好程度等。④与重要人物的关系。指谈判者与未直接参加谈判的其他重要人物的关系。这些人可能是决策人或调解人。⑤环境因素。谈判的物理和社会环境也有作用。比如，居家优势效应是否存在？也就是，谈判发生在某一谈判者的居家领域内还是在某一个中性地点？座位安排的情况如何？（居家优势效应是指个体在自己熟悉的处所，如自己家里或己方属地，进行活动时有更多的安全感，由此导致活动效率的提高）⑥谈判策略。该因素包括谈判中谈判者各种特定的行为，如开场时如何要价？在谈判中是否经常让步。

二、谈判的类型

根据参与各方的情况，谈判可以分为多方谈判和双边谈判。多方谈判如消费者与好几个卖主之间的谈判；双边谈判是指参与该过程的仅有两方。

按照谈判的目的不同，谈判又分为分配型谈判和整合型谈判。

分配型谈判是指双方存在根本的对立和冲突。一方获得的越多，另一方失去的就越多。也就是说，该情景下的利益总量必须分配给谈判双方。通常地，双方都想获得尽可能多的利益。若双方都极贪婪，一致意见是无法达成的。因此，双方的合作对分配性谈判就非常重要。如果没有双方一定程度的合作，谈判就会陷入僵局，最终导致双方都一无所获。分配型谈判的研究常常使用零和游戏理论进行建模和检验。

整合型谈判出现在折中方案和附加利益存在的条件下。双方都能通过合作提高各自的利润。该种谈判经常发生在生产者和分配者之间，双方有共同的最终目标——消费者。如果消费者愿意付给一种产品的报酬越多，生产者和分配者都能得利更多。因此，

---

① 王拓. 现代企业应重视市场经济中的商务谈判——兼谈商务谈判对手的个性分析与对策 [J]，经济问题，2000（12）：31-33.

整合型谈判在工业市场及其相互作用中比较普遍，而分配性谈判在消费市场及其相互作用中较普遍。

心理学家对分配型谈判进行了大量的研究。到目前为止，还没有建立一种关于谈判的普遍性理论或者一种可以解释许多零散现象的综合模型。另一方面，经济学家认为分配型谈判的研究是不确定的。他们把精力更多地投入研究整合型谈判中。

1. **分配型谈判**

分配型谈判中，谈判区域（bargaining zone 或 settlement zone）代表谈判双方底线之间的范围。谈判者首先应该认识到谈判区域有正、负之分。可以预测最终的谈判结果将高于卖方的底线而低于买方的底线（H. Raiffa，1982），见图 11-5。如果存在一个正的谈判区域，将会激励谈判者促成谈判的达成，但双方也被激励去尽量获得更多的谈判剩余。图 11-5 表示正的谈判区域，即双方的谈判区域有重叠。当买方与卖方的谈判区域没有重叠时，表示负的谈判区域。

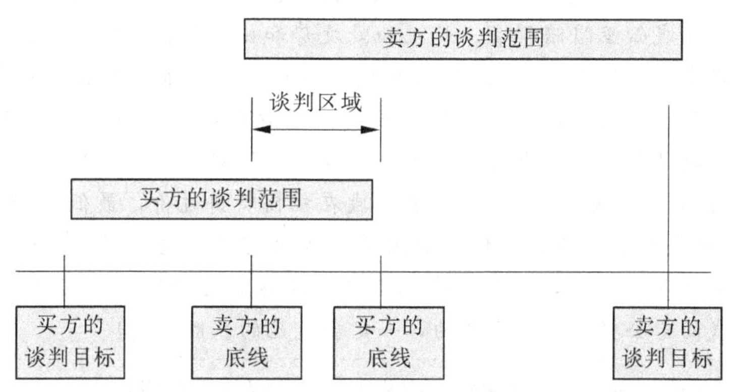

图 11-5 买卖双方的谈判区域（bargaining zone）

资料来源：Raiffa H. The Art and Science of Negotiation. 1982，34-35.

谈判剩余（bargaining surplus）指谈判最终结果与双方底线的重叠区域，用来度量谈判区域的大小。当然，谈判中，每一方都期望成交价更接近对方的底线，尽可能提高自己的利益。谈判双方的谈判剩余之和等于双方的可谈判区域。谈判者必须在谈判前尽可能详细了解谈判的情况、谈判目的、谈判的底线（reservation point，RP），并尽可能地影响谈判区域的位置。

要想在分配型谈判中取胜，需要注意以下事项：①第一次报价要有一个强有力的心理起点，并应确定可讨价还价的范围。研究表明，通常谈判的结果与第一次报价有关，即所谓锚定效应。②不要泄露任何与现状相关的重要信息，包括进行交易的原因、你的谈判目标以及偏好和底线等，同时，尽可能了解对方的信息，如对方的目标、对方的底线，并在谈判中影响对方，在确定第一次报价或者要求之前，针对对方的情况进行研究。③要适可而止，不能过火，如果过于盛气凌人或者贪婪，对方就会退出谈判，也许就失去与对方交易的机会。

仔细分析下面情景中，买家使用了哪些策略？

告别了××并且被迫答应了请他吃饭后，我蹦蹦跳跳地进了碧溪。碧溪挺大了，好几层呢。不过我磨磨蹭蹭都已经到4点多了。不敢多耽搁，直奔地下的佛兰迪。果然是我喜欢的那个款式，很漂亮，标价77元/平方米。记得红东方卖的是65元/平方米，问了问奸商，奸商主动把价格让我60元，讲了半天才讲到了57元。奸商再不肯让步了。我开始拿着手机假装拨号然后自说自话："老公，你那边怎么样了？……啊？55元就可以啊？哦，那我再问问。"放下手机我和奸商解释说：我们明天就要开始铺砖了，因为着急，我和我老公分头行动，他也在福丽特看见这个砖了，人家55元就卖。奸商看我有点犹豫，答应我55元卖给我并且给我送货到通县。我装做突然想起来什么似的，又开始拿手机表演了："老公，我这里给送货呢，你那里送吗？……啊？也送啊，我这里也55元啊……什么，你那里53元就卖？啊，还能便宜？……等会啊，我再看看。"放下电话，看到奸商脸上焦虑的表情我心里暗暗得意。趁机加紧攻势和她谈判："要不你看你50元卖给我成吗？我老公问的那里53元就给我们，他说可能还能往下讲。但是他得听我的，我觉得你们特实在，我想从你这里买，你看再优惠点成吗？"奸商犹豫再三（我和她谈判是趁她老公出去的时候，这样我们一对一，我觉得可以减少她考虑和商量的时间），咬着牙答应了。（其实我在福丽特讲过价，最低60元/平方米）。奸商一边给我开票一边说：你和你老公也太厉害了，这么讲价两边都没法活了，简直没法活了。哈哈，交了500元定金，我抱着订单跑回一楼捧腹大笑。如果奸商知道我的老公根本是不存在的，一定会气死的。胜利!!!

资料来源：焦点房地产网装修论坛《发愁的容容装修日记》，经作者本人许可使用。

2. 整合型谈判

在整合型谈判中，谈判者在努力为己方寻求一份扩大了的合理的份额（争取价值）的同时，还要努力通过交易扩大谈判各方所分割的目标（也就是创造价值）。互利的机会自然需要通过信息共享来创造，整合型谈判鼓励谈判参与者做下列工作：向谈判的其他参与者提供各自的相关的重要信息；解释各自进行交易的目的；讨论谈判各方真正的利益点或在经营方面的限制；笼统地揭示并解释各自在相关问题或选择中的偏好；考虑并揭示各自拥有的那些可能引起对方兴趣而且可以成为交易中的一部分的附加能力或资源；利用各自所了解的信息去寻找有创意的选择，以期在最大限度上满足谈判双方的利益。在整合型谈判中，通过交易创造价值是最基本的特征，它通常是谈判各方以较少的价值交换所期望的价值。

考虑一下在企业中经常出现的谈判，如果只是在一个输赢框架中和对方争执不下，就忽略了创造价值的机会。下面两个例子显示出可以创造价值的机会。

对于顾客而言，一个月以内的交货期限的延长可能不会产生严重的后果，但是对于那种生产机器已经满负荷的供货商而言，交货期延长可能会很重要。

对于顾客而言，在需要时获得免费三个月维修是以低成本换取高价值。如果商家对自己的产品质量非常自信，坚信该产品不会在保修期内坏掉，那么免费的保修期对商家而言根本不算什么，在向消费者提供此条件时，尽管消费者认为维修服务的价值很高，但商家的成本却很少。

总之，当谈判一方对某一事物的估价低于对方时，通过谈判创造价值就成为可能；反之亦然。通过交换这些价值，谈判各方得到的多，失去的少。

而在谈判中，特别是整合型谈判中最容易出现的两难困境就是：诚实与信任的困境。是否将真实的信息告诉对方，告诉多少，是否相信对方提供的信息，相信多少，所以在整合型谈判中，谈判过程首先是一个建立互信并解决上述困境的过程。

Ury 在他的《*Getting Pass No*》中，提出了在整合型谈判中对合作造成的五种障碍，分别是你的反应、你的情绪、他们的定位、他们的不满意和他们的权力，并针对五种障碍分别提出了突破性策略：走向看台、换位、重新定义问题、建立金桥、使用权力来教育。

在谈判中，当困难出现时谈判参与者会有三种自然反应：反击、投降、破裂。走向看台意味着远离你的自然反应和情绪，获得思考的时间，也许是停顿而什么都不说，或者重复刚才的问题，甚至暂停，不要马上作任何重要的决策。在出现争论时，不要让情绪破坏了谈判，要积极倾听，承认他们的观点，在能同意的地方都同意，尊重对方，明确地表达意见，乐观地承认差异，创造有益的氛围。针对他们的立场，争取重新定义问题，改变基本的框架和定义，比如询问“解决问题型”问题，多问“为什么”和“为什么不”，再加上“如果……怎样”这样的开放问题，在发现问题的过程中，重新构建战术，甚至重新协商游戏的规则。即使双方在具体问题上已经达成一致，但还存在着一些面子上的障碍：不是我们的主意、没有满足的利益、担心丢面子、让步太快太多。这时，构建金桥战术非常适用，让对方参与最后的一致的表达，帮助他们保留面子，或者通过第三方来建议，甚至帮助他们发掘最终协议中对方的所得，强调环境变化产生的所谓让步等。而在谈判对方施用权力时，可以同样施用权力，比如让他们知道谈判不成的结果，问些现实测试型问题，如“如果我们不同意，你认为会带来什么后果”等，但是要把握好分寸，警告但不威胁。在这个时候，最佳备选协议（best alternative to negotiated agreement，BATNA）非常关键，显示并使用你的 BATNA，混扰他们的反应，逐步缩小他们的选择，形成持续的一致。不过谈判的目标是双方满意而不是胜利，这是在整合型谈判中非常重要的一个出发点。

第六节　谈判的要素与谈判过程

一、谈判的组成因素

无论什么类型的谈判，都要由下列要素组成：谈判参与方、事件、利益。上述三个要素的不同组合构成了谈判的过程，并决定了最终谈判的结果。无论是追求己方利益最大化的分配型谈判，还是参与者追求把饼做大的整合型谈判，上述因素都会影响到谈判的方式、节奏以及结果，下面分别进行具体的阐述。

1. 谈判参与方

谈判是在两个以上的参与方之间进行的，可以是两个人代表各自的立场，也可以是某些组织的代表。对于谈判参与方来说，他们之间的关系在多数情况下是不间断的关系(Greenhalgh，2001)，这在新型组织中会产生三种基本影响。首先，这种关系会促进谈判进程。其次，在谈判的关系上谈判者自己的心智模式得以发展，一方面可以约束自己的行为，另一方面可以使谈判的双方感知并理解对方的战略动态。最后，现在的谈判与未来的谈判可能是联系在一起的，所以可能回报的心态会影响谈判的结果。谈判参与方的数量也会对谈判有所影响，当超过三方时，联盟的可能性就存在了，这都将使谈判的过程更趋复杂和动态。谈判者本身的性格特征、性别、种族、文化等因素对谈判的影响是显而易见的。组织和其他因素也可能影响谈判参与者的行为。奖励机制可以产生一种竞争动力，鼓励当事人或者完全单独行动或者共同合作；组织文化也影响到谈判参与人的谈判方式，在倡导个人竞争和团队竞争的组织文化中，谈判会倾向于零和博弈。总的来说，谈判参与者在谈判过程中的行为表现是其个人风格、经历、期望、与对方的互动以及谈判环境等因素组成的复杂结合体。

2. 事件

这也是谈判参与方之间存在分歧但双方又期待达成协议的事情。当人们就一件事情(例如，价格)进行谈判时，谈判将容易变成分配型的谈判。但在谈判中有多个事件时，由于存在了权衡、协调和互惠互利的可能性，整合型谈判就容易发生，结果也可能为谈判参与方创造了价值。除了事件的数量外，事件的特征和透明度也对谈判有深刻的影响，如何定义事件，或者说如何定义分歧，对谈判而言意义重大，但往往容易被忽略。事件在谈判过程中也可能发生变化，或者产生了新事件，所以对于谈判参与者来说，对事件的定义和分析贯穿了谈判的全过程。

3. 利益

利益是谈判参与方试图在谈判中予以增加的东西。如果说事件是谈判参与方之间产生的分歧的话，那么利益就是与这些事情有关的当事人的需求、目标和愿望。利益与立场之间是不同的。立场是对事件的看法，例如，要求工资提高10%；利益则是应对不断上涨的物价和圆满完成工作后的补偿。明白自己一方和对方的利益对谈判的结果有重要意义，尤其是将利益与立场区分开来，容易得到更全面的结果。立场表明了谈判参与方的直接冲突，而利益却具有兼容性和互补性。谈判中的主要挑战之一就是要寻找、发现并讨论双方的利益。全面细致地提问和讨论，设定不同的情景来主动地发掘对方的利益，围绕利益而不是立场进行的谈判更容易实现谈判参与方的利益。

4. 谈判能力

谈判能力(bargaining power)是指一个人按照自己的条件达成协议的能力，虽然谈判参与方具有不同的内在能力，但真正产生影响的是其在谈判中来实现期望的能力。许多能力的潜在来源是奖励或者强制对方作出一定的让步，如在领导的权力来源中提到的法定权力和个人权力，而在谈判中，另一个谈判能力的来源是最佳备选协议，它是这样一些问题的答案："如果我不同意，我将怎么做？我还有其他的行动方式吗？"BAT-

NA代表一方对另一方的依赖，我对这个谈判结果越依赖，你对我的控制力就越强，因为我没有其他选择；而如果我有其他选择，我可能会在谈判中更有地位，因为我可以放弃这次谈判。所以，在谈判中，要不断地开发和改进己方的BATNA。研究表明，在谈判中拥有替代选择的谈判者不论是在创造价值还是在争取利益方面都会做得非常出色（Thompson，1997）。当然，还要了解对方的BATNA，因为他们的替代选择对你不利。谈判是双向沟通的过程，在你运用影响策略的同时也接受别人的影响，因此，在谈判过程中，如何最大限度地将谈判能力发挥出来是值得谈判参与方认真准备的。

二、谈判的过程

按照时间序列，谈判一般分成谈判前、谈判中和谈判后三个阶段。谈判前，最重要的工作就是准备，按照前面提到的谈判要素，搜集相关信息，进行深入分析。做好准备是成功谈判的基石。因此，在谈判开始前，对照下面的问题清单来做准备是非常必要的。

谈判准备问题清单

1. 谈判的参与方有几方，都是谁？谁作决定？谁真正进行谈判？他们的支持者是谁？与他们是什么关系？

2. 我想从谈判其他方得到什么？他们如何看待他们的选择，满足我的需要会引起他们什么问题？

3. 需要考虑哪些组织事项？哪种谈判风格比较合适？谈判参与方的文化特征是什么？对他们和我们来说，存在哪些组织约束条件？

4. 谈判中可能出现哪些行为？我应该如何作出回应？

5. 将要谈判的事件是什么？分歧在哪里？如何定义？

6. 这些事件是独立的还是联系在一起的？

7. 为什么要进行谈判？

8. 什么利益是最为关键的？对我们来说是什么，对他们来说是什么？

9. 什么是最好的结果？对他们来说是什么，对我们来说是什么？

10. 谈判参与方的权力和影响力的来源是什么？与他方比，我的优势和劣势分别在哪里？

11. 我的BATNA是什么？对方的呢？怎样改进己方的，怎样使他方的BATNA更差？

在谈判中，按照立场的出现先后，可以分成初始立场、初始反应、第一次让步、让步持续发生的模式以及最后的立场几个不同阶段。初始立场是谈判参与方各自第一次提出对谈判所涉及的分歧问题的初始看法。接下来则是对对方初始立场的反应时间，也许是表示惊讶，也许是表示不可理解或者接受，也许是表示有同有异，这个反应阶段实际上是双方对各自利益的探求和分析阶段。然后总会出现第一次让步，让步使谈判可以继续进行，并且是双方对其底线的初步试探。让步持续发生的模式在谈判过程中是非常不一样的：有的谈判参与方秉承同等程度让步的模式，你让多少，我让多少；有的谈判参与方则采取先大后小或者先小后大的形式。这是持续对对方利益的深入发掘和对己方立场的调整过程。经过这一过程，双方就达到了最后的立场阶段，也预示着谈判进入了尾声。

在谈判的结束阶段，双方针对各自最后的立场，决定最终的协议是怎样的。也许是平等进退，也许是提出了双方可以接受的解决方案。然后通过约定的方式表明谈判结束，也许是一个握手，也许是书面的协议或者合同。但是谈判到这里实际上还没有结束，如何建立起双方对最终协议的承诺履行是谈判后期最重要的工作，通过什么方式来约束和规范谈判参与方在执行协议中的具体行为，是谈判者需要认真考虑并且通过一定手段来保证的。保证金或者定金制度是这种手段的典型代表。

如果谈判没有达成协议，那么也没有关系，应该在谈判后进行剖析和学习，保存相应的信息和知识，为以后的谈判做好准备。这样每一次谈判都会形成反馈，为组织在处理分歧能力的提高创造价值。一个基本的谈判流程如图 11-6 所示。

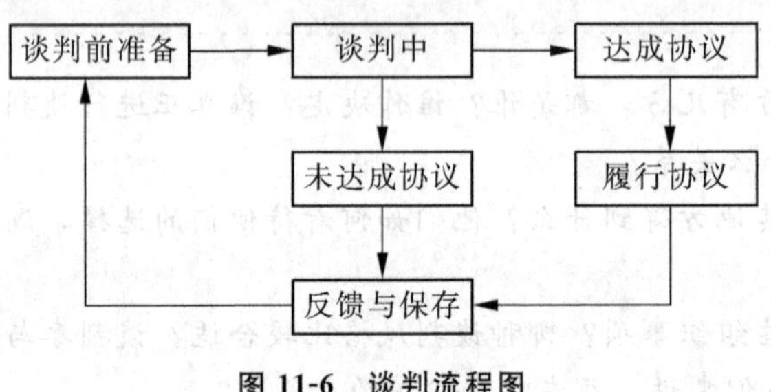

图 11-6 谈判流程图

第七节 有效谈判的策略

1. 常见性错误

谈判中，常常会有一些偏见和犯一些错误，这会阻碍谈判者理性地谈判，阻碍谈判者尽可能多地从情景中获益。对这些常见性错误的研究总结如下。

① 谈判者易于受到框架、发言形式、谈判中信息形式的过度影响；

② 当一个先前选择的行为过程不再是最理性的选择时，谈判者还是易于越来越不理性地坚持这个先前的选择；

③ 谈判者易于假定他们的利益获得必定是以对方的利益为代价的，因此会错过双方共同获益的机会；

④ 谈判者在判断时易于锚定于不相关的信息，如一个最初的提议；

⑤ 谈判者易于依赖轻易可以获得的信息；

⑥ 谈判者不易考虑基于对手角度的信息；

⑦ 谈判者易于过分相信获得支持自己的结果的可能性。

2. **有效的谈判技巧**

下面是近年来总结出的在实际中有效的谈判技巧，按照对于使用者的风险进行了分类：

(1) 低风险的谈判技巧

① 奉承。微妙的奉承通常能够起到最佳作用，但是奉承的标准会随着年龄、性别以及文化的因素而改变。

② 先提出容易接受的观点。这有助于营建信任，并为提出强硬观点提供动力。

③ 沉默。在获得让步时这可能是有效的，但是一个人必须谨慎使用以免启发对方的愤怒或者责难。

④ 扩大的开放立场。这会引起讨价还价，从而表现出对方的立场或者可能改变妥协点。

⑤ 扮可怜。这会引起同情，但也可能引发对方的杀手本能。

(2) 高风险的谈判技巧

① 不可预期的发脾气。愤怒的爆发可能打破僵局，从而达成一个人的观点，但也可能被看做不成熟或是可操纵的，从而使得对方更加坚持他们的立场。

② 高抛球。采用这个策略是通过表现得屈服于对方的立场而赢得对方信任，但当立场被一个更高的权威推翻时，在信任的基础上就能够获得对方的让步。

③ 接受或拒绝。高度攻击性的策略，有可能导致对方的愤怒和责难。

④ 等到最后一刻。使用延迟策略之后，当知道最后期限即将来临时，提出一个有理由但是对自己有利的提议，使得对方没有选择的机会而只能接受。[①]

除了上面提到的这些策略外，还有许多谈判技巧，如所谓红脸—白脸策略，如关于谈判时间和地点的选择等。这些谈判技巧需要在实践中不断练习、丰富和总结。总体上说，谈判中坚持对事不对人，坚持利益而不是立场，坚持客观而不是主观标准，坚持多样选择而不是单一选择，坚持倾听而不是表达，这些都有利于谈判实现谈判参与者真正的目的和利益。按照理查德·吕克的总结，作为一个成功的谈判者，应该具备如下特征：能使谈判的目标与组织的目标相一致；应该对谈判进行全面的准备；并利用谈判的每个阶段为下一步做准备；利用谈判中的对话对关键问题、对方的BATNA和底线进行更多的了解；能用灵活的头脑确定双方的利益，用创造性的方式形成双赢局面的具有创造价值的选择；能将个人问题从谈判问题中分离出来；能够认识到达成协议的潜在阻碍；知道如何建立联盟；逐渐形成一种可依赖的、值得信任的良好声誉。而成为成功的谈判者的秘诀只有一个：实践。

谈判能力测验

以下是不同情况下的谈判能力测验，每个案例均给出了几种常见的选项，根据这些选项，下面又给出了相应的评估。你可以根据这些谈判案例来学习好的谈判方法，并了解不当的谈判方法的失误之处。

① 摘自弗雷德·鲁森斯. 组织行为学［M］. 王垒等译. 298.

1. 挑战或顺从你的导演

案例描述：你是出道不久的小牌演员，导演以50万元的片酬请你拍行情300万元的新片，你会……

谈判决策：

① 争取演出机会，片酬并不重要

② 既然找我，一定是因为我有一定的优势，提高片酬到200万元，待价而沽

③ 从50万元开始，多争取一万算一万

④ 先提出200万元的价格，再慢慢降价

决策分析：

① 软弱谈判者，欠缺勇气与胆识

② 胆识过人，但未衡量局势

③ 现实的谈判者，略具勇气

④ 胆识过人且能兼顾局势

2. 降价的五种让步方法

案例描述：你准备向客户降价200万元，你会如何做？

谈判决策：

① 200万元一次性降价

② 200万元开始不降，直到客户准备放弃时再降

③ 50万元、50万元、50万元、50万元，客户要求一次降一次，每次数量一样

④ 10万元、30万元、60万元、100万元，降价幅度逐渐提高

⑤ 100万元、60万元、30万元、10万元，降价幅度逐渐减小

决策分析：

① 开始即降很多，筹码尽失

② 坚持到底才降价，守口如瓶胆识足

③ 要求一次降一次，显现软弱

④ 愈降愈多，有失坚定立场

⑤ 愈降愈少，减少期待

3. 兵临城下的案例

案例描述：登机前60分钟，重要客户在机场催促你签合约。

谈判决策：

① 很高兴，赶快签正式合约

② 先签承诺书，重要的价格问题等回国再签

③ 拒绝签任何合约，一切等回国再商议

决策分析：

① 过于冲动，容易掉入对方的陷阱

② 能够掌控主动权，先承诺就先抓住了机会，而且不会伤及对方的感情

③ 容易破坏关系，丧失机会

4. 经销商倚老卖老

案例描述：买方是贵公司7年的老经销商，希望可以在此次业务部的全国调升10%价格中获得例外。

谈判决策：

① 告诉对方，不论经销资历如何，一律平等调涨

② 告诉对方，假如增加3成采购量，可以考虑特别处理

③ 告诉对方你会将他的意见转达给主管，然后再作决策

决策分析：

① 坚持不变，充分体现了你的勇气和原则

② 以量来换取价格，值得肯定，但是必须获得公司的授权

③ 相当于把问题带回公司，没有替公司解决任何问题

5. 谈判对手故意忽视你

案例描述：顾客嘲笑你未能获得授权而拒绝与你继续谈判，请问你会……

谈判决策：

① 当面表示你也不知道公司为什么不进行完全的授权，并表现你的无奈

② 告知对方你会将意见转达给主管，而后告辞

③ 请顾客在你的权限范围内先行协商

决策分析：

① 直接在顾客面前抱怨将有损公司形象，你无奈的举动会使公司丢尽颜面

② 这种方式没有达到解决问题的目的

③ 先在自己的职权范围内解决问题，有理有据，行为得体

6. 客户坚持主帅出面谈判

案例描述：客户坚持只有你公司的总经理出面，才愿意继续与你们谈判，请问你会……

谈判决策：

① 向总经理报告，请总经理支持你的谈判

② 询问客户副总经理出面是否可以

③ 安抚顾客，并告诉对方谈判进行到决策阶段时，若有需要，我方会请总经理出面。并以对方可以接受的方式，洽谈目前你可以全权代表公司与客户商议的交易条件，请对方放心继续沟通

决策分析：

① 如果时间紧迫，这种方法显然不合适

② 找人替代不是恰当的方式

③ 让客户把你当作对手，有勇有谋

7. 面对强势客户造成僵局

案例描述：客户坚持你不降价，他就不进行采购。请问你会……

谈判决策：

① 换人谈判

② 换时间或换地点谈判

决策分析：

① 换人谈判可以在陷入困境时转换思路

② 时间拉长，会让对方知难而退；换地点容易转换对方心情

摘自北京大学出版社 王时成主讲《策略性商务谈判技术》培训讲义

资料来源：http：//longjk. com/A19. doc.

本章小结

1. 冲突的普遍性和内涵

冲突是一种普遍的人类社会现象，在社会生活中随处可见。冲突的内涵就是个体、群体与组织在互动过程中，由于各种原因导致个体、群体或组织对彼此关系感知到的不同程度的紧张状态。

2. 对待冲突的不同观点的产生与发展

在西方世界，对冲突的认知经历了三个不同的发展阶段：避免冲突—接纳冲突—鼓励冲突。而东方社会，尤其是中国文化中，对冲突的认识从古至今几乎都是建立在避免冲突、消除分歧的基础上的。

3. 冲突的不同分类方法

按照冲突的主体、冲突的结果和冲突的内容，可以将冲突划分成不同的类型。

4. 冲突产生的组织和个人原因

大多数人际冲突都被归因为个人因素，如智力、能力、动机、态度或人格，还包括信息不足、角色不相容和环境压力等。而群体间冲突则由于责任模糊、工作相互依赖性、地位争斗和资源竞争等原因产生。

5. 冲突的五阶段模型

冲突可以分成五个阶段。

阶段1：潜在的对立或不一致

阶段2：认知和情感投入

阶段3：行为意向

阶段4：行为

阶段5：结果

6. 冲突的五种行为意向

根据合作程度（一方愿意满足对方愿望的程度）和肯定程度（一方愿意满足自己愿望的程度），有五种处理冲突的行为意向：竞争、协作、回避、迁就和折中。

7. 冲突管理的基本策略

按照穆尼的观点，将冲突管理策略概括归纳为五种：回避、建立联络小组、树立超

级目标、采取强制方法、解决问题。组织中的冲突是不可避免的，关键是如何处理并利用这种冲突使组织更加有效率，所以安全阀思想是有其现实意义的。根据需要，组织可以采取激发和预防冲突的各种手段使冲突对组织目标有益。

8. 谈判的内涵

谈判可以定义为：存在特定的分歧意见的各方对一个可能的解决方案进行讨论和交换意见的相互作用的过程。

9. 谈判的类型

谈判可以分为分配型谈判和整合型谈判两种基本类型。分配型谈判建立在资源一定的基础上，以分得更大的饼为目标，而整合型谈判则在创造价值的基础上，求得共同把饼做大。

10. 谈判的组成要素和过程

无论什么类型的谈判，都要由下列要素组成：谈判参与方、事件、利益。上述三个要素的不同组合构成了谈判的过程，并决定了最终谈判的结果。谈判一般包括谈判前、谈判中、谈判后三个阶段，无论是否达成协议，谈判的反馈职能有助于组织谈判能力的提高。

11. 有效谈判的策略

谈判中既要注意不要犯一些常见的错误，同时要通过学习和实践锻炼自己的谈判技巧。无论是高风险还是低风险的策略，都要根据环境和对象有所选择和应用。基本的谈判策略是：坚持对事不对人，坚持利益而不是立场，坚持客观而不是主观标准，坚持多样选择而不是单一选择，坚持倾听而不是表达。

复习思考题

1. 结合你在生活或工作中遇到的冲突，谈谈冲突产生的原因。
2. 为什么对谈判的准备是谈判成功的关键。应该从哪些方面进行准备呢？
3. 如何理解安全阀在冲突管理中的作用，举例说明。
4. 在回避冲突为主要特征的文化环境中，如何激发冲突？
5. 回顾你所认识的一个成功的谈判者，他具有哪些特征？成功的关键是什么？
6. 如何理解在整合型谈判中，将简单问题复杂化是有利于谈判的？
7. 记录完整一天的生活和工作日记，分析你遇到了多少种冲突，采取了什么样的解决方法，进行了多少次谈判，结果如何？

本章案例

验光师之间的纠纷

事情发生在一家眼镜店的两名验光师之间。一个是店面的验光组小杨组长，医学本科毕业，30岁。进入公司之后，由于她勤学好问，业务进步很快，加之本人服务态度很好，有一定的组织能力，工作勤勤恳恳，因此迅速脱颖而出，经过一段时间的观察和培训，被任命为验光组组长。另一个是原县级医院的眼科大夫老牛，48 岁，有 20 年的眼科临床经验，工作细致，业务水平高，喜欢钻研业务，不仅是业务带头人，还是新招聘的验光师的带教老师。最初，小杨和老牛两人相处不错，也可以说，正是经由老牛的带教，才有了小杨今天的成长。

矛盾就是从小杨上任开始的。由于老牛年龄大，平时身体状况稍差些，工作有些散漫，工作效率也较低（但质量好），因此工作量比年轻验光师要少，并且由于多年在医院养成的服务习惯，对顾客的态度不够好。虽然工作做得少，老牛的工资却拿得高，其报酬比其他人要高一倍多。年轻的验光师多少也有些意见，只是碍于情面，谁也不好说，哪有跟自己师傅攀比的？因此也一直相安无事。老牛是由老总亲自挖过来的，当时公司急需高级验光师。由于某些特定的原因，老总曾给他一些特权，包括可以不必严格遵守考勤制度等，这就给他的直接管理者带来了麻烦。好在老牛还算自觉，基本守时。

小杨业务水平不错，但缺乏管理经验，再加上想建立自己的威信，树立自己的地位，便对自己组里的员工施与一些小恩小惠，以求笼络人心。老牛当然对此不屑一顾，他不仅有多年的临床经验，还有多年的管理经验，以他的阅历，小杨的招数被他一眼识破。尤其是老牛自恃自己的资历，觉得小杨虽然是组长，但自己毕竟是大伙的带教老师（他认为，小杨能当上组长，也有他的一份功劳），小杨不应该像管理其他人一样来管自己。为了管理好这个连锁店中最大的一个验光组，小杨显然用了不少心思，但就是没有找到正确的管理老牛的办法，两个人开始有些对立。就这样，老牛成了小杨工作中的难题。不管老牛吧，其他人有意见；管吧，一个老员工，又是自己的老师，实在是无从下手。矛盾慢慢地积攒下来，以至于老牛开始利用老总给予自己的特权，有时会故意迟到、早退，矛盾逐步激化。眼镜店经理虽然就此事进行过调解，但由于未引起足够的重视，也无相应有效的办法，问题并没有得到及时解决。后来，曾准备将两个人的岗位分离开，将其中一人调离眼镜店，但因故未能执行。

期间，小杨曾跟经理反映过老牛对她布置的工作不给予配合，甚至不予理睬。

一天，小杨在自己的工作日志上写了这样一句话：老牛要辞职。这句话恰巧被老牛看到了。

于是，积攒的矛盾彻底爆发。老牛非常生气，认为小杨是故意中伤他，给他造谣，其目的是要排挤他，当下就去找经理反映问题。他认为小杨是一个有心计的人，这样做是有意的，目的就是要造成影响，把他挤走。事实上，小杨的工作日志不仅老牛一人看到了，其他人也看到了，老牛说的影响也并非无中生有。老牛还举证说，为了排挤他，小杨总是给其他验光师暗示，现在其他组员也开始对他有意见，并且开始和组长一起排挤他，使自己工作越来越不好开展。老牛坚持认为这不是什么小杨听到的谣言，而是她自己编造的。老牛讲，自己做人的原则是，如果要走，会直接跟经理谈，决不会私下里随便说，经理当然也不会造这样的谣。老牛认为小杨犯的是原则性错误，对企业的影响是巨大的，要求一定要严肃处理。他说，给自己造谣没关系，关键是她是一个组长，带领着年轻的验光师，这样恶意造谣，其影响是恶劣的，会将企业的风气带坏。况且，她那样排挤人，已经影响了企业的一些员工，现在的一些不良风气与她的所作所为有很大的关系。小杨虽然中伤的是他，但损害的是整个公司的利益，对整个企业贻害无穷。自始至终，老牛站在公司的角度来谈他们二人的矛盾，并且坚持，为了公司的利益，一定要对小杨进行严肃处理。

对此事，小杨感到很委屈，说是确有传言。但店面经理认为，无论有无传言，她都不应该将此事记在工作日志上（日志是公开的），小杨表示要赔礼道歉。

事情并没有到此了结。小杨虽然道歉了，老牛却置之不理，矛盾进一步恶化了。

案例思考题

1. 小杨和老牛之间产生冲突的根本原因是什么？
2. 如果你是店面的经理，准备怎么做？
3. 作为管理者，这件事给你什么启示？

参考文献

1. Greenhalgh，Leonard. Managing Strategic Relationships [M]. New York：The Free Press，2001.

2. Thompson，Leigh. The Mind and Heart of the Negotiator [M]. Upper Saddle River，NJ：Prentice Hall，1997.

3. 理查德·吕克. 谈判. 冯华译. 北京：机械工业出版社，2005.

4. 弗雷德·鲁森斯. 组织行为学. 王垒等译. 北京：人民邮电出版社，2003.

5. Deborah Ancona 等. 组织行为学：面向未来的管理. 王迎军等译. 北京：机械工业出版社，2006.

6. Gavin Kennedy. 谈判是什么. 2 版. 陈述译. 北京：中国宇航出版社，2004.

7. Lewicki，Saunders and Minton. Essentials of Negotiation [M]. Second Edition. Irwin

8. Fisher and Ury's serials：(1) Getting to Yes；(2) Getting Past No：Negotiating with difficult people；3) The Third Side.

9. 张德. 组织行为学 [M]. 北京：清华大学出版社，2000.

10. ROBBINS S P. Organizational Behavior [M]. 10 版. 影印. 北京：清华大学出版社，2005.

11. 俞文钊. 领导心理学导论. 北京：人民教育出版社，1993，pp. 496～507.

12. 乔·H. 特纳. 社会学理论的结构. 杭州：浙江人民出版社，1987，pp. 211～212.

13. 史蒂芬·P. 罗宾斯. 组织行为学精要. 北京：机械工业出版社，2000.

14. 黄培伦. 组织行为学 [M]. 华南理工大学出版社，2001，248.

15. RAHIM M A. A Measure of Handling Interpersonal Conflict [J]. Academy of Management Journal，1983，168-176，pp. 368～376.

16. THOMAS K. W. & PONDY L. R. Toward an Intent Model of Conflict Management among Principle Parties [J]. Human Relations，1977，Vol 30，pp. 1089～1102.

17. DAVID A. WHETTEN and KIM S. CAMERON. Developing Management Skills [M]. 2ed ed. New York：Harper Collins，1991，pp. 397～399.

18. RAIFFA H. The Art and Science of Negotiation，1982，pp. 34～35.

19. LEWICKI R J. Essentials of Negotiation [M]. 2nd ed. Putnam，L. L.，& Jones.

第12章 领导行为

学习目标

1. 掌握领导概念的本质。
2. 了解领导研究中的五大学派（特质理论、行为理论、权变理论、素质理论、领导力发展理论）的发展过程，以及这些学派与领导过程本身的密切关系。
3. 掌握领导行为理论、权变理论、素质理论、领导力发展理论中不同学者提出的理论的主要观点，以及如何在管理实践中加以运用的方法。
4. 在掌握这些领导理论的基础上，学会分析、解释现实中不同领导的行为特征和领导成效。
5. 学会运用相关理论评估自己的领导风格，完善发展自身领导力的方法。

第一节 领导的概念和领导理论概述

一、领导的概念

领导行为是组织行为学中很有吸引力和重要的研究领域。任何一个群体、组织、国家和社会的有效运作，都离不开有效的领导。中国人常说"十年树木、百年树人"，对各行各业、各个层次卓越领导人的培养是十分重要而又漫长的过程。

领导是我们熟悉的名词。在中文里，领导可以是名词，也可以是动词。作名词时，我们一般认为领导是一个职位，譬如"某某是这个集团公司的领导"。作动词时，我们认为领导是一种行为，譬如"他在领导这个企业"。在西方的组织行为学和领导学的教材或研究文献中，领导对应的英文是 leadership 或者 leader。从这两个词出发，西方学者们根据自己的认识和兴趣给出了众多不同的定义，如将其定义为行政职位、行为、品质、影响、互动模式、角色关系等，以至于"领导概念的种类几乎与试图定义这个概念的人一样多"（斯图格迪尔，1974；尤克尔，2004）。加里·尤克尔（Gary Yukl）是世界知名的领导学专家，他系统地总结了过去 50 年来一些有代表性的领导定义，如表 12-1所示。

本作者认为，领导的概念应该越简单越通用越好。依照本作者的观点，领导就是人们通过影响他人而达成某种目标的过程和行为。这个定义包含以下四个要点。

① 领导的主体。在上面的定义中"人们"可以是一个人（如某公司的一把手），也可以是一个小群体（如某公司三人组成的高管团队）。这在西方被称为合作领导（coleader 或 coleadership）。

表 12-1 关于领导的不同定义

1. 领导是“个人指导一个团体朝着一个共同目标活动的行为”(Hemphill 和 Coons，1957)。
2. 领导是“对组织日常活动的机制性的影响”(D. Katz 和 Kahn，1978)。
3. 当个人运用制度的、政治的、精神的和其他的资源去激起、促使和满足追随者的动机时，就实行了领导(Burns，1978)。
4. 领导是“影响一个有组织的团体朝着既定目标活动的过程”(Rauch 和 Behling，1984)。
5. 领导是一个对集体努力给予目的(意义指导)的过程，以及激起期望达到目的的意愿而努力的过程(Jacobs 和 Jaques，1990)。
6. 领导是“运用外界文化使更具适应性变化的能力”(E. H. Schein，1992)。
7. 领导是给人们共同工作赋予意义的过程，因而人们能够理解它并为之献身(Drath 和 Plaus，1994)。
8. 领导就是在能实现的事情中阐明愿景、赋予价值和创造环境(Richard 和 Engle，1986)。
9. 领导是“个人影响、鼓动和促使其他人奉献于组织的效能和成功的能力”(House 等，1999)。
10. 领导是“让其他人理解和同意必须去做什么和如何有效地去做的过程，以及促进个人和集体努力去实现共同目标的过程”(Gary Yukl)。

资料来源：加里·尤克尔. 组织领导学 [M]. 陶文昭译. 北京：中国人民大学出版社，2004.

② 领导的客体。在上面的定义中“他人”可以是一个人、一个群体(团队)、一个组织，甚至一个国家。

③ 领导实现目标的方法。在上面的定义中“通过影响他人达到某种目标”反映了领导达到目标的方法和途径。也就是说，领导要达到一个目标(譬如，使中国获得足够多的奥运会金牌)，他/她要做的不是自己亲自去做这件事(譬如，国家体委主任不会去参加比赛)，而是通过影响别人来实现这个目标(譬如，国家体委主任指派下属去激励和训练一批运动员，由他们去努力奋斗摘取这些金牌，他/她自己不能亲自出马)。

④ 领导的特性。在这里，领导是一个过程或一种行为。

领导的概念如图 12-1 所示。

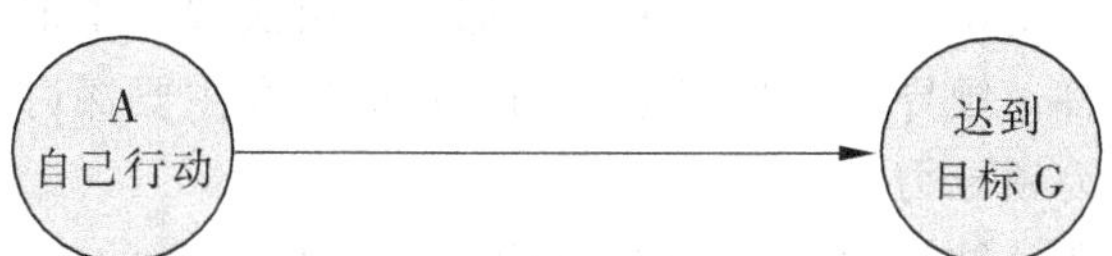

(a)A 亲自行动，达到目标 G(这不是领导)

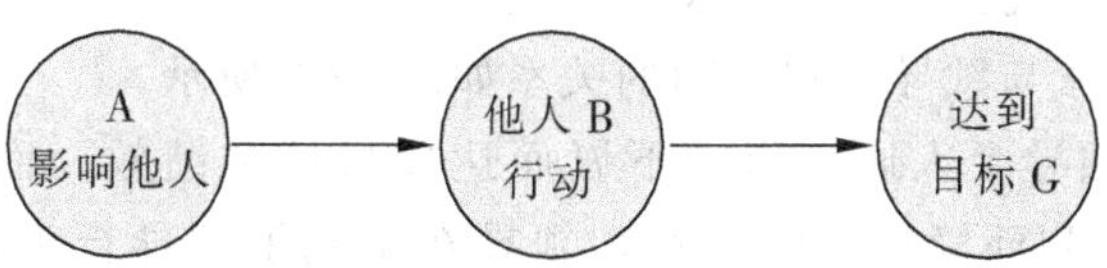

(b)A 影响他人 B，B 行动，达到目标 G(这才是领导)

图 12-1 领导的概念示意图

二、领导理论概述——五大领导学派及其形成过程

在现代组织行为学中，人们最早开展的是关于领导特质论(trait theory)的研究

(杨锡山，1986)。这些研究是在探讨：领导者与被领导者之间、有效领导与无效领导之间、高层领导与基层领导之间，是否存在天生的个人特质的差别。因为在此之前，人们认为，领导是天生的、领导者的品质是与生俱来的，他们的研究重点是针对领导的性格和品质。显然，这种研究的目的之一，就是要选拔领导。但一些著名学者（菲德勒、德鲁克等）的研究结果最终表明，领导者的智力、想象力、品质等，与领导的有效性之间并没有统计上的显著相关关系。

因此，这触发人们思考一个问题：既然领导的天生品质与领导的有效性之间没有显著的关系，那又是什么因素在影响领导的有效性呢？任何结果都是由人的行为产生的。研究人员就开始研究领导的行为问题：领导的有效性与其行为之间存在什么关系？有效的领导和无效的领导之间在行为上会有什么区别？这就是后来特别著名的领导行为理论，得出了一些“某种领导行为模式最有效的结论”。显然，这种研究的重要目的之一，在于弄清有效领导的行为模式，这样就可以培训和发展领导。

后来，人们又进一步研究发现，领导行为理论中得到的一些绝对化的结论在后来的研究实践中受到一些质疑。他们发现：一种领导模式并不能放之四海而皆准，而只是在一定的情况下有效。学者们于是进一步开始研究领导行为模式的有效性与领导情景以及被领导者状况之间的关系。这就是著名的领导的权变理论。这种研究的重要目的之一，在于弄清领导行为模式与情景的关系，从而使领导者学会根据情况的不同，更好地选择合适的领导模式，从而提高领导的有效性。

历史经常会出现一种轮回现象。人们在研究中发现，尽管领导的天生特质论不能成立，但优秀的领导者和非优秀的领导者之间，确实还是存在一些个人能力上的差别。譬如，人们开始研究魅力型领导、变革型领导等，试图找出优秀领导者应该具备的条件。本作者将这些研究统归为领导素质理论。

如果说上面所有这些研究是一种横截面式的，即领导应该具备什么品质、行为、素质，以及如何根据环境变化而改变领导模式，那么，由沃瑞·本尼斯（Warren Bennis）所做的研究则是要回答：领导力是如何形成的？这些研究主要探讨了人的领导力形成的过程，本作者将其称为领导力发展理论。

综上所述，本作者总结提出组织行为学中关于领导研究的五大学派：领导特质学派、领导行为学派、领导权变学派、领导素质学派、领导力发展学派。

大致地说，领导研究五大学派发展简要过程如图 12-2 所示。

领导研究五大学派与领导过程之间的关系如图 12-3 所示。

在图 12-3 中，领导个人通过影响下属而达成目标和绩效，而领导选择行为方式会受到下属个人特征和环境特征的影响，领导在实施了领导行为达成目标和绩效后，还会进行总结反思和改进。显然，领导的特质理论和领导的素质理论都是在集中研究领导的个人特征，领导行为理论是集中研究领导影响下属的行为，领导的权变理论是在关注下属特征和环境特征对选择领导影响下属的行为的影响，而领导力发展理论是在关注领导如何通过对其领导行为的结果（达成的目标和绩效）来进行总结反思和学习成长的过程。

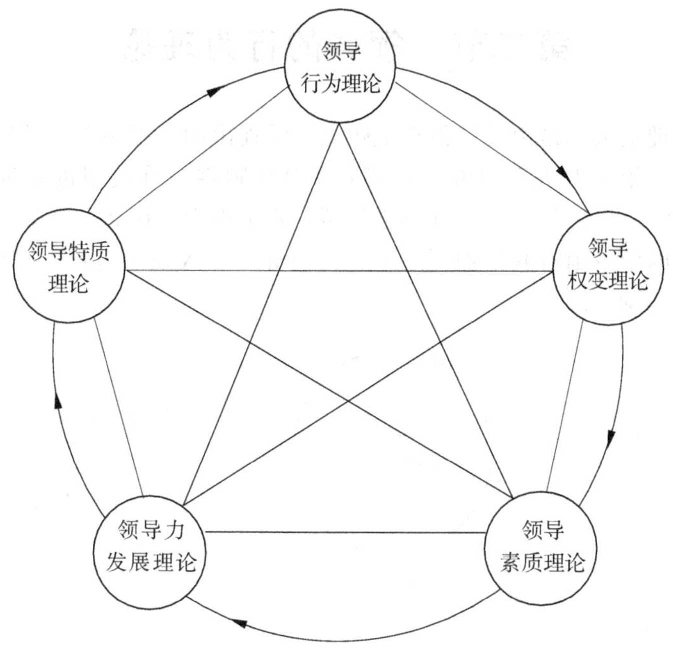

图 12-2 领导研究五大学派发展过程

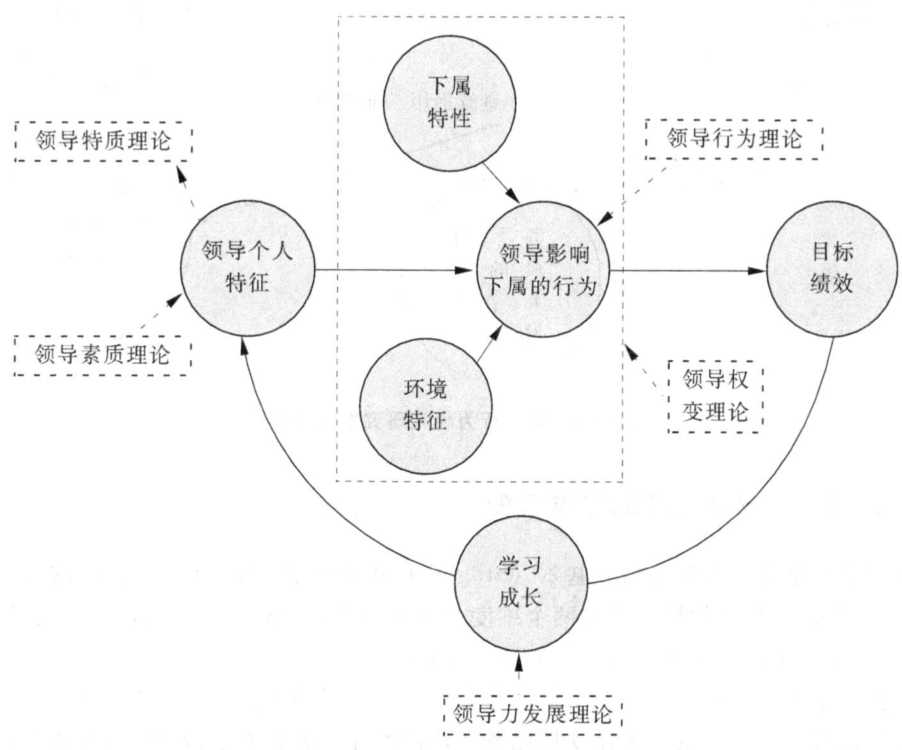

图 12-3 领导作用机理和五大领导学派之间的关系

第二节　领导的行为理论

领导的行为理论最先是由美国俄亥俄州立大学提出的二维模型。然后由中国和日本的学者继续沿用二维模型进行研究；布莱克和莫顿则将二维模型进一步深化研究，从2×2细化到9×9，提出了9×9管理方格模型；密歇根大学则将二维减少到一维进行研究；芬兰和瑞典的学者则将其增加到三维进行研究（加入发展取向）。领导行为理论的发展过程如图12-4所示。

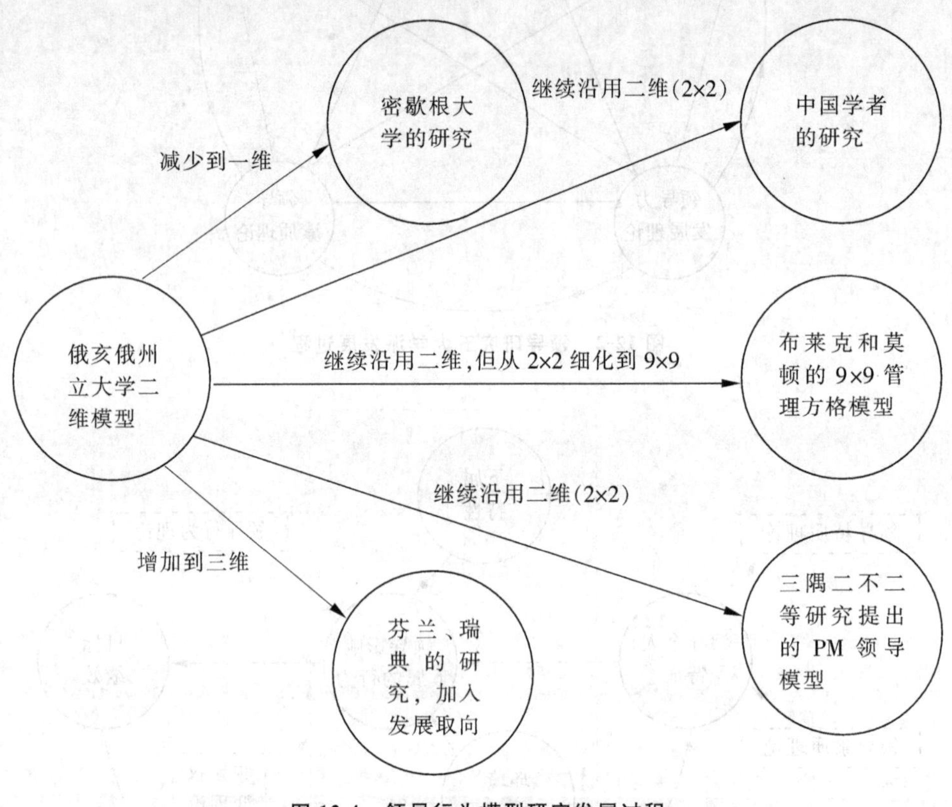

图12-4　领导行为模型研究发展过程

一、俄亥俄州立大学的二维模型

美国俄亥俄州立大学的斯多基尔（Stogdill）和沙特尔（Shartle）两位教授在20世纪40年代提出了描述领导行为的两个维度（杨锡山等，1986；罗宾斯，2005）：抓组织（initiating structure）和关心人（consideration）。

抓组织是指领导者为了实现目标，确定自己与下属的工作任务、工作计划、工作方法、工作流程、工作关系、工作支持以及考核检查等。关心人是指领导者关心下属在工作和生活方面的看法与感受，采用切实的行动与其进行沟通、交流和支持，建立相互友好和信任的关系。基于这两个维度，他们建立了如图12-5的二维模型。

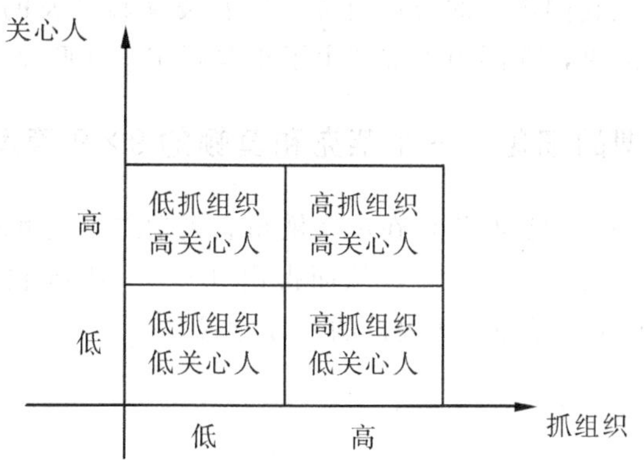

图 12-5 俄亥俄州立大学的二维模型

从这个模型中，可以看出四种不同的领导风格：①高抓组织、低关心人；②高抓组织、高关心人；③低抓组织、高关心人；④低抓组织、低关心人。他们研究发现，高抓组织、高关心人的领导风格在工作效率与领导有效性方面最高。

二、对二维模型的沿用——中国和日本的研究

日本大阪大学的三隅二不二教授提出了PM领导模型。他认为，一个群体具有两种基本功能：一是达到群体特定目标；二是维持或强化群体本身的正常运行。前一功能的行为特征，要求领导者将成员的注意力引向目标，将问题明确化，制定工作程序，评定工作成果。后一功能的行为特征，要求领导者调节人际关系，了解员工需要，对员工进行激励。因此领导模式可以分为四类：PM、P、M、pm 型，如图 12-6 所示。研究结果发现，在单位生产量和对公司与工会的信赖度方面，PM 型管理人员表现最好，P 型和 M 型居于中间，pm 型最低。

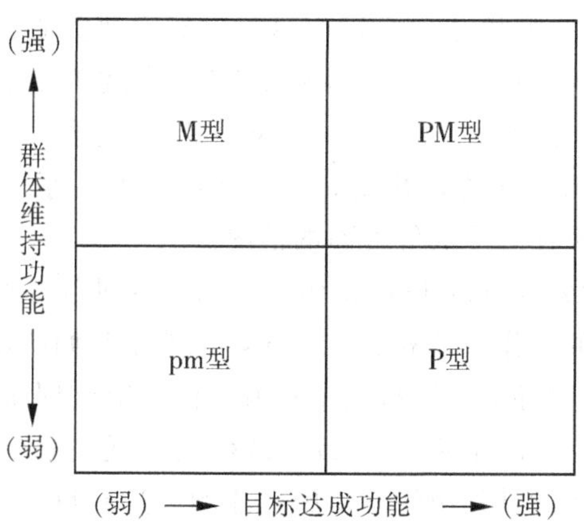

图 12-6 三隅二不二的 PM 领导类型图

中国科学院心理研究所徐联仓和陈龙等引进了PM方法在我国进行了大规模实验与推广，证明这一方法对于提高领导效能、改进管理都是十分有效的。徐联仓、陈龙等引

进日本PM调查量表在我国进行的应用研究，以及凌文辁开发的适合中国情况的CPM量表和所取得的研究成果，在国内外都产生了重要影响（徐联仓，1994）。

三、对二维模型的细化——布莱克和莫顿的9×9管理方格模型

布莱克和莫顿于20世纪60年代在俄亥俄州立大学二维模型的基础上，将每个维度分成更细的九等分（而不是二等分），从而得出9×9＝81种领导风格（如图12-7所示），并形象地定义了其中五种有代表性的领导方式。

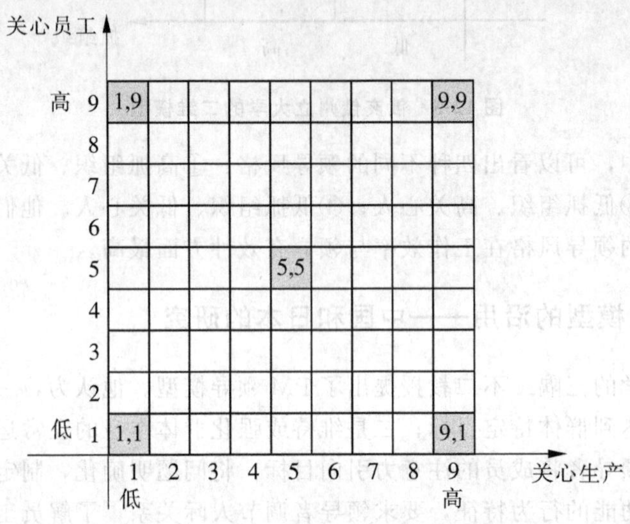

图12-7 布莱克和莫顿的9×9领导风格模型

（1，1）型：贫乏型领导（improverished）。这是最极端的情况，领导人对生产和员工几乎都不关心，只用最小的努力来完成工作。

（9，1）型：任务第一型领导（task）。这种领导主要关心目标、任务和方法，注重计划、指导和控制员工的工作活动，但不太关心员工的心理、情感和士气等因素。

（1，9）型：乡村俱乐部型领导（country club）。这种领导特别关心员工的心理、感受和利益，会与员工沟通交流，并建立融洽和信任的关系。但领导极少关心工作目标、规章制度、效率以及任务完成等方面的情况。

（5，5）型：中间型领导（middle of the road）。这种领导对生产和员工的关心都在中等水平，只追求正常的工作成绩和员工士气，也就是我们所说的“比上不足、比下有余、差不多就行”。这种领导的主要特点是不偏不倚，缺乏创新精神。

（9，9）型：战斗集体型领导（team）。这种领导既关心生产的完成，又关心员工的成长，对工作进行严密的计划组织和实施，能顺利达到目标。领导建立的是一个关系融洽、士气高涨、密切配合、业绩显著的群体。

布莱克和莫顿研究认为，（9，9）型是最有效的领导方式。他们还专门出了一本书，详细论述了9×9管理方格模型的原理、测量的方法以及如何帮助管理者从其现有的领导风格向（9，9）型转变发展的途径。

四、对二维模型的减少——密歇根大学的一维模型

密歇根大学社会研究中心利克特教授最初也是沿着二维理论在研究，他提出了与俄亥俄州立大学理论类似的两个维度：生产导向（production-oriented）和员工导向（employee-oriented）。生产导向的领导关心的是工作、目标、任务、技术，把成员视为达到目标的手段；而员工导向的领导关心的是领导与下属之间的关系、相互之间的信任以及员工个人的发展等。从这两个维度出发可以得出类似于俄亥俄州立大学的四种领导风格：高工作导向、低员工导向；高工作导向、高员工导向；低工作导向、高员工导向；低工作导向、低员工导向。进一步的研究结果是：对群体的生产率和员工工作满意度最为重要的是员工导向的领导行为，而生产导向的领导行为与低群体生产率和低工作满意度是相关的。这一结论与俄亥俄州立大学的研究结论有所不同。最后，他们发现影响生产率和工作满意度最重要的是员工导向这一维度，因此就将集中在这一维度上作进一步研究，提出了这一维度上的四种领导类型。利克特在1961年提出了如下的四种领导模式（杨锡山，1986）。

领导模式1：专权独裁式。管理者掌握了所有权力，下属无任何发言权，对下属不信任。管理者作出决策，以命令和强制方式让下属执行。

领导模式2：温和独裁式。管理者掌握了绝大多数权力，授予中下层部分权力，管理者对其下属有一种类似主仆间的信任。决策一般都是由高层管理人员所制定，下级也可作出一定限度的决策。

领导模式3：协商式。最高层管理者掌握了重要问题的决策权，中下层在次要问题上有一定决策权。管理者对下属有相当程度的（但不是完全的）信任。上下级之间具有双向的信息沟通，大致均能互相信任。

领导模式4：参与式。组织中实行分权管理，管理者让员工参与管理，管理者对下属有完全的信任，上下处于平等地位。决策是以各部门广泛参加的形式进行，但由最高领导作最后决策。

利克特还认为，一个组织的领导形态可以用八项特征来描述。它们是：领导过程、激励过程、交流沟通过程、相互作用过程、决策过程、目标设置过程、控制过程和绩效目标。领导模式在这八个方面的具体特征如下。

① 领导过程：在上下级之间灌输互信精神，可以无拘束地交换意见、讨论问题。

② 激励过程：通过参与管理广泛调动积极性，员工对公司以及公司的目标抱积极态度。

③ 交流沟通过程：组织内上下左右之间信息畅通，不被歪曲。

④ 相互作用过程：做到公开和广泛，上级、下级对于各部门的目标、方法和活动都能起到作用。

⑤ 决策过程：各级组织都采取集体决策方式。

⑥ 目标设置过程：鼓励集体参与目标设置，目标要高标准并切合实际。

⑦ 控制过程：渗透到公司各个角落，全部参与者都关心有关信息，实行自我控制。控制的出发点是解决问题而不是追究责任。

⑧ 绩效目标：目标是高标准的，并为管理部门所积极追求。管理部门通过训练对公司的人力资源进行开发。

为了评价组织的领导属于何种领导风格，利克特根据上述八方面的指标设计了一种测量组织特性的问卷量表。利克特最后的研究结论是，参与式领导模式是最有效的。

五、对二维模型的增加——芬兰、瑞典的三维模型

芬兰和瑞典的学者认为，俄亥俄州立大学之所以提出二维，是因为当时环境较为稳定而且易于预测，而在当今变化的世界中，有效的领导应该强调发展取向（development-oriented）的行为（Ekvall 和 Arvonen，1991；Lindell 和 G. Rosenqvist，1992；罗宾斯，2005）。他们发现，领导者只有不断改革现有的做法，尝试和创造新方法，使组织能跟上环境的变化，才能提高其领导成效。本作者认为，发展取向的行为这一维度的增加是对领导行为的有力补充。

第三节　领导的权变理论

前面的领导行为理论中，不少学者研究都得出了关于什么样的领导模式最好的结论。譬如，俄亥俄州立大学的学者认为，高抓组织、高关心人的领导模式最有效；密歇根大学认为，员工导向领导模式最有效。而权变理论认为，很难有一个在任何情况下都有效的领导模式，一种领导方式是否有效，主要取决于领导者、被领导者以及环境三者的具体情况。领导应该根据不同情况采用不同的领导风格。

领导的权变理论主要包括：菲德勒模型（Fiedler model），豪斯（House）的路径—目标理论，赫西（Hersey）和布兰查德（Blanchard）的领导生命周期理论，格仁（Green）和德塞（Dansereau）的领导—成员交换理论，以及儒姆（Vroom）、叶顿（Yetton）和亚戈（Jago）的领导者参与模式等。

一、菲德勒的理论

菲德勒在领导权变理论方面先后提出过两种理论：菲德勒模型和认知资源理论。

1. 菲德勒模型

菲德勒在 20 世纪 60 年代提出了其著名的菲德勒模型（Fiedler，1967）认为，一个人的领导风格与三个情景因素有关：领导者与被领导者的关系（leader-member relations）、工作任务结构（task structure）、职位权力（position power）。

① 领导者与被领导者的关系。它包括：被领导者对领导者信任、喜爱、忠诚及愿意追随的程度，领导对下属的吸引力，领导者对下属信任和尊重的程度。总的来说，就是领导者与被领导者之间相互信任、喜爱和尊重的程度。

② 工作任务的结构。下属承担的工作任务的明确化和结构化程度。

③ 领导者的职位权力。领导者所处职位拥有的权力以及领导者能从组织中获得支持的程度。

领导风格包括工作导向型和关系导向型两种模式。

菲德勒在研究时先了解领导人的三个情景因素，每种因素对领导者来说都有“不利”和“有利”两种情况，因而可以得出 2×2×2=8 种情景。采用 LPC 问卷（合作最差者调查问卷，least preferred coworker questionnaire，简称 LPC）来测量领导人的风格是工作导向型还是关系导向型。同时还要调查领导人的绩效。

最后菲德勒得出如图 12-8 所示的结论：在最不利和最有利两种情况下，领导应该采用工作导向领导方式，效果好；而对处于中间状态的情景，应该采用关系导向领导方式，效果好。在现实生活中，极端情况（最不利和最有利）很少，大多数情况都是处在中间，所以应该采用关系导向的领导方式。这与密歇根大学的研究结论是基本一致的。

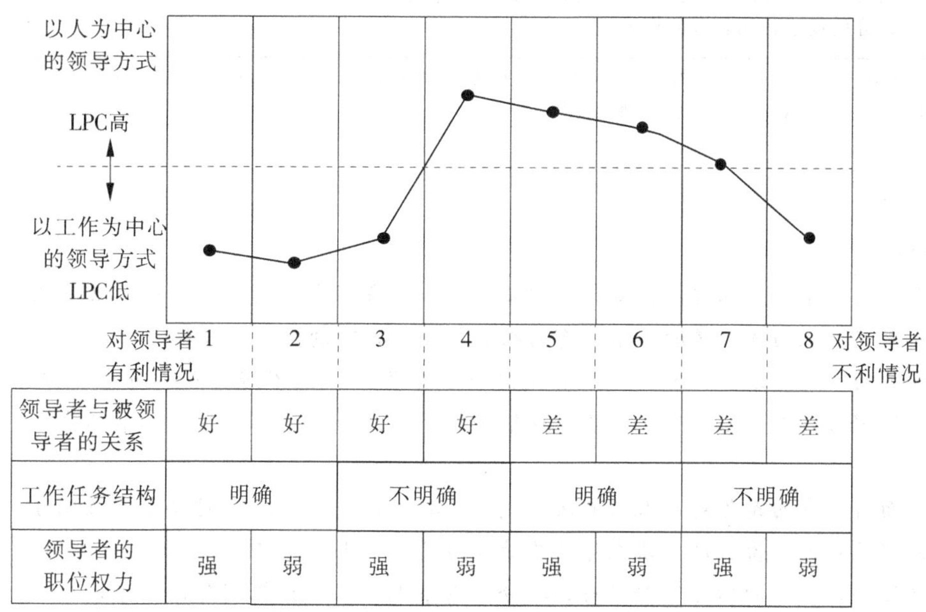

图 12-8　菲德勒权变领导的研究结果

菲德勒认为，要提高领导的有效性，关键是要让领导风格和领导情景之间匹配。有两种途径：改变领导风格，让领导风格适应情景；改变领导情景（包括领导与被领导者之间的关系、工作任务结构和职位权力），让情景适应领导风格。其中，领导改变情景可以采用表 12-2 所示的方法（吉布森等，2006）。

表 12-2　改变情景的领导行动

改变情景的领导行动
改变领导者与被领导者的关系
1. 花更多或更少的非正式时间（午餐、休闲活动等）与你的下属在一起
2. 在你的群体中为特定工作指定具体的人去做
3. 自愿指导有困难或有问题的下属
4. 建议或调动某一个下属进出你的单位
5. 通过为下属提供正反馈（如奖金、休假、吸引力的工作）激励士气
改变工作任务结构
如果你希望工作具有较少的结构化任务：

续表

1. 尽可能地请你的老板给你提出新的或不寻常的问题，让你自己决定如何解决这些问题 2. 将这些问题带给你的群体成员，邀请他们与你一同制订计划和决策 **如果你希望工作具有较多的结构化任务：** 1. 尽可能地请你的老板给你更多结构化的任务，或者给你更多的明确指示 2. 将任务分解成较小的任务单位，能够具有更高的结构化 **改变职权** 提高你的职权： 1. 通过充分行使组织赋予你的职权向你的下属表明谁是老板 2. 确信信息到达你的群体要经过你 减少你的职权： 1. 召集你的群体成员，让他们参与计划和决策过程 2. 让你的助手运用较多的权力

资料来源：詹姆斯·L. 吉布森，约翰·M. 伊凡塞维奇，小詹姆斯·H. 唐纳利. 组织学：行为、结构和过程[M]. 10版. 王常生译. 北京：电子工业出版社，2006.

采用LPC问卷测量你的领导方式

说明：

在你的一生中，你曾在很多群体中工作过，同各种各样的人打交道、共事或合作。显然，在与你共事的人中，有的很容易相处，有的则很难合作。

在你的所有上述工作伙伴中，请找出一个与你合作极不好的人。同他工作，你觉得很困难，而且自己的工作表现也很糟糕。但这个人并不一定是你最不喜欢的人。

下面将调查的是你对此人的看法。1、2、3、4、5、6、7、8这些数字表明了你对他（她）的评价程度，请在你认为最合适的位置上打上“*”。

请注意，这里的回答没有对与错之分。看清题目后，请根据你的印象迅速打上*号，你的第一反应很可能是最合适的答案。请不要漏掉每一个选项，每个选项也只能打一个*号。先不要考虑得分情况。

例子：

穿戴整洁 8 7 6* 5 4 3 2 1 穿戴脏乱

对人热情 1 2 3 4 5* 6 7 8 对人冷淡

下面就请正式开始！

										得分
快乐的	8	7	6	5	4	3	2	1	不快乐的	____
友好的	8	7	6	5	4	3	2	1	不友好的	____
总反对别人	1	2	3	4	5	6	7	8	乐于接受别人	____

紧张的	1	2	3	4	5	6	7	8 放松的	____
远离别人	1	2	3	4	5	6	7	8 对人亲近	____
冷漠的	1	2	3	4	5	6	7	8 热情的	____
对人支持	8	7	6	5	4	3	2	1 对人有敌意	____
乏味的	1	2	3	4	5	6	7	8 有趣的	____
喜欢争论	1	2	3	4	5	6	7	8 寻求一致	____
沮丧的	1	2	3	4	5	6	7	8 兴奋的	____
对别人坦诚	8	7	6	5	4	3	2	1 总防备别人	____
背叛的	1	2	3	4	5	6	7	8 忠诚的	____
不值得信任	1	2	3	4	5	6	7	8 值得信任	____
考虑周到的	8	7	6	5	4	3	2	1 考虑不周的	____
恶劣的	1	2	3	4	5	6	7	8 心善的	____
乐于同意	8	7	6	5	4	3	2	1 喜欢反对	____
虚伪的	1	2	3	4	5	6	7	8 真诚的	____
亲切的	8	7	6	5	4	3	2	1 不亲切的	____
								总计：	____

关于不同分数对应的领导方式，请见本章小结之后。

---

2. 菲德勒的认知资源理论

菲德勒最近十几年还研究了工作情景的好坏（如环境压力高低）如何影响一个人的领导绩效。罗宾斯（2005）在其著作中也进行了介绍。菲德勒及其合作者在这方面进行了一系列的研究（Fiedler 和 Garcia，1987；Gibson，Fiedler，Barrett，1993；Fiedler，

1995；Fiedler，2002)，提出的认知资源理论（cognitive resource theory）认为：在压力状态下，领导者很难进行理性的、分析性的思考。在高压力情景和低压力情景下，领导者的智力和经验对领导的效果是不同的。在低压力下，领导者的智力与绩效之间正相关，智力越高，干得越好；在高压力下，智力与绩效负相关，智力越高，干得越差。在低压下，领导者的经验与绩效之间负相关，经验越多，干得越差；在高压力下，经验与绩效正相关，经验越多，干得越好。因此，可以看出，在高压力下经验更重要，在低压力下智力更重要。具有不同自身条件的领导人在不同情景下领导绩效是不同的。

二、豪斯的路径—目标理论

豪斯的路径—目标理论认为，领导的工作就是通过选择适当的领导方式帮助下属达到其工作目标。领导者应根据环境和下属的特征来正确选择领导方式从而达成良好效果如图 12-9 所示。

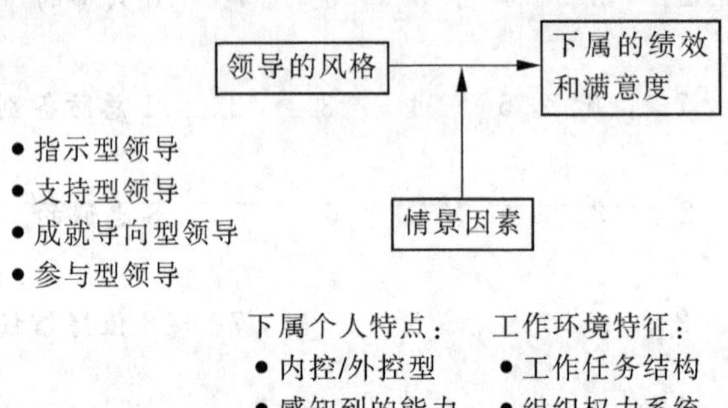

图 12-9　豪斯的路径—目标理论

资料来源：(1) House R J. A Path-Goal Theory of Leadership Effectiveness [J]. Administrative Science Quarterly，September 1971，pp. 321～339.

(2) MOORHEAD G，GRIFFIN R W. Managing People and Organizations：Organizational Behavior. 5th. Houghton Mifflin Company，1998.

四种领导风格的含义如下：

① 指示型（directive）。领导让下属知道自己对他们的期望，对如何完成工作任务给予具体指导，安排工作时间计划，告诉和要求下属明确的绩效目标。

② 支持型（supportive）。领导对下属很友好，关心他们的现状、需要和主观感受。

③ 参与型（participative）。领导与下属一起讨论工作事宜，在作决策时考虑下属的意见。

④ 成就导向型（achievement-oriented）。领导给下属设定有挑战性的目标，期望下属发挥最高水平，坚信下属将会全力以赴完成挑战性工作目标。

两种情景因素如下：

① 下属个人特点包括：内控/外控型、感知到的能力、经验。内控/外控型是指下属是否认为自己可以掌控自己的工作和命运。感知到的能力是指下属认识到自己与完成具体工作相关的能力的高低。经验是指下属是否做过同类型的工作。

② 工作环境特征包括：工作任务结构、组织权力系统和工作群体。工作任务结构是指工作任务结构的明确化程度。组织权力系统是指组织内已经建立控制体系的程度。工作群体是指工作群体的成熟度，即小组是否已经熟练掌握大家在一起协同工作的技巧。

该理论的主要观点是：领导风格应该起到弥补下属个人和环境因素中对完成工作的不足方面的作用。豪斯的发现是：

① 工作任务结构化程度越高，越应采用支持型领导；工作任务结构化程度越低，越应采用指示型领导。

② 对内控型、感知到的能力强和经验丰富的员工，应采用参与型领导；对外控型、感知到的能力强、经验少的员工，应采用指示型领导。

③ 当下属为内控型、认知能力强、经验丰富，但工作任务不清、面临挑战和压力时，可以尝试采用成就导向型领导方式，最大限度地挖掘下属的潜力。

三、赫西—布兰查德的领导生命周期理论

赫西—布兰查德提出的领导生命周期理论是，领导人应该根据下属成熟度的改变而改变其领导风格。下属的成熟度包括两个维度：能力和意愿。由此可以得出四种成熟度：R1（无意愿，无能力），R2（有意愿，无能力），R3（无意愿，有能力），R4（有意愿，有能力）。领导的风格包括两个维度：任务行为和关系行为。由此可以得出四种领导风格：指令型（高任务、低关系）、指导型（高任务、高关系）、参与型（低任务、高关系）、授权型（低任务、低关系）。

从图 12-10 可以看出，在四种不同成熟度情况下，要采用四种不同的领导方式。

M1（低成熟度：无意愿，无能力）。此时要采取指令型（telling）领导方式，领导给下属提供具体明确的指导并密切监控其绩效。

M2（中偏下成熟度：有意愿，无能力）。此时要采取指导型（selling）领导方式，提供具体、明确的指导，加强人际沟通，保持良好的关系。

M3（中偏上成熟度：无意愿，有能力）。此时要采用参与型（participating）领导风格，主要是加强人际沟通，建立共同的目标、理念，参与决策。

M4（高成熟度：有意愿，有能力）。此时要采用授权型（delegating）领导风格，主要是表示对下属的价值观和能力的信任，给其充分授权，发挥其主动性和创造性。

四、领导—成员交换理论

乔治·格仁（George Green）和弗雷德·德塞（Fred Dansereau）等提出了领导—成员交换理论（leader-member exchange model，LMEM），研究重点放在领导与下属的关系上（Graen 和 Cashman，1975；Dansereau、Graen 和 Haga，1975）。最初的研究是：领导人认为有两种不同的下属：第一种下属是领导的圈内人（in-group）；另外一种是圈外人（out-group）。领导会对其圈内和圈外的下属采用不同的领导方式，因而使下属产生不同的表现和结果。领导经常会给予圈内人更多的时间、关心、信任、授权

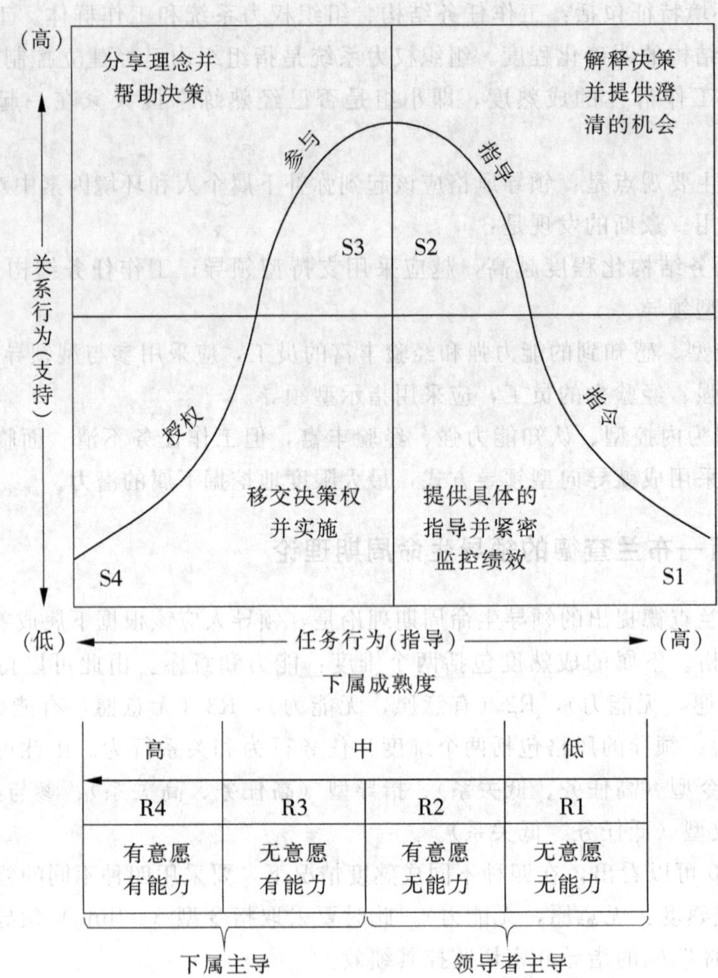

图 12-10　赫西和布兰查德的领导情景理论

资料来源：(1) HERSEY P. Situational Selling (Escondido, CA : Center for Leadership Studies, Inc., 1985)
(2) 理查德·L. 达夫特，雷蒙德·A. 诺伊. 组织行为学 [M]. 杨宇，闫鲜宁，于维佳译. 北京：机械工业出版社，2004.

和机会，因而下属会有更好的表现；而领导对圈外人则投入较少，所给的信任和机会不够，因而下属表现会差一些。如图 12-11(a)所示。

当前的研究趋势是（达夫特等，2004），主张领导人根据每一个下属的不同特点，与每个下属发展不同的但积极的关系，以使下属具有更好的表现。因此，要求领导者独立地看待每个员工，因材施教，与每个下属发展和谐的工作和人际关系。如图 12-11(b)所示。

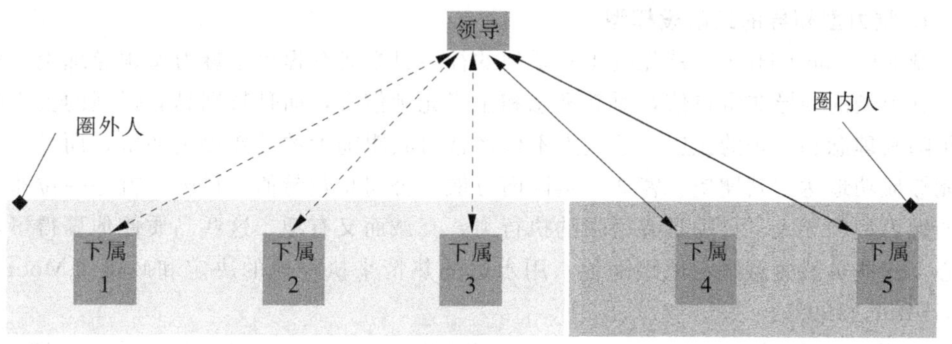

(a)分圈内人和圈外人,采用正面和负面两种不同的领导行为方式

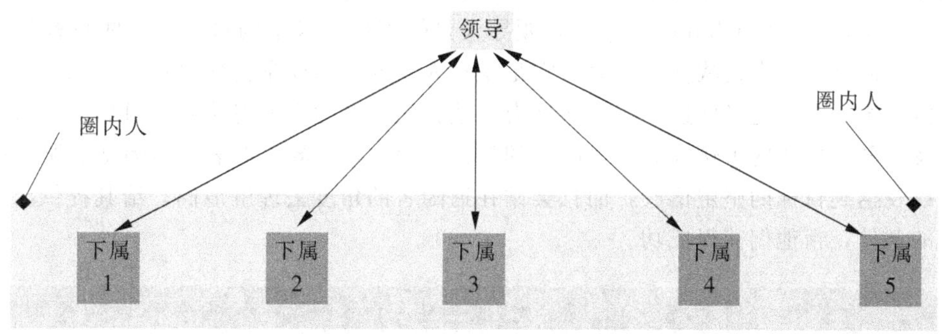

(b)都是圈内人,但根据每个人的不同特点采用不同的领导行为方式

图 12-11 格仁和德塞的领导—成员交换理论

资料来源：(1) GRAEN G, Cashman J F. A Role-Making Model of Leadership in Formal Organizations: A Developmental Approach [M] // Hunt J G, Larson L L. Leadership Frontiers, Kent, Ohio: Kent State University Press, 1975, pp. 143～165.

(2) DANSEREAU F, GRAEN G, HAGA W J. A Vertical Dyad Linkage Approach to Leadership Within Formal Organizations: A Longitudinal Investigation of the Role-Making Process [J]. Organizational Behavior and Human Performance, 1975, 15: pp. 46～78.

(3) MOORHEAD G, Griffin R W. Managing People and Organizations: Organizational Behavior [M]. 5th. Houghton Mifflin Company, 1998.

第四节 领导的素质理论

一、魅力型领导

魅力(charisma)是一个人对别人产生的吸引力，这种吸引力能使一个人得到别人的接纳和支持。魅力型领导(charismatic leadership)就是指基于个人魅力来影响别人的领导方式。魅力型领导是很多文学和影视作品的主题。我们大家都熟知的毛泽东、周恩来、邓小平、肯尼迪、罗斯福、丘吉尔等都是很有人格魅力的政界领导人，而杰克·韦尔奇、李嘉诚、张瑞敏等属于有魅力的企业领导人。

1. 魅力型领导的三阶段模型

豪斯(Robert House)首先基于一系列的社会科学研究提出了魅力型领导理论。他认为，魅力型的领导非常自信，对其理念和主张充满信心，而且特别具有强烈的去影响别人跟随其理念和主张的愿望。这些人不仅经常对其跟随者的工作提出期望，而且坚信他们能够成功地达到其期望。譬如，美国南方航空公司总裁赫佰·科勒，就是一位非常优秀的魅力型领导人。科勒具有很强的执行力，真诚而又有趣。这些品质使他赢得了员工的心，这些员工愿意坚定地跟随他，用永远的热情来执行他的决定和政策（Moorhead和Griffin，1998）。

Nadler和Tushman(1990)提出了魅力型领导的三阶段行为模型，如图12-12所示。该模型认为，魅力型领导突出的三种行为是：构思愿景(envisioning)、激发下属(energizing)、支持下属(enabling)。第一，领导人要能够树立未来的目标，这些目标是大家向往的，而且是具有挑战性的，完成它是激动人心的。这就是构思愿景。第二，领导人必须能够激发其追随者向这一愿景而努力，他会通过表达个人对该愿景目标的兴奋、信心以及用各种成功的事例来激发追随者的热情。第三，领导人会表达对追随者坚定的支持，以及达到目标的坚定信心，而且会站在追随者的角度去理解他们，给其提供、创造必要的条件，帮他们获得成功。

魅力型领导

构思愿景	激发下属	支持下属
强调一个迫切的愿景设定 崇高的目标期望 确立与目标一致的行为	表达个人对愿景的兴奋 表达个人的自信 寻找成功的案例让下属坚信目标定能达成	表示对下属的支持 表示对下属的理解 表示对下属的信心

图12-12　魅力型领导的三阶段模型

资料来源：NADLER D A，TUSHMAN M L. Beyond the Charismatic Leader：Leadership and Organizational Change［J］. California Management Review，Winter 1990，pp. 70～97.

MOORHEAD G，Griffin R W. Managing People and Organizations：Organizational Behavior［M］. 5th. Houghton Mifflin Company，1998.

2. 魅力型领导的四阶段模型

吉布森等（2006）在其《组织行为学》中引用了康格尔等（Conger和Kanungeo，1988）提出的魅力型领导的四阶段模型如图12-13所示。第一阶段，领导者不断地评价环境、适应性，形成他必须具有的理想，领导者的目标由此而建立。第二阶段，领导者采用合适的方法与下属沟通其观点、目标和理想。第三阶段，建立相互信任和认同。在这个阶段，做不寻常的事、承担风险以及做到技术上熟练都是很重要的。第四阶段，具有领袖魅力的领导者成为下属的角色模范。通过提拔和认可下属，在下属中建立他们能够实现理想的信念。

康格尔等（1987）还提出了具有领袖魅力的行为。①与停滞不前状态的关系：基本反对停滞不前，努力改变它。②将来的目标：设计的目标与停滞不前的现状差异很大。③可爱性：共享观点和理想使其成为一个可爱的、受人尊敬的英雄，成为下属的偶像和仿效的对象。④专长：擅长于运用非常规方法超越现有的工作程序框架。⑤对环境的敏感性：对改变停滞不前现状的环境敏感性需要高。⑥表达能力：非常强烈地表达将来的抱负和领导的动机。⑦权力基础：具有个人权力、专业基础、尊重、对英雄的崇拜。⑧领导/下属关系：是精英人才、企业家和模范，能转变下属的观点，使其与之共同投入变革。

阶段一		阶段二		阶段三		阶段四
在现有情境下寻找未发现的机会和不足 对成员的要求敏感 制定理想的战略构想	→	宣传理想 清楚地说明停滞不前是不可接受的，理想是最有吸引力的选择方案 清楚表明领导下属的动机	→	通过技术专长、个人承担风险、自我牺牲以及非常规方法建立信任	→	通过角色模范、授权和非常规的策略展示实现理想的方法

图 12-13 康格尔的四阶段魅力领导模型

资料来源：Jay A. Conger and Rabindra N. Kanungeo. Behavioral Dimensions of Charismatic Leadership. in Charismatic Leadership, ed. Jay A. Conger, Rabindra N. Kanungo, and associates (San Francisco: Jossey—Bass, 1988), P. 27. 肯塔基大学·詹姆斯·L. 吉布森 (James L. Gibson)、休斯敦大学·约翰·M. 伊凡塞维奇 (John M. Ivancevich)、肯塔基大学·小詹姆斯·H. 唐纳利 (James H. Donnelly. Jr.)（美）. 组织学：行为、结构和过程（第10版）. 王常生译. 北京：电子工业出版社，2006。

二、交易型领导和变革型领导

巴斯（Bass，1985）首先提出了交易型领导（transactional leader）和变革型领导（trans formational leader）的概念，二者区别如下（Bass，1985；吉布森等，2006）。

交易型领导的核心内涵，体现在“交易”二字上，这种领导方式的特点是：①领导者会给员工确定目标和任务。②领导者会让下属知道，要得到他们喜欢的报酬和奖励他们需要完成什么样的工作。③领导得让下属为任务工作，而不进行干预，除非目标不能在合理的时间内以合理的成本完成。

变革型领导的核心是超越了交易行为，具有下列特征：①领导者能够向下属灌输价值观、尊重和荣誉的意识，能够让下属形成理想。②领导者关注下属的需要，分配给下属有意义的工作，使得下属个人得到成长。③领导者帮助下属以理性的方式对情景进行重新思考，鼓励下属成为创新的人。这里特别需要说明的是，变革型领导的概念比魅力型领导更加推进了一步：具有领导魅力是变革型领导的基础和必要条件，但领导魅力本身并不一定能产生变革。正如巴斯指出的，我们经常见很多社会名人，这些名人可能具有某些方面的个人魅力，但不一定能真正达成变革。一个人要成为变革型领导，除了需要领袖魅力，还需要执行力。

三、愿景领导

愿景领导（visionary leader）是能够创建面向未来的、有吸引力的、经过努力可以实现的愿景，并通过这种愿景将人们凝聚起来，共同为之而努力。愿景领导具有下列行为（达夫特等，2004）。

① 领导是富有想象力和远见的，他/她能够超越现实，发现未来可能出现的新趋势，甚至构想出全新的未来图景。

② 领导建立的愿景是追随者们都信仰的、令其激动的共同愿景。这个共同的愿景能够帮助追随者们重新发现他们工作的价值和意义，甚至生命的意义，要让下属为自己的工作感到骄傲。

③ 领导建立的愿景是关于未来的，但却将此愿景与目前现状紧密相连。领导会与组织成员共同建立优秀的绩效目标，并通过具体的行为不断向此目标前进。

四、领导者的能力

1. 安卡纳等人的观点

麻省理工学院的学者安卡纳（Ancona）、梅隆（Malone）、奥利卡夫斯基（Orlikowski）和圣吉（Senge）等人（2005）共同研究提出了领导的四种能力：感知力（sensemaking）、想象力（visioning）、沟通力（relating）和创造力（creating）。感知力是指感知周围世界的能力，这种能力能使领导人对其所处的环境有很深刻的理解和判断。想象力是指领导人创造出未来愿景的能力，这种能力能使领导激发人们为新的愿景而努力。沟通力是指领导者建立自己与下属之间相互理解和信任的能力，这种能力能将员工团结起来，形成强大的凝聚力。创造力是领导提出新的工作方法的能力，这种能力使领导人能够通过创造出新的产品、服务、组织管理方式来最终达到目标。这几种能力是互补的。没有创造力，愿景永远只是不能实现的想象；没有对现状和自己意向的清晰感，创造力就是一时的狂热。

2. 本尼斯的观点

沃尼·本尼斯（Warren G. Bennis，1989）认为，出色的领导者必须具有下面四个方面的能力（拦姆斯登等，2001）。

① 善于吸引下属的注意。他们能将别人的注意力吸引过来，使他们盯住愿景目标，并且能使他们非常投入。

② 善于表达。他们能将愿景目标传达给下属，并且能使用象征、比喻和形象等方式阐明他们的意思。

③ 善于取得信任。他们可靠、坚定、言行一致。人们知道可以从他们那里得到什么。

④ 善于自我管理。他们了解自己的长处，有效地利用这些长处，而且将错误看成是通向成功的阶梯。

本尼斯说，这样的领导者通过以下方法授权下属：使下属觉得自己重要；帮助下属认识到学习和能力的重要；使下属感到自己是整体的一分子；使下属感到自己的工作激动人心。

3. 杜伯林等的观点

杜伯林等（2006）提出了有效领导的人格特质。他认为，一般的领导特质包括：自信、谦虚、诚实可靠、顽强承受挫折、外倾、果断、温情、幽默感、热情、情绪稳定等。这些特质及对领导的作用如表 12-3 所示。

表 12-3　有效领导的人格特质

特　　质	该特质对领导的作用
1. 自信	自信而不自大的领导会坚定团队成员的信心。领导者需要运用清晰的话语、良好的姿态以及振臂挥手等姿势，将自信传递给团队。譬如，杰克·韦尔奇对自己无边界管理理念的信心极大地感染公司员工。
2. 谦虚	适度的谦虚，能使领导人具有亲和力，更受下属拥戴，得到更多的意见和建议，获得更多的支持。譬如，《从优秀到卓越》一书中，提到能够将公司从优秀发展到卓越的领导具有很重要的特点——外表谦逊，内心坚韧。
3. 诚信、言行一致	一个诚信、言行一致的、说到做到的领导人能够获得人们的信任，并且不容易出现道德上的失误，从而保持长久的生命力。
4. 外倾	具有外向性格的领导人能有更多的机会与下属沟通交流，激发下属的热情。
5. 果断	一个果断、而不是过于激进或盲目的领导能够在关键的时候迅速作出决策，不但有利于提高效率和目标达成，而且能赢得下属的尊重。
6. 情绪稳定	一个情绪稳定的领导能够将个人的情绪情感（喜怒哀乐等）控制在与环境合适的范围之内。这样的领导人能够在危机环境下稳定下属情绪，进而作出明智决策。
7. 热情	一个充满热情的领导人能感染、感化下属，使其对工作充满热情。
8. 幽默感	一个富于幽默感的领导人能够在平凡的工作中带来欢笑，在紧张的气氛中化解矛盾冲突，体现了领导人更加人性的一面，能获下属更多的尊重。
9. 温情	一个富有温情的领导人能给下属带来温暖和情感上的支持，因而会受到下属的喜爱和尊重。
10. 顽强承受挫折	一个能承受挫折的人能够带领下属克服前进道路上的障碍，最后走向成功，领导能获得下属的佩服。

资料来源：安德鲁·J. 杜伯林. 领导力：研究·实践·技巧［M］. 王垒译. 北京：中国市场出版社，2006. 作者有修改。

评估你的领导潜力

下面的问题 1～6 是关于你的现状；问题 7～22 假设你是公司某个主要部门的领导者时，你会怎么样。以“是”或“否”回答关于你的描述是否很准确，或你是否努力履行每种行为。

现在

____ 1. 当我有几项任务或作业要做时，我会设定优先权，并组织工作以满足最终期限的要求。

____2. 当我被卷入一场争论中时，我会将其搁置一旁，直到问题完全解决了才讲出来。

____3. 我宁愿坐在电脑前，也不愿和人多打交道。

____4. 我会让其他人参与到活动中，或参与讨论。

____5. 我知道自己的事业、家庭和其他活动的长期打算。

____6. 在解决问题时，我更喜欢分析事情，胜过和一群人一起工作。

主要部门的领导者

____7. 我会帮助下属澄清目标及如何达到目标。

____8. 我会给人们使命感和更高的目标。

____9. 我会确保工作按时完成。

____10. 我会使用策略和程序作为解决问题的指导。

____11. 我会侦察新的产品和服务的机会。

____12. 我会推进非传统的信仰和价值。

____13. 我会给予金钱奖励以交换下属的优秀表现。

____14. 我会鼓励部门中每个人的信任。

____15. 我会设法完成重要任务。

____16. 我会提出独特的做事方式。

____17. 我会赞扬工作做得好的员工。

____18. 我会描述我和组织所拥护的更高价值观。

____19. 我会建立程序以帮助部门顺利运营。

____20. 我会提出问题以激励其他人。

____21. 我会给新方法设定合理界限。

____22. 我会以社会多样性为例，推动变革的实施。

评分：计算偶数问题所得的“是”的数目____，计算奇数问题所得的“是”的数目____。

根据下列解释，对比两个分数。

解释：偶数项代表典型的领导行为和活动。领导者亲自参与塑造观念、价值观、愿景和实施变革。他们经常用直觉方法来产生新想法，并为组织或部门寻求新方向。奇数项是更为传统的管理活动。管理者以非个人方式对问题进行响应，作出合理决策，并为稳定性和高效率而工作。如果你对偶数项的肯定回答多于奇数项，那么你有潜在的领导素质。如果你对奇数项的肯定回答多于偶数项，那么你有较强的管理能力。记住两者都很重要，两者都可以随着经历和意识的增长而发展、提高。

资料来源：(1) DAFT R L. Leadership [M]. Fort Worth, TX: The Dryden Press, 1999, pp. 55～56.

(2) 理查德·L. 达夫特，雷蒙德·A. 诺伊. 组织行为学 [M]. 杨宇，闫鲜宁，于维佳译. 北京：机械工业出版社，2004.

第五节 领导力发展理论

组织外部环境复杂性和动态性的加剧，对组织的领导者们提出了越来越多、越来越高的领导能力要求。领导力的发展日益成为组织行为学尤其是领导学领域受关注的理论问题，对广大的企业而言更是具有重要的现实意义。下面我们主要介绍尤克尔、本尼斯和托马斯，以及我国古人在这方面的有关论述。

一、尤克尔关于领导力发展的三类方法

尤克尔(2002)系统总结了人们在领导力发展方面所做的研究，提出了三种类型的领导力发展途径：正式训练、发展活动、自助活动。

1. 正式训练

正式训练项目在组织中应用广泛，譬如，选送中高层管理人员到大学参加管理学位教育项目（EMBA、MBA等）、高级管理培训项目（EDP）以及专门的领导力课程。当然，有些公司也会在组织内部的培训机构中由自己的培训师或邀请外部的教授、培训师来完成。大多数的培训项目都是基于一定的领导学理论开发而成的，如领导的行为理论(如9×9方格)、决策理论、变革型领导、魅力型领导等。正式训练项目的有效性在很大程度上取决于其设计的方法。尤克尔总结出了正式训练成功的下列条件：明确的学习目标（受训者期望从训练中学到的行为、技能或知识）、清晰有意义的内容（具体的内容和案例描述）、合适的前后内容（课程中涉及的、要准备的有关概念、符号、规则和程序）、训练方法的适当混合（训练方法的选择要考虑受训者目前的水平、动机、理解和记忆复杂信息的能力）、积极实践的机会（受训者应该积极地将学习到的技能付诸实践）、相关和及时的反馈（受训者应从各种来源获得关于参加训练后行为和技能的改变信息）、受训者的自信（训练者应该提升受训者对训练取得成功的信心）、适当的后续行动（要在训练课程结束后进行适当的回顾和总结）。

2. 发展活动

发展活动经常包含在执行正常工作任务的过程中，或者与这些正常任务紧密相连。这些活动包括：多渠道反馈（受训者受到来自其上下左右不同人的评价和反馈，使其看到自身的优劣势，进行改进）、发展评估中心（评估中心通过采访、态度测试、个性测试、情景测试、自传文章、演说练习、写作练习等方法，来评价经理的目前能力和提升的潜力）、发展性指派（受训者被指派特定的工作任务，目的是为了发展特定的能力）、工作轮换项目（受训者被正常指派到各个不同的职能部门工作来提升领导能力）、行动学习（对受训者进行针对实际问题的培训，并让他们利用培训中学到的知识、技能解决这些问题）、指导（给每个受训者指派导师来对其进行指导和帮助）、执行官教导（受训者是组织的高级执行官，指导者是外部高级顾问或行为科学家）、室外挑战项目（受训者组成团体在室外场地进行身体活动）、个人成长项目（该项目用于改进自我警觉和克服心理成长与领导能力发展的内在障碍）。

3. 自助活动

自助活动是指领导者自己采取各种有效措施来提升领导力的行为，这些方法包括：发展个人的职业目标愿景，寻求合适的导师，寻求挑战性的指派，改进自我监督，寻求相关的反馈，从错误中学习，学习以多种视野观察事件，对容易的答案表示怀疑。

二、本尼斯和托马斯关于领导力形成的内在机理

沃尼·本尼斯（Warren G. Bennis）和罗伯特·托马斯（Robert J. Thomas）经过长时间对不同时代领导人的案例研究，提出了如图 12-14 所示的领导力发展机理模型（Bennis 和 Thomas，2002）。这个模型的核心是一个形状类似在金属材料行业中将机体金属熔炼成金的炼炉（crucible），机体金属在炼炉中高温、高压的作用下熔化，并最终形成金子。这显然是一个形象的比喻——炼炉代表一个人人生中的某种特别考验，往这个熔炉中投入的原材料代表个人特点和时代特征，而产出的金子则代表这个人最终发展出的领导力。本尼斯等人的核心观点是，一个人只有经历过人生道路上各种严峻的考验，才能真正形成领导力。这个观点类似中国古代孟子所说："故天将降大任于斯人也，必先苦其心志，劳其筋骨，饿其体肤，空乏其身，行拂乱其所为，所以动心忍性，增益其所不能。人恒过，然后能改。困于心，衡于虑，而后作。徵于色，发于声，而后喻。入则无法家拂士，出则无敌国外患者，国恒亡。然后知生于忧患而死于安乐也。"

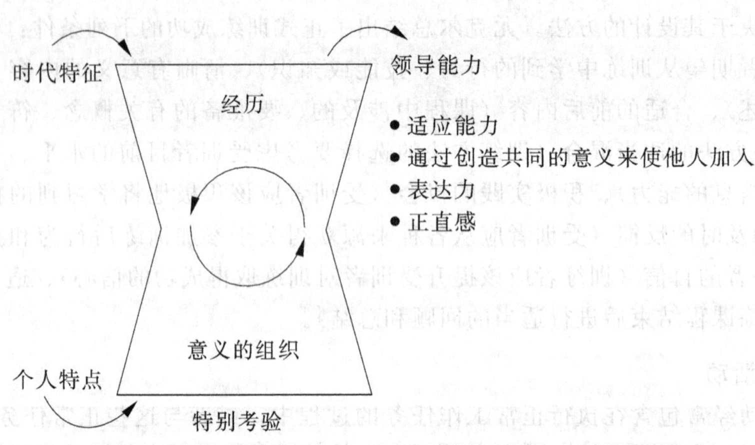

图 12-14　沃尼·本尼斯和罗伯特·托马斯的领导力发展模型

1. 模型的核心部分——特别考验

特别考验可以包括多种类型，可以是艰难的过程、痛苦的经历、重大的失败、刻骨铭心的悲剧，当然也可以是感人至深的人际情感、难忘的教诲以及因成功而欣喜的时刻。所有这些特别的经历，其实都是对一个人的信念、耐心、恒心、意志以及能力的巨大考验。譬如，对毛泽东以及许许多多中国革命者而言，二万五千里长征就是特别的考验。对邓小平而言，"文化大革命"中的"三起三落"就是特别的考验。对我国各级政府的领导人来说，1998 年百年不遇的特大洪灾和 2003 年的非典疫情（SARS）就是特别的考验。对前南非总统曼德拉而言，被关押在监狱 27 年是他的特别考验，他曾说：

“如果我没有蹲过监狱，我就不会完成人生中最艰难的任务，监狱改变了我。”对前纽约市长朱利安尼来说，2001年9月11日对他就是特别的考验，他需要带领纽约市民面对恐怖分子突如其来的打击。正是经历这些严峻的考验，并战胜它们，才真正提升和发展了这些领导人的领导力。当然，一个人取得了巨大成功，面对各种鲜花、掌声、荣誉的时刻，也是对他/她的特别考验。因为，很多人迷失其中，在成功中倒下。改革开放后不少曾经辉煌的企业家就是如此。而只有少数人能够在巨大成功面前始终保持清醒头脑和危机意识，因而从成功走向成功。那些能够始终保持旺盛的生命力，从优秀走向卓越的企业就是如此。

显然，人们光有特别考验是不够的，最关键的是要能从这种特别考验中体会出积极的、不同寻常的意义。有人说：“人们被关在监狱里，有人看到的只是铁丝网，也有人会透过铁丝网看到天上的星星。”经验人人都有，但不同的是人们对经验的态度和解读不同，这就是本模型中提到的“意义的组织”（organization of meaning）。本尼斯指出：“在逆境中寻找意义和力量，这是领导者和非领导者的区别。当灾难降临时，没能力的人会感到孤单无助，但伟大的领导者却能看到目标和解决方案。”前英国首相撒切尔夫人说：“灵魂可以将铁炼成钢。”处在逆境中的人们，只有从积极的视角来看待正在经历的苦难，才能重新点燃生命的激情、能量和智慧。而处在顺境中的人们，只有从辩证的视角来看待正在体验的成就，才能时刻保持理性、清晰和主动，才能不断超越自我，走向更高的辉煌。

2. 模型的投入部分——个人特点和时代特征

本尼斯和托马斯认为，个人特点在这里包括“一个人带到这个世界上的所有东西”。在他们看来，一个人所处的社会阶层、拥有的财富、智商（IQ）等，虽然对人是重要的，但对处在特别考验中的人来说，最重要的个人特点应该是人的价值观念、性格和能力中的某些方面——这些方面能促使一个人对其所处的特殊环境进行新的解释，赋予新的意义，并得出不同寻常的方法来适应这种处境。在这些因素中，现实的乐观主义、适应变化的能力可能是最为重要的。当然，时代特征在这时也会起重要作用，像我们经常说的时势造英雄。只有当个人特点和时代特征相互补充、相互促进，而且个人能对特殊的经历赋予新的解释并适应环境，个人的领导力才能得以造就和发展。

3. 模型的产出部分——领导力

个人因素和时代因素的结合，加上特殊经历的考验、选择和强化，就会打造出真正的领导力。这里的领导力包括：①适应能力（adaptive capacity），这是指人在环境发生变化时的生存发展能力；②通过创造共同的意义来使他人加入（engaging others by creating shared meaning），这是一种在变化的环境下通过影响和整合他人而达到目标的能力；③表达力（voice），这是指在变化的环境下，一个人能将自己的观点、主张和信念清晰表达出来的能力；④正直感（integrity），这是指人在经历了一个特殊的考验后形成的更加正确和坚定的道德观。

三、中国古代关于领导力发展的理论

中国古代在领导力发展方面建立了非常重要的观点。

第一，中国古代特别强调志向的重要性。在《大学》这本书的开始就有一段话："大学之道，在明明德，在亲民，在止于至善。"意思是，《大学》的原理，在于使人们的美德得以显明，在于使天下的人革旧更新，在于使人们达到最好的理想境界。显然，这段话特别强调作为一个人，特别是一个领导人，必须树立远大的理想，只有建立了宏大的愿景目标，才能不断地有意识地发展自身的领导力。

第二，古人还特别强调人内在修炼的重要性。《大学》里说，"知止而后有定，定而后能静，静而后能安，安而后能虑，虑而后能得。"意思是，知道所应达到的理想境界是"至善"，而后才能有确定的志向，有了确定的志向，而后才能内心宁静，内心宁静而后才能泰然安稳，泰然安稳而后才能行事思虑周详，行事思虑周详而后才能达到最好的理想境界。"物有本末，事有始终，知所先后，则近道矣。"意思是，世上万物都有根源和末梢，天下万事都有结局和发端，能够明白它们的先后次序，那么，就能够接近《大学》的原理了。

第三，中国古人还特别强调了一个人发展自身能力特别是领导力应有的方法和顺序。按照《大学》里的论述，人们可以通过如下的八个阶段来发展领导力："古之欲明明德于天下者，先治其国；欲治其国者，先齐其家；欲齐其家者，先修其身；欲修其身者，先正其心；欲正其心者，先诚其意；欲诚其意者，先致其知；致知在格物。"意思是，古时候，想要使美德显明于天下的人，先要治理好他的邦国；想要治理好自己邦国的人，先要整治好他的家族；想要整治好自己家族的人，先要努力提高自身的品德修养；想要提高自身品德修养的人，先要端正自己的内心；想要端正自己的内心，先要自己意念诚实；想要自己意念诚实，先要达到认识明确；而达到认识明确的方法就在于推究事物的原理。而且，《大学》中又强调了一次："物格而后知至，知至而后意诚，意诚而后心正，心正而后身修，身修而后家齐，家齐而后国治，国治而后天下太平。"意思是，只有推究事物的原理，而后才能达到认识正确；只有达到认识正确，而后才能意念诚实；只有意念诚实，而后才能心思端正；只有心思端正，而后才能提高自身的品德修养；只有提高了自身的品德修养，而后才能整治好家族；只有整治好家族，而后才能治理好邦国；只有治理好邦国，而后才能使天下太平。

本章小结

领导行为是组织行为学中的重要领域。领导就是人们通过影响他人而达成某种目标的过程和行为。领导研究有五大学派：领导特质学派、领导行为学派、领导权变学派、领导素质学派、领导力发展学派。领导研究五大学派与领导过程之间存在密切的关系。

领导的行为理论最先是由俄亥俄州立大学提出的二维模型；中国和日本的学者继续沿用二维模型进行研究；布莱克和莫顿将二维模型进一步深化研究，从 2×2 细化到 9×9，提出了 9×9 管理方格模型；密歇根大学将二维减少到一维进行研究；芬兰和瑞典的学者将其增加到三维进行研究。

俄亥俄州立大学关于领导行为的两个维度分别为抓组织和关心人，认为高抓组织、高关心人模式在工作效率与领导有效性方面最高。日本学者三隅二不二提出的PM领导模型认为，一个群体具有两种基本功能，一是达到群体特定目标，二是维持或强化群体本身的正常运行，PM型管理人员绩效表现最好。中国学者在PM方面也进行了有影响的研究，证明了这一方法对提高领导效能的意义。

布莱克和莫顿在二维模型基础上，将每个维度分成更细的九等分，从而得出9×9=81种领导风格，认为（9，9）型是最有效的领导方式。

密歇根大学利克特发现影响生产率和工作满意度最重要的是员工导向这一维度，提出了这一维度上的四种领导类型：专权独裁式、温和独裁式、协商式、参与式，认为参与式型是最有效的领导方式。

芬兰和瑞典的学者认为，领导行为应该在原来二维的基础上，加上发展取向维度。

领导权变理论认为，不存在一个在任何情况下都有效的领导模式，一种领导方式是否有效，主要取决于领导者、被领导者以及环境三者的具体情况，领导应该根据不同情况采用不同的领导风格。权变理论主要包括：菲德勒模型及其认知资源理论，豪斯的路径—目标理论，赫西和布兰查德的领导生命周期理论，格仁和德塞的领导—成员交换理论，以及儒姆、叶顿和亚戈的领导者参与模式等。

菲德勒模型认为，一个人的领导风格与三个情景因素有关：领导者与被领导者的关系、工作任务结构、职位权力。在最不利和最有利的情景下，领导应该采用工作导向领导方式；而对处于中间状态的情景，应该采用关系导向领导方式。要提高领导的有效性，关键是要让领导风格和领导情景之间匹配。认知资源理论认为：在高压力下经验更重要，在低压力下智力更重要。具有不同自身条件的领导人在上述不同情景下领导绩效是不同的。

豪斯的路径—目标理论认为，领导的工作就是通过选择适当的领导方式帮助下属达到其工作目标，领导者应根据环境和下属的特征来正确选择领导方式（指示型、支持型、参与型、成就导向型）。

赫西—布兰查德的领导生命周期理论认为，领导人应该根据下属成熟度（M1、M2、M3、M4）的发展而改变其领导风格（指令型、指导型、参与型、授权型）。

格仁和德塞的领导—成员交换理论认为，领导会对其圈内和圈外的下属采用不同的领导方式，因而使下属产生不同的表现和结果；领导人应根据每一个下属的不同特点，与每个下属发展不同的但积极的关系，以使下属具有更好的表现。

领导的素质理论包括：魅力型领导理论、交易型和变革型领导理论、愿景领导理论、领导者能力理论。

魅力型领导理论包括Nadler和Tushman的三阶段模型和康格尔等的魅力型领导四阶段模型。

巴斯的交易型和变革型领导理论认为，变革型领导除了交易行为外还能做到：领导者能够向下属灌输价值观、尊重和荣誉的意识，关注下属的需要，领导者帮助下属以理性的方式对情景进行重新思考，鼓励下属成为创新的人。

愿景领导理论认为，魅力型领导能够创建面向未来的、有吸引力的、经过努力可以实现的愿景，并通过这种愿景将人们凝聚起来，共同为之而努力。

关于领导者能力，安卡纳等人提出了领导的四种重要能力：感知力、想象力、沟通力和创造力。本尼斯提出四种能力：善于吸引下属的注意、善于表达、善于取得信任、善于自我管理。杜伯林等提出的有效领导的人格特质包括：自信、谦虚、诚实可靠、顽强承受挫折、外倾、果断、温情、幽默感、热情、情绪稳定。

尤克尔系统总结了人们在领导力发展方面所做的研究，提出了三种类型的领导力发展途径：正式训练、发展活动、自助活动。

本尼斯等人关于领导力发展的核心观点是：一个人只有经历过人生道路上各种严峻的考验，才能真正形成领导力。一个人的个人特点和时代特征的有机结合，加上对各种严峻考验进行新的解释，赋予新的意义，并得出不同寻常的方法来适应这种处境，才能打造出真正的领导力，包括：适应能力、通过创造共同的意义来使他人加入的能力、表达力、正直感。

中国古代在领导力发展方面的观点特别强调：志向的重要性、人内在修炼的重要性、一个人发展自身能力（特别是领导力）应有的方法和顺序。

采用 LPC 测量领导方式的得分说明：

得分≥73，高 LPC，为关系导向型；

得分为 65～73，中 LPC，混合型；

得分≤65，低 LPC，为工作导向型。

复习思考题

1. 领导的本质是什么（用具体实例说明）？领导研究中有哪几大学派？

2. 领导的行为理论中包括哪些不同的模型？每种模型的主要观点是什么？

3. 领导的权变理论中包括哪些不同的模型？每种模型对管理实践的意义是什么？

4. 根据领导的素质理论，你认为要成为一个有魅力的领导人，应该具有哪些重要素质？

5. 你如何评价尤克尔和本尼斯两种不同的领导力发展理论？在管理实践中应该如何整合两种观点？

6. 中国古代在领导力发展方面有哪些重要观点？对当今管理的意义是什么？

本章案例

世界第一总裁杰克·韦尔奇

一、杰克·韦尔奇早期的生活、求学和工作经历

杰克·韦尔奇 1935 年 11 月 19 日出生在美国马萨诸塞州。他的祖父母、外祖父母都是爱尔兰移民，祖父母和父母辈的人都没有受到很好的教育，连高中都没有毕业。虽然不是出身豪门望族，但是父母给了韦尔奇很多宝贵的东西——爱、自信、独立。他的

父亲是一位列车员，工作勤奋敬业，总是以微笑和热情服务于每一个顾客，把他们当成亲密朋友，然而到了家里却非常安静和内向。父亲让韦尔奇认识到艰苦工作的价值。父亲每天下班回家时总是拿一大捆列车上乘客们扔下的报纸回家，这让韦尔奇从6岁开始就喜欢上了读报，了解时事和体育新闻，成为终生爱好。父亲还让他利用业余时间去高尔夫球场当球童，这一方面让他学会如何通过自己的努力来挣钱，更重要的是让他能见到一些成功人士，而且自己学会了这种运动，并成为一生的业余爱好。他的母亲是位严厉且很有纪律意识的人，她好几次狠狠地惩罚犯了错误的韦尔奇，让他明确是非曲直。然而，母亲又非常爱他，总是鼓励他。韦尔奇从小就有口吃的毛病，有时候引来不少笑话，让他很难堪，但又无法根治。母亲总是会为他的口吃找一些完美的理由，譬如，她会对韦尔奇说："这是因为你太聪明了。没有任何一个人的舌头可以跟得上你这样聪明的脑袋。"在自己的一生中，韦尔奇从来没有对自己的口吃有过丝毫的忧虑，他充分相信母亲的话——自己的大脑比嘴巴转得快！这是韦尔奇经常提到的例子，母亲的话给了他自信。韦尔奇说，他的很多管理理念可以从母亲身上找到，譬如，通过努力奋斗去获得成功；学会面对现实；利用欲擒故纵的方式来激励别人；确定苛刻的目标；严格追问别人以保证任务的顺利完成。她总是对韦尔奇说："不要欺骗你自己，事实上它就是这样。""如果你不学习，你将什么都不是。绝对什么都不是。学习没有任何捷径可言，不要欺骗你自己。"韦尔奇说，这些都是每天会萦绕在他脑海里生硬而又坚定的忠告。每当他试图回避一笔交易或一项业务上将要出现的严重问题时，母亲的话总能帮助他渡过难关。母亲对他很严厉，但同时也知道如何拥抱他、亲吻他，给他很多的爱。

韦尔奇1953年考上了马萨诸塞大学阿默斯特分校，学习化学工程，成为家族中第一个上大学的人。大学四年学习成绩不错，后来又去伊利诺伊大学读硕士研究生，这期间有一次和女朋友在外游玩时可能有些尽兴过了被发现，差点被开除。硕士快毕业时去找工作，在去一家公司面试的飞机上与伊利诺伊大学的伙伴们坐在一起，这时发生了一件事情。空中小姐对他说："韦尔奇先生，想喝点什么吗?"然后再转过去对韦尔奇的一个伙伴说："加尔特纳博士，想喝点什么吗?"当时韦尔奇觉得加尔特纳"博士"比韦尔奇"先生"听起来更悦耳，所以就决定留在学校里继续读完博士学位。当然还有一个原因就是，当时美国经济不景气，工作难找。1960年他博士毕业时，再次面临选择。这时，他认真思考：什么是自己喜欢的，什么是自己想要的，什么东西是自己不擅长的。尽管他曾接受过两所大学的面试，但最终还是放弃了。他认为自己成不了最出色的科学家，自己喜欢一份既涉及技术又涉及商业的工作，而且自己有这个能力做这样的工作。这几年，除了获得学位、友谊及思考问题的方式外，他还获得了自己的第一任妻子——身材修长、漂亮、练达、聪慧的卡罗琳。

1960年，韦尔奇博士毕业，正式来到GE公司在马萨诸塞州匹兹菲尔德的新化学开发部门工作，开始了在GE的职业生涯。韦尔奇刚进入GE一年，就差点要离开公司，原因是觉得自己的薪水应该比"标准"薪水更高一些，但几次与老板交谈未果。最后，他还是经过自己的努力争取到了区别对待，获得了比别人高的薪水。这件事情不仅给了他职业生涯起始的信心，也形成了他日后管理公司的方法。他认为，通过区别对待每个人可以建立一支更强有力的团队，并不会影响团队的士气。奖赏那些最好的人才，让他们脱颖而出，让效率低的人看到差距，这样就可以在公司内造就真正的明星，这些明星可以帮助公司建立伟业。

1963 年，韦尔奇在 GE 工作的第三个年头，发生了一件大事：工厂发生了巨大的爆炸，爆炸产生的气流掀开了楼房的房顶，震碎了顶层所有的玻璃，好在没有伤人。他非常害怕，自己作为负责人确有严重的过失。第二天他怀着惴惴不安的心情，也作了最坏的打算，去老板那里准备挨批。然而，他没有受到过多的训斥和咆哮。老板们表现得非常通情达理，他们所关注的是韦尔奇从这次爆炸中学到了什么，韦尔奇是否认为自己能修理反应器的程序，是否应该继续这个项目。一切都是那么充满理解，没有任何情绪化的东西或愤怒。韦尔奇在他《自传》中这样写道："当人们犯错误的时候，他们最不愿意看到的是就是惩罚。这时最需要的是鼓励和自信心的建立。首要的工作就是恢复自信心。我想当一个人遇到不顺或者是挫折的时候，人云亦云是最不可取的行为。"这件事，特别让他看到了人际沟通的意义。

二、韦尔奇的领导艺术

韦尔奇 45 岁时成为 GE 的首席执行官后，他就决定创造一种全新的领导方式。领导的主要工作是影响他人。韦尔奇要影响的人包括两种。第一种是公司不同层次的管理者，如何提高这些人的领导能力是他非常关心的；第二种是一线的员工，尽管韦尔奇不直接领导他们，但也希望能通过某种方式使他们得到成长，特别是希望这些员工能真心实意地关心公司的发展并持续地献计献策，这样也会从另一个方面给管理他们的上司们某种程度的压力，促使各级管理者必须把自己的工作做得更好。除了对这两种人的直接影响外，韦尔奇还希望通过建立优秀的组织管理和运作系统，使所有管理者和员工能够更好地行动，增强 GE 的竞争能力和各方面实力。

1. 领导管理者

韦尔奇主要是通过教会这些管理者相关的领导艺术来提高他们的领导能力。总结各方面文献，他的观点其实主要包括两个方面：让自己行；让别人更行。

（1）韦尔奇的领导艺术之一就是让自己行！

韦尔奇认为，优秀的领导者必须能将复杂的事情简单化，要避免过度的管理和官僚主义。他认为，成功经营一个企业的艺术是要确保所有主要的决策者获得同样精确的信息，这样，他们就会对如何处理企业事务得出大致一样的结论。这样管理就会变得简单，才会使过度管理和官僚主义不再存在。另外，他还认为，理想的领导者应该是精明强干的人，能够调动和激励他的群体。他曾经四次对公司管理者提出过素质和能力要求，可见他的重视程度。

第一次是在 1997 年。韦尔奇提出最优秀领导必备的五项性质：①对工作满怀激情和精力充沛——一个真正的领导者；②管理和激励组织以通用电气的利益为中心的能力——不是一个官僚主义者；③将通用变成以客户和效益为中心的组织；④既要对技术娴熟掌握又要有深厚的财务背景和能力；⑤要有冲劲来实现最终的财务表现而不只是追求技术上的成功。

第二次是在 1999 年。韦尔奇创立了一个更加精练的版本：通用核心领导要素 E^4

(E 的四次方)，认为这是领导成功必要的价值观和行动准则。这四个 E 为：①Energy(活力)：个人精力充沛——有行动的冲劲；②Energizer（激励)：调动和鼓励他人的能力——富有感染力的热情使组织的潜能发挥到极致；③Edge（敏锐)：竞争精神——对速度有与生俱来的追求、坚定的信念和大胆的支持；④Execution（执行)：努力地达到目标。

第三次，韦尔奇又推出了一个更为全面的版本——成功的通用电气领导者领导模式范本。该版本共包括十三项特点：①正直——值得信任；②商业敏锐——对商业有着灵敏的嗅觉及知道如何挣钱；③全球思维；④客户联系——理解预期客户需求；⑤引入变革、欢迎变革，憎恶官僚主义；⑥谦逊而又自信，有点幽默感；⑦广开言路，做个好听众；⑧团队组织者；⑨围绕企业目标重组力量的能力；⑩动员和激励——高水准；⑪富有感染力的热情——能够引发组织的潜能和发掘组织的潜力；⑫实现盈利目标；⑬乐于此道。

第四次，韦尔奇曾经将通用全球 20 多名副总裁汇聚美国康州，一起研讨最优秀领导人的特质，并将这些思想汇聚起来传发给所有中层以上的管理者。这些特质包括：①集中精力出色完成当下的工作任务；②建立自己的优势和专长，成为某方面的行家；③要不断学习，发展自己，增长才干；④敢于接受挑战性任务，以挑战和延伸自我；⑤发现和找到有助于自己事业的良师、益友和模范，更好地成就自我；⑥学习和积累全球化的经验和能力，适应全球化浪潮。韦尔奇不断宣扬上述行为，并将管理失败的原因归为与这些行为背道而驰。

(2) 韦尔奇的领导艺术之二就是让别人更行！

韦尔奇认为，作为领导，更重要的是让别人更行！自己才能成功。他认为，作为领导最重要的事情，就是要善于发现和雇用最优秀的人，不断对他们进行考核，并确保表现突出的人能够得到提拔和奖赏。他说他花在人的问题上的时间比他的任何同事都多。韦尔奇在通用公司内建立了制度，每年都有对人的考评会议（被称为 C 类会议)，连续开 20 多天，是韦尔奇每年连续最长的时间投资。C 类会议的目的是：①评价组织的有效性和任何要改变的计划；②评价并提出关于高级管理层的绩效、激励能力及发展需求方面的反馈；③评价为重要管理作的备份计划的安排；④尽早确定具有潜力的人才以保证适当的发展；⑤特别关注于关键的公司或事业部的信息。C 类会议上，韦尔奇会将全部的注意力放在各事业部门的人力资源工作上，他认为确保最合适的人得到任用和提拔是最重要的事情，否则企业经营战略和价值观是一文不值的。

韦尔奇认为，除了发现、雇用和评价优秀的人才外，还必须奖励他们。“这是领导的全部诀窍所在”，“我自己最主要的事情就是论功行赏”。韦尔奇认为，中层管理人员必须把自己看成是团队的成员和教练员，他们的工作是给下级提供帮助和激励而不是控制。韦尔奇认为有四类人员：①财务业绩好且奉行公司价值观，这是最理想的 A 类人；②财务业绩不好但奉行公司价值观，这是 B 类人；③财务业绩不好，且不能奉行公司价值观，这是 C 类人；④财务业绩好，但不能奉行价值观，这是令韦尔奇最为难的人。韦尔奇认为，必须保留、鼓励和奖赏 A 类人；要培训 B 类人，以期待他们成为 A 类；要尽快放弃和解除 C 类人，不要浪费时间将他们变成 B 类或 A 类人。

韦尔奇对这些管理者评价时，是采用360度的评价方式。一个人的上级、同级、下级及其他人会对他/她在愿景、以客户或质量为中心、正直、承担义务、沟通/影响、共享所有权/无边界、团队的建设者/授权、知识/技能/智慧、创新/速度和全球思维这10个方面用1（尚需进步）至5（特别出色）的标准/刻度进行打分。

2. 领导普通员工

除了领导这些管理者以外，韦尔奇还特别善于领导一线员工。他对一线员工的领导主要体现在他倡导的群策群力（workout）式的授权管理模式上。概括来说，群策群力就是对所有一线员工授权，让他们参与公司的管理，有机会向上级说话和提建议。韦尔奇认为，应该发动一场遍及全公司范围的行动，鼓励一线员工就公司业务中存在的弊端，坦率地向上级主管提出自己的看法。他很早就发现，关于如何改进公司日常运作管理，那些在一线从事具体工作的、直接与客户打交道的员工有时比其老板更有发言权，因此应该让一线员工有机会释放他们的工作热情、智慧和自信心，使他们放手去干，借此清除束缚他们手脚的众多管理层，打破大公司的官僚主义体制。

群策群力是在1988年9月首次提出的，其明确的目标是：①减少官僚主义；②改善组织程序；③向员工授权，减少纵向界限；④推倒组织部门之间的界限（如职能部门之间，工会与管理层之间）；⑤培养与客户正式的合作或非正式的关系；⑥培养与其他特别组织之间的关系。显然，前四个目标是关于完善公司内部机制，后两个是关于改进公司的外部关系。

群策群力的具体运作方式如下：

在会前需要准备的事情包括：①指明将召开群策群力会议的部门或机构。②按组织者的指示发出信函。信中详细阐释群策群力的内涵，并发出邀请；明确会议的时间安排，受邀请者是否与会可完全根据个人意愿而定，不作硬性要求。③发出第二封信。第二封信将寄给那些已应邀与会者，明确具体会议地点。④明确会议着装，要求员工和他们的经理都穿着便装，目的是要消除二者之间的差别。

准备阶段完成后，贯彻整个计划有七个关键步骤：①选择议题；②挑选与所选议题相关的业务及职能人员；③选举一个带头人来落实此次群策群力会议形成的议案；④召集为期三天的讨论，形成改进公司经营的议案；⑤针对每一项议案与上级经理会晤，让其当场答复：同意、不同意，或我会思考一下（此时要指明时间期限）；⑥在议案贯彻落实过程中根据需要随时召集会议；⑦重复上述程序。

通过实施群策群力，GE在三个方面大有收获：①生产效率大幅提高；②不必要的工作被摒弃；③随着那些多余的工作被取消，员工们感到满意，并不再觉得受到拘束。总的来说，对提高一线员工的积极性和士气起了重要作用。

3. 建立组织管理与运作系统

韦尔奇还花很多心思考虑如何建立一个卓越的组织管理和运作系统。在他的领导之下，GE做了三个方面的重要工作：一是建立无边界组织（boundarylessness）；二是建立学习文化（learning culture）；三是建立客户质量导向的运作系统。

(1) 建立无边界组织

韦尔奇有一个梦想，就是GE能够像小公司那样运转，而只有无边界的组织才能这样。他认为，无边界组织包括以下四个方面的无边界：组织纵向无边界、组织横向无边界、组织与外部无边界、组织在地理上无边界。每种无边界程度都体现在速度、弹性、整合程度、创新四个指标上（加在下面括号中）。

第一，组织纵向无边界。大多数决定是由那些最接近某项工作的人现场作出（速度）；各级管理者不但肩负日常的一线管理责任而且有更为宽泛的战略任务（弹性）；关键问题能够被多层次的团队解决，而其成员很少考虑组织中正常的级别（整合程度）；新主意的发现和采用不受制约和来回地表决（创新）。

第二，组织横向无边界。新产品或服务以越来越快的速度推向市场（速度）；资源能够快速、经常无阻碍地在专家和操作部门间流转（弹性）；日常工作可通过流水线作业的团队予以解决，其他工作可以由抽调出的项目组处理（整合程度）；特别地，代表各类股东的团队自发地去探索新主意（创新）。

第三，组织与外部无边界。顾客要求和投诉能适时地预先采取措施和答复（速度）；战略资源和重要的管理者经常“借给”顾客和供应商（弹性）；供应商和客户经理在设计战略的团队中居核心地位（整合程度）；供应商和顾客经常、大量地提出对新产品和新工艺的建议（创新）。

第四，组织在地理上无边界。最好的经验得以在全国传播和发扬（速度）；企业领导者定期参与在不同国家的经营（弹性）；在各国业务间存在标准的产品平台、统一的行动和分享的经验（整合程度）；新产品的建议能被在其母国以外的环境里去评价其适应性（创新）。

韦尔奇要求所有的管理者采用各种有效的方法来建立无边界组织，每个人都要成为无边界式的领导人，而且还对每个领导人建立了下面的领导艺术评价标准和具体内容。

第一，打破纵向边界的领导艺术。大多数决策在行动中解决；你将有关整体经营及战略的信息尽可能广泛地分享；你的绩效评价和报酬体系首先是以团队整体表现为基础的。

第二，打破横向边界的领导艺术。你鼓励每个人发展多方面技能；你确保每个人都不只局限于自己的职能，而是目标；你力推整合衔接的程序和责任，使工作每一步都顺畅、高效和增值。

第三，打破外部边界的领导艺术。你主要关注于使最终用户的价值最大化；你寻求与客户和供应商建立信任关系；你将大部分时间用在客户、供应商和其他外部关系上；你在与客户的合作中寻找新的商业机会（基于客户的需求和市场的变化）。

第四，打破地理边界的领导艺术。你在被雇佣和提升时寻求多元化；一个人的国际经验成为获得高位的先决条件；你总是从当地市场条件出发建立你的市场经验（很少想当然）。

第五，总的打破边界的领导艺术。你专注于结果（你说明对结果的期望并让你的员工想出怎样到达的方法）；你通过指明目标、指导、咨询、鼓舞你的员工达到目标；你习惯于大致描绘组织发展的愿景并采取行动尝试改进这一愿景；你习惯于施加额外的压力给员工（即使你不知道如何解决它）；你创造了这样一种氛围，提出和尝试新主意将受到鼓励和表彰。

韦尔奇为了实践无边界管理思想，于1986年在公司最高层建立了执行委员会(Corporate Executive Council)，由公司最高级的25位～30位管理者组成，每个商业季度结束前召开一次会议，相互沟通、交换意见，不时还会邀请中层管理者来作报告，韦尔奇自己也会发表讲话。执委会的主要作用是在组织内扩散好主意，发现有助于其他事业部的意见，挑选适合于自己的好主意。20世纪80年代，韦尔奇主要在公司总部费尔菲德召开执委会；90年代，他将开会地点换到了纽约的克劳顿维尔（GE管理学院所在地），他认为这种充满校园气氛的非正式形式将鼓励人们更好地交流。

(2) 建立学习文化

韦尔奇的另一种构想就是要在组织中建立一种学习文化。

韦尔奇希望GE所有的管理者能“贪婪”地寻找源于组织外部的好主意。譬如，GE从克莱斯勒和佳能学到了新产品开发技术，从通用汽车和丰田学到了有效的资源管理技术，从摩托罗拉和福特学到了质量行动方法。韦尔奇非常自豪的是，GE没有发明质量行动方法，是摩托罗拉发明了它，联合信导公司把它深化了，而只有GE才真正采用了它。韦尔奇认为，抓住好主意并应用它，这是很体面的事情，是美德，而不要管这主意是从哪儿来的，要“不耻偷学”。韦尔奇还希望GE的各个事业部能共享很多东西，无论是技术、设计、人力报酬，还是评价系统、工业流程、客户及国家信息等。

韦尔奇还要求各级领导人参加行业的各种活动，与同行交往，以获得新创意；要坚持与自己最接近的10个业务伙伴保持电话联系，询问他们在企业中最近采用了何种方法；每周花1.2个小时看竞争对手的网站，寻找可学习的地方；寻找杂志的封面故事，获得创意的策略；跟踪最新的经营书籍，特别是关于创新和最新技术的书籍。

韦尔奇认为，光会学习还不够，一个组织最终的竞争优势在于它学习以及迅速将学习转化为行动的能力。在GE，配电控制事业部的领导人托特设计了一种托特矩阵，能够识别最佳行为并迅速传递到相关地方采用。这一方法目前已在全公司得到应用。

韦尔奇还在公司最高层的执行委员会建立了一个论坛，让主管各事业部的高层经理交流自己及其他部门的一些好做法，并鼓励他们采用自己最喜欢的做法。

韦尔奇号召所有管理者向内部员工学习。他每年都要对10 000名员工进行民意调查，以得到他们对管理现状的看法和改进建议。GE非常成功的六西格玛质量管理运动，就是来自1995年员工调查中得到的建议。

(3) 建立客户质量导向的运作系统

韦尔奇除了要建立无边界组织和学习文化外，还要建立客户质量导向运作系统。六西格玛是一种非常高的质量标准，意味着每100万个产品中只有3.4个是残次品。而要达到这种标准，要采用各种质量管理工具、方法和流程。韦尔奇为了推行六西格玛，决定将每个人在学习和推行六西格玛上的表现与晋升挂钩。譬如，他在1997年发布的指令是：①至1998年1月1日，只有已经开始进行绿带和黑带培训的人，才有资格晋升为EB或SEB职位；②至1998年7月1日，只有已经完成绿带和黑带培训的人，才有资格晋升为EB或SEB职位；③至1999年1月7日，所有其他员工，包括高级职员，都必须开始参加绿带和黑带培训。六西格玛进行的四个步骤是：①对每一个生产环节和交易事务进行评估；②仔细进行分析；③用心改进每一个生产环节和交易事务；④认真地监控每一步改进方法是否能得以稳定运行。

1995 年下半年，GE 开始推行六西格玛，1996 年共完成 3 000 个有关项目，共培训了 30 000 名员工，耗资巨大，收效也巨大，顾客满意度大大提升。1998 年，公司的运营毛利率达到创纪录的 16.7%，从中获益超过 15 亿美元。

三、韦尔奇的领导成效

韦尔奇 1981 年担任通用电气公司的 CEO 时才 45 岁，是通用历史上最年轻的首席执行官，执掌 GE 达 20 年。从 1981 年上任到 2000 年卸任，他以其卓著的领导艺术和管理智慧，使通用电气各项主要指标保持着两位数的增长，创造了人类企业史上的一系列奇迹：①通用电气的年收益一路攀升，从 250 亿美元增长到 1 300 亿美元；净利润也从 15 亿美元上升为 127 亿美元；给予股东的年均回报率超过 23%（1998 年这一数字更达到创纪录的 41%）。②通用电气的股票价值从 1981 年的 120 亿美元剧增到今天的 2 800亿美元。③通用电气的市场价值从原来的 140 亿美元，增加为今天的 6 000 亿美元，这份成绩把比尔·盖茨等其他世界级企业家远远甩在身后。

1999 年，通用电气获得各种闪亮的名誉：《财富》杂志评它为“世界最受人钦佩的公司”、“美国最大的财富创造者”。《金融》杂志评它为“世界最受人尊敬的公司”。通用电气公司在《商业周刊》1 000 家公司及《金融时报》500 家公司中排名第一。通用电气公司在《财富》500 强中名列第五；如果单独排名，通用电气会有 9 个事业部能入选《财富》500 强。杰克·韦尔奇被《商业周刊》评为最受人尊敬的首席执行官。

四、韦尔奇对自己的评价

韦尔奇最近出版了一本新书——《赢》，在这本书的结尾，他记录了他在德国法兰克福演讲时一个听众提出的问题及自己的回答，书中这样写道：

“最后这个问题是我在法兰克福遇到的，那是一次有 2 500 人参加的经理人会议，一位听众问我说：你认为自己能上天堂吗？

在几秒钟瞠目结舌的沉默之后，我脱口而出：‘啊，我希望那是个远期规划！’

但当听众们停止哄笑之后（他们与我一样，对那个问题完全没有准备），提问题的那个人澄清，他是想问，我认为自己能给这个世界留下什么遗产。

不过，我首先不喜欢‘遗产’这个词，因为这听起来很傲慢。总统与首相们或许有自己的遗产，而我不过是经营了一家公司，写了两本书而已。

但是本书已经接近尾声。既然提出了问题。我也就尝试着作出回答。

假如说，未来的人们能够记起有关我的什么事情，那我希望是，我曾帮助人们认识到，优秀的领导可以为其他人的成长和成功助一臂之力。再重复一下，领导者不应该只管自己，而是要影响其他人。

我还希望人们能记住，我是个坦率精神与精英品质的积极倡导者，我相信每个人都应该有机会，我试图让大家明白，永远不能把自己当成受害者。

现在，我身上的许多缺点已经不再是秘密了。在自己的职业生涯中，我也犯过无数的错误，进行了一些糟糕的收购，聘用了错误的人，在大好的机遇面前行动迟缓。而这些还只是一小部分。

对我的个人生活而言，我有四个出色的孩子和九个孙子，我对他们的爱和欣赏难以言传。他们今天幸福而充实的生活给了我无尽的快乐。我曾有过两次婚姻，最后都没有成功延续。尽管生活还在继续，而且多数时候是越来越好，但是，两次离婚的经历总不是让人骄傲的事情。

因此，是否能上天堂，谁又知道呢？我当然并不完美，但如果考虑到自己在人生中曾竭力关心过别人，并且把自己的所得都用来回报了生活，倘使这些善举能够给我加分，那我想自己还是有希望的。

当然，如果真有希望上天堂，也不要太早发生！

因为我还有太多的事情要做。”

资料来源：

(1) 程刚．杰克·韦尔奇领导艺术［M］．北京：中国商业出版社，2002.

(2) 杰克·韦尔奇，约翰·拜恩．杰克·韦尔奇自传［M］．曹彦博，孙立明，丁浩译．北京：中信出版社，2001.

(3) 杰克·韦尔奇，苏茜·韦尔奇．赢［M］．余江，玉书译．北京：中信出版社，2006.

(4) 罗伯特·史雷特．通用商站实录［M］．刘承钢，留爱红译．北京：机械工业出版社，2000.

案例思考题

1. 你认为，杰克·韦尔奇哪几个方面的领导艺术令你印象最为深刻？
2. 你认为，杰克·韦尔奇的早期生活对他领导风格形成有何作用？
3. 你认为，中国的企业家们可以从杰克·韦尔奇身上学习什么？

参考文献

1. 加里·尤克尔．组织领导学［M］．5版．陶文昭译．北京：中国人民大学出版社，2004.

2. 杨锡山等．西方组织行为学［M］．北京：中国展望出版社，1986.

3. EKVALL G，ARVONEN J. Change-Centered Leadership：An Extension of the Two-Dimensional Model［J］. Scandinavian Journal of Management，1991，7（1）：pp. 17～26.

4. LINDELL M，ROSENQVIST G. Is There a Third Management Style?［J］. The Finnish Journal of Business Economics，1992，3：pp. 171～198.

5. LINDELL M，ROSENQVIST G. Management Behavior Dimensions and Development Orientation［M］. Leadership Quarterly，Winter 1992，pp. 355～377.

6. FIEDLER F E. A Theory of Leadership Effectiveness［M］. New York：McGraw Hill，1967.

7. FIEDLER F E. and GARCIA J E. New Approaches to Effective Leadership：Cognitive Resources and Organizational Performance［M］. New York：Wiely，1987.

8. GIBSON F W，FIEDLER F E，Barrett K M. Stress，Babble，and the utilization of the Leader's Intellectual Abilities［J］. Leadership Quarterly，Summer 1993，pp. 189～208.

9. FIEDLER F E. Cognitive Resources and Leadership Performance［J］. Applied Psychology—An International Review，January 1995，pp. 5～28.

10. FIEDLER F E. The Curious Role of Cognitive Resources in Leadership［M］// RIGGIO R E，Murphy S E，PIROZZOLO F J. Multiple Intelligences and Leadership［M］. Mahwah，NJ：Lawrence

Erlbaum, 2002, pp. 91～104.

11. HERSEY P. Situational Selling [M]. Escondido, CA : Center for Leadership Studies, Inc. , 1985.

12. GRAEN G. and CASHMAN J F. A Role-Making Model of Leadership in Formal Organizations: A Developmental Approach [M] // HUNT J G, Larson L L. Leadership Frontiers (Kent, Ohio: Kent State University Press, 1975), pp. 143～165.

13. Dansereau Fred , Graen George , Haga W J. A Vertical Dyad Linkage Approach to Leadership Within Formal Organizations: A Longitudinal Investigation of the Role-Making Process [J]. Organizational Behavior and Human Performance, 1975, 15: pp. 46～78.

14. MOORHEAD G, GRIFFIN R W. Managing People and Organizations: Organizational Behavior [M]. 5th. Houghton Mifflin Company, 1998.

15. HOUSE R J. A Path-Goal Theory of Leadership Effectiveness [J]. Administrative Science Quarterly, September 1971, pp. 321～339.

16. BASS B M. Leadership and Performance beyond Expectations [M]. New York: Free Press, 1985.

17. NADLER D A, TUSHMAN M L. Beyond the Charismatic Leader: Leadership and Organizational Change [J]. California Management Review, Winter 1990, pp. 70～97.

18. CONGER J A, KANUNGEO R N. Behavioral Dimensions of Charismatic Leadership [M] // CONGER J A, KANUNGO R N, ASSOCIATES Charismatic Leadership. San Francisco: Jossey-Bass, 1988, 27.

19. 詹姆斯·L. 吉布森，约翰·M. 伊凡塞维奇，小詹姆斯·H. 唐纳利. 组织学：行为、结构和过程 [M]. 王常生译. 10版. 北京：电子工业出版社，2006.

20. 盖伊·拦姆斯登，唐纳德·拦姆斯登. 群体与团队沟通. 3版. 冯云霞，是文如，笪鸿安译. 北京：机械工业出版社，2001.

21. BENNIS W G, THOMAS R J. Geeks & Geezers, MA: Boston, Harvard Business School Press, 2002.

22. 理查德·L. 达夫特，雷蒙德·A. 诺伊. 组织行为学 [M]. 杨宇，闫鲜宁，于维佳译. 北京：机械工业出版社，2004.

23. ANCONA D, KOCHAN T A, SCULLY M, et al. Westney, Managing For The Future, Organizational Behavior & Processes. 3th ed. Mason: Ohio, South-Western College Publishing, 2005.

24. 安德鲁·J. 杜伯林. 领导力：研究·实践·技巧 [M]. 王垒译. 北京：中国市场出版社，2006.

25. 斯蒂芬·P. 罗宾斯. 组织行为学 [M]. 10版. 孙健敏，李原译. 北京：中国人民大学出版社，2005.

26. 徐联仓. 组织行为学 [M]. 北京：中央广播电视大学出版社，1994.

27. 布莱克R R，穆顿J S. 新管理方格 [M]. 孔令济，徐吉贵译. 北京：中国社会科学出版社，1986.

February 2002, pp.91—101.

11. HERSEY P. Situational Selling [M]. Escondido, CA.: Center for Leadership Studies, Inc., 1985.

12. GRAEN G. and CASHMAN J. F. A Role-Making Model of Leadership in Formal Organizations: A Developmental Approach [M]. // HUNT J G, Larson L L. Leadership Frontiers. Kent, Ohio: Kent State University Press, 1975, pp.143—165.

13. Dansereau Fred., Graen George., Haga W. J. A Vertical Dyad Linkage Approach to Leadership Within Formal Organizations: A Longitudinal Investigation of the Role Making Process [J]. Organizational Behavior and Human Performance, 1975, 13, pp.46—78.

14. MOORHEAD G, GRIFFIN R W. Managing People and Organizations: Organizational Behavior [M]. 5th. Houghton Mifflin Company, 1998.

15. HOUSE R. J. A Path Goal Theory of Leadership Effectiveness [J]. Administrative Science Quarterly, September 1971, pp. 321—339.

16. BASS B M. Leadership and Performance beyond Expectations [M]. New York: Free Press, 1985.

17. NADLER D A, TUSHMAN M L. Beyond the Charismatic Leader: Leadership and Organizational Change [J]. California Management Review, Winter 1990, pp.77—97.

18. CONGER J A, KANUNGO R N. Behavioral Dimensions of Charismatic Leadership [M]. CONGER J A, KANUNGO R N. ASSOCIATES Charismatic Leadership. San Francisco: Jossey-Bass, 1988, 79.

19. [illegible]·L. [illegible]; [illegible]·A. [illegible]; [illegible]·H. [illegible]. 组织行为学[M]. [illegible]. 10版. 北京: 电子工业出版社, 2006.

[illegible] [illegible]. [illegible]5版. [illegible]. 北京: 机械工业出版社, 2004.

21. BENNIS W G, THOMAS R J. Geeks & Geezers [M]. Boston, MA: Harvard Business School Press, 2002.

22. [illegible]·A. [illegible][M]. [illegible]. 北京: [illegible]出版社, 2004.

23. GONZALES, KOCHAN T A, SCULLY M. [illegible]: Managing For The Future: Organizational Behavior & Processes. [illegible], Ohio: South-Western College Publishing, 2000.

24. [illegible]·J. [illegible]. [illegible][M]. 北京: 中国[illegible]出版社, 2006.

25. [illegible]·P. [illegible]. [illegible][M]. 9版. [illegible]. 北京: [illegible]出版社, 2005.

26. [illegible]. [illegible][M]. 北京: [illegible]出版社, 1993.

27. [illegible][M]. [illegible]. 北京: 中国社会科学出版社, 1986.

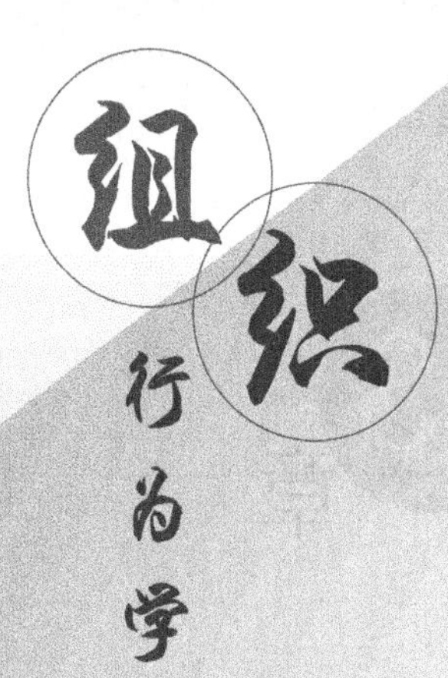

第4部分

PART

组织行为

第13章 组织结构设计与分析

学习目标

1. 掌握组织结构与组织战略、员工行为和组织运行结果之间的关系。
2. 掌握组织结构设计中的主要流程和每个流程的具体工作内容。
3. 掌握组织结构的几种主要分类方法。
4. 认识影响人们选择组织结构类型的各种因素及其具体影响方式。
5. 认识组织结构有效性的内涵及其提升方法。
6. 掌握面向提升组织学习能力的组织结构的五职能四形态特征模型。

任何一个组织都是为了达成某个目标而建立的。为了有效地达成目标，组织就必须形成一个合适的、有序的结构，这种结构决定了：组织对工作任务的分工、整合和协调的方式，每个人的工作内容和人与人之间的工作关系。建立组织结构的目的是为了让组织中每个人相互之间进行有序的分工合作，产生协调效应，从而达到单个人所不能达到的目标。

企业所在的环境影响战略，战略影响结构，结构影响行为，行为产生结果。一个组织的管理者必须根据客观环境来合理地确定组织战略和组织结构，使员工能有效地分工协作，取得良好的绩效，达到组织的目标。

关于组织结构的设计，不同学者有不同的论述。本章主要采用美国学者 Ancona 等人提出的关于组织设计的三个流程进行说明。他们认为，组织结构设计中包含以下三个方面的重要工作（Ancona 等，2005）。

① 确定组织结构设计中的分组方式，这被称为战略分组（strategic grouping）。

具体来说，战略分组是指：确定组织中各单元（group）的划分方法，并将从事不同工作的人放到这些单元中去。这就是通常人们说的部门化（departmentalization）。

② 确定组织结构设计中的联结方式，这被称为战略联结（strategic linking）。

具体来说，战略联结是指：通过设计正式和非正式的结构和过程将分开的各不同单元联系并协调起来。

③ 确定组织结构设计中的整合方式，这被称为战略整合（strategic alignment）。

具体来说，战略整合是指：通过设计相应的制度和流程，以确保前面通过战略分组和战略联结形成的组织架构中的单元和个人具有充足的资源和动力来达到组织设计的目标。

下面将分别论述组织结构设计中如何具体进行战略分组、战略联结、战略整合，最后论述当代复杂多变环境下组织结构呈现出的新特征和新趋势。

第一节 组织结构设计与分析中的战略分组

在组织结构设计与分析的第一个流程中，战略分组一共包括以下七种基本的分组模式：

① 根据活动/职能分组（grouping by activity/function）；
② 根据产出分组（grouping by output）；
③ 根据客户分组（grouping by customer）；
④ 根据地区分组（grouping by geography）；
⑤ 根据流程分组（grouping by process）；
⑥ 矩阵分组（matrix organization）；
⑦ 混合式分组（mixed organization）。

一、根据活动/职能分组

这种分组方式是将从事同类工作和职能、具有相同专业和技能的人组成部门。譬如，某制造企业建立如图 13-1 所示的职能导向组织结构，其中应该包含市场、设计、制造、采购、质量、销售、维修服务、人力资源等部门。

这种分组方式的优点是：专业分工使工作效率高、同行交流使员工专业知识得以深化和积累。缺点是：存在部门壁垒、信息交流和协作成本增加。

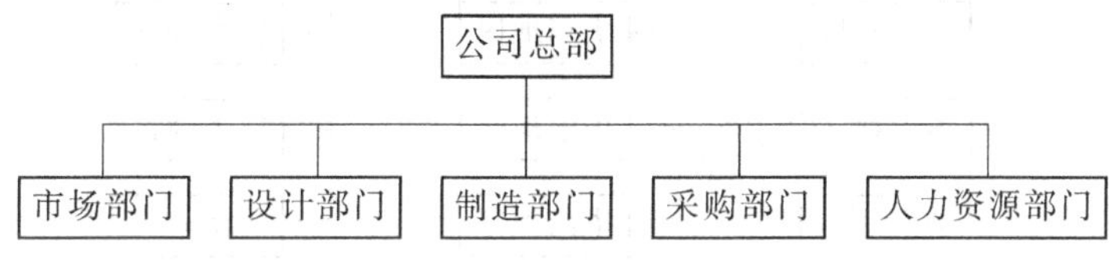

图 13-1 职能导向的组织结构

二、根据产出分组

这种分组方式是将为同样产品或事业工作的、具有不同职能、专业和技能的人组成部门。譬如，某制造企业建立如图 13-2 所示的事业部导向的组织结构，其中应该包含不同产品事业部（如交换机事业部、路由器事业部、数据传输事业部等）。

这种分组方式的优点是：同一事业或产品内各项工作容易协调和整合。缺点是：员工专业知识的深化和积累受到负面影响；不同事业部门下职能部门有重叠、资源浪费。

三、根据客户分组

这种分组方式是将为同类客户工作的、具有不同职能、专业和技能的人组成部

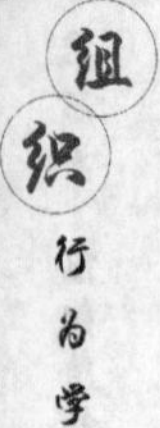

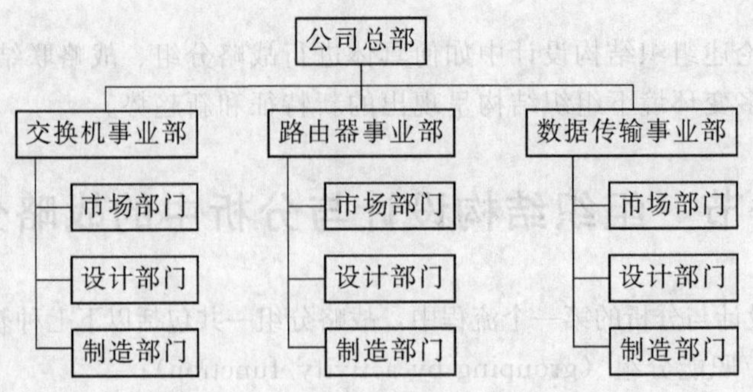

图 13-2　事业部导向的组织结构

门。譬如，某生产通信设备的公司建立如图 13-3 所示的客户导向组织结构，其中应该包含不同类型的客户部门：中国电信客户部、中国移动客户部、中国联通客户部等。

这种分组方式的优点是：以客户为中心，员工在为客户服务方面更有针对性，服务技能也更加专业化，能为客户创造更多价值，提高客户满意度。缺点是：员工的工作完全是以客户现实需求为重心，因此会在某些专业技能的发展上没有时间和精力去深化。另外，不同客户部门下面可能有重叠的职能，存在资源浪费。客户部门之间还可能存在竞争，部门间协调成本增加。

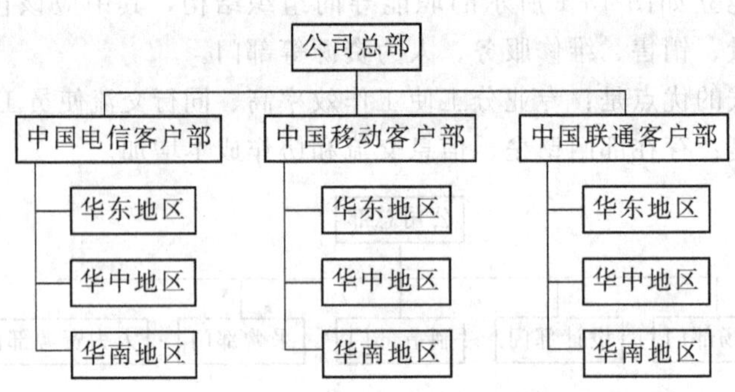

图 13-3　客户导向的组织结构

四、根据地区分组

这种分组方式是将为同一地区工作的、具有不同职能、专业和技能的人组成部门。譬如，某生产通信设备的公司建立如图 13-4 所示的地区导向组织结构，其中应该包含不同地区部：北美地区部、亚太地区部、西欧地区部等。

这种分组方式的优点是：能提高对当地的市场反应速度，提高对当地的政治、经济、文化方面的及时、准确、统一反应，另外在人员调配及培训上可以统一组织，物流运营上可以节省运输费用。缺点是：过于强调地区导向和授予地区经理过多权力，会使得整个公司在事业和产品的整体优化（如开发和制造效率）方面受到负面影响。

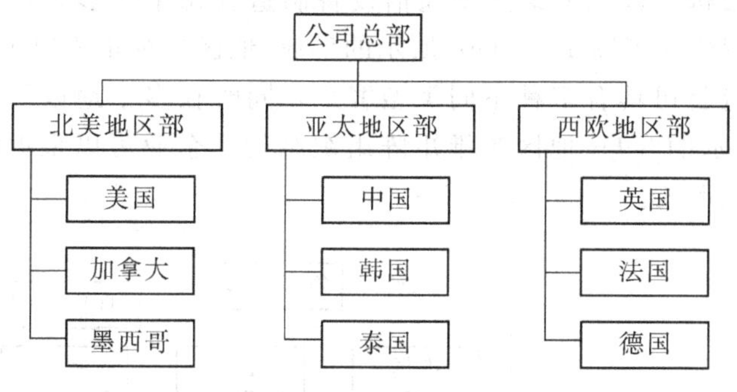

图 13-4 地区导向的组织结构

五、根据流程分组

这种分组方式是将为同一流程（如新产品开发、订单完成、评审和发放贷款等）工作的、具有不同职能、专业和技能的人组成部门。譬如，某飞机设计制造公司建立如图13-5所示的流程导向组织结构，其中应该包含不同流程组：A型飞机开发流程组、B型飞机开发流程组、C型飞机开发流程组等。

这种分组方式的好处是：能够提高整个流程的效能和效率。譬如，企业开发新产品，组成跨部门团队，这些成员来自不同职能部门（如市场、设计、制造、采购、销售、维修服务等），也可能来自不同事业部门、不同客户部门、不同地域等，他们在一起充分沟通信息，使产品设计在一开始就系统地考虑产品整个生命周期中的所有因素，使产品开发能以最快的速度和最高的质量完成。缺点是：成员来自不同的部门，存在多头领导和交叉管理，需要成员具有良好的沟通协调能力。

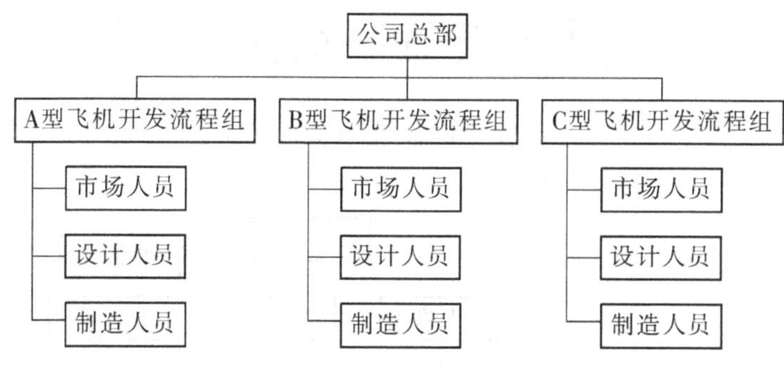

图 13-5 流程导向的组织结构

六、矩阵分组

这种分组方式是同时将两个或以上的分组方式整合在一起。譬如，一个小型通信设备制造公司生产单一通信产品，总部具有各职能部门，在多个地区有业务，就建立了图13-6（a）所示的职能/地区二维矩阵组织结构。譬如，某大型通信设备制造公司生产多种产品，总部还具有各职能部门，就建立了图13-6（b）所示的职能/事业部二维矩阵组织结构。譬如，某大型通信设备制造公司生产多种产品，同时在多个地区开展业务，就建立了图 13-6（c）所示的事业/地区二维矩阵组织结构。譬如，某大型通信设备制造公司具有多种不同类型客户，同时在多个地区开展业务，就建立了图 13-6（d）所示的客户/地区二维矩阵组织结构。企业可以根据内外部情况，采用合适的矩阵组织形式。

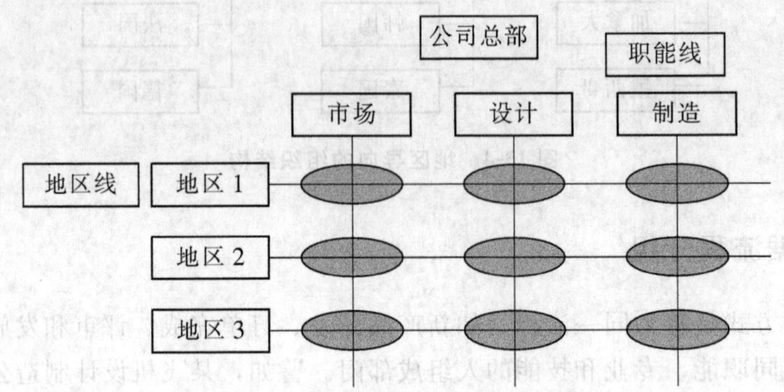

（a）职能/地区二维矩阵组织结构

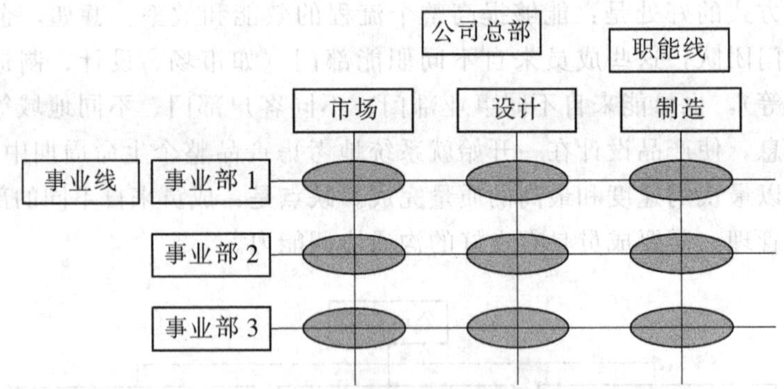

（b）职能/事业部二维矩阵组织结构

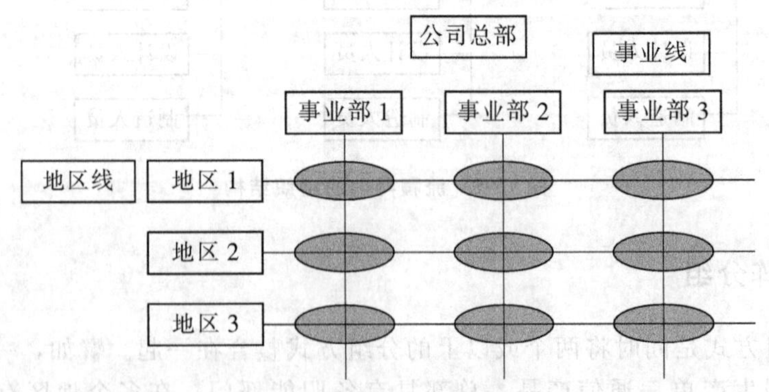

（c）事业/地区二维矩阵组织结构

图 13-6

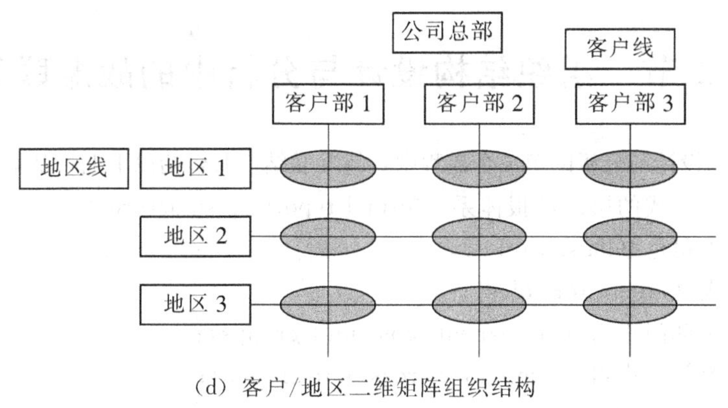

（d）客户/地区二维矩阵组织结构

图 13-6（续）

这种分组方式的优点是：几种分组方法的优点可以同时获得，管理得好的情况下，组织会最大限度地整合资源。缺点是：多头领导和交叉管理容易造成矛盾冲突，对人的沟通协调能力要求高，协调成本高。

七、混合式分组

在现实情况下，绝大多数的组织都不可能采用单纯的职能导向、事业部导向、客户导向、地区导向、流程导向或矩阵导向的分组模式，往往是混合地采用。譬如，某信息技术公司既生产计算机产品，又提供信息技术服务，同时还有国际、国内业务。它在建立组织结构时就没有采用单纯一种分组方式，而是混合分组。图 13-7 表示一个兼有按产品分组和按地区分组的组织结构。按产品分组包括计算机事业部和现场服务部门，按区域分为国际部、国内部。

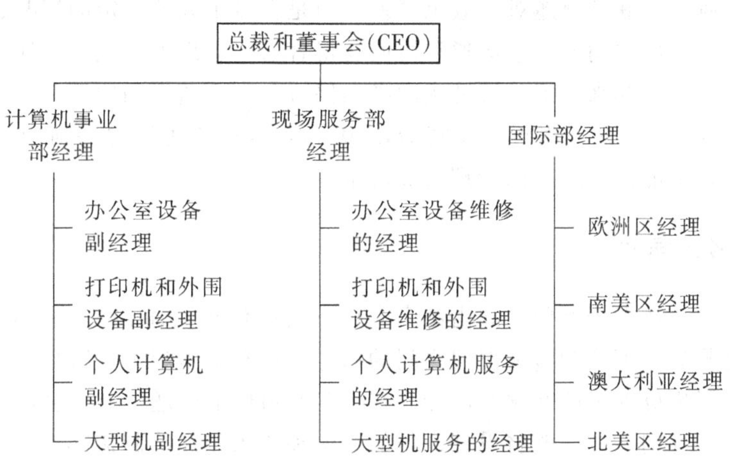

图 13-7　混合分组式的组织结构

资料来源：罗伯特·德利．组织行为学．陈国权译．Heriot-Wat 大学，1998.

这种分组方式的优点也是可以同时将两个或以上的分组方式整合在一起，而且还避开了矩阵组织的不足。缺点是：几种不同的分组方式容易造成管理上的混乱。

第二节　组织结构设计与分析中的战略联结

在组织结构设计与分析的第二个流程中，战略联结一共包括以下七种基本的联结模式：

（1）组织中正式的层次汇报体系（formal reporting structures）；

（2）联系人角色（liaison roles）；

（3）整合人（integrator roles）；

（4）长期跨部门小组（permanent cross-unit groups）；

（5）临时跨部门小组（temporary cross-unit groups）；

（6）信息技术系统（information technology systems）；

（7）规划流程（planning processes）。

一、组织中正式的层次汇报体系

这是指同一层次的各个部门的主管都有一个共同的上级，他们都向这个上级汇报，上级还要组织他们开会、讨论、沟通和协调，这几个部门因此就被联结到一起。这是最常见的部门之间联结的方法。

在这里，最重要的概念是管理幅度（span of control）。管理幅度是指一个管理者所管辖的下级的人数。管理者的管理幅度越小，表明他/她管理的下属人数越少，其下面需要联结的部门就越少，联结就越容易、效果越好，但是在员工人数一定的情况之下，管理层级就会增加，上下层之间的信息沟通和协调困难增加，管理人员增加导致相应的工资成本增加。管理者的管理幅度越大，表明他/她管理的下属人数越多，其下面需要联结的部门就越多，联结就越难、效果越差，但是在员工人数一定的情况之下，管理层级就会减少，上下层之间的信息沟通和协调变得容易，管理人员减少导致相应的工资成本下降。因此，综合起来考虑，管理幅度必须保持在一个适中的比例。一般认为，管理幅度可以保持在5人～6人附近（罗宾斯，2005），这样既可以保持横向和纵向联结上的强度和效果，又能保持适当的管理人员成本。

二、联络人角色

这是指在两个或多个部门之间由某个人负责进行信息沟通和任务协调的一种机制。该联络人只是收集、汇聚和传递部门之间的信息，没有决策权力。譬如，某大型企业的设计部门，为了更好地了解和跟踪新产品在生产制造中的问题，有时会派一个设计人员常驻在生产制造部门一线，既将设计部门的想法和要求传递给制造部门，也把生产制造中的问题和要求传回给设计部门。这个设计人员作为联络人角色，是将设计部和制造部进行联结的一种方式。还譬如，某企业制造的产品是生产移动电话的生产线，摩托罗拉、诺基亚等公司都是其重要客户，都采用其制造的生产线制造手机。该企业为了加强自己与客户的联络，会派专门的协调人（coordinator）常驻在客户的生产线旁，随时把客户生产线的运行情况和提出的要求告诉自己企业，同时也把自己企业关于生产线使用方面的建议规程等告诉客户。派往不同客户生产线旁的协调人（coordinator）还可以通过笔记本电脑无线上网，将从客户那里所获得的生产线运行情况和需求信息等输入公司的内部互联网（Intranet），本企业的各个相关产品事业部门和职能部门都能获得这些信息，作为共同改进产品开发、生产和市场销售方面决策的重要依据。这些协调人的工作为企业内各相关部门之间的联结，以及这些相关部门与客户之间的联结，都起到了重要作用。

三、整合人

整合人不仅能够在部门之间传递信息，而且还起到整合协调作用，具有一定的决策权。譬如，企业的高级客户经理面向客户服务，可以整合不同产品事业部门的努力，为客户提供一揽子的解决方案。还譬如，当制造企业的新产品研发和销售两个部门都发展到较大规模时，研发人员要潜心进行研究，而销售人员要时刻关注市场客户，两个部门之间沟通的信息量会急剧增加，为了解决信息过载的问题，企业就会考虑设立新的职位——产品经理。产品经理既掌握产品技术，又具有和客户打交道的经验，他/她能够在研发和销售两个部门之间起到很好的联结作用——既可以传递各自需要传递给对方的信息，而又可以作为两个方面的专家为研发和销售都提出咨询和决策建议。

四、长期跨部门小组

长期跨部门小组是由来自不同部门的人员为某个目标而组成的、相对稳定的日常跨部门工作小组。譬如，企业的经营委员会、技术委员会、质量委员会、财经委员会、职称委员会、营销委员会等。这些委员会是为了解决企业某个方面的问题而组建的。一个部门解决不了这些问题，必须进行跨部门沟通和协调。长期跨部门小组是组织中重要的联结机制。

五、临时跨部门小组

临时跨部门小组是由来自不同部门的人员为解决某个问题而临时建立的、短期的跨部门工作小组。譬如，企业要开发一个新产品、要完成一个订单、要处理一个客户投诉问题、要解决一个刚发生的全局性的质量问题、要处理企业突然遇到的危机等，都会临时形成小组来解决。问题解决完，小组就解散。这些小组既可以解决企业的问题，在解决问题的过程中，也起到了联结的作用。

六、信息技术系统

信息技术系统是企业内部非常先进和高效的联结方式。现代信息技术系统包括管理信息系统（MIS）、企业内网（Intranet）、企业资源计划系统（ERP）、企业物料计划系统（MRPⅡ）、客户关系管理系统（CRM）、电子邮件系统（E-mail）、电视会议、群件（Groupware）、BBS系统等。譬如，惠普（中国）公司通过良好的ERP系统、联想公司通过 CRM 系统、中国农业银行通过 CRM 系统等进行各部门之间信息交流、协调和联结。

七、规划过程

企业经常从事各种规划活动，譬如，公司“九五”规划、“十五”规划、“十一五”规划、年度财务预算等。规划活动之所以能在这里被看成是一种联结机制，是因为这种规划必须依赖于公司各个部门的人在一起工作才能完成，在完成该规划的过程中，各部门之间进行了信息交流和工作协调。规划出的结果是重要的，但同样重要的是，规划的过程起到了对组织各部门的联结作用。

第三节　组织的战略整合

在组织结构设计和分析的第三个流程中，战略整合一共包括以下五个重要方面的工作：

① 资源分配系统；

② 组织绩效评价系统；

③ 薪酬和激励系统；

④ 人力发展系统；

⑤ 非正式的系统和过程。

一、资源分配系统

资源分配系统是指组织的资源（人力、物质、资金、技术、能源、决策等）向各部门分配流动的方向和强度。资源分配系统必须与组织的战略和组织结构相一致。譬如，一个强调市场客户导向的组织结构必须在市场和客户部门投入更多的资源，以不断研究开拓市场、了解和满足客户的需求、保证服务质量以及不断给客户提供超值的服务。一个强调地区导向的组织结构必须给地区经理更多的资源和权力，使其更好地面向本地需求作出反应。一个强调事业部导向的组织结构必须给事业部经理更多的资源和权力，使其更好地在全局范围内提高事业部运行的效率。

二、人力发展系统

组织结构这部机器是由人来开动的。任何一个组织结构都对运作它的人提出了要求。譬如，矩阵式组织结构要求员工（尤其中层经理）能够在矩阵组织中多个上级的要求之间进行沟通协调和平衡；客户导向的组织结构中员工必须具有很强的客户至上意识，建立辨识和影响客户需求的能力；事业部导向的经理必须具有很强的产品知识以及在全局范围内整合优化整个产品线的能力；地区导向的组织中，地区经理必须具有很强的当地文化意识和敏感性，善于了解和把握当地政治、经济、文化等环境，做好本地化工作，并具有随遇而安的能力。因此，组织必须建立起一套分析组织的人才与知识需求，对人进行招聘、选拔、培训和发展的系统。

三、组织绩效评价体系

组织绩效评价体系是指组织对评价自身绩效所采用的指标体系。大多数公司会把销售额、利润、投资回报率等财务指标作为重要指标。应该说，企业的绩效评价体系要与组织的战略和组织结构（分组模式和联结模式）保持一致。譬如，强调以客户为分组方式的组织结构必须将客户满意度作为组织绩效评价系统的一部分；强调横向联结机制的组织结构必须将部门之间信息传递速度、相互之间合作程度作为指标。关于组织整体的绩效考核，平衡积分理论提出了四个方面的指标——财务、运作、顾客满意、员工学习成长——来对组织进行全面的考核，是比较新颖的体系，值得企业借鉴。

除了对组织整体的绩效进行考核，我们还需要对员工个人设计合理的考核体系。譬如，为了强调部门之间的合作协调，我们可以设计360度或270度或180度的评价体系，让同级部门的评价作为考核员工的重要方面之一，这样也就会促进部门之间的相互联系合作。

四、个人薪酬和激励系统

个人薪酬和激励系统是指组织对员工的薪酬政策和激励方式。企业在不同层次、不同部门、不同个人之间如何分配薪酬，不仅影响员工之间的相对公平性的认知，也影响公司是否在吸引人才方面与其他公司相比具有竞争力。针对外部竞争力，很多公司采用标杆管理（benchmarking）的方法，通过研究其他公司的薪酬政策，从而确定一个具有相对竞争力的员工薪酬水平。针对内部组织运作的需要和公平性，企业要根据各层次、各部门、各岗位的重要性程度以及员工的等级，来确定不同员工的薪酬水平。激励方式包括物质方面（如奖金）、精神方面（如荣誉）以及二者结合型（如给员工出去参加学习培训的机会）。应该说，战略决定了组织结构的不同导向，公司应该根据组织战略和组织结构的导向来建立与之相匹配的个人薪酬和激励系统。

五、非正式的系统和过程

任何正式的组织系统和措施都还不能够保证组织结构始终有效地运行，组织还需要其他非正式的系统和过程作为补充。譬如，要加强组织各部门之间的沟通协作，除了要建立类似联络人、整合人、长期跨部门小组、临时跨部门小组等联结机制外，组织成员还可以通过一些非正式群体的活动来加以促进。譬如，不同部门中有些员工之间由于有共同兴趣爱好、共同利益需求、相似的人生经历，因而情投意合，经常在一起交流、娱乐、相互帮助和鼓励，这样，他们之间就自然而然地建立了信任。今后如果在工作上需要这些部门之间相互配合，那么这种信任就会起重要的促进作用。在很多时候，正式系统和过程解决不了的问题，采用非正式的系统和过程就可以很轻松地解决。

第四节　组织结构的选择和有效性

一、组织结构分类

作者总结出组织结构的四种分类方法：按组织结构特征维度分类、按组织结构灵活性分类、按组织结构复杂性分类、按组织结构分组模式分类，如图 13-8 所示。

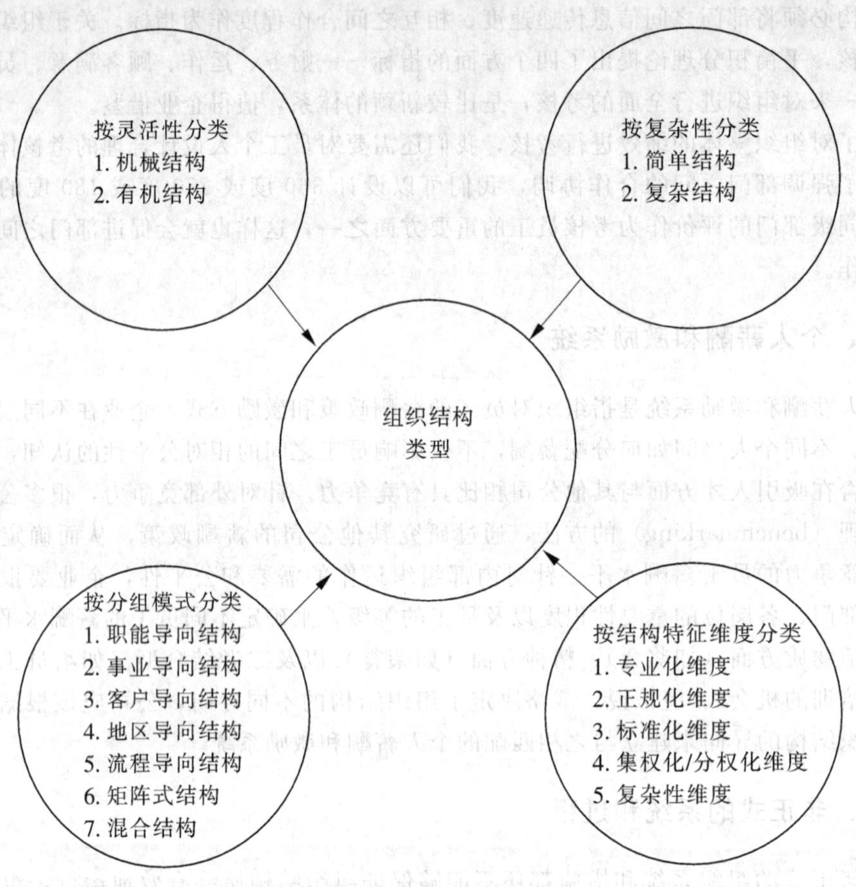

图 13-8　组织结构的类型

1. 按组织结构特征维度分类

罗宾斯（2005）和达夫特（2004）等人提出了组织结构的下述特征维度。

（1）专业化程度

组织结构的第一个特征维度是专业化程度（specialization），它是指组织结构图中所能体现的、组织将工作任务分解细化成单个工作的程度。专业化程度越高，每个员工从事的工作面就越狭窄、越专业、越具体。如果专业化程度越低，员工从事的工作面就越宽泛。专业化程度也就是劳动分工程度。

（2）标准化维度

组织结构的第二个特征维度是标准化程度（standardization），它是指组织将类似的工作活动规定以相同的方式来执行的程度。标准化程度越高，同类型的工作在不同地域和部门就越需要以同样的方式来进行。

（3）正规化维度

组织结构的第三个特征维度是正规化程度（formalization），它是指组织采用正式文件的形式来描述工作的标准、职责、流程、规章、制度等经营管理系统的程度。正规化程度越高，组织中的规章制度就越多，相应的文档手册等也就越多。

（4）复杂性维度

组织结构的第四个特征维度是复杂性程度（complexity），它是指由组织结构的纵向高度、横向宽度和地域广度综合起来形成的复杂程度。显然，组织人数越多，结构中纵向层次越多，横向部门越多，分布地域越广泛，组织结构的复杂性程度就越高。

（5）集权化/分权化维度

组织结构的第五个特征维度是集权化/分权化维度（centralization/decentralization）：它是指组织中决策权集中或分散的程度。组织中权力越集中于上层或某一点，说明集权化程度越高；组织中权力越是分散于各个层次和部门，说明分权化程度越高。

2. 按组织结构灵活性分类

伯恩斯（Burns）和斯托克（Stalker）在1961年根据组织结构的灵活性提出了两种结构类型：机械结构和有机结构。表13-1是机械结构和有机结构的比较。

（1）机械结构

机械结构（mechanistic structure）的特点是：员工的工作高度专业化，工作内容严格限定，命令链明确严格（如某人只能指挥某几个下级，或者某人只能接受某个上级的指挥），管理上高度正规化，存在许多严格的规定，管理幅度窄（每个上级管的下级人数少），组织中信息只能沿固定的方向传递，决策权集中于上层，采用集中控制管理。

人们经常提到的官僚组织（bureaucracy organization）就是这种机械结构的极端体现。它是由德国社会学家马克斯·韦伯在研究政府机构组织设计时提出的一种组织安排，这种安排的特征是：人们的工作具有严格的分工、专业、标准、要求、规范，组织内各种事务都有正式的书面规则、政策和程序来约束，权力非常集中，管理幅度小，命令链严格不能越位，组织是层次性结构。他认为，这样安排的组织非常有理性、有效率，而且能保证质量、杜绝腐败。这种组织结构在当时稳定的社会环境中运行，确实取得了很好的成效。即使在当今中国，一些制造企业依然采用这种模式，也取得了很好的成效。当我们需要领导大批员工完成复杂的任务时，这种结构可以保持有序的分工协作，高效地完成任务。后来，这种结构受到西方学者的批判，认为组织结构既需要刚性，也需要灵活性。

（2）有机结构

有机结构（organic structure）刚好与机械结构相反，其特征是：员工的工作专业化程度低，常采用跨职能团队和跨层次团队来打破部门和层次界限，加强沟通和协作，工作内容可以调整，命令链有一定的灵活性，管理上正规化程度低，条条框框少，管理幅度宽，信息可以多方向传递，部分决策权下放到基层，采用授权管理。

在现代社会，组织结构出现了很多新名字，其中大多数是有机结构。譬如，团队组织（team structure）强调将团队作为分工的基本单位，打破部门界限，把决策权下放到团队，团队成员是多面手（既是专才又是通才）。虚拟组织（virtual organization）又称为网络组织（network organization），是指组织通过电子或非电子的方式来将属于组织内甚至组织外的人员联系整合到一起，从而完成某个特定目标的组织形式。无边界组织（boundaryless organization）是由通用电气总裁杰克·韦尔奇提出的，其特征是：采用各种正式或非正式的形式打破组织中纵向层次之间的垂直界限、横向部门之间的水平界限、组织与外部供应商和客户之间的外部界限，使得信息能顺畅流动，强化沟通、分享和协作。

表 13-1　机械结构与有机结构的比较

机械结构	有机结构
工作高度专业化	专业化程度低，采用跨职能/跨层次团队
工作内容严格限定	工作内容可以调整
命令链明确严格	命令链有一定灵活性
高度正规化，存在许多严格的规定	正规化程度低，条条框框少
管理幅度窄	管理幅度宽
信息只能沿固定的方向传递	信息可以多方向传递
决策权集中于上层	部分决策权下放到基层

资料来源：BURNS T，STALKER G M. The Management of Innovation［M］London：Tavistock，1961.

John A. Courtright，Gail T. Fairhurst，and L. Edna Rogers.（1989）. "Interaction Patterns in Organic and Mechanistic Systems［J］. Academy of Management Journal，1989，32：pp. 773～802.

3. 按组织结构复杂性分类

还有一些学者提出简单结构的说法。作者认为，可以根据组织结构的复杂性程度将组织结构粗略地分为简单结构和复杂结构。这与上面的机械结构与有机结构的分类方式有某些类似。

（1）简单结构

简单结构是当组织人数少、规模小时形成的结构。譬如，当一个公司刚创建时，老板既是公司的拥有者，也是打工者，只雇用少量的员工，这是最简单的结构。组织结构中没有太多的层次，分工也不是很明确，标准化程度低，规章制度不多，决策权几乎全部集中于公司老板，员工向其汇报最后由老板作决策。这种结构的优点是简单易行、运行成本低、决策迅速、反应灵活，缺点是整个组织对老板的依赖性太强，一旦老板出问题，公司就会严重受损。

（2）复杂结构

复杂结构是当组织人数多、规模大时形成的结构。譬如，当一个公司不断发展壮大，员工人数上升，职能类型增多，产品和服务种类变多，客户数量和类型也增加，公司经营范围扩大（从发源地扩张到全省、全国甚至全球范围开展经营活动），在这种情况下，公司必定会形成复杂的结构，组织结构的专业化程度、标准化程度、正规化程度和复杂性都会增加，集权化和分权化将会并存，组织还极有可能形成二维或三维的矩阵式结构，不同人员之间、不同部门之间、不同层次之间的信息沟通、协调、指挥关系将会变得错综复杂。

4. 按组织结构分组模式分类

前面第一节已经讨论了不同的分组模式，这也可以作为组织结构的一种分类方式。各种分组模式的概念是非常清楚的。

（1）职能导向结构

组织根据不同的职能划分部门形成的组织结构。规模小的组织经常采用这种结构。

（2）事业导向结构

组织根据不同的业务（产品或服务）类型划分部门形成的组织结构。产品种类多而且每个产品多涉及市场、设计、工艺、制造、质量、维修、服务等全套职能的制造企业经常采用这种结构。

（3）客户导向结构

组织根据其服务的不同客户类型划分部门形成的组织结构。企业为不同的客户提供产品和服务，当不同客户特征明显有差别，而且企业竞争的关键主要依赖服务时，经常采用这种结构。

（4）地区导向结构

组织根据其所在的不同地域划分部门形成的组织结构。企业在很广泛的地域开展经营活动，企业竞争的关键主要依赖于本地化反应时，经常采用这种结构。

（5）流程导向结构

组织根据不同流程划分部门形成的组织结构。企业主要根据流程来运作，而且流程的整体效率成为竞争的主要因素时，经常采用这种结构。

（6）矩阵式结构

组织同时采用两种或两种以上的分组模式划分部门而形成的交叉型组织结构。当企业在多个方面都得到发展（多职能、多产品/服务、多地域、多客户、多流程等），采用上述（1）至（5）中的单个分组模式已经不能使组织运行，或者为了更好地利用整合资源，以及组织的人力资源素质足够时，就会采用这种结构。

（7）混合结构

组织同时采用上述（1）至（6）中的几种不同结构而形成的组织结构。当企业在多个方面都得到发展，采用（1）至（6）中的某种分组模式已经不能使组织运行，就会采用这种混合结构。显然，混合结构具有多种形式。绝大多数企业的组织结构都是混合式结构。

二、影响组织结构选择的因素分析

本作者认为，影响组织结构选择的因素包括：外部环境、组织战略、组织规模、内部工作关系、组织技术、组织政治、组织文化、人员素质，如图 13-9 所示。

1. 外部环境

组织的外部环境包括组织之外所有影响组织生存发展的因素。从环境中各种实体的种类来看，这些因素可以分为供应商/合作者、客户、竞争同行、相关企业、政府、社区等；

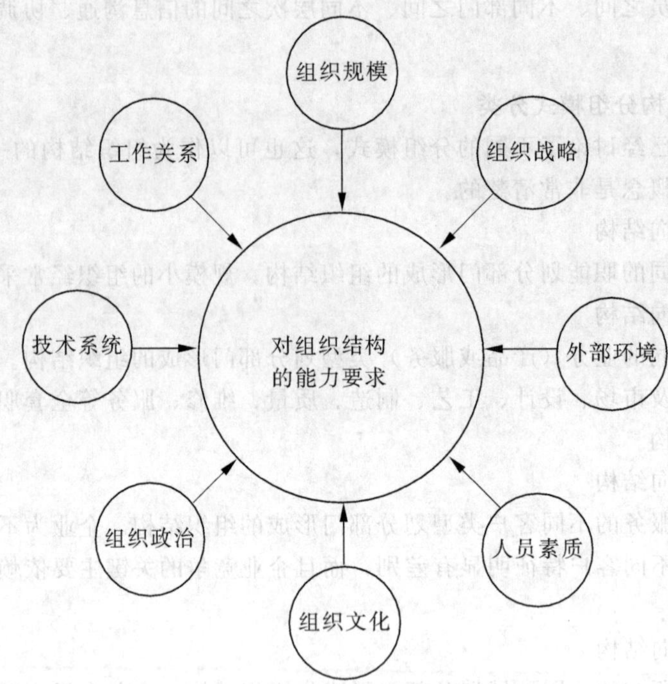

图 13-9　影响组织结构选择的因素

从环境的性质来看，可以分为政治(political)、经济(economic)、科学(scientific)、技术(technological)环境，统称为 PEST。

著名组织理论学家杜肯（Duncan，1972）和达夫特（1999）则从信息处理的角度来研究外部环境对组织设计的影响。他们从两个维度——复杂性和不稳定性——来描述外部环境的不确定性。

环境的复杂性是指组织外部与组织经营相关的因素种类繁多、互不相似的程度。在一个复杂性高的环境中，许多不同的因素在影响着组织。在一个复杂性低（简单）的环境中，只有少数几个相似的因素在影响组织。

环境的不稳定性是指组织外部与组织经营相关的因素动态变化的程度。在一个不稳定性的环境中，各种环境因素总是发生突然和迅速的改变，需要组织作出迅速的反应。而在一个稳定的环境中，各种因素总是保持较长时间的相对稳定，组织可以在这段时间内集中精力做好几件重要的工作。

根据环境的复杂性和不稳定性这两个维度，可以形成一个二维矩阵，来评价外部环境的不确定性，并由此得出应该采用机械性结构还是有机结构，如图 13-10 所示，可以得出四种不同程度的不确定性程度：①低度不确定性（环境因素简单而且稳定），机械性结构；②中低度不确定性（环境因素复杂但是稳定），机械性结构；③中高度不确定性（环境因素简单但是不稳定），有机结构；④高度不确定性（环境因素复杂而且不稳定），有机结构。

2. 组织战略

任何一个组织都有自己特定的战略目标，即使这些组织面临完全相同的外部环境。

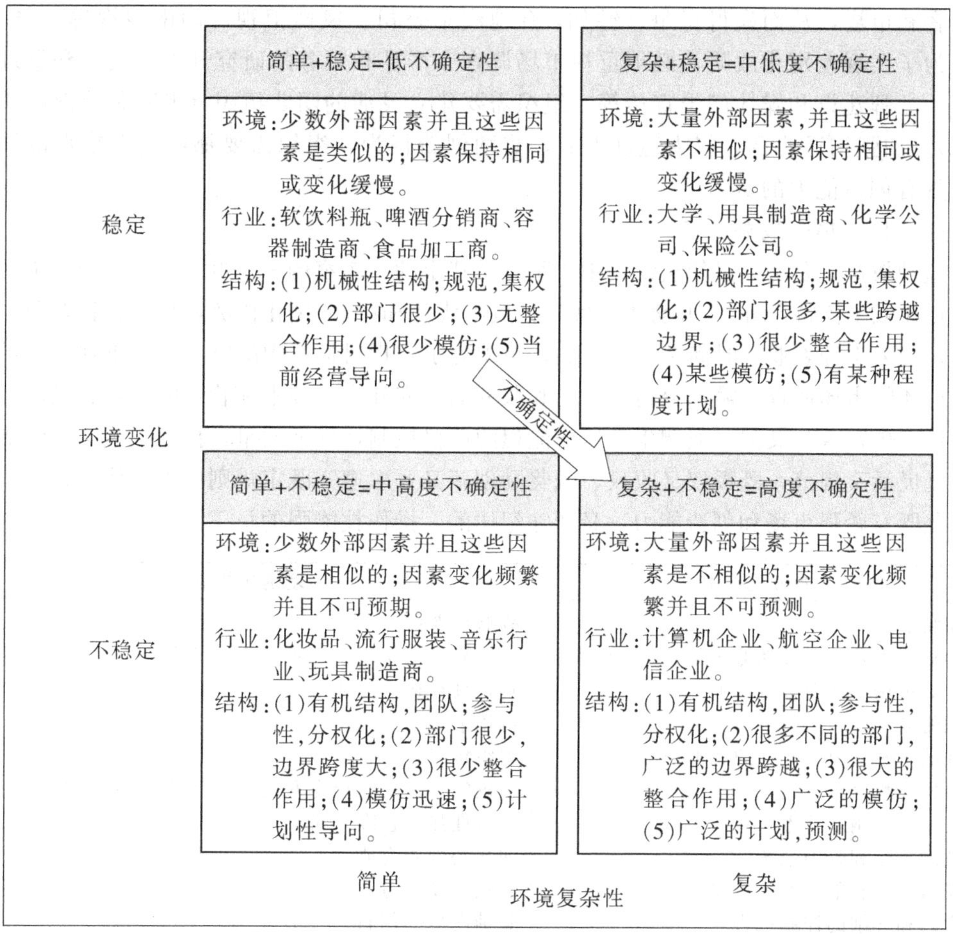

环境变化	简单	复杂
稳定	**简单+稳定=低不确定性** 环境：少数外部因素并且这些因素是类似的；因素保持相同或变化缓慢。 行业：软饮料瓶、啤酒分销商、容器制造商、食品加工商。 结构：(1)机械性结构；规范，集权化；(2)部门很少；(3)无整合作用；(4)很少模仿；(5)当前经营导向。	**复杂+稳定=中低度不确定性** 环境：大量外部因素，并且这些因素不相似；因素保持相同或变化缓慢。 行业：大学、用具制造商、化学公司、保险公司。 结构：(1)机械性结构；规范，集权化；(2)部门很多，某些跨越边界；(3)很少整合作用；(4)某些模仿；(5)有某种程度计划。
不稳定	**简单+不稳定=中高度不确定性** 环境：少数外部因素并且这些因素是相似的；因素变化频繁并且不可预期。 行业：化妆品、流行服装、音乐行业、玩具制造商。 结构：(1)有机结构，团队；参与性，分权化；(2)部门很少，边界跨度大；(3)很少整合作用；(4)模仿迅速；(5)计划性导向。	**复杂+不稳定=高度不确定性** 环境：大量外部因素并且这些因素是不相似的；因素变化频繁并且不可预测。 行业：计算机企业、航空企业、电信企业。 结构：(1)有机结构，团队；参与性，分权化；(2)很多不同的部门，广泛的边界跨越；(3)很大的整合作用；(4)广泛的模仿；(5)广泛的计划，预测。

环境复杂性　（箭头：不确定性）

图 13-10　评价环境不确定性以及确定组织结构类型的基本框架

此图是作者根据下面资料修改而成：

DUNCAN R B. Characteristics of Perceived Environments and Perceived Environmental Uncertainty [J]. Administrative Science Quarterly. 1972 (17): pp. 313～327.

理查德·L. 达夫特. 组织理论与设计精要 [M]. 李维安等译. 北京：机械工业出版社，1999.

组织的战略决定组织的目标定位以及它采用的竞争策略、方法和技巧。学者们提出了不同的战略理论。根据迈克·波特的理论，组织有三种不同的竞争战略：成本领先战略、差别化战略、目标集中战略。这几种战略与组织特点的关系如图 13-11 所示。

(1) 成本领先战略

这种战略主要是通过降低成本，获取更多的顾客和市场，从而赢得竞争。譬如，沃尔玛超市、国美电器等。显然，组织为了实现低成本领先战略，必须努力获得大量稳定的客户和订单，采用平稳高效的生产运作流程以及严密规范的标准、制度和控制手段。组织需要建立严格规范的层次性组织结构，适当提高组织结构中的专业化程度、标准化程度、正规化程度、复杂性程度、集权化程度，组织需要那些严守纪律、操作技能强的员工队伍。

(2) 差别化战略

这种战略主要是通过使自己的产品和服务与同行相区别，具有独特性和新颖性，吸引顾客和市场，从而赢得竞争。譬如，奔驰汽车公司、凤凰卫视、湖南卫视等。显然，组织为了实现差别化战略，必须重视市场调查、产品和服务的研究开发、技术和管理的创新、品牌建设和媒体广告宣传等。组织需要建立灵活的团队组织（尤其是跨部门团队组织），加强沟通协调，权力适度下放，奖励创新行为，组织需要那些具有较强市场能力和具有创造能力的员工。

（3）目标集中战略

这种战略主要是通过使组织集中于某一个特定的、较窄的客户群（譬如，根据地理区域、行业或个体特征等），并努力地实现低成本优势和/或差别化优势，从而赢得竞争。譬如，瑞士名贵钟表业、时尚杂志。显然，组织为了实现目标集中战略，既要重视针对特定客户群体的市场调查和需求分析、产品和服务的研究开发、技术和管理的创新、品牌建设和媒体广告宣传，又需要强调生产运作流程的严格控制，保证质量，控制成本。组织需要建立既灵活又规范，既授权又收权，既奖励创新又要求遵守既定规则的组织体系；组织需要那些既有较强市场和创造能力，又严守纪律的、操作技能强的员工。

成本领先战略	差别化战略
战略特点： 这种战略主要是通过降低成本，获取更多的顾客和市场，从而赢得竞争 **组织特点：** 较强的中心权力，严格的成本控制 标准操作程序 容易掌握的制造技术 高效的采购和分销系统 密切监视，有限的雇员授权 经常的和详细的控制报告	**战略特点：** 这种战略主要是通过使自己的产品和服务与同行相区别，具有独特性和新颖性，吸引顾客和市场，从而赢得竞争 **组织特点：** 有机的、宽松的行为方式，部门间较强的协调性 创造性强、思维开阔 加强基础研究能力 加强市场能力 奖励雇员的创新 公司名誉依靠质量和技术领先
目标集中战略	
战略特点： 这种战略主要是通过使组织集中于某一个特定的、较窄的客户群（譬如，根据地理区域、行业或个体特征等），并努力地实现低成本优势和/或差别化优势，从而赢得竞争 **组织特点：** 高层指导性政策在特定战略目标上结合 与雇员亲密，奖励和报酬系统灵活 衡量提供服务的成本，保持对顾客的忠诚 加强员工与顾客接触的授权	

图 13-11　组织战略与组织特点的关系

资料来源：（1）Michael E. Porter，Company Strategy：Techniques for Analyzing Industries and Competitors（New York：The Free Press，1980）.

（2）Michael Treacy and Fred Wiersema，"How Market Leaders Keep Their Edge"，Fortune，6 February 1995，pp. 88～98.

（3）Michael A. Hitt，R. Duane Ireland，and Robert E. Hoskission，Strategic Management（St Paul，Minn.：West Publishing，1995），pp. 100～113.

（4）（美）理查德 L. 达夫特（Richard L. Daft）. 组织理论与设计精要. 李维安等译，北京：机械工业出版社，1999 年。

3. 组织规模

组织规模是指组织的大小，主要可以用下面三个参数来衡量：①以组织中员工人数来反映组织的大小；②以资产来衡量，譬如总资产额、总销售额、总利润等；③以地域大小来衡量，譬如组织经营的地域大小（全省、全国、全球）。组织规模的大小对组织设计影响很大。

一般来说，组织的人员规模越大，组织结构设计中的专业化程度、标准化程度、正规化程度、复杂化程度、集权化程度也会越大，如图 13-12 所示。只有这样，组织才能发挥规模优势，并能对人进行有效的管理和控制。地域越大，组织结构设计中的专业化程度、标准化程度、正规化程度、复杂化程度也会越大；但在集权化程度方面会有所不同，有些公司可能会在财务方面集权、在市场经营方面放权。总资产额越大，组织在财务方面越会加强集权，在一些重要的经营管理环节越会加强专业化、标准化、正规化，以减少经营决策上的风险。

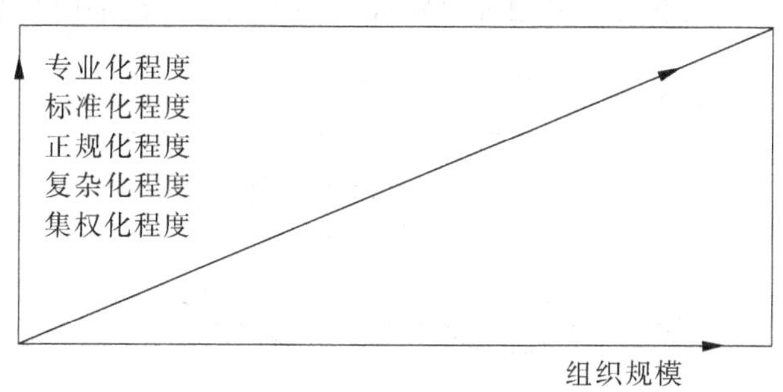

图 13-12 组织人员规模与组织结构特征维度之间的关系

4. 内部工作关系

组织内各部门之间存在不同的工作关系。

（1）相互独立

这种情况在组织中比较少见，只有同时具备以下几个特征，才能表明它们之间确实是相互独立关系：各部门不需要从其他部门获得信息和知识，就可以完成好工作任务；各部门在完成工作任务时不需要其他部门的支持和配合；各部门的工作对其他部门的工作影响不大。显然，如果各部门是相互独立的工作关系，组织结构设计中就不需要特别考虑跨部门之间的联结机制，包括联系人、整合人、长期或临时的跨部门团队。

（2）相互依赖

这是绝大多数组织的特征。各部门需要从其他部门获得信息、知识、支持和配合，才能完成好任务；各部门的工作对其他部门的工作影响很大。关于相互依赖的工作关系，詹姆斯·汤普森（James Thompson，1967）提出一种关于任务相互依赖程度的分类：①顺序式相互依赖（sequential interdependence）。当一项任务完成后，才能开始下一阶段的任务（而且要用前一阶段的工作结果）。②集中式相互依赖（pooled interdependence）。几个相互依赖的任务同时进行，各任务结果汇总后才能完成最终任务。③交互式相互依赖（reciprocal interdependence）。各相互依赖的工作任务之间不断保持相互交流、协调和配合才能一起完成工作，如图 13-13 所示。我们可以用小轿车产品开发为例来说明这三种关系。顺序式相互依赖可以视为把一种新型轿车的设计分解成几个特定的步骤或阶段，用里程碑来标明上一阶段的完成和下一阶段的开始；集中式相互依赖的情况是，不同的开发小组设计轿车的不同部分（如发动机、底盘、车身、控制系统等），最后把各小组的设计综合到一起形成最终设计方案；交互式相互依赖的情况是，轿车是一个复杂的系统，其各个零部件子系统之间存在复杂的相互关系，因此承担各零部件子系统开发的小组在任务上具有高度密切的相关关系，某个零部件的设计和解决方法会影响到其他零部件的设计，小组之间必须相互交流、协调和配合。以上这三种相互依赖关系，都需要组织结构设计时要特别考虑各部门之间的联结机制的建立，而且特别需要指出的是：从集中式相互依赖、顺序式相互依赖，到交互式相互依赖，信息交流和协调配合的难度在依次加大，组织结构中各部门之间的联结机制强度要更大。如果说，集中式相互依赖需要采用联络人或整合人、顺序式相互依赖需要采用整合人或临时跨部门小组，交互式相互依赖就需要采用临时跨部门小组或长期跨部门小组。

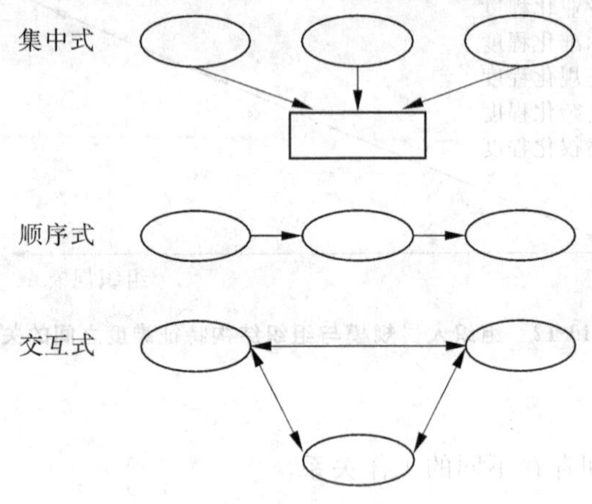

图 13-13　组织内部几种不同的工作关系

5. 组织技术

组织技术包括产品技术和生产技术。下面我们主要以生产技术中的信息技术为例来说明，其影响主要体现在以下相互联系的两个方面。

① 先进信息技术的采用提高了组织对多种组织结构的适应性。也就是说，组织提高了运行多种结构的能力。

第一，组织采用先进的信息技术会提升组织运行复杂结构的能力，也可以使其能够将原来复杂的结构简单化。一个规模大、层次多、职能部门多、业务类型多、客户种类多、地域分布广的矩阵组织本来是不容易运行和管理的，组织有限的对大量信息的传递和处理能力常常会制约矩阵组织的运行。而强大的信息技术系统可以提高信息传递的效率，减少人们在信息传递中造成的歪曲和混淆，有力地将组织的各层次、各部门以及不同地域有效地联系起来，从而使复杂的组织结构能够运行。也就是说，组织如果具备强大的信息系统，就可以运行更为复杂的结构（如复杂化程度高、矩阵组织等）。另一方面，组织采用先进的信息技术也可以使其能够将原来复杂的结构简单化。先进信息技术的采用，大大提升了组织传递和处理信息的能力，管理的幅度就可以增加，组织结构可以变得更加扁平。

第二，组织采用先进的信息技术既可以使组织更集权化，也可以使其更加分权化。信息技术为这两种选择都创造了条件。希望集权化的领导者能够运用信息技术去获得各方面、各地域、各部门的更多信息，即使足不出户，也能作出更多、更有效的决策，更有能力地掌控整个组织。当然，领导者也可以更多地向下面的管理者和员工授权，因为下面的管理者和员工通过信息技术可以获得更多的信息，更好地与各方沟通，因而比以前更具备作复杂决策的条件，因此权力的下放也是可以实现的。当然，是采用更加集权还是更加分权，取决于组织最高领导的管理理念和个人偏好。

② 先进信息技术的采用也对组织结构的设计提出了要求。

第一，先进的信息技术，譬如，管理信息系统（MIS）、制造资源规划系统（MRPⅡ）、计算机集成制造系统（CIMS）、企业资源规划系统（ERP）、客户关系管理系统（CRM）等，其运行要求组织各部门之间必须打破壁垒和隔阂，加强沟通和协作，建立组织整体意识。

第二，一般情况下，信息技术也要求组织结构设计中更强调正规化程度。因为正规化程度越高，组织就越规范，才能方便地获得各种基础数据和信息，各种信息技术系统也才能获得正确的输入数据，真正运行起来。

第三，一般情况下，信息技术还要求组织结构设计中要更强调专业化程度。操作运行先进的信息技术系统需要员工必须受到高度专业化的训练。在很大程度上，非技能的雇员会被新技术所替代。

6. 组织政治

组织政治对组织结构的选择主要影响以下几个方面。

① 组织有时会因人设岗。为了考虑一些重要的利益相关者的利益，平衡组织中的利益关系，组织有时会专门针对某些重要影响人物来设定岗位和部门。此外，组织有时还可能根据某些人利益的需要来建立相关的流程和制度。因此，组织是更加高耸的金字塔结构还是更加扁平化的结构（职位减少了），管理的幅度是大还是小，管理职位的类型和数量如何分配等，这些组织设计的参数很多时候会因考虑组织中的利益问题而受到影响。

② 组织有时会因人分权。组织会根据重要利益相关者的利益要求，来确定权力在组织各层次和部门之间的分配方法。因此，谁应该向谁汇报，信息应该如何传递，决策点应该在何处，组织是更加集权还是分权，都会受到组织中的利益问题的影响。

7. 组织文化

组织文化反映了组织中大多数成员共享的价值观、理念、思维模式和行为习惯，这些文化因素会影响组织结构的选择。不同类型的组织结构反映出不同的组织经营和运作理念。

① 组织结构特征的几个维度分别体现了不同的经营理念。专业化强调劳动分工和

协作，标准化强调建立严格标准，正规化强调将一切制度文字化和规范化，复杂化强调分层控制，集权化强调权力集中。

② 组织结构的几种分组模式也是体现了不同的经营思想。职能结构强调分工和效率，事业部结构强调激励和职能整合，客户导向结构强调客户至上，地区导向结构强调本地快速反应，流程导向结构强调流程整合优化，矩阵式结构强调资源共享和综合统效。

③ 组织结构中的机械结构和有机结构也体现了不同的经营思想。机械结构体现了恒定和高效的思想；有机结构体现了变化和灵活适应的思想。

④ 组织结构中的简单结构和复杂结构也体现了不同的经营思想。简单结构体现了"小就是美，小有小的优势"的思想，而复杂结构体现了"大了不易败，大有大的优势"的思想。

组织文化对组织结构的选择是这样起作用的：一个组织的文化具有不同的理念，如果这些理念与上面某些组织结构类型所体现的理念刚好匹配，组织就容易选择这种结构。譬如，如果一个组织的文化中强调信任、参与和授权，它就容易选择分权结构；如果一个组织的文化中强调客户至上，它就容易选择客户导向的结构；如果一个组织的文化中强调团队合作，它就容易选择有机结构，并将跨部门团队结构作为联结机制；如果一个组织的文化中崇尚小就是美，它就容易选择简单结构。

8. 人员素质

任何一种类型的组织结构的运行都需要相应的人员素质。譬如，在客户导向的组织结构中工作，客户经理必须具备了解、发现和引导客户需求，建立良好人际关系的能力。在地区导向的组织结构中工作，地区经理必须具备对当地政治、经济、文化和社会环境的洞察力、决断力和应变能力。下面，我们以一个最为复杂的全球性跨国公司的例子来说明。在一个全球性跨国公司中，不同层次、部门和岗位的人应该具有不同的素质和能力要求。譬如，ABB 公司是全球制造发电、输电和配电设备的重要厂商，建立了典型的以事业部（产品）和地区为两条边的跨国矩阵组织结构，但为了这种结构能够顺利运行，它对其不同管理人员提出了要求。

① 基层经理。作为基层的当地运作公司的经理，必须具备以下能力：分析判断外部的商业环境（而不是上面的指示与控制）并作出正确的投资、运营和分配等方面的决策；确保公司的长期和短期业绩，实现完全自负盈亏。这个经理还需要向两个上级——全球该事业部的经理（BA）和国家公司经理（CM）汇报，帮助这两个上级实现目标。因此，他既要能够开拓和发展业务，又能够平衡两个上级之间的目标和要求。

② 中层经理。作为全球的中层经理，必须能够在保证当地反应迅速和保证全球范围的高效率这两个常常矛盾的要求中进行平衡，要在加强责任和控制的同时，把决策和责任向下落实，还要在保证 ABB 作为一个多业务的全球化公司保持在行业竞争优势的同时，鼓励当地运作公司的经理发挥企业家的开拓创新精神。全球经理人需要经过培训项目的教育，要有在多国的团队中工作的经验，还要在一些不同国家的公司中工作过。全球的中层经理应该是教练（coach）的角色。两种中层经理的能力如下。

第一，作为全球某个事业部的总经理，必须具备以下能力：制定和实现该事业部的

首先，领导人会分析影响组织结构的各种客观因素（外部环境、组织战略、组织规模、组织所处阶段、内部工作关系、组织技术、组织政治、组织文化、人员素质），以及这些因素对组织结构设计提出了哪些客观能力要求，然后加上自身的主观偏好，最终选择某种组织结构。而客观因素对组织结构的能力要求和最终选择的组织结构具有的能力之间的相互匹配程度，最终决定了组织结构的有效性（如图 13-14 所示）。因此，在管理实践中，领导人如何做到对影响组织结构的各种客观因素（外部环境、组织战略、组织规模、组织所处阶段、内部工作关系、技术系统、组织政治、组织文化、人员素质）进行理性分析，尊重客观规律，就能正确地选择合理的组织结构，为实现战略目标服务。

根据达夫特（2002）的观点，作为一般原则，当组织结构不适合组织要求时，便会出现一个或多个下述的组织无效特征。

① 决策效率低、质量差。由于组织层级汇聚太多的问题和决策给高层决策者，他们可能负担过重，而向低层的授权可能不足。另一种导致低质量决策的原因是信息可能没有传达给合适的人。无论纵向还是横向，信息沟通都不充分，不能保证决策质量。

② 组织不能创造性地对正在变化的环境作出反应。缺乏创新的一个原因在于部门之间不能很好地进行横向协调。市场部门对顾客需求的识别和研究部门对技术开发的界定必须相互一致。组织结构中也应该有专门的部门性职责，包括环境监测和创新。

③ 明显过多的冲突。组织结构应该将冲突的部门性目标汇总成整体组织目标。当各部门目标冲突、各行其是，或者在压力之下为完成部门目标而不惜损害整体目标时，这种结构是失败的，缺乏足够的横向沟通机制。

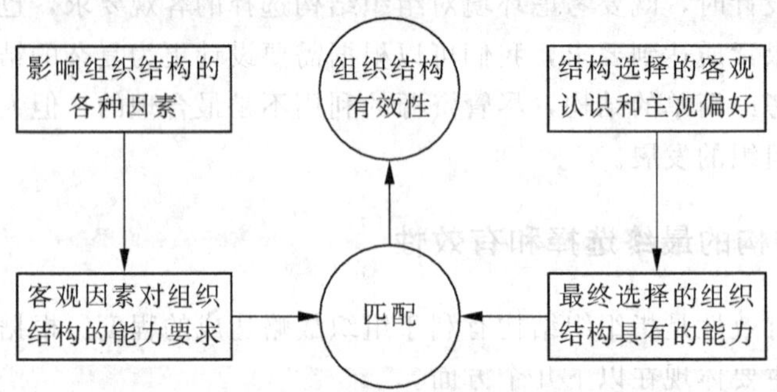

图 13-14　决定组织结构有效性的因素

第五节　当代复杂多变环境下的组织结构特征发展趋势

一、面向组织学习的组织结构的五职能四形态特征模型

当今组织面临的是复杂多变的环境，在这种环境下，组织最重要的行为之一就是要进行组织学习（organizational learning）。根据陈国权（2002、2005）的定义，组织学习是指组织成员不断获取知识、改善自身的行为、优化组织的体系，以在不断变化的内

外环境中保持可持续生存和健康和谐发展的过程。陈国权（2004）提出了面向组织学习的企业组织结构的五职能四形态特征模型（见图 13-15）。

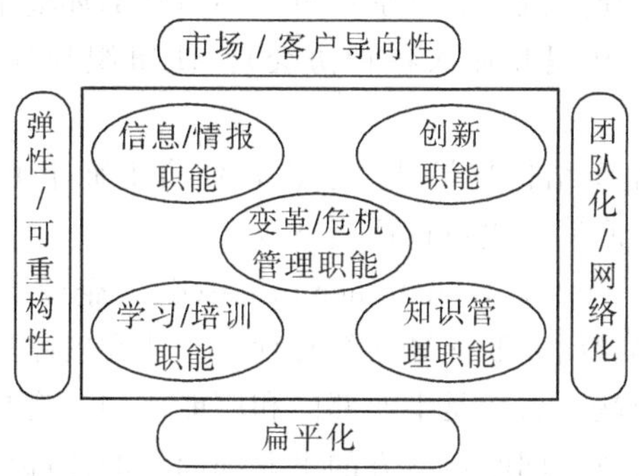

图 13-15　面向组织学习的企业组织结构的五职能特征和四形态特征模型

资料来源：陈国权．学习型组织的组织结构特征与案例分析［J］．管理科学学报．2004 7（4）：56～67.

面向组织学习的职能特征（functional characteristics）是指组织结构中包括的那些有利于促进组织学习的职能类型。可以将这些职能添加在原有的组织结构的有关部门中，或者干脆建立包含这些新职能的部门。

面向组织学习的形态特征（form characteristics）是指组织结构整体上呈现出的有利于组织学习的形态特征。譬如，有的组织结构像金字塔，而有的组织结构则很扁平；有的组织结构内各部门之间壁垒太多，而有的组织结构内则建立了跨部门网络。

面向组织学习的组织结构的五个职能特征如下：

① 信息/情报职能（information/intelligence function）。组织搜集内外环境的动态、信息和变化。

② 创新职能（innovation function）。组织充分发挥各员工和各部门的创造性，针对组织内外的变化研发各种新的产品、服务、技术以及提出创新的经营管理方式。

③ 学习/培训职能（learning/training function）。组织聘请外部或内部人士给员工培训，传播组织内外各种好的知识和经验，发展和提高员工的素质和能力。

④ 知识管理职能（knowledge management function）。组织对内外的知识和经验进行搜集，采用机械或电子文档方式进行归类整理，提供给需要的人查询和使用；必要时还要建立内部网（Intranet），并将知识和经验放在网络上；定期在组织高层的参与和指导下将好的知识和经验融入或固化到企业的流程、制度、规则和文化体系中。

⑤ 变革/危机管理职能（change/crisis management function）。组织针对内外环境的变化，提出变革的措施并加以实施；为组织中的变革活动开发各种有用的指导方法和工具，给变革人员提供专业的指导和咨询，评价其变革效果，提出改进意见；对组织可能遇到的危机进行预测和预防，并在危机发生后及时进行应对处理。

面向组织学习的组织结构的四个形态特征如下：

① 团队化/网络化（team-based/networked）。组织将其结构的基本单位——各部门内部的信息结构改造成团队式的信息结构，部门内成员之间形成全渠道信息交流网络，每个人都可充分发表自己的想法，共享知识、共同决策，每个部门都像团队一样去

运作，成为组织结构中基本的学习单位；组织在其原有层次结构（hierarchy）的基础上，建立组织上下各层次、横向各部门之间的联系网络机制（如跨部门团队），使信息、知识和经验在组织内部能充分流动和分享；组织还与外部环境中的组织、团队和个人建立联系网络（如建立战略联盟和加入各种协会），使组织与外部环境充分交换信息和知识。

② 扁平化（flat）。组织结构尽量减少层次，使自上而下和自下而上的信息、知识和经验可以快速而有效地流动，决策权适当下放。

③ 市场/客户导向性（market/customer oriented）。企业组织结构的部门划分方式可分为客户导向、事业部导向和职能导向等几种。企业在安排这些不同导向的部门位置时，将客户部门放在最前端，后面是事业部门和职能部门。客户部门为最前方部门，它们直接与市场和客户打交道，同时与后方的事业部门和职能部门联系，整合后方各部门的努力，为客户提供一站式服务（one-stop service）和整体解决方案（total solution）。该组织结构可以全面充分和快速地发现市场和客户需求的变化，通过市场和客户需求变化的拉动，来促进组织内部的学习和创新，更好地适应外部环境。

④ 弹性/可重构性（elastic/reconfigurable）。企业的组织结构被设计成具有弹性和可重构性。因此组织结构应该是模块化（modular）的，这样在需要的时候可以迅速重组成新的结构以适应新的环境。

二、面向组织学习的组织结构的五职能四形态特征的案例

1. 组织结构的五个职能特征案例

（1）组织结构中的信息/情报职能特征案例

朗讯公司所在的通信行业竞争很激烈，技术更新很快，因此公司市场部有专人负责收集和分析竞争情报（marketing intelligence weekly）。这些情报包括了行业动态、客户的购买意向、主要竞争对手的活动情况等，每周以电子邮件形式发给市场主要人员，并同时在公司内部网上公布。这些摘自各大热门报纸及网站的有关市场方面的变化基本上可以通过这些情报反映出来，公司会针对其中的主要部分进行讨论，提出应对措施。

爱立信公司到中国后，为了更好地了解外部环境的变化，就在其组织结构中增设了有关部门：政府事务部（负责了解政府政策变化，协调政府关系），技术、标准化及特殊项目部（了解通信标准的变化、中国有关人士对今后移动通信技术标准的看法），法律事务部（了解中国法律环境），新业务及业务联盟部（了解合作伙伴，如供应商的变化）。

爱立信和通用电气等公司为了解内部员工动态和运作状况，在其原有的人力资源管理的一些职能上，特别加强了对员工的调查、了解和考核方面的职能。譬如，公司每年都进行系统的员工调查，而且将数据委托给专业的公司处理并将结果寄回公司进行分析。

（2）组织结构中的创新职能特征案例

很多企业为了增强自身的研究开发能力，当实力增强到一定程度，就开始建立自己独立的研究机构，成为创新的主体。譬如，一汽和二汽都有技术中心，华为、中兴、海

尔、春兰都有中央研究院，安捷伦公司有基础研究实验室，宝洁有中国技术中心，IBM有中国研究中心，微软有中国研究院。朗讯公司更是突出，长久以来，它一直是通信技术发展的先驱者。贝尔实验室作为朗讯的研发机构，是众多重大发明的诞生地，如晶体管、激光、数字计算机、通讯卫星、蜂窝移动电话等。同时，贝尔实验室有全球获得诺贝尔奖最多的人员，目前已有11位获得诺贝尔奖的科学家，到2002年已获得近3万项专利。2002年4月朗讯科技公司宣布连续两年被《MIT技术评论》评为全球电信领域技术实力最强的企业。很多大型跨国公司每年都投入高额资金用于研究开发新技术、新产品。通用电气公司每年投入研发的费用占到其利润的10%以上。正是对技术创新的大量投入才使得GE这样的"百年老店"今天依然能够在全球竞争中稳居冠军宝座。国内还有一些企业（如长沙卷烟厂）还与大学合作建立企业博士后流动站。企业建立上述各种研究中心、技术中心、博士后流动站、研究所或研究院，能大大提高其创新能力。

（3）组织结构中的学习/培训职能特征案例

现在，一些规模较大、条件较好的国内外企业，已开始从人力资源部门中分离出培训职能，建立规模较大的学习/培训中心。华为正在建立独立的培训中心，雇用更多的员工将企业好的经验和文化转变成培训课程，进行相关课程开发，建立教师资源库和联系网络，拟定培训计划，评价培训效果。而一些规模更大、条件更好的公司，都建立了学习中心、商学院，甚至大学。譬如，海尔建立了海尔大学，诺基亚公司有学习中心(learning center)，通用电气在纽约克劳顿村有管理学院，爱立信有中国管理学院，摩托罗拉有摩托罗拉大学等。这种企业培训中心、学习中心、学院甚至大学的建立对企业获取外部知识、积累整理和存贮内部的知识、在员工间推广和共享知识以及对外输出知识都有重要的作用。

（4）组织结构中的知识管理职能特征案例

现在，一些企业开始设立知识主管（CKO）和知识管理部门。譬如，惠普公司设立了首席知识官（CKO）以及知识管理部门，其主要职责是将企业内部有关方面的工作流程化、规范化，组织各种读书学习小组，帮助各个事业部做战略规划等。除此之外，还负责知识的文档化、编码、档案管理、内部网的建立，以及一些员工交流活动的组织等。知识管理涉及知识的积累、共享、转化、保护等方方面面的工作和事务，关键是要有人来做这些事，因此建立相应的组织部门、安排专人去做最为重要。知识主管及知识管理部门的设立对提高学习型组织的知识管理能力至关重要。

（5）组织结构中的变革/危机管理职能特征案例

企业要真正将好的变革方案付诸实施，必须建立相应的组织部门来推进。通用电气的组织结构中专门设置了公司新倡议实施小组（Corporate Initiative Group），负责新方案的实施和推广。另外，还培养一批专业人员来推动和辅导新方案的实施。譬如，在推行6 sigma的过程中，经过严格培训的被称为黑带大师（master black belt，MBB）和黑带（Black Belt，BB）的人时刻活跃于各种项目中，给员工们提供指导。

在摩托罗拉公司，为了使IR制度（I recommend，我建议）顺利开展，专门设立了IR委员会，由工会及部分员工组成，作为专门的机构来推动（push）这一工作，他们每个月要评审一次员工提交的各种建议，对每条建议必有回复，对提了好建议的员工要给予奖励（reward），适当的时候还要庆祝（celebration）IR制度所取得的成果。这被简称为PRC制度。摩托罗拉公司还有专门的机构负责全球范围内的TCS（Total Customer Satisfaction）活动和比赛。

随着市场竞争的加剧、经济技术的全球化，组织变革的发生越来越频繁，一些跨国公司开始采用规范的方法来管理组织内部的变革活动，以提高变革的有效性，从而提高公司的竞争力。20世纪80年代，GE公司开始与世界上一些著名的商学院合作，通过研究一些变革的案例，寻找成功和失败的原因，创立了成功变革的原则。GE公司在此原则的基础上，创立了变革加速过程模型（change acceleration process，CAP）。该模型可以帮助公司有效地考虑、设计和实施那些与变革相关的重要因素，从而使各种变革更加成功，它对GE成功地实施各种变革起了非常大的作用。后来，太阳公司（Sun）从GE公司得到许可，并将GE的CAP加以改进成太阳的CAP（change acceptance process，变革接受过程模型）。太阳的CAP也是一系列步骤及工具的组合，以促使变革在组织中成功地实施。不过，太阳的CAP模型主要强调了如何在变革过程中提高整个组织中人们对变革的接受程度，从而使变革更加有效。CAP模型特别有利于6 sigma项目的推进。2000年夏天，太阳公司内部开始大力推行6 sigma管理方法，客户关系部门负责6 sigma的执行，人力资源部门负责变革成效的内部管理。公司还成立了一个专门的部门：变革成效管理机构（Change Effectiveness Organization），该机构由5位高级人力资源经理组成。2001年，变革成效机构的5位经理和35位人力资源部门兼职的变革管理顾问，接受了GE-CAP模型的培训，并且开始作为咨询师在太阳公司内部指导6 sigma项目。

2. 组织结构的四个形态特征案例

（1）组织结构中的团队化/网络化形态特征案例

GE公司利用团队形式开展群策群力（workout）活动，它要求所有的员工必须参与，分成小组进行讨论，给企业提出建议；还以团队形式开展6 sigma活动，不断改进质量。惠普公司开展TQC小组活动，不断提高产品及服务质量，降低成本，提高企业竞争力。摩托罗拉公司采用全面顾客满意（total customer satisfaction，TCS）团队或TFE（teaming for excellence）团队，不断追求卓越的质量。IBM、微软、华为等公司对新产品开发都采用跨部门、集成化产品开发模式（integrated product development，IPD），北京皇冠制罐公司采用团队方式开展一分钟快速换模攻关，首钢日电利用团队开展TQC小组等，都大大增强了企业的学习创新能力。

溢达集团从2000年开始，为了充分发挥员工的创造性，并将知识在各个部门间分享，每年都会举办Creativity 2000活动，通过这一活动，对集团内部出现的各种学习与创新活动进行奖励，并向各分厂进行推广。更重要的是将改善的成果及时固化，及时地增补到原来的标准作业文件中，确保探索出的知识和经验能得到切实的应用。例如，在2002年Creativity 2000的评选中，新疆溢达代表队的中央空调节电项目，一举获得公司的好评，并得以在其他分公司推广。该项目在不改变原制冷功能的情况下，通过增加新鲜空气的流量来降低中央空调的负荷，通过降低水的流动速度来减少水泵的用电消耗。该项目2001年开始试验，2002年取得成功，为公司节约了大量的能源。

溢达集团作为给全世界服装经销商生产成衣的供应商，准时交货能力特别重要，因此引入了 TCT 管理模式（total cycle time，指某项需求由产生至圆满完成期间所涉及业务程序耗用时间的总和），它以压缩生产运营时间为着眼点，在不增加额外资源投入的前提下，将提高公司的快速反应能力确定为公司运作管理的目标，运用科学系统的工具和方法，强调组织内部的充分沟通和协调，使不同的工序能很好地配合，减少 TCT，加快交货期。在 TCT 管理项目中，有几种重要的工作团队：事业改善团队（business improve team，简称 BIT）、跨部门工作团队（cross functional team，简称 CFT）、障碍扫除团队（barrier remover team，简称 BRT）。以制衣厂为例，其事业改善团队（BIT）的成员是由公司总经理、分管制衣厂的董事、各制衣分厂厂长组成，每月对各分厂的绩效及所发生的主要问题进行总结分析，找出原因，寻求解决问题的方法。在 BIT 会议上，各成员会对每个分厂的准时交货率（on time delivery，OTD）、生产周期（cycle time，CT）、质量的一次通过率（first pass yield，FPY）、制造成本（cut & make cost，CMC）等进行分析与比较，找出问题所在，提出改善措施与建议。而某分厂的跨部门工作团队（CFT）则由该分厂厂长及其管辖的各事业部主要管理人员组成，每周对分厂或事业部的绩效（如 CT、FPY、OTD 等）进行分析，并对该阶段所发生的问题进行总结，对于在会议上难以马上解决的问题，则组成障碍扫除团队（BRT）来解决。BRT 是由 BIT 或 CFT 在分析问题基础上确定有关责任人及相关人员组成的障碍扫除小组。BRT 会在限定的时间内收集数据，分析讨论，画鱼骨图，找出问题的主要原因，提出解决问题的方法。BRT 小组成员来自不同部门，大家坐在一起探讨，有利于问题的全面解决，缩短 TCT。在小组工作过程中，各成员能够分享不同分厂或部门的经验或教训，带来共同的进步。总之，TCT 管理模式下的这种各层次团队的组织形式，很好地将企业的上下层之间、横向各部门之间有机地联系在一起，建立起一个有效的人际网络，使得各部门和员工能从系统思考的角度来了解和解决企业的问题，还能使信息、知识和经验进行充分的交流与共享。

施乐公司（Xerox）的战略社团（strategic community）是一种激发知识创造和分享的有效组织形式。为了解决全球分支机构 IT 标准化的问题，公司在全球的各大分支机构的技术官员们进行了一次集会，在讨论没有出现积极结果的情况下，人们各自回到自己的岗位，但继续进行交流。此后一段时间内，人们将共享的信息进行加工处理。再次聚集时，大家不但达成了对本次 IT 标准化问题的一致意见，产生了新的思考，提出了很多新的创意，而且在此之后，大家仍然定期聚会，通过相互交流和激发，发现新问题，激发新思想。后来，这种定期聚会的俱乐部式的组织形式和活动被延续了下来，成为公司内部学习、创造和分享知识的重要平台。战略社团既是团队，也是一种网络，有利于组织创新和分享。

在 ABB 公司的组织结构中，在每个事业部下面，设立了职能委员会（Functional Council）。这些不同的职能委员会由不同国家同属某一事业部的当地运作公司（local operating company）中同一职能领域（如 R&D、制造、采购、销售等）的主要经理组成。各职能委员会每季度开一次会，主要任务是了解、评估和分享同一职能领域内运作的最好经验（internal best practice），以及在同一专业领域中共同的问题及解决的方法。

职能委员会既是团队，也是一种网络，有利于组织创新和分享。

企业要进行组织学习，必须了解政府、行业、技术、竞争对手、供应商、顾客等多方面的变化，为此，就要在外部相关环境或机构中布点，让其作为"传感器"，发现各个方面的变化，增强企业发现外界和内部变化的能力。一些国内外公司均采用在外部相关环境或机构中布点的办法。为了解竞争对手、技术行情的变化，它们从有关机构中聘请顾问，用一种间接的方式了解有关信息和变化。还有些公司，为了以最快的速度了解市场和行业动态，将公司相关部门（如设计开发部或总部）放在行业变化最快的城市（如制衣公司将设计部放在上海或香港，杉杉集团将总部从宁波移到上海）。总之，要让组织发现外界环境变化和内部问题，就需要合理地设计其组织结构，通过各种形式保证组织在内外环境的各个点都有自己的"触觉"、"天线"或"传感器"，就可以及时准确地掌握内外各种变化。因此，这种多方布点/传感器式的网络组织结构有利于提高组织的发现能力。

很多企业还通过与外部组织建立各种形式的战略联盟，来获取创新的技术、设备、知识与人才资源。譬如，海尔在技术开发上有效地利用全球资源为企业服务，他们与朗讯科技、中国科学院等国内外30多个科研机构建立39个联合开发中心及5个博士后流动站。长沙卷烟厂技术中心建立了全行业第一个博士后流动站，不断加大科技投入，注重加强对卷烟技术含量的提高及对卷烟降焦降害技术的研究与推广。清华同方充分利用清华大学的资源，与清华有关的院系共建了40多个联合实验室，从而能够以其拥有的强大科技研发实力为用户提供全面的产品技术支持。世界几十家跨国公司都与清华大学建立了联合实验室，以提高各自的学习创新能力。企业与外部组织建立各种形式的战略联盟，实际上是在企业与外部之间建立了一种有效的网络，对其技术开发、管理改进以及获取新知识都有非常重要的作用，能提高组织7个方面的学习能力。

（2）组织结构中的扁平化形态特征案例

GE公司原来的组织结构从首席执行官（CEO）到每一个一线企业（Business）共有5层，包括首席执行官（CEO）、行业（Sectors）、集团（Groups）、部门（Divisions）、一线企业（Businesses）。现在却只有2层，CEO下面直接就是一线企业。英特尔公司的组织结构中，在总部下面只有独立的企业单元和一些小的支持组织，其组织结构保持了中小公司的那种市场驱动模式，当公司的经营迅速发展膨胀时，却没有让中间管理层膨胀起来。扁平化的组织结构，使自上而下和自下而上的信息、知识和经验可以快速而有效地流动，决策权下放，可提高组织适应环境变化的能力。

（3）组织结构中的市场/客户导向性形态特征案例

惠普公司采用市场/客户导向性组织结构（见图13-16）。其最前方面向客户的部门包括个人客户部门和企业客户部门，直接与客户打交道，同时与下面三个事业部联系，整合各事业部的努力，为顾客提供一站式服务（one-stop service）和整体解决方案（total solution）。三个事业部的主要任务则是产品的开发生产，努力快速响应市场和技术的变化，加快上市速度，减少生产时间，为客户提供世界级的产品和技术。最后方是HP实验室，为各事业部的研发提供基础技术支持。左边的HP服务部门则是为所有客户部门、事业部门和实验室提供IT、人力资源、财务等方面的支持。惠普这种市场/客户导向性组织结构设计的优点是使客户部门能充分和快速地发现客户需求的变化，与客户很好地沟通交流，为客户提供一揽子解决方案，并使客户感觉到与 HP 做生意方便、简单，只跟一个客户部门接触，满意度高。

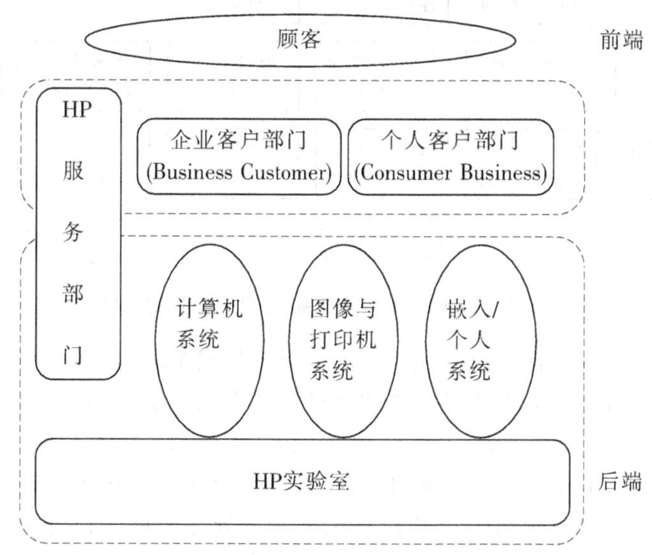

图 13-16 惠普公司市场 / 客户导向性组织结构

环球仪器公司也采用市场/客户导向性组织结构（见图 13-17）。按地理划分的三个客户运作部门直接与客户打交道，中间是各产品事业部，最下面是各职能部门，为上面部门提供支持和服务。值得提出的是，客户运作部的运作和管理采用协调人（Coordinator）模式。协调人是指公司派往客户、负责了解客户的需求、帮助客户及时解决问题、并协调公司与客户关系的专职人员，是从经验丰富的现场工程师（Field Engineers）中选拔，经过评估和培训，考核合格后上岗工作的。“协调人”的工作地点是在客户那里，大多数时间是在生产线上，在用户企业从本公司购买的机器设备旁。他们掌握第一手的数据，如产出率、掉件率、停机时间等，并拿这些数据与公司的标准数据进行对比，一旦超出控制误差范围，就将采取措施，使设备回到规定的指标范围内运行。从而实现了公司对其客户设备运行的闭环控制，确保了公司售出的设备都在指标范围内运行。“协调人”就好像是在公司整个组织学习闭环系统上增加的传感器和执行器，增强了这个系统对外界的敏感性和迅速反应能力。环球仪器公司组织结构的优点是将问题的发现“一线化”（或叫“前线化”），使问题的发现及时、准确、高效率，拉近公司与市场和客户的距离，便于公司上层及时发现问题，了解环境的变化，有效地应变与决策。公司同样还可以通过“协调人”系统，使基层的发明快速被公司上层了解并有效合理选择，通过公司的信息系统和“协调人”得到贯彻执行和反馈，并转化进入整个公司的知识库由全公司分享。

（4）组织结构中的弹性/可重构性特征案例

下面以跨国公司为例来说明。跨国公司一般都要建立矩阵式的组织结构，既包括事业部线（business side），又包括地区线（geography side）。如何在事业部和地区这两条

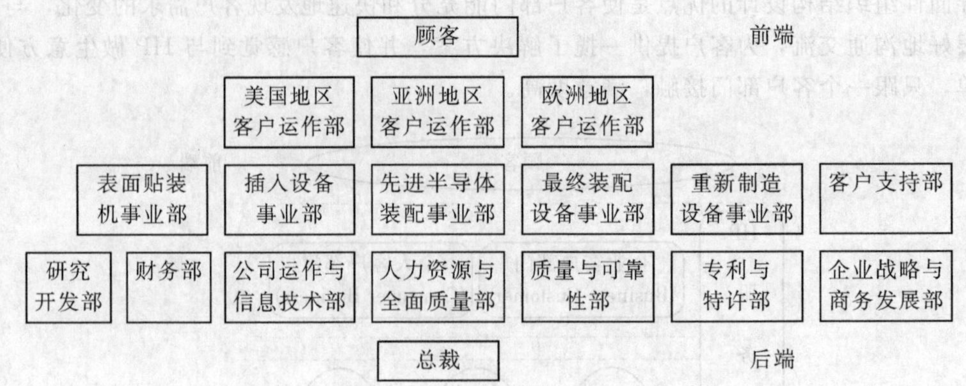

图 13-17 环球仪器公司市场/客户导向性组织结构

线上分配职位、汇报体系和权力体现了跨国公司矩阵式组织结构的设计特点。

研究表明，跨国公司矩阵式组织结构在最初特别强调事业部这条线，以利于在全球范围内协调和优化各事业的发展。到了20世纪90年代初，随着全球经济增长和全球一体化的发展，各地区市场购买力不断增长，跨国公司在各地区的经营活动变得日益活跃。为迎合各地的需求，跨国公司开始特别强调差异化战略，以差异化的产品赢得市场。为支持产品差异化战略的实施，跨国公司特别强调本土化经营，原来事业线对市场和业务的控制力逐渐转移到对当地市场更为了解的地区分公司管理层，于是强调各地区分公司的管理，加大了地区这条线上的权力。因此，各大地区及各国分公司迅速成长，功能部门配置齐全，各事业部经理都听命于地区总经理的管理，各地区分公司对当地业务的管理几乎独成一家。以地区分公司占主导地位的矩阵组织结构取代以纵向事业线为主导的矩阵组织结构成为20世纪90年代初跨国公司组织变革的主要特征。然而，到了21世纪初，世界经济出现一些衰退的趋势，市场需求萎缩，跨国公司赢利能力显著下降，成本控制成为其首要问题，公司开始选择成本领先战略以加强成本控制。为了支持成本领先战略的实施，公司开始重新强调事业线这一边的权力，以在全球范围内协调和优化该事业的发展特别是成本的控制。

譬如，安捷伦公司在2000年就进行了组织结构的重组，原来的3个产品事业部扩充为5个。管理层越来越强调沿事业线进行整合，表现在以下方面：第一，专职的地区分公司经理职位减少，有的职位甚至被取消，有的变成了兼职职位，由当地产品经理兼任（例如，安捷伦公司中国区不再设专职的总裁，而由原中国区最大的产品事业部EPSG总经理兼任；原中国区分析仪器部总经理的职位甚至不复存在，由亚太区直接管理）。第二，组织按产品服务线重新划分，产品线经理职位增多，且这些职位多数集中在企业总部所在地。第三，员工不再向地区经理报告，而改为向位于美国或亚太区的产品经理报告，员工直接对产品经理负责，其工作职能和业绩评价由产品经理确定，地区分公司经理的意见作为参考。显然，这样的变革很明显地削弱了地区线的权力，而增强了事业线（产品服务部门）的权力，矩阵式组织双重命令链的优先级发生了改变。组织结构由以地区分公司占优的矩阵组织结构转向了以产品事业部占优的矩阵组织结构。

因此可以看出，随着全球经济周期的波动，跨国公司矩阵式组织结构的变化会呈现出事业导向和地区导向交替出现的循环（见图 13-18）。在经济景气时，矩阵式组织结构呈现地区导向，使地区分公司在矩阵组织结构中占主导地位；而当经济不景气时，矩阵式组织结构呈现事业导向，使事业部经理在矩阵组织结构中占主导地位。

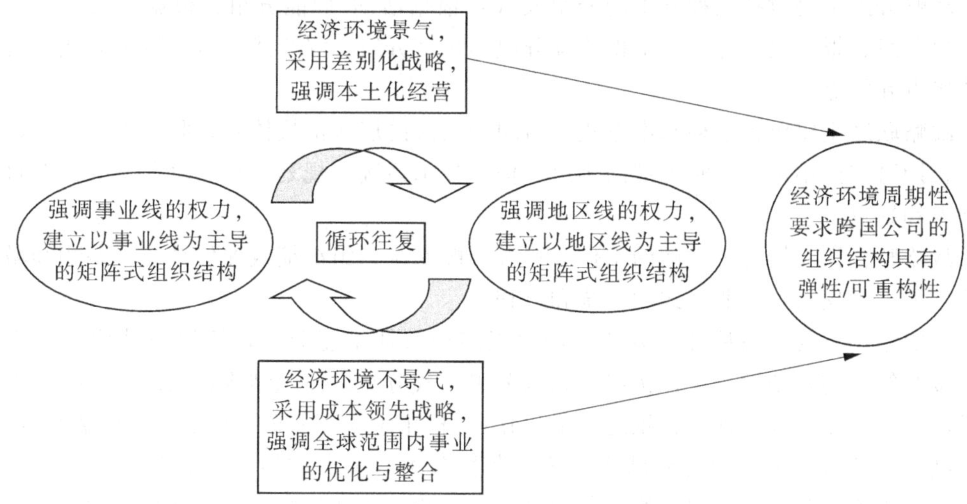

图 13-18　经济环境周期性要求跨国公司的组织结构具有弹性/可重构性

正是由于存在这种影响和循环关系，使得跨国公司不得不经常调整其矩阵式组织结构。通过对跨国公司案例的分析我们可以知道，作为一个学习型组织，它也确实必须有这个能力来根据需要调整其结构。因此，学习型组织的组织结构不可能一成不变，它必须有一种适应上述各种影响因素变化的能力，要具有弹性/可重构性。而建立这种能力需要以下条件：①组织中的管理者和员工要具有多方面的知识结构和技能，能适应岗位的变化；②管理者要有良好的心理素质，能适应和习惯组织结构的变化和职位的升降；③管理者要掌握必要的变革工具，如前面提到的 GE 公司的变革加速过程模型和太阳公司的变革接受过程模型，它们都是一系列步骤及工具的组合，可以帮助人们成功地实施组织结构的变革，提高了组织结构的弹性和可重构性。

就像生物结构的进化一样，企业的组织结构也在不断地进化之中。随着企业生存环境的改变，企业组织结构中将不断分化出新的职能或部门，组织结构的整体形态上也发育出新的特征。

本章小结

企业所在的环境影响战略，战略影响结构，结构影响行为，行为产生结果。一个组织的管理者必须根据客观环境来合理地确定组织战略和组织结构，使员工能有效地分工协作，取得良好的绩效，达到组织的目标。

组织结构设计有三个主要流程：战略分组（确定组织中各单元的划分方法，并将从事不同工作的人放到这些单元中去)、战略联结(通过设计正式和非正式的结构和过程将分开的各不同单元联系并协调起来)、战略整合(通过设计相应的制度和流程,以确保前面通过战略分组和战略联结形成的组织架构中的单元和个人具有充足的资源和动力来达到组织设计的目标)。

战略分组主要包括七种基本的分组模式:根据活动/职能分组、根据产出分组、根据客户分组、根据地区分组、根据流程分组、矩阵分组、混合式分组。每种方式都有自己的优点和缺点。

战略联结主要包括七种基本方式:组织中正式的层次汇报体系、联系人角色、整合人、长期跨部门小组、临时跨部门小组、信息技术系统、规划流程。每种方式都有自己的优点和缺点。

战略整合需要做五个方面的工作:资源分配系统、组织绩效评价系统、薪酬和激励系统、人力发展系统、非正式的系统和过程。

组织结构主要有四种分类方法:按组织结构特征维度分类,按组织结构灵活性分类,按组织结构复杂性分类,按组织结构分组模式分类。组织结构特征维度包括:专业化维度、正规化维度、标准化维度、集权化/分权化维度、复杂性维度。按灵活性分类,组织结构包括机械结构和有机结构。按复杂性分类,组织结构包括简单结构和复杂结构。按分组模式分类,组织结构包括职能导向结构、事业导向结构、客户导向结构、地区导向结构、流程导向结构、矩阵式结构、混合结构。

影响组织结构选择的因素包括:外部环境、组织战略、组织规模、内部工作关系、组织技术、组织政治、组织文化、人员素质。这些因素对组织结构的选择分别有不同的影响。组织结构的有效性是指组织结构有利于组织战略达成的程度。在选择组织结构时,领导人首先会分析影响组织结构的各种客观因素以及这些因素对组织结构设计提出了哪些客观能力要求,然后考虑自身的主观偏好,最终选择某种组织结构。而客观因素对组织结构的能力要求和最终选择的组织结构具有的能力之间的相互匹配程度,最终决定了组织结构的有效性。

在当今复杂多变的环境下,组织为了提升其组织学习能力,组织结构发展进化出新的特征。陈国权提出的面向组织学习的五职能四形态特征包括:信息/情报职能、创新职能、学习/培训职能、知识管理职能、变革/危机管理职能、市场/客户导向性、团队化/网络化、扁平化、弹性/可重构性。随着企业生存环境的改变,企业的组织结构也在不断的进化之中。

复习思考题

1. 组织战略、组织结构、员工行为、组织运行结果之间是什么关系?
2. 组织结构设计中的三个主要流程是什么?每个流程中需要做的主要工作是什么?
3. 组织设计中的部门化主要有几种方式?每种方式的优缺点各是什么?
4. 将组织中不同部门联系协调起来有哪些方法?试举一些实例来说明。
5. 组织设计中进行战略整合时需要做哪几个方面的工作?
6. 试举例说明组织结构的几种主要分类方法。

7. 哪些因素会影响人们对组织结构的选择？它们是如何影响的？

8. 什么是组织结构的有效性？如何提高组织结构的有效性？

9. 在复杂多变的环境下，组织必须提升什么能力？组织结构的五职能四形态特征的具体内涵是什么？这些特征是如何有利于提升组织学习能力的？

本章案例

会成生物科技有限公司

一、会成公司概况

会成生物科技有限公司是一家生产、销售医疗器械和健康产品的民营高科技公司，1994 年在北京创立。刚成立时业务范围比较单一，仅代理销售国外几家知名企业用于医院使用的检验设备，如日本日立公司的全自动生化分析仪，美国 ABBOTT 公司的全自动血液分析仪，美国 Becton Dickinson 公司的全自动血液培养仪等。目前的产品包括很多，譬如：各种便携式的会成牌血糖仪、尿酸仪、血压计、家用心电图仪、血脂仪、胆固醇仪等。凭借企业良好的直销能力，产品代理销售业务迅速形成了竞争优势，第二年公司年销售额就达1 000万元。公司发展初期，会成凭借国外合作者的品牌优势迅速占领市场，实现赢利并完成原始积累；同时在与世界著名企业的合作中，会成作为其代理商也有机会学习这些公司的战略规划、品牌创造、组织架构、绩效考核方法、企业内外沟通方式等，从而不断思考与调整自己的组织设计。几年过去了，会成公司目前已成为医疗器械行业著名的代理销售商，与国外厂家形成了长期战略联盟，销售医疗检验中的精品设备，同时向国内医院等客户提供优质服务。

二、会成公司发展的三个阶段及其组织结构的变化

1. 1998—1999 年：总部制的组织结构

会成刚开始在全国营销会成牌健康产品时，其策略是以低成本快速推进全国市场。公司率先建立了当时营销网络中还不曾出现的扁平行销网络，并建立了高度集中管理的总部制组织管理结构（见图 13-19）。会成总部设立市场部、全国销售北方部、全国销售南方部等。会成不在全国各省会设立营销办事处，而是将节约出的费用全部返利给经销商，以吸引经销商，这使竞争对手的经销商也很快加盟会成。会成不采用当时流行的多层行销网络，不设立省级总代理公司，而是建立扁平结构；全国各地经销商均是以同样价格从会成北京总部出货，这样就鼓励了许多省会城市以外的经销商，因为它们从会成能得到一手的价格、一手的指导，而在其他营销渠道中，它们往往处于分销或再分销的地位，不仅利润空间很小，而且得不到培训和与总部沟通交流的机会，更谈不上有能力帮助会成公司建立品牌。扁平行销网络使会成公司在健康产品营销的第一年没有因市场迅速扩张而产生亏损，产品通过大量经销商的购买到达了全国各地。

总部制的组织结构有以下几点好处：人员少，效率高，高度集中管理，便于形成和执行公司的各项管理制度；产品和信息流通快，管理费用低。这个阶段是会成公司成长的阶段。

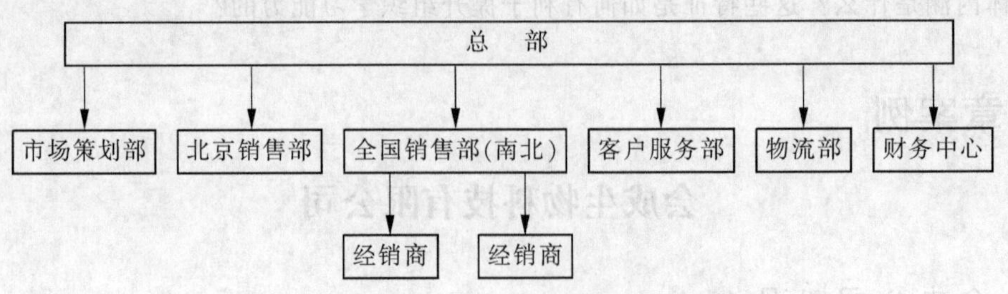

图 13-19　1998—1999 年期间的总部制组织结构

2. 2000—2003 年：区域制的组织结构

到 2000 年，公司推广产品已 2 年多，发现区域营销出现了新的问题，省内因没有会成的管理人员长期在省内管理监督，经销商们不遵守会成统一制定的价格政策，有些省内高抬价格，有些省内低价抛售；许多经销商们购货后不主动开发自己的行销通路，反而串销或者因工作太被动而滞销；客户服务部只设立在北京总部，尽管对客户的服务态度很好，但是服务速度太慢。为了更好地帮助经销商开拓业务并协助经销商做好当地客户服务，公司于 2000 年 6 月开始在各省招聘会成省级区域经理。省级区域经理一律从当地人中选取，负责本区域内临床、OTC、联谊会三个通路的经销商管理。与此相配合，公司还对北京总部的组织结构进行改革。这一时期的组织结构为省级区域制，如图 13-20(a)所示。这时业绩考核单元全部下放到各省级区域，以区域经销商的月购货业绩总量作为区域经理的月考核指标，在各省区域经理之间竞争销售量。在每一个省级区域内，省级区域经理与省内各经销商互动，也与总部、客户服务总部以及最终消费者互动。公司将其称为会成区域经理为中心的商务与服务并行模式，如图 13-20(b)所示。这时，省级区域经理的作用四通八达。

公司采用区域制组织结构的好处体现在：①有了省级区域经理的存在，经销商的商务与服务活动趋于规范；②以省为单元业绩考核清晰；③本省人员因地缘语言熟悉，沟通方便，使总部与各区域的沟通交流速度加快；④有些简单的客户服务在本地能得以解决，方便了最终消费者；⑤仍坚持扁平的经销商网络，经销商看到本地有会成公司的管理人员，信心进一步提高，购货量增大，新增利润正好抵消了其管理成本的增加。这一阶段是会成企业的发展阶段。

这种区域制组织结构在运行期间，需要对区域经理人员进行选择、培训，使得员工管理成本上升。所以，公司没有同时在 30 个省实施，而是分批面试、培训、上岗试用，而且特别注意总结经验教训，不断完善相应的制度。由于新员工是分批加入到公司已有的团队之中，所以较容易融入到会成的企业文化中。这样避免了因快速膨胀，新人大量涌入，制度跟不上，培训不到位，文化受冲击等所导致的管理混乱等现象。总的来说，组织结构变革还是平稳进行的。

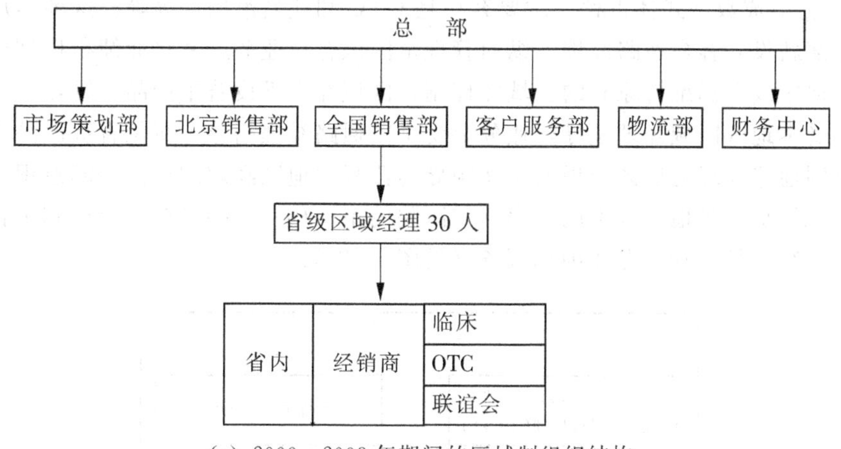

(a) 2000—2003年期间的区域制组织结构

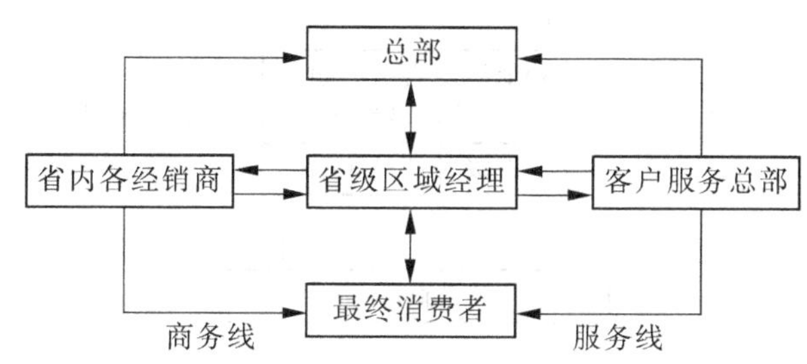

(b) 2000—2003年期间区域制组织结构中商务与服务并行模式

图 13-20

3. 2004年到现在：客户制矩阵式的组织结构

2003年底，健康产品市场通路竞争愈加激烈，会成区域制组织结构也暴露出其竞争力的不足的问题。

第一，通路竞争力不够专业。会成客户中既有临床客户，也有OTC客户，但他们的身份与文化大相径庭，与医院医生的对话和与商场柜台人员的对话有着巨大的差异，所以区域经理在工作安排中往往顾此失彼，造成专业通路的服务差、方法差，竞争力削弱。

第二，区域独立性过大，执行总部的政策懈怠。三年前刚执行区域制时，新任区域经理往往过分依赖总部决策，放不开手脚，不敢对区域事务负责；而三年的实践下来，随着区域内经销商的成熟，有些区域已建立一定业绩，区域经理出现懒惰懈怠，守着已有的业绩，不愿去开拓新的市场，无法完成总部不断扩大的业绩指标，新产品推广十分缓慢；总部的整体指挥显得无力。

合久必分，分久必合。2000年，总部授权到地方；2004年，总部提出改变组织结构。新的组织结构是一个以客户制为核心的矩阵式组织，以客户类型和地理区域为矩阵的二条边，以便为客户提供更专业化的销售、支持与售后服务。此时，会成公司新产品推出种类越来越多。除了会成血糖仪系列产品、血压计系列产品外，公司又陆续推出：①针对痛风病人检测尿酸指标的仪器（血尿酸测试仪），主要客户是临床风湿科与中医科；②会成耳温枪（可在1秒内准确测试体温），主要客户是临床内科、儿科、妇产科和 OTC；③会成数字式体重秤，主要客户是 OTC 和礼品市场；等等。这种客户制矩阵组织在总部新设立客户通路经理，纵向管理全国该客户业务，并将业绩指标划分到每个区域中；地区线上仍维持原有的区域经理制，区域经理下设若干产品主管，每个产品主管行政上受本地区区域经理领导，业务上受全国通路经理指导。每位省级产品主管会同时受到全国通路经理与地区经理的交叉领导与监督。地区经理的地区分割意识下降，协同工作意识增加；各地负责不同客户（如医院的不同科室）的经销商会得到来自全国通路经理与省级产品主管的专业细化服务（见图 13-21）。

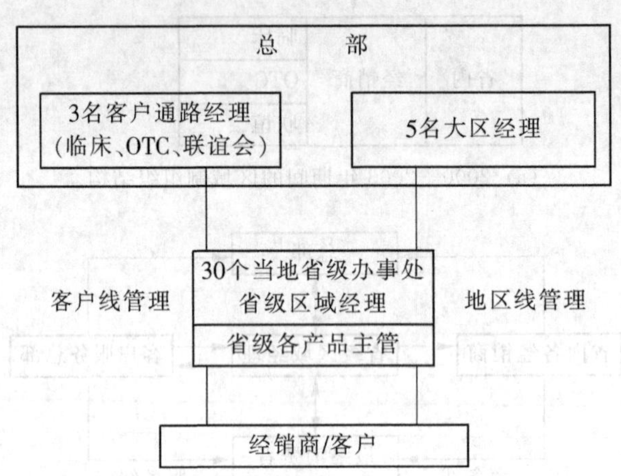

图 13-21　2004 年到现在的客户制矩阵组织结构

三、会成客户制矩阵组织结构下的管理方式

1. 组织结构的基本构成：处在一线的各省运作办事处

各省运作办事处是该组织结构中的关键单位。省级区域经理对所管辖的范围有业务及行政管理权，要对该地区所有业务负全部责任，必须是一位有企业家精神的开拓型人才。省级区域经理要向两个上级汇报业绩，而且这两个上级有不同的要求：全国客户通路经理要求该办事处要多完成相应产品总体指标；而大区经理要求该办事处完成区域总体指标。这不是一件容易的事，所以，区域经理要学会两边平衡。区域经理的业绩是由全国客户通路经理和大区经理共同评定。双方都有一个同样的度量标准，但是他们的期望却不相同。通常，双方的期望和参数是冲突的，这时候公司总经理就必须决定如何在两个冲突之间作一个权衡。

2. 矩阵组织的其中一边：客户通路线管理

会成公司在 2004 年新设全国临床通路经理、全国 OTC 通路经理、全国联谊会通路经理，分别专门负责临床、OTC 和联谊会的不同客户的售前与售后服务。全国客户通路经理对该业务在全国的推广战略和总业绩负责。客户通路经理的职责包括：分配并协调各地区该业务的均衡发展；有权直接管理地区中相应产品主管的业务安排；在全国推广最好的市场与服务经验；建立全国产品 VIP 客户关系。客户通路经理是很关键的人物，他们要精于策划战略，掌控各地运作办事处的业绩，和不同地区的客户共同工作等。可以看到，客户通路经理不直接拥有从事该业务的任何一个员工，他们不能独立命令任何一个区域经理解雇某个员工，但是还要把产品业绩指标完成，很不容易。因为，尽管通路经理在制定战略中有很关键的作用，但是只有与当地省级办事处配合才能真正实施这些计划来达到目标。公司是从当地省级办事处的经理中挑选客户通路经理，他/她在行使全国客户通路经理职责的同时，还管理原来的一个当地省级办事处。由于全国客户通路经理同时也是一个当地省级办事处的经理，这会使其学会从当地管理人员的角度出发，愿意对当地区域管理人员进行授权和支持。

一般来说，客户通路经理会在每月 26 日至下月 2 日期间在总部开会和总结，在一个月中有 1 周的时间用于自己负责的省级办事处的日常运作管理，另外 2 周时间用于全国该通路的产品业务的推广与考察。客户通路经理在全国市场部还有一位专门的客户助理，主要是帮助通路经理制定战略，评估各区域的业绩反馈，识别与发现存在的主要问题，协助临床通路经理搞分类临床学术推广会或协助 OTC 通路经理策划促销活动等。

客户通路经理从公司信息系统中获得各省级办事处有关产品的每月业绩表，这些业绩数据包括已收到的订单、收入、毛利润、净收入、成本和管理费用、每年的预算更新。通路经理决定这些信息可以在多大程度上通报给各省级办事处。客户通路经理担任的一个重要角色是推广最好的实践经验，必要时身体力行做出榜样市场。把各个单位的业绩情况共享出来是一种推动方法，另外一种方式是通过岗位轮换和观摩让管理人员接触到不同的运作和管理方式。客户通路经理必须尽量让当地的管理人员知道其他地方能够达到的业绩情况，获得最好的技术和经验，改进运营过程，并使之尽快产生效果。这方面最强有力的推动力就是对省级区域经理业绩的严格要求并提供提高业绩的资源，两者相结合，缺一不可。

3. 矩阵的另一边：地区线管理

省级办事处的区域经理要向其所属的大区经理汇报。会成将全国划分为五个行政大区，分别是东北、华北、西北、华南和西南，每个大区经理管理 5～6 个省级办事处和省级区域经理。这套体系是沿用了区域制时的管理模式。大区经理的职责包括：负责大区内省级办事处的各产品线总体指标的达成，负责所辖区域内各省级办事处经理及其下属主管的行政管理，如纪律、日报表、计划表、人力发展计划等，确保公司的各项政策在当地得以正确实施。大区管理更像是行政管理，属块状管理；而客户通路线管理更像业务管理，是全国条状管理。

大区经理的工作地点是总部，也会在每月 26 日至下月 2 日左右在总部开会和总结。会议期间公司总经理、市场部、3 名客户通路经理和 5 名大区经理全部到场。公司月考核报表中也分各产品线业绩考核表与大区的块状报表，对于某大区中应努力改善的某产品现状，大区经理应按通路经理的要求去加以改进与迅速落实。大区经理也可以要求通路经理对该大区多加指导或对其工作方法提出异议，这样就在全国大区经理与全国通路经理层面形成了工作相互促进与监督的机制，而不仅仅是来自总经理垂直层面的监督管理。

4. 矩阵组织的实施：高层管理

在公司的基层，矩阵组织的两条线在省级办事处会合，而在公司的最上层两条线又会在由总经理领导的高管层会合。高管中有 3 位全国客户通路经理（全国临床客户经理、全国 OTC 客户经理和全国联谊会客户经理），负责不同的客户通路建设及业绩。三个客户通路经理与五个大区经理共同对公司的整体战略负责。八位主要业务经理都依不同的职责交叉忙碌着，每月一次例会，往往在 12 小时以上，讨论本月通路业绩执行与大区业绩的执行和下月的工作计划。条块对比，纵横交错，优劣评议，平衡资源，每月进行一次全面的、激烈的、开放的、诚实的对话。

高层管理最重要的角色就是：沟通与执行。当高层在一起讨论时，所有方面的问题都会被考虑到，但关键在于如何能在交叉的责任下有效执行，产生双重监督执行的效果，而不是形成三个和尚没水吃的局面。会成公司面临的挑战就是在这个要求很高的系统中培训出大批能够高效并无缝联结、协同工作的高管人员。各省级区域经理能够高效工作固然很重要，但对公司整个矩阵组织结构而言，最重要的还是要培训出在客户通路、大区等关键位置上的全能经理人，类似医院里的全科医生。这八名全能经理人的工作质量会决定会成客户制矩阵组织结构的成败。

客户制矩阵组织的实施难点在于：一是人才选用；二是宣传到位。公司在 2003 年底决心采用该组织结构时，就在人才选聘的同时，委任一个特别工作组宣传客户制的好处，逐人细致地讲解选择专门通路后的工作职责及奖励机制，同时有重点地动员老员工去当临床主管（因临床线工作难度大，公司在制定临床线的政策时也有所倾斜）；对于可能因多加了汇报线而有思想抵触的省级区域经理，通过多次沟通交流让他们看到客户制是加强通路竞争的有效手段，客户通路经理是帮助他们实现地区业绩的有力帮手。通过半年的沟通与人才准备，2004 年 4 月，会成公司的第三次组织结构调整结束，调整没有引起任何不愉快，2004 年 6 月，客户制矩阵组织结构已开始运行。

四、会成客户制矩阵组织运行效果

会成公司实施客户制矩阵组织结构后，还相应提出了“细化通路管理，强化特色服务”的应对策略，取得了良好的效果。公司的毛利率、市场覆盖指标以及客户满意度指标得到提高，分别如表 13-2 所示。

由表可以看出，客户满意度指标在 2003 年底最低的是拜访频率、信息反馈和解决问题，分别只有 65%、61%及 48%；而在 2004 年第二季后，客户满意度指标拉升幅度最高的分别是解决问题 70%（上升了 20%）和拜访频率 86%（上升了 21%）。客户普遍反映，会成加强了终端沟通的频数，提高了沟通技巧，这一切都与组织结构变革、细化了对终端的管理有关。

综合上列三种指标评估看出，会成在初试客户制矩阵组织结构后确实在组织和流程管理上产生了较好的效果，经济效益指标增长，主要市场的 OTC 通路与临床通路竞争力均得到加强，公司产品的使用率在不断提高。当然，最主要和根本性的成果还是变革所带来的顾客价值回报。

表 13-2 单位：%

(a) 客户制矩阵组织结构实施前后的毛利率指标			
	2003 年第四季	2004 年第一季	2004 年第二季
毛利率	7	9	12
(b) 客户制矩阵组织结构实施前后的市场覆盖指标			
特许批发商数	12	20	28
全国零售 OTC 铺货数（店）	615	1120	1546
全国 OTC 中专柜数（个）	51	105	165
全国 3 甲医院中的使用率（%）	8	14	18
全国 2 甲医院中的使用率（%）	5	9	12
(c) 客户制矩阵组织结构实施前后的客户满意度指标			
客户拜访周期满意度	65	78	86
客户信息反馈满意度	61	76	80
客户培训满意度	70	81	85
客户售后服务满意度	86	93	94
客户储运满意度	88	90	92
客户解决问题满意度	48	65	70

案例思考题

1. 会成公司的组织结构经历了三个阶段，请仔细描述每个阶段的组织结构特点及存在的原因。

2. 会成公司最后一次采用矩阵式组织结构，你认为其运行过程中可能会存在哪些问题，公司是如何解决的？

3. 如果会成公司的规模进一步发展变大，你认为其组织结构还有可能需要做哪些调整？为什么？

参考文献

1. ANCONA Deborah，KOCHAN Thomas A.，Scully Maureen，et al. Managing For The Future，Organizational Behavior & Processes [M]. 3th ed. Mason：Ohio，South-Western College Publishing.

2.（美）斯蒂芬·P. 罗宾斯. 组织行为学 [M]. 10 版. 孙健敏，李原译. 北京：中国人民大学出版社，2005.

3. 理查德·L. 达夫特，雷蒙德·A. 诺伊. 组织行为学 [M]. 杨宇、闫鲜宁、于维佳译. 北京：机械工业出版社，2004.

4. 理查德·L. 达夫特. 组织理论与设计精要 [M]. 李维安等译. 北京：机械工业出版社，1999.

5. 陈国权. 学习型组织的过程模型、本质特征与设计原则 [J]. 中国管理科学，2002，10 (4)：pp. 86～94.

6. 陈国权. 学习型组织的组织结构特征与案例分析 [J]. 管理科学学报. 2004，7 (4)：pp. 56～67.

7. Guoquan Chen. Management Practices and Tools for Enhancing Organizational Learning Capabil-

ities. SAM Advanced Management Journal. Winter 2005，70 (1)：pp. 4～21，35.

8. 罗伯特·德利. 组织行为学 [M]. 陈国权译. Heriot-Wat 大学，1998.

9. Tom Burns and STALKER G M. The Management of Innovation [M]. London：Tavistock，1961.

10. COURTRIGHT JOHN A.，FAIRHURST GAIL T.，ROGERS L E . Interaction Patterns in Organic and Mechanistic Systems [J]. Academy of Management Journal，1989，32：pp. 773～802.

11. DUNCAN R B. Characteristics of Perceived Environments and Perceived Environmental Uncertainty [J]. Administrative Science Quarterly，1972 (17)：pp. 313～327.

12. PORTER M E. Company Strategy：Techniques for Analyzing Industries and Competitors [M]. New York：The Free Press，1980.

13. Treacy Michael，Wiersema Fred. How Market Leaders Keep Their Edge [J]. Fortune，6 February 1995，pp. 88～98.

14. HITT M A，IRELAND R D，HOSKISSION R E. Strategic Management [M]. St Paul，Minn.：West Publishing，1995，pp. 100～113.

组织中的利益、权力和政治

学习目标

1. 理解利益相关者的概念及其对有效管理的重要意义。
2. 掌握组织内外利益相关者的主要构成及分析方法。
3. 理解企业的社会责任系统和社会支持系统的内涵及所包括的方面。
4. 掌握企业所有者建立维持自己和各利益相关者利益的共赢体系的基本思路和十个原则。
5. 掌握权力的概念、种类、获取的方法。
6. 掌握组织政治行为的概念、种类、管理方法和道德标准。

任何一个组织都是由不同的利益相关者（stakeholder）组成的。对于企业而言，利益相关者是“企业能够通过行动、决策、政策、做法或目标而影响的任何个人或群体。反过来，这些个人或群体也能影响企业的行动、决策、政策、做法或目标”。（卡罗尔等，2004）。这些利益相关者的利益受到组织结果的影响，他们各自怀有不同的目标和利益，会运用自己的资源和影响力（如权力）来达到自身的目标和利益，因此组织内各利益相关者之间、组织与外部利益相关者之间的冲突会成为必然。一个组织的领导者必须学会界定不同的利益相关者，了解他们各自不同的利益，采用一定的方法来综合考虑平衡各种利益需求，同时合理地分配和使用权力。只有这样，才能尽量减少组织内部以及组织与外部的不良冲突，使组织能够得到平衡、稳定的发展。

在本章中，我们将重点讨论下列问题：

1. 组织中利益相关者及其利益需求分析。
2. 组织中整合不同利益相关者利益的方法。
3. 组织中权力的管理。
4. 组织中政治行为的管理。

第一节　组织利益相关者及其利益需求分析

一、组织利益相关者的构成分析

不同的组织会包括不同的利益相关者。下面我们以某制造企业为例来说明，如图 14-1所示。

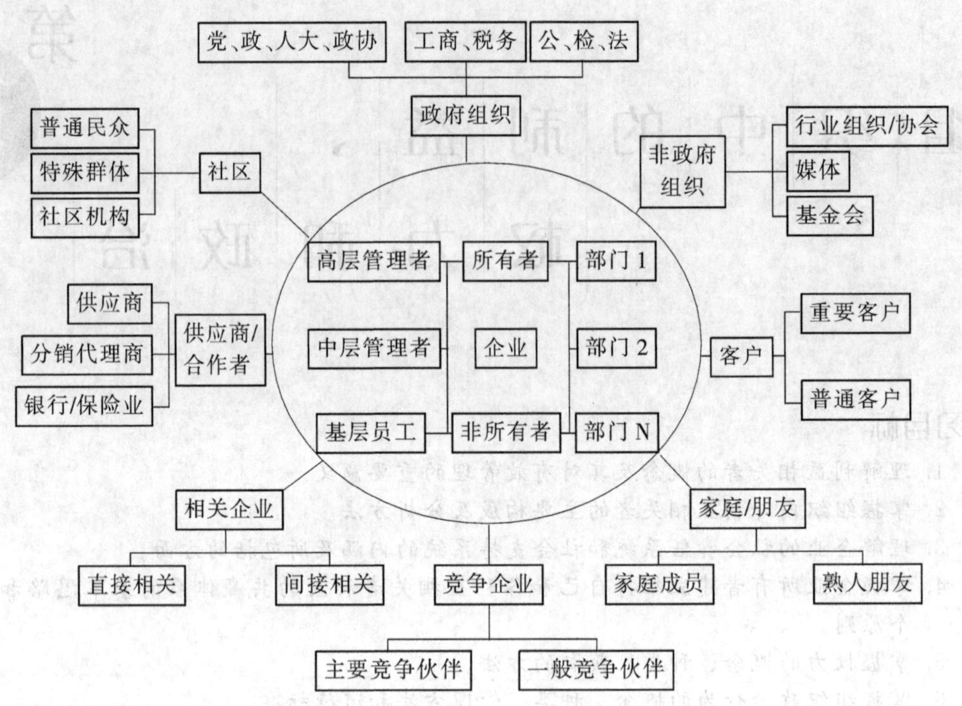

图 14-1 制造企业组织的内外利益相关者构成图

组织中的利益相关者分为内部利益相关者和外部利益相关者两大类。

1. 内部利益相关者

按照是否拥有企业的股份，企业内部利益相关者可划分为所有者（股东）和非所有者（一般情况下为员工）。

按照所处企业的纵向层次，企业内部利益相关者一般可划分为高级管理者、中层管理者和基层员工。

按照横向单位种类，企业内部利益相关者可划分为部门1（如设计部）、部门2（如制造部）……部门N。

2. 外部的利益相关者

企业外部的利益相关者包括：供应商/合作者、客户、竞争企业、相关企业、政府组织、非政府组织、社区以及管理者和员工的家庭/朋友等。

企业最重要的利益相关者之一是客户，它决定了企业存在的理由和价值。客户中包含重要客户（大客户）和普通客户。根据80/20原理，企业80%的利润来自20%的重要客户，20%的利润来自80%的普通客户。

供应商/合作者是企业重要的利益相关者，是企业生存发展的重要伙伴。它包括原材料/零部件供应商、分销代理/零售商以及银行/保险公司等组织。

竞争伙伴企业是企业重要的利益相关者，一般情况下是竞争对手，特殊情况下也是合作伙伴。它包括主要竞争伙伴和一般竞争伙伴。

相关企业是非同行但相关的企业，包括直接相关企业和间接相关企业。

政府组织是企业重要的利益相关者，根据职能可划分为：有关的党委、行政、人大、政协、工商行政管理、税务机构以及公安、检察院、法院等部门。从地区范围来分，包括国际组织、国家、省、市、地方等各级政府，有时也包括别国政府。

非政府组织包括行业组织/协会（如工商联合会、有色金属协会）、媒体（如电视台、电台、报刊、网络）、基金会（如宋庆龄基金会）等。从地区范围来分，包括世界级非政府组织（如世界贸易组织）、国家级非政府组织（如中国贸促会）以及地方级非政府组织（如北京环境保护民间协会）等。

企业所在的社区也是重要的利益相关者，包括：生活在社区的普通居民、特殊群体（如残疾人群体、失学儿童等）、社区机构（指处于该社区的各种组织机构，如企事业单位等）。

家庭/朋友也是重要利益相关者，包括企业管理者和员工的家庭成员和熟人朋友等。

联想收购IBM个人电脑业务前后涉及的利益相关者

众所周知，联想集团在2004年12月8日宣布将用17.5亿美元收购IBM个人电脑业务，此收购交易于2005年5月1日正式完成。然而，收购前后由于涉及众多的利益相关者，联想必须去应对和解决各种可能发生的情况。

收购之前的安全指控

整个收购过程并非一帆风顺，这其中主要的问题是美国外国投资委员会提出的有关国家安全指控。譬如，2005年3月1日《重庆时报》这样报道：

“联想IBM收购案再生变数：美方负责审核这笔交易的美国外国投资委员会以国家安全为由提出指控，并拒绝有关让步条款。美国外国投资委员会2005年1月27日正式对联想并购IBM的PC业务开展国家安全调查，指责中国可能利用兼并后的联想窃取美国机密技术。24日，IBM向该委员会提出3项让步：禁止联想公司的工作人员进入IBM公司在北卡三角地带的2幢研究大楼；将园区内数千名IBM员工迁往他处；IBM不向联想提供IBM的美国政府机构客户名单。但经过3小时的会谈，IBM和该委员会没有就这3项让步达成一致。根据美国法律规定，美国外国投资委员会必须在3月14日向布什总统提交安全背景调查意见，双方将在本周内继续协商。美国外国投资委员会曾在2003年以威胁美国安全为由，阻止李嘉诚的香港和记黄埔公司参与收购破产的美国环球电讯公司。”

收购之后的销售限制

收购完成之后，新的公司开始运作。在这个期间遇到的最大问题之一来自于美国国务院对联想电脑的限制性措施，联想电脑只能用于美国政府机构中的非保密系统，使得联想1 300万美元订单遭调查，严重影响了联想公司的销售。譬如，2006年5月24日《新京报》这样报道：

“根据昨天联想披露的最新消息，美国国务院负责外交安全的助理国务卿理查德表示，‘考虑到IT设备供应商的所有权发生改变，国务院将会修改采购流程。国务院所采购的联想电脑将只用于非保密的系统，并对所采购的电脑系统进行更严格的审查。外交安全部门还将告知美国政府各部门，要求采取同样的措施。’事情源自今年3月20日，联想在美国政府采购中争取到的一张价值1 300万美元左右的订单。当时联想在美国的合作伙伴，长期向政府机构和教育机构提供信息技术产品的供应商CDW-G公司宣布，联想通过公开的招投标程序获得了一份来自美国国务院的采购合同，将向美国国务院提供16 000台联想Think Center M51型台式电脑。消息公布后，美中经济安全调查委员会（USCC）对该笔交易的安全性提出质疑，并以USCC的名义向美国众议院拨款委员会主席弗兰克·沃夫提出调查要求。随后弗兰克·沃夫要求美国国务院对此进行解释。

联想集团董事会主席杨元庆对此感到不公。他认为，‘USCC的质疑事实上在当年联想收购IBM个人电脑事业部的时候就有过，但联想通过自己的努力取得了美国政府的认同，相关交易不会危害到美国国家安全的结论早在一年前就已经得出。但让人遗憾的是，USCC似乎依然没有办法用一种公平公正的眼光对待联想。这对于联想这样一家市场化的企业来说是很不公平的。联想在美国政府采购项目中拿到的任何一张订单都是完全符合美国政府采购部门对于供应商要求的，同时也完全符合在并购IBM个人电脑业务时与美国外国投资委员会所达成的协议。’

昨天上午，刚刚回到北京的杨元庆就此前在美国政府采购中所遭遇的‘不公正对待’召开电话会议通报情况，并呼吁中国政府向联想提供帮助和支持。据悉，联想已经向我国政府的有关部门反映此事，希望得到帮助，并已经得到‘非常积极’的反馈。杨元庆认为，中国政府长期以来都给予美国企业一种公平和公正的竞争环境，但联想在美国并没有得到同等的对待。此事已经不仅仅是一家企业遭遇，他希望我国政府的有关部门能够对于走出国门的中国企业提供更多的支持和帮助，为中国企业在海外市场的国际化竞争中营造公平公正的竞争环境。杨元庆相信中国政府对于中国企业走出去是非常支持的。

联想现在对事情的真实原因是如何判断的？会不会有其他竞争对手因为利益原因在背后操纵这件事情？昨天，在回答记者的这一提问时，杨元庆明确表示，背后的因素很复杂，外界也有很多猜测。杨元庆说，‘联想不排除有利益集团在背后操纵的可能，但目前还没有明确的证据。这样的事情，无非就是政治因素和经济因素两个方面而已。’

不过杨元庆也表示，对于美国政府采购这一块，联想还会继续争取，而且也否认了‘此事会让联想在美国乃至整个海外市场的业务发展受到重大影响’的说法。杨元庆透露，联想在国际市场的业务中，来自美国政府采购的订单所占比例不过1%，总共价值不过1亿美元左右。在更广泛的中小企业市场以及个人消费市场，联想还有大量的业务。

杨元庆说，‘但是我们不希望看到这有损于联想形象和企业声誉——我们作为诚信、负责任公司的企业形象。联想将继续给包括美国在内的全球客户提供更加具有竞争力的、创新的产品和服务。’”

资料来源：(1) 重庆时报，2005-03-01.

(2) 新京报，2006-05-24.

二、利益相关者的利益分析

下面我们将站在企业所有者（主要决策者）的角度来分析：①各利益相关者对企业所有者的利益诉求；②企业所有者对各利益相关者的利益诉求。

1. 各利益相关者对企业所有者的利益诉求

企业所有者的行为会影响到各利益相关者的利益，这也反映了企业所有者对利益相关者的影响。企业所有者要学会分析各利益相关者对企业的利益诉求，分析过程包括以下三个要点。

① 我们可以从最基本的层面——马斯洛的理论来分析各利益相关者的诉求。人有5个层次的需要：生理、安全、归属、尊重和自我实现。我们可以从这种反映人类最基本的需要模型来分析各利益相关者的利益需求（请参见第七章激励理论，在此不再赘述）。

② 我们也可以从更通俗的层面来分析不同利益相关者的利益诉求。人有经济利益（经济地位）、政治利益（政治地位）、社会声誉（社会地位）、自我完善（追求自我满足的境界）的利益诉求。

③ 我们还应该看到，不同利益相关者对同一类利益的诉求可能会体现在不同的具体方面。譬如，同样是经济利益的诉求，员工需要合理的工资待遇；供应商/合作者需要企业给予合理的利益回报；客户希望获得货真价实的产品/服务；竞争企业希望你给他们留下一定的利润空间（企业不要垄断和独占）；政府希望企业按时按量纳税；社区希望你不污染其环境、不干扰当地人民的生活，而且能力所能及地关心贫困民众和失学儿童等社会问题；家庭则希望自己的家庭成员在你企业工作时能得到合理的待遇，能体面地养家并健康地工作；非政府组织（如基金会、媒体等）希望能得到你的支持（如配合媒体的采访报道、给他们必要的赞助和捐赠等）来帮助其实现目标。

2. 企业所有者对各利益相关者的利益诉求

各利益相关者的行为也会影响到企业所有者的利益，这也反映了各利益相关者的行为对企业所有者的影响。企业需要各个利益相关者的支持。我们可以用同样的方法来分析企业所有者对各利益相关者的利益诉求。

从本质上说，企业所有者也有马斯洛定义的5个层次需要：生理、安全、归属、尊重和自我实现。而这些方面的需要也主要是通过经济利益（经济地位）、政治利益（政治地位）、社会声誉（社会地位）、自我完善（追求自我满足的境界）等来实现的。企业所有者具体的利益诉求包括：所有者希望员工能够积极地、有创造性地、全心全意地为企业工作，员工的全身心投入、理解、创造和忠诚等对企业所有者的成功非常重要；需要得到客户的一贯支持和忠诚；需要得到供应商/合作者的支持；需要政府提供宽松的政策环境；需要非政府组织（如媒体）的理解、监督和舆论支持；需要员工家庭的理解；需要所在社区民众和相关机构的爱护和支持；需要同行企业的良性竞争而非恶性竞争（否则两败俱伤）；需要相关行业的相互切磋而共同发展使互相都有利润空间。

从上面的分析可以看出，当我们站在企业所有者的利益相关者的利益角度来考虑企业的行为时，我们将得出企业的社会责任系统；而当我们站在企业所有者的利益角度来看待利益相关者的行为时，将得到企业的社会支持系统。如图 14-2 所示。

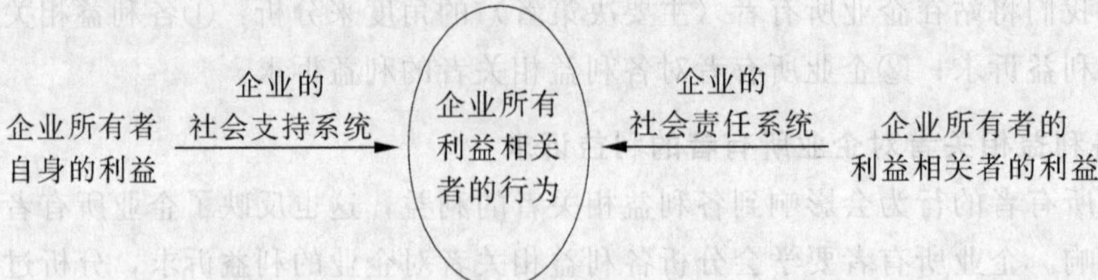

图 14-2　两个不同视角下的利益诉求分析方法

3. 企业的社会责任系统

关于企业的社会责任系统，现在越来越引起学者的关注。譬如，卡罗尔等（2004）定义了如下四个层次的社会责任金字塔。

（1）经济责任

企业获得了社会资源的投入，必须通过企业活动产生增值和赢利，这是对社会资源的良性运用，是企业存在的基础。如果一个企业运转效率低下，则是对社会资源的浪费。

（2）法律责任

企业在经营过程中必须遵守所在国家和地区的各种法律法规，做一个守法的企业公民，作为一个健康的细胞为保障整个社会系统的正常运转做出基本的贡献。

（3）伦理责任

企业行为除了遵守法律制度，还必须遵守社会的伦理道德规范，避免损害他人的正当利益。做事要合乎伦理，维护公平、公正、正义，强调和履行仁义和道义精神。

（4）慈善责任

企业可以在力所能及的范围内，履行其自愿/自由决定的慈善责任，为社区生活质量的改善做出物质上或精神上的贡献。

4. 企业的社会支持系统

关于企业的社会支持系统，目前还没有引起更多人的关注。本作者认为，社会各界在强调企业应该为社会承担责任的同时，也应该为企业的发展提供必要的、良好的支持，使其健康发展。本作者提出了如下基本的企业社会支持系统。

（1）法律支持

企业所有者的合法财产利益（包括经济和知识产权等）必须得到社会各界（如员工、竞争对手、政府、民众等）的尊重和保护，尤其是企业家的人身安全必须得到保护，社会的“仇富”现象必须受到法律的严厉打击和制裁。

（2）舆论支持

应该建立一种良性的社会舆论，鼓励企业家通过自己的诚实劳动和聪明才智来获得个人经济和社会地位的行为。新闻媒体要处于客观和公正的位置，不偏不倚地主持公道和正义。要鼓动企业所有者自愿为社会捐赠，并保障所捐赠的财物用于企业所有者的初衷。

(3) 政策支持

政府要为企业获取社会资源（如融资等）和发展创建更好的公平竞争环境，对新兴发展行业提供一定的支持，为企业家的学习成长提供必要的环境。譬如，孙大午作为一个民营企业家因为非法融资曾被逮捕。虽然他的行为违反了法律，然而从另外一个方面我们也应该看到，只有不断完善社会对民营企业的各种支持性政策和制度，才能真正杜绝此类事情的发生，促进民营企业的良性发展，最终有利于整个国家经济的发展。

2005年10家最负责任企业的事迹

首届中国·企业社会责任国际论坛于2006年2月22日在北京举行。本次论坛主题为“全球责任、共创和谐”。《中国新闻周刊》主持评选出2005年10家最具责任感的企业：上海宝钢集团公司、中国远洋运输（集团）公司、中国惠普有限公司、壳牌公司、中国平安保险有限公司、诺基亚（中国）公司、拜耳集团、通用电气中国有限公司、新加坡金鹰国际集团、巴斯夫中国有限公司。这些企业的获奖理由分别是：

上海宝钢集团公司：关爱职工的安全与健康；在2005年宝钢安全事故发生率只有0.411%；热心回报社会，资助社会公益事业；宝钢投入5 000万元设立了教育资金；宝钢职工开展献爱心活动，总额超过了1 000万元。

中国远洋运输（集团）公司：完成撤侨、接运援外人员撤离动乱地区等任务。2005年1月中远集团8万员工自发捐款8 000万元人民币。中远为扶贫支出的资金超过6 000万元。中远集团和企业募集资金1亿元，注册了第一家由慈善资金发起的慈善基金会。

中国惠普有限公司：中国惠普通过循环回收打印耗材，成为保护环境的先例。2002年惠普公司在全球推出“世界一家”计划，普及IT基础教育和加强社会保障体系网络建设。迄今为止，中国惠普已经在广东、北京、陕西、四川、新疆等地成功实施了网络助学计划，帮助人们克服数字鸿沟，适应信息社会的发展。

壳牌公司：可持续发展是壳牌的核心价值观。壳牌公司以对社会负责任的态度提供清洁能源，一直遵循经济活动、环境保护和社会责任三方面的平衡发展；率先承诺不在世界自然遗产地进行勘探和钻井；采用国际先进标准和健康环保的风险管理体系，为能源行业四种主要行业影响制定自愿的减低目标；积极推进节能环保项目的开发，在中国推广节能环保的媒体化技术，与同济大学共同建立上海首座固定加氢站；决定全球各个公司都要遵守的壳牌商业原则，涵盖了竞争、商业道德、政治活动、当地社区、遵纪守法等八个方面。

中国平安保险有限公司：认真实行企业公民的职责，向中国红十字会捐赠保额1亿元；在慈善教育、红十字公益、灾难救助等方面承担广泛的社会责任；2003—2006年向所有的造血干细胞捐献者赠送一年期重大疾病和意外伤害保险。

诺基亚（中国）公司：近20年来诺基亚积极参与和赞助中国各项文艺、文化事业的发展，倡导消费者与诺基亚共同携手推动环保工作。

拜耳集团：拜耳集团是全球契约的创始人之一，高度重视在中国促进公共健康，并积极参与抵抗艾滋病病毒的活动。拜耳与特奥会组织开展合作，为中国的智障人士提供帮助。

通用电气中国有限公司：从2000年到2005年GE基金会向中国公益基金会一共捐赠280万美元。GE的中国组织在中国有六个分会，2005年全年为所在社区提供超过1万小时的社区服务。

新加坡金鹰国际集团：新加坡金鹰集团在自身居住和劳作的社区建立了一套完备的社会保障和环境保护体系，努力改善社区的人居环境。他们还关注中国的教育事业和其他社会事业。迄今为止，在中国的各项捐助累计超过了1.3亿元。

巴斯夫中国有限公司：巴斯夫要用可持续的方式塑造未来，认为经济成功必须与环境保护、社会责任结合在一起才能获得长期的增长，并为利益相关者创造价值。他们制定了行为准则，作为公司的一种政策明确表明其对负责的行为和诚信的承诺。目前巴斯夫大中华区的可持续发展指导委员会已经成立，针对中国地区的具体环境，制定相关的战略和目标。巴斯夫各种捐献的活动到现在为止总投入约4 000万元。

资料来源：《中国新闻周刊》、《凤凰卫视》

第二节　组织整合不同利益相关者利益的方法

一、企业所有者建立自己和各利益相关者共赢利益体系的基本思路

根据上面的分析可以看出，企业所有者有自己的利益诉求，其他各内外利益相关者也有自己的利益诉求，企业既要考虑自己的社会责任，也要考虑自己的支持系统。企业所有者应该在综合分析各利益相关者对自己的利益诉求和影响、自己应该履行的社会责任、自己对利益相关者的利益诉求和影响，以及自己发展应该得到的社会支持这四个方面的情况后，进行权衡，最后建立自己和各利益相关者利益的共赢体系，如图14-3所示。只有在一种共赢的利益机制环境下，企业的所有者和企业本身才能获得经济、政治和社会上的全面成功。

二、建立和维持共赢利益系统的管理原则

为了建立和维持这种共赢的利益系统，企业所有者必须理解和采用下列10种管理原则。

① 企业所有者必须能够清晰地勾画出内外不同的利益相关者，尤其是隐藏的利益相关者。

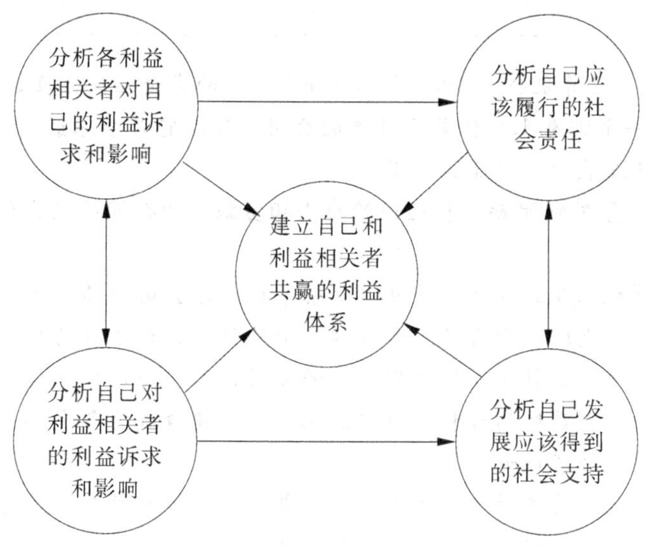

图 14-3　企业所有者建立自己和各利益相关者共赢利益体系的基本思路

② 企业所有者必须能够深刻理解不同的内外利益相关者具有哪些不同的目标和利益，哪些是合法合理的，哪些不是合法合理的。应该学会采取各种有效方法聆听不同利益相关者的想法，进行坦诚的沟通。

③ 企业所有者必须对各利益相关者为企业做出的贡献有客观公正的认识和分析，给予他们公平合理的回报。

④ 企业所有者必须对各利益相关者拥有的权力和影响力有准确的判断，要及时、准确、妥善地处理各种利益关系，避免企业的风险。

⑤ 企业所有者在处理利益关系上必须有系统观和长远观，不要因为追求一时一地的利益需求而影响全局和长远的利益。

⑥ 企业履行社会责任的顺序应该是经济责任、法律责任、伦理责任、慈善责任。企业应该让自己强制性地履行这四个责任中较低层次的责任，而根据自己的实力有选择性地履行慈善责任。

⑦ 企业所有者必须学会将自身的利益诉求通过恰当的方式表达出来，让各利益相关者了解和认识到。

⑧ 企业与各利益相关者发生了利益矛盾和纠纷时，应该尽量以友好协商态度来解决，避免卷入恶性冲突。实在无法避免时，也要诉诸法律，获得法律和道义上的支持。企业整个处理利益关系的活动必须以法律和伦理道德要求为准绳。整个事件处理过程中要坦诚和公正。

⑨ 企业存在合法合理利益要求时，要通过法律和人际的方式努力去争取。

⑩ 企业若是损害了利益相关者的利益时，必须进行合法合理的补偿。由于自己的疏漏使对方造成损失时，应该公开道歉并弥补。

戴尔(DELL)计算机公司1984年以1 000美元的资金注册成立，13年后即1997年发展成为一个拥有1.2亿美元资产的公司。现在它是全球最大的PC机生产商之一。其飞速发展的重要原因如下：

1. 戴尔实行大量外包策略，将自己的精力和资源集中在能给顾客创造最大价值的地方

回头看看计算机工业的发展。计算机发展早期创建公司必须自己建立起各个环节，必须自己生产光驱、内存芯片和各种应用软件。各种各样的生产必须垂直地集成到一个工厂里。计算机发展早期建立的公司，都经历过建立起生产计算机各个部件的大型的生产系统的过程。他们别无选择，被迫成为各个部件生产领域的专家，而实际效果并不很好。

随着工业的发展，更多的专门的生产某一部件的工厂越来越多，这为专业化和提高效率创造了新的契机。作为一个刚起步的小公司，戴尔无力大手笔地建立价值流中的各个环节的工厂，而实际上戴尔认为他们也不需要这样做。戴尔说："现在如果你要和已经能生产世界上最快速度绘图芯片的20个选手赛跑，你是费尽心机地去成为第21个并列最快，还是评价一下那20个然后挑选其中的一个直接采用其产品呢?"

这是个简单的但是很明智的战略，但是同时与当时工业的工程为中心的主流是相背的。IBM、Compaq和HP都在向全世界阐述他们的"我们已经开发了所有的环节"的观点，让人们觉得如果你不生产组装部件，你就不是一个真正的计算机公司，好像你无论如何都应该先从怎样将一个个半导体芯片放在印刷电路板上这样的工程细节开始考虑怎样建立你的公司。但戴尔仍然要"一意孤行"。戴尔认为，将芯片放在主板上虽然确实是很重要的工作，但在这上面的投入并不能带来大量的利润回报，不是戴尔想要创造的价值的源泉之所在，戴尔认为他应该把有限的资产和精力放在真正能为顾客创造价值的环节。他们的工作是真正从顾客的角度分析定义价值开始的。戴尔说："直销模式让我们能集中考虑我们真正增加价值的工作环节，并更快地建立起更大的工厂来做这个增值的工作。"戴尔的直销模式和实质性整体化思路使他在短短13年获得了一亿两千万美元的资产。

戴尔有很多事情是请外力来做的。他好像总是间接地雇用一些人做事情。戴尔有10 000个技术服务工程师，但实际上只有一小部分是戴尔的直接雇员，其他人是戴尔的供应商派去的。但是顾客们都会认为得到的是戴尔的服务，这就是实质性整体化运营的体现。戴尔曾经打过这样一个比方："假设我们本来有两个显示器的供应商，但因为某些原因有一家破产了。这时，要求剩下的那个工厂调整生产再建一个工厂比我们自己新建一个要容易得多。试想如果我们要为每个小小的零件都建立起自己的工厂的话，每年57%的利润增长率肯定就是海市蜃楼了。我必须花五倍的时间去面试挑选合适的副手，因为那样我的雇员就不是一万五而会是八万或者更多了。”

2. 戴尔与顾客的关系管理

戴尔主动了解顾客的需求，并帮助分析将来的主要需求，但这只是戴尔和顾客的亲密接触的一个方面。戴尔和顾客在更大的范围内关系更加的亲密。戴尔深入顾客的消费活动的内部，帮助顾客实现消费行为。戴尔帮助他们大的全球性的企业客户制定计算机采购计划，出售给他们的都是标准化产品。当顾客的计算机出现问题时，戴尔的工程师根本不用花 30 分钟来听顾客说明他的机器的配置和他使用的是什么软件，有时候戴尔比顾客自己更清楚顾客做了哪些操作。

与顾客的亲密关系，使戴尔提供给顾客的价值能最有效地增值。戴尔常规性地在工厂里就为顾客装好了各种软件，一次就可以使软硬件调试成功。科达公司有一套自己独特的软件系统，有些是微软的产品，有些是他们自己的软件，用来为他们自己的网络工作。原来他们需要自己开箱然后雇专门的技术人员到每个员工的办公桌前重复地用光盘一台台安装，这至少要一两个小时的工作量，200 美元到 300 美元的成本，而实际上这都是可以避免的。于是戴尔在组机时就将科达公司的软件放在了戴尔的服务器上，当组装线上的机器显示为“这是科达公司分析部门的第 14 号机”，系统就会一次性完成相应软件安装，还能根据科达的要求为每台机器设立用户密码什么的。这样拿到用户手中就能马上使用，还方便戴尔做系统维护，非常便捷。

戴尔不断地降低成本却能不断地提高价格，因为戴尔为顾客提供了更加有价值的服务。对顾客而言，戴尔计算机公司不仅是一个计算机经销商，很大意义上讲还是顾客公司的信息技术部门，分管计算机的采购、使用和维护工作。戴尔的技术人员常驻大客户的公司，这些人的工作看起来更像是顾客公司的雇员，他们正是戴尔和顾客亲密合作伙伴关系最直接的体现。当然，顾客的决策并不是戴尔强加的，是顾客自己独立选择和决定的，但在计算机的事务上，戴尔的技术人员确实是同时在为戴尔和顾客工作，提供最有效的帮助，而绝不是那种“喂，这就是你要的计算机，再见”式的出售商。

那么，戴尔是靠什么建立起与顾客的亲密关系呢？主要有下面几种方式。

① 通过互联网来服务顾客，为全球 200 多个大的客户建立专门的网页和服务界面。用户可以通过自己专属的 Premier Pages 查到他们感兴趣的机器的技术信息。例如，戴尔的某个用户就要求员工直接上网选购电脑，这样客户和戴尔都省去了很多书面的文字手续，更好地实现了买家卖家合作购物。

② 同时，戴尔还开发了工具帮助顾客在戴尔的主页上注册自己的信息。现在已经有了 7 000 多个注册用户。

③ 戴尔的工程师和管理人员每 6 周或 9 周要定期和顾客座谈，面对面地交流，这在同行业是绝无仅有的。戴尔通过和顾客的交流获得了很多很有价值的信息。戴尔本人就把自己的很大一部分时间用在了参加这些常规座谈会议上。在每次会议开始前，戴尔总是要总结一下上次会议得到的意见和对此采取的改进措施

和成效，对会议进行很详细的记录和分析。举个例子说，戴尔的工程师认为顾客肯定是不断要求更好、更快的机器的，而在一次会议上，一个顾客却说："是啊，这很好。而我实际上想要的是稳定的产品，我并不希望系统老要变。如果我经营的是银行或者航空业，快 2%或者慢 3%其实问题都不大，真正关键的是机器的稳定性。"看来顾客和工程师的想法是不一样的，幸亏常规见面会议提供了这样一个交流的机会，于是戴尔一直致力于系统稳定性的研究，更好地帮助顾客，从而也赢得更多顾客的认可。

3. 戴尔与供应商关系的管理

虚拟经营方式需要很好地管理与供应商的关系。戴尔集中精力在协调自己的所有行为上，以为顾客创造最大价值为目标。因此戴尔与供应商建立了良好的合作伙伴关系。这里有个例子，在将来的十年戴尔将继续做笔记本电脑市场，估计大约需要 2 000 万台平板显示器，当然有些年份会供大于求，有些年份会求大于供，为此很多公司为生产这些显示器投入了上亿的资金。而戴尔却没有，戴尔靠其长期的信用得到了显示器供应商即时供货的承诺，即使是在供小于求的时候。而实际上戴尔和供应商的伙伴关系表现在更多的方面。当戴尔推出新产品时，供应商的工程师都会进驻戴尔的工厂共同研究。一旦顾客反馈产品问题，戴尔马上就会停止发货，等他们实时地改正设计错误。

其实戴尔对供应商的数目和挑选并没有什么计划，它只有一个原则——供应商是越少越好，而且供应商应尽量地在他们的领域保持技术和质量的领先地位。出于计算机行业的特殊性，技术的更新速度与一般制造业不同，比如汽车行业，技术是稳定的，找到一个可靠的供应商就可以和它永久保持伙伴关系，而戴尔的伙伴关系则不是基于合作时间的长短，而关键是实质性整体化的概念，是把伙伴视为公司的一部分，采用实时的方式共享所有有用的信息。戴尔总是告诉其供应商戴尔每天的需求量，不是什么"请每两周送 5 000 件到这个仓库，我们将会把它放在仓库里，然后放在货架上，我们将在需要的时候去架子上取"这样的安排，而是直接说："明天早晨我们需要 8 562 件，请于早晨 7 点送到 7 号屋。"只有建立了良好的伙伴关系，与供应商这样合作完成订单才会成功，信息的共享使得做生产计划很轻松。那么，为什么传统的公司之间的界限很难实现这种信息共享呢？因为，买家只想自己的利益，总是努力地保护自己的"权益"，以至于无法真正给卖家带来增值，政府采购就是这方面经典的例子。保护买家的结果只是束缚了卖家，然后两败俱伤。

现代科技为信息的共享创造了更大、更多的契机。戴尔与供应商伙伴共享设计数据库和设计方法集，这在 5 年前或者 10 年前是不可能的。信息的共享加速了产品进入市场的时间，神奇地创造出了很多买家和卖家都能共同获得的价值。

资料来源：谢霍坚，陈国权，刘春红. 团队组织模型：构建中国企业高效团队［M］. 上海：上海远东出版社，2003.

第三节　组织中权力的管理

一、权力的本质与来源

1. 权力的本质

权力（power）是指一个人因为具有某种广义的资源（如地位、能力、素质等）而获得的一种力量，这种力量可以用来影响他人，使他人根据其劝告、建议或命令而行事。具有权力的人能根据需要来改变他人的行为，而避免改变自身行为。权力并非某类人所独有。事实上，每个人在不同情况下都有某种程度的控制他人和避免受控制的能力。公司的总裁显然很有权力，一个普通员工因为掌握了组织的某些重要信息也因此获得了相当大的权力。权力主要用于处理人与人之间、部门之间、组织之间的关系问题。

2. 权力的五种来源

组织行为学家对权力的来源一直十分感兴趣，他们对此进行了大量的研究。French和Raven认为，权力有5种来源或类型：奖酬权力、强制权力、法定权力、参照权力、专家权力。德利（1998）对这些权力的内涵和来源进行了如下的分析，并给出了表14-1。

表14-1　权力的来源实例

权力来源	举　　例
奖酬权力	在一个正式的绩效评定会上告诉某一下属，其工作效率有很大提高
强制权力	警告某个下属，如果他继续利用内部信息牟利，就向公司高层反映
法定权力	给员工安排岗位，将某个下属调到海外去工作
参照权力	与公司的高层管理者建立很密切的个人关系
专家权力	让一个有丰富设计工作经验的老工程师参加所有的新产品讨论会

资料来源：罗伯特·德利．组织行为学［M］．陈国权译．Heriot-Wat大学，1998.

奖酬权力（reward power）是通过奖励积极的行为来施加影响的一种能力。管理人员有推荐员工涨薪、提升、调动及评定工作表现的特权。管理中的奖酬权力也经常是通过授权、表扬、对工作给予肯定或作出反馈等方式来表现的。譬如，在一个正式的绩效评定会上管理人员告诉某一下属，其工作效率有很大提高。这些形式的奖励能满足员工高层次的需要。

强制权力（coercive power）是通过使用处罚和威胁手段来施加影响的能力。管理人员具有解雇、调离重要岗位、惩罚或批评等一系列影响员工的方式。譬如，管理人员警告某个下属，如果他继续利用内部信息牟利，就向公司高层反映。

法定权力（legitimate power）是因为在组织中处在较高的位置而具有指导他人行为的能力。上级有权给下属发布命令，而下属有责任服从。这种权力的大小在不同的组织中往往不尽相同。例如，军事组织就有很多的条例和规章制度等来加强这种法定权力。企业根据完成任务的需要对不同的部门、岗位和人员也明确地规定了其相应具有的权力。譬如，管理者可以给员工安排岗位，将某个下属调到海外去工作。

参照权力（referent power）是指由于与有权力的人建立了关系而相应具有的连带权力。譬如，一些人总是想方设法地与那些受人尊敬的成功企业家、政治家、演员以及企业内部的管理者建立关系，并时刻关注他们的言行，就是为了获得这种权力。组织中的任何人都能获得这种权力，而与他们的现有地位无关。因此，参照权力在组织内部十分重要，它的获得和使用完全是基于人际关系，它比奖酬和强制权力更具有人际特点。

专家权力（expert power）是指因为具有组织需要的特殊能力而具有的权力。它经常表现为一个人控制了重要领域的信息和知识，拥有解决组织中关键问题的能力。它也是一种与人有关的权力，但不是靠职位高低来得到的。专家权力可以使一个人或他所在的小组在组织中变得无法取代。譬如，企业里各产品开发小组总是让一个有丰富设计工作经验的老工程师参加新产品讨论会，就是因为老工程师拥有专家权力。在某个卷烟厂里，维修工人通过保守其维修技术的秘密来确保他们必不可少的地位。新的工人只能经过长期工作，通过与老工人的交谈来了解该技术，而生产管理部门的人员对复杂的生产设备都不了解。所以这些维修工人也就因为其对维修技术秘密的掌握，而在工厂里有很大的权力。

这几种权力之间实际上有一定的联系。譬如，当一个人具有法定权力的时候，一般也就有了奖酬权力和强制权力。而当一个人与另一个具有法定权力、奖酬权力、强制权力和专家权力的人建立了密切联系时，他也就具有了参照权力。

二、获取权力的途径

1. 个人权力

那么，到底有哪些具体的途径可以帮助管理者根据工作的需要来获得权力呢？达夫特等人（2004）在其著作中引用了尤克尔（1994）提出的方法（见表14-2），可以参考。

2. 群体间权力

在一个组织中，权力关系不仅体现在个人与个人之间，还体现在群体与群体之间。在组织中，各群体（如各部门和工作小组）都在尽可能地获得更多的权力。

德利认为，各工作小组权力的大小主要表现在：员工的多少、经费的多少、员工的能力以及对组织的影响力。因此，为了获得更多的权力，各小组或部门都是要尽量多地招募人员、争取经费，并努力争取员工培训和发展的机会。最关键的措施还在于工作小组控制其他小组以及组织决策的能力，即组织中其他小组的工作依赖于本小组工作的程度。只有当本小组进行了必要的授权、提供了必要的资源、完成了自己的工作、提供了重要的信息时，其他工作小组或部门才能继续工作。这时该小组的权力就很大。

德利还认为，群体之间的权力争夺主要有以下几种情况。

(1) 资源短缺（scarcity）

群体之间的权力争夺常常会在资源短缺时表现得更加突出。当一个组织资源十分丰富时，如拥有充足的经费、办公室、人员等，各部门之间很少争夺权力。而当丰富的资源不再存在时，各部门之间经常会为防止经费减少或人员裁减而相互竞争。

表 14-2 建立权力的途径

权力的来源	构建方法
奖酬权力	发现人们需要或想要得到的奖励 对奖励取得更多的控制 确保让下属知道你对奖励的控制程度 只对你能做到的做出承诺 不要采取支配命令的方式给予奖励 避免机械性或复杂的刺激方法 不要对个人福利使用奖励
强制权力	找出对禁止行为的可靠惩罚 赢得使用惩罚的威严 只使用合法的惩罚 不要采取粗鲁的态度 不要采用支配的方式行使强制权力 惩罚和行为类型对等 不要对个人福利采取强制权力
法定权力	获取更多的正式权威 使用权威的标志 诱导下属接受、认可权威 定期行使权威 当公布指导原则时，遵循恰当的渠道 权威要通过奖励和强制权做保证
专家权力	增加相关的知识 对技术事务保持了解 发展独特的信息来源 使用象征符号来验证专家技能 通过解决难题来显示竞争力 不要做出鲁莽、粗心的陈述 保持连续一致的职位 不要撒谎或陈述假的事实
参照权力	对其他人表示接受和积极的关照 不要支配和剥夺其他人的个人优势 在适当的时候保护下属的利益 信守诺言 做出牺牲以表示对他人的关心 采取真诚的友好方式

资料来源：YUKL G A. Leadership in Organizations [M]. 3rd ed. Upper Saddle River, NJ: Prentice-Hall, 1994: p. 243.

理查德·L. 达夫特，雷蒙德·A. 诺伊. 组织行为学 [M]. 杨宇，闫鲜宁，于维佳译. 北京：机械工业出版社，2004.

(2) 不确定因素（uncertainty）

组织总是试图尽可能地减少或限制不确定因素。产品上市前的市场测试和公司战略计划就是有助于减少不确定因素的方法。由于组织工作中的一些失误或决策过程中的疏忽，往往导致组织危机，所以那些能帮助组织减少或排除不确定因素的小组或部门在组织中就有很大的权力。那些将组织中其他部门与外界环境紧紧地联系在一起的部门，在这方面也有较大的优势，这些部门包括销售部门、新产品开发部门、人力资源部门、法律顾问等。

(3) 中心效应（centrality）

从事组织中主要工作的部门比那些次要部门拥有更大的权力，那些涉及组织核心或基础领域的部门具有较高的权力。这就是中心效应。譬如，掌握经费和工资分配的部门（如财务会计部门）是负责各部门经费拨发、原材料供应、确定组织内部结算价格的中心。生产质量控制部门也是中心部门，很有权力。制造产品的公司必须有可靠的质量保障和服务措施，必须有专门的部门负责保障产品的质量。这些质量管理人员有权随时停止生产或提出疑问。当一个组织遇到产品或服务质量危机时，这些部门的权力会更大。

(4) 缺少替代（absence of substitutes）

当一个部门是唯一能提供某种服务或生产某种产品的部门时，因为没有其他产品和服务能替代，该部门的权力就很大。电子邮件系统的安装和发展使一些组织中原来的沟通联络部门的作用大大降低，因为电视会议和计算机网络使得相互交流变得更加容易，生产经营信息的收集、分析以及在各部门之间的传达已趋向于实时处理。因此，在大量采用先进的计算机手段后，以前那些负责收集和处理这些信息的部门则慢慢丧失了权力。这也就是信息技术在组织中推广应用时常遇到的阻力。另外，企业在进行组织重构时，也常遇到类似的问题。譬如，我国某飞机工业公司在实施计算机集成制造系统（CIMS）工程时进行组织重构，拟建立一个集中的信息管理中心，其中包括设计、生产、计划、劳动、财务、人事等各业务部门的信息，从而更好地达到信息共享的目的，但难度很大。问题的关键在于有些部门（如财务、人事等）不愿意公开原本只有他们才能得到和掌握的信息，这些信息是某种权力和地位的象征。为此该公司需做较大的努力，才能真正实现组织重构。

三、使用权力的方法——影响策略

关于权力的使用方法，我们可以通过了解各种人际影响策略来学习。纳尔逊等（2004）在其著作中给出了在组织中人们可能会用到的 8 种影响策略：施加压力、向上诉求、等价交换、联合他人、逢迎讨好、理性劝说、情感诉求、协商（见表 14-3）。

表 14-3　在组织中所运用的影响策略

策略	描　述	举　例
施加压力	这个人通过命令、威胁或者胁迫来确保你服从一项要求或支持一项建议	如果你不这么做，我就解雇你 你必须在 5 点以前改变你的决定，否则我们将不带你去

续表

策略	描　　述	举　例
向上诉求	这个人劝服你说，这项要求已经得到了上层经理的批准，或者为了让你服从该要求，而向上层经理诉求	我已经向我的老板告发了你 我的老板支持这个想法
等价交换	这个人做出明确的或暗示的承诺，如果你服从一项要求或支持一项建议，你将得到奖赏或有形的收益，或者提醒你将得到良好的回报	就算你帮我一个忙 如果你这次支持我，我请你吃午饭
联合他人	这个人请其他人帮助说服你去做某事，或者利用其他人的支持来强迫你也同意	所有其他管理者都支持我 我以整个委员会的名义要求你
逢迎讨好	这个人在要求你做某事之前，先让你有个好的心情，或者是让你对他或她产生善意的倾向	只有你能做好这项工作 我只能依靠你了，我有一个请求
理性劝说	这个人运用逻辑推理和事实来告诉你，某项建议是可行的，而且最终能够达到工作目标	这套新工序可以为我们节省 15 万美元 我准备雇用约翰，他拥有最丰富的工作经验
情感诉求	这个人提出一项情感性的要求或建议，通过对你的价值观或理想的诉求，激发起你的热情，或者增加你成功的信心	拥有环境意识是正确的 尽管完成起来可能有困难，但是我相信你能完成
协商	就如何实施一项政策、战略或变革等问题，这个人让你参与制定决策或计划	这项新的值班计划有冲突，我们如何使之更容易被接受呢？ 你认为我们怎样做才能减少工人对生产线上新机器人的恐惧呢？

资料来源：YUKL，FALBE C M. Influence Tactics and Objectives in Upward，Downward，and Lateral Influence Attempts [J]. Journal of Applied Psychology，1990（5）：pp. 132～140.

（美）黛布拉·L. 纳尔逊，詹姆斯·坎贝尔·奎克. 组织行为学：基础、现实与挑战 [M]. 3版. 桑强，王丽娟，蒙欣等译. 北京：中信出版社，2004.

第四节　组织中政治行为的管理

一、组织政治的内涵和类型

基于达夫特等人（2004）的观点，作者认为，组织政治（organizational politics）是组织中个人或群体获得并使用权力，以达到所需要利益的活动。根据所采用的手段和达到的结果，可以得到下面四种不同的组织政治类型，如图 14-4 所示（德利，1998）。

1. 允许的手段和允许的结果

这时权力的行使是为了取得合法的结果。例如，当得知竞争对手在产品开发方面领

	政治结果：允许的结果	政治结果：不允许的结果
政治手段：组织允许的手段	(1)非政治行为(正当行为)：允许的手段和允许的结果	(2)不良政治行为：允许的手段和不允许的结果
政治手段：组织不允许的手段	(3)可能有效的政治行为：不允许的手段和允许的结果	(4) 不良政治行为：不允许的手段和不允许的结果

图 14-4　组织政治行为的四种类型

先于自己时，公司决定加速开发一种更新的产品以超过竞争对手。这就是利用正当的手段取得正当结果的例子。这种情况是在没有政治行为干预的情况下，下级部门取得正当的结果。

2. 允许的手段和不允许的结果

在这种情况下，组织的合理政策被利用来取得不正当的结果。例如，管理人员为了掩盖其下属吸毒的事实，而利用公司的政策将其调到国外去工作。指派下属去国外工作是合理的，但掩盖吸毒的目的则是不对的。

3. 不允许的手段和允许的结果

这是指采取不正当的手段取得正当的结果。这种行为一般发生在下属条件不足或能力不够而无法完成任务时。例如，生产部门为确保生产的稳定，而存储物资或过多地订购原材料。保持生产稳定当然是十分重要的，但加大在制品库存使生产成本大大提高的做法则是不好的。

4. 不允许的手段和不允许的结果

这是在组织中运用政治手段最极端的例子。此时，当事人很善于掩饰自己的行为。例如，公司的内部交易人员要挪用资金，购买即将要被秘密收购的公司的股票，以谋取利润。首先他必须想法将资金存储起来，以便购买所需的股票。存储资金是为了掩盖他的真实动机和目的。这个交易员的做法和动机都是他的上司和政府管理部门不允许的。

二、对几种典型的组织政治行为的管理

在一个组织中，有良性的人际政治，也有破坏性的人际政治。对良性和破坏性的判断要看你是站在个人、群体、组织还是社会这四者中的哪一个层面上。显然，有时对个人有利的人际政治行为对群体、组织和社会都是不利的，而有时对整个组织有利的人际政治行为对个人和群体不一定有利，而对整个社会有利的人际政治行为对目前的组织却不一定有利。

下面我们分析组织中几种典型的人际政治行为，站在不同的层面上分析其良性和破坏性，以及相应的管理措施。

1. 上告行为

我们也可以称之为打小报告，这是指一个员工向其直接上级反映其同事的问题，或向其直接上级以上的上级反映其直接上级的问题。更严重的一种情况是，当员工认为组织违背了伦理道德或法律的时候（如组织向公众隐瞒造成的环境污染情况），而向记者、新闻机构或其他有影响的人反映他认为不公正、不合理或违法的组织行为。当然，不管是哪种情况，当其同事、上司或组织得知这种上告行为时往往都会很愤怒。因为这种行为会影响到其同事、上司或组织的利益。

此时，各级接受上访的人或机构都要对有关情况进行认真的调查。当上告者反映的情况属实时，应该采取措施保护上访人。因为他们往往是那些正义感很强的员工，对他们要公正地对待，不能把他们哄走或当做来找麻烦的人。大多情况下，他们是替组织着想，担心那些行为不被制止将会更大程度地危害整个组织的利益。

当然，在经过调查之后，如发现上告的内容中有不切实际的成分，组织就应该慎重对待，对上告者加以惩处，严重的还要诉诸法律。

2. 散布流言

组织中有人为了达到个人目的，而故意在组织中散布对某个人或群体不利的信息。这些信息缺乏可靠的来源、无法考证，而有些人又对此具有好奇心，因而在组织中传播。在流言传播的过程中，由于经过很多人的“理解”和加工，因而越来越偏离真实的轨道。最后的结果往往是对当事人造成很不良的影响。

不同的文化环境中，流言传播的阻力是不同的。在一个重视道德和权益的社会，人们对各种流言的态度是谨慎的，因此流言不易传播。在组织中，应该采取严格的制度和处罚条例，制止这些不道德的行为。

3. 发展关系网

这是指个人为了自身的利益和权力，采用各种办法和手段与组织中有权力和掌管重要资源和信息的人建立网络，以了解组织中各种重要事件，获得进一步发展的机会。譬如，与以前的同事、战友、同学保持良好的关系，采用各种办法、手段取悦上级，与高层人员结交朋友等，都有利于建立关系网络。因为个人私利而建立的这些复杂的关系网对整个组织的利益主要是有害的。

4. 拉帮结派

这是指组织中的员工为了减少其所受威胁、壮大自身的影响而与组织中的“同类”拉帮结派、缔结同盟。如果他们结成的小群体处于领导层，他们往往就会在制定公司的政策（如奖金分配、员工晋升等关系到所有员工切身利益的制度）上，制订出有利于本群体的方案。这显然会造成对其他群体利益和积极性的巨大损害，严重时会造成组织运作不能正常进行。这是一种十分有害的政治行为。

5. 固有的权力相争

现在的组织设计一般采用直线制和职能制相结合，这种管理模式会造成职能部门与直线部门之间的固有矛盾。职能部门专家有丰富的知识可以协助直线管理人员提高决策水平，而直线管理人员担心职能部门人员会影响他们在直线管理中的影响和权力。直线全球战略和业绩，协调全球范围内的技术开发，决定各当地运作公司之间相关产品的转移价格，在全球同类产品的当地运作公司之间组织推广最好的技术和运作经验，进行集团采购以获得最优惠的价格，在各当地运作公司之间分配市场和产量。

第二，作为某个国家的经理，需要具有以下能力：管理该国内所有的业务并实现赢利，促成该国的所有运作公司之间可能的协作，出面承担在该国的主要项目，为各个当地运作公司的运作提供法律和政治的基础结构，协调人事发展计划，确保公司的决策符合当地的政治和社会环境。

③ 高层经理。必须具有社会领导人（social leader）的能力和素质，他们要向全公司注入雄心、价值和认同感，营造挑战和忠诚度，确保公司的活力。他们在矩阵的两条边——地理区域上和产品业务上——都需要具备相当好的工作经验和能力。

最后，公司认为，要运行该跨国、跨文化的矩阵组织结构，关键是要建立全球经理人（global manager）队伍，这些人需要共同具备的素质和能力还有：谦虚（humility）、耐心（patience）、精力（stamina）、语言交流能力（language skill ）、多国工作经验（wide working experience in countries），能平衡当地的快速反应和全球范围的高效率，在强调量化和控制的同时推进决策和实施，既要鼓励当地运作公司锐意进取，又要保证公司的全球战略优势。在矩阵组织结构中工作，人们需要具备良好的沟通和协调能力，要善于平衡来自不同上级的要求。这些能力需要通过选拔和专门培训（如跨国团队工作经验、在不同部门进行职位轮换）。

从上面的分析可以看出，如果一个组织的管理者和员工不具备相应的素质和能力，就不宜选择这样的组织结构，否则人的素质与结构不匹配，组织结构最终也只是一个摆设。因此，组织设计时，既要考虑环境对组织结构选择的客观要求，也要考虑组织的人员素质基础，如果素质达到要求，我们可以根据需要设计更为复杂的结构；如果人的素质跟不上，可以考虑简单的结构，尽管资源的利用不是最合理的，但人员协调成本降低了，依然有利于组织的发展。

三、组织结构的最终选择和有效性

组织结构的有效性是指组织结构有利于组织战略达成的程度。根据作者的观点，组织结构的有效性主要体现在以下几个方面。

① 组织能够迅速准确地获得外部各种相关信息。

② 信息在组织内部能够迅速准确地传递到该传递的地方。

③ 决策能在适当的时间和地点迅速作出，以对外部变化作出迅速准确的反应。

④ 组织内部各层次、各部门、各地域等之间信息交流畅通，各种机会和问题能够迅速得到发现并加以解决。

⑤ 组织内部各层次、各部门、各地域等之间的利益和权力分配合理，没有恶性的相互冲突和竞争，只有良性的竞争和相互合作。

⑥ 组织对外部和内部问题的反应不存在救火现象，组织能够有条不紊地运行。

组织结构设计的目标就是为了提高其有效性，促进组织战略的实现。在实际的管理工作中，组织结构是如何确定的呢？组织有效性受到哪些因素的影响呢？

和职能部门人员都会通过控制信息、争取权力、建立好的印象、提高中心效应等来争取更大的影响力。管理者对直线和职能部门人员之间的这种冲突要尽量地控制，否则会给组织造成巨大的损失。

6. 对抗行为

这是组织中政治行为最激烈的形式。它常常表现为员工按照自己坚信的道理办事，而不按照管理人员的意愿办事。对抗行为很难被纠正，由于它的发生所导致的组织文化的迅速恶化会对管理造成很坏的影响。譬如，在我国，一些国有企业实施裁员和下岗的过程中，被裁员和下岗的员工往往与管理层有较大的冲突，严重时这些员工还会在政府门前静坐。出租车司机由于不满公司的收费政策而联合起来实施停运，严重影响了市内交通的畅通。国退民进过程中，民营企业兼并国有企业，一些国有企业的员工不能接受新的管理制度和企业文化而产生对管理层的抱怨和对抗。为了减少这些对抗行为的发生，公司应该注意观察、了解员工的动向，及时缓解矛盾，做好思想工作，防微杜渐。

三、政治行为的法律和道德标准

人们在组织中使用政治行为会涉及道德问题，不同的学者提出了政治行为的道德标准。吉布森等（2006）认为，管理者的行为只有符合下面三个标准才会被认为是道德的：①功利主义结果。管理者的行为导致组织内和组织外的人们都得到合理的满意。也就是说，行为导致最大数量的人们得到最大的好处。②个人的权利。管理者尊重所有受到影响者的权利。也就是说，尊重人的基本权利如言论自由、良心自由、隐私等。③公平分配。管理者尊重公平的规则，平等地、公平地对待人们，而不是独断专行。达夫特等（2004）提出了五个关于标准的问题：①政治行为与组织的目标是否保持一致？②行为是否保护受其影响的群体的权力？③行为是否保护受其影响的个人的权力？④行为是否符合公平的标准？⑤如果那种行为对你有影响，你是否希望其他人按照同一种方式做？如果对这几个问题的回答都为"是"，那就说明你的政治行为符合道德的标准。

总之，组织中无论是管理者还是员工，都要严肃谨慎地对待政治行为，必须让自己的行为符合道德的标准，这样才有利于个人和组织的长远利益。

本章小结

任何一个组织都是由不同的利益相关者组成的。对于企业而言，利益相关者是"企业能够通过行动、决策、政策、做法或目标而影响的任何个人或群体。反过来，这些个人或群体也能影响企业的行动、决策、政策、做法或目标"。

组织中的利益相关者分为内部利益相关者和外部利益相关者两大类。以制造企业为例，按是否拥有企业的股份，内部利益相关者可划分为所有者和非所有者；按所处企业的纵向层次可划分为高级管理者、中层管理者和基层员工；按照横向单位种类可划分为不同部门。外部的利益相关者包括供应商/合作者、客户、竞争企业、相关行业、政府组织、非政府组织、社区以及管理者和员工的家庭/朋友等。

各利益相关者对企业所有者的利益诉求和企业所有者对各利益相关者的利益诉求都可以从三个方面来分析：马斯洛的五个层次需要（生理、安全、归属、尊重和自我实现）；四个通俗的层面（经济利益、政治利益、社会声誉、自我完善）；对同一类利益的诉求可能会体现的不同具体方面。

当我们站在企业所有者的利益相关者的利益角度来考虑企业的行为时，我们将得出企业的社会责任系统；而当我们站在企业所有者的利益角度来看待利益相关者的行为时，将得到企业的社会支持系统。

卡罗尔等提出的四个层次的社会责任金字塔为：经济责任、法律责任、伦理责任、慈善责任。本作者提出的基本的企业社会支持系统为：法律支持、舆论支持、政策支持。

企业所有者应该在综合分析各利益相关者对自己的利益诉求和影响、自己应该履行的社会责任、自己对利益相关者的利益诉求和影响自己发展应该得到的社会支持这四个方面的情况后，进行权衡，最后建立自己和各利益相关者利益的共赢体系。为了建立和维持这种共赢的利益系统，企业所有者必须理解和采用10种管理原则。

权力是指一个人因为具有某种广义的资源（如地位、能力、素质等）而获得的一种力量，这种力量可以用来影响他人，使他人根据其劝告、建议或命令而行事。French和Raven认为，权力有五种来源或类型：奖酬权力、强制权力、法定权力、专家权力、参照权力。这几种权力之间有一定的联系。关于如何获取个人权力，可以参考达夫特等人提出的方法。群体之间争夺权力主要发生在下面几种情况：资源短缺、不确定因素、中心效应、缺少替代。

组织政治是组织中个人或群体获得并使用权力，以达到所需要利益的活动。根据所采用的手段和达到的结果，可以得到下面四种不同的组织政治类型：允许的手段和允许的结果、允许的手段和不允许的结果、不允许的手段和允许的结果、不允许的手段和不允许的结果。我们应该重视几种典型的人际政治行为（上告行为、散布流言、发展关系网、拉帮结派、固有的权力相争、对抗行为），站在不同的层面上分析其良性和破坏性，以及相应的管理措施。

人们在组织中使用政治行为会涉及道德问题，不同的学者提出了政治行为的道德标准。组织中无论是管理者还是员工，都要严肃谨慎地对待政治行为，必须让自己的行为符合道德的标准，这样才有利于个人和组织的长远利益。

复习思考题

1. 什么是利益相关者？理解利益相关者的概念对管理有什么重要意义？

2. 以你熟悉的某个组织为例，分析其内外利益相关者的构成，以及各自的需求。

3. 什么是企业的社会责任系统？它包括哪些方面？

4. 什么是企业的社会支持系统？它包括哪些方面？

5. 企业所有者应该如何建立自己和各利益相关者利益的共赢体系？建立和维持共赢利益体系的10种管理原则是什么？

6. 什么是权力？包括哪些不同类型？获取权力的方法是什么？试举例说明。
7. 群体之间在什么情况下会争夺权力？试举例说明。
8. 什么是组织政治行为？有哪些不同类型？试举例说明。
9. 如何管理不良的政治行为？不同学者们提出哪些关于政治行为的道德标准？

本章案例

北京华旗资讯数码科技有限公司

一、华旗公司简介

北京华旗资讯数码科技有限公司，是一家1993年创立于北京中关村的高新技术企业。作为国内移动存储、数码和DIY领域领导厂商，华旗资讯一直以推动民族IT产业的发展为己任，业务广泛涉及计算机软硬件产品的研发、推广和服务等多个领域，旗下的爱国者移动存储、显示器、数码、机箱和光磁等系列产品已成为相关领域的代表产品，受到了消费者的广泛喜爱。

公司自创建以来，营业额连续十年保持60%的稳定增长，产品远销北美、欧洲、东南亚等地区。旗下爱国者存储产品市场销量第一，连续四年遥遥领先；爱国者MP3随身听入市仅一年即超过众多韩国品牌，荣登国内市场销量冠军宝座，并连续两年遥遥领先；爱国者显示设备及其他外设产品一直稳居国内市场第一集团，其中电脑机箱连年市场占有率第一。华旗资讯已发展成为中国IT产业的核心企业之一。

华旗资讯目前共有员工1 400余人，拥有高素质的软硬件产品专业研发和技术人员200余人，在全国拥有完整的营销体系。公司除北京总部外，在全国拥有17个平台机构，以及华旗资讯（新加坡）公司、华旗资讯（法国）公司、上海华旗资讯国际贸易有限公司、上海爱国者数码研究院、北京华旗数码技术实验室、华旗数码影像技术研究院、华旗图像数据智能技术有限公司、北京传奇广告公司、北京爱国者国际象棋俱乐部(BACC)等多家全资或控股子公司，形成以北京华旗资讯数码科技有限公司为主体，多家分公司及子公司为组成部分的中型企业集团。

华旗资讯正以“执著、六赢、数一数二”的精神，更为专业化、国际化的运营体系，肩负“建设令国人骄傲的国际品牌”的使命，立足本土，走向世界。

二、华旗公司的追求

华旗，名字取意于“中华的一面旗帜”，有着毫不掩饰的爱国情怀，华旗人将“将爱国者建设成为令国人骄傲的国际品牌”确立为自己的战略目标。社会利益的实现是华旗发展的最高目标，也是华旗人奋斗的最终归宿。华旗所有重大企业行为都源于这一战略目标。

1. 自主创新，产业报国

2005年8月15日，由10家发起企业组织的誓师大会暨V815民族品牌推广委员会成立，这是一次团结中关村民族企业以实际行动发扬爱国精神，推动世界和平的重大纪念活动。发起企业包括联想集团、新浪网、华旗资讯、用友、中星微、信威通信、凯诚高清、中关村软件、亚都科技、海龙集团等在内的百余家民族企业，将参与一项旨在突出民族精品，打造“中国造”名牌，全面体现民族情结和民族精神的V815品牌推广计划。此举将凝聚更多的民族企业团结起来，加速我国高新产业的建设，通过发展经济来共同建设和谐社会。

国家领导、北京市政府领导、中关村科技园区管委会、100余家民族企业代表、媒体记者等参加了誓师大会，以纪念抗日战争暨世界反法西斯战争胜利六十周年。

此次活动推出了V815品牌。V代表胜利；815代表一个胜利的历史时刻。该100家企业将陆续推出一款各自的经典产品，并都命名为V815。同期，V815民族品牌推广委员会将通过路演、巡展等一系列活动，邀请每一位中国人共同见证这个属于整个中国IT产业的历史时刻，他们希望在自身发起自主创新、产业报国的同时，让所有中国人都能感受到一种氛围，一种强烈的民族自豪感：60年前，先辈、先烈用热血和生命，换来了8年抗日战争的伟大胜利——公元1945年8月15日，日本帝国主义宣布无条件投降，先辈用正义的战争证明了中国人在军事上的不屈不挠；60年后，公元2005年8月15日，中国将掀开历史崭新的一幕，用实际行动证明中国人在经济上更加不屈不挠！

英国首相布莱尔在访问中国期间盛赞爱国者V80 PLUS数码相机，他说：“This is the best photo I have ever taken!”（这是我所拍过的最好的照片!）

2. 爱国者圆满完成“神舟六号”录音及存储任务

2005年10月17日，“神舟六号”载人航天飞行获得圆满成功，令所有华旗人倍感振奋和自豪，因为在此次“神州六号”的飞行任务中，华旗爱国者承担了“神舟六号”录音和存储装置的研发任务及设备提供。10月21日在航天城召开的“爱国者圆满完成‘神六’录音及存储任务表彰会”上，“神舟六号”飞船系统总指挥尚志亲手颁发给华旗总裁冯军的荣誉证书上写道：“爱国者提供的录音及存储装置，在‘神舟六号’五天的飞行过程中，性能稳定，圆满地完成了任务！感谢你们为‘神舟六号’飞船作出的贡献，希望你们再接再厉，自主创新，产业报国，为祖国作出更大的贡献!”字里行间透露着对民族企业高科技自主研发成果的充分肯定。

三、华旗公司的六赢理念

六赢即大众、代理、员工、公司、供方、社会参与合作的六方，共同获得合理利益的满足和发展的机会，缺一不可，华旗对此作了形象化的阐述（见图14-5）。这样做要考虑六方合作伙伴都能够得到发展的机会，其最后的结果是包括所有合作伙伴在内一种长期、稳定、有效的合作，这也是华旗人思想的基础。六赢各环节意义简述如下。

1. 六赢简介

大众对于华旗来说，是公司产品销售的最终用户和潜在用户。用户是华旗的衣食父母，是工作所得的根本来源，是生存与发展的基础。大众的利益高于一切，华旗的发展首先把大众的利益放在第一位。

代理商是华旗服务于大众的支持者和执行者，是华旗发展的延伸。“一个篱笆三个

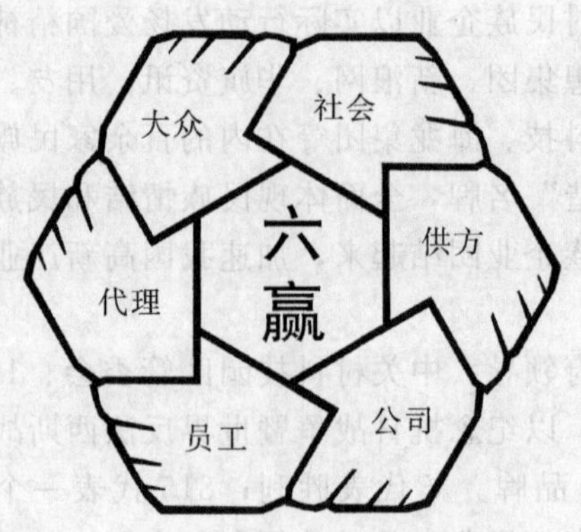

图 14-5　华旗的核心理念六赢示意图

桩，一个好汉三个帮”，代理商与华旗之间是共同发展的伙伴关系。保证代理商的辛苦劳动能得到应有的回报、维护代理商之间的良好竞争环境是华旗不可推卸的责任。

华旗资讯实际存在的生命力载体是员工，华旗人决定了华旗的未来。人才是公司赖以生存和发展的栋梁，是公司六赢理念的具体实施者。华旗资讯的发展源自团队中每一位员工的贡献，向每一位员工提供应有的物质回报和精神需求的满足，是全体华旗人不懈努力的目标和方向。

公司是华旗发展的具体表现形式，华旗追求公司有形资产与无形资产的共同成长或交替上升。

而华旗赖以生存和发展的后盾是供方，包括原材料供应商、媒体资源、社会服务机构及其他合作伙伴。只有供方的利益得到保障，华旗才会拥有一个良好的发展环境。

社会利益的实现是华旗发展的最高目标，是华旗奋斗的最终归宿。具体表现是华旗取之于民、用之于民的自主科技、自由生活的产品创新理念。

华旗资讯和每一个华旗人深刻认识六赢内涵，不断进取，不断战胜自我，为民族IT产业贡献着自己的一份力量。

2. 六赢的核心

六赢理念的核心是以上六个环节缺一不可。

几乎每天都有企业关门大吉，为什么会这样呢？细细分析，总可以在这些公司的价值链上找到不符合六赢理念的部分。实际上，只有关注整个价值链各个环节的共赢，才有可能实现持续发展，任何单方或只包含部分环节利益的价值链都是不长久的。

以国内IT产业刚刚兴起时的内存为例。当时内存生意如日中天，常常有人一夜暴富，经营者及使用者均有获益。以六赢的视角来看，似乎其中大众、代理、员工、公司、供方五个环节的利益都能得到满足，但为什么这些企业却绝大多数已不复存在了呢？

当时的内存进货渠道存在很大问题，大量的产品通过走私流向市场，严重损害了国家和社会利益，价值链中少了社会这一环节，终于导致这些企业价值链条的断裂，当然也就无法再向其他五个环节提供价值，企业的覆灭当然也就在所难免了。

四、爱国者象棋文化

中国象棋和国际象棋规则广为人知，华旗独辟蹊径，提取二者中的部分积极因素，创造性地发明了爱国者象棋。

作为棋类运动的一项创新，爱国者象棋一定程度上体现了东西方先进文化的融合。爱国者象棋结合了国际象棋与中国象棋的两种规则，双方在国际象棋棋局的两个马前面分别加上两个中国象棋特有的炮，此处兵前移至炮的前面，炮则按照中国象棋的走法，双方在增加了炮的国际象棋棋盘上进行对阵，这样的规则一定程度上代表了中西方两种先进文化思想的融合，棋中不同角色行棋规则的抽象意义如下。

兵：执著追求，实现理想。无论是谁，只要能执著地坚持到底，就有机会实现理想，像国际象棋中的兵一样，升变成后。

车：勇往直前，纵横驰骋。任何人都要有拼搏精神。

王：深入实际，优化管理。国际象棋的王，摆脱了禁锢，更具活力，贴近实际，更有利于优化管理。

象：内政外交，信息互联。没有楚河、汉界的束缚，内政外交，信息互联，积极开放，主动出击，创造机遇。

马：与日俱进，鼓励创新。马不但不蹩自己人的马腿，连竞争对手的马腿也不能蹩，提倡良性竞争，是实现共赢的基础平台。

后：重视女性，统合综效。女性以特有的细致、耐心等性格优势，在国际象棋中赢得尊重，充分发挥了其强大的能量和协调能力。

炮：跨越发展，事半功倍。中国象棋中这一优秀的角色充分体现了中华民族的聪明才智，它的跳跃性思维往往会出奇制胜，事半功倍。

温家宝总理视察中关村园区时，对爱国者象棋文化给予充分肯定。他鼓励华旗所有的年轻人：要像车一样勇往直前；要像马一样与日俱进；要像炮一样跨越式发展。华旗也希望通过爱国者象棋文化能够让越来越多的人找到团队建设的规则，争取在国际化的发展中，为国争光，实现共同的梦想：让中国创造成为全球华人共同的骄傲！

五、华旗人的数一数二

华旗人的性格特征中，非常重要的一条是追求数一数二。公司认为，只要每一个华旗人能够在自己所从事的领域中追求数一数二，最终整个团队就有机会早日实现共同的数一数二，即小组的数一数二、部门的数一数二、公司的数一数二、集团的数一数二，以致整个六赢价值链的数一数二和我们中华民族在世界之林中的数一数二。

为什么华旗的目标是数一数二，而不是永争第一名或只做第一名呢？这样做会有什么好处呢？

这当然是和华旗的核心理念密不可分的，华旗人是依靠执著的精神和六赢的理念来实现数一数二的目标的。在合作中，华旗希望优先保障其合作伙伴成为第一，所以在合作的团队内，华旗自身甘作第二，但最终通过与互补型合作伙伴的 1+1=11 稳定增值合作，从而实现整个团队达到真正的第一名。这里说的团队既可以是一个小组，也可以是一个部门，也可以是整个华旗，或是整个六赢价值链，或者是中华民族。所以说数一数二的属性绝不是个体的，而是结合在团队中的，它是个体利益和团队利益的有机结合，也是眼前利益和长远利益的辩证平衡，短期内可能会违反个体利益最大化的一般原则，始终遵循的却是整体利益最大化原则，从而辩证地实现了个体利益较大的最终结果。

这样的辩证关系实际解决了一些人所说的中华民族的隐痛："一个中国人是条龙，三个中国人却成了条虫"的民族悲哀。正因为中国人太聪明能干、太要强，每个人都想争第一，反而最后相持不下，"蹩马腿"现象充斥其中，"我成不了第一，你也别想成"的畸形思想蔓延，对整个民族来讲，这种思想贻害无穷。

要改变这种状况并不难，只要"一切从零做起，一切从现在做起，一切从我做起"。华旗人用执著、六赢、数一数二的性格来严格要求自己，在合作的团队中，首先确保合作伙伴的利益第一，自己的利益第二，大大降低了矛盾的可能性，整个"蛋糕"做大的概率大增。执著地执行再加上良好地沟通，合作伙伴一定能体会到这种理念的可贵和重要，并将促使其在以后的合作中也认同和采纳同样的心态，回报华旗对六赢的执著，对数一数二的团队态度做出新的贡献。通过这样的良性循环，团队默契不断强化，集体的数一数二将接踵而至，从而最终实现"一个中国人是条龙，一群中国人更是一条势不可当的东方巨龙"。

综上所述，华旗人以执著、六赢、数一数二的性格，在所有的合作中，以总体利益最大化为判断标准，谋求与合作伙伴的共赢。从静态角度看，华旗好像会不时吃点小亏，但从动态的、发展的角度看，帮助合作伙伴成功，才能最终帮助自己成功，才能形成良性循环，最后形成中国难得的团队效应！也才能在别人正为"蹩马腿"大伤脑筋的时候，使自己所处的团队脱颖而出！所以，华旗对内追求数一数二，正是对外追求整体的利益最大化。

六、华旗的社会责任

华旗集团在企业经营上倡导六赢的同时，积极参与各类与主业无关的慈善捐助活动，在社会和政府中，声誉良好，为公司六赢中回报社会的文化理念做了最好的注脚。当然，在这些活动中，华旗的企业品牌形象有效地提升了企业的社会地位，使得社会公众对华旗企业的理念有了更多的认识与认同。

1. 爱国者赈灾义卖

1998 年 10 月，我国南方发生了罕见的特大洪灾。华旗资讯爱国者义不容辞，组织当时的科苑电子市场和现代电子市场，联合中国民政部救灾救济司举办了赈灾义卖，并将全部所得捐赠灾区，公司当天共捐款 10 余万元，而主办的此次活动共计为灾区捐款 30 余万元，得到了救灾救济司司长的高度赞扬。

2. 为抗击非典献策献力

华旗资讯作为一家中关村民营高新技术企业，身负"爱国者"品牌的使命感，其员工更是深深地被战斗在一线的抗非典人员所激励、打动。面对抗击非典战役出现的困难，2003年5月7日，北京华旗资讯科技发展有限公司在海淀区相关部门的领导下，自发成立了“爱国者抗击非典青年志愿者突击队”，同时成立突击队党、团支部，接受区防治非典领导小组的领导，与各条战线的兄弟姐妹一起，为抗击非典的战斗做出自己的努力。

同一天，华旗资讯向海淀医院捐赠100万元，帮助战斗在一线的医护人员保持良好的工作环境，保障身体健康，以表达对这些“最可爱的人”冒着生命危险抗击非典的无限敬意！

3. 支持教育事业

2004年4月，华旗在清华大学设立了爱国者奖学金，累计资金将达600万元，用于支持中国的教育事业。该奖学金分三个部分，其一奖励优秀学生干部；其二奖励足球赛的优秀队伍；其三奖励爱国者象棋学生比赛优胜者。该项奖学金的设立，客观上丰富了清华在校学生的学习生活，促进了学生的全面发展。

4. 关注环境保护

华旗积极研发、采用更加环保的优质充电电池的随身数码娱乐产品，并在公司设置有废旧电池回收处，由公司统一进行环保处理，取得了良好的效果。2004年6月，华旗捐资100万元，用于北方阿拉善地区沙尘暴的治理。

5. 献礼国旗班，与国旗卫士共贺国庆

2005年9月30日，“爱国者与国旗班护卫队共贺国庆56周年”活动在位于天安门的国旗班驻地热烈举行。参加本次活动的有政府、部队领导、武警天安门支队、国旗班护卫队、华旗员工等100余人。在此次活动中，华旗向国旗班赠送了代表国内最新技术的爱国者V（胜利）系列数码相机、优时MP3手表以及笔形优盘等数码产品，同时通过华旗资讯员工向国旗卫士献花、共进午餐、参加升旗仪式等一系列活动，以此激发民族企业乃至全国人民的爱国热情。10月1日凌晨，爱国者慰问团再次受邀来到国庆日升旗仪式现场，于天安门城楼观礼台上观看了国旗班护卫队庄严的升旗仪式。仪式结束后，兴奋的爱国者慰问团成员在华旗资讯总裁冯军的带领下，再次来到国旗班护卫队驻地，与刚刚参加完升旗仪式的战士们亲切交流。华旗资讯旗下的“爱国者”不仅仅是一个品牌，更是一个企业爱国主义精神的体现。

案例思考题

1. 华旗资讯提出的六赢理念对公司发展有什么意义？如何才能真正实施这一理念？
2. 华旗资讯的爱国者象棋文化和数一数二有哪些新意？
3. 华旗资讯从事社会责任活动本身对其经营发展有什么作用？
4. 你从华旗资讯的这些经营策略上得到什么启发？

参考文献

1. 阿奇，B. 卡罗尔，安·K. 巴克霍尔茨. 企业与社会：伦理与利益相关者管理［M］. 5版. 黄煜平，朱中彬，徐小娟等译. 北京：机械工业出版社，2004.

2. 陈国权. 群体心理与群体行为［M］//张德. 组织行为学. 北京：清华大学出版社，2000.

3. 谢霍坚，陈国权，刘春红. 团队组织模型：构建中国企业高效团队 [M]. 上海：上海远东出版社，2003.

4. 罗伯特·德利. 组织行为学 [M]. 陈国权译. Heriot-Wat 大学，1998.

5. YUKL G A. Leadership in Organizations [M]. 3rd ed. Upper Saddle River，NJ：Prentice-Hall，1994：p. 243.

6. YUKL，FALBE C M. Influence Tactics and Objectives in Upward，Downward，and Lateral Influence Attempts [J]. Journal of Applied Psychology，1990 (5)：pp. 132～140.

7. 黛布拉·L. 纳尔逊，詹姆斯·坎贝尔·奎克. 组织行为学：基础、现实与挑战 [M]. 3 版. 桑强，王丽娟，蒙欣等译. 北京：中信出版社，2004.

8. 詹姆斯·L. 吉布森，约翰·M. 伊凡塞维奇，小詹姆斯·H. 唐纳利. 组织学：行为、结构和过程 [M]. 10 版. 王常生译. 北京：电子工业出版社，2006.

9. 理查德·L. 达夫特，雷蒙德·A. 诺伊. 组织行为学 [M]. 杨宇，闫鲜宁，于维佳译. 北京：机械工业出版社，2004.

10. 敖军. 联想 IBM 并购案再生变数. 重庆时报，2005-03-01.

11. 彭梧. 联想在美遭不公正待遇，杨元庆抗议“美国歧视”. 新京报，2006-05-24.

组织文化与管理

学习目标

1. 深刻理解组织文化的概念、特征和功能。
2. 掌握不同学者关于组织文化的层次模型和维度模型，理解其异同。
3. 理解主流文化与支流文化、强势文化与弱势文化的概念。
4. 掌握分析、创建、维持和变革组织文化的方法。
5. 提高管理组织文化的综合能力。

组织是由人组成的群体。组织成员在长期共同的工作和生活过程中，必定会相互影响、相互适应、相互调整，从而使组织中不同人的认知和行为产生某些方面某种程度的趋同效应。当然，趋同效应除了由这种无意识自然磨合过程产生之外，有时往往是组织的开创者或领导人从一开始就有意识地倡导和培育的结果。组织就是通过人与人之间这种有意识和无意识的相互影响和相互作用，从而形成了某些共同的认知和行为倾向，这就是组织文化。不同组织具有不同的文化，组织文化反映了组织的独特性。

第一节　关于组织文化的基本概念

不同的学者对组织文化（organizational culture）提出了不同的定义（Moorhead 和 Griffin，1998），如表 15-1 所示。在这些定义的表述中，都会提到与一个重要的关键词——共有的（shared）——相关或类似的词汇。这表明，组织文化反映的是一个集体的、共同的现象，而不是单指个人的行为。本作者认为，简单地说，组织文化就是指组织成员所共有的认识、行为与符号体系。

表 15-1　不同学者给出的组织文化定义

学　者	定　义
斯本德 (J. C. Spender)	组织文化是组织成员共有的信念体系。 A belief system shared by an organization's members.
瑞里 (C. O'Reilly)	牢固而且被广泛接受的核心价值观。 Strong，widely shared core values.

续表

学者	定义
迪尔（T. E. Deal） 肯尼迪（A. A. Kennedy）	我们在这里的做事方式。 The way we do things around here.
霍夫斯特德 (G. Hofstede)	人们共有的心理程序。 The collective programming of the mind.
范马南（J. Van Maanen） 佰利（S. R. Barley）	共同的理解。 Collective understandings.
孔茨（J. M. Kouzes） 卡德威尔（D. F. Caldwell） 帕塞（B. Z. Posner）	一种通过各种符号性的媒介向人们传播的、给人们的工作生活创造意义的、为所有员工所共享的、持久的信念体系。 A set of shared, enduring beliefs communicated through a variety of symbolic media, creating meaning in people's work lives.
欧奇（W. G. Ouchi）	一组符号、礼仪和虚构的人物，它们能把组织的基本价值观和信念传给所有员工。 A set of symbols, ceremonies, and myths that communicates the underlying values and beliefs of that organization to its employees.
彼特斯（T. J. Peters） 沃特曼（R. H. Waterman, Jr.）	由一些象征性的方法（如故事、虚构人物、传说、口号、轶事等）传达的一些主导的、核心的价值观。 A dominant and coherent set of shared values conveyed by such symbolic means as stories, myths, legends, slogans, anecdotes, and fairy tales.
薛恩（E. H. Schein）	群体在适应外部环境及内部整合的过程中，创造、发展或发展形成的基本假设的模式。 The pattern of basic assumptions that a given group has invented, discovered, or developed in learning to cope with its problems of external adaptation and internal integration.

第二节　组织文化的描述方法和模型

一、组织文化描述方法 1：层次模型

1. 霍夫斯特德的四层次模型

霍夫斯特德（Geert Hofstede）是荷兰人，世界知名的心理学家，在组织文化的理论与全球比较研究方面做出了重要贡献。他提出了组织文化的四层次模型，认为由外向里，组织文化包括符号系统、英雄人物、礼仪活动、价值观（徐联仓、陈龙，1994），如图 15-1所示。

（1）符号系统

一个组织的符号系统包括多种有形的实物，譬如：组织的标识（如名称、徽标）；

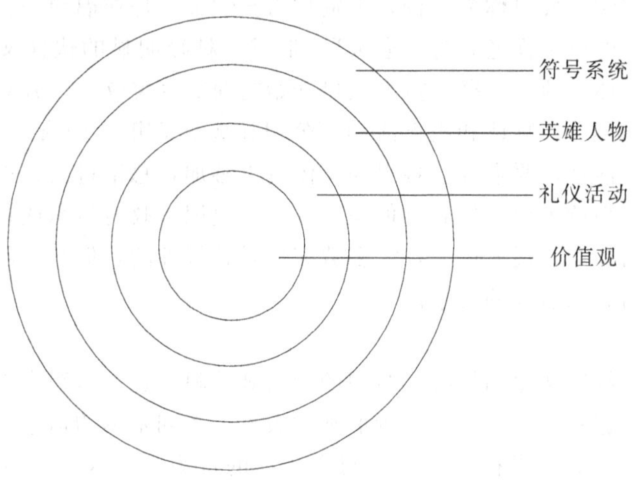

图 15-1　霍夫斯特德关于组织文化的四层次模型

产品或服务的标识（如产品/服务名称、商标、广告）；建筑物的式样、颜色、风格；装修装饰和办公家具的特点；员工的服装服饰、面部表情、精神风貌；组织用于对外宣传的、完整的书籍资料、宣传册、员工手册、录像带；各种挂在墙上的照片、图片、光荣榜；各种装饰物、植物花草；各种纪念品、信封、名片；张贴的口号、标语等等。这些符号是组织的文化的某种标志。一个组织的符号系统设计对准确地表达和传播组织文化起非常重要的作用，应该进行精心策划和设计。迪斯尼公司的米老鼠和唐老鸭形象不但在美国家喻户晓、世界不少国家的人对它也比较熟悉。因为，即使人们没有亲身去过迪斯尼乐园，也能通过各种媒体（如电视节目）看到这些符号，感受到迪斯尼产品要传递的快乐文化。

（2）英雄人物

组织的英雄人物是组织树立起来的典范。这些典范人物可以是组织的领导人，也可以是一线的普通员工；可以是组织历史上的人物，也可以是现在的人物；可以是真人，也可以是虚构的人。英雄人物总是跟其传奇故事联系在一起，这些故事反映了其特殊的经历、取得的成就。总之，组织树立起来的英雄人物必须具有的一点就是，能够反映出组织所崇尚的个性、品质、能力、价值观和精神内涵，可以成为组织成员的学习榜样，是对组织文化的另一种表达和传播方式。这些英雄人物往往会以符号系统的方式表现出来，譬如照片、光荣榜等。很多组织的英雄人物是其创始人或历代领导人，如微软公司的总裁比尔·盖茨、长江实业集团主席李嘉诚、海尔集团总裁张瑞敏等。优秀基层员工也可以成为英雄人物。

（3）礼仪活动

组织中的礼仪活动包括：人与人之间的相互称呼和交往（如见面时互致问候、相互送礼、秘书小姐给老总和客人端茶倒水）；组织中的各种集体的活动、习俗和仪式（如入司仪式、入司培训、郊游聚餐、各种庆典活动、颁奖晚会、节日联欢等）。譬如，在一些传统企业，人们之间的称呼是陈总、张经理、刘书记、徐院长，反映了一种等级文化。联想集团公司倡导人们相互之间称呼名字，如杨元庆总裁希望员工称呼他“元庆”，代表一种平等亲切的家庭文化。大北农公司倡导下级对上级称老师，上级对下级称名字，同级之间称同学，公司称为学校，工资称为奖学金，是在倡导一种校园文化。北京紫光华宇软件公司的员工称老总为“老大”，形成一种很明显的伙伴文化。现在，越来越多的公司强调集体的活动，譬如重大项目开始之前的宣誓仪式、领导讲话剪彩、新闻发布、成功之后的集会、宴请和庆祝活动。公司在成立 5 年、10 年、20 年或 100 年时会举行重大的庆典活动，要求社会各界和全体员工参加，总结过去、展望未来。所有这些都是为了宣传和强调组织的核心价值观。在宗教组织、政府组织或社会团体中，也有各种各样的礼仪活动，有很多讲究，大多数完全是礼仪性的，但其目的是为了宣扬和强化这些组织的价值观和追求的愿景。

（4）价值观

价值观位于其组织文化的核心。组织的价值观反映了这个组织大多数人对于事物形态的偏好程度。根据罗克奇的定义，价值观代表着一系列基本的信念，即个人或群体认为，某种具体的行为类型或存在状态比与之相反的行为类型或存在状态更好。也就是说，组织中大多数人喜欢和习惯于某种具体的行为类型或存在状态，而不喜欢和习惯与之相反的行为类型或存在状态，那么，这种具体的行为类型或存在状态就是这个组织的一种价值观。当然，一个组织会有多种价值观。组织的价值观，不像符号系统、英雄人物和礼仪活动，它很难直接看到，只能通过观察外面的符号系统、英雄人物和礼仪活动，并通过与组织领导人和员工进行交流，才能进行分析、归纳和推理得出。

2. 薛恩的三层次模型

薛恩（Edgar Schein）是麻省理工学院斯隆管理学院的教授，也是组织文化方面的知名学者，他提出了组织文化的三层次模型（如图 15-2 所示），认为由外向里，组织文化包括：可观察到的人造物（observable artifacts）、公开认同的价值观（espoused value）、潜在的基本假设（basic underlying assumptions）（Schein，1999）。

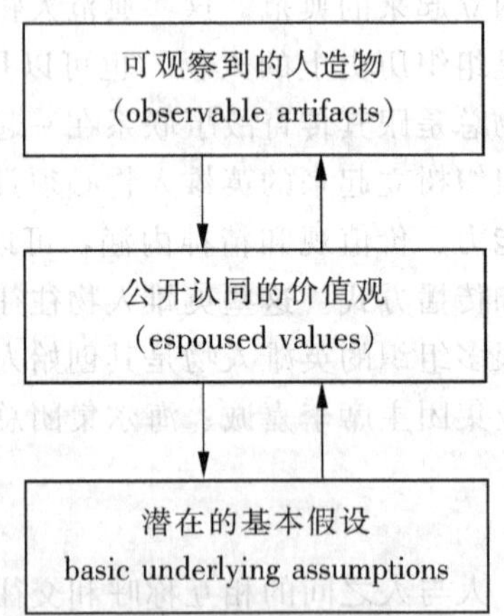

图 15-2　薛恩关于组织文化的三层次模型

资料来源：SCHEIN E H. Organizational Cultural and Leadership［M］. second ed. San Francisco：Jossey-Bass Publishers，1992：17.

（1）可观察到的人造物

可观察到的人造物的英文是 observable artifacts。Artifacts 的意思是“人造出来的东西”，实际上包括了反映组织文化的各种实物、陈设、着装、衣物、符号、气味、气氛、情感、人物、故事、传奇、交往、礼仪、活动等等。薛恩将所有这些内容统称为“可观察到的人造物”，因为所有这些都是人们根据需要制造或营造出来的。然而，薛恩认为，这些人造物虽然可以被人们看到、听到、闻到、触摸到，但却难以一下子就真正被人理解其中所包含的深层意义。

（2）公开认同的价值观

公开认同的价值观的英文是 espoused values，是指这个组织所公开宣扬的价值观，譬如公司发展方向（如使命、愿景、目标、追求），以及朝这些方向前进过程中所需要崇尚的行为方式（如坚定不移、团结合作、集体主义、勇于创新等）。譬如，宝洁公司公开认同和宣传的五个价值观是：敢于争先（leadership）、正直诚信（integrity）、相互信任（trust）、努力进取（passion for winning）、主人翁精神（ownership）。摩托罗拉公司公开认同和宣传的价值观是：对人保持不变的尊严（individual dignity entitlement）、坚持高尚操守（unyielding integrity）。这些价值观是组织信奉崇尚和公开宣传的，可以为员工和外界所知。

（3）潜在的基本假设

潜在的基本假设的英文是 basic underlying assumptions，是指这个组织的成员的深层信念、认知、思想、心理程序、心智模式等。这些信念、认知、思想、心理程序、心智模式等对人们的行为会产生很大影响，但是它们不容易被人们意识和发现到，需要通过仔细的观察和访谈才能了解。譬如：

一个强调产品开发、将产品创新作为其公开认同的价值观的企业，可能是因为组织有一个潜在的基本假设：酒好不怕巷子深——只要产品好，就不愁卖不出去。

一个特别强调客户服务、将服务第一作为其公开认同的价值观的企业，可能是因为组织有一个潜在的基本假设：皇帝的女儿也愁嫁——再好的产品也需要宣传和包装，这样才能为用户和社会所知。

一个特别强调竞争、将在竞争中成长作为其公开认同的价值观的企业，可能是因为组织有一个潜在的基本假设：要成功就必须击败对方——企业之间是你死我活的关系。

一个特别强调合作、将通过合作取胜作为其公开认同的价值观的企业，可能是因为组织有一个潜在的基本假设：合作是通向成功的另一种途径——企业之间有时通过合作能产生对双方都非常有益的结果。

一个特别强调捐赠、投资公益事业、将感恩和回馈社会作为其公开认同的价值观的企业，可能是因为组织有一个潜在的基本假设：好人有好报——人所做的善事善行，无论对自己还是对子孙后代都会带来福分。

……

从上面的描述中，我们能很清楚地看到上面这两个层次模型之间的联系和区别：

① 薛恩模型的最外层——可观察到的人造物，实际上涵盖了霍夫斯特德模型的外三层——符号系统、英雄人物、礼仪活动。

② 薛恩模型的中间层——公开认同的价值观，与霍夫斯特德模型的最里层价值观基本一致。

③ 薛恩模型的最里层——潜在的基本假设，是霍夫斯特德的模型中所没有的，它特别强调了那些比公开认同的价值观更为隐性的但影响更大的深层假设。

二、组织文化的描述方法 2：维度模型

1. 克拉克洪-斯托德贝克的模型

克拉克洪和斯托德贝克（Kluckhohn-Strodtbeck）都是人类学家，他们提出了描述文化的六个维度，体现了不同社会（国家）、组织或群体文化中几个非常重要的基本假设。

(1) 关于人的本性

关于人的本性（basic nature of human being）有三种不同的基本假设：人性本善、人性本恶、人性善恶混合。中国儒家代表人物孔子认为“人之初，性本善，性相近，习相远”。也就是说，人最初的本性都是好的，之所以不同在于后天的学习。孔子特别强调教育的作用，强调德治。法家代表人物荀子和韩非子则认为人性本恶，强调制度的作用，强调法治。当然也有不少学者认为人具有两面性，不同的环境和时间下，既会表现出善的行为，也会表现出恶的行为。

显然，管理者持有的人性假设不同，其管理策略也会不同。在有些公司，领导特别强调对员工信任和授权，倡导人与人之间相互关爱、坦诚相见、具有感恩心态。这显然是受到人性本善假设的影响。在另一些公司，领导特别重视建立严格的规章制度，非常清楚地告诉员工哪些行为是不允许的，让员工引以为戒。譬如深圳中兴集团公司建立了员工行为规范的“高压线”——故意虚假报账、收受回扣、泄露公司商业机密、从事与公司有商业竞争的行为、包庇违法乱纪行为，员工一旦触及这些行为底线，将被立即开除。建立这样的制度显然有些受到人性本恶假设的影响。而在一些公司，既强调信任、授权和激励，也强调严格的控制和规范，这显然是受到人性本善和人性本恶混合假设的影响。本作者认为，混合假设更适合于社会现实。在管理实践中，领导者既要采取措施激发员工人性中“善”的一面，又要抑制“恶”的行为，这样才能真正管理好人的行为。

(2) 关于人与人的关系

关于人与人的关系（relationships among people）有两种不同假设：个人（individual）更重要、群体（group）更重要。在西方国家（如美国、英国、加拿大等），特别强调个人的利益和价值，推崇个人英雄和自我实现。而在东方国家（如中国、日本、以色列等），则强调群体的利益和价值，推崇个人为集体而奉献。

在一些个人导向的组织中，管理者会通过工作内容和工作环境的设计来让个人充分施展其个性和能力，希望每个人都能自我超越成为英雄，会特别承认和奖励个人对组织做出的贡献。譬如，一些企业设立优秀员工奖、个人创新奖、终身成就奖。在一些集体导向的组织里，管理者会强调个人要服从群体的利益安排，强调大局意识、牺牲精神、团队合作技能，会基于群体整体的业绩来评价个人，会奖励那些为群体做出奉献的人和

具有集体主义精神的人。

（3）行动取向

关于行动取向（activity orientation）有两种不同的假设：一是强调存在和理解，承认现实，安于现状，随遇而安（being）；二是强调行动，改变、影响环境和现实（doing）。在一些社会群体和组织中，特别强调存在导向，倡导人应该承认现实、接受和享受其现在拥有的一切（有点宿命论的观点），要学会利用和适应环境，所谓靠山吃山、靠水吃水，一方水土养一方人。而在另一些社会群体和组织中，特别强调行动导向，鼓励人应该积极进取，改变现状，改变命运，所谓有条件要上，没有条件创造条件也要上。

（4）人与自然的关系

关于人与自然的关系（relation to nature）有两种假设：强调人应该控制和征服自然环境（subjugation/domination）；强调人应该与自然环境和谐（harmong）相处和适应环境。

人类在历史相当长的时期里，认为人应该而且能够控制和征服自然环境。我国文化大革命中及大跃进时期，人们会高喊“人定胜天”，“人有多大胆、地有多大产”的口号。工业经济迅速发展时期，人们对自然进行过度的控制、开发和利用，造成了当今世界很多不良的后果。现在人们已经开始认识到环境的破坏对人类生存和经济活动的制约作用。人们开始认识到，人应该与自然环境和谐相处，应该与环境保持良好的互动关系。这一精神其实在我国古代就有。譬如，古代李冰父子治理都江堰，就采用了疏导的方法，而不是堵截的方法。当前，我国政府在提倡绿色GDP，实际上是在强调尊重和保护环境，现代人经济的发展不能以牺牲后代人的利益为代价。

（5）时间导向

关于时间导向（time orientation）有三种假设：过去（past）导向、现在（present）导向、未来（future）导向。不同社会群体和组织在做事情或做决策时有不同的时间导向。一个具有悠久历史的组织的领导人在决策时，不可避免地会受到组织长期以来积淀形成的文化传统的影响，因而具有某种程度的过去导向。一个现在导向的组织，会特别强调短时期对员工的绩效考核，追求短期的财务回报。一个新成立组织的领导人在做决策时，由于没有历史的包袱，敢于创新，因而会比较容易表现出未来导向。美国是一个低储蓄率国家，反映了其文化中主流的现在导向特点。中国传统上是高储蓄率国家，反映了其文化中主流的未来导向特点。

（6）空间概念

关于空间概念（conception of space）有两种假设：私人空间（private）和公开空间（public）。有些文化里强调人与人之间交往时应该保留私人空间（private）。譬如，在西方国家，人与人之间一般不互相打听工资多少、婚姻状态等个人隐私，人与人之间交谈时会保持一定的物理空间距离。在东方一些国家有些则强调公开空间（public）。人与人之间可以随便问及工资多少、婚姻状态等个人隐私，人与人之间交谈时物理空间距离较小，甚至可以扶肩搭背。

2. 霍夫斯特德的模型

霍夫斯特德提出了五个方面的文化维度。

(1) 个人/集体主义 (individualism/ collectivism)

个人主义是指关心自己以及与自己亲密的人(如家人/朋友)的倾向;集体主义则是指关心自己所属的更大群体的利益重于关心自己的倾向。这一点与上面克拉克洪—斯托德贝克模型中的第2个维度是一致的。

(2) 权力差距

权力差距(power distance)是指一个社会中人们对人与人之间、组织之间存在权力差别的可接受程度。显然,在高权力差距的国家中,人们心理上较容易接受人与人之间的权力差别;而低权力差距的国家中,人们心理上较不容易接受人与人之间的权力差别。

(3) 不确定性规避

不确定性规避(uncertainty avoidance)是指人们感受不明确的情况带来的威胁,从而想办法去规避这种不明确情况的程度。显然,对不确定性规避低的人愿意冒险,对不确定性规避高的人倾向保守。这一点上不同国家存在一些差异。

(4) 男性化导向/女性化导向 (masculinity-femininity)

男性化导向是指社会强调传统上代表男性特征的价值观/行为的倾向(譬如,自信、坚定、刚毅、有野心等),而女性化导向则指社会强调传统上代表女性特征的价值观/行为的倾向(譬如,关怀、理解、沟通、考虑他人、强调人际关系和工作生活质量等)。在北欧国家(如挪威、芬兰等)特别强调女性化导向,而美国、日本等国则男性化导向很强。

(5) 短期/长期导向 (short term-long term)

这是霍夫斯特德后来增加的一个维度。短期导向是指人们在做事情和考虑问题时看重眼前的问题和利益,而长期导向则是指人们在做事情和考虑问题时看重长远的问题和利益。这一维度和上面克拉克洪—斯托德贝克模型中的第4个维度是一致的。

三、组织文化的描述方法3:主流/支流文化和强势/弱势文化

我们认为,关于组织文化的描述,除了用上面的层次模型和维度模型来描述外,还有其他两个方面可以反映一个组织的文化特点:主流文化与支流文化,强势文化与弱势文化。

1. 主流文化与支流文化

当组织具有较大的规模、地域分布广泛、人员组成复杂、业务种类繁多时(譬如,某公司在我国30多个省市都有分公司,某跨国公司在全球100多个国家都设有分公司),公司文化一定会呈现主流文化与支流文化并存的现象。

主流文化是指一个组织中为绝大多数地域、部门和员工等所认同的价值观和行为方式。而支流文化则是指某些特定地域、部门或群体的员工等所共同发展并认同的、反映群体特色的价值观和行为方式。不同的地域、部门或群体的员工可能会发展出不同的支

流文化。支流文化这个词汇与西方文献中的亚文化具有类似的含义。但主流文化和支流文化的概念更加形象和生动，便于企业实践界的理解。

任何一个组织在发展过程中，都会形成自己的主流文化与各种支流文化。在不同的组织中，主流文化与支流文化的分布比例不同，各自对员工的影响大小也不同。譬如，某些跨国公司倾向于采用全球化策略（如通用电气公司和甲骨文公司），主流文化是主导性的，对员工的行为和业绩影响最大；支流文化虽然存在，但只是对员工交往习惯的影响，对工作行为和业绩影响不大。而另一些跨国公司则采用本土化策略，主流文化虽然影响较大，但公司鼓励各地采用不同的工作和行为方式，对当地员工的行为和业绩有非常重要的影响。可以说，主流文化与支流文化的分布比例和影响力的相对大小，既是组织在发展过程中自然演化形成的，有时也是领导人根据战略需要的不同而有意识采取的文化策略干预而形成的。

2. 强势文化与弱势文化

我们经常听说，某某公司的文化是一种强势文化（譬如华为和海尔的文化），这是什么意思呢？作者认为，组织文化的强弱体现在下面三个方面。

第一，这个组织的文化中所提倡的价值观和行为方式是否为绝大多数的员工所赞同？赞同的员工越多，就越强势；反之就越弱。

第二，这个组织的文化中所提倡的价值观和行为方式是否为绝大多数员工所认知、理解、记忆、表述、身体力行（即员工从头到脚、从外到里都认同组织文化）？能够认知、理解、记忆、表述、身体力行的员工越多，就越强势；反之就越弱。

第三，这个组织的文化中所提倡的价值观和行为方式，与其他组织的文化相比，是否具有鲜明和显著的特色？特色越鲜明和显著，就越强势；反之就越弱。

第三节　组织文化的特征和作用

一、组织文化的特征

任何一个组织文化都具有以下五个方面的特征。

1. 共同性

组织文化反映了组织中大多数成员的认知和行为的共同部分，也就是所有成员的认知和行为的交集。具有某种认知和行为的人越多，表明组织在这种认知和行为方面的文化越强势。

2. 稳定性/惯性

组织文化一旦形成就具有相对稳定的特点，不容易被改变，这就是惯性。这种惯性反映在，当内外环境发生变化时，组织成员的认知和行为可能会在相当长的时期内不能同步发生变化。文化的改变需要时间。

3. 独特性/个性

没有任何两个人的个性和价值观会完全一致；同样，也没有任何两个组织的文化会完全一致。组织文化反映了组织的独特性/个性。

4. 隐藏性

组织文化一旦形成，对人的行为的影响是无形的、潜移默化的。员工会自觉不自觉地受到组织文化的影响。人们很难在组织稳定运转的情况下感受到自己所在组织的文化是什么。只有当企业内外环境发生改变，或员工离开原来的企业而去不同文化特点的企业工作时，才会感受和体会到自己原来组织的文化特点。这就像我们天天呼吸空气中的氧气，平时感觉不到它的存在，直到有一天缺氧时，才会体会到它的存在和影响。文化对人的影响是隐性的，只有在对比和变化中才能感受到文化的内涵。

5. 预测性

组织文化反映了组织成员共有的价值观和行为方式，因此我们可以分析当组织处于某种环境中时，组织可能做出的反应。当不同组织处于同一环境时（或同样的事情发生时），我们可以从组织文化的特征来预测不同组织将会做出哪些不同的反应。

二、组织文化的作用

关于组织文化的作用，可以从企业文化研究的起源中看到。20世纪六七十年代，美国的制造业遇到了来自日本的巨大挑战。石油危机以后，日本的汽车不断进入北美和欧洲的市场，让美国人很担忧。美国国会生产率促进委员会在1985年给麻省理工学院投资500万美元，让其在5年内完成一个研究项目——国际汽车研究计划（international motor vehicle program，IMVP），研究美国、日本、欧洲三地的汽车制造企业在竞争优势和表现上的差别及其原因。研究小组在1990年完成了该项目，发表了国际汽车计划研究报告。报告指出，美国的汽车制造企业和日本的相比，在一些硬件（如生产制造技术、设备方面）要比日本先进，但日本企业在"软件"方面（如员工的终身雇佣制、部门之间的协作方法、团队精神、集体主义、向心力、归属感、忠诚度，总装厂与协作厂之间的合作方式和相互信任度等）比美国企业要强得多。后来，美国学者将这些软的因素归结为企业文化（corporate culture），并认为，造成美、日汽车制造业竞争优势差别的主要原因来自于日本企业当时的文化优势。

从上可以看出，组织文化确实能产生重要的力量。本作者认为，组织文化的作用主要包括内部和外部两个方面。

1. 内部作用

组织文化在内部主要起以下三个方面的作用。

（1）达成共识

企业文化很重要的作用之一是让所有员工对企业的目标、价值观和理念等达成共识。只有达成这种思想上的统一，才能对面临的各种问题形成决策，在行动上协同配合。

（2）规范行为

任何企业都有自己的目标，组织文化是根据这个目标而建立的。实施组织文化的另一个重要作用，就是要通过宣传、倡导、评估、考核、提升、奖惩等各种形式来规范员工的行为，使员工按照组织所期望的、推进组织目标的方向进行。譬如，很多企业的文化手册、员工手册、行为底线等都能起到规范员工行为的作用。其实，组织文化除了规范员工的行为外，还对规范员工的思维方式有重要影响。

(3) 凝聚人心

组织文化建立后，会通过各种共同的活动（如入司培训、明显的仪式和标识）来使成员具有某种共同感、一体感，可以起到凝聚人心的作用。共同的集体荣誉感对组织实现目标是非常重要的。

通过使所有员工的思想达成共识、行为符合规范、人心得到凝聚，组织内横向不同部门员工之间、纵向不同层次之间就能协同作战、统一整合，最后产生良好的组织绩效。

2. 外部作用

组织文化在外部主要起以下三个方面的作用。

(1) 协调外部关系

一个组织的文化规定了它与外部利益相关者（客户、供应商/合作者、竞争者、政府、社会团体等）打交道的方式，能使组织很好地协调与外部利益相关者的关系。

(2) 获得外部支持

一个组织的文化反映了其独特性，能显示出企业的个性和价值，会引起外部的关注和重视，在某种程度上能为其带来机会和支持。

(3) 获得外部声誉

一个组织的文化能彰显其个性，使企业给社会输出的不仅仅是其产品，还有其独特的文化（如惠普之道），这能使其获得外部声誉。

一个组织的文化在协调外部关系、获得外部支持/合作以及获得外部声誉之后，组织才能真正做到适应外部环境。

综上所述，组织文化能使组织实现内部整合和外部适应，二者也会相互促进，最后达成组织的目标。组织文化的作用概括起来如图 15-3 所示。

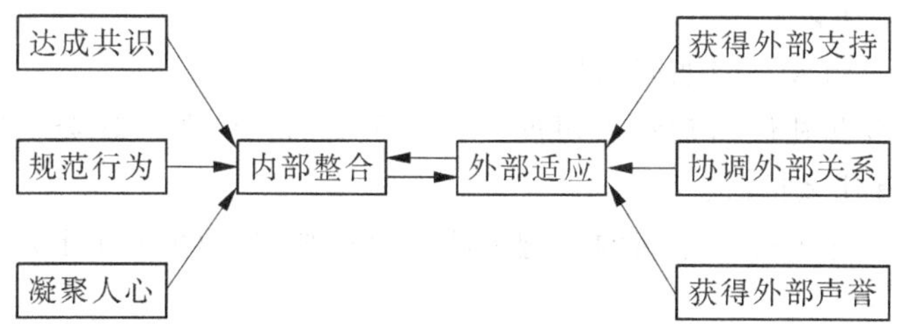

图 15-3 组织文化的作用

第四节 分析、建立、维持和变革组织文化

如何迅速准确地分析/解读组织文化、创建组织文化、维持组织文化以及根据环境

变化而变革组织文化是文化管理中非常重要的工作，也能反映管理者的责任和素质。

一、分析/解读组织文化

当一个人新进入一家公司，或者要与这家公司进行合作谈判时，就需要对该公司的组织文化进行分析和解读。从外向内可以划分为三个步骤：①感受外层文化符号②挖掘深层价值观/基本假设/核心追求③评估组织文化的表里一致性和统一性。如图 15-4 所示。

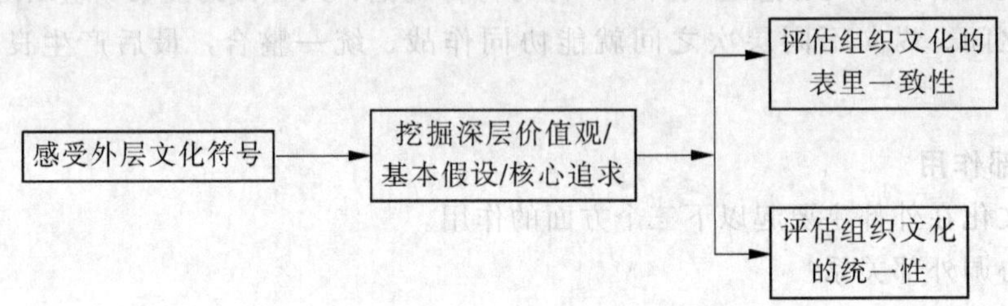

图 15-4 分析/解读组织文化的步骤

1. 感受外层文化符号

体现组织文化的符号很多。当你在分析/解读某个组织的文化时，你需要了解和感受下列方面：

① 该组织的标识（如徽标、商标）有哪些？

② 该组织中建筑物的式样、颜色、风格是什么？装修装饰、办公家具有什么特点？

③ 该组织中人们的服装服饰有什么特点？人们的面部表情、精神风貌如何？

④ 该组织中挂了哪些照片、图片？摆放在什么地方？

⑤ 该组织中有哪些装饰物、纪念品？摆放在什么地方？

⑥ 该组织在外面的显眼位置有哪些口号、标语？

⑦ 该组织有没有用于对外宣传的、完整的书籍资料和录像带？有没有员工手册？员工手册中内容是什么？

⑧ 该组织中人与人之间如何称呼？

⑨ 该组织有哪些礼仪活动？入司仪式、入司培训、庆典、晚会、过节等重要活动是如何组织的？有什么特色？

⑩ 该组织树立起了哪些正面的典型人物？这些典型人物具有什么特点？做了哪些事情？

⑪ 该组织流传有哪些故事？这些故事是针对谁的？是通过什么方式讲授和传播的？

⑫ 该组织领导人具有什么特点？他/她个人的经历、背景、教育、个性、能力如何？他/她崇尚什么，不喜欢什么？他/她个人的办公环境、生活方式、为人处事、待人接物各有什么特点？他/她发表了哪些讲话？做过什么样的报告？写过什么样的文章？公开倡导过什么样的观点？

2. 挖掘深层价值观／基本假设／核心追求

在了解和感受了上面符号系统的基础之上，我们需要进行深层思考，挖掘这些符号背后所体现的组织的深层价值观、基本假设和核心追求。

① 你认为该组织信奉什么样的理论来进行内部管理和处理外部关系（应对外部竞争）？

② 你认为该组织崇尚什么样的价值观？

③ 你认为该组织真正的核心追求是什么？

3. 评估组织文化的表里一致性和统一性

弄清楚组织整体上的文化状态之后，我们还需要进一步来分析该组织文化的表里一致性和统一性。

① 该组织文化的表层符号与里面的深层价值观/基本假设/核心追求是否一致？也就是说，组织的深层价值观/基本假设/核心追求是否通过表层的符号得到了很好的表达、传递和体现？而通过表层的符号也能使人们推测到组织的深层价值观/基本假设/核心追求。

② 组织的主流文化是什么？该组织的不同层次、不同部门、不同员工在理解和认同本组织文化的表层符号和里面的深层价值观/基本假设/核心追求方面，特别是身体力行上是一致，还是不同？不同的程度如何？根据这些不同可以划分出哪些支流文化类型？

如何解读和评估组织的文化

能够读懂和评估组织的文化是一项非常重要的技能。如果你正在找工作，你最好去这样一个组织——你个人的价值观与该组织的文化是匹配的，这样你在工作中才会感到舒适。如果你在进入该组织工作之前就能够先弄清其文化（特别是游戏规则），那么你就会减少错误决策的发生，得到快速成长。

这除了对你找工作有帮助外，也对你做其他方面的事情有帮助。譬如，你在工作中会与不同的组织打交道——销售产品/服务、洽谈合同、组建合资企业。所有这些事情的成功在很大程度上取决于你了解这些组织文化的能力。

下面，我们假设你正在寻求某公司的职位。为帮助你更为迅速准确地了解该公司的组织文化，我们列出了下面你需要做的事情或弄清楚的问题。

① 做一些准备工作。从朋友或熟人那里弄一份该公司员工名单，随身带着。与熟悉公司并经常同其打交道的职业介绍机构人士交谈，以了解该公司更多的事情。在公司的年度报告或其他文字材料中寻找一些情况、事实和故事，以了解反映公司组织文化的有关线索。还可以查阅公司网站，了解相关材料，特别是管理层和基层员工加盟或离职的数据。

② 观察公司的建筑物和物理环境的特点。注意公司里的各种标识、图片/照片、员工的穿着风格、服饰特点、发型、办公室之间的开放程度、办公家具的特点和摆放方式。

③ 你遇到了谁？他们希望你如何称呼他们？

④ 你如何描述你碰到的这些人的特点？这些人穿着正式还是随意？表情严肃还是开朗？

⑤ 公司在员工行为手册中有没有提出很正式的、需要遵守的规定/规则？如果有，这些规定/规则具体细致到何种程度？

⑥ 对你在公司遇到的人问下面同样的问题，并了解他们回答的一致性程度：

- 公司创始人的背景是什么？
- 目前在任的高层管理人员的背景是什么？他们各自有什么专业特长？他们是内部提拔的，还是外部空降的？
- 公司是如何将新员工融入集体的？新员工进来时有没有参加入职培训活动？如果有，这些培训活动有什么特点？
- 你的上司如何定义他/她自己工作上的成功（是根据赚钱多少、客户满意的程度、按时完成工作，还是从公司争取更多的预算和投资）？
- 你认为奖励如何分配才算公平？
- 你认为公司里什么人提升最快？是谁在提升他们？
- 你认为公司里什么人总得不到提升？组织是如何对待这些人的？
- 你认为组织中什么人做的决策更能被通过，而且执行得也好？
- 你认为组织中什么人做的决策不能被通过？即使通过，执行的结果也不好？结果不好对该决策人有什么后果？
- 你能否描述公司最近发生的某个重要事件或危机事件？高层管理团队是如何反应的？公司从这次经历中学习到了什么？

资料来源：ROBBINS S P. 组织行为学［M］. 9版. 北京：清华大学出版社，2004：513.

二、创建组织文化

1. 创建组织文化的步骤

创建组织文化的六步骤是：分析外部客观环境和内部主观偏好、提出里层核心价值观/基本假设/组织追求、设计反映里层文化的外层符号系统、设计组织文化的一致性和统一性、实施组织文化、评价组织文化的实施效果。如图15-5所示。

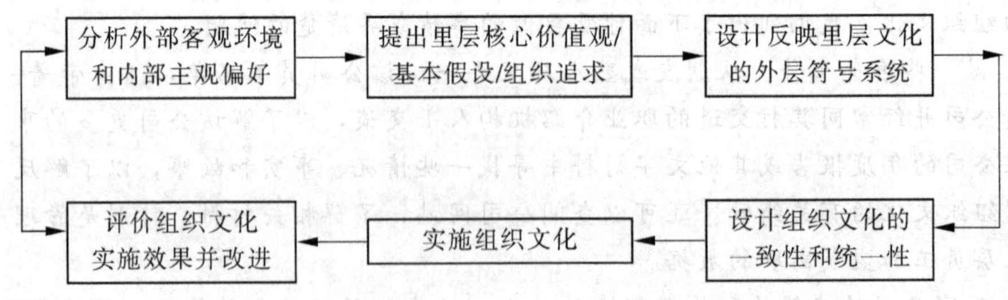

图 15-5 创建组织文化的步骤

（1）分析组织外部环境和组织内部成员（特别是领导人）自身的偏好

本作者认为，组织文化是组织外部环境的客观性与组织内部成员的主观偏好相结合的结果。组织的领导团队在创建组织文化开始，需要进行三个方面的工作。

第一步，要向外看——分析组织所处的外部环境的特征，深刻理性地分析这种客观环境对组织的生存发展的挑战和机会。要问自己：组织外部环境特征是什么？什么样的企业能够生存和发展？要想清楚：组织要更好地生存和发展，应该建立什么样的文化？

第二步，要向里看——分析组织大多数成员（包括高层团队）的个人特点、需要和偏好。要问自己：我们的偏好是什么？怎么做企业我们感觉最有意义？组织中大多数成员的偏好是什么？怎么做企业他们感觉最有意义？要想清楚：我们和组织大多数成员喜欢什么样的文化，这种文化能使我们和他们在一起高效而愉快地工作？

第三步，要内外结合看——从上面这两步得到了组织文化需要考虑的两个方面，并进行对比。一般情况下，这两个方面既有相同之处，也有不同之处。组织领导团队需要进行平衡和取舍。

(2) 提出组织的核心价值观/基本假设/核心追求

经过上面分析，组织要得出将组织外部环境的客观性与组织内部成员的主观偏好相结合的组织文化的深层部分。它包括：

① 我们组织应该建立什么样的核心价值观？

② 我们组织应该建立什么样的基本假设？

③ 我们组织应该建立什么样的核心追求、奋斗目标和愿景？

然而，回答上面的三个问题不是一件容易的事情。作为组织的领导者，他/她首先要做到：既要突出组织的个性，又要顺应社会的潮流；既要听取自己内心的愿望，又要了解组织成员的心声。因此，组织领导人需要深思熟虑，既要民主又要集中。只有这样，提出的组织核心价值观/基本假设/核心追求才能为组织成员所认同。当然，在现实中，组织领导人对组织文化的影响是不一样的。有些组织的文化就是老板文化，领导个人的偏好对组织文化影响极大。也有些组织的文化建立是一个发动群众讨论、集思广益的过程，组织文化反映了大多数成员的心声和愿望。

(3) 设计外层符号系统

这一步需要设计一系列的符号来体现上述的核心价值观/基本假设/核心追求。在设计中应该问的问题是：

① 组织的标识（如徽标、商标）应该如何设计？

② 建筑物的式样、颜色、风格如何设计？装修装饰和办公家具应有什么特点？

③ 员工的服装服饰应该如何设计？员工应该体现怎样的面部表情和精神风貌？

④ 应该挂哪些照片、图片？摆放在什么地方？

⑤ 应该如何设计装饰品？摆放在什么地方？

⑥ 应该在什么位置安放哪些口号、标语？

⑦ 应该如何设计制作组织对外宣传的、完整的书籍资料和录像带？如何设计员工手册的式样和内容？

⑧ 组织中人与人之间应该如何称呼？

⑨ 应该设计哪些礼仪活动？入司仪式、入司培训、庆典、晚会、过节等重要活动应该如何组织？应该有什么特色？如何实现？

⑩ 应该在组织中树立哪些正面的典型人物？这些典型人物应该具有什么特点？如何评选、奖励、宣传？

⑪ 应该总结或整理出哪些故事？这些故事应该针对谁？通过什么样的方式讲授和传播出来？

⑫ 组织领导人应发表哪些讲话？做什么样的报告？写什么样的文章？公开倡导什么样的观点？应该如何把领导人的这些言论以适当的方式进行传播，以促进组织文化的形成？

（4）设计组织文化的一致性和统一性

组织文化的里层和表层设计完成后，必须评估一致性和统一性两个方面。

这时需要回答的问题是：

① 组织文化里层的核心价值观/基本假设/核心追求和外层的符号系统表里一致性应该达到什么程度？也就是说，外层有形的文化符号与里层无形的核心价值观/基本假设/核心追求允许有多大的差别？因为绝对的内外一致是不可能的，也是没有必要的。本作者的观点是，事物在矛盾中求得生存和发展，内外文化应该在很大程度上是和谐的、一致的，但也可以适当地保持一点不一致的地方。实际上，在组织发展过程中，经常出现内外不一致的情况（譬如：外部的符号已经改变了，但倡导的核心价值观没有变；或者，已经开始倡导新的核心价值观，但外部的符号还没有改变）。设计组织文化时，应该设计出可允许的内外不一致程度。

② 在我们组织里，不同层次、不同部门、不同地域、不同员工的价值观、基本假设、追求、行为方式等，是否需要完全统一（不存在支流文化）？还是应该保持一定程度的多样性（让多种支流文化存在）？为什么？在文化的哪些维度上需要统一性，哪些维度上需要多样性？在设计组织文化时，应该允许或者需要多大程度的多样性？

（5）实施组织文化

在实施组织文化的过程中要回答和完成下面5个基本问题（4W1H）。

① 导入什么（what）？组织的资源和人的精力是有限的。领导人应该分析，在当前的环境和条件下，应该导入组织文化中哪些最重要的方面？

② 何时导入（when）？我们在什么时候导入上面选定的文化内容是最有效的？譬如，新员工刚入企业、组织面临变革转型、组织取得成功、组织遇到重大危机时等。

③ 何地导入（where）？我们应该在什么地方导入这种文化最为有效？譬如，在公司的某个地区分公司、某个部门或者某个特殊群体，这些地方取得成功后，再推广到别的地方。从文化传播的地方来说，文化的灌输可以在培训教室、工作现场或者在外出旅游等轻松环境下。

④ 谁来导入（who）？我们应该让哪些人来参与实施（特别是讲解和宣传）组织文化？很多人都可以参与这个过程，譬如，企业高层领导大力宣讲，人力资源经理负责解释，普通基层优秀员工现身说法等。

⑤ 以什么方式导入（how）？我们应该以何种方式让员工真正理解、领会和掌握组织文化的核心内容？通过企业领导做报告？人力资源经理来授课？外请专家授课？解剖自己组织发展过程中的典型成败案例？学习外面公司的成功案例和经验？在组织中树立

典型人物，加强宣传？在组织内部网络上宣传交流？在组织内部刊物上交流、研讨？组织内部举行经验交流会、表彰会？

（6）评价组织文化的实施效果并改进

在评价组织文化的实施效果时要回答下面问题：

① 员工对组织文化的内容理解吗？什么样的方式员工最容易接受？

② 组织文化实施对员工的心态和行为有什么影响？他们认同和支持该文化吗？对哪些方面他们愿意接受？对哪些方面有保留意见？对哪些方面不认同？为什么？他们分别在行为上有什么表现？

③ 组织文化对组织的业绩有什么影响？哪些指标上升了？哪些不变？哪些下降了？

④ 总的来说，组织文化的实施是否达到了预期目的？今后，应该如何调整文化的内容以及实施方法。

2. 创建组织文化中领导和员工的作用

在组织文化的创建过程中，组织领导人和各级员工的作用可以概括为下面几种模式。

① 自上而下式。这是指组织文化主要是领导人的价值观和行为偏好的反映。这一点在很多企业非常普遍，所以经常有人说，企业文化就是老板文化。整个组织文化的建立过程是由领导提出、中层部门落实、基层员工执行的过程。

② 上下结合式。这是指组织文化是组织领导人和所有员工的价值观和行为偏好的整体反映。这在少数公司采用，目的是为了集中大家的智慧，建立共同愿景，增加员工的参与感、主人翁精神，提高对他们的激励。整个组织文化的建立过程是由领导和员工共同提出，中层部门（如人力资源）进行汇总、组织研讨、落实细化，然后基层员工执行的过程。

三、维持组织文化

一个组织文化在建立起来以后，如何不断地强化和维持它呢？我们认为有下列方法：员工招聘、选拔和解聘；正式培训和其他社会化措施；业绩考核、薪酬激励和处罚系统；可视化管理；做好业绩使组织和员工都从中受益。

1. 员工招聘、选拔和解聘

要维持组织文化中确立的员工必须共同遵守的核心价值观和行为方式，第一个关键方面就是要控制好员工的进出环节。

第一个环节是招聘。组织必须建立一套符合组织文化的人员招聘渠道和招聘面试筛选体系。员工在通过面试进入公司后必须有试用期，用公司的文化标准衡量是否可以转成正式员工。

第二个环节是选拔。应该建立合适的反映组织文化的价值观、行为和业绩标准，来进行人员的提升工作，要使其他员工看到，能得到提升的人是组织文化的代表。

第三个环节是解聘。公司通过考核和观察，解聘那些行为和价值观与组织文化背离的、经过多次给予机会和教育培训都无法改变的员工。

通过这三个环节，就可以在员工的素质上强化组织已建立的文化。但是在这个方面，还有特别需要强调的一点是：组织文化要保持活力，也不能完全用一种类型的人，应该根据组织的战略，确定主流文化和支流文化的合理比例关系，然后确定公司中不同类型人员的比例。

2. 正式培训和其他社会化措施

组织文化首先需要通过正式的培训活动让员工知道和理解。譬如，员工进入联想后，首先需要进行“入模子培训”才能上岗，保障员工理解公司的价值观和行为规范。摩托罗拉公司和渣打银行通过各种形式的案例教学和角色扮演来传递组织文化。

有些组织还建立类似师傅带徒弟的方式来传递组织文化。譬如，麦肯锡公司建立“导师制”，给每个刚进公司的新大学生分配一个导师，导师将在日常工作中告诉新员工麦肯锡的文化和工作方式。华旗资讯公司建立了“领带人制度”，只有那些较为资深而且自己的行为和业绩足以成为组织文化楷模的老员工才能有资格成为“领带人”，公司将视被领带人的行为和表现来评价领带人是否合格。

除此之外，有些组织还鼓励员工形成各种非正式群体、开展各种非正式活动使大家有机会聚集在一起，从而可以分享和传递组织的文化。譬如，公司举行聚餐旅游活动、业余质量改进团队、周五下午的茶歇（Tea Talk）等，这些都可以使大家在一起进行交流，人们相互之间受到文化的影响，就容易形成共同的价值观和行为规范。

3. 业绩考核、薪酬激励和处罚系统

组织文化需要通过指挥棒系统的建立让员工能够真正对组织文化中提倡的价值观和行为规范身体力行。这个指挥棒系统包括业绩考核、薪酬激励和处罚系统。完整的业绩考核系统应该包括对员工价值观、行为、结果等多种指标、多方位（譬如 270 度或 360 度）的考核，这样才能使员工发现自己与组织文化要求的标准之间的差距。完整的薪酬激励和处罚系统应该对员工符合和违背组织文化的行为表现进行回馈。员工好的、符合组织文化的行为表现得到表彰，而违背组织文化的行为表现受到抑制。

4. 可视化管理

上面三个方面的措施还必须通过可视化的方法让员工每时每地都能够感受到组织文化的氛围。譬如，组织文化中的核心价值观和行为要求，反映组织文化的各种标识，符合组织文化的优秀员工的照片，领导关于组织文化方面的讲话、文章和照片等，都必须以适当的形式在醒目的位置张贴出来，这样就能时时让员工受到组织文化的熏陶和影响，组织文化也就会得到维持和强化。

5. 做好业绩使组织和员工都从中收益

组织文化真正得到维持和强化的最重要因素还在于使人们看到了组织文化带来的结果。作为一个组织的领导人，必须付出现实的努力，做好业绩，让组织和员工都从中获得回报（包括物质和精神上的回报）。员工看到组织文化和良好业绩之间的关系，才能真正从心底里支持组织文化。这是维持和强化组织文化的重要利益基础。

四、变革组织文化

当组织面临的环境发生变化时，领导人会发现组织原来一直遵循的价值观、理念和行为模式已经不能适应当前的现实，必须加以改变。人们常说："改革成功，观念先行。"然而，改变组织文化是一件不容易的工作。改变组织文化可以按照以下四个步骤进行（见图 15-6）：①评估目前的组织文化与环境的不匹配性，确定要改的内容；②改变企业文化中相关部分的表里部分；③改变企业管理中其他影响组织文化的因素；④评估组织文化变革的效果。

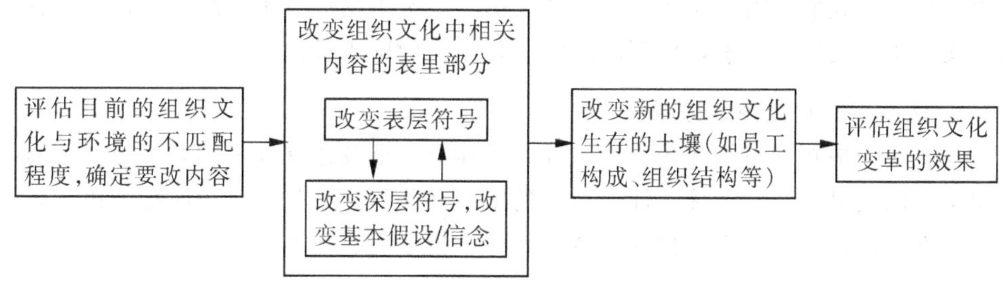

图 15-6　变革组织文化的步骤

1. 评估目前的组织文化与环境的不匹配性，确定要改的内容

组织领导人首先需要评估当前环境发生了哪些变化，而组织文化中哪些核心价值观和理念已经不能适应这种变化，必须加以改变。譬如，企业在发展初期必须强调一定的规模和速度，但在竞争日益激烈的今天，效益、质量和品牌已越来越成为竞争获胜的因素。那么，组织原来强调规模和速度的经营文化必须向质量、效益和品牌方向转变。因此，企业在一些观念和行为模式上必须改变。

2. 改变企业文化中相关部分的表里部分

根据第一步的分析，我们已经确定了企业文化中的哪些观念和行为是需要改变的，以及需要建立的新的文化内容。改变的过程可以有三种方法：

① 先改变里层即核心价值观和基本假设部分，这可以通过宣讲和培训来实现。然后再改变外层的文化符号。这种方式适用的情况是：第一，管理层和员工心理承受能力较强；第二，人们认知能力较强，容易接受新的观念；第三，企业面临环境的快速改变，必须加速文化的改变才能生存。

② 先改变外层的文化符号，如改变员工行为方式、改变典型人物、改变礼仪活动等。在改变这些外层的文化符号过程中，管理层和员工会慢慢体会企业核心价值观和观念的改变。然后再集中通过总结、提炼、宣讲、培训等方式让人们明确了解组织新的核心价值观和基本假设。这种方式适用的情况是：第一，管理层和员工心理承受能力较弱；第二，人们认知能力较弱，不容易接受新的观念；第三，企业的变革不可能一蹴而就，需要经历一个长时间的过程，因此有时间循序渐进地进行文化变革。

③ 企业文化内外层的改变结合，交替进行。这是指，企业的核心价值观、基本假设

以及外层的文化符号等一起进行改变。一方面，可以通过宣讲和培训来让人们了解新的核心价值观和基本假设；另一方面，可以着手改变外层的文化符号，如改变员工行为方式、改变典型人物、改变礼仪活动、建立新的故事等。这是大多数企业进行文化变革的常用方法。

3. 改变组织管理中其他影响组织文化的因素

新建立的组织文化一定要与公司的员工构成、组织结构、经营运作流程、利益分配制度、技术系统等相一致。如果说，组织文化是一棵树，那么员工构成、组织结构、经营运作流程、利益分配制度、技术系统等这些因素就是组织文化根植的土壤。建立了新的组织文化后，我们还需要相应改变这些土壤——员工构成、组织结构、运作流程等影响组织文化生存发展的因素，使新的组织文化能够健康生长。

4. 评估组织文化变革的效果

这一步要评估新的组织文化是否已经真正建立，以及建立起来的效果。我们需要评估组织文化的表里一致性、统一性以及新的组织文化与环境是否真正匹配。由于环境变化的绝对性，这标志着组织文化的变革将是一个持续的、无止境的过程。

本章小结

组织就是通过人与人之间有意识和无意识的相互影响和相互作用，从而形成了某些共同的认知和行为倾向，形成组织文化。学者们提出了多种组织文化定义。简单地说，组织文化就是指组织成员所共有的认识、行为与符号体系。

描述组织文化的方法之一是层次模型。霍夫斯特德的组织文化四层次模型认为，由外向里，组织文化包括符号系统、英雄人物、礼仪活动、价值观。薛恩的组织文化三层次模型认为，由外向里，组织文化包括可观察到的人造物、公开认同的价值观、潜在的基本假设。

描述组织文化的方法之二是维度模型。克拉克洪和斯托德贝克提出了描述文化的六个维度，包括：人的本性、人与人的关系、行动取向、人与自然的关系、时间导向、空间概念。霍夫斯特德提出了五个方面的文化维度，包括：个人/集体主义、权力差距、不确定性规避、男性化导向/女性化导向、短期/长期导向。

描述组织文化的方法之三包括分析主流文化与支流文化、强势文化与弱势文化。主流文化是指一个组织中为绝大多数地域、部门和员工等所认同的价值观和行为方式。而支流文化则是指某些特定地域、部门或群体的员工等所共同发展并认同的、反映群体特色的价值观和行为方式。组织文化的强弱体现在下面两个方面：组织的文化中所提倡的价值观和行为方式是否为绝大多数的员工所赞同？组织的文化中所提倡的价值观和行为方式是否为绝大多数员工所认知、理解、记忆、表述、身体力行？组织的文化中所提倡的价值观和行为方式，与其他组织的文化相比，是否具有鲜明和显著的特色？

组织文化具有五个方面的特征：共同性、稳定性/惯性、独特性/个性、隐藏性、预测性。组织文化的作用包括内部整合和外部适应。组织文化在内部主要起三个方面的作用：达成共识、规范行为、凝聚人心；组织文化在外部主要起三个方面的作用：协调外部关系、获得外部支持、获得外部声誉。

分析和解读组织文化从外向内可以划分为以下三个步骤：感受外层文化符号、挖掘深层价值观/基本假设/核心追求、评估组织文化的表里一致性和统一性。

创建组织文化的六步骤是：分析外部客观环境和内部主观偏好；提出里层核心价值观/基本假设/组织追求；设计反映里层文化的外层符号系统；设计组织文化的一致性和统一性；实施组织文化；评价组织文化的实施效果。在组织文化的创建过程中，组织领导人和各级员工的作用可以概括为下面几种模式：自上而下式、上下结合式。

强化和维持组织文化有下列方法：员工招聘、选拔和解聘；正式培训和其他社会化措施；业绩考核、薪酬激励和处罚系统；可视化管理；做好业绩使组织和员工都从中受益。

变革组织文化可以按照以下四个步骤进行：评估目前的组织文化与环境的不匹配性，确定要改的内容；改变企业文化中相关部分的表里部分；改变企业管理中其他影响组织文化的因素；评估组织文化变革的效果。

复习思考题

1. 什么是组织文化？组织文化具有哪些特征？对组织有哪些作用？
2. 霍夫斯特德关于组织文化的四层次模型和薛恩的三层次模型的内容分别是什么？这两个模型有哪些异同？
3. 克拉克洪和斯托德贝克关于组织文化的六个维度和霍夫斯特德的五个维度的内容分别是什么？这两个模型有哪些异同？
4. 试用组织文化的层次模型和维度模型描述一个你熟悉的组织的文化。
5. 试分别解释主流文化与支流文化、强势文化与弱势文化的概念，并用实际的企业案例来说明。
6. 分析和解读一个组织的文化包括哪些重要步骤。
7. 如果一个组织刚成立，如何创建其组织文化？应该通过哪些方法来维持和强化已建立的组织文化？
8. 组织的文化什么时候需要变革？变革中的难点在哪里？如何克服这些难点？

本章案例

北京汇智软件股份有限公司

一、公司简介

北京汇智软件股份有限公司（简称汇智公司）是一家为政府及企事业单位提供信息

化解决方案的高技术公司。公司于2001年6月正式成立，现有员工200余人，其中大学本科学历以上占80%，硕士学历以上占16%，30岁以下员工占83%，是一家年轻的公司。赵明为公司创始人，现任董事长兼总经理，1963年出生，中共党员，清华大学硕士研究生毕业。

公司这几年经营业绩非常好，发展势头喜人。公司现在拥有信息产业部颁发的一级"计算机信息系统集成资质证书"和国家保密局颁发的"涉及国家秘密的计算机信息系统集成资质证书"，通过了ISO 9001质量体系认证，是北京市认定的高新技术企业。软件产品曾获得"北京市科学技术奖"以及国务院办公厅和科技部颁发的"优秀软件奖"。公司是行业信息化解决方案的先导者，为多种行业的客户提供了软件、信息基础架构、系统集成、整体服务等全方位的解决方案。伴随中国不断前进的信息化进程，几年来公司成功地为全国数千家政府机关和企事业单位提供了软件、解决方案和服务，特别是为下列单位建立示范性的信息系统解决方案，包括：最高人民法院、公安部、北京市政府、北京市检察院、北京市各三级法院、海淀区人民法院等。公司在业界具有非常好的声誉。

公司一直以振兴民族软件产业为己任，以更规范的公司运营体制，以更高的起点追求更大的事业发展。公司总裁赵明非常重视组织文化的建设，公司取得这样好的成绩与公司的组织文化存在着密切的关系。

二、公司经营管理中反映出的组织文化特色

汇智公司的经营管理反映出以下几个方面的文化特色：追求事业和成就，为客户和社会创造价值，强调为员工带来利益，强调团队意识，建立信任、宽松、亲情和快乐氛围，强调不断学习、分享和创新。

1. 追求事业和成就

汇智公司的发展目标是要成为中国最优秀的软件企业。公司赵总说："将公司建成中国最优秀的软件企业是我的人生追求，我要用自己所有的能力做一件让自己感觉很宏伟的、有成就的事情！我们公司定位于软件产品和服务，定位于政府信息化事业，尤其希望为国家司法行业的现代化和信息化做出贡献，制定和完善行业信息化标准。我们要帮助客户，为客户创造更多的价值。我要在退休之后感觉到把自己的能力都发挥出来了，这样就没有白活！"

赵总认为，要让公司成为最优秀的软件企业，特别强调以下三方面的发展策略：①注重长远，稳扎稳打，不冒进，不盲目追求眼前利润。现阶段盈利不是很重要，但是行业排位要关注，因为不占有市场就没有生存的机会。这个排位应该是一个综合的指标，而不应仅仅是盈利指标。公司要可持续地、和谐地发展，还需要练好内功，技术和内部管理必须跟得上。公司在互联网时代没有跟风去"烧钱"搞网站，这也因为赵总的性格——相对保守，不是很激进，赚钱的欲望也不是很强烈。②专注主营，稳健发展。公司着眼于将目前的业务做到最好，这无论是在法院还是在检察院领域都走在最前面。公司在做好主营业务的同时，会根据市场情况逐步扩展到其他一些相关性的领域，公司不进行跳跃性扩张（如进入海关和税务等）。公司只有在具备生存能力之后才会考虑扩

展，不然会使资金链断裂而导致死亡。③厚积薄发。软件企业在初期会比较艰苦，得不到客户认可的时候，必须坚持。一个软件不可能很快就可以开发出来，团队也需要不断地磨合和摸索研究，这样才能积累经验、厚积薄发。

赵总还说："最好的软件企业，应该是客户信任、员工欣赏、社会尊重。我很欣赏王石现在可以爬山，但我自己没有时间。我希望只要快乐工作就好。我的快乐来自下属的认同、员工认同、社会的认同。一个人做成了事情，得到别人的信任，客户关系很好，这就是快乐。做企业和做人一样，人们希望得到的都是别人的认同。企业也有人格化的东西，企业也有自己的性格、价值观、能力等各种特质。我更多追求的是企业的长期发展，办成一个百年老店。如果公司不做了，受伤害最大的是客户，所以必须把企业做下去。"

赵总是一个重事业而对物质金钱并不很有占有欲的人。在公司里，赵总的工资并不是最高的，他也不考虑给自己加薪。这几年公司一直在快速成长，管理层和员工们都认为他的工资应该与外面接轨，要适当给自己涨工资，但他没有做。他曾说："我这个人对钱没有太大的感觉，对钱的数字比较模糊，因为我没有自己很喜欢的消费爱好。譬如说，我从来没有碰过股票，总公司上市的时候，我只开了一个户，但是从来没有去看过。我认为个人追求的应该是事业，钱只是附带的东西。我希望把这个企业做好。企业只有对社会好、对客户好、对员工好，企业就会发展得好。目前公司每年有30%的增长速度，我觉得保持这样的速度就可以了，不需要太快，我不梦想一夜暴富。我要把企业的基础打得很扎实。我们将来也要上市，也要进行资本运作。我们如果保持这样的速度发展，20年以后我们将会是一家非常大的公司。"

公司也倡导各级管理者和员工要做事业，要追求成就。总裁的事业观和言行也感染了他们。公司对管理者和员工充分信任和授权，总是想方设法给他们创造舞台和环境（譬如，团队拿到了项目，公司会大力给予各种资源和人力支持，相关部门也会很好配合）。公司还提倡以人为本，尊重管理者和员工自身的发展意愿，他们可以提出个人的发展思路，只要不和公司大的发展方向相违背的，都可以得到批准和支持。总之，公司会通过各种方式，让管理者和员工都努力工作，达成目标，让他们有个人成就感，体会到个人价值的实现。由于个人和组织目标的一致性，个人在实现自身目标的同时，也就实现了公司的目标，这样所有的人就会有共同的事业归属感。

公司对员工工作上的良好表现和成就总是非常及时地给予肯定和认同。对于员工的激励，物质激励只是一部分，最重视对工作成绩的表彰。公司给员工设了很多奖项，如"最佳员工"、"优秀员工"、"忠诚奖"、"最佳新人"、"最佳项目组"等。软件开发部还设了"每月一星"，每月评选一名表现优秀的员工予以奖励，颁发奖杯，在内部网上公开其照片，并将员工与奖杯的合影寄给其父母以做留念。公司吸引员工，不是靠高薪，而是要给予员工较为自主的空间和工作上的成就感。公司的骨干们虽然工资不是太高，但一直都没有跳槽。这些人能够留住，主要是与公司总裁具有共同目标，对公司忠诚。公司员工队伍非常稳定。

2. 为客户和社会创造价值

赵总特别强调，公司必须坚持客户为先，为客户创造价值，帮助客户进步，只有这样才能提高客户的忠诚度。这些年来，公司一直关注如何为客户提供更好的服务，解决他们的实际问题。公司认为，一定要开发对整个行业有价值、能解决行业问题的软件产品和信息服务，要为政府机构组织信息化和系统集成做出贡献。公司70%以上合同来自于老客户，他们一直不断地在追加投资。很多新客户都是靠老客户介绍，客户的口碑起了很好的作用。公司还不断提升客户需求，并满足这些新需求。公司每年做客户满意度调查，2005年调查结果是85%的客户对产品和服务是很满意的。赵总经常说："我们必须对客户有责任感。如果我们公司倒闭了，那将对信任和帮助过我们的客户很不利，我们不能倒闭，要做好这个公司。我们和客户是朋友之交，客户给予我们很大的支持，我们要为客户的长远利益着想。"公司高层都与客户之间建立了很好的私人交情，极力帮助客户，相互扶持。公司经常举行一些与客户互动的活动（譬如组织客户年会、网管培训班，甚至帮助客户做沟通工作），因此客户对公司非常信任和支持。譬如，公司的供应商主要是硬件生产厂家，很多是知名外企，谈判能力很强，价钱都是由他们定，公司处于被支配的地位。这个时候，客户有时候会帮助公司一起与供应商谈价钱，使我们在预期内很好地完成项目。公司在其宣传册上这样写道："服务是一种观念，随社会的发展而变化；服务是一种态度，反映出经营者的理念；服务是一种量具，检验着供应商的诚信；服务是一种沟通，传递着商与客的信息；服务是一种情结，体现着人对人的关怀。"

赵总还特别强调，企业要处理好与社会利益的关系。他说："我们要做公益事业，要合法纳税，绝不逃税。我们时刻培养员工的社会责任感，对我们来说，社会责任感很大的体现就是我们提供优质的产品和服务。我一直在给员工宣讲一个概念：如果我们倒闭，整个法检将倒退5年，我们必须有良心、有社会责任心。"

3. 强调为员工带来利益

赵总还特别强调，企业要处理好与管理者/员工的利益关系。赵总在分配物质利益时，希望把钱发给员工或者放到公司发展上面，他特别强调三点：一是要将钱投入到企业未来的发展上，使企业保持一定的增长速度；领导人的节俭会影响到下属对钱的看法。二是对企业高管要分配股份。三是在分配奖金时要向基层员工倾斜。公司发展好，每年都给员工加薪。公司的分配是根据位置的重要性、辛苦程度以及当年的业绩来评价的。如果绩效特别好，在年底会给员工超出意料的奖金。赵总对自己的奖励很少，强调对企业奉献，企业高层（如销售总监）也从来不拿提成，而是把自己的利益让给下面的销售员以示激励。由于赵总自己拿得少，其他人也就更理解和支持公司对物质利益的分配方法，也能保证很多钱投入到企业未来发展中去。

赵总还特别重视所有员工其他方面的切身利益，他对员工非常有责任感，把员工的利益看得很重。他希望员工30岁以后不要再找工作，这是对员工的长期雇佣承诺。他对于高管人员则是终身雇用，当然也不设限制，可以离开，也可以对曾经离开公司的管理者再次接纳。

赵总认为，企业与股东的利益关系是：企业应该给股东合理的投资回报。

4. 强调团队意识

软件开发经常是以团队形式完成，团队内部成员之间的合作非常重要，因此公司很注重团队文化建设。公司给每个项目组团队建设费（活动经费大约100元/月·人），团队有非常大的自主权，还可以发队服，可以出去玩，只要不影响项目进度就行。每个项目组的活动形式多种多样，譬如吃饭、去公园、看电影、体育活动（台球、羽毛球等），甚至出去旅游等，经常可以带家属，以防止家庭矛盾。团队还组织与客户足球比赛。

公司里也存在亚文化。公司里每个团队的风格不同。公司在招聘员工时，会考虑这个员工的性格是否适合要去工作的那个团队的特点。每个部门经理和团队领导都会带出具有自己特色的团队文化。譬如，公司里有这样的说法：做法院项目的团队特点是：风风火火，敢于接活，项目非常多，非常吃苦，能干；但是活做得不是很细，质量上不是很过硬。做检察院项目的团队特点是：相对比较沉稳，不是很活泼；但工作质量上好一些。做政府项目的团队特点是：非常沉稳、老实，不喜欢张扬，因为老组长自己很稳重。

5. 建立信任、宽松、亲情和快乐氛围

公司有一种相互信任和宽松的环境氛围。公司实行弹性工作时间，每天平均8小时，上午最晚可以10点来上班。这样做一方面是考虑员工编程序这一工作性质的特点，另一方面也是考虑员工有时要跟着顾客的工作时间走。公司不用打考勤卡，由员工自己在网上登记进出公司的时间，公司不会很严格地检查员工的考勤。

公司要求每个人为人诚恳，实事求是，具有积极心态。譬如，公司有一次投标大项目时尽管得的分数最高，但是最后没有拿到项目，被另外一家很有背景的公司拿走了，团队员工很沮丧。总裁得知后，让副总去安慰这位员工，使他重新树立起信心，后来做得很不错。公司希望本着信任的原则，激发员工的创造力，获得员工认同。公司这样教育员工：相信对别人好，别人就会对你好。

公司里人们彼此称呼方式很轻松。譬如，赵总被下属和员工们称为“老大”，当然在外人面前还是被称呼“赵总”。公司文化中有很浓的校园气氛，刚毕业的大学生很多，他们之间以“同学”相称。公司对于刚来的新员工，不会要求他们太多的传统礼节礼仪，也不需要他们考虑太多的人情世故。

公司里总是保持一种融洽的气氛。这是公司成立之初的骨干都留在公司的原因之一。人员稳定后，企业就形成了良好的相互支持的氛围。员工性格都比较随和，相互之间其乐融融，没有大的矛盾，更没有为了权势利益而斗争的内耗现象。大家都可以静下心来做自己分内的事情。

公司特别注重亲情文化的建设。员工结婚的时候，赵总会组织员工去参加婚礼。遇到节日或员工生日，会给员工送礼物。譬如，赵总在2006年元旦那天，给所有员工的办公桌上放了一束鲜花，员工在新年的第一天看到桌上的鲜花，都很开心，也很感动，纷纷照相留念。赵总邀请员工到家里一起做饭吃饭，一批30人～40人。员工生日那天，公司会在网站上公布名字，并表示祝贺，还会送给员工蛋糕和鲜花。还有一些容易被人忽视的地方，公司都会重视，使员工感到亲切，很受感动。譬如，公司希望员工家庭和睦，组织聚餐等活动时有时会邀请家属参加，以防止家庭矛盾。曾有一个员工家里闹矛盾，同事们去他家里帮助沟通、解释，最后很好地解决了问题。

公司重视节日的晚会活动。每次主持人都是新来的员工报名参加，当然也掺杂一些老员工。他们会拿出两个月时间准备道具，自编自导排演节目，热情很高，效果也很不错。2005 年 1 月 29 日，公司在天鸿科园大酒店举行了新春联欢晚会。全体员工齐聚一堂，辞旧迎新。联欢会在欢庆祥和、轻松热烈的气氛中进行。员工自编自演的节目精彩纷呈，把晚会推向一个又一个高潮，风趣活跃的表演让欢声笑语阵阵飞扬。当晚还揭晓了 2004 年度的最佳员工、优秀员工、忠诚奖、最佳新人、最佳项目组等奖项。最后，联欢会在《相亲相爱》的歌声中结束——"我们是一家人，相亲相爱的一家人，用相知相守换地久天长；今天，我们互勉互励；明天，我们昂首阔步，勇往直前。"这些温暖而亲切的歌词话语真正发自每个员工的心底。

6. 强调不断学习、分享和创新

公司对学习非常重视，每年有 16 天的假期给员工发书来读。这些书包括《没有任何借口》、《狼图腾》等。公司还经常外聘教授和专家给管理层人员进行培训。

赵总在公司出现困难的时候，会在网上写一些随笔，鼓励大家献计献策，克服困难。他会随时记录一些亲身经历和感受与大家分享，还会把企业的发展历程介绍给新员工。老员工们也会介绍自己的一些感受和体会。

公司采用高管例会和部门经理例会方式来分享信息、沟通情况。采用师傅带徒弟的方式手把手地传递知识和经验。研发过程结束后，团队组长会总结经验，对相关人员进行培训，分享知识和经验。公司还鼓励员工形成各种兴趣小组，将散落在各个项目组的知识和经验总结归纳出来，再传播给各项目组成员。

公司很注重反思学习。每次开会有很多正式的总结文件留下来。骨干层在业务领域很善于总结过去的经验教训，并对今后可能出现的情况进行分析和预测。

三、公司文化的建设和表述

1. 公司文化的正式表述

最近几年来，公司也在考虑将这些经营管理中体现出的文化特色加以总结和提升。在公司的宣传册上这样写道：

> 公司使命：汇智，一个孜孜追求信息化事业的团队，致力于将自身建设成为一个受尊敬的企业。
>
> 公司的核心价值观：依靠员工的智慧和团队合作精神，实现企业和员工的共同追求；依靠专业、超值的产品和服务，以诚信和实干赢得客户信赖。
>
> 企业环境：民主、和谐、宽容、严谨。
>
> 员工道德规范：诚实忠诚，富有责任心。
>
> 人际关系规范：相互信任，相互尊重，坦诚合作，对他人负责。
>
> 社会责任：支持和参与社会公益事业，做一个模范的社会公民；启蒙和引导相关领域的信息化革命，做一个优秀的高科技企业。
>
> 对待员工：公司是个大家庭，每位员工都是这个家庭的一分子，宽容个性，公正平等，坦诚相待，为每位员工提供一个广阔的发展平台；具有学习精神、创新意识、团队精神、责任意识的员工是公司最宝贵的资源，尊重个人的价值，充分挖掘

员工的潜能，员工的发展是公司发展的动力。

赵总对所有员工的寄语是：

> 一个有作为的人，一定有一个远大的理想。一个优秀的企业，需要树立一个团队的理想。

企业的理想得以实现，离不开团队成员坚持不懈的努力，更取决于企业对社会价值链的贡献。汇智通过提供专业的产品、专业的技术、专业的服务，帮助客户实现信息化目标，努力使客户的每一分投资都得到超值的回报。汇智致力于以专业的信息化服务为客户创造价值，以日新月异的信息技术推动客户的事业进步。

为客户创造价值，是自身的价值所在；为客户创造价值，是为自身创造生存空间和发展机会；为客户创造价值，是为自身创造迈向成功的途径。

汇智坚持以"创造客户价值，创造社会价值"为追求，并以此作为实现企业理想的唯一途径。

2. 公司文化的维持和强化

公司建立和强化组织文化主要是通过总裁的言行和人力资源管理的各个环节来实现。

公司总裁会全方位地强调对管理者和基层员工的激励，强调员工要有事业归属感，他会利用各种机会（会议、互联网、非正式活动等）来给员工灌输和"洗脑"。他自己也是身体力行，成为公司的英雄和员工心中的模范。

公司招聘的面试流程包括海选、技术考试、人力资源部面试、总裁最后面试。赵总对每个应聘者都要过一遍，会问应聘者为人处事的态度、对自己影响最大的事情、曾经遭受过的挫折委屈等，以了解应聘者的个人特点和心理状况，用公司价值观进行筛选。总的来说，公司招人时比较喜欢开朗、阳光、做事不计较、有责任感、愿意沟通而且有沟通技能的人，公司不太欢迎特别张扬的人。公司也会略微注意人的外表，关键是要长得比较舒展，看着舒服。公司在应聘者的经验和潜力之间，更看重潜力，只是在工作比较急需的时候才考虑过去的经验。在智商和情商之间，更看重情商。招聘对象主要是刚毕业的大学生，公司觉得这些人容易接受新事物，有利于企业文化的熏陶和传播。公司实行高挑选性招聘，挑选比例大约为10%，实行严进宽出的政策。每年参加考试的有400人～500人，进入面试的有200人～300人，最终录用30人～40人。在招人方面，赵总和人力资源部的人看人都很准，能达到80%的准确程度，公司也知道怎样更好地用人。除了基层员工外，公司在组建核心团队方面做得也很好，主要看重的是高管人员的性格、能力以及号召力，目前共有11个核心管理团队成员，这些人主要靠自己培养而成，以使核心价值观保持一致，目前效果很好。

公司特别强调对员工的培训，以此来强化公司的文化价值观和行为规范。公司在绩效考核时也很人性化。譬如每个项目组长给成员评分，结果会汇总到部门经理，再上交给人力资源部，人力资源部按照公司确定的百分比分级，再反馈给部门经理。员工看到自己的评分后如有异议，可以提出来，经部门经理反馈给项目经理，最后给出个别的修正。员工还可以在公司内部网上提出问题，可以对上级反映意见，可以提出建议（譬如希望得到什么样的培训）等。另外，评价项目时会比较客观全面，项目即使不成功，也不会否定每个人。上级会和每个下属开展绩效谈话，据此确定每个人的目标和计划以及所需要的支持。

公司在薪酬方面处于中等平均水平，有物质奖励，但主要还是强调精神奖励。每年会在春节前集体涨工资。每年 8 月份还会对表现很突出的员工调薪，上涨幅度会大于 10%，整体会在 10%左右，业务骨干会多一些，涨薪比例由绩效考核决定。一般不会降薪，但有时调岗位可能会降。每年还有表彰会（元旦和春节晚会），并有节目演出、游戏和颁奖活动。奖项种类包括：最佳员工（占总人数 10%）、优秀员工（10%）、最佳项目组奖、最佳师傅奖、最佳新人奖（10%）、忠诚奖（10 年以上员工）、特别奖、挑战奖。晚会上对每个奖项都有颁奖词，2005 年是由总裁写的打油诗，2006 年则由部门经理写。每个奖项都有奖金（奖金数额不大）和奖杯，员工家属也被邀请参加。开发部实行“每月一星”的评比活动，会给获奖员工照相，并寄到其父母那里去。公司会特别奖励那些做事情踏实、肯奉献的人。譬如：一名员工家里有很多困难，母亲不在了，父亲还瘫痪，他一次做一天的饭，还总是在公司加班，公司的同事都不知道。另外一位员工夫人生孩子，一直到孩子出生之前，自己还在公司加班。公司会特别奖励这样有奉献精神的员工。

四、结束语

汇智正在努力地改善自身的管理，抓住国家信息化浪潮带来的机遇，以推动中国信息化为使命，依靠对技术的把握、科学的管理以及优秀的产品和服务，将信息技术的价值带给客户。

公司在宣传册上有一篇题为《携手明天》的文章，这样写道：

> 历经了风风雨雨的考验，汇智才获得了今天的积累。历经磨炼的工程服务管理团队，坚持追求技术无止境的研发精英，久经实践考验的整体解决方案，不断发展完善的应用软件产品，在电子政务与信息化建设领域取得的良好商誉，这些已成为我们引以为自豪的核心资源，既为进一步的发展创造了条件，也使我们更加深信“天道酬勤”，时刻鞭策着我们“为用户服务、替用户着想、对用户负责。

汇智正在致力于将公司打造为中国最优秀的、百年老店式的软件企业。

案例思考题

1. 汇智公司的文化有哪些特点？该文化是如何有助于其实现良好业绩的？

2. 公司总裁的个人特点对文化的形成有哪些影响？公司还采取了哪些方法来维持和强化该文化？

3. 谈谈你自己对这种公司文化的看法。为了更好地实现长远目标，公司文化需要改进吗？

参考文献

1. SPENDER J C. Myths, Recipes and Knowledge-Bases in Organizational Analysis [M]. Unpub-

lished manuscript, Graduate School of Management, University of California at Los Angeles, 1983: p. 2.

2. O' REILLY C. Corporations, Cults, and Organizational Culture: Lessons from Silicon Valley Firms [M]. Paper presented at the Annual Meeting of the Academy of Management, Dallas, Texas, 1983: p. 1.

3. DEAL T E. , KENNEDY A A. Corporate Cultures: The Rites and Rituals of Corporate Life. Reading, Mass. : Addison-Wesley, 1982: p. 4.

4. HOFSTEDE G. Culture's Consequences: International Differences in Work-related Values [M]. Beverly Hills, Calif. : Sage, 1980: p. 25.

5. VAN MAANEN, BARLEY S R. Cultural Organization:Fragments of a Theory [M]. Dallas, Texas: Paper presented at the Annual Meeting of the Academy of Management, 1983: p. 7.

6. KOUZES J M, CALDWELL D F , POSNER B Z. Organizational Culture: How It Is Created, Maintained, and Changed [M]. Presentation at OD Network National Conference, Los Angeles, 1983.

7. OUCHI W G. Theory Z: How American Business Can Meet the Japanese Challenge [M]. Addison-Wesley: Reading, Mass. , 1981: p. 41.

8. Peters T J, Waterman, Jr. R H. In Search of Excellence: Lessons from America's Best-Run Companies, New York: Harper & Row, 1982: p. 103.

9. Schein E H. The Role of the Founder in Creating Organizational Culture [J]. Organizational Dynamics, Summer 1985: p. 14.

10. MOORHEAD G, GRIFFIN R W. Managing People and Organizations: Organizational Behavior [M]. 5th. Houghton Mifflin Company, 1998.

11. 徐联仓，陈龙. 管理心理学 [M]. 北京：人民日报出版社，1994.

12. MOORHEAD G, GRIFFIN R W. Managing People and Organizations: Organizational Behavior [M]. 5th. Houghton Mifflin Company, 1998.

13. SCHEIN E H. Organizational Cultural and Leadership, second edition [M]. San Francisco: Jossey-Bass Publishers, 1992: p. 17.

第16章 组织学习与学习型组织

学习目标

1. 认识当前环境下组织学习与学习型组织对组织生存发展的重要性。
2. 理解西方关于组织学习与学习型组织的不同定义和理论模型。
3. 掌握组织学习系统理论（OLS）关于组织学习与学习型组织的定义、组织学习系统中九个子系统的概念及各子系统之间的关系。
4. 学会运用组织学习系统理论（OLS）给出的象征性比喻来形象描述学习型组织的特征。
5. 掌握组织学习系统理论（OLS）关于提升组织学习能力的若干方法和原则。

在当前复杂多变的环境下，如何提升组织不断学习和自我更新的能力至关重要。20世纪80年代以来，组织学习（organizational learning）和学习型组织（learning organization）一直受到学术界和企业界的重视，国内外一些企业和组织开始尝试提升组织学习能力、建立学习型组织的实践，学术界的研究也在不断加强。人们从多个方面开展研究探讨，其中包括：组织学习的内涵、组织学习的方式、组织学习的过程、组织学习的障碍、组织学习的方法和工具，以及如何建立学习型组织的系统方法等。

第一节　组织学习与学习型组织在西方的发展概述

一、关于组织学习与学习型组织的内涵

较早提出组织学习概念的学者是詹姆斯·马奇，他在20世纪60年代将组织（organization）和学习（learning）这两个单词组合在一起，形成组织学习（organizational learning）这个词汇，表示组织应该像个人一样，能够不断学习和调整自己，以适应不断变化的环境。显然，组织学习这个概念实际上是一个比喻。后来，不同学者提出了组织学习和学习型组织的不同概念。

人们主要从认知和行为两个方面变化的角度来提出组织学习的概念。认知角度关注的是知识的获得、理解的加深等；行为角度关注的是组织行为的改变。譬如，罗纳卡（Nonaka，1988，1991，1995）认为，组织学习是“组织内获取、创造和传播知识的过

程”；施里瓦斯塔瓦（Shrivastava，1983）将组织学习定义为“组织的知识库形成和发展的过程”。这些定义只涉及认知的改变。把组织学习定义为行为改变的代表人物是斯威林格（Swieringa）和威尔德斯马（Wierdsma），他们对组织学习的定义是“组织行为改变的过程”。还有一些学者则将组织学习定义为认知和行为共同改变的过程。譬如，休伯（Huber，1991）认为，“如果通过信息的处理过程，组织的潜在行为会有所改变，那么组织学习的过程就发生了”；列维特（Levitt）和马奇（March）认为，组织学习是“把过去经验总结为指导行为的日常规范的过程”（Levitt 和 March，1991）；菲奥尔（Fiol）和莱尔斯（Lyles）的定义是“用更好的知识和理解改进行为的过程”（Fiol 和 Lyles，1985）。

关于学习型组织，不同学者也提出了不同的定义。阿吉瑞斯和肖恩认为，学习型组织是有利于其所有成员学习，并持续地改进组织自身的组织。彼德·圣吉认为，学习型组织是这样一个地方，人们持续地提高他们的能力上限，创造真心向往的结果，培养全新的和扩张性的思维模式，努力实现共同抱负，人们持续地学习如何学习。加尔文认为，学习型组织是擅长于创造、获取和转移知识，并依照新知识改变自身行为的组织。佩德勒认为，学习型组织是促使每一个成员进行学习且不断改善自身的组织，它有一种鼓励每个人学习并发展自身潜力的氛围，能够用学习的文化影响供应商、客户和重要的股东……能不断地进行组织变革。

二、关于组织学习与学习型组织的理论

自从组织学习和学习型组织的概念被提出以后，学者们就开始建立和发展不同的理论模型。20 世纪 70 年代，哈佛大学的阿吉里斯提出单环学习（single loop learning）和双环学习（double loop learning）的概念。20 世纪 90 年代，麻省理工学院的彼德·圣吉博士提出学习型组织（learning organization）的概念，并出版了专著《第五项修炼——学习型组织的艺术与实务》（The Fifth Discipline：The Art and Practice of Learning Organization）。该书自 1990 年出版以来，在社会上引起很大影响，掀起了学习型组织研究的热潮。他提出，建立学习型组织需要进行五项修炼——自我超越（personnel mastery）、改善心智模式（improve mental model）、建立共同愿景（build shared vision）、团队学习（team learning）、系统思考（system thinking）。Swee C. Goh（1998）提出了搭建学习型组织的五个基础构架：使命和愿景（vision and mission）、领导和参与（leadership and involvement）、实验型文化（an experimenting organizational culture）、知识转化（transfer of knowledge）和团队合作（teamwork and cooperation）。组织行为学家罗宾斯（1997）概括出学习型组织的五大特征：有一个人人赞同的共同构想；在解决问题和从事工作时摒弃旧的思维方式和常规程序；作为相互关系系统的一部分，成员们对所有的组织过程、活动、功能和与环境的相互作用进行思考；人们之间坦率地相互沟通；人们摒弃个人利益和部门利益，为实现组织的共同构想一起工作。沃特金斯和马席克（1999）提出了建立学习型组织的几个必要行动：创造持续学习的机会，促进探讨和对话，鼓励合作和团队学习，建立获取知识和知识共享的系统，为员工授权，促使组织成员形成共同愿景，与外界环境紧密联系。从此以后，组织学习和学习型组织引起学术界和实践界的广泛关注，不少企业和组织开展这方面的实践，学者们发表相

关的著作。这里，实践界有代表性的人是壳牌石油公司原企业规划部主管阿里·德赫斯，他根据公司的实践写了一本书《长寿公司》（The Living Company），是实践界的代表作之一。下面我们重点介绍彼德·圣吉的《第五项修炼》和阿里·德赫斯的《长寿公司》。

1. 彼德·圣吉的《第五项修炼——学习型组织的艺术与实务》

彼德·圣吉认为，一个组织要成为学习型组织，必须开展五个方面的工作：个人自我超越、改善心智模式、建立共同愿景、团队学习、系统思考。

（1）个人自我超越

自我超越要求组织中的每个人首先要学习如何不断厘清并找到自己内心真正的愿望和追求，然后集中精力、全心投入、不断创造和实现自我，这样每个人才会成为真正的终身学习者，组织也才会成为真正的学习型组织。彼德·圣吉认为，组织整体对学习的意愿与能力，植根于每个成员对于学习的意愿与能力；每个成员内心的真实渴望，是学习型组织的力量源泉和精神动力。

（2）改善心智模式

心智模式是根深蒂固于人们的心中，影响人们如何认识这个世界，以及如何在这个世界中采取行动的各种假设、成见，或者图像、印象。心智模式不容易被自己和别人察觉到，但是它对人们的行为影响是巨大的。心智模式是人在长期的工作和生活环境中形成的。尽管它在很大程度上能指导我们的认识和行为，但是当环境发生改变的时候，过去的心智模式就不利于我们适应新的环境，所以我们需要在必要的时候改变自己的心智模式。从个人学习的角度来说，要改善我们的心智模式，首先就要学会看到它。所以，彼德·圣吉认为，将镜子转向自己，是心智模式修炼的开始；通过这种方法，我们学习发掘内心世界的图像，使这些图像浮上表面，并严加审视。它还包括进行一种有学习效果的、兼顾质疑与表达的交谈——这种交谈能有效地表达自己的想法，并以开放的心灵容纳别人的想法。

（3）建立共同愿景

组织学习不仅需要个人的学习，还要求成员们在一起相互分享个人的学习，包括分享信息、知识、成功的经验甚至失败的教训。要做到这些，就要求人们建立共同的愿景和目标，以鼓励大家的共同学习和成长。在一个组织中，光有领导个人的愿景是不够的，领导必须通过一种有效的方式，建立一个能够让大家都向往的、激动人心的目标，这种共同理想能够凝聚大家的力量。有了共同的衷心渴望实现的目标，大家会努力学习、追求卓越，不是因为他们被要求这样做，而是因为衷心想要如此。彼德·圣吉认为，共同愿景的建立，需要所有成员的参与，需要运用共同未来景象的技术，在所有成员主动而真诚地投入和奉献（而非被动地遵从）下建立起来。

（4）团队学习

组织学习的基本单位是团队。组织学习还需要人们学会如何在一起工作和交流，以提高整个团队的学习能力和智慧。研究表明：经常在一个管理团队中，尽管大家都认真参与，每个成员的智商都在120以上，但是最后团队集体的智商只有62。当然，在体育、表演艺术、科学界以及企业中，也存在团体的集体智慧高于个人智慧的情况，这时团体拥有很好的整体搭配行动能力。要做到这些，必须掌握团队学习的方法，深度汇谈

(dialogue) 就是其中之一。深度汇谈要求团队中的所有成员，都谈出心中的假设，真正一起思考。它能使得团队中各种想法自由交流，能产生远比个人认识更深入、更有意义的见解。

（5）系统思考

组织要更好地学习，还必须具备系统思考的能力。任何一个人、团队和组织，都是处于不同层次的复杂动态变化的系统之中，这些系统中各种因素及其活动，都会相互影响和演变。我们身为群体中的一小部分，置身其中而想要看清整体变化，有时会特别困难。我们有时也习惯于对问题进行思考和分析，但很难解决问题的根本。组织在学习的过程中，必须运用系统的而非片段的思维方式，才能看清事物变化的内在特征，认清整个变化的形态规律，并了解应如何有效地掌握变化，开创新局。经过50年的发展，系统思考已发展出一套思考的架构，它既具备完整的知识体系，也拥有实用的工具。

2. 阿里·德赫斯的《长寿公司——商业风暴中的生存方式》

壳牌公司的两位高层决策人员和两位外聘的商业教授共同挑选了40家公司作为研究对象（最后详细研究了27家），一起分析跟这些公司有关的出版物（案例和研究报告），最后总结出它们如何成功生存下来的共同特点。阿里·德赫斯最后将这些研究写成了《长寿公司》一书，介绍了长寿公司的四个秘诀：对环境敏感、具有很强的凝聚力、宽容、偏保守的财政政策。

（1）对环境敏感

长寿的公司总是对自己周围的环境非常敏感，而且能对周围环境随时做出反应。研究发现，这些长寿公司虽然经历过很多变幻莫测的事情，譬如战争、大萧条、技术与政治变迁等，但它们似乎总是很善于调整自己，永远能因时、因地制宜，它们与周围的世界都是非常和谐的。

（2）具有很强的凝聚力

他们通过个案研究发现，当公司处在不断变迁的环境中时，组织成员间有力的联系对组织的生存是关键的。长寿的公司都很有凝聚力，主要表现在：组织员工对公司有很强的认同感，而且无论他们之间存在哪些差异，他们（有时甚至包括供应商）都认为自己是这个大的整体的一部分。这些公司会采用各种有效的方式来增强员工的整体感，经理从内部提拔，并将自己看成是长盛不衰公司的服务员，都关注组织整体的健康发展。

（3）宽容

长寿公司强调多元化，对各种边缘化的行为总是宽宏大量，鼓励创新。它们认为，在公司本身很有凝聚力的前提下，有些在边缘上的擦边行为、大胆的尝试以及一些古怪新奇的想法等，都会有利于公司多考虑一些可能性和具有选择的余地，对公司长远发展是有好处的。另外，长寿公司总是鼓励分权，避免使用集权化的管理，这样才能保障前面所说的多元化和多样性。

（4）偏保守的财政政策

长寿公司注重成本、非常节俭。它们能以一种很古老的方式思考钱的意义，特别注意保持一定的节余。在手中有钱的情况下，公司就有了非常大的灵活性和独立性，它们可以做出竞争对手不可能奢想做出的选择，从而赢得竞争的成功。

第二节　组织学习系统理论

尽管学者们在组织学习和学习型组织方面做了大量的研究工作，提出了各种概念、理论、模型、方法，有力地推动了该领域的进步，但是我们也应该看到，在中国，无论是在学术界还是在实践界，人们对组织学习和学习型组织的概念、本质特征以及如何在实际工作中提高组织学习能力和建立学习型组织方面，并没有达成统一明确的认识，也没有明确的实施方法。本作者认为，中国企业正处于激烈的全球化竞争环境之中，企业要生存求发展，就必须掌握既基于企业发展的普遍规律又符合中国企业现实的组织学习和学习型组织概念、理论模型和运作方法，这样才能有效地开展组织学习实践，保持持久健康的发展。

清华大学陈国权（2000，2001，2002，2003，2004，2005）从 20 世纪 90 年代初就开始组织学习和学习型组织方面的研究，经过长时间的探索，特别是在国家多项自然科学基金和高技术“863”计划课题支持下，在国内外重要刊物发表了一系列的研究成果，建立了关于组织学习和学习型组织的理论——组织学习系统理论（Organizational Learning System Theory，OLST）——包括一整套关于组织学习和学习型组织的定义、理论、模型和方法体系。下面就分别对组织学习系统理论中的几个重要的问题进行阐述：

① 组织学习和学习型组织的完整内涵是什么？

② 组织是否存在一个学习系统？如果存在，这个系统是由哪些子系统构成的？每个子系统的功能是什么？这些子系统之间应该如何配合才能更好地提升组织整体的学习能力？从另一个角度来说，组织的学习能力由哪些分能力构成？每个分能力的准确定义是什么？这些分能力之间应该如何配合才能更好地提升组织整体的学习能力？

③ 学习型组织的本质特征是什么？能否将学习型组织这样一个被很多人（尤其在我国）认为是抽象的概念以更形象的方式进行描述，以推动它在企业的有效实践？

④ 如何根据组织学习的机理来进行组织设计，以利于组织学习和学习型组织的理念在企业真正系统地实施？

一、组织学习系统理论对组织学习和学习型组织的定义

陈国权提出的组织学习系统理论（OLST）中关于组织学习和学习型组织的定义分别为：

组织学习是指，组织成员不断获取知识、改善自身的行为、优化组织的体系，以在不断变化的内外环境中保持可持续生存和健康和谐发展的过程。

学习型组织是指，组织成员能够有意识、系统和持续不断地获取知识，改善自身的行为，优化组织的体系，以在不断变化的内外环境中保持可持续生存和健康和谐发展的组织。

这个定义强调三个方面，体现了它们与以往定义的区别：

第一，组织学习的内容包括三个方面的改变——组织成员认知的改变、行为的改变、组织体系的改变。组织学习的概念是从个人学习的概念发展而来的，个人学习包括认知的改变和行为的改变，组织学习的内涵中除了包括这两个方面外，还应该包括组织体系（如组织的结构、流程、制度等）的改变，这种体系的改变是以往组织学习的概念中被人忽视的，但却是对组织学习非常重要的内容。个人是一个个体，而组织是一个系统，组织学习除了包括组织中每个个体的认知和行为的改变外，还必须包括组织体系的改变。

第二，组织学习的目标包括两个方面：在变化的环境中保持可持续生存、在变化的环境中保持健康和谐的发展。第一个目标是基本的，第二个目标则更高一些，但二者是相互促进的。只有维持生存，才能有更高的健康和谐的境界；也只有健康和谐，才能有更长的生存时间。

第三，组织学习和学习型组织体现了系统与持续的精神理念。学习型组织是能够有意识、系统和持续地进行组织学习的组织。建立学习型组织的过程是有意识、系统和持续的行为和努力。任何一个组织都具有某种学习行为，但是，有意识的学习行为、全面系统的学习行为以及持续不断的学习行为，才是学习型组织的最重要特征和灵魂所在。学习型组织没有终点，它不像是组织实施某个变革，有开始也就有结束。而建立学习型组织是一个持续的、永无止境、螺旋上升的过程。

二、组织学习系统理论关于组织学习系统的概念和结构模型

1. 组织学习系统的总体结构

陈国权认为，任何一个组织中都存在一个组织学习系统（Organizational Learning System，OLS），这一系统又是由不同的组织学习子系统（Organizational Learning Sub-System，OLSS）构成。组织学习系统（OLS）的定义也是建立在组织学习定义的基础之上的。

组织学习系统（OLS）就是使组织能够不断获取知识、改善自身的行为、优化组织的体系，以在不断变化的内外环境中保持可持续生存和健康和谐发展的系统。组织学习系统深深植根于组织的战略、结构、流程、制度、文化和人力资源管理体系之中。任何组织都有自己的组织学习系统以及相应的组织学习能力。显然，组织学习系统越先进（即组织学习能力越强），组织就越容易在变化的环境中保持可持续生存和健康和谐的发展。

组织学习系统（OLS）包括 9 个相互影响的子系统（见图 16-1）：①发现子系统（D-OLSS）；②发明子系统（I-OLSS）；③选择子系统（S-OLSS）；④执行子系统（E-OLSS）；⑤推广子系统（T-OLSS）；⑥反思子系统（R-OLSS）；⑦获取知识子系统（A-OLSS）；⑧输出知识子系统（C-OLSS）；⑨建立知识库子系统（B-OLSS）。

这 9 个学习子系统的概念和功能如表 16-1 所示。

表 16-1　9 种组织学习子系统（OLSS）的功能（陈国权，2002，2005）

名　称	每个组织学习子系统（OLSS）的功能
发现子系统 D-OLSS	组织发现内外环境变化及这些变化给组织带来的机会和挑战
发明子系统 I-OLSS	组织提出应付内外环境变化的各种新措施和方案
选择子系统 S-OLSS	组织面对应付内外环境变化的各种新措施和方案进行优化选择
执行子系统 E-OLSS	组织将优化选择出的新措施和方案付诸行动
推广子系统 T-OLSS	组织在其内部将知识和经验从局部传播到更广范围来共享
反思子系统 R-OLSS	组织对过去发生的事情进行总结归纳形成规律和知识
获取知识子系统 A-OLSS	组织根据自身发展需要对外部知识进行辨识、获取和吸收
输出知识子系统 C-OLSS	组织根据自身发展需要向外部输出自身的知识和经验
建立知识库子系统 B-OLSS	组织在其内部对知识进行积累、分类、整理和存取

资料来源：(1) CHEN Guoquan. Management Practices and Tools for Enhancing Organizational Learning Capabilities. SAM Advanced Management Journal，2005，70：4～21，35.

(2) 陈国权．学习型组织的过程模型、本质特征和设计原则［J］．中国管理科学，2002，10（4）：86～94.

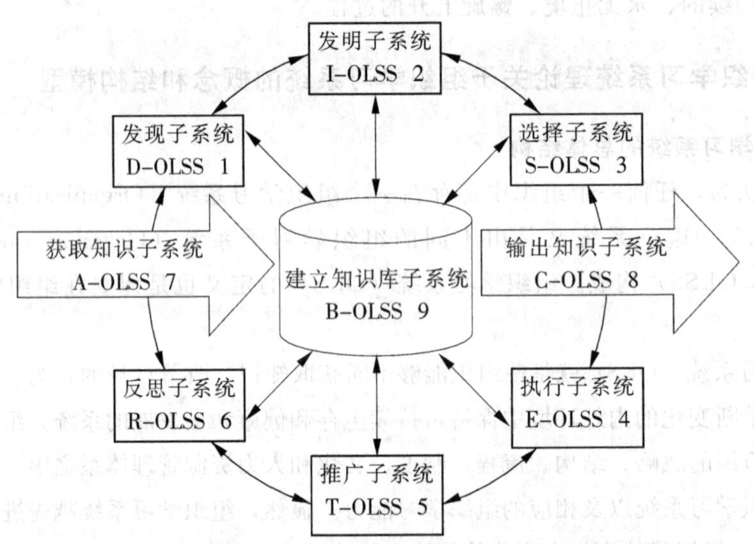

图 16-1　组织学习系统及其 9 个子系统的模型图（陈国权，2002，2005）

说明：1. 图中编码代表 9 个子系统的顺序。

2. 图中双向箭头代表各个子系统之间都是相互作用的。按照每两个子系统都有相互作用来算应该有 36 个箭头。为了不使本图看起来太复杂，笔者只画出了其中 12 个箭头。

资料来源：(1) CHEN Guoquan. Management Practices and Tools for Enhancing Organizational Learning Capabilities［J］. SAM Advanced Management Journal，2005，70：pp. 4～21，35.

(2) 陈国权．学习型组织的过程模型、本质特征和设计原则［J］. 中国管理科学，2002，10（4）：pp. 86～94.

下面我们就详细说明组织学习系统的基本原理，从中可以看出在组织学习系统中建立每个子系统的原因，以及每个子系统的基本功能。

2. 各组织学习子系统（OLSS）的基本原理

（1）发现子系统（D-OLSS）

古希腊哲学家赫拉克利特曾经说过："人不能两次踏进同一条河流，因为河水总在不断流动。"世界每时每刻都在发生变化。一个组织之所以需要不断学习，最根本的原因就是其内外环境的变化性和不确定性。然而，在现实生活中，认识到环境的变化是不可能自动实现的。组织必须建立一套系统来使其有能力发现环境的各种变化，包括内部的变化和外部的变化、好的变化（机会）和坏的变化（危险）、明显的变化和微弱的变化，而且能够及时向组织发出早期预警信号使其能够顺应时代潮流（摩根，1996）。一个组织只有通过有意识、系统和持续的监测、分析和解读活动，才能够使其及时准确地看到问题和机会，保持对内外环境变化的敏感性，这是在变化环境中生存发展的前提。维克（2001）在其研究中特别强调的组织洞察能力（sense-making），实际上也类似于我们这里的发现能力。发现系统能够帮助组织预知将要发生的事。当然，这里最重要的也是最难的，就是在环境变化的早期就能及时准确地预知到它，以使组织能够迅速采取有效的措施来适应变化。

优秀的公司都对潜在的环境变化非常敏感。德赫斯在《长寿公司》（1997）中写道："长寿公司能够敏锐地洞察周围的环境，它们无论是通过知识（如：杜邦的科技创新）还是自然资源（如：哈德森海湾公司拥有加拿大森林的动物皮毛权）来获得财富，它们总是能保持与周围环境之间关系的和谐……并能及时地对社会发展做出正确反应。"接下来让我们看几个真实的案例。宝洁（中国）公司建立专门的机构持续地对市场和客户进行系统的调查以时刻把握中国人的洗涤习惯。麦当劳（中国）公司研究中国的饮食文化以使自己的服务能够符合当地顾客的要求。联想公司有专门人员在因特网上进行调查，收集与公司发展有关的数据，还经常从国际数据集团购买有关数据使公司更好地了解外部变化，做出更好的决策。海尔集团现在比过去更加关注对顾客满意度的调查分析。通用电气公司强调向自己的员工学习，每年要对自己10 000多名员工进行问卷调查，以及时了解和把握公司内外的各种情况。

（2）发明子系统（I-OLSS）

一个组织仅仅具有发现环境变化的能力是不够的，它还必须有能力发明新的方法来应对这些变化。德赫斯在《长寿公司》一书中指出，任何一个生物物种都必须有能力（或至少有潜力）发明新的行为，以新的行为方式来利用环境，这样整个物种才有可能适应环境变化而生存下来。对于组织而言，这意味着它必须建立自身的核心能力，譬如不断开发新产品和服务，以及提出新的管理方法和策略（普瑞哈拉德和哈默尔，1990）。罗纳卡和塔科尤什（1995）就特别强调公司创造知识的能力。哈克东（2000）也特别强调，公司应该成为一个具有创新能力的"工厂"。

现在许多公司已经把发明作为公司核心价值的重要组成部分。3M公司宣称它们"绝不会扼杀任何一个新的创意"。宝洁公司在中国市场取得的巨大成功归因于其及时高频率的产品创新。通用电气公司经常鼓励员工以新颖的、不同的方式做事，要求每个员工参加六西格马（6 Sigma）的培训课程并且按照课程中的方法原理改进每天的工作。六西格马要求每个人按照自己的方式来创新工作过程，员工每年需要递交一份工作总结，便于公司考察其在创新方面的成绩。摩托罗拉（中国）公司鼓励员工组成团队，共同思考怎样通过改进工作流程和方法来提高产品质量、降低成本。TCS（全面顾客满意团队）和TFE（跨部门团队）作为摩托罗拉的主要创新机制，对其在中国的成功起了巨大作用。

（3）选择子系统（S-OLSS）

除了发现和发明，组织还要建立选择系统，这样才能够在众多的发明创意中做出正确的决策。如果一个组织具有有效的选择方法、过程和能力，就能得出更优化的商业决策，并使优秀的人才脱颖而出。根据达尔文的进化论，任何物种的存在和进化都是外部环境选择的结果。莱温斯尔（1991）研究了组织适应能力和环境选择之间的关系。本作者认为，只有当一个组织建立了优化选择系统，它才能更好地适应外部环境，保持可持续竞争优势。选择也意味着放弃或忘却——组织应该通过优化选择过程来摒弃那些已经不合时宜的（即使有些方法过去曾经获得成功）和不现实（即使有些方法听起来很有吸引力）的方法。当今时代是一个信息知识爆炸和全球化的时代，组织总会面临着各种新的信息、概念和机会的诱惑。有效的选择系统能够使一个组织保存旺盛的精力，紧跟时代并保持明智的抉择。

很多优秀公司都建立了选择系统。譬如，微软有时会同时安排两个小组在同一时间设计同一种产品，在产品设计出来后选择每个小组产品设计方面的优势，重新组合形成最终的新产品设计方案。海尔集团的内部管理职位实行竞聘上岗，公司有专门的招聘小组负责对人员进行考核选拔。通用电气建立了一套绩效评估体系，每年对员工的绩效进行严格的考核评估，并据此决定员工的去留、奖金和提升。同样，为了确定杰克·韦尔奇的继任人，公司公开招聘，通过公开正式的选拔过程从几个候选人中最终确定了伊梅尔特。

（4）执行子系统（E-OLSS）

组织学习只有在新的被选择出的想法变成具体行动后才能真正发生。组织学习不仅是思维上的改变（如发现、发明、选择），更重要的是行为上的改变。如果仅有发现、发明、选择，而没有付诸行动，组织学习是不完整的。换句话说，没有行动，就没有学习。然而把新想法转变为行动和现实并不容易。皮费弗和萨顿（2000）指出，不论个人、群体或组织，“人们知道应该做什么”（认知）与“人们真正去做了”（行为）之间总是存在差距。瓦特肯斯和巴泽曼（2003）提出“可预知的灾难”这一概念。他们研究发现，任何组织或公司的倒闭（如美国安然和世界电信公司的倒闭），甚至大到国家的灾难（如美国9·11事件），并不是由于事前没有发现征兆，而是虽然发现了却没有真正采取行动导致了最终灾难的发生。因此，目前一些学者特别关注于研究如何真正去执行以及如何把知识转变为行动（皮费弗和萨顿，2000；包塞迪和查瑞恩，2002）。更加有趣的是，包塞迪和查瑞恩在2002年出版了一本名为《执行》的书。由此可见，执行在组织学习中占有多么重要的地位！真正的学习型组织不仅善于用眼、用耳、用脑去学习（认知的改变），还要善于用身体的其他部位如手和脚去学习（行为的改变）。成功的组织总是能把想法变成行动，会利用所学到的知识来改变现实。

譬如，尽管六西格马非常难以实施，但在杰克·韦尔奇的重拳推进下，它在通用电气取得了非常好的效果。公司重整了关于团队合作的绩效评估，建立了团队激励和提升机制，进而改变了公司的文化。中国天津的摩托罗拉工厂建立了 IR（I Recommend）小组，每月对员工提交的建议进行反馈，对提出建议并给公司带来益处的员工给予奖励并举行庆祝仪式。在有效处理员工建议方面，摩托罗拉公司比其他公司都做得好主要归因于摩托罗拉建立了有效的执行体系。

（5）推广子系统（T-OLSS）

以上我们所提到的发现、发明、选择、执行，最初可能是在组织的局部（个人、团队或部门）发生的。为了把个人学习或团队学习变成组织学习（圣吉，1990；肯姆，1993），我们需要通过推广来实现。个人、团队或部门无论是成功的做法/经验，还是失败的教训，都可以让整个组织了解、学习和运用。然而，推广并不是件容易的事。爱德莫德森于 1999 年提出，心理防卫是个人和团队将学习推广的最大障碍。安可拉和卡尔德维尔在 1992 年也指出，团队有时并不愿意与其他团队交流经验。爱德莫德森（2002）还指出：组织中的学习很多时候是受局限的，因为带有个人或团队的目的在里面，使得团队为整个组织服务的意识淡化。目前很多学者正在研究如何克服这种推广的障碍。圣吉（1990）认为，要将个人学习转变为团队学习，交流沟通技巧显得很重要。肯姆（1993）提出了一种联结个人学习与团队学习的模型。爱德莫德森（2002）指出，共同的信念可以把具有不同学习模式的团队联合在一起为整个组织服务，那些活跃一些的团队可以提出新的观点和想法，其他团队可以为促进这些想法的实现开展具体工作。卡利勒（2002）提出，应该研究一下在新产品研发过程中，什么样的知识在组织中是可以无障碍传递的。由此可以看出，推广在组织学习和学习型组织具有十分重要的地位。

好的公司都善于在组织中推广经验和知识。例如，施乐公司要求其维修工人每天记工作日志，把遇到的维修问题记录在案。维修工人们可以通过公司内部网站看到所有这些工作日志，这样如果遇到同样的问题，他们就可以运用已有的做法和经验解决问题，提高维修效率。这是如何把个人经验转变为组织经验的典型案例。接下来让我们来看如何把部门经验转变为组织经验。这个案例发生在我国某家知名的计算机公司。该公司的打印机产品事业部曾经成立了一个专门的小组调查其不当的销售预测方法。经过严格的调查和分析，专门小组指出：应该把过去自上而下的销售预测体系改为自下而上的形式。首先应该由各个大区的分公司向总公司汇报其预测的下年销售量，总公司汇总完所有报告后，对数据进行研究调整，最后做出下年的销售预测。因为这种方法可以看到每个分公司的销售预测量，因此预测就会变得更加准确。公司领导认为这种方法十分有效，决定将这套新的预测体系推广到其他产品事业部，使部门经验在全公司范围内分享。

（6）反思子系统（R-OLSS）

在组织中建立反思系统是为了使组织更好地从过去的经验中学习。不管是成功的还是失败的经历，组织都可以通过有效的反思系统吸取经验教训，以便在将来能够做得更好。反思不仅是从失败中吸取教训（失败是成功之母），还包括在成功中学习（成功是失败之母）。从经验中进行学习并不是件容易的事，研究者在这方面进行了很多探讨（阿吉瑞斯和斯贡，1978，1996；马奇、斯皮若尔和塔姆兹，1991；卡若尔、鲁道夫和哈塔克纳卡，2002；加尔文，2000；爱德莫德森，1996；伊萨埃克斯，1993；哈安斯查尔德和苏利文，2002；若斯和斯固尔梅克，1990）。阿吉瑞斯和斯贡（1978，1996）提出单环学习和双环学习的概念。单环学习是指，人们不断检视和纠正行为，以适应组织既定的规则、目标、价值观和假设。双环学习是指，人们会检视、质疑并改变现有的规则、目标、价值观和假设，以适应新的环境。伊萨埃克斯于 1993 年提出三环学习的概念。三环学习是指重新检视和改变现有的学习方式。哈安斯查尔德和苏利文在 2002 年调查了美国商业航空公司过去发生的航空事故，通过调查公司是否从相同或相似的事故中总结经验教训来检验公司的学习能力，检验标准就是公司飞行事故率的减低。研究发现，航空公司通过反思学习降低了飞行事故率，过去总是单纯责备飞行员，现在则更加注重研究分析事故发生的原因，并加以改进。

这样的例子还有很多。事后回顾（After Action Review，AAR）用来反思任何一个行动之后的结果和造成这种结果的原因，以利于今后的改进。根据加尔文的研究，美国 2000 年在军队系统引入了这一方法。AAR 通常围绕以下四个问题进行：我们原定的计划是什么？原定的计划运行结果怎么样？为什么会是这样的结果？今后应该如何做会更好？另一个例子是摩根斯坦利对员工实施 360 度绩效评估体系。在这一体系中，对每个员工的评估来自其上司、同级、下级和内部顾客的意见。这些绩效评估会给每个员工进行业绩反馈，这样他们就可以了解周围同事和客户对自己的评价，以此激发员工进行自我反思，不断学习改进。

（7）获取知识子系统（A-OLSS）

组织想要得到更好的生存和发展，就要与外部环境之间建立一种开放的信息和知识的交流系统。组织不仅需要从对过去的反思中获得知识和经验，还需要从外部环境中获得知识和经验，只有这样，才能使自己学得更快更有效，更好地应对不确定性的环境，保持竞争优势。泽尔纳和弗纳赫尔（2002）指出，在一个不断变化的环境中，组织可以建立三种不同的知识获取方法：雇用新人；鼓励员工建立获取外部信息的网络；与其他机构建立合作关系。尹可平（1999）发现，在跨国经营过程中，建立合资企业是一种重要的获取新知识的途径。迪桑（2002）研究了在新加坡和香港的上百家跨国公司，发现这些公司通过监督业绩和参与经营两种方式来互相获取知识。沃门尤勒和巴克马（2001）提出通过兼并收购的方式获取新知识。科恩和莱文萨尔（2000）指出，一个组织不仅要有从外部获取知识的能力，还需要将其消化吸收并为自己所用的能力。

通用电气作为一个百年老店，特别强调学习其他组织的知识和经验。众所周知，通用电气非常成功地实施了六西格马（6 Sigma），然而六西格马并不是它自己的发明，它是从美国联合电信公司和摩托罗拉公司学到的六西格马理论。20 世纪 80 年代，通用电气成立了一个研究小组专门去知名商学院学习不同企业在组织变革方面成功和失败的案例，从中吸取经验和教训。通过这些研究，通用电气从商学院学习得到一种理论——变革接受模型（Change Acceptance Process，CAP），这种理论能帮助公司各级管理人员学会处理变革过程中的各个因素，提高变革的成效，对公司发展做出了重要贡献。通用电气的CAP理论是它从商学院和其他公司获取知识的成功案例。六西格马和CAP这两个案例均属于杰克·韦尔奇的哲学。他认为：世界所有的知识都“属于”通用电气，不论知识是谁发明的、在哪里发明的，只要是对通用电气有用，通用电气就要得到它。

（8）输出知识子系统（C-OLSS）

我们已提到，组织应该和外部环境进行信息和知识的交流。组织不仅需要从外部获取知识，还需要对外部环境输出知识、有所贡献。教育机构和咨询机构（如大学、研究所、咨询公司等）只有向外部输出知识才能生存。将自身的知识输出给外部环境，一方面可以提高组织的价值和声誉，另一方面也可以使组织获得外部对其自身管理的反馈信息。组织只有与外部环境分享知识和信息，才能真正称得上是学习型组织。在西方，很少有学者研究如何通过向外部环境贡献知识、与外部分享经验，来提高组织的学习能力。中国古代的哲学家提出过“欲取之、必先予之”，组织要想从外部获取知识，首先要自愿并且有能力对外界贡献知识。

让我们来看几个例子。摩托罗拉（中国）公司通过各种方法提高员工持续改进的意识和能力，包括：内部质量管理、六西格马、员工培训项目、每年全面顾客满意（TCS）比赛项目。公司主动向其中国的供应商提供这些方法上的培训，帮助它们快速建立质量管理体系。在这个过程中，摩托罗拉公司也从供应商那里获得了一些关于公司管理的建议，二者相互促进。通过这种方法，摩托罗拉将自己的组织学习延伸到其他组织（供应商）中去，通过对外部输出知识提升了自身的竞争力。另一个例子是美国航天局（NASA）。NASA的使命是为人类开发外太空，但它从来没有忘记对社会公民进行航空知识的普及工作。NASA利用网站、基地参观、杂志、电视及模拟表演等多种形式把航天知识介绍给公众。从对外部贡献知识来说，迪斯尼公司也通过各种娱乐方式向大众特别是孩子们传授各种知识。

（9）建立知识库子系统（B-OLSS）

到目前为止，我们已经谈到了组织学习的8个子系统。最后一个，也是特别重要的一个就是建立知识库子系统。组织学习不仅包括发现子系统、发明子系统、选择子系统、执行子系统、推广子系统、反思子系统、获取知识子系统，输出知识子系统，还应包括建立知识库子系统。很多学者（克罗斯和白瑞德，2000；翰森、努合若和提尔内，1999；罗纳卡和塔克尤什，1995；皮特斯，1995）都认为，组织对知识进行积累和建立记忆库是很重要的。皮特斯在1995年提出六种学习步骤，其中之一就是“建立组织自己的记忆库，使组织有能力获取、储存、回顾所学的知识技能”。翰森、努合若和提尔内（1999）界定了两种知识管理方法。一种是编码化策略（codification），将知识记录在案并仔细地归类放入数据库，使公司员工可以轻松查找。另一种方法是个性化策略（personalization），也就是建立人与人之间的关系网络，这样使人与人之间相互交流各自的知识和经验。

我们可以打个比方。没有存储器计算机就无法进行复杂的运算，人脑没有记忆也无法解决复杂的问题。同样，组织没有知识的积累就不能对复杂多变的环境做出快速有效的反应。组织知识库对组织持续的学习成长是十分重要的。由前8个子系统所创造出来的知识被储存在组织的知识库中；反过来，知识库里的知识又会影响这8个子系统的能力。组织只要善于建立自己的知识库，组织的学习就会呈螺旋上升的发展。

一些大的公司，像宝洁、摩托罗拉、惠普、联想等，都建立了良好的组织知识库。譬如，它们建立企业内部网络（intranet），员工可以在公司各种数据库和知识库中获得大量的信息和知识，并在任何时候都能方便地进行网上学习。哈佛商学院（HBS）和哈佛商学院出版社（HBSP）也是建立组织知识库的优秀例子。商学院的教授把企业商业管理实践以案例（很多是现实企业中的最佳实践经验）的形式记录下来，它们拥有世界上最著名的案例库。这些案例被很好地储存、归类、管理，用于教师的授课和学生的学习。

3. 组织学习能力以及组织学习分能力

上面我们从系统的角度对组织学习进行了论述，我们还将从能力的角度进一步阐述。这里我们提出组织学习能力及分能力的概念。根据前面的组织学习定义，我们得出组织学习能力的定义是：组织学习能力（Organizational Learning Capability, OLC）就是组织不断获取知识、改善自身的行为、优化组织的体系，以在不断变化的内外环境中保持可持续生存和健康和谐发展的能力。组织学习能力也就是组织学习系统的能力。

组织学习能力（OLC）有9个相互影响的分能力（Organizational Learning Sub-Capability，OLSC）：①发现能力（D-OLSC）；②发明能力（I-OLSC）；③选择能力（S-OLSC）；④执行能力（E-OLSC）；⑤推广能力（T-OLSC）；⑥反思能力（R-OLSC）；⑦获取知识能力（A-OLSC）；⑧输出知识能力（C-OLSC）；⑨建立组织知识库能力（B-OLSC）。

这9个学习分能力的概念和功能如表16-2所示。

表16-2　9种组织学习分能力的定义（陈国权，2002，2005）

学习分能力名称	每个组织学习分能力的定义
发现能力 D-OLSC	组织发现内外环境变化及这些变化给企业带来机会和挑战的能力
发明能力 I-OLSC	组织提出应付内外环境变化的各种新措施和方案的能力
选择能力 S-OLSC	组织面对应付内外环境变化的各种新措施和方案进行优化选择的能力
执行能力 E-OLSC	组织将优化选择出的新措施和方案付诸行动的能力
推广能力 T-OLSC	组织在其内部将知识和经验从局部传播到更广范围来共享的能力
反思能力 R-OLSC	组织对过去发生的事情进行总结归纳形成规律和知识的能力
获取知识能力 A-OLSC	组织根据自身发展需要对外部知识进行辨识、获取和吸收的能力
输出知识能力 C-OLSC	组织根据自身发展需要向外部输出自身知识和经验的能力
建立知识库能力 B-OLSC	组织在其内部对知识进行积累、分类、整理和存取的能力

资料来源：(1) CHEN Guoquan. Management Practices and Tools for Enhancing Organizational Learning Capabilities [J]. SAM Advanced Management Journal, 2005, 70: pp. 4～21, 35.

(2) 陈国权. 学习型组织的过程模型、本质特征和设计原则 [J]. 中国管理科学, 2002, 10 (4): pp. 86～94.

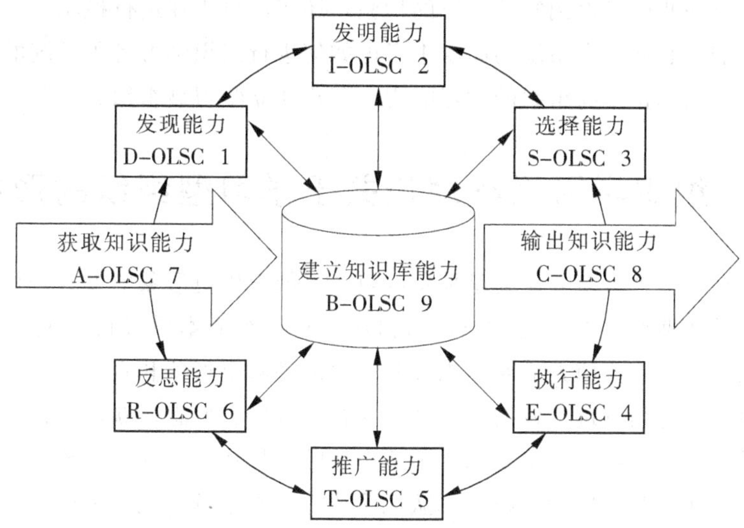

图 16-2 组织学习能力及 9 个分能力模型（陈国权，2002，2005）

说明：1. 图中编码代表 9 种组织学习分能力的顺序。

2. 图中双向箭头代表各种组织学习分能力都是相互作用的。按照每两种学习分能力都有相互作用来算应该有 36 个箭头。为了不使本图看起来太复杂，笔者只画出了其中 12 个箭头。

资料来源：CHEN Guoquan. Management Practices and Tools for Enhancing Organizational Learning Capabilities [J]. SAM Advanced Management Journal，2005，70：pp. 4～21，35.

陈国权．学习型组织的过程模型、本质特征和设计原则［J］．中国管理科学，2002，10（4）：pp. 86～94.

4. 组织学习系统理论的主要观点概括

在当今变幻莫测的环境中，组织的学习能力对组织保持可持续竞争优势十分重要。一个组织的学习能力越高，组织的可持续竞争力就越强。组织的 9 个组织学习子系统之间、9 个组织学习分能力之间都是相互作用的。以下是四个主要观点。

① 任何一个组织的学习系统（OLS）包括 9 个组织学习子系统（OLSS）：发现子系统、发明子系统、选择子系统、执行子系统、推广子系统、反思子系统、获取知识子系统、输出知识子系统、建立知识库子系统，如图 16-1 所示。

任何一个组织的学习能力（OLC）包括 9 个组织学习分能力（OLSC）：发现能力、发明能力、选择能力、执行能力、推广能力、反思能力、获取知识能力、输出知识能力、建立知识库能力，如图 16-2 所示。

② 每个组织学习子系统都与组织的可持续竞争能力密切相关。

每个组织学习分能力都与组织的可持续竞争能力密切相关。

③ 各个组织学习子系统之间都是相互影响的。

各个组织学习分能力之间都是相互影响的。

④ 要整体上提高组织学习系统功能，需要其 9 个组织学习子系统之间保持协同关系。

要整体上提高组织学习能力，需要其9个组织学习分能力之间保持协同关系。

这些观点有一些已经得到实证研究的检验，还有部分正在进行检验。

总之，我们只有从一个系统的高度来考虑如何进行组织学习各子系统的设计以及整体优化配合，才能真正提高组织的学习能力，真正建立学习型组织。

第三节　组织学习系统理论关于学习型组织的形象比喻

学习型组织一直被很多人认为是抽象的概念，能否以更形象的方式进行描述，以推动学习型组织的实践呢？利用比喻（metaphor）对组织的本质进行研究探讨是西方一些学者采用的方法，它能使人们对组织及其现象的理解更形象和直观。上面提出的学习型组织系统模型，包括发现、发明、选择、执行、推广、反思、获取知识、输出知识和建立知识库共9个子系统，这里我们提出7个比喻来描述不同的子系统——雷达比喻发现，大脑比喻发明，筛子比喻选择，军队比喻执行，水中涟漪比喻推广，飞机驾驶系统比喻反思，水库比喻获取知识、输出知识和建立知识库三个子系统。这7个比喻综合起来就形象地构成了学习型组织的全貌。如图16-3所示。

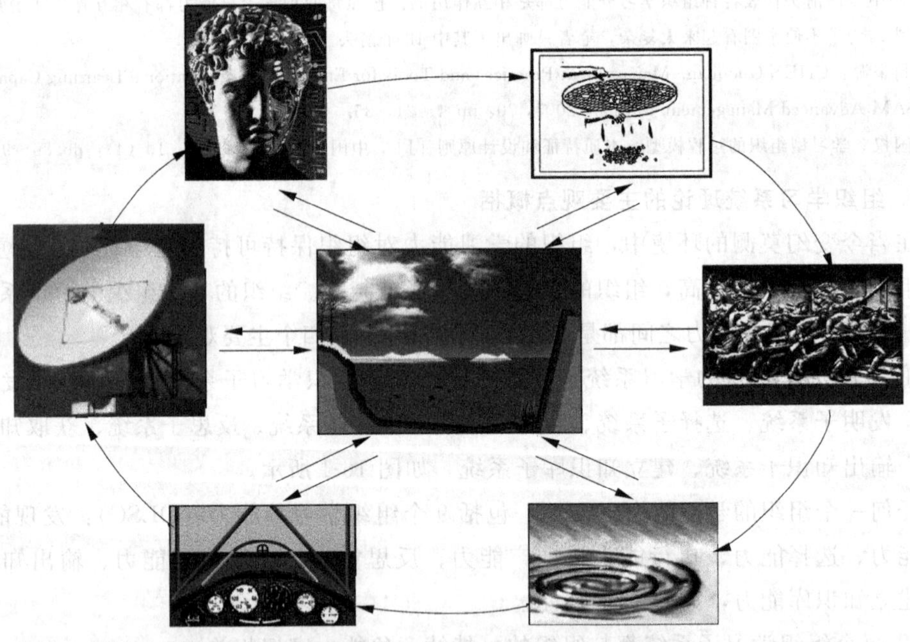

图16-3　组织学习系统理论关于学习型组织的形象比喻（陈国权，2002）

资料来源：陈国权．学习型组织的过程模型、本质特征和设计原则［J］．中国管理科学，2002，10（4）：pp. 86～94.

1. 敏锐发现——学习型组织像雷达

学习型组织就像是一个主动的灵敏的雷达，总是能及时敏锐地发现各方面的变化和信息，其中包括外部的技术、市场、政策、顾客需求，以及内部的组织管理、运作流程、员工思想、满意度等各方面的现状、问题、变化趋势等。雷达这种比喻是要告诉人们，学习型组织有很多不同的触觉，使它能得到各方面的变化信息，成为其学习的基础。

2. 创意发明——学习型组织像人类大脑

学习型组织也像人类的大脑一样，具有很强的创造性地解决问题的能力。大脑之所以具有思维创新能力，是因为它具有很多神经细胞以及细胞之间的各种联结。不同神经细胞存储了不同的信息和知识，通过这些四通八达的联结，各种信息和知识之间进行相互作用，产生新的火花（即知识）。大脑是一个信息和知识之间相互作用，产生新的知识的系统。人类大脑还分左右脑，不仅具有逻辑推理思维，还具有直觉和逆向等多种思维能力。学习型组织就像大脑一样，能够通过不同人在一起交汇不同的信息和知识而产生碰撞，形成新的知识和观点。人类大脑这种比喻主要告诉人们，学习型组织应该具有发明和创造能力。

3. 不断选择——学习型组织像筛子

学习型组织就像筛子一样，总是能把各种事物中最优秀的成分选择出来。大自然对物种选择的结果是留下了最优秀的物种，组织则是对各种新观点、方案或人进行选择，留下最好的。组织只有建立像筛子这样的选拔机制，才能不断进行自我淘汰，选出优秀成分，去最好地满足外界环境的要求。

4. 不折不扣执行——学习型组织像军队

军队最大的特点是当接到命令时就会勇往直前。学习型组织在选择出最好方案后，也要像军队一样去不折不扣地实施这些新方案，即所谓"智欲圆，行欲方"。军队在作战前，要周密部署和制定详细计划，考虑一切需考虑的因素和后果；而一旦选定，就要坚定信心，勇往直前，将方案贯彻实行。一个组织只有这样才能将学习中得到的最好方案变成现实。

5. 复制推广——学习型组织像水中涟漪

当一块石头投入水中时，水面上就会被激起层层涟漪，石头落入水中造成的震动会传播到更远的地方。学习型组织也应该像涟漪一样，不断将组织中某处（如某个人、团队或部门）的经验和做法，通过一定的方式传播到组织内更广的范围，使组织减少重复努力，充分利用资源，使得学习产生最大的效益，也使得下一轮的学习创新建立在更高的水准上，进一步提升组织的学习。

6. 不断反思——学习型组织像飞机驾驶系统

飞机的驾驶系统能够不断显示飞行的各种参数给驾驶员，使他们能根据要到达的目标，不断调整飞行参数，使飞机不断接近目标（这类似于单环学习）。然而当飞机遇到突发情况（如天气不好、前方机场大雪不能降落）需要在新的地方降落时，它就要调整其目标，改变飞行路线，使其向新的目标前进（这类似于双环学习）。可见，真正的学习型组织能不断给组织提供组织运作情况的各种信息，人们根据这些信息进行反思和调整，使运作的结果符合既定目标（单环学习），或者调整目标本身，使其适应于环境变化（双环学习）。

7. 获取、输出和沉淀知识——学习型组织像水库

周围的河流山川、地下的泉水、天上的雨雪不断地汇入水库，使水源得以积累和存储，变得越来越大。水库中生活了大量的生物（如鱼类和植物），它们共享这些水源和养分。在干旱的时候，水库中的水也会流出为其他地方灌溉。为了防止水库中水的流失，我们还必须对水源加以保护，建立大坝，并防止过度使用。另外，水库中的水在不同天气、季节情况下还会以气态、液态、固态（冰）几种形式存在，并不断相互变化，发挥着水的不同功能，并使周围呈现出不同的美丽景致。真正的学习型组织也就像一个充满生命力的水库一样，具有获取、输出、存储、共享、保护知识，并让不同形式知识之间相互转化的功能，最终为组织的生存发展和自我更新提供充足的知识资源。

第四节　发展组织学习能力和建立学习型组织的方法和原则

基于上面的组织学习和学习型组织的概念，以及组织学习系统模型，陈国权提出了如下发展组织学习能力和建立学习型组织的若干方法和原则。这些方法和原则之间也是相互影响的。

一、基于发现的方法和原则

1. 危机意识

组织如果没有危机意识，就不会主动去关注内外环境的各种变化，这对于过去曾取得成功的企业更是如此。西方学者指出，组织学习的智障（organizational learning disability）之一就是能力陷阱（competency traps），是指由于企业过去的成功导致盲目的自信，使组织脱离未来的变化，学习能力下降，如曾声名显赫的山东秦池酒厂、沈阳飞龙、石家庄造纸厂等。阿吉里斯曾指出，教会聪明人如何学习是最难的。人们常说“失败是成功之母”，而实际上“成功也是失败之母”。为了避免成功之后的失败，组织必须具有危机意识。2001 年一本《谁动了我的奶酪》之所以在中国流行，是因为它通过一个寓言故事，让人们认识到在当今社会建立危机和变化意识的重要性。日本一些企业，通过人为地引入混乱（chaos）来增强员工的危机感。我国小天鹅公司倡导“末日管理”的理念，也是要建立危机意识。荷兰壳牌石油公司在 20 世纪 70 年代石油危机发生之前就提出了情景企画（scenario planning）的做法，它假设遇到原油涨价、战争爆发、政局动荡等不利情景，管理层和员工一起思考公司该如何应对管理，最后提出了一系列应对措施。后来，石油危机果然爆发，原油价格上涨，由于公司事先有考虑，因而比其他

石油公司更好地渡过了危机。

2. 共同愿景

如果说危机意识是使组织学习的推动力量，那么共同愿景就是拉动力量。组织只有建立了超越现状的愿景之后，才会更主动和有创造性地去学习和创新，关注外界的变化。20世纪初，福特提出要让每一个美国家庭都买得起汽车的理念，使他发明了流水生产线，开创了大规模生产方式。而当今，戴尔提出要让每一个人都得到其个性化PC机的愿景，使他开创了大规模定制生产模式。圣吉特别强调共同愿景（shared vision）对组织学习的作用，指出："有了衷心渴望实现的目标，大家会努力学习，追求卓越，不是因为他们被要求这样做，而是因为衷心想要如此。"他还指出："如果企业只是将学习型组织当成是业绩最佳的方法和手段，那就错了。而应该是通过学习型组织，让员工能得到成长。"所以说，让员工参与学习最好的方法是要让他们意识到学习对其自身提升、成长，乃至生活的重要意义。组织的共同愿景来自于个人的愿景。但是如何将个人的愿景，转化成能够鼓舞组织的共同愿景，或者说，如何将许多个人的愿景整合为共同愿景，却需要一定的方法。

3. 组织聆听和分析（organizational listening & analyzing）

有了危机意识和共同愿景，组织还必须建立各种聆听的手段。聆听的对象包括：顾客、供应商、竞争对手、员工、本行业发展、相关甚至不相关行业的发展情况、国家政策、全球政治经济环境等。此外，组织还必须建立必要的方法和工具分析这些信息，从中发现变化的趋势、机会和挑战等实质性方面。

二、基于发明的方法和原则

1. 创新意识

组织的领导和员工必须具有创新意识、变化和发展的眼光，才不会局限于传统的甚至曾经在过去取得过成功的方法。任何产品、服务和经营管理上好的经验，都是一定环境和条件下的产物，而环境和条件总是变化的，企业总是需要持续改进。

2. 创新思维

有了创新意识，还必须具备创新能力。提高领导和员工的创新能力需要给他们相应的培训，使其转变思维模式，掌握如下创新的思维方法。第一，逆向思考。逆向思考是指用一种反传统的方式来提出新的方法。譬如，戴尔在创立自己的计算机公司时，抛弃了传统上人们创立公司时必须建立层层销售渠道的观念，而建立了直接面对顾客的直销模式。传统的管理杂志一般喜欢研究企业成功的经验，而《中国企业家》杂志曾经专门研究企业失败的案例，受到很多企业人士欢迎。海尔集团生产的洗衣机卖给四川的农民朋友，他们在用其洗衣服之余，还用来洗一些农产品（如土豆等），并责怪洗衣机洗土豆的效果不好。海尔针对这种可能被一般企业认为是"无理的"顾客意见中看到了新的市场机会，开发洗土豆的机器，受到农民朋友欢迎。第二，系统思考。一般人看问题总是片面和局部的，难免头疼医头，脚疼医脚，得到的是治标而不治本的方法。圣吉提出的系统思考（system thinking）有助于人们找到真正解决问题的根本性方法。第三，辩证思维。辩证思维可以让我们看到事物都有其对立面，对立双方会相互转化，就像太极图一样。从事物的反面来思考能使人找到解决问题的新方法。

3. 全员参与——利用所有人的智慧

经典的组织理论认为，决策与执行是分离的。决策层负责提出新方案，普通员工负责执行，这种观点将创新的主体定为管理层而非员工，显然是错误的。实际上在很多情况下，真正对顾客的需要和具体生产运作情况了解的人往往是一线员工，他们对这些问题真正具有发言权。真正的学习型组织应该是全员参与的。20 世纪 80 年代在日本兴起的全面质量管理（TQM）、90 年代美国摩托罗拉公司的 TCS 团队、通用电气的六西格马（6 Sigma）和群策群力（workout）活动，都是利用所有人的智慧创新的成功案例。

4. 团队工作与团队学习

团队工作是由不同部门和专业背景的人在一起工作，不同观点在一起碰撞会激发新的观点。因此，现在很多企业在新产品开发中都采用跨部门团队方式来代替传统的部门间串行开发方式。跨部门团队开发方式能够在产品开发一开始就全面系统地吸收各部门的经验、观点，全面考虑产品整个生命周期中的所有因素，使产品的创新程度和上市速度都大大提高。罗纳卡等在《创造知识的公司》一书中，特别强调团队组织形式对创造新知识的重要性。圣吉的《第五项修炼》一书中，也特别强调团队学习（team learning）的重要性，提出了成员间通过深度汇谈（dialogue）取代传统的讨论（discussion）对创新的意义。

5. 自由度和自主权

要使组织中的个人或团队有创造性，必须给他们一定的自由度和自主权。自由度意味着不要对他们的工作给予过度的规定和限制，即所谓最少的说明原则（minimum specs）。该原则的中心思想是，系统必须具备一定的空间，以利于创新。然而，在现实中，许多组织的管理有界定过多和过度控制的趋势，而不是集中精力于需要指定的“重要的变量”，让其他的变量自己去寻找各自的形式。自治（autonomy）主要是指得到一定程度的授权，从而自我决策，以利于创新。

6. 激励制度和文化

企业一定要建立一定的制度来鼓励创新，对创新有贡献的员工一定要有回报，企业要重视员工知识和信息的价值。另外，企业的文化应该能建立一种崇尚创新、容忍失败的气氛。

三、基于选择的方法和原则

1. 组织系统的冗余性

要使一个系统具有选择能力，首先必须使其具有选择的可能。组织系统必须具有一定程度的冗余性（redundancy），即过剩的能力，才能为创新特别是选择提供机会和可能。没有冗余，整个系统就会静止、僵化。系统理论家 Fred Emery 提出了系统有两种类型的冗余：一种是部件冗余（redundancy of parts）；一种是功能冗余（redundancy of functions)。在部件冗余的组织中，每一个部件被设计成特定的功能，但会加入一些额外的部件，目的是为了随时替换不能正常运作的部件。功能冗余的设计方法不是把多余的部件加到一个系统中，而是把额外的功能加到各个部件中，从而每个部件可以执行更广范围的功能。

2. 合适的多样性

但组织系统冗余到什么程度算合适呢？人们认为，系统的冗余程度必须与外界的不确定性之间保持一致。也就是，当外界不确定性很大时，内部可选择的也要更多。合适的多样性（requisite variety）的原则最早是由控制论专家 W. Ross Ashby 提出的。他指出，任何一个组织系统的内部多样性必须与环境的多样性和复杂性相匹配，以应付外部环境的挑战。

3. 开放系统

建立可选择方案除要建立合适的组织内部的冗余性外，关键是要形成开放系统，让外部的信息、知识、人员有机会进入。譬如，企业的招聘不应该是完全对内的，还应该对外开放，让内外人共同竞争。

4. 人力资源制度

人力资源管理方面要考虑以下方面：在员工招聘和选拔方面，企业要建立公开招聘的标准和程序，从广泛的来源中挑选员工。在员工考核和提升方面，企业要建立员工考核的标准、制度和程序，以对其绩效进行了解，作为奖励和提升的依据。在提拔时，要从社会各界公开招聘，保持一定淘汰率和新员工的进入率，这样能使整个系统保持活力。在评比和比赛方面，企业要开展各种评比活动，从中选拔优秀员工；还要开展比赛制度，从中选出各种最佳方案。

5. 经营决策制度

企业在经营决策中要建立必要的选择制度和程序才能真正做到总能将最好的方案、技术等挑选出来。为此，企业各级、各部门的决策（包括经营方向决策、市场决策、新产品方案决策、人事制度决策、供应商选择等）流程中均应体现优化和选择的思想。

四、基于执行的方法和原则

1. 高层的决心

企业高层必须对看准的方案有坚定不移实施的决心。中国古话“智欲圆，行欲方”意指，变革之前考虑要周全，而周密思考形成的方案实施时则一定要果断、坚持不懈。我国企业领导有时会由于各种顾虑而使新的制度不能够彻底地实施。

2. 管理层与员工的沟通

任何一个新的方法和制度，只有得到员工的充分理解和支持，才能真正产生好的效果。因此，领导必须做大量细致的发动和沟通工作，并充分听取员工的建议。古人说的“上下同欲者胜”，就是这个道理。

3. 具体可操作的方法

任何一种新的管理措施要得到成功实施，都必须有具体和可操作的实施方法。首先目标要具体、有阶段性，实施结果便于检查和测量，这样才能保证实施按正确的步骤进行。譬如，爱立信公司实施计划和发展谈话（planning and development discussion，PDD）过程中，专门制定了具体、详细的操作指南，上级与下级关于新一年的目标、所需支持及考核方式等方面的沟通谈话过程的全部要点都清晰地列出来，每个经理人员根据这个指南就知道具体该怎么做。在西方某知名的快餐公司，为了提高服务人员的服务质量，特地制定了一个行为观察单（behavioral observation checklist)，详细规定服务员具体的行为规范，这样使每个员工有章可循，措施就能得以顺利实施。

4. PRC 体系

企业对于任何新的改革方案，一定要有专人去推行（push)，对有功人员要奖励(reward)，对该方案最后的成功实施要庆祝（celebration)，本作者将此总结为 PRC 体系。在摩托罗拉公司，为了使 IR 制度能顺利开展，公司专门设立了IR 委员会，由企业工会及部分员工组成，作为专门的机构来推动这一工作（P)，他们每个月要评估一次员工反映的各种建议，每条建议必有回复，对提了好建议的员工要给予奖励（R)，适当的时候还要庆祝 IR 制度所取得的成绩（C)，因而取得了很好的效果。

5. 变革的进程

关于变革的速度，有两种不同的做法。一种是连续改进，类似全面质量管理(TQM)；另一种是一步到位，进行彻底和全方位的变革，类似企业流程重构（BPR)。连续改进的优点是：过程可控、风险小、员工能事先看到变革的成果，从而能更加支持变革。从组织学习的角度来看，连续改进方式在大多数情况下会合适。

6. 外部力量

变革有时需要引入外部的专家，他们作为局外人站在中立的角度看问题，可能会对组织的变革提出一些合理的意见。

7. 改变员工的组成

如果变革会影响到组织中绝对大多数人的利益，那是很难进行的。在这种情况下，就应该先引进一些支持该变革的人，打破员工的平衡。只有这样才能使得更多的人支持变革，使其成为现实。

8. 目标集中

企业的资源和能力是有限的，因此它在某个时期需要集中在某个重要的变革上，这样才有可能取得成功。否则，如果同时进行的变革太多，就会导致精力分散，降低变革效果。

9. 使组织系统处于混沌的边缘

变革是一个持续的过程，越灵活的组织越能适应持续的变革。因此组织必须保持一种适应变革的准备状态，组织的设计不能过于刚性。复杂性科学理论指出，让系统处于混沌的边缘（edge of chaos），能使系统以最快的速度响应外界的变化。研究表明，人类的嗅觉系统和免疫系统都是处在混沌的边缘，因而能对各种气味、各种病毒细胞产生快速的反应。因此，保持组织系统的灵活性，让其处在混乱的边缘是非常重要的。

五、基于推广的方法和原则

1. 分享意识

组织中的领导和员工都要建立分享意识，让个人或群体的知识在组织中扩散，以提高知识的利用率，发挥规模效应，减少不必要的重复，防止错误一犯再犯，使组织整体都从中受益。因此，建立一个崇尚分享经验、交流、取长补短、相互学习的企业文化是十分重要的。

2. 激励制度

组织必须建立激励制度来鼓励个人将自己的经验和知识与其他人分享，部门将自己的知识为整个组织分享，这是推广的动力源。

3. 扩散机制

下面三种机制可以使知识和经验得以扩散。第一，文档化。将个人的知识和经验总结成文档，放在公司的内部网络或刊物上，或形成论文和报告，这样就可以很快推广。第二，制度化。将个人的知识和经验融入企业的制度和流程，这样就可以将这些知识和经验固化下来。第三，人际交流。通过正式或非正式的方法，让不同的人或部门有机会在一起交流和分享各自的经验。在这些过程中，组织中建立了各种人际网络，有利于人们分享知识和经验。

六、基于反思的方法和原则

1. 反思意识

组织中的领导和员工必须树立反思意识，经常回过头来想一想。组织和个人只有不断地进行回顾总结，批评和自我批评，才能从过去的经验中学习，得到改进和提升。

2. 信息收集、分析和传递

要进行反思，首先必须建立必要的制度、方法和程序，收集每一次活动实施结果的信息，并对这些数据进行分析，反馈给有关的人或部门。可用的方法有：360 绩效评价系统、顾客评价系统、项目事后评估系统、军队的 AAR（After Action Review）系统等。

3. 建立不同程度的反馈调节机制

得到上述信息后，企业还需要对经营管理相关方面进行适当的调节。根据程度的不同，可以采用单环反馈调节、双环反馈调节，甚至更深程度的反馈调节。譬如，单环调节是企业将组织运作的结果与既定的目标和运作规范进行比较，并调整运作，使其与目标和规范相适应。双环调节是企业反思目标和运作规范本身，并加以调整使其适应外部环境的变化。

七、基于获取知识的方法和原则

1. 参加外部培训项目

组织可以通过聘请外部专家来授课，或者送管理者和员工去大学、培训机构或其他组织去学习来获取知识。

2. 外部标杆管理

外部标杆管理是组织系统地比较自己和某些外部组织的管理实践和组织绩效，获得外部组织中好的经验并运用到自己组织中的过程。施乐和摩托罗拉外部标杆管理做得非常好，对其取得竞争优势起了重要作用。

3. 从外部招募人才

组织可以通过战略性招聘来获取知识和经验。

4. 外部咨询团队

组织可以通过建立外部咨询团队来获取知识。外部咨询团队通常由不同的专家组成，可以包括大学教授、咨询顾问、企业领导，甚至政府官员。

5. 咨询项目

组织可以通过雇用外部的学者或咨询专家到本组织开展咨询项目来获取知识和经验。

6. 合作项目、合资企业或战略联盟

企业可以通过与外部组织开展合作项目、共建合资企业或战略联盟，来获取知识和经验。

7. 相互交流

组织可以与外部组织进行相互的交流活动来获取知识和经验，这些活动包括会议、展览、组织实地参观和考察。

八、基于输出知识的方法和原则

1. 对外提供培训项目

组织可以通过向外部提供培训来输出知识。

2. 书面公开组织的管理经验

组织可以将自身管理的经验进行总结，以文章、案例和书籍的形式公开出版。譬如，通用电气公司和杰克·韦尔奇近些年出版了很多书和文章，介绍自己的管理经验；联想、海尔、华为、中兴等这些年也公开出版了很多反映其管理特色的文章和书籍。

3. 给外部组织提供咨询

组织可以通过咨询的方式向其他组织输出知识和经验。譬如，惠普和 IBM 就有向外部提供咨询的业务部门。

4. **公开演讲**

组织的领导人可以在合适的场合（如公众媒体或大学讲台）通过公开演讲介绍组织的经验。很多大公司如通用、惠普、IBM、联想、海尔等的CEO经常在大学或电视节目中发表演讲，宣传公司的管理经验。

5. **建设网站**

网站是大众了解组织的重要窗口。组织应该精心设计网站，适当地向公众提供足够的信息和知识。譬如，诺基亚和爱立信都有自己精心设计的网站，公众可以从网站上了解到很多信息，以及公司的管理特色。

九、基于建立知识库的方法和原则

1. **知识文档化**

组织必须建立必要的制度、方法、流程，尽量让员工的知识和经验能保留下来。譬如，可以鼓励从事技术、销售、生产和服务等各方面的员工写工作日志，安排相关人员保存好各种会议纪要和文件。

2. **知识显性化**

组织需要将员工的隐性知识（如经验和诀窍等）显性化、明确化和具体化，变成可以让更多人操作和掌握的知识和方法。譬如，企业可以将员工经验转化为具体的产品设计参数或工艺流程等。

3. **建立知识库**

组织应该建立自己的知识库，以电子或机械的方式储存所有与组织有关的知识、文件、工作报告、学术刊物、杂志、书籍和报纸。譬如，组织可以仔细地设计企业的数据库或内部网站，将相关知识、信息和资料以电子版方式储存，并进行分类整理，以便查询和使用。许多咨询公司（如麦肯锡）的数据库、知识库和内部网站就建立得非常好，对于组织的学习和分享起到了重要作用。

总之，组织学习系统理论认为，组织要从整体上具有学习和自我更新能力，就必须在它的经营战略、组织结构、运作流程、管理制度以及信息系统等各方面蕴涵发现、发明、选择、执行、推行、反思、获取知识、输出知识以及建立知识库这9个方面的基本思想，并在实践中具体运用。只有这样，才能真正提升组织学习能力，建立学习型组织，使组织保持可持续生存和健康和谐的发展。

本章小结

在复杂多变的环境下，提升组织学习能力和建立学习型组织对组织的发展至关重要。这些概念近些年来受到学术界和企业界的重视。

组织学习和学习型组织的研究得到了一定的发展。西方学者分别是从认知或行为变化的角度提出组织学习的概念。认知角度关注的是知识的获得、理解的加深等；行为角度关注的是行为的改变。关于学习型组织，不同学者也提出了不同的定义。

西方学者在组织学习和学习型组织的理论和模型方面进行了一定的研究探讨，如马奇关于组织学习的理论、阿吉里斯的单环学习和双环学习理论、彼德·圣吉的《第五项修炼》以及阿里·德赫斯的《长寿公司》等。

彼德·圣吉认为，一个组织要成为学习型组织，必须开展五个方面的工作：个人自我超越、改善心智模式、建立共同愿景、团队学习、系统思考。

阿里·德赫斯研究发现了长寿公司的四个秘诀：对环境敏感、具有很强的凝聚力、宽容、偏保守的财政政策。

陈国权建立了关于组织学习和学习型组织的组织学习系统理论（OLST）。

组织学习系统理论对组织学习和学习型组织的定义分别为：组织学习是指组织成员不断获取知识、改善自身的行为、优化组织的体系，以在不断变化的内外环境中保持可持续生存和健康和谐发展的过程。学习型组织是指组织成员能够有意识、系统和持续不断地获取知识，改善自身的行为，优化组织的体系，以在不断变化的内外环境中保持可持续生存和健康和谐发展的组织。该定义强调三个方面。第一，组织学习的内容包括三个方面的改变：组织成员知识的改变、行为的改变、组织体系的改变。第二，组织学习的目标包括两个方面：在变化的环境中保持可持续生存、在变化的环境中保持健康和谐的发展。第三，组织学习和学习型组织体现了系统与持续的精神理念，建立学习型组织是一个持续的、永无止境、螺旋上升的过程。

组织学习系统理论总体上认为：①任何一个组织学习系统（OLS）都包括 9 个组织学习子系统（OLSS）：发现子系统、发明子系统、选择子系统、执行子系统、推广子系统、反思子系统、获取知识子系统、输出知识子系统、建立知识库子系统；任何一个组织的学习能力（OLC）都包括 9 个组织学习分能力（OLSC）：发现能力、发明能力、选择能力、执行能力、推广能力、反思能力、获取知识能力、输出知识能力、建立知识库能力。②每个组织学习子系统都与组织的可持续竞争能力密切相关；每个组织学习分能力都与组织的可持续竞争能力密切相关。③各个组织学习子系统之间都是相互影响的；各个组织学习分能力之间都是相互影响的。④要整体上提高组织学习系统功能，需要其 9 个组织学习子系统之间保持协同关系；要整体上提高组织学习能力，需要其 9 个组织学习分能力之间保持协同关系。只有从一个系统的高度来考虑如何进行组织学习各子系统的设计以及整体优化配合，才能真正提高组织的学习能力，真正建立学习型组织。

组织学习系统理论还给出了象征学习型组织的 7 个比喻——雷达比喻发现、大脑比喻发明、筛子比喻选择、军队比喻执行、水中涟漪比喻推广、飞机驾驶系统比喻反思、水库比喻获取知识、输出知识和建立知识库 3 个子系统。这 7 个比喻综合起来就形象地构成了学习型组织的全貌。

组织学习系统理论还基于 9 个子系统提出了提升组织学习能力的若干方法和原则：

①基于发现的方法和原则：危机意识、共同愿景、组织聆听和分析。②基于发明的方法和原则：创新意识、创新思维、全员参与（利用所有人的智慧）、团队工作与团队学习、自由度和自主权、激励制度和文化。③基于选择的方法和原则：组织系统的冗余性、合适的多样性、开放系统、人力资源制度、经营决策制度。④基于执行的方法和原则：高层的决心、管理层与员工的沟通、具体可操作的方法、PRC体系、变革的进程、外部力量、改变员工的组成、目标集中、使组织系统处于混沌的边缘。⑤基于推广的方法和原则：分享意识、激励制度、扩散机制。⑥基于反思的方法和原则：反思意识，信息收集、分析和传递，建立不同程度的反馈调节机制。⑦基于获取知识的方法和原则：参加外部培训项目、外部标杆管理、从外部招募人才、咨询项目、合作项目、合资企业或战略联盟、相互交流。⑧基于输出知识的方法和原则：对外提供培训项目、书面公开组织的管理经验、给外部组织提供咨询、公开演讲、建设网站。⑨基于建立知识库的方法和原则：知识文档化、知识显性化、建立知识库。

组织学习系统理论认为，组织要从整体上具有学习和自我更新能力，就必须在它的经营流程、组织结构、管理制度以及信息系统等各方面蕴涵发现、发明、选择、执行、推行、反思、获取知识、输出知识以及建立知识库这9个方面的基本思想，并在实践中具体运用。

复习思考题

1. 试结合当今现实说明为什么目前环境下组织学习能力非常重要？

2. 西方不同学者对组织学习和学习型组织提出了哪些不同的定义？谈谈你的理解。

3. 彼德·圣吉认为，一个组织要成为学习型组织必须开展哪五个方面修炼？谈谈你对每一个修炼的理解。

4. 阿里·德赫斯发现了长寿公司的哪四个秘诀？你认为这四个秘诀能解释中国企业的成败吗？

5. 陈国权对组织学习和学习型组织的定义分别是什么？这个定义主要强调了哪几个方面？

6. 组织学习系统理论（OLS）认为，组织学习系统包括哪几个组织学习子系统（OLSS）？试论述每个子系统的作用，以及各子系统之间的关系。

7. 组织学习系统理论（OLS）给出了象征学习型组织的哪几个比喻？试说明每一种比喻的意义。你如何形象地描述学习型组织的特征？

8. 组织学习系统理论（OLS）提出了哪些提升组织学习能力的方法和原则？

9. 如何真正在企业管理实践中提升组织学习能力和建立学习型组织？试结合某个公司的案例，谈谈自己的看法。

10. 我国改革开放以来，很多企业得到了迅速发展，然而也有不少曾经很成功的企业，因种种原因昙花一现，现在销声匿迹。请你从组织学习的角度，结合几个实例，来说明一个组织怎样才能不断通过组织学习保持可持续的竞争优势。

本章案例

时尚出版集团

1992年下半年，吴泓在做了10年的《中国旅游报》报社的编辑、记者后，终于下定决心下海，与几位伙伴开始创业。1993年8月，一本令世人耳目一新的高档精美生活消费杂志《时尚》在北京东单西裱褙胡同的私家小院里诞生了。光阴荏苒，十几年过去了，《时尚》旗下已拥有《时尚·伊人》、《时尚·先生》、《时尚家居》、《时尚家居·置业》、《时尚健康·女士》、《时尚健康·男士》、《时尚旅游》、《中国时装》、《娇点》、《好管家》、《座驾》、《华夏人文地理》、《钟表》、《男人装》、《奥迪汽车》15本杂志，拥有北京时之尚广告公司、时尚博闻图书策划公司、时尚迅达发行公司、时尚在线网络公司、时尚兴裕制版公司，并分别在上海、广州设有办事处、分公司，在编辑、策划、公关、广告、制版发行等方面形成了较强的规模。"时尚"由当初的20万元起家，平均每年以60%以上的增长速度，一跃成为中国期刊界的佼佼者。

"时尚"发展的这十几年，是不断学习创新的十几年。

一、创业时期的学习创新精神

吴泓当时创业，真正是白手起家。他只有一个梦想，就是要办一本高档、精美的一流刊物。创业团队一共4人，靠借报社20万元起家，栖身于私家小院中，只有以发行一本与众不同的杂志一步步开拓市场。吴泓的那3位同伴都是编辑、记者，没有经营经验，也从未办过杂志，连什么是铜版纸的克数，什么是分色制版都不明白，一下子要创办中国最高档的生活消费杂志，梦想虽好，但难度极大。他们自觉不自觉地选择了学习创新战略，自发学习成了他们这个小团队的内心需要，大家用全部的热情，向所有了解出版杂志流程的朋友请教，找到能找到的各种渠道，搜集各种国际一流杂志，集中分析探讨，自我培训、自我调整、自我强化，在短短的几个月内，成为期刊领域的内行。

（1）瞄准国际一流的办刊定位

1990年后，中国社会发生了巨大的变迁，随着对外开放的不断深入，越来越多的外企进入中国，新兴的白领阶层崛起。其中对他们触动最大的是，随着让一部分人先富起来政策的实施，人们收入的档次逐步拉开，消费的需求也逐渐有了层次，物质上先富裕起来的人们，其精神享受也需要相应的食粮。而当时绝大多数报刊是面向大众的，缺乏有针对性的生活消费类杂志。

随着中国市场的开放度逐步提高，国际品牌开始关注潜力巨大的中国市场。在对外开放窗口的旅游行业摸爬滚打了10年的吴泓，很敏感地看到这一点。一些当时只能在旅游免税品商店销售的国际品牌的代表曾说："我们这些高档耐用消费品适合做杂志广告，可是在中国我们无法平面着陆，找不到一份铜版纸彩印的杂志啊！"

国内的白领人士和富裕起来的一部分人需要一扇了解高质量生活的窗口，国外品牌要推广商品，需要在面对中国消费者的平面媒体上着陆。于是，做一本中国最高档的生活消费杂志，引领潮流，向白领阶层推广一种生活概念，向国际品牌提供一本受众清晰的平面媒体平台，便成为时尚创业团队最初的追求目标。

光有办刊理念还不够，还需了解市场到底能否接受。吴泓先后走访报刊发行局、报刊零售公司以及书商、报摊，大家一致摇头，都说太贵了，无人愿代发。那时的中国杂志都是新闻纸、胶版纸印刷，定价在1元～2元之间，中间如有几个彩页，定价也在3元上下。《时尚》一鸣惊人，喊出10元的天价，谁都说这是开玩笑，是一群不懂办刊的人一相情愿。市场调查的结果令人沮丧。吴泓当时也犹豫了，是否改成5元刊，大家能接受些？这时吴泓无意中读到了《CNN的崛起》的报道，当特德·特纳要创建一个24小时的有线新闻电视网，人们讥笑他是天下最大的傻瓜。要知道在美国广播公司（ABC）、全国广播公司（NBC）和哥伦比亚广播公司（CBS）的挤压之下，怎能有一个专门的新闻电视的市场？当秘书把人们对新闻无多大兴趣的调查报告放在他办公桌前，特纳脸色极其难看，不停地抱怨自己：为什么要相信这该死的市场调查呢？他自己找到一个理由："飞机造出来之前，如果你调查谁会登飞机，那么有多少人会说愿意呢？"特纳把自己的财产变成赌注，押在CNN上，他成功了！

要么是创造，要么是毁灭，创业必须充满激情。吴泓把特纳的故事告诉了团队，重新审核原有的创业计划，下定决心冒险一搏。借来的20万元，等两期杂志印完，就全部花掉了。他们几个人又从家中凑了几万元，给员工发了工资；又从旅游公司处筹得50万元，半年之内全部投入了下去。《时尚》最终得到读者认可了，广告商也开始关注这本不同以往的杂志，《时尚》在理念创新中扬帆起航。

如果说，市场定位准确是成功的外因的话，那么成功案例的学习借鉴以及团队的创业激情，则是《时尚》能一直走到今天的内因。熟知这个创业过程的北京印刷学院教授李频这样说："《时尚》的成功与吴泓他们没有做过杂志，敢想、敢干、敢迈出第一步，而且认准目标后坚持走下去有很大关系。"

（2）面向市场的企业化运作

找到了目标读者群，如何使杂志真正成为商品，在市场上接受考验，这一过程对于他们这样势单力薄的创业者来说，可谓漫长而艰辛。既然推向市场，就得有投入和产出的商业计划。吴泓以报社记者的关系，拜访了许多合资酒店、旅行社的老总，学习经营管理的运作模式，决定打破传统办刊依赖领导机关的局限思想。

吴泓提出了不要国家一分钱投入，自筹资金，以刊养刊的方案，得到报社和国家旅游局的支持。将时尚杂志社申请注册成企业也颇费了周折。由于国家认定杂志社为事业单位，工商局第一次遇到杂志社要申请为企业。他们花了大量时间进行沟通，《时尚》终于成为1994年全北京仅有的两家杂志社企业法人之一。

申办企业的意义十分重大，直到2004年2月25日，新闻出版总署才开始新闻出版体制改革试点工作，根据中央文件《文化体制改革试点中支持文化产业发展的规定（试行）》和《文化体制改革试点中经营文化事业转制为企业的规定（试行）》，讨论新闻出版事业单位转制的实施办法。整整10年的领先一步的企业机制，使他们得到国家旅游局所给予的"独立核算，自负盈亏，自我积累，自我发展"的"特区政策"，使时尚杂志社避免了国内绝大多数媒体由社长、总编双重领导，互相制约的窘境，社长兼总编一人挑，就如企业的CEO那样，全权处理杂志社的人、财、物。

这种机制上的学习创新，使时尚一开始就摆脱原有机制的羁绊，可以自主地确定杂志社的发展战略，放心地加大投入，吸引海内优秀人才，大胆选拔人才，并能以独立企业法人的名义，对外合作，合资合营广告公司、发行公司，经过11年的摸索，终于创出中国人自己办国际化现代商业杂志的运作模式——被新闻出版总署主管的《传媒》誉为"时尚模式"。

(3) 全社销售的有机组织结构

要创办中国最高档的生活消费类杂志，没有任何可供借鉴、可供参考的具体范例。做多少页码？彩页大片怎么拍？什么方式印刷？走什么样的发行渠道？目标广告客户在哪里？这一个个具体的问题摆在了创业团队的面前。他们选择创新战略的主题思想很明确：尽可能发挥每一位创业者的主观能动性，引进每一种新思路，走前人没有走过的道路。

为实施这种战略，创业团队表现为多功能、跨等级、典型的有机组织结构。团队中分工如下。吴泓：主编，负责全面工作，重点是沟通政府关系，做好整治企业的高层工作，解决资金紧缺问题；刘江：副主编，负责编辑内容的采编；张波：广告总监，负责与各品牌的客户沟通，进行广告销售；艾民：发行、行政总监，负责出版印刷、发行及行政事务。

虽然大体有了分工，但由于人手极紧，创业团队中的每一成员都要身兼策划人、撰稿人、美编甚至还是发行员、销售员。譬如，第一次投入8 000元拍摄大片，可谓不惜血本，张波谈下国际饭店的两个豪华套间，刘江请来了著名摄影师和模特，而艾民负责从神州爱犬乐园借来一批名犬——《多一份爱心你给谁，漂亮伴侣专辑》由此诞生。又如，为了在形式上创新，吴泓从皮尔卡丹的宣传册上得到启发——皮尔卡丹把女装、男装用两个封面分开装订。他们几人反复琢磨，策划出新颖双封面倒翻的形式，一半是女性世界，翻过来一半是男士世界，刚一上市，许多书商打来电话，提醒是否印反了——果真收到了奇效。又如，在北京百花印刷厂首次开印时，他们了解印刷时必须上机跟进，才能保证质量，便全体出动，在印刷厂与领机师傅一起上班……创刊号出版后，团队成员骑着自行车奔波在京城各写字楼做直销，天天调查、研究读者的性别、年龄、受教育程度、收入状况、阅读兴趣、消费习惯等信息，同时把杂志针对性地摆在酒店、俱乐部、美容院等高级消费场所，然后再将这些信息整理后二次销售给广告商。于是国内杂志第一份正式广告刊例设计出来了，第一份读者调查表送到了广告商手上。

时尚人从来不觉得自己有什么可以值得同行学习和借鉴的地方。在吴泓看来，敢想敢干，不试一下怎么知道行不行呢？在刘江看来，《时尚》的成功更多的是有那么一点点运气。而最早加盟的殷智贤（现任《时尚家居》执行出版人、主编）则很干脆地对采访的记者说，除了勤奋没有什么秘诀可言。

全员编辑、全员销售，正是在这种弹性的有机结构中，《时尚》蹒跚起步。

二、成长时期的引进与创新

(1) 模仿和跟进的学习探索

"身居小院，要办国际一流杂志"，吴泓当时常常这么自勉，也以此鼓励员工。但国际一流杂志的标准是什么？何时才能达到这一目标呢？从创业激情中冷静下来，《时尚》开始了模仿和跟进的学习探索阶段。

如何处理好发行商与广告商的关系？这一问题曾使他们左右为难。要适合读者，自然发行量要上去；要得到广告商的青睐，有针对性地提高读者的档次，难免曲高和寡，引导市场自然比适应市场做得辛苦。创办 VOGUE 的美国杰出出版家康泰纳仕（Conde Nast）很早以前就提出高品位出版（Class Publication）概念，他认为：一些人总是先入为主地认为发行量大就代表一切，但实际的情况并非如此。特别是从广告行销的角度来看，一份杂志对特定广告客户的真正价值，取决于这本杂志的读者本身是否就是其产品的消费者。同样地，报刊的功能取决于它在同类型报刊中是否具有权威性。他们对此深受启发，《时尚》的办刊思路就是走高品位的精英路线，引导潮流就等于掌握了社会主流人群的消费形态、市场规则和供需关系。为此，他们在编辑内容上坚持高品位，强调超前意识、引导潮流；在发行上则不是单纯适应市场，而是重在引导读者。对许多人来说，刊物水准对于他们的接受能力而言比较高，但这是一个不断拓展的人群——所谓时尚的追求者，除了真正的白领阶层、小资外，其实还有一大批梦想成为白领的人，他们对时尚的渴望从某种程度上恐怕还超过了真正的白领阶层。在广告招揽上，他们积极推荐一流品牌，从不降格以求。即使在创业困难时期，他们也不曾为金钱所动，坚决拒绝低劣的产品广告，为杂志赢得了声誉。《时尚》坚持高品位的出版思路与现代营销学上 20/80 理论（即一个社会整体的财富是集中在 20%的人手上，而他们的生活与消费形态，却影响其他 80%的人）不谋而合。

到底什么是杂志的国际化标准，他们对畅销全球的众多杂志进行了统计分析，如 VOGUE、《美国国家地理》、COSMOPOLITAN、ELLE、BAZAAR、Marie Claire 等，从中得出办国际一流的杂志必须要有反映国际最新流行资讯和倡导现代生活方式、生活观念的时尚内容，具备新颖的视觉设计、精美的印制包装，拥有众多高学历、高收入的都市精英读者，其高品位、高品质的杂志形象，不仅令读者满意，更让广告商放心。

办杂志不是短跑比赛，而是马拉松式的耐力比拼。在国外，创办新刊没有 3～5 年的亏损是不可能成功的。《时尚》遵循办刊规律，不是盲目冒进，而是决定采取模仿、跟进战术，紧紧追随国际名刊的做法，积蓄力量，伺机再想法超越。

(2) 版权合作的大胆尝试

这一模仿跟随战术，他们一共走了 4 年的时间，谦虚学习，以甘居第二、第三的心态不断调整自我，积蓄实力。《时尚》所代表的高品位出版标准，其实是国际标准的传译。如何跟国际接轨，如何真正跟国际巨人比肩，使时尚杂志跻身一流，他们一直在苦苦地探索着。

中国新闻出版业是有主办、主管部门的，意味着不可能如企业那样合资合作。1996 年夏，法国的 Maric Claire（现在国内《嘉人》与其版权合作）提出可与他们共同做一个随刊赠送小册子，共同采写一些内容，共同分享广告收入。吴泓觉得如此紧密合作很好，可以借此真正了解一下国外名刊的具体运作程序，便欣然同意。小册子出版后，其国际化的水准令国内出版界人极为关注，敏感的海外出版商更是格外重视，理解为中国出版政策放宽了，外国杂志可以出中文版了。但此举引起了新闻出版署的关注，指出期刊对外合作尚无相应政策规定，应及时停止，暂缓出版。

小小尝试即以无果而终，为此还受到了主管部门的批评。但吴泓并不气馁，“教训是深刻的，经验是宝贵的”。吴泓认真学习了国际出版版权贸易的一些知识，发现了差距，更坚定了与国外名刊合作的决心。同时也了解到国内有2家合作的报刊，是得到政府允许的，一本是上海《世界时装之苑》与法国的ELLE杂志合作，但这是通过中法经济合作中的一个项目而签订的；一本是《计算机世界》报纸，是跟美国国际数据集团IDG合资的，是作为引进计算机信息技术而签订的。如何把图书的版权合作引用到杂志上呢？吴泓结识了IDG亚太总裁HUGU（熊晓鸽），他对生活消费杂志的前景也极其看好，对版权合作的模式也很有兴趣。而IDG的全球总裁帕特里克·麦戈文（Patrick McGovern），这位美国出版界的传奇式人物，以其丰富的国际出版经验（IDG拥有全国300多种报刊）和出色的观察力，给了他们版权合作有力的支持。他称：“版权合作，犹如结婚，必须志趣相投。企业之间如无共同的意愿是合作不长久的。要跟领域中的领先品牌杂志合作，考察这些杂志是否有国际化内容和运作经验，是十分重要的。”结果他们先跟VOGUE谈，果然合作意愿不同，分道扬镳了。接着，与IDG一起，跟赫斯特集团谈判，赫斯特旗下有美国国际化运作最好的杂志群，他们的理念是根据各国现状灵活经营，提倡本国化运作。随着他们对中国的出版政策有所了解，对“时尚”近乎苛刻的版权合作（即外刊只提供不超过整体杂志50%的阅读版权、不参与编辑管理等），他们也欣然同意了。1998年4月，在政府主管部门的批准下，《时尚》跟COSMOPOLITAN正式进行了版权合作。

为了与国际接轨，真正把拥有120多年历史的COSMOPOLITAN的杂志精髓介绍到中国，1997年夏天，吴泓专程去了赫斯特的总部进行参观学习。1998年春节，副主编刘江又带着编辑高晓红、广告经理苏芒、美术编辑晚虫专程去纽约接受培训。

“COSMO有一个理念，就是全世界妇女都是姐妹，读者是你，编辑跟她们的沟通应该是你我之间面对面的交谈，而不是她。全球20～35岁女孩遇到的问题是相同的，恋爱、婚姻、学习、事业、健康、休闲等，COSMO的编辑内容集中在个性成长、两性关系、事业发展三个方面，我们有许多专家，可给予指导和切实的帮助。”国际版主编KIM首先打消了吴泓的顾虑。

现代女性要走出家门，经济独立，追求成功。她们能成功，你也能成功。做风趣、大胆、韵味的3F女人（Fun、Fearless、Female）是COSMO的精神。COSMOPOLITAN 70多岁的终身主编海伦的那份激情和自信令吴泓肃然起敬。

在那里，办杂志似乎已经成为一种工业制品，每一个招式都是有规定的。比如说，封面模特儿的拍摄有具体的要求；采访人物的提问方式有一些规定；整版颜色设计的标准不能超过三种；要把握住版面节奏感，就像好莱坞的大片每隔15分钟就有一个噱头那样，一本杂志到多少页的时候应该出现一个专辑，令读者保持阅读的新鲜感……刚开始时，吴泓的团队成员一个劲地问外国同行很多个为什么，得到的坦率回答是：这没有什么可解释的，这是多年办刊总结出的规律。比如封面人物摄影以及提要的设计标准，是经过千万次的测试得出的结果，记住就可以了!!

整整半年的磨合，《时尚》的编辑、经营团队可以享有全球 38 个版本（现已有 52 个版本）及 120 多年历史的 COSMOPOLITAN 杂志的成功经验了，从中学到国际上成熟的办刊理念和广告经营以及品牌行销的谋略，《时尚》的办刊水平和经济效益都上了一个台阶。

（3）出版人制的创立

创业期的创新战略是基于一种超前意识，创业团队理想色彩浓厚，激情勃发，全身投入。《时尚》的目标定位是做中国第一的消费杂志，但是要实现这一目标，就有必要将创业团队的激情用制度化的形式长期保留下来，同时还要吸引更多志同道合的人才加入《时尚》。唯有如此，《时尚》才能在规模品质等方面做到中国第一。《时尚》创业成功的创新战略显然不能把《时尚》带入快速成长的轨道，吴泓和创业团队意识到，《时尚》必须学习借鉴西方发达国家的一些媒体管理制度，形成工业化标准的商业媒体运作模式。

20 世纪 90 年代，国内绝大部分平面媒体使用的是社长负责制或总编辑负责制的管理方式。社长负责制，是用行政事业单位的方式来管理媒体，社长负责党政、人事、财务，有的兼管经营，但不管编辑。总编辑负责制，即侧重编辑，往往不考虑市场因素，容易出现闭门造车，脱离读者实际需要。更糟的情况是，在一个报社出现社长、总编两个中心，编辑、内容与经营脱节，人浮于事，机关作风严重，发行靠行政摊派，产生腐败。

《时尚》是国内最早引进出版人制的。出版人制是国外商业媒体普遍采用的一种管理模式，其特点是出版人对期刊出版的全过程都要进行策划并组织实施，包括选题、组稿、设计、价格、制作、运输、促销等环节。这就要求出版人要具备经营意识，他必须知道读者的兴趣所在，并能不断动态调整以适应市场。出版人制有效地把杂志社、广告公司、发行公司、印刷公司整合在一个操作平台上，实际上借鉴了企业改革的所有权与经营权分离，是一种现代期刊经营理念。

出版人制的建立为时尚人搭建了一个新的组织学习平台。时尚的创业团队是同仁办刊，有激情，有理想，市场反应也很快，但缺乏系统的经营管理方法。创业时团队的学习创新尚停留在个体的自觉学习、自我上进上。团队成员彼此虽有分工合作，沟通协调，齐心努力，但缺乏一种科学的制度，组织学习的方法和技巧也欠缺，创办一流杂志的目标也显得空泛，摸索了 4 年，大家进入了学习的平台期，得到了精神上的回报，实现了自我价值，但物质的回报却总是不尽如人意，赢利水平无法达到预期目标，这种状况是否反映出时尚杂志逐步进入了文人办刊叫好不叫座的怪圈呢？

版权合作带来了国外商业杂志的运作模式，出版人制的引入就是他们学习的结果。

目标变得具体而清晰。出版人的职责就是对杂志的盈亏负责，主编、广告、总监、发行经理都必须向出版人汇报。作为经营者，出版人要给杂志社社委会（董事会）提交一份明确的短期和长远的目标。《时尚》作为商业杂志，必须赢利，其增长率应该是行业发展速度的一倍。每财政年度开始做出预算，当年如果赢利率低于预算的 10%，那么出版人就需向社委会作出解释，社委会就要作出一个应急方案，指出今后的几个季度应该怎么做，并将这个计划通知各部门，保证广告、发行部门与编辑、行政部门明晰计划之后协调一致。

出版人制对出版人的要求是十分严格的，每月提交报表，其销售额是多少，赢利是多少。还要报 30 个报表、60 个报表、90 个报表，即 30 天、60 天、90 天的经营预测，一年一次考核。第一年不赢利没关系，如果第二年继续不赢利，就要受到社委会警告。一般来说，出版人第一年做不好，再给一年的机会，如果第二年还是做不好的话就进入黄区，也就是警告区，第三年再做不好就得走人了。

对一个出版人而言，去钻研杂志涉及的每个部门的知识是不可能的，如果对一份杂志所有方面的事情都倾注全力的话，那么要花多少个日夜才能真正对每一方面都负全责呢？出版人必须精通办刊业务，富有经验，更重要的是要成为管理者，知人善任，挑选一些意志坚定、博学而又有业务经验的人来领导各个部门。这对吴泓和几位创业者而言，是个挑战。

出版人制也让团队组织学习有了新的起色，商业计划的严密设计，使大家的目标明确，彼此之间的合作更加有章可循。比如编辑，出版人与主编协议达成一份清楚的关于杂志编辑目标和方式的计划报告书——描述出怎样为读者服务，阐述满足读者需求的方法，共同制定预算，保证杂志的编辑内容紧紧跟上时代的变化。发行是检验杂志办得成功与否的关键，发行渠道的建立直接影响到杂志的阅读人群。这也是杂志保持赢利的重要基础，因为广告费用是按杂志的阅读人群数来定的。长久以来，杂志出版界编辑只知道按自己的兴趣来编内容，发行和广告人员责怪编辑内容不到位，这种现象在时尚团队中彻底消失了。编辑、发行、广告三驾马车的系统思考，使大家从工作局限中走出来，共享信息、分享成功，令各部门的士气大振。

三、成长期的创新战略

(1) 从本土意识到东西神韵

模仿和引进是为了创新，创新和超越才是真正的学习。最初版权合作半年磨合期，是中美双方办刊人员东西方文化冲突最激烈的阶段。美国人有成熟的商业杂志运作经验和技巧，但文化上有其独特的 DNA。五千年的中国文化，源远流长，形成了中国读者独特的阅读习惯和欣赏传统。比如在读图时代，图片固然重要，但一本杂志要长久地吸引读者，没有精品阅读带给读者愉悦是不可能的；比如两性关系，西方人直接“攻略”，东方人则含蓄点到为止，讲究只可意会，不可言传……几次下来，美方要求中方撤换主编高晓红，理由冠冕堂皇，沟通不好：“我们握手，她却伸出一个拳头。”而吴泓知道，高晓红坚持自己比美国人更了解中国的读者，在图文选择上绝不妥协。怎么办呢？双方都有一个共同的愿景，就是让版权合作的新模式在中国取得成功，传递最新的时尚资讯，帮助现代女性走向独立、成功。这一点赫斯特高层极其清楚，而具体到国际版主编、美术总监却不知晓，她们还以为跟过去那样，在海外又出版一个版本而已。于是时尚派人去美国培训的同时，也请这些美国办刊人来北京，让他们了解中国的传统文化，了解现代中国的发展变化，了解中国年轻读者的精神风貌。双方不断地开会讨论、冲突争论，遇到有些仁者见仁、智者见智的文化问题，双方都先暂停个人的主观思想，彼此用心倾听。这时美国人克服原先的骄横态度，时尚人也克服敏感的民族情绪，各自说出心中所想，一起进行真正的深度思考。其实，在许多问题上，殊途同归，美国人要求直奔主题，图文处理太露骨、太商业，而中国编辑处理得迂回曲折，更富情调，都是为了解决问题。而中国文化博大精深，由于时尚的耐心讲解以及取得的明显成效，令美国编辑折服，几次这样的团体学习下来，美国编辑便成了中国文化迷。

中美双方编辑有效的团队学习，使双方的版权合作走出了困境，吴泓提炼出"国际视野，本土意识"的编辑方针，成为双方共识的总结。这是一种彼此信任、取长补短的编辑合作精神，因为《时尚》选用版权的内容不仅仅是一个简单的翻译，而是一个再创造的过程。这种共识和合作精神也使《时尚》迅速赶超了对手，成为中国高档时尚类杂志中的第一。

"国际视野，本土意识"，使《时尚》在国际出版界声名鹊起。吴泓还曾专门被邀请参加美国期刊协会年会，向全美期刊出版商介绍他们与赫斯特的合作经验，《时尚·COSMOPOLITAN》的合作被认为是中美文化合作的成功范例。而这种国际间的团队学习，更使时尚的编辑们信心大大增强，采编策划制作水平迅速与国际接轨。国际品牌也接受时尚的本土拍摄制作计划，动辄上万元、几十万元的赴海外拍摄明星、品牌大片，都由时尚的编辑前期策划，率领摄影师、化妆师、服装设计师、明星（名模）赴外景拍摄。时尚高水平的明星、服饰大片，相继被日本、俄罗斯、南非、韩国以及香港和台湾地区的版本采用，版权合作不是单向的学习，而成了双向的学习。东方的服饰文化、中国的名流影星开始以大篇幅出现在海外的主流传媒中，成为宣扬中国文化的最佳途径之一，得到了中宣部、新闻出版总署领导的肯定。

模仿跟进，引进学习，超越创新，组织学习是呈螺旋形不断上升的。时尚从创业时自我摸索、盲目照搬，到引进版权，学习其运作程序、办刊理念，再到超越创新，不断地实践着组织学习的理念。《时尚》与COSMOPOLITAN的版权合作，一开始按照新闻出版署所批准的50%用美国版的图文，经过一段时间的实践，逐渐缩减到30%左右。于是时尚又提出更高的目标："国际视野，东方神韵"，要在国际时尚潮流中注入独特的东方神韵，要在世界期刊大潮中办出中国杂志的独特风格，让更多的东方文化走向世界，成为世界时尚文化中的一个重要组成部分。

（2）从品牌延伸到企业文化建设

组织学习的过程是一个知识不断积累、转化和共享的过程。这一点也是极其重要的。当你做了一个成功的案例之后，却不能复制，并形成规模，如何面对世界上大传媒集团的挑战？吴泓在与国外传媒集团交流合作中，深刻体会到：如果一个组织不能学会在知识经济时代积累诀窍，复制成功的经验，要想基业常青是很困难的。

品牌的建立就是长期积累的结晶。一个杂志品牌内外兼修的核心是优秀的团队、良好的编辑理念、创新精神、一整套经营管理模式……没有厚重的爆发力和持久的耐力，是不可能形成的。十年磨一剑，《时尚》以我为主的经营方针，在引进版权的同时，也逐渐在生活消费类杂志出版领域形成了自己的品牌。2004年《时尚》被全球五大品牌价值评论机构之一的世界品牌实验室（WBL）和世界经济论坛（WEF）选入中国500最具价值的品牌。

2000年，《时尚》进入成长期，开始尝试品牌延伸，创办了《时尚家居》、《时尚健康》、《时尚旅游》，同时开始合办改造其他媒体。《中国时装》、《好管家》、《娇点》等从赫斯特引进了 Esquire，BAZAAR，Good Housekeeping，COSMOgirl，又跟美国国家地理杂志版权合作 NG Traveler，跟 RODALE 公司版权合作 Men's Health，跟 PRIMEDIA 版权合作 Automobile，跟英国 EMAP 公司版权合作 FHM 等。在“时尚出品”的大旗下，逐渐形成了一个强大的杂志集群。时尚人成功地拷贝了自己多年磨合形成的商业杂志运作模式，在定位、理念、印刷、发行上都迎合了社会发展的变化和需求，用一种工业化标准的方法使旗下的新刊迅速成长，成为领域中的领跑者。

品牌延伸带来了时尚模式的扩展，也使组织学习的价值得到体现。“时尚”形成了一个吸引人才的环境。人才进入“时尚”，不仅能学习到办刊的知识、技能，而且能了解现代杂志的运作流程，学习到管理能力。“杂志随读者成长而成长，人才随时尚的成长而成长”——这成为了“时尚”的企业精神。组织学习是为了培养人才，提高竞争力，而个人的学习是为了提升自己的技能，当这两者相结合，个人能力与组织战略相融合，组织能力才会大大增强，形成了组织的核心竞争力。

“时尚”选择人才时，除了专业技能之外，十分重视是否有相近的价值观，是否有激情。只有具有激情的人才能吸引更多、更能干的人加入到时尚的团队中来。“时尚”有一个激励体系，新岗位的主管都是内部提拔，然后再社会招聘，对员工的鼓励不仅有物质的，同时还有精神上和心理上的。时尚有一份《时尚月报》，每月向集团内员工介绍各刊、各部门发生的事情，表彰优秀员工，鼓舞士气。

“时尚”鼓励员工进行学习创新，愿意交学费，让员工进行大胆尝试：一种是开拓新的市场，尝试在创办新刊的同时，不断细分，创造新的业务。比如时尚曾尝试举办了 COSMO SHOW 的展览，专门拨出一笔钱去做，做了 2 年，证明市场不看好，部门才撤销。一种是在办刊中尝试新的做法，效果好，继续实施并加以推广，如果不好就回到原来的做法。时尚允许一定的失败。比如拍摄本土明星做封面，一开始发行受到影响，但试了几次，找到规律，现在已经常常自己拍摄本土明星做封面了；又如曾尝试用男女模特儿拍摄封面，因不成功而放弃。

只有个人学习，才有组织学习。而有了组织学习的环境和氛围，个人学习才能得到保证。每一个组织都有自己的发展战略，当个人学习与组织发展战略相联系时，个人学习对组织的核心能力起促进作用时，才能转化为组织学习，同时对组织发展产生积极作用。“时尚”的企业文化使个人学习的价值得到了真正的体现。

案例思考题

1. 运用陈国权的组织学习系统模型来系统地总结时尚集团的组织学习方式。
2. 你认为时尚集团在发展过程中是如何将获取西方公司的新知识与自己公司内部创新有机地结合起来的？
3. 你认为时尚集团领导人在组织学习中的角色和作用是如何有效地发挥出来的？

参考文献

1. CHEN Guoquan. Management Practices and Tools for Enhancing Organizational Learning Capa-

bilities [J]. SAM Advanced Management Journal, 2005, 70: pp. 4～21, 35.

2. 陈国权. 学习型组织的过程模型、本质特征和设计原则 [J]. 中国管理科学, 2002, 10 (4): pp. 86～94.

3. 陈国权, 郑红平. 组织学习影响因素、学习能力与绩效关系的实证研究 [J]. 管理科学学报, 2005, 8 (1): pp. 41～54.

4. 陈国权. 学习型组织的组织结构特征与案例分析 [J]. 管理科学学报, 2004, 7 (4): pp. 56～67.

5. 陈国权. 人的知识来源模型以及获取和传递知识过程的管理 [J]. 中国管理科学, 2003, 11 (6): pp. 86～94.

6. 陈国权, 李赞斌. 学习型组织中的学习主体类型与案例研究 [J]. 管理科学学报, 2002, 5 (4): pp. 51～60.

7. 陈国权, 马萌. 组织学习——现状与展望 [J]. 中国管理科学, 2000, 8 (1): pp. 66～74.

8. 陈国权. 组织与环境的关系与组织学习 [J]. 管理科学学报, 2001, 4 (5): pp. 39～49.

9. ANCONA D, CALDWELL D. Bridging the boundary: External activity and performance in organizational teams [J]. Administrative Science Quarterly, 1992, 37: pp. 634～655.

10. ARGYRIS C, SCHON D A. Organizational learning: A theory of action perspective [J]. Reading, MA: Addison-Wesley, 1978.

11. ARGYRIS C, SCHON D A. Organizational learning II: Theory, method and practice [J]. Reading, MA: Addison-Wesley, 1996.

12. BOSSIDY L. CHARAN R. Execution: The discipline of getting things done [M]. New York: Crown Business, 2002.

13. CARLILE P. A pragmatic view of knowledge and boundaries: Boundary objects in new product development [J]. Organization Science, 2002, 13 (4): pp. 442～455.

14. CARROLL J S, RUDOLPH J W, Hatakenaka S. Learning from experience in high-hazard organizations [J]. Research in Organizational Behavior, 2002, 24: pp. 87～137.

15. COHEN W M, LEVINTHAL D A. Absorptive capacity: A new perspective on learning and innovation [J]. Administrative Science Quarterly, 1990, 35: pp. 128～152.

16. Cross R, Baird L. Technology is not enough: Improving performance by building organizational memory [J]. Sloan Management Review, 2000, Spring: pp. 69～78.

17. CYERT RM. March J. A behavioral theory of firm [M]. Englewood Cliffs, NJ: Prentice-Hall, 1963.

18. DAFT R L, WEICK K. Toward a model of organizations as interpretive systems. Academy of Management Review, 1984, 9 (2): pp. 284～295.

19. DE GEUS A. The living company [M]. Boston, MA: Harvard Business School Press, 1997.

20. EDMONDSON A. Learning from mistakes is easier said than done: Group and organizational influences on the detection and correction of human error [J]. The Journal of Applied Behavioral Science, 1996, 32 (1): pp. 5～28.

21. EDMONDSON A. Psychological safety and learning behavior in work teams [J]. Administrative Science Quarterly, 1999, 44 (2): pp. 350～383.

22. EDMONDSON A. The local and varigated nature of learning in organizations: A group-level perspective [J]. Organization Science, 2002, 13 (2): pp. 128～146.

23. GARVIN D A. Building a learning organization [J]. Harvard Business Review, 1993, July-August: pp. 78～91.

24. GARVIN D A. Learning in action: A guide to putting the learning organization to work [M]. Boston, MA: Harvard Business School Press, 2000.

25. GOH S C. Toward a learning organization: the strategic building blocks [J]. SAM Advanced Management Journal, 1998, 63 (2): pp. 15～20.

26. HANSEN M T, NOHRIA N, Tierney T. What's your strategy for managing knowledge [J]. Harvard Business Review, 1999, March-April: pp. 106～116.

27. HARGADON A. Building an innovation factory [J]. Harvard Business Review, 2000, 78 (3): pp. 157～166.

28. HAUNSCHILD P R, Sullivan B N. Learning from complexity: Effects of prior accidents and incidents on airlines' learning [J]. Administrative Science Quarterly, 2002, 47 (4): p. 609.

29. HUBER G P. Organizational learning: The contributing processes and the literatures [J]. Organization science, 1991, 2: pp. 88～115.

30. INKPEN A C. Learning through joint ventures: A framework of knowledge acquisition [J]. The Journal of Management Studies, 2000, 37 (7): pp. 1019.

31. ISAACS W N. Taking flight: Dialogue, collective thinking and organizational learning [J]. Organizational Dynamics, 1993, 22 (2): pp. 24～39.

32. KIM D H. The link between individual and organizational learning [J]. Sloan Management Review, 1993, Fall: pp. 37～50.

33. LEVINTHAL D. Organizational adaptation and environmental selection—Interrelated process of change [J]. Organization Science, 1991, 2 (1): pp. 140～145.

34. LEVITT B, March J G. Organizational learning [J]. Annual Review of Sociology, 1988, 14: pp. 319～340.

35. LIPSHITZ R. Organizational learning in a hospital [J]. The Journal of Applied Behavioral Science, 2000, 36 (3): pp. 345～361.

36. MARCH J, SPROULL L, TAMUZ M. Learning from samples of one or fewer [J]. Organization Science, 1991, 2 (1): pp. 1～13.

37. MORGAN G. Images of Organization [M]. Newbury Park: Sage, 1996.

38. NEVIS E C, DIBELLA A J, GOULD J M. Understanding organizations as learning systems [J]. Sloan Management Review, 1995, 36 (2): pp. 73～85.

39. NONAKA I, TAKEUCHI H. The knowledge creating company: How Japanese companies create the dynamics of innovation [M]. (New York) Oxford: Oxford University Press, 1995.

40. PETERS J. A learning organization's syllabus [J]. The Learning Organization, 1996, 3 (1): pp. 4～10.

41. POPPER M, Lipshitz R. Organizational learning mechanisms: A structural and cultural approach to organizational learning [J]. The Journal of Applied Behavioral Science, 1998, 34 (2): pp. 161～179.

42. POPPER M, Lipshitz R. Installing mechanisms and instilling values: The role of leaders in organizational learning [J]. The Learning Organization, 2000 (a), 7 (3): pp. 135～144.

43. POPPER M, LIPSHITZ, R. Organizational learning: Mechanisms, culture and feasibility [J]. Management Learning, 2000 (b), 31 (2): pp. 181～196.

44. PFEFFER J, SUTTON R I. The knowing-doing gap: How smart companies turn knowledge into action [M]. Boston, MA: Harvard Business School Publishing, 1999.

45. PRAHALAD C K. HAMEL G. The core competence of the organization [J]. Harvard Busi-

ness Review, 1990, 68: pp. 79～81.

46. RUSSO J E, SCHOEMAKER P J H. Decision traps: The ten barriers to brilliant decision-making and how to overcome them [M]. New York: Simon & Schuster, 1990.

47. SENGE P M. The fifth discipline: The art and practice of the learning organization [M]. New York: Doubleday Currency, 1990.

48. TSANG E W K. Acquiring knowledge by foreign partners for international joint ventures in a transition economy: Learning-by-doing and learning myopia [J]. Strategic Management Journal, 2002, 23 (9): p. 835.

49. VERMEULEN F, BARKEMA H. Learning through acquisitions [J]. Academy of Management Journal, 2001, 44 (3): pp. 457～476.

50. WATKINS M D, BAZERMAN M H. Predictable surprises: The disasters you should have seen coming [M]. Harvard Business Review, 2003.

51. WEICK K E. Making sense of the organization [M]. Oxford: Blackwell Publishing, 2001.

52. ZELLNER, C, FORNAHL D. Scientific knowledge and implications for its diffusion [J]. Journal of Knowledge Management, 2002, 6 (2): pp. 190～198.

第17章 组织发展与变革

学习目标

1. 认识当前组织面临的内外部环境变化的主要方面和特点。
2. 理解组织管理系统保持稳定和需要变革的条件以及组织变革的原因类型。
3. 掌握组织变革过程的重要参数（变革主题、幅度、步长、路径）及管理方法。
4. 理解组织变革的内外部动力和阻力的来源。
5. 掌握不同学者提出的组织变革模式的主要观点以及对当今企业变革的指导作用。
6. 理解组织发展的内涵及对组织的重要意义。
7. 掌握不同的组织发展方法的内涵和实施途径。

第一节　组织发展与变革的原因

当今中国企业正处在不断变化的内外环境之中。企业只有不断发展和变革，才能保持可持续的生存和健康的发展。

总的来说，企业面临的外部变化体现在以下方面。

① 经济体制的变化。中国改革开放20多年以来最大的变化之一就是由计划经济模式转向了市场经济模式，因此企业必须时刻根据市场和顾客需求的变化来决定生产经营活动。

② 政治体制的变化。中国在改革经济体制的同时也在不断深化政治体制的改革，一个越来越开放、民主、平等的政治体制正在形成，国有、集体、私营、外资等不同形式所有制企业的合法财产和个人财产也日益受到政府法律的保护。企业经营管理者的政治和社会地位在不断提高。

③ 法律环境的变化。随着社会的发展，中国的法律制度环境越来越健全。企业必须懂得，在一个法律系统越来越完善、人们的各种权益（如知识产权）越来越受到保护的社会里如何进行有效的管理。

④ 经济全球化的浪潮。这些年来，全球化的趋势以更快的速度在不断发展。大批西方企业进入中国，也有不少中国企业（如华为、中兴、海尔、联想等）开始走向世界。经济全球化要求企业必须建立新的组织系统，打造新的管理者和员工队伍，以提高其全球化运作和跨文化管理的能力。

⑤ 科学技术的变化。信息网络技术、新材料技术和生物技术等在这些年得到了飞速的发展，它们将大大地改变世界的面貌、人们的工作生活模式以及企业的运作模式。

⑥ 社会文化的变化。随着人类文明的发展、进步以及全球化趋势，人们的价值观、伦理道德观等在发生不断地改变，一个新的多元文化环境正在形成。在这种新文化中，不同的价值观和行为方式在一起碰撞和交融，既相互学习又相互冲突。如何适应人们道德伦理观念发生的变化，以及如何在一个多元文化环境下管理企业，对企业管理者来说都是很大的挑战。

⑦ 人口结构和劳动力构成的变化。随着社会的发展，中国人口老龄化日益加剧。未来企业的劳动力更多的将是独生子女，他们在年少的时候受到家庭成员很多的爱护，而到了中年将会面临很大的工作和养护老人的压力；他们的观念也更为现代、开放、注重自我；他们与年长的管理者们之间的代沟现象会更加严重；多种雇佣模式、多种办公形式（远程办公、居家工作、多人共享一种工作等）将会出现。所有这些都是对企业管理的挑战。

企业面临的内部环境变化主要是指由于企业自身成长所带来的变化，譬如：企业的人数不断增加，员工的构成发生改变，经济规模不断扩大，职能部门类型增加，经营产品/服务类型增加，经营的区域由一个省市扩张到全国甚至全世界，企业年龄不断增长。企业在自身规模、年龄、经营产品/服务类型、经营区域、员工构成等方面的改变，也需要组织在管理系统上不断变革。

图 17-1 表示组织发展变革所处的内外环境及其组织管理体系。左边是内部环境，右边是外部环境，中间是组织管理系统。17-1(a)图显示，在一个相对稳定的内部和外部环境下，组织已经建立了一套与之相匹配的管理系统。但后来内外环境都发生了改变，组

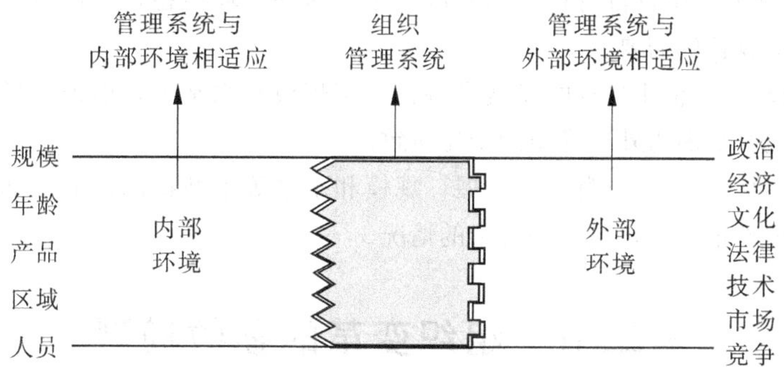

(a) 组织管理系统与内外环境相适应

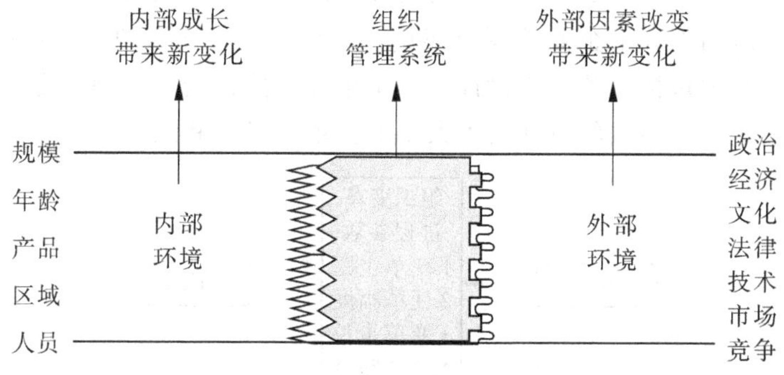

(b) 组织管理系统与内外环境不相适应

图 17-1

织管理系统已经不再和内外环境相匹配了，如 17-1(b)图所示。用通俗的话讲，组织由于自身的发展而使得原有的组织管理系统不再适用，这就是企业内部成长带来的烦恼；组织由于外部环境的改变而使得原有的组织管理系统不再适用，这就是企业外部变化带来的烦恼。为了消除这种不匹配和不适用，企业常常需要对自身的组织管理系统进行改变，以获得生存和竞争，这就是组织变革。

从图 17-2 中可以更清楚地看到，组织变革的原因类型包括四种：

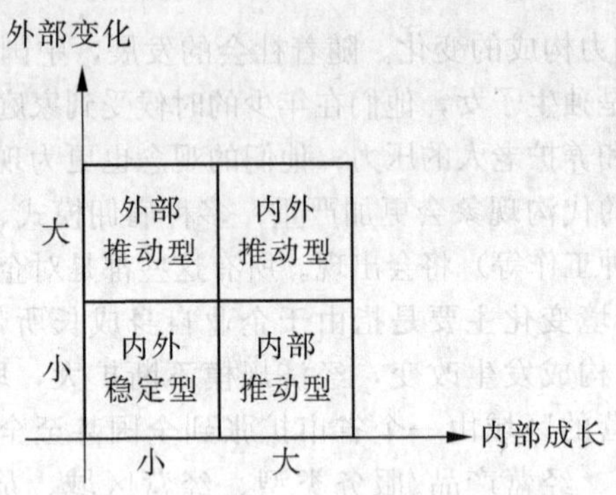

图 17-2　组织变革的原因和力量来源

① 内外稳定型。企业自身的发展维持在一定规模和水平上，内部环境变化小，外部环境也稳定。

② 内部推动型。企业自身在不断发展扩张，而外部环境稳定。此时，企业变革主要是因为自己内部成长的需要。

③ 外部推动型。企业自身的发展维持在一定规模和水平上，而外部环境变化大。此时，企业变革主要是因为外部环境的变化所致。

④ 内外推动型。企业自身不断发展，规模和水平等不断提高，而外部环境也在不断改变。这属于内外推动型，是最为复杂的情况。

第二节　组织变革的参数模型

作为企业管理者，弄清了组织变革的内外原因后，还必须对组织变革进行具体的设计。本作者根据国内外大量企业的变革案例，提出了如图 17-3 所示的组织变革过程管理的参数模型，其中包括变革过程设计的四个重要参数：变革主题、变革幅度、变革步长、变革路径。这四个参数的设计会大大影响变革的成效和结果。

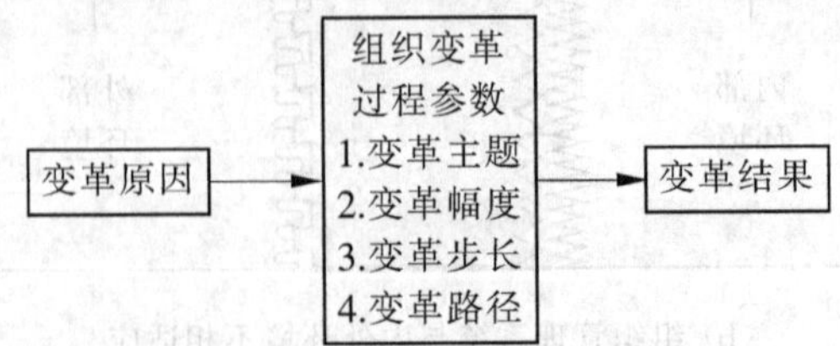

图 17-3　组织变革过程管理参数模型

一、组织变革的主题

管理者要回答的第一个重要问题是：我们要变革什么？企业组织变革的主题和内容可以是：组织的战略、产品和业务、组织结构、组织流程、组织制度、人力资源管理方法、员工的工作设计、岗位职责、组织文化和价值观、组织中的资源和利益分配机制、权力分配机制、冲突和矛盾的解决机制、信息技术系统等。组织在一次变革时，可以只是完成上述一项变革（如组织结构），也可以几项变革（组织结构、人力资源制度以及组织文化）同时进行。

管理者在变革前需要做出的重要决策，就是根据企业内外环境的变化特征，以及组织最终要达到的目标，来正确地确定变革的主题和内容。譬如，在企业规模由小到大发展的过程中，组织中专业化分工必定越来越细，组织结构中需要建立更多的专业化部门。企业在由地方发展扩张到全国甚至全球的范围时，必须按地区建立组织结构。企业不同种类的产品线越来越多时，可能需要按事业或产品建立组织结构。而当企业沿着地区线和产品线同时扩张时，就可能需要建立以地区和产品为两边的矩阵式组织结构。再譬如，当企业面临外部激烈的市场竞争，满足客户个性化的需求越来越成为主要竞争优势的来源时，客户导向的组织结构就会成为必然。当信息技术和全球化趋势飞速发展，信息技术在加强组织沟通、提高效率和削减成本成为竞争优势的重要来源时，企业就必须进行信息技术变革，建立新的信息技术及其相关的管理信息系统（如客户关系管理系统、企业资源规划系统、企业制造资源规划系统等），以提高全国或全球范围内的生产运营整合。

二、组织变革的幅度

管理者要回答的第二个问题是：我们要做多大幅度的变革？组织可以进行高幅度的变革——组织经历全面的、深层的、脱胎换骨的变革，组织在变革前后相差巨大，可以称为改革甚至革命；组织也可以选择进行低幅度的变革——组织经历部分的、浅层的、改进式的变革，组织在变革前后相差较小，可以称为改良；当然，组织也可以进行中等幅度的变革——组织变革的幅度介于高幅度和低幅度之间。

管理者在确定变革主题后需要做出的重要决策，就是要根据企业的实际情况，确定在已选择的主题上进行变革的程度。譬如，当外部环境（如市场和竞争状态）或内部环境（如人员组成等）发生急剧变化，企业为了生存，就必须进行大幅度的变革；而当外部和内部环境变化都较为平缓，企业没有面临特别大的生存竞争压力时，就可以进行低幅度的变革。美国学者哈默和钱皮曾经在20世纪90年代提出企业流程重构（business process reengineering，BPR）的概念，就是要对企业进行根本性的、巨大的变革。而日本企业一直强调持续改进（continuous improvement），就是指要对企业进行各种持续不断的、小幅度的改进，这种改进没有终点，其实质就是：永远看到差距、永远改进、永不停息。

三、组织变革的步长

管理者要回答的第三个问题是：我们的变革要多长时间完成？分几个步骤完成？每步迈多大？这就是变革的步长。组织可以选择大步长——变革在很短时间之内完成，也可以选择小步长——变革在较长时间内完成。显然，大步长的组织变革会给组织内外利益相关者（如员工/客户等）在单位时间内带来较大的利益和心理冲击；而小步长的组织变革则会给组织内外利益相关者提供相对较长的缓冲、选择、思考、沟通和准备的时间，带来的心理和利益冲击较小。

管理者在确定变革主题和幅度后需要做出的决策，就是根据企业的实际情况，特别是人们的心理承受力，来确定变革的步长。如果企业员工的心理素质好，可以选用大步长，加快变革的速度；反之，如果人们心理承受力不够，则需要选用小步长，减缓变革的速度。

四、组织变革的路径

管理者要回答的第四个问题是：我们的变革从哪里开始，经过什么地方，到哪儿结束？譬如，按组织的纵向层次来说，是从上到下，还是从下到上，还是上下结合？按照组织横向部门来说，是从某个部门（职能部门、产品部门、客户部门、地区部门等）开始，一个接一个实施，还是各部门同时进行，或者点面混合？譬如，邓小平在我国实行改革开放政策，先是从沿海城市开始，边实施边总结经验，然后不断扩展到全国。有些变革需要自上而下进行，朱镕基总理进行政府机构改革时，首先是从精简国务院各部委的组织机构开始，然后逐步扩大到各省市的政府部门。韦尔奇在通用电气公司开展六西格马活动，则是要求全体管理层和员工上下一起、各部门一起同时进行。企业必须根据实际情况进行变革路径的选择。譬如，某省工商银行进行人事制度改革时也是先在几个地市级银行进行试点，总结经验后，在全省各支行铺开的。

管理者在确定了变革主题、幅度和步长后需要做出的决策，就是要根据企业的实际情况，来确定变革的路径。管理者需要考虑的问题是：①所要推行的是否是全新的变革，是否具有足够的知识、经验和能力来完成变革？是否需要先做试点，总结经验，然后推广，以确保变革过程的稳定和成功？②变革是否存在较大阻力，各地方的阻力是否一致？是否可以在阻力最小的地方先开始，获得局部成功，给人们鼓舞和信心，然后再在其他难度较大的地方实施推广？

第三节　推动变革过程的方法

一、变革的动力和阻力

确定了组织变革过程的参数后，就必须推动和实施变革。

人们希望改变，但不希望被迫改变。前者是变革的动力，后者是变革的阻力（见图 17-4）。

任何一个组织变革都包含内部动力和外部动力。

内部动力主要来源于企业领导和员工共同向往变革要达到的目标和愿景。外部动力主要来自外部利益相关者对变革的目标和愿景的支持，他们认为组织变革对其利益是有利的。

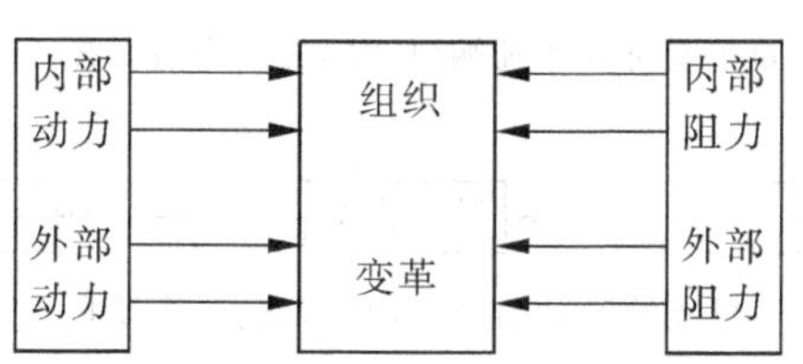

图 17-4 组织变革的动力和阻力模型

同样，任何一个组织变革都包含内部阻力和外部阻力。无论是来自内部利益相关者还是外部利益相关者，阻力的本质都是一样的，包括三个方面：

① 利益损失。人们对变革阻力的第一来源是担心自身利益受到损害。譬如，内部员工担心自己不再受重用、以前的专业优势将得不到发挥、既得利益和权力会丧失、工作上将付出更多等。外部利益相关者（如供应商、客户、竞争同行等）则可能担心组织变革会影响他们自身的发展壮大，经济利益受到损害，因而会抵制变革。

② 个人和组织的惯性。人们对变革阻力的第二来源是习惯。像任何物体一样，组织整体和组织中的个体都存在惯性。人们习惯了长期以来形成的工作方式、思维方式和生活方式，即使知道改革对自身长远利益有利，但要在短期内改变习惯就会感到困难。

③ 有限的耐心。人们尽管相信变革会给他们带来好处，但是在一个快速变化的竞争社会里，人们的耐心有时是有限的。多数人都希望能很快地看到变革带来的好处，否则容易对变革失去信心。

二、变革过程的推动

显然，要推动组织变革，我们需要增加动力、减少阻力。卢因（Lewin）提出的力场分析法认为，当变革遇到阻力时，如果用强硬手段压制，可能会在表面上平息问题，但是没有从根本上消除阻力隐患。他主张把支持变革和反对变革的所有因素排队，分析比较其相对强弱，然后采取措施，增强支持因素，减弱反对因素，使动力大于阻力，变革顺利进行。这一个思想框架无疑是非常正确的。在这方面，不同学者提出了不同的模型，值得学习借鉴。

1. 强调减少阻力：卢因的三阶段变革模式

卢因（Lewin）认为，一个组织变革必须经过以下三个阶段（Lewin，1947）：解冻（unfreezing）、改变（changing）、封冻（freezing）。卢因的模型中特别强调减少阻力，如图 17-5(a)所示。

（1）解冻阶段（unfreezing）

任何一个组织中都存在组织和个人的惯性及阻力，使变革不能启动，系统继续维护

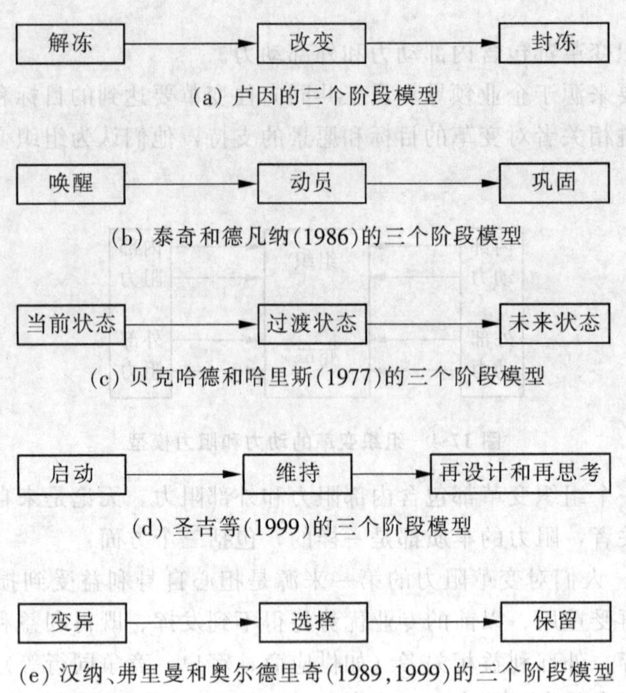

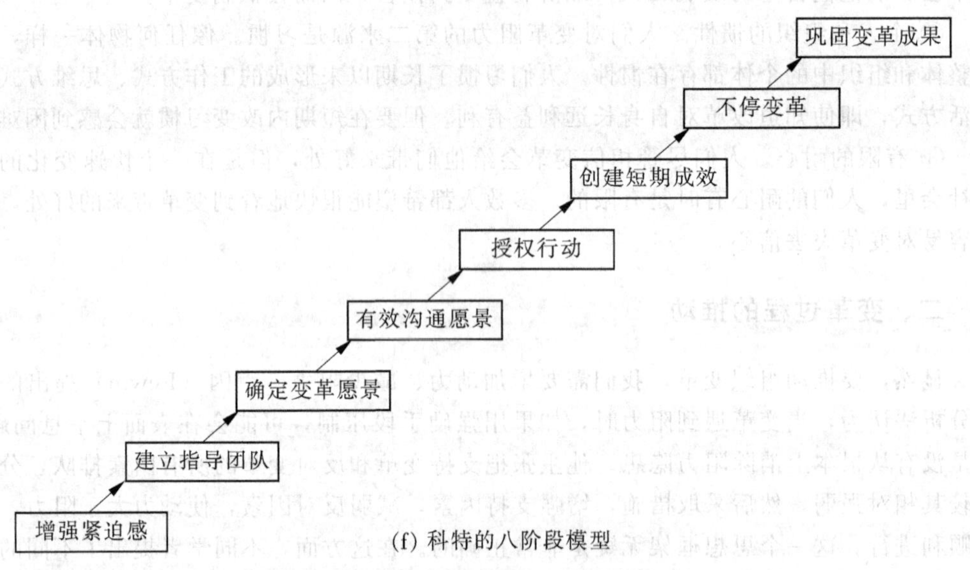

图 17-5　组织变革的阶段模型

原有的平衡。此时就必须打破这种平衡。譬如，组织可以取消、中止对代表原有组织管理方法和价值观的人和行为的奖励，企业中止旧式的管理活动。所有这些方法都是让传统的管理方式“融化”。譬如，公司要从技术导向文化转变成客户导向文化，这一阶段要做的就是停止宣传技术导向的文化，不再奖励这种文化的代表人物和行为。

(2) 改变阶段

改变（changing）阶段的主要任务是引入组织变革要达成的新方法、新系统或新观念，对代表新方法、新系统以及新观念的人和行为进行奖励。譬如，公司要从技术导向文化转变成客户导向文化，在这一阶段就可以开始宣传强调客户导向文化的重要性，并提出具体的实施方法和员工行为规范要求，鼓励员工身体力行。

（3）封冻

封冻（freezing）阶段的主要任务是从各个角度巩固和强化已实施的新方法、新系统和新观念，使第二阶段产生的变革能真正稳定存在。譬如，公司要从技术导向文化转变成客户导向文化，在这一阶段还需要做的工作包括：建立客户导向的组织结构，建立客户导向的绩效考核方式，建立客户数据库和与客户的联谊活动，建立和挖掘在客户服务方面的典型和故事。

2. 强调增加动力：泰奇和德凡纳的模型

泰奇（Tichy）和德凡纳（Devanna）（1986）也将组织变革分为三个阶段：唤醒（awakening）、动员（mobilizing）、巩固（reinforcing），如图17-5（b）所示。他们的模型中特别强调了领导人如何通过有效的方法来增加人们变革的动力。

（1）唤醒

领导人让员工认识到组织变革的必要性，使其产生变革的紧迫感，从而克服影响变革的政治和文化阻力。

（2）动员

领导人确定组织的新愿景，让员工为这个新愿景感到激动人心，士气高涨。

（3）巩固

领导人从几个不同的方面让变革能够稳定运行，变革成果能够固化在组织系统内。

3. 强调过渡期管理：贝克哈德和哈里斯的模型

贝克哈德（Beckhard）和哈里斯（Harris）在1977年提出的模型认为，组织变革分为当前状态（present stage）、过渡状态（transition stage）和未来状态（future stage），如图17-5（c）所示。他们认为，领导者在当前状态主要是要调查、了解现状，发出某种变革信号。未来状态是最终要达到的阶段。而过渡状态则是当前和未来两种状态并存的时候，需要过渡团队来管理。本作者认为，这种理论特别强调了采用过渡团队来进行新老两种状态并存的过渡期管理，对当今的中国企业变革具有重要指导意义。因为，在相当长的时期之内，我国企业的改革（尤其是国有企业的改革）将具有较长的过渡期，如何有效地进行过渡期管理是变革成功的关键。

4. 强调持续变革：圣吉等人的变革模型

圣吉（Senge）等人在《变革之舞》中提出一个三阶段模型（Senge等，1999）：启动（initiating）、维持（sustaining）、再设计和再思考（redesigning and rethinking）。这是典型的组织学习/学习型组织观点，即强调不存在所谓的“封冻”，组织应该不断持续地变革，组织变革没有终点。启动是开始变革的努力，维持是指维持已启动的变革，再设计和再思考是指使变革不断进行，而且从局部到整体不断扩大，如图17-5（d）所示。

5. **强调自然进化：汉纳、弗里曼和奥尔德里奇的三阶段模型**

汉纳（Hannan）和弗里曼（(Freeman）1989）以及奥尔德里奇（(Aldrich）1999）都提出了变革的三阶段模型：变异（variation）、选择（selection）、保留（retention）。在内外环境发生变化时，组织中总会有新的观点、方法和实践出现，这就是变异。选择是指组织从上面所有的变异（即新观点、方法和实践等）中挑选出最合适的作为主流模式。保留则是指组织将挑选出来的新模式推广成为新的主流模式，如图 17-5（e）所示。本作者认为，这是典型的自然进化论观点。

6. **强调具体丰满的过程：科特的八阶段模型**

科特（Kotter）提出了如图 17-5（f）所示的模型。他认为，站在变革推动者的角度，变革包括 8 个步骤：①增强紧迫感；②建立指导团队；③确定变革愿景；④有效沟通愿景；⑤授权行动；⑥创建短期成效；⑦不停变革；⑧巩固变革成果。科特和科恩在其《领导变革》和《变革之心》中都详细分析了这八个阶段的要点，如表 17-1 所示。

表 17-1　科特提出的组织变革八阶段模型

阶　段	具体做法
1. 增强紧迫感	无论是大型私有企业的高层主管，还是身处非营利组织的基层部门，那些在组织变革中取得成功的人士，都会在发动变革之前，在相关人员心里制造一种紧迫感。紧迫感有时是通过一些富有创造性的方法形成的，可以使人们立即意识到进行变革的重要性，并准备随时为此而采取行动
2. 建立指导团队	有了紧迫感之后，成功的变革领导者会马上召集那些有一定的可信度、技能、关系、声誉和权威的人员，组成一支指导团队来担任变革过程的领导工作。这支团队应该有着很强的责任感，并且能够得到很多人的信任
3. 确定变革愿景	指导团队会为自己的组织变革确立合理、明确、简单而振奋人心的愿景和相关战略
4. 有效沟通愿景	指导团队将愿景和战略传达给所有的相关人员，领导者们把简明扼要的信息通过畅通的渠道传达下去。这一步骤的目标就是在所有相关人员内部形成一种共识和责任感，从而准备变革。领导还应该通过实际行动来让人们更好地理解愿景。领导应该不厌其烦地做沟通工作
5. 授权行动	要想在组织变革中取得成功，领导者必须对参与变革的有关管理者和员工进行充分授权（empowerment）。通过授权，可以使人们有能力克服阻力、清除障碍，将变革往前推进
6. 创建短期成效	在进行授权之后，那些在组织变革中取得成功的领导者就会设法帮助组织取得一些短期成效。这是非常关键的。因为他们可以为整个组织变革的必要性和正确性提供强有力的证明，并为随后的工作提供必要的资源和动力
7. 不停变革	取得一些短期成效后，成功的变革领导者绝不会放松努力。因为在这种情况下，整个组织的信心都被调动起来，早期的一些变革措施也开始得到理解和认可。这时，人们就会精明地选择以后的行动，并不断地将变革推向前进，直到彻底实现组织变革的愿景

续表

阶　段	具体做法
8. 巩固变革成果	最后，在那些取得成功的组织当中，整个组织的领导者们会通过培育一种新的企业文化来把所有的变革成果固定下来。一种新的企业文化——包括组织当中的群体行为规范和人们的价值观的建立需要相对较长的一段时间，而且在这段时间里，整个组织还需要不断取得新的成功，以证明变革措施的有效性。在这个过程中，适当的人事变动、精心设计的新员工培训，以及那些能引发人们某种情感反应的活动都可能起到很重要的作用

资料来源：约翰·P. 科特，丹·S. 科恩. 刘祥亚译. 变革之心［M］. 北京：机械工业出版社，2003.

特别令人印象深刻的是，科特认为，要使得人们真正愿意变革，必须采用新方法来触动人们的情感，也就是我们经常说的：有了心动，才有行动。他们认为，组织变革中，最重要的是要改变人们的行为。以往改变人的行为所用的方法是：分析—思考—变革，也就是给员工展示一些事实和数据，希望通过逻辑分析的方式改变员工的思维，进而让其变革；而现在应该采用的新方法是：目睹—感受—变革，也就是让员工真正看到和感受到事情的真相，进而影响他们的内心感受，然后主动开始变革。他们认为，目睹—感受—变革的方法，比分析—思考—变革的方法更为省力，大多数的组织变革领导人用此方法都很有效（见表 17-2）。

表 17-2　科特提出的改变人行为的方法比较

大多数情况下都应当采用的核心方法：目睹—感受—改变	很少有效的方法：分析—思考—改变
1. 目睹：帮助人们看到问题 通过一些戏剧性的、引人注意的情景来帮助人们发现问题，找出解决方案或者看到 8 个步骤中自满情绪、战略、授权或其他关键问题的解决情况。 致使 2. 感受：人们的情感受到冲击 看到问题后，人们的情感受到冲击。他们开始从内心深处做出反应，那些阻碍变革的情感因素开始削弱，支持变革的因素开始增强。 3. 改变：人们的行为开始发生变化，那些已经改变了的行为也得到了进一步的强化。	1. 分析：向人们展示分析结果 收集并分析许多信息，撰写报告，并做许多关于组织问题、可能的解决方案以及组织中的紧迫感、团队工作、沟通、士气下滑或 8 个步骤中的其他问题的演示。 致使 2. 思考：数据和分析影响人们的思维方式 信息和分析改变人们的思维方式。那些与必要的变革相抵触的思想开始得到更正或摒弃。 3. 改变：新的思维方式改变人们的行为，或者强化那些已经改变了的行为

资料来源：约翰·P. 科特，丹·S. 科恩. 变革之心［M］. 刘祥亚译. 北京：机械工业出版社，2003.

第四节　组织发展的内涵与方法

一、组织发展的内涵

人们对组织发展（organizational development，OD）有不同的看法和定义。杨锡山（1986）在其《西方组织行为学》中引用了贝格哈特（Beckhard）和比尔（Beer）的定义。

贝格哈特认为，组织发展是运用行为科学知识进行有计划、全面性的和自上发动的努力，目的在于通过对组织内各种过程的有计划的干预，以增进组织的有效性和健康发展。

比尔认为，组织发展是从收集资料，分析问题，做出行动计划，采取干预措施，到评价效果的整个系统的活动过程。这些目标的实现，需要运用行为科学的理论、研究成果和技术，以及组织成员和外来咨询人员的共同努力。

陈龙和徐联仓（1994）则用组织开发（organizational development）这个词，并认为，组织开发是指这样一些活动：组织为了提高管理绩效，系统地应用多种理论和技术的有计划的活动。

作者认为，组织发展就是管理者有意识地运用行为科学的理论和方法，从人和事两个角度开展相关的活动，以改善组织中人的行为，从而达到组织目标的过程。组织发展实际上属于有计划的变革（planned change）。

二、组织发展的各种方法

通过对不同学者关于组织发展所做的研究成果的总体分析，本作者认为，可以采用两个维度形成的矩阵来概括组织发展的各种方法、类型。这两个维度分别为以人及人际关系为中心和以工作任务及结构为中心，因而形成了以人及人际关系为中心的组织发展方法、以工作任务及结构为中心的组织发展方法、以人及人际关系—工作任务及结构并重的组织发展方法三大类型，如图 17-6(a)所示。

还可以按照这些方法与组织三个层次的关联性，将组织发展方法大致分为个体层、群体层和组织层。如图 17-6(b)所示。

下面就对这些方法分别论述。

1. 以人及人际关系为中心的组织发展方法

(1) 敏感性训练

20 世纪 40 年代，卢因作为犹太籍德国人到了美国麻省理工学院创立团体动力学研究中心，以员工态度、调查和资料反馈作为主要研究手段。该中心在 1947 年和美国教育协会在缅因州的 Bethel 合作成立国家训练实验室（National Training Laboratories），并与海军研究室（Office of Naval Research）合作。该实验室根据卢因的理论和方法，从事 T 型群体训练（T 型群体的英文是 training group，又称为敏感性群体 sensitivity groups）。敏感性训练主要是为了帮助个人提高对人际行为和人际互动关系的敏感性，使人能更好地理解自己的行为是如何影响他人的。典型的敏感性训练是将 10～12 个陌生人组成一个小组（T 组），来自同一个组织的参与者要被分到不同的 T 组。培训者只是作为一名支持性人员，并不参与小组的活动。成员自行解决小组的互动问题，培训鼓励他们关注此地此刻的经验和其他小组成员的态度。培训人员具备监控和掌控小组进展的资质和能力是非常重要的，他的介入只是为了带动小组前进（纳尔逊等，2004）。

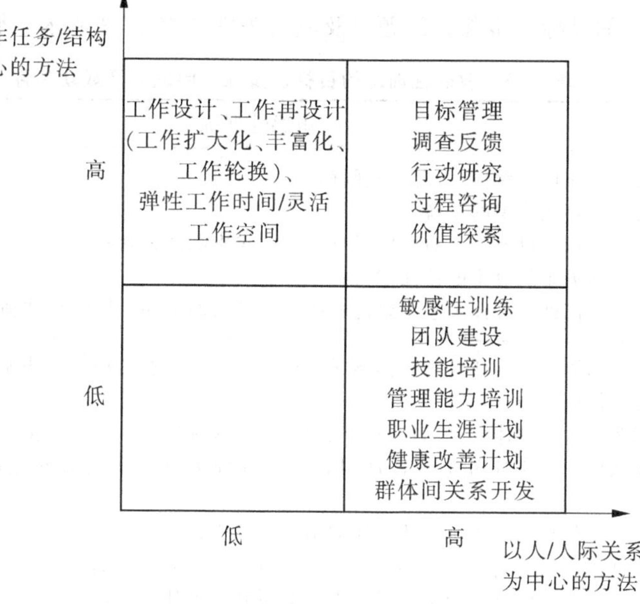

(a) 组织发展的各种方法（按二维分类）

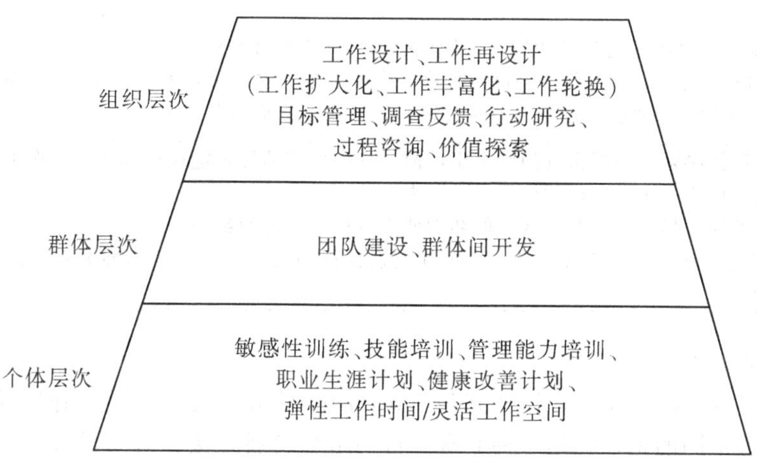

(b) 组织发展的各种方法（按层次分类）

图 17-6

敏感性训练在一些情况下取得了预期的结果：提高人们对他人的敏感程度。但是研究也发现存在一些值得关注的现象：第一，在实验室学到的与他人交往的新方法没能在工作中坚持下来。当人们重返支持旧的行为的工作岗位时，新的行为很快就消失了。第二，敏感性训练也会带来一些副作用。因为它们可能导致情绪的暴露，有些参与者感到自己软弱、易受攻击，对小组互动中极端个性化的特点产生排斥反应。但不管怎么说，这种训练还是能够帮助员工更好地理解他人，知道自己的感觉和知觉，改善人际沟通。

敏感性训练在心理治疗与药物治疗等活动中也经常被采用。

敏感性训练的目标、步骤、问题以及成功条件如表 17-3 所示（德利，1998）。

表 17-3 敏感性训练的目标、步骤、问题以及成功条件

	敏感性训练
目标	1. 增进对个人作风及对他人情感的理解； 2. 提高对他人自我认识的了解； 3. 提高对群体运行以及个人对群体运行如何造成影响的理解； 4. 提高对群体关系的效率的诊断能力； 5. 教会成员如何处理群体关系，以使群体取得更大的成功，同时增加他们个人的满意程度。
步骤	1. 进行随意而短小的谈话，这时群体成员对建立群体的意图摸不着头脑，随后断定建立群体根本没有任何意图； 2. 引入摩擦，这时群体将试图推举一位领导人，该领导人宣布各职位及日程活动的安排； 3. 当群体认识到群体任务仍模棱两可，群体领导人开始丧失其作用的时候，摩擦进一步加剧； 4. 群体对变革代理机构不满，认为他们不胜任工作； 5. 变革代理机构采用公开讨论的方法找出群体产生不满情绪的根源； 6. 变革代理机构鼓励群体成员们反馈人际关系和对其他群体成员看法的信息。
问题	1. 强烈的焦虑感和未加控制的批评指责性的反馈意见会伤害组织成员，并破坏良好的工作关系； 2. 不能有效地将 T 型群体中取得的知识引入实际工作环境； 3. 应用此类方法，对组织决策制定程序、生产效率、效益及旷工等方面的问题影响不大； 4. 有可能暂时改善群体运行，但对组织文化的冲击微乎其微。
成功条件	1. T 型群体必须组织严密且问题突出，使得从中学到的知识能应用到实际工作中； 2. T 型群体应与正在进行的变革联系起来； 3. T 型群体应尽可能限制在变革的初期使用（用以解冻组织）； 4. 组织文化支持开展 T 型群体，支持和鼓励正视冲突（而不是压制冲突）、员工授权及信息共享。

（2）团队建设

纳尔逊等（2004）认为，团队建设（team building）可以改善工作团队的有效性。与敏感性训练不同的是，它是一种非常流行的组织发展方法。对《财富》500 强公司所做的调查表明，人力资源经理认为团队建设是最成功的 OD 技术。

团队建设的特点是：

① 团队建设鼓励交流，尊重其他成员的投入和为团队利益而工作的愿望。

② 团队建设鼓励团队成员互相配合，互相依赖。

③ 团队建设强调团队目标。成员要了解彼此的责任，当遭遇危机时可以采取相应措施。

④ 团队建设提供有效和无效工作的样板，并强调灵活性。

目前，团队建设的流行做法之一就是户外拓展活动。参加者要以团队形式参加一系列的户外活动。譬如，攀上 2 米高的墙。这类对体力的挑战要求参加者以团队为单位，将注意力集中在彼此信任、坦诚交流、制定决策和领导能力上。除了户外活动，还可以在室内环境下进行团队工作的游戏等。团队建设可以改善团队的工作流程，培养人与人之间的相互信任和一体感，增加团队凝聚力，促进团队达到目标。

（3）技能培训

技能培训（skills training）是组织为了应对环境的变化，有计划和有目的地向一线员工提供新知识和新技能的培训课程。培训课程可以在教室进行，也可以直接在工作岗位上进行。这种培训主要是侧重于技术和技巧上的培训，目的是为了提升员工在专业方面的能力。

（4）管理能力培训

管理能力培训（management training）是组织为了应对环境的变化，有计划和目的地向不同层次管理者提供培训课程。这些课程主要是培养管理者驾驭团队和组织系统的能力，内容包括：战略制定、决策方法、团队领导、谈判和冲突处理、领导力、组织设计等。不少公司还建立内部的大学和商学院，譬如GE公司的克劳顿管理学院、海尔公司的海尔大学、华为的培训中心等。

（5）职业生涯计划

越来越多的管理者深信，组织只有真正为员工着想，员工才可能为组织尽力。为此，管理者在思考组织如何在外部大环境下长远发展的同时，需要考虑每个员工在组织中的长远发展，将员工个人发展与组织整体发展结合起来。员工职业生涯设计就是这样提出来的。本作者认为，员工职业生涯设计的几个关键要点问题是：

① 将组织战略与员工职业发展规划融为一体。公司首先要分析自身的战略，确定需要什么样的人，然后分析每个人的特长和要求，然后制定出员工职业生涯的大方向和要点。

② 设计好员工的多渠道晋升体系。每个员工兴趣和特长不同，目标也不同，可以设计多种晋升体系，不要挤在一条路上，造成组织内部恶性竞争。

③ 设计好员工的培养体系。需要确定每个员工不同时期的培养目标、培养方式、课程计划、岗位计划等。

④ 员工职业生涯设计的负责人体系。企业在员工职业生涯设计时要考虑，对每个员工应该指定相关的人负责，譬如部门经理负责每个下属员工的职业生涯，采用良好的沟通形式来了解员工的需求，得出管理者和员工都认同的职业发展计划。

（6）健康改善计划

在当今竞争日益激烈的社会里，管理者和员工的工作负荷和压力不断加大，各种职业病、过度紧张、焦虑、抑郁症、亚健康和过劳死等，越来越成为社会问题。管理者一方面要从事业发展角度考虑员工的职业生涯规划，同时还需要考虑其生活健康问题。企业可以采用的方法包括：调查、了解员工健康和工作压力的状态和原因，对员工进行健康教育（听讲课、听录音、看录像等），发放健康阅读书籍（如国家心血管病科研领导小组组长洪绍光教授撰写的《生活方式与身心健康》），定期体检，进行放松锻炼，实施员工帮助计划项目（Employee Assistance Program，EAP）等。

（7）群体间关系开发

罗宾斯（2005）在其著作中引用了前人（Neilsen，1972；Blake、Mouton和Sloma，1965）的研究，对群体间关系开发（intergroup development）进行了论述。群体间关系开发主要是致力于改变群体间的态度、观念和刻板印象。譬如，作者在对我国航空领域调查时发现，有些飞行部门的飞行员认为空中交通管理部门的管制人员不讲情面，喜欢控制和难为飞行员，而管制人员认为飞行员不理解飞行管制的重要性，不愿听从指挥，耐心不够等。显然，飞行部门和空中交通管理部门之间的这种不良态度对它们之间的配合协调以及航空安全都会带来负面的影响。为此，必须采取相关措施进行群体间关系的开发，提高部门之间合作的成效。

群体间关系开发的方法很多，最常用的是强调问题解决的方法，按如下方式进行（罗宾斯，2005）：第一，让每个群体独自思考列出一系列清单，其中包括对自己的认识、对其他群体的认识以及自己认为的其他群体看待自己的方式。第二，各群体之间共享这些信息，讨论它们看法之间的相似之处和不同之处。第三，仔细弄清楚群体之间对下列问题看法的不同之处：群体之间的目标不一致吗？有一些认知受到歪曲了吗？刻板印象是在什么基础上形成的？是否有一些意愿因为误解而产生了偏差？每个群体使用的概念和术语是否不同？第四，在弄清这些不同的基础之上，认真分析并寻找导致分歧的原因，对这些问题的回答可以使群体双方都认识到冲突的真正原因。第五，一旦找到了冲突的成因，群体就可进入整合阶段——为找到改善群体间关系的解决方法而付出努力。

2. 以工作任务及结构为中心的组织发展方法

（1）工作设计：工作方法和效率改进措施

人们最早提高员工工作效率的方法就是依据亚当·斯密的观点进行劳动分工。而且，他们还探讨在劳动分工条件下如何更好地提高效率的方法。泰勒最早在制造企业进行工作方法的改进。譬如，他进行时间研究（time study）和动作研究（motion study），提出做某一项工作时工人最科学高效的操作方法、流程和时间控制，这也可以算得上是最早期的以工作任务为中心的组织变革方法。

（2）工作再设计

劳动分工，大批量流水线生产方式，严格的规章、制度、流程、标准等在提高劳动生产率的同时，也带来了一些问题：人们的工作单调乏味、没有新鲜感、工作热情下降，越来越要求提高工作生活质量，工作再设计（job redesign）的方法应运而生。工作再设计包括工作扩大化（job enlargement）、工作丰富化（job enrichment）和工作轮换（job rotation）三种情况。

工作扩大化是指工作的横向扩展（horizontal integration）。按照这一方法，一个员工可以承担几种不同的工作，以减少单调重复，增加新鲜感。

工作丰富化是指工作的纵向扩展（vertical integration）。按照这一方法，一个员工可以有一定程度的自主权，有机会参加决策、设计和计划，可以获取信息反馈，评估和修正自己的工作，这样可以增加员工的责任感、成就感。

工作轮换也是很重要的一种改善工作的方法，它是指工作的互换。按照这一方法，一个管理者或员工可以被安排在企业不同垂直位置的部门或者同一垂直层次但水平位置不同的部门工作，从而熟悉不同纵向层次、不同水平部门的工作内容，掌握相应的工作方法，成为多面手。同时，管理者或员工通过工作轮换，可以增加对公司的全面了解，感受不同的角色，有利于理解和支持其他人的工作。

（3）弹性工作时间和灵活工作空间

为了更好地提高员工的工作效率并照顾到员工家庭，管理者们提出了弹性工作时间（flexible time）。弹性工作时间是指员工可以在保持一周总的工作小时的情况下，自己选择每天上下班的时间。灵活工作空间是指员工可以在办公室，也可以根据需要在家工作。这些做法可以带来很多好处：第一，更符合人的生理特点。譬如，软件开发人员、产品设计人员、广告艺术工作者的工作需要创造性，员工的灵感没有固定时间。第二，员工可以兼顾家庭。第三，员工可以满足社交和尊重等高层次需要。

3. 以人及人际关系—工作任务及结构并重的组织发展方法

（1）目标管理

目标管理（Management By Objective，MBO）的目标既是为了提高员工的工作效率，也是为了提高各级管理者管理员工的能力。杨锡山（1986）在其著作中引用了奥迪奥恩（G. Odiorne）对目标管理的定义：目标管理是一种过程。通过这一过程，一个组织的上级和下级经理人员确定共同的目标并规定所属成员为达到目标各自的职责范围，同时以此衡量每一个单位和个人的经营业绩和成员的贡献。

根据本作者对企业的研究，目标管理应包括以下要点。

① 管理者根据企业或部门所面临的环境和战略给下属提出工作目标要求，以及自己应给下属提供的支持条件。

② 管理者和下属坐在一起，管理者将工作目标要求和支持条件告诉下属，听取下属的意见，以修正工作目标要求和支持条件，双方达成共识。

③ 管理者和下属共同确定出更具体的目标要求和支持条件，以及实施的具体时间表。

④ 管理者按照具体要求和时间表检查下属的工作行为和表现，下属也可以据此要求上级按时兑现必要的支持条件。

⑤ 管理者根据下属的表现和达到目标的情况，给予肯定、指导、咨询以及心理上的支持，适当时候给予奖励。

由此可见，目标管理更为关注的是结果，其次才是过程。而前面的工作设计、工作再设计主要关注的是过程，然后才是结果。目标管理最大的作用是：让员工了解上级对他/她的期望，从而清楚自己努力的方向，加之与上级采用双向沟通的方式并能得到上级提供的支持，因而能更好地完成任务，达到组织的目标。

（2）调查反馈

卢因最早提出的调查反馈法（survey feedback），是一种组织干预方法，由外部咨询人员和企业内部管理人员合作进行。主要是采用标准化或专门设计的问卷和访谈方式收集企业各方面现状的信息和数据，然后进行分析，并反馈给相关管理部门和员工，诊断问题所在，采用有效的组织干预技术来解决这些问题。因此，调查反馈法是与其他组织干预技术一起使用来最终改善组织的。调查反馈法需要注意的事项如下。

① 领导人的发动和承诺。组织的最高领导人强调该调查反馈工作的重要性，要求

所有员工认真配合，而且向员工承诺，任何人提供的信息不会被披露，鼓励员工讲真话。

② 调查研究者的伦理道德承诺。为了在调查中让员工讲真话，获得真实可靠的信息，就必须向员工承诺不会公开被调查者的个人信息，而且严格信守该承诺。

③ 采用适当的问卷。可以采用密歇根大学组织评估问卷（The Michigan Organizational Assessment Questionnaire)，以及根据企业具体情况编制问卷。问卷不能太长，否则会消耗员工太多的时间而导致填写可能不准确。

④ 进行及时、准确、全面的反馈。组织必须将调查获得的各种相关信息反馈给相关的部门和个人。

⑤ 进行理性、准确的分析和思考。组织必须让相关部门和个人分析实际调查出的现状、问题和原因，提出改进的措施和建议。

(3) 行动研究

罗宾斯（2005）在其著作中引用了 Shani 和 Pasmore（1985）的研究，认为行动研究（action research）是以发现并解决组织中的问题为主要目标。它包括系统地收集信息并诊断问题，分析问题原因，反馈信息、问题和原因给相关部门和个人，采取具体方法来解决问题，评价行动的结果。这种方法的好处是：着眼于问题的发现、分析和解决，有利于集中人们精力和资源，突破难点，提高组织效能。行动研究还强调大量管理者和员工的参与，这样就可以减少阻力，使方案容易获得成功。

(4) 过程咨询

纳尔逊等（2004）在其著作中对过程咨询进行了论述。过程咨询主要是由心理学家薛恩（Schein）首先提出的一种组织干预方法。通过这一方法，外部咨询专家和组织的管理者和员工一起改进组织流程。这些流程包括：沟通、决策、冲突解决、团队互动和领导。组织实施过程咨询包括以下几个主要步骤。

① 组织聘请外部专家。

② 外部专家进入组织，确定相互的关系和职责。

③ 选择突破口——问题最严重、最明显或对企业影响最大的部门。

④ 收集数据。通过问卷、访谈、观察等方式收集信息。

⑤ 诊断问题。外部咨询人员和内部人员一起讨论分析流程的问题所在。

⑥ 进行干预。外部咨询人员提出新的措施干预有问题的流程，流程得以改进。

⑦ 外部专家撤出组织。外部专家完成工作，移交企业使其能自行运转新的改进流程。

(5) 价值探索

罗宾斯（2005）在其著作中介绍了前人（Whitney 和 Schau，1998；Zemke，1999；Cooperrider 和 Whitney，2000）研究的价值探索（appreciative inquiry，AI）。如果说，调查反馈法是找到企业的问题和不足，而价值探索则刚好相反，它是要发现、总结和提炼自己组织的独特之处和成功的方面，通过挖掘出组织的这些优势方面，并发扬光大，组织就可以产生更大的成功。这一方法的主要过程分为四步。

第一步，发现。这是指发现组织的优势。譬如，请员工讲述他们认为组织最有效的时期，以及他们觉得对自己的工作最满意的时候。

第二步，梦想。在发现阶段得到的信息的基础上，构思组织的未来发展蓝图。

第三步，设计。基于对梦想的描述，参与者的重点是找到一个共同的愿景规划，并对组织应具有的独特品质达成共识。

第四步，寻求方法。参与者会讨论组织实现其梦想的方式，包括书写行动计划和开发实施战略。

本章小结

当今企业正处在不断变化的内外环境之中。企业只有不断发展和变革，才能保持可持续的生存和健康的发展。

企业面临的外部变化主要体现在下列方面：经济体制、政治体制、法律环境、经济全球化浪潮、科学技术、社会文化、人口结构和劳动力构成等。企业面临的内部环境变化主要是指由于企业自身成长所带来的变化，如人数不断增加、员工构成改变、经济规模扩大、职能类型增加、产品/服务类型增加、经营区域扩大、企业年龄增长。

企业组织管理体系是企业外部环境和内部环境共同影响形成的，在正常状态下与内外环境相匹配。而当内外环境发生改变，组织管理系统已经不再和它们相匹配时，组织就需要变革了。通俗地说，组织由于自身的发展而使得原有的组织管理系统不再适用，这就是企业内部成长带来的烦恼；组织由于外部环境的改变而使得原有的组织管理系统不再适用，这就是企业外部变化带来的烦恼。为了消除这种不匹配和不适用，企业常常需要对自身的组织管理系统进行改变，以获得生存和竞争，这就是组织变革的过程。

组织变革的原因类型包括四种：内外稳定型、内部推动型、外部推动型、内外推动型。

组织变革过程管理包含四个重要参数：变革主题、变革幅度、变革步长、变革路径。这四个参数的设计会大大影响变革的成效和结果。管理者需要依次回答的四个问题是：（变革主题）我们要变革什么？（变革幅度）我们要做多大幅度的变革？（变革步长）我们的变革要多长时间完成，分几个步骤完成？（变革路径）我们的变革从哪里开始，经过什么地方，到哪里结束？

任何一个组织变革都包含内部动力和外部动力。内部动力主要来源于企业领导和员工共同向往变革要达到的目标和愿景。外部动力主要来自外部利益相关者对变革的目标和愿景的支持，他们认为组织变革对其利益是有利的。

任何一个组织变革都包含内部阻力和外部阻力。无论是来自内部利益相关者还是外部利益相关者，阻力的本质都是一样的，包括三个方面：利益损失、个人和组织的惯性、有限的耐心。

显然，要推动组织变革，我们需要增加动力、减少阻力。不同学者提出的组织变革模型重点不同。

卢因的三阶段变革模式主要强调减少阻力，认为一个组织变革必须经过解冻（unfreezing)、改变（changing）和封冻（freezing）。

泰奇和德凡纳（Devanna）的三个阶段主要强调增加动力，认为一个组织变革包含唤醒（awakening）、动员（mobilizing）和巩固（reinforcing）。

贝克哈德和哈里斯的理论则强调过渡期管理，认为组织变革分为当前状态（present stage）、过渡状态（transition stage）和未来状态（future stage），领导者在当前状态主要是要调查、了解现状，发出某种变革信号。未来状态是最终要达到的阶段。而过渡状态则是当前和未来两种状态并存的时候，需要过渡团队来管理。

圣吉等人的理论则强调持续变革，提出了一个三阶段模型：启动（initiating）、维持（sustaining）、再设计和再思考（redesigning and rethinking），属于典型的组织学习/学习型组织观点。圣吉等人认为，组织应该不断持续地变革；组织变革没有终点。启动是开始变革的努力；维持是指维持已启动的变革；再设计和再思考是指使变革不断进行，而且从局部到整体不断扩大。

汉纳、弗里曼和奥尔德里奇的理论则强调自然进化，认为组织变革包含变异（variation）、选择（selection）、保留（retention）。在内外环境发生变化时，组织中总会有新的观点、方法和实践出现，这就是变异。选择是指组织从上面所有的变异（即新观点、方法和实践等）中挑选出最合适的作为主流模式。保留则是指组织将挑选出来的新模式推广成为新的主流模式。

科特的理论则强调具体丰满的过程，提出了组织变革八阶段模型，包括：增强紧迫感、建立指导团队、确定变革愿景、有效沟通愿景、授权行动、创建短期成效、不停变革、巩固变革成果。另外，还特别强调，要使得人们真正愿意变革，必须采用新方法来触动人们的情感，心动才有行动；目睹—感受—变革的方法，比分析—思考—变革的方法更为省力，大多数的组织变革领导人用此方法都很有效。

组织发展就是管理者有意识地运用行为科学的理论和方法，从人和事两个角度开展相关的活动，以改善组织中人的行为，从而达到组织目标的过程。组织发展实际上属于有计划的变革（planned change）。

可以采用两个维度形成的矩阵来概括组织发展的各种方法类型。这两个维度分别为以人及人际关系为中心和以工作任务及结构为中心，因而形成了以人及人际关系为中心的组织发展方法、以工作任务及结构为中心的组织发展方法、以人及人际关系—工作任务及结构并重的组织发展方法三大类型。这些方法分别为：工作设计、工作再设计（工作扩大化、丰富化、工作轮换）、弹性工作时间/灵活工作空间；敏感性训练、团队建设、技能培训、管理能力培训、职业生涯计划、健康改善计划、群体间关系开发；目标管理、调查反馈、行动研究、过程咨询、价值探索。

还可以按照这些方法与组织三个层次的关联性，将组织发展方法大致分类个体层、群体层和组织层的方法。这三类包含方法分别为：敏感性训练、技能培训、管理能力培训、职业生涯计划、健康改善计划、弹性工作时间/灵活工作空间；团队建设、群体间开发；工作设计、工作再设计（工作扩大化、工作丰富化、工作轮换）、目标管理、调查反馈、行动研究、过程咨询、价值探索。

复习思考题

1. 企业组织面临的内外部变化主要包括哪些方面？

2. 企业组织管理系统什么时候可以保持稳定？什么时候需要变革？

3. 组织变革的原因类型包括哪几种？试用实例来分别解释。

4. 组织变革过程管理包含哪几个重要参数？每个参数的含义是什么？它会如何影响组织变革的成效？

5. 组织变革的内外部动力和阻力的来源分别是什么？

6. 试分别说明卢因、泰奇和德凡纳、贝克哈德和哈里斯、圣吉，汉纳、弗里曼和奥尔德里奇，以及科特等不同学者提出的组织变革模式的主要观点，以及对当今我国企业变革的指导意义。

7. 为什么认为目睹—感受—变革式的组织变革方法比分析—思考—变革式的变革方法更为有效？

8. 什么是组织发展？按照以人及人际关系为中心和以工作任务及结构为中心两个维度进行分类，组织发展可以包括哪些不同类型？按组织的三个层次又应该如何分类？

9. 结合我国大多数企业的实际情况，你认为本章中所介绍的各种组织发展方法，哪几项最为重要？为什么？

10. 结合你所在的、曾经工作过的或熟悉的某个组织，请根据其目前的情况，提出一个组织发展的具体计划和实施方案。

本章案例

华信通信系统控股有限公司

一、华信的概况

华信通信系统控股有限公司成立于 1997 年，是一家专业提供无线覆盖和传输整体解决方案的移动通信外围设备供应商。产品包括移动通信直放站、天线、数字微波和网管监控设备等。公司目前拥有员工 3 200 余人，其中专业研发人员 200 多人，生产面积超过 20 000 平方米。

在创立之初，华信通信依靠对市场的充分认识和把握，努力进行产品价值链的纵向整合：除提供同行业内质量出众的产品外，还提供项目施工的方案设计、工程施工、设备安装、站点开通测试、站点维护等一系列服务，为客户提供一条龙式的交钥匙服务。公司业务发展迅速，规模不断扩大，成为国内行业的领导者，并于 2003 年 7 月 15 日在香港股票交易所主板上市。

华信通信系统有限公司经过几年的发展，从无到有、从小到大、从弱到强，已经成为中国直放站行业最具影响力的通信企业之一。在不到十年的时间里，华信通信一直集中于为移动通信运营商提供网络覆盖的全套解决方案，并通过优质的产品和服务加以实施。华信通信系列产品不仅已覆盖了全国除台湾以外所有的省、自治区、直辖市移动网络，而且已分别走进了美国、印度、泰国、新加坡等国际市场。最近几年的销售额为：2000 年 2.5 亿元、2001 年 5.48 亿元、2002 年 7.01 亿元、2003 年 9.2 亿元、2004 年 14.1 亿元。

二、华信通信现行组织架构和业务模式

在公司整体组织架构方面，华信通信系统控股有限公司（上市公司）下设华信通信系统（广州）有限公司、华信通信技术（广州）有限公司、华信通信系统（新加坡）有限公司。这三个子公司分别进行独立财务核算，其中技术公司负责公司产品的研发和生产制造；华信通信系统（广州）有限公司负责产品在国内的市场推广和技术服务；华信通信系统（新加坡）有限公司负责产品在国际市场的推广和技术服务支持。如图 17-7 所示。

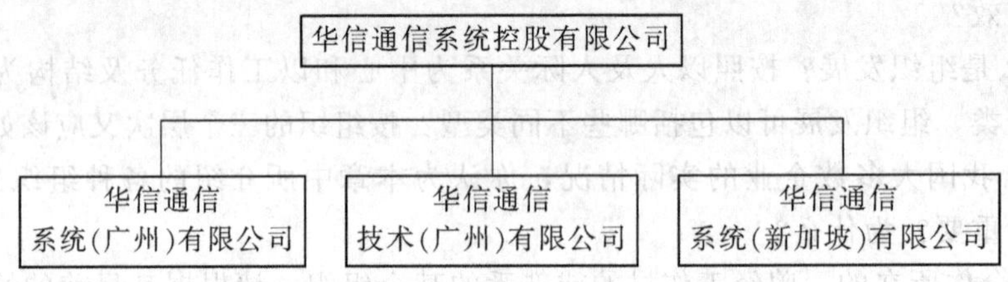

图 17-7　华信通信整体组织架构示意图

华信通信技术（广州）有限公司是整个华信公司的研发和生产基地，集中了公司所有的产品设计类技术人员，对新产品的推出和试生产以及原有产品的升级优化起着绝对的技术支持作用，是产品市场推广过程中坚实的技术后盾。其关键业务部门设置如图 17-8 所示。

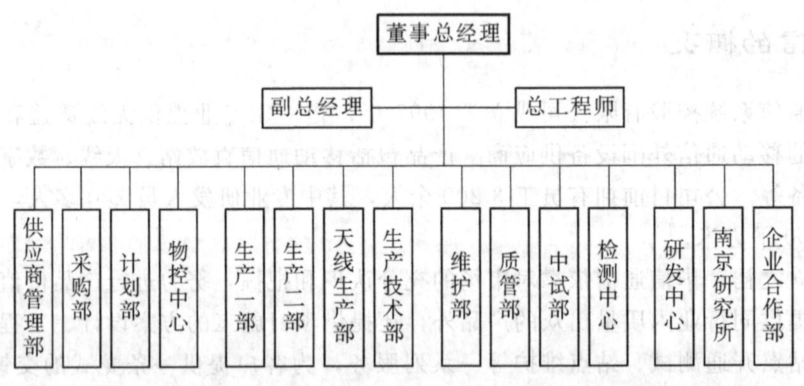

图 17-8　华信通信技术（广州）公司组织架构图

华信通信系统（广州）有限公司本部组织架构如图 17-9 所示。其中关键业务部门的职能有：业务发展部——对公司试经营的新产品、新客户进行市场容量和发展潜力评估，主要体现在与研发和生产部门沟通开发新产品以满足市场新需求和对成熟产品的新

用户、新功能进行挖掘；产品拓展部——对处于上升期的公司业务为分公司提供技术支持和商务支援，并进行产品生命周期管理、产品赢利能力评估分析；技术咨询部——为公司的成熟产品提供技术支持；商务职能下放到各分公司或者转移到销售管理部等其他职能部门。

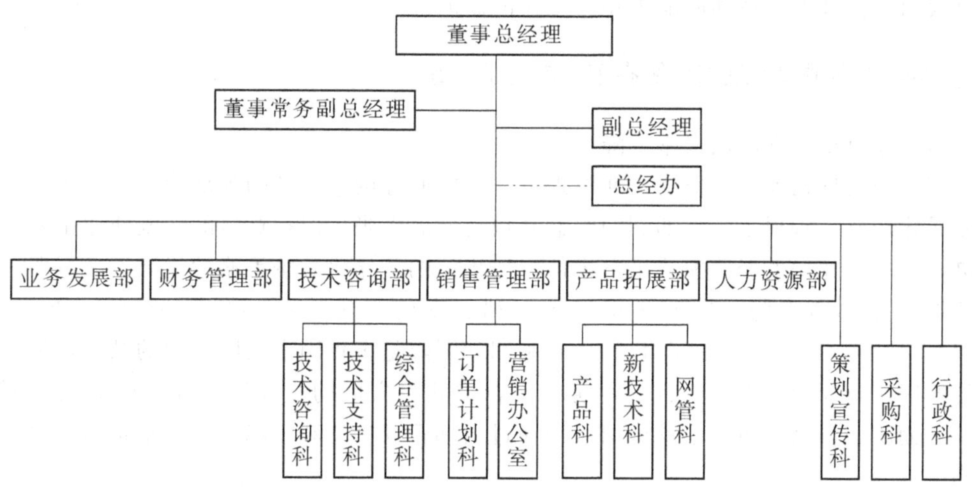

图 17-9　华信通信系统（广州）公司本部组织架构图

华信目前在国内拥有 28 个分支机构/办事处，基本上覆盖了全国所有的业务范围。华信通信系统（广州）有限公司是这些分公司/办事处的总部，对全国分公司的业务开展进行指导，系统公司的整体架构如图 17-10 所示。

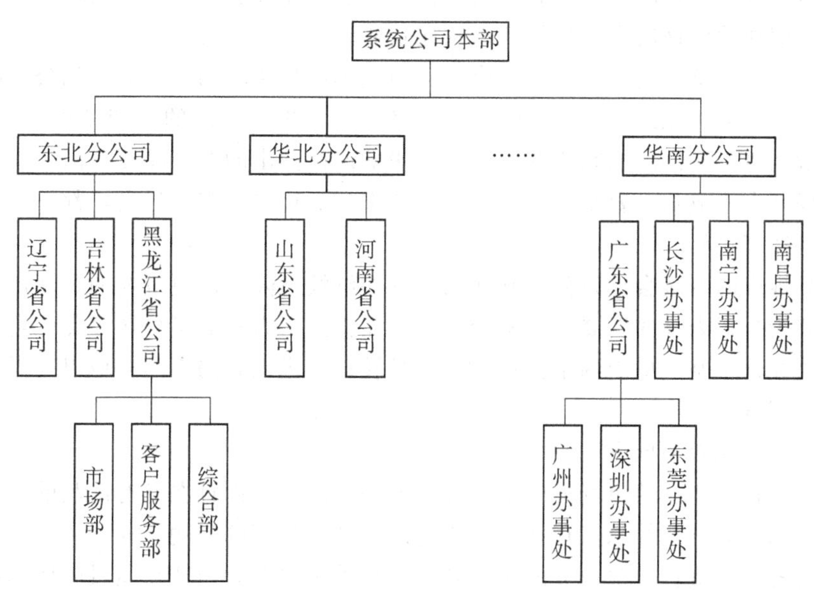

图 17-10　华信通信系统（广州）公司下属各分支机构组织架构图

28 个分支机构/办事处按地理位置划分为东北分公司、北京分公司、天津分公司、华北分公司、华东分公司、华南分公司、西南分公司、西北分公司，各大区分公司下设省级分公司，业务量较大的省级分公司（如广东省公司、江苏省公司等）可再按地域划分设办事处。在业务开展模式上，系统公司本部对公司客户的大型集体招标和新业务培养、推广负责，不参与各分公司具体业务的开展，但是作为全国各分公司的服务平台，对分公司提供技术支持和职能类相关工作的援助。

三、华信通信发展中现在面临的问题

（1）原有市场利润回报率下降

在公司发展初期，华信通信通过提供完善的服务增加产品的附加价值，追求行业中的差异化经营，获得了较高的利润收益并快速发展扩张。但是竞争的加剧使竞争者快速跟进，对华信通信的经营模式进行模仿，使华信的差异化竞争策略的优势不断减弱，公司的毛利率不断下降，最近几年每年毛利润率的变化是：2002 年 58.1％、2003 年 46.4％、2004 年 43％、2005 年 39％。利润率下降是多种因素共同作用的结果，但最主要的原因是行业内企业间产品、服务、经营模式等方面的相互模仿导致产品出现同质化，从而陷入价格竞争。华信公司必须通过内部管理变革和市场定位调整走出价格竞争的阴影。

（2）新产品推广不力，制约公司战略实施

华信通信经营的主要产品已经进入成熟期，虽然它们被视为公司的“金牛”产品，为公司带来了充足的现金流，但是应该看到并重视产品生命周期的影响。公司目前的产品必然有走向衰亡的一天，所以必须发现新市场，进行新产品的研发、生产和推广，在产品的创新中寻找公司的未来发展方向。作为行业的领导者，借助公司现有的资金和研发实力，华信通信应该成为产品创新的领先企业。

虽然新产品的整体经营业绩不断成长，但整体成长速度仍然不能达到公司的预期目标，华信的产品多元化经营并不顺畅，尤其是在公司重点发展的新产品市场推广方面。由于本身激励机制和部门之间协调等原因，华信通信推出的新产品要么由于资源投入不够导致市场开发不成功，要么由于产品优化效率低而错过了市场机会，都不能顺利达成公司的既定经营目标。

新产品推广的迟缓会导致公司利润回报率的继续下降，但更重要的是新产品的推广和开发能够为公司未来的发展创造机会。新产品推广不力影响了公司多元化经营、分散经营风险的经营策略，也制约了公司进行产品转型而进入新的产品领域以及谋求更长远发展的战略部署。

（3）产品优化效率低下

华信目前在新产品的市场推广中还存在着一些障碍，而且在既有产品的优化改良方面也由于内部沟通不畅等原因存在产品优化改进效率低下的问题。这种效率低下已经影响到了公司各分支机构日常业务的正常开展，导致客户对公司产品质量问题的投诉不断上升。

产品优化效率低下会对公司本身的形象、品牌认知度、内部沟通和外部竞争产生一系列负面的影响。具体表现为：对外部造成客户满意度和信任度的下降；内部客户满意度下降，加深了沟通障碍，造成公司内部部门之间的相互不信任；产品优化工作还会提醒竞争对手，使之有努力和改进的方向。

四、华信通信发展中面临问题的原因分析

华信通信发展过程中面临的利润下降、新产品推广不力和产品优化效率低下三个问题是有着内在联系的管理问题。利润水平下降是公司产品创新（推出新产品和产品的优化改进）能力不足的外在表现。因为新产品的推广和已有产品的优化改进是产品创新的两种具体形式，在通过经营模式创新追求差异化的竞争策略不能实现的情况下，产品创新是实现差异化摆脱价格竞争的有力手段。但是由于对原有产品优化改良工作效率低下，新产品推广进展缓慢，提供更多增值服务和产品创新两个利润增长点的工作都不能顺利开展是公司整体利润水平不断下降的原因。所以增强推广新产品的执行能力和进行产品不断优化的内部协调能力是解决目前面临问题的关键所在。

但是从公司总部到各分公司，华信现有的组织结构和业务运作模式是在经营单一产品的基础上建立起来的，只适用于单一产品、单一客户的销售模式，而现在新产品推广和产品优化改进要针对多种产品和多种客户需求。所以，新产品市场推广能力的增强和产品优化效率的提高都是在现有组织结构下无法实现的。为了解决公司目前存在的经营问题，华信必须对现有的组织结构和业务运营模式进行改革和调整，以增强公司在新的竞争形势下的市场开拓能力，加强内部沟通和协调能力。

五、华信通信组织变革方案

（1）华信通信新的战略部署

从创业初至成功在香港主板上市，由于资金等自身资源条件和所处行业激烈竞争状况的限制，华信通信坚持走集中化战略，将所有资源集中在无线通信产品的研发和生产，专注于国内运营商客户，并依靠集中化战略基础上的精耕细作，击败了占据国内无线覆盖市场的国外厂商，取得了市场领导者地位。但是随着公司一次创业成功带来的资金和技术等资源的提升、国内行业竞争形势的转变和现有市场潜力的逐渐萎缩，华信将发展的目光投向国际市场，开始谋求国际化发展，公司的主要客户也从运营商延伸到移动通信主设备制造商（如中兴、华为等），为他们进行产品的 OEM 代工生产。华信通信目前战略规划存在以下特点：

第一，多客户线。与以前主要客户是相对单一的国内移动通信运营商不同，公司战略规划中的关键客户除国内运营商之外，还包括国际的移动通信运营商和主设备制造商。不同的客户有不同的产品需求和投资策略，导致对产品的个性化需求增加，公司的整体经营环境更难把握。

第二，多产品线。在公司战略规划中，除移动运营商的外围设备制造，对运营商所需外围设备进行不断创新外，还要进行移动通信主设备商零部件的 OEM 生产，使得公司的产品线增加，导致整体的管理跨度加大。

（2）组织结构变革方向之一：增设产品事业部，加强产品线管理

在现有准地区事业部的组织结构下，华信面临的新产品、业务推广和产品优化速度缓慢的重要原因是没有明确的责任部门对产品经营负责。为解决这一责任部门缺失的问题，可以利用公司总部已经建立起来的技术和商务承接体系，设立产品事业部，对产品的经营状况全面负责。

增设的产品事业部的主要职能表现在：①负责指导全国各分公司的产品营销策略和业务运营模式，对新产品的经营业绩和赢利状况负责，达成公司下达的产品推广和业绩指标；②接受各分公司返回的产品优化改造意见，对产品进行优化改造，提高优化和升级效率，增强产品对市场的适应程度，及时满足客户需求；③进行经营产品的延展性拓展，开发产品新的用户群和使用功能，以拓展产品的增值空间，增强获利能力。

产品事业部由产品设计、研发、市场开拓、商务支持和其他后勤类人员组成，承担挖掘和培养新产品的经营责任，对产品的客户需求分析、市场调研、产品立项、研发、营销策划和销售等一系列围绕产品经营的工作负责，以保证产品销售额等既定市场目标的达成；负责单项产品的全生命周期管理，对产品的市场营销策划负责，对产品的损益负责。

产品事业部将作为公司总部的实际业务部门参与所属产品的商务活动：事业部不仅要从行业的整体宏观环境对分公司相应产品的市场营销进行策略性指导，更要作为产品业务拓展的主要指导和参与部门，为各分支机构提供更直接的各方面支持和指导（由于成本和精简人员的考虑，分公司不可能具备完全的产品事业部职能，只能侧重于产品的市场开拓，其他诸如投标等商务职能更多地依靠总公司产品事业部的支持），所以总公司产品事业部的职能将更加广泛，贯穿于产品寿命的全过程。

（3）组织结构变革方向之二：增设客户营销事业部，加强在客户线上的专业化分工

公司总部可以增设客户营销事业部——移动营销事业部、联通营销事业部、电信营销事业部和企业合作部（负责主设备制造商的 OEM 业务），增强客户线上的专业化分工；并借公司总部之力将关键客户的专业化运作模式向所有分公司推广，增强公司整体对关键客户变化的适应能力，降低公司的运营风险。

专门的客户营销事业部作为公司总部的业务部门，在内部管理上，可以加强对各分支机构经营行为的控制，减少分公司的盲动和短视行为；在业务开拓上，客户营销事业部可以利用分支机构不具备的资源优势，更深入地分析和把握关键客户的投资方向，制定专业的有针对性的市场营销策略。客户营销事业部的职责包括：①进行专业化的经营管理和绩效分析；②进行客户需求分析，制定科学的市场策略；③参与公司产品的技术规划；④优化公司的客户服务体系；⑤积极参与关键客户产品标准的制定。

六、华信通信的组织变革

（1）总公司的组织架构

进行组织变革之后，公司总部的各业务部门将改原来的职能式组织结构为以项目管理为基础的矩阵式组织结构。公司总部也将打破现有的以职能进行划分的整体架构（技术公司负责产品的研发和生产制造、系统公司负责市场推广和客户服务），而将各子公司的现有职能拆分融合到各业务部门之中。除华信通信（国际）有限公司因业务需要暂

不进行调整外，公司总部将变原来的职能制组织结构为矩阵制组织结构。调整之后的公司总部结构如图 17-11 所示。

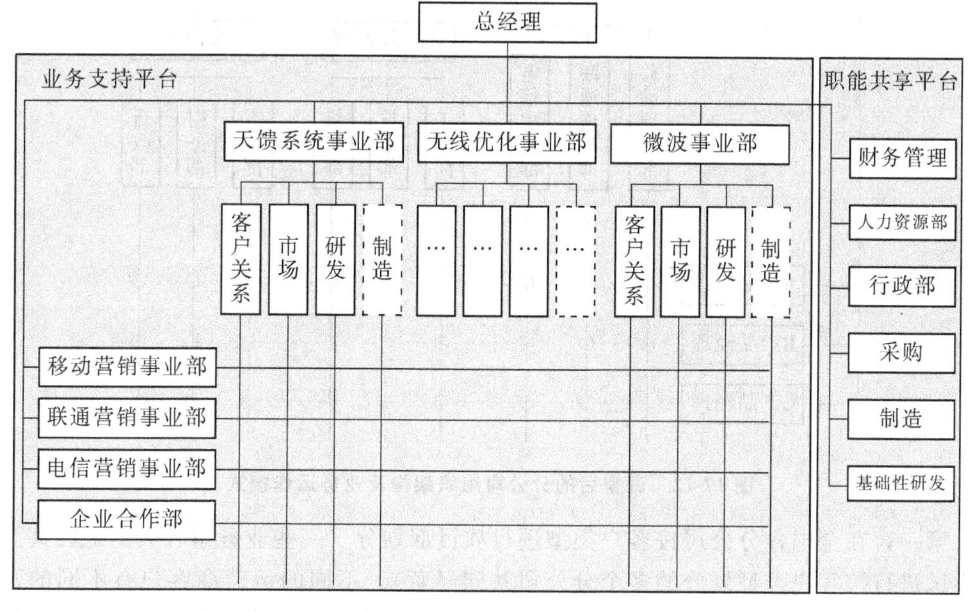

图 17-11 调整后的华信（中国）组织架构示意图

在调整后的组织架构中，各产品事业部进行产品线和各产品生命周期管理，进行产品市场营销策略规划并对各分支机构进行产品销售的营销策略指导，对所经营产品的损益状况负责；各客户营销事业部进行目标客户的业务管理，了解和把握目标客户的产品需求和投资方向并制定相应的市场营销策略，对各分支机构的市场销售行为进行指导，以保障公司整体业务量和利润目标的实现。

（2）分公司的组织变革方向

公司总部增设准产品事业部和客户营销事业部的组织结构调整是在实现了公司按地区线进行准地区事业部运营的基础上，对公司产品线和客户线的进一步专业化细分。为适应公司未来发展和总公司组织结构调整的需要，各分公司也应在原有组织基础上进行客户线和产品线的明确和进一步细分。

目前各分公司的业务运营和内部管理中虽然进行了一定的客户线专业化细分，但整体架构仍是按职能进行划分的（见图 17-12）。如上面所述，分公司目前的组织架构能够保证分公司整体业绩目标的达成，但对公司新产品推广乏力，对关键客户的认识和估计存在偏差，在经营上存在盲动和短视行为。为保障在实现短期利益的同时兼顾公司未来发展的长期利益，在产品多元化经营的尝试中寻找未来的利润增长点，在未来的发展中应该对分公司目前的组织架构进行调整，增强公司对多产品线和多客户线经营的适应能力，增强对公司新产品、业务的推广力度和对经营风险的控制能力。

针对分公司目前组织架构设置存在的局限性导致的新产品业务推广不力，影响公司战略部署的现状，将对分公司的组织架构进行如下调整：

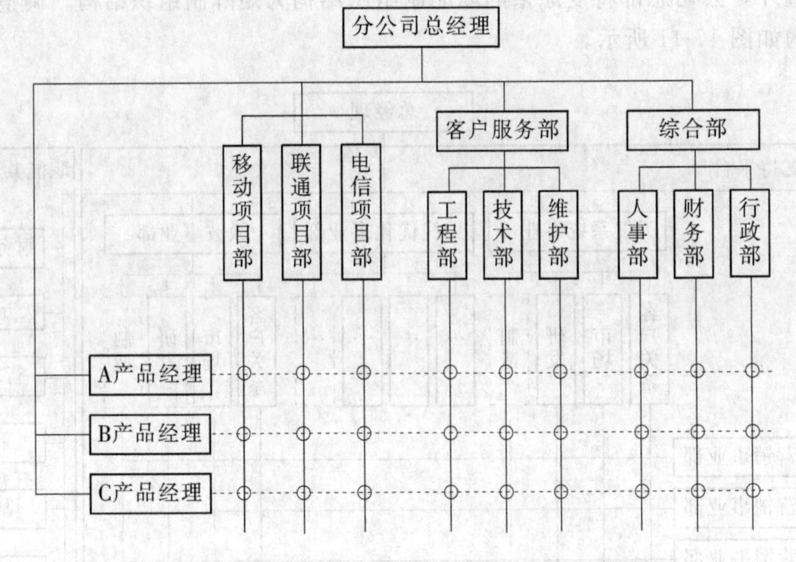

图 17-12　调整后的分公司组织架构及业务运作模式

第一，在全国各分公司按客户类型进行项目部划分（一些业务量较大的地区甚至可以尝试进行按客户类型划分的多个分公司共同经营）。不同的运营商客户有不同的营销策略和投资倾向，与公司总部进行组织结构调整相适应，各分公司作为业绩主体要能够对不同倾向做出营销策略调整，应该在业务运作上进行针对性更强的职能细分，成立移动、联通、电信项目部。各项目部对所在分公司的整体业绩负责，在业务开展方式上接受总公司客户营销事业部的领导。

第二，在分公司原有组织结构下按公司重点经营的产品进行划分，增设产品经理岗位。产品经理直接对分公司总经理负责，并对单项产品在所辖区域的市场推广状况负责。内部管理上，对产品经理实行完全独立的业绩考核。

由于在客户线和产品线上同时进行专业化划分，组织结构调整后的各分公司将改职能制为矩阵制的运营模式（见图 17-12）。

调整后各分公司的管理将有以下特点：①各客户项目部和产品经理都属于市场开拓人员，但内部管理中不相隶属；②产品推广以项目小组的方式运作；③产品经理和各项目部经理接受分公司总经理和总公司相应部门的双重领导；④产品经理和客户项目部经理的工作业绩既是分公司业绩的组成部分，又构成总公司准产品事业部和客户营销事业部的经营业绩。

分公司组织架构调整要达到的目标是：①增强各分公司作为业绩主体对新产品的市场推广力度，使新产品迅速成长，摆脱整体利润率不断下滑的困境，同时实现多种产品的共同经营，为公司未来发展寻求更多机会。②内部管理方面，分公司矩阵制的业务运作方式有很强的组织管理的弹性，公司可以根据产品线和客户线的变化增加或者减少产品经理和客户项目部的设置，增强公司对市场状况变化的适应能力。

七、组织变革的风险及防范

为保障公司经营的连续性，避免在组织变革过程中引起过大震动、造成组织变革后遗症影响公司的长远发展，公司在组织变革方案的实施过程中注意进行组织变革的方法和管理艺术，合理进行组织变革过程中的人员安排和权力分配，加强相关配套措施的跟进工作，保障组织变革方案中各项措施的平稳进行和方案的平稳落地。华信通信在组织变革实施中保持谨慎推进的态度。

(1) 最高管理层直接参与

为保障内部架构调整的顺利执行，对变革风险进行评估和控制，华信通信在组织变革方案实施初期就成立由高层领导组成的组织变革领导小组和组织变革实施推动委员会对组织变革方案实施进行全面的领导和管理。推动委员会内部架构设置如图 17-13 所示。

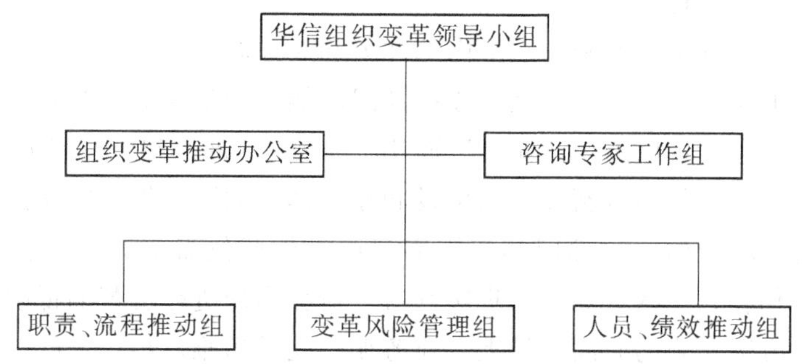

图 17-13 组织变革实施推动委员会架构图

其中，组织变革领导小组由华信通信集团最高领导层（8 名执行董事）组成，全面领导和管理组织变革的实施。其余各职能小组工作职责如下。

① 组织变革推动办公室

组织变革推动办公室对组织变革领导小组负责，负责制定分阶段的实施工作计划，全面统筹组织变革各项工作。

② 职责、流程推动组

职责、流程推动组由集团新组织架构下各利润业绩主体、责任主体、集团各职能部门的总经理、总监（或由其授权指定负责人）组成；组织变革项目组与集团人力资源部给予组织职责及流程编制、培训、优化修订等方面的全面支持。

③ 人员、绩效推动组

人员、绩效推动组由人力资源部、财务管理部与各绩效主体的负责人组成；负责协调集团现有人员调整、集团新架构下各部门的定岗定员、各绩效主体 KPI 绩效考核指标的编制，在实施过程中形成人员调整、各绩效主体 KPI 绩效考核方案，报组织变革领导小组批准、实施。

④ 变革风险管理组

变革风险管理组负责评估推动，防范实施过程的人员、流程、职责、资源等各项风险，采取有效的措施及资源配合，确保新组织架构的顺畅运行。

⑤ 咨询专家工作组

咨询专家工作组由组织变革咨询外部顾问和专家团组成，随时接受变革领导小组和推动办公室的变革方案和实施过程中相关问题咨询，提供及时的外部支援。

在华信的组织变革实施过程中，最高领导层的全面介入和对组织变革实施过程的全面评估，最大限度地降低了架构调整过程中的各方冲突和员工流失风险，减少了组织变革实施的阻力，保障了组织变革方案的顺利实施。

（2）加强过渡期管理

公司自发的组织变革表面是对组织内部成员工作职责和工作内容的重新划分，但实际上是对公司内部业务流程和管理模式的重新塑造。组织变革涉及内部成员工作方式、思维方式和生活习惯的转变，这一过程不可能在很短时间内完成。公司在组织变革实施过程中，注重新旧架构切换后的运行状态，并建立相应的机制保障新架构下各部门的磨合和业务方式的不断优化。

第一，变革方案分阶段实施，减少内部冲突和业务波动。

在变革方案的实施方法上，为减少原有部门职能拆分带来的变革阻力，减少与既得利益人员的利益冲突，可以不用"减法"而用"加法"。即在组织变革过程中不单独依赖部门拆分和减少，而是通过新部门的增设和原有部门的职能拆分实现公司员工的成功分流转移。通过新增设的一级部门和二级部门产生的职位需求满足现有员工的利益需求，力图做到不伤害、不减少员工的现实利益，避免出现进行变革的抵制情绪，减少工作阻力。在变革方案实施的时间安排上，应遵循"先易后难，稳中求胜"的原则。一些对公司业绩和业务量影响较大的关键敏感岗位的变革，如公司的直接业务部门和各分支机构，可适当放缓调整节奏；组织调整的覆盖面也要按照局部、阶段性的开展，避免影响公司业务的正常开展。

第二，进行新架构的模拟试运行。

华信通信在组织变革实施过程中，进行现有人员初步划分、确定各部门管理者和具体工作人员后，并不急于使用公文等其他形式强制确定各部门的工作人员名单及其内部的工作流程，而是依据部门大小和工作内容设定新架构的模拟试运行期限，通过模拟试运行发现既定部门职责和工作流程的缺漏并不断改进优化。通过进行新组织架构模拟试运行的方式，既可以不断完善各部门的工作职责和工作内容，优化各部门之间的业务衔接流程，又可以通过员工的内部交流逐步改变其思维方式，保障正式切换后新架构的正常运营。

第三，成立临时项目组进行业务承接。

在组织变革过程中，为保障企业组织内部关键职位、工作职能的顺利衔接，避免对企业正常业务开展造成重大影响，也应对关键管理岗位设定缓冲期，为关键工作职能在新旧架构下的顺利承接建立过渡期。为保障此类关键职能衔接，可在组织内部成立临时的小型工作项目组，由原组织架构下的关键员工与新架构中关键员工共同开展工作，在关键业务的正常开展中实现关键职能承接。华信通信在组织变革实施中就设有这样的临时项目组。

华信通信在组织变革过程中有一定的管理权限下放：以往公司高层直接决策或参与的部分事务须下放到各产品事业部。如华信通信的产品对外报价直接决定公司的整体赢利状况，各分公司的投标产品报价由（原系统公司）专人负责，而新架构下各产品的价格管理下放至各产品事业部。由于对外产品价格管理工作的重要性，为保障业务的正常开展和价格信息的保密安全，组织变革实施过程中成立公司产品价格管理临时项目组，由原价格管理组成员与新架构下各产品事业部价格管理员共同开展工作，在不影响公司业务正常开展的情况下实现关键职能承接。

第四，加强组织变革实施过程中的人力资源管理。

组织变革实施过程是组织内工作内容的重新界定和分配过程，其间必然产生现有成员的流出和新成员的流入。对于组织变革产生的管理岗位空缺和管理人员任命应保障充分的多方沟通协调，保障公开、透明和公平性。华信通信在组织变革方案实施过程中，由于公司整体结构大调整和机构扩充，造成了较突出的人才缺乏，产生了大量的人才需求。为保障变革方案的顺利实施和新架构下公司的正常运营，组织变革实施推动委员会采取了相应措施，保障新架构下的人员需求。

① 事先评估，重点保障。在组织变革方案实施正式启动前，华信通信组织变革推动办公室和人员、绩效推动组对组织变革实施后新架构下的人员需求进行了分析，对组织现有人员缺口进行评估。在人力资源部和相关专业部门协助下对人员缺口进行分析，找出新架构下公司急缺的重点人才（主要表现为社会重置成本高），并由人力资源部利用春季择业高峰期进行小规模的人员招聘，保障重点部门重点人员供应。

② 内部竞聘，保障公平。组织变革实施过程中进行员工内部竞聘是对内部员工的有效激励，也是缓解内部员工猜测和个人压力的有效措施。针对事先人力资源评估结果，华信通信在组织变革方案正式实施启动前对内发布了人力资源需求竞聘信息。其中竞聘信息不按具体岗位而按职位类别进行划分，保障公司内部员工的参与度，完成内部选拔和答辩后，实现了新架构下各类人才的内部储备。

③ 职能合并，增强缓冲。为尽量减少新架构下的人员缺口，保障新架构下的整体运营，华信通信在组织变革实施过程中将一些部门的相同职能合并，建立多个部门的共享平台，实现内部资源的充分共享和合理化利用。如新架构下各产品事业部和国内、国际销售机构使用共同的采购、计划和制造中心等。

④ 人员兼职，保障过渡。为保障新旧组织架构的顺利过渡，减少组织内各类人员的需求断层，华信通信在组织变革实施过程中坚持先固化、后优化的原则。对于公司整体和单个部门内部的相同类型人员需求，在保障工作量相对公平分配的基础上，采用一人多职的兼职模式进行新架构下的模拟试运行，在试运行过程中进行工作职责和岗位设置的增减、优化，再结合既定的工作岗位进行人员的细化配置。

⑤ 加强组织变革培训，减少员工的惰性。组织变革培训工作是向员工传达公司组织变革现实考量的过程。通过组织变革培训工作可以向员工（尤其是中层管理干部）传达公司未来的发展目标、公司遇穷而变的创新思路、组织变革项目的工作目标和方法论，这实际上也是在进行公司的企业文化教育。通过对公司未来发展方向和经营目标的

阐述，可以增强公司整体的凝聚力和感召力；通过对组织变革工作目标和方法论的培训，可以增强员工对组织变革方法论的认同感，增强在组织变革工作中的责任心和责任意识，在项目实施开展过程中能更积极地响应和接受公司的相关调整。

案例思考题

1. 华信通信公司为什么要进行组织变革？要变革什么？

2. 华信通信公司组织变革的难点是什么？公司采取了哪些变革过程管理措施？你如何评价？

3. 你认为，华信通信公司组织变革经验对什么类型的企业具有参考价值？

参考文献

1. LWEIN K . Frontiers in Group Dynamics—Concept, Method, and Reality in Social Science: Social Equilibria and Social Change [J]. Human Relations, p. 1, pp. 5～41.

2. TICHY N, DEVANNA M A. The Transformational Leader [M]. 2nd. New York: Wiley and Sons, 1990.

3. BECKHARD R, HARRIS R T. Organizational Transitions: Managing Complex Change [M]. Reading, MA: Addison-Wesley Publishing Company, 1977.

4. SENGE P, KLEINER A, ROBERTS C, et al. The Dance of Change [M]. New York: Doubleday, 1999.

5. HANNAN M T, FREEMAN J. Organizational Ecology [M]. Cambridge, MA: Harvard University Press, 1989.

6. ALDRICH H . Organizations Evolving [M]. London: Sage Publications, 1999.

7. ANCONA D , KOCHAN T A, SCULLY M, et al. Managing For The Future, Organizational Behavior & Processes [M]. 3th ed. Mason: Ohio, South-Western College Publishing, 2005.

8. 约翰·P. 科特，丹·S. 科恩. 变革之心 [M]. 刘祥亚译. 北京：机械工业出版社，2003.

9. 杨锡山等. 西方组织行为学 [M]. 北京：中国展望出版社，1986.

10. 徐联仓，陈龙. 组织行为学 [M]. 北京：中央广播电视大学出版社，1994.

11. 黛布拉·L. 纳尔逊，詹姆斯·坎贝尔·奎克. 组织行为学：基础、现实与挑战 [M]. 3 版. 桑强，王丽娟，蒙欣等译. 北京：中信出版社，2004.

12. 罗伯特·德利. 陈国权译. 组织行为学 [M]. Heriot-Wat 大学，1998.

13. 斯蒂芬·P. 罗宾斯，组织行为学 [M]. 10 版. 孙健敏，李原译. 北京：中国人民大学出版社，2005.

14. NEILSEN E H. Understanding and Managing Intergroup Conflict [M]// LORSCH J W, LAWRENCE P R. Managing Group and Intergroup Relations. Homewood, IL: Irwin-Dorsey, 1972: pp. 329～343.

15. BLAKE R R, MOUTON J S, SLOMA R L. The Union-Management Intergroup Laboratory: Strategy for Resolving Intergroup Conflict [J]. Journal of Applied Behavioral Science, 1965 (1): pp. 25～57.

16. SHANI A B. Pasmore W A. Organization Inquiry: Towards a New Model of the Action Research Process [M]// WARRICK D D. Contemporary Organization Development: Current Thinking and Applications Glenview, IL: Scott, Foresman, 1985: pp. 438～448.

17. WHITNEY D，SCHAU C. Appreciative Inquiry：An Innovative Process for Organization Change [J]. Employment Relations Today，Spring，1998：pp. 11～21.

18. ZEMKE R. Don't Fix That Company! [J]. Training，June 1999：pp. 26～33.

19. COOPERRIDER D L，WHITNEY D. Collaborating for Change：Appreciative Inquiry [M]. San Francisco：Berrett-Koehler，2000.

17. WHITNEY D., SCHAU C. Appreciative Inquiry: An Innovative Process for Organization Change[J]. Employment Relations Today, Spring, 1998: pp. 11–21.

18. ZEMKE R. Don't Fix That Company! [J]. Training, June 1999: pp. 26–33.

19. COOPERRIDER D L, WHITNEY D. Collaborating for Change: Appreciative Inquiry [M]. San Francisco: Berrett Koehler, 2000.

第5部分 PART

展 望

第18章 组织行为学研究发展展望

学习目标

1. 认识组织所处的环境正在发生的变化及其对组织行为学提出的新课题。
2. 了解信息网络技术给员工的角色、素质和伦理道德要求带来的变化。
3. 了解知识经济环境下研究群体创造力问题的重要性。
4. 了解复杂动态环境下关于领导和决策行为研究的发展趋势。
5. 了解新环境下组织结构的发展趋势及实施中的问题。
6. 了解新环境下关于组织文化研究的新课题。
7. 了解经济转型对组织变革提出的新问题。
8. 了解组织学习领域的新发展以及对企业的重要意义。
9. 了解复杂性科学的基本概念以及对组织行为学发展的意义。

人类已经迈入21世纪，组织所处的环境正在发生巨大的变化，主要表现在：信息技术飞速发展，知识经济和网络经济日益兴起，全球经济一体化，企业间竞争日益激烈，行业结构日益分化，员工向多样化发展，企业面临越来越多的社会责任，组织面临的环境越来越呈现复杂和动态特点。这些变化将对组织行为学中所涉及的各个方面提出新的研究课题。由于篇幅有限，本章将只从信息网络技术环境下人的素质、行为和伦理，知识经济环境下的群体创造力、知识管理和激励，领导与决策行为，组织结构变化与管理，组织文化，组织变革，组织学习，以及复杂性科学理论在组织行为研究中的应用等方面来加以分析和展望，以给读者一些新的概念。

第一节　信息网络技术环境下人的素质、行为和伦理

随着社会经济的发展和科学技术的进步，商品市场日益发生深刻的变化，人们对产品的质量、成本和种类要求越来越高，产品更新换代速度加快，其生命周期越来越短，市场竞争日益激烈。为此，企业需要不断采用各种以计算机和信息网络为主体的先进生产运营技术来提高竞争力，如数控（NC）、计算机数控（CNC）、直接数控（DNC）、计算机辅助设计（CAD）、计算机辅助工程（CAE）、计算机辅助工艺编程（CAPP）、快速原型制造（RPM）、虚拟制造（VM）、并行工程（CE）、柔性制造系统（FMS）、

制造资源规划（MRPII）、供应链管理（SCM）、质量功能部署（QFD）、计算机集成制造系统（CIMS）等。在过去的几十年中，世界上许多发达国家和发展中国家都在这些技术上有较大投资。虽然这些先进技术具有通过提高质量、柔性和生产率来提高企业竞争力的巨大潜力，但各国企业实施这些技术成功与失败的经验教训表明，技术本身并不能保证一定取得效益，国内外一些企业实施CIMS的情况就可以说明这一点。

20世纪80年代末期，CIMS在实现程度和发展速度，以及对企业生产任务和工作组织设计的影响等方面，其产出低于人们的预计。企业往往在大量的人力、物力和财力投入到CIMS技术后，产出甚微。研究人员在1986年对原西德大约1 100家重要的制造企业（主要是机械、电子和汽车这三大类）的调查证明了这一点。在美国也存在类似问题。20世纪80年代美国工业界急切地想使其制造系统自动化，并为此投入了大量资金，但很多工厂的运行结果却很让人失望。那时甚至有一种倾向，想通过技术来减小人在系统中的作用，让人成为自动化的辅助工具，并最终使人从自动化制造系统中“消失”。在CIMS的初期，这种倾向占据了统治地位，如无人工厂、完全自动化等提法主导了实施的方向，但结果并不好。例如，美国通用汽车公司花费了数亿美元巨资，投资建立起一个高度自动化的、只有十几个操作人员的“未来工厂”，因没有取得预期的效益而关闭。美国国家标准和技术研究院（NIST）、美国工业技术研究所（ITI）建立的CIMS示范工程，也由于同样的原因而撤销下马。据统计，只有25%的企业在实施CIMS后达到预期的目标，而大多数企业则效果不佳。

研究表明，导致许多企业实施CIMS效果不佳的根本问题在于，企业只重视在技术上的投入和信息集成，而忽视了与人有关的因素，没有相应的组织和人员管理与这些技术相配合。据美国AMRC（先进制造研究公司）1990年4月的报告指出，实施CIMS的障碍中有70%来自人，11%是由于对成本的评估不正确，9%是技术原因，还有其他原因（如资金限制）等。德国工程师协会在1990年对德国若干实施CIMS的企业进行调查表明，在影响CIMS成功的因素中，30%来自人，23%来自技术，19%来自组织管理，17%来自企业文化。美国Yankec Group Study也对实施CIMS的障碍提出以下的分析结果：①组织占32%；②硬件占1%；③通信占8%；④软件占8%；⑤系统的表现占8%；⑥车间人员占10%；⑦管理占13%；⑧规划占20%。其中与人有关的因素共计为75%。

在我国，现在对这些先进技术的研究、开发和应用主要集中在CIMS方面，在制造企业中通过广泛采用计算机、通信、自动化等技术的集成来提高企业管理水平、应变速度和竞争能力。CIMS作为我国高技术研究发展（863）计划的一个重要领域，近10年来在研究、开发和应用上都取得了较大的成绩。不少企业成为CIMS应用的示范点，共有近百家CIMS典型应用和推广应用工厂，覆盖了机械、电子、航空、航天、石油、化工、纺织、轻工、冶金、邮电等行业。清华大学和北京第一机床厂还分别获得美国制造工程师协会（ASME）授予的大学领先奖和工业领先奖，不少企业取得了良好的效益。如中国几大飞机工业公司由于实施CIMS，具备了波音飞机公司要求能够进行数字化产品设计的条件，因而取得了波音大量零部件转包生产订单。这些都是有目共睹的成绩。然而，也有一些企业没有取得预期的效益。它们在CIMS的实施中把精力主要放在计算机、网络和软件等技术问题上，而人的因素未得到足够的重视。员工的素质、行为和伦理如何适应这些先进的信息网络技术的要求，正是当前迫切需要研究的问题。

企业实施信息和网络技术会给员工的工作角色、素质和伦理道德要求带来较大的变化，具体表现在以下几个方面。

① 随着自动化、信息化设备的引入，员工的工作内容由传统的劳力密集型向知识密集型转变，员工从直接的手工操作者变成了监控者、编程者、决策者和一定程度上的自我管理者。因此他们必须接受培训，重新学习掌握这些方面的知识和技能。

② 在制造行业中，由于计算机将各生产阶段（如设计、工艺和制造等）集成起来，因而使得传统意义上严格的分工界限变得模糊，员工的工作内容扩大了，他们必须了解除本专业以外更广一些的工作内容和知识，需要有多项技能，最好是多面手。

③ 随着产品种类、产品技术和生产技术等变化的加快，员工的技能生命周期(skill life cycle) 变得越来越短。员工一辈子只需懂得操纵某种机床的日子已经一去不复返了，员工必须终身学习，不断更新获取知识和技能。因此，员工能否经常得到培训的机会，以及是否具备不断学习的能力就显得十分重要。

④ 由于各个生产制造阶段高度集成相关，因此各部门（包括水平和垂直）员工之间的合作和团队工作方式就变得十分重要。员工必须能够突破狭隘的本部门主义，而建立全局性的、整体化的工作观念。

⑤ 要使员工建立全局性的、整体化的工作观念，企业就必须建立支持团队工作的绩效评价和激励系统。

⑥ 要使各部门（包括水平和垂直）员工之间能够有效合作和采用团队工作方式，员工就必须具备一定的团队工作能力、人际能力以及沟通技巧。这也需要通过培训来实现。

⑦ 一线员工直接面对市场、顾客和生产现场，为了抓住机会，提高决策速度，再加上他们拥有更多的信息，而且日益成为知识化的工人，因此他们就需要从上面得到一定的授权，从而具有自治和自我管理的能力。

⑧ 在信息技术十分发达的条件下，企业组织里中层管理人员传递信息和指令的作用开始减弱，很多管理人员的角色应该改变，从控制下属变成支持下属，下属员工的角色也相应从被控制变成被支持。

⑨ 在高度自动化和高度相关的制造系统中，操作上的小失误往往会被放大，从而增加了引起系统混乱的可能性。这种情况对员工的工作伦理道德要求很高，员工必须经过严格的选拔和培训。

⑩ 在全球信息网络化环境下，企业员工不仅需要与内部各部门人员合作，同时还要与企业外部的供应商、用户，甚至竞争者建立双方赢利、合作以及长期的伙伴关系，而取代以往不输即赢的思想和短期观念。只有这样，才能使企业充分利用整个社会各方面的资源。员工这种合作和双赢观念的建立，需要企业文化的熏陶和各种各样的教育和培训。

⑪ 在网络经济和网络技术环境下，组织之间、企业与顾客之间的交易都是通过网络而不是传统面对面的方式进行的。要成功地完成交易活动，人们相互之间的信任是十

分重要的。另外，在网络经济环境下，企业的员工可以通过网络远距离在家工作，上司很难再直接管理下属员工。因此，管理者与员工之间也必须建立很强的信任关系。信任是今后重要的研究课题。

⑫ 在信息网络技术环境下，人们之间的交易和沟通都是通过信息媒体进行的。因此，信息系统的设计必须充分考虑消费者在网络环境下的各种需要和行为特点。譬如，著名的网上售书公司——亚马逊公司（amazon. com），在网络售书中能根据购书者的各种需要和心理特点来设计网页界面，引导购买者以最快的速度来获得其所需书的各种信息，受到广泛欢迎。因此，充分地考虑人的各种需要和行为特点来正确地设计人机界面对网络经济的成功将是十分重要的。

总之，信息网络技术的飞速发展以及在各行各业越来越广泛的应用将是社会不可抗拒的规律。因此，我们必须从组织行为学的角度出发，来研究在信息网络技术环境下人的素质、行为和伦理问题，以充分发挥这些先进技术的作用和潜力。

第二节　知识经济环境下的群体创造力、知识管理和激励

知识经济作为人类文明的第三次浪潮已经来临。根据世界经济合作与发展组织（OECD）的报告，知识经济是和农业经济、工业经济相对应的一个概念，是指当今世界上一种新型的富有生命力的经济，这种经济建立在知识和信息的生产、分配与使用之上。美国微软公司总裁比尔·盖茨是知识经济中强者的代表，他连续3年位居世界富豪的榜首，其财富还在不断上升。他的成功靠的不是传统工业经济时代有形的厂房和产品，靠的是软盘及软盘中包含的知识。现在，微软公司的市场价值已大于美国三大汽车公司的总和。近年来美国经济增长的主要源泉是5 000家软件公司，它们对世界经济的贡献绝不亚于名列前茅的500家世界大公司。可以说，美国经济之所以一直能保持强劲的发展势头，靠的就是以知识为基础的高科技。我国政府也将大力发展知识经济作为今后发展的重要战略。

一、群体创造力

要发展知识经济，必须提高组织创造新知识的能力。然而，随着组织所面临的问题越来越复杂，利用群体（而不是个人）的创造力来得到更新的知识将是发展趋势。人类各种科技发展的历史也说明了群体在知识创造中的重要作用。譬如，在科学活动的早期，单个人的创造活动可以解决许多重大问题，如牛顿、伽利略、哥白尼等人的发现即是。但是到了19世纪末、20世纪初以后，随着各学科之间的交叉，许多发明创造，如飞机、汽车、人造卫星、宇宙飞船、空间实验室等，再也不是单个人的创造力所能解决的问题，而依赖于很多人之间的协作和群体的创造力。即使是爱因斯坦的相对论，也是集体智慧的结晶。从1902年到1905年，爱因斯坦经常同索洛文、哈比希特、贝索等年轻朋友在瑞士伯尔尼一家咖啡馆聚会，讨论学术问题。常常是一个人的发言还没有结束就立刻引起争论。爱因斯坦关于狭义相对论的第一篇论文就是在这种讨论的气氛中孕育

的。在这篇划时代的著作里，爱因斯坦没有引证任何文献，却提到了贝索对他的启发。后来，他还深情地赞颂那时的自由讨论，认为它“所闪耀的光辉依然照耀着我们”。据记载，自然科学上解释地震起因的板块理论、宇宙形成上的大爆炸理论，都是在集体争论中提出来的。据美国社会学家朱克曼统计，1901—1972年间，共有286位科学家获得诺贝尔奖金，其中有185人是与别人合作进行研究的。在诺贝尔奖金设立后的头25年，合作研究获得的人数占41%；在第二个25年，这一比例升到65%；而第三个25年，这一比例已达79%。

应该说，群体具有的潜在创造力远大于个人，它不是个体创造力的简单相加，而是组织合力的一种形式，即所谓三个臭皮匠，赛过诸葛亮。但是，要达到这个目标也不是件容易的事情。由于群体中人们之间可能存在不良的相互作用，因此也可能会得到比个体更差的结果，即所谓一个和尚挑水吃，两个和尚抬水吃，三个和尚没水吃。因此，我们有必要从组织行为学的角度来研究群体中个体之间应如何相互作用而将个人的创造力、知识和智慧整合起来产生更新的知识，形成解决大型复杂技术问题的知识方案。我国企业只有做到这一点，才能真正创造新的知识，发展知识经济，形成竞争力。

二、知识管理

要发展知识经济，还需要研究在一个组织或群体中知识是如何创造、转化和利用的。当前，知识管理方面的研究正在兴起，并成为西方组织研究中的热点问题之一。日本学者野中和竹内研究了组织中知识的创造、转化和传播的过程。他们首先将知识分为隐性知识（tacit knowledge）和显性知识（explicit knowledge）两种。隐性知识是存在于组织个体的、私人的、有特殊背景的知识，即组织中每个人所拥有的特殊知识。它依赖于个人的不同体验、直觉和洞察力。显性知识是指能在个人间更系统地传达的、更加明确和规范的知识。然后，他们将组织中的知识转化和传播描述为以下过程：①组织中的知识转化和传播是从团队成员之间共享隐性知识开始的。隐性知识在团队内共享后经整理被转化为显性知识（称为外在化，externalization）。②团队成员共同将各种显性知识系统地整理为新的知识或概念（称为合并，combination）。③组织内的各成员通过学习组织的新知识和新概念，并将其转化为自身的隐性知识，完成了知识在组织内的扩散(内在化，internalization)。④拥有不同隐性知识的组织成员互相影响，完成了知识社会化（socialization）的过程。此后，组织中新一轮的知识创造、转化和传播的过程又开始了。

另一个需要研究的问题是，如何建立一个适合知识管理的组织结构形式。对一个企业来说，创造知识实际上就是通过分析市场和开发新产品等活动，获取对公司内外环境的新认识（包括新趋势、新技术、新管理思想等），并通过提炼、重组、归纳，得到较为系统明晰的知识；这些新知识是公司员工能动地创造的，但将他们的新认识、新发现、新点子搜集、整理并不是知识创造的终结，将精炼后的知识推广、传播到整个组织，创造出的知识才能最大地发挥其力量，为竞争赢得领先权。

一个能有效地创造知识的过程，必须既有利于全新知识的萌发，还要有利于知识的积累。这样的过程，必须有相应的组织结构相对应。经过长期的发展，组织结构虽然形成了许多流派和很多分支细化的具体形式，但其基本类型无非两种：官僚型和任务组型。官僚型组织的典型特征是部门化和等级制，其特点是集权式的层层负责制，组织中各部门的合作以及绝大多数工作的开展都有标准化的程序和模式，所谓按规章（矩）办事，有的时候甚至陷入了繁文缛节的尴尬境地。对于经过高度合理化的重复性工作，对于发展成熟、运行环境稳定的常规工作，这种组织结构是高效率的。但实际上许多企业由于并未对这种工作的处理进行充分的合理化，客观上也带来了效率的低下。而且，扼制个性与创造力、死板、僵化是官僚型的致命弱点。对于瞬息万变的市场形势和不确定的市场前景，这种结构就会出现功能失调，力不从心。该结构具有与生俱来的惰性，在适应新形势方面表现出难以克服的弱势。任务组型的结构则在适应性、灵活性和参与性方面远胜于官僚型。任务组是指为了完成某项特定任务（开发新产品、技术攻关等），临时由各部门抽调相关人员组成的团队。一般来讲，任务组负责的任务是短期内要求解决的问题，有给定的完成期限，而且从管理上讲，任务组由于要调用各部门的人力、物质和信息资源，进行跨部门协作，它们往往直接对高层管理人员负责，独立于各部门之外，不但不听命于任何部门，而且甚至在获取资源方面较之各部门还有更高的优先权。在任务组中，没有陈规可言，也没有明确的等级划分，组织结构相当扁平。同时，跨部门的人员组成可以更有效地利用人力和智力资源，综合范围更广的知识。任务组还拥有一定的自主权和决策权，知识创造更容易在这样的结构中完成。

但就知识创造的全过程来说，任务组结构无法成为知识积累、传播和推广的依托。因为其临时性，在项目完成后，小组解散，成员各归各部门。小组在研究开发过程中总结、发现和探索到的新知识、新技能和新经验无法有效地在整个组织范围内传播，知识也就不能在组织这个层面上增值。这对公司的长期发展是不利的，只种不收，知识得不到循环，知识创造也是残缺不全的。所以，在微观的任务组中获得的新知识如果不能在宏观的组织内被很好吸收、利用，整棵树也是长不好的。

而历来的组织学观点总是简单地用二分法将两种基本结构形式对立起来。我们认为，二者是可以互为补充的。官僚型结构适合于知识的利用和积累，而任务组结构则有利于知识的创造和共享。如何将这两种组织形式综合起来，建立一种既适合于知识的创造和共享，又适合于知识的利用和积累的组织结构，则是组织行为学今后要研究的重要内容。

三、知识经济环境下的激励机制

在知识经济环境下，如何建立相应的激励机制是非常重要的。在传统的报酬机制中，资历和服务时间是激励中考虑的重要因素，这样会鼓励员工对企业忠诚，同时也是对他们工作经验的认可。在传统企业中，这两个因素对于企业的发展是很有意义的，因为传统企业员工基本上是重复同样的工作，长期工作实践积累起来的经验对于提高工作效率、保证产品质量非常重要；另外，员工对于企业的忠诚能够提高组织内部的相对稳定性，从而保证企业运行的持续平稳。而在当今市场和技术迅速变化的环境下，很多企业必须采用先进的信息集成制造技术进行多品种、小批量的生产，以面对环境的不确定性。而且，在当今日益发展的知识经济和网络经济时代，产品的价值将主要取决于其所包含的新的独占性知识、技术和信息的多少，而不在于它所包含的原材料、能源或体力劳动时间的多少。知识经济时代，既然以知识作为资本来发展经济，知识就应该是决定分配的第一要素。深圳华为公司实行知本主义就是很好的例子。在这种情况下，员工们适应变化的能力以及不断学习新知识的能力成为最重要的因素，而经验的作用会相对减弱。因此企业需要的是一种能够激励员工获得新知识、新技能，并以充分的灵活性来运用这些技能的报酬系统，这就是基于知识的员工激励机制。在知识经济日益兴起的今天，员工的工作将越来越成为知识性的工作，所以基于知识的激励制度更适合于未来环境的要求。然而，基于知识的激励机制也会对传统的分配方式造成冲击，影响一些员工的不公平感和忠诚感。如何平衡利弊，也是需要进一步研究的。

第三节　领导与决策行为

一、关于领导行为研究的发展阶段与趋势

组织行为学中关于领导行为的研究主要经历了以下几个阶段：

人们最早对领导的研究是采用特质法。这种方法着重于研究有效领导的特质，并寻找测量这些特质的方法，其目的在于以此来选拔领导。

后来，人们开始用行为方法来研究领导，其目标是要确定与高效领导相关的行为，并据此来培训领导。其中，俄亥俄大学的两维模式（关心人 / 抓组织）、领导网格法（关心生产 / 关心员工）以及 PM 领导模型，都是行为方法的重要代表。

接着，人们提出了领导的权变理论。该理论认为，领导行为或领导方式的有效性不能一概而论，而是取决于具体的情景。这其中包括：LPC 理论（认为领导的有效性取决于领导者的个性与情景的匹配程度）、通路—目标理论（利用决策树来评估情景，并给出 5 种可选的领导模式）、领导—成员交换模型（强调领导者与其下属不同的关系会影响下属能得到的权力和机会）以及领导者生命周期理论（根据下属成熟度的不同来确定合适的领导方式）等。

现在，人们又从领导者如何对下属施加影响（influence）的角度来研究领导。他们提出了交易型领导（transactional leadership）和变革型领导（transformational leadership）两种不同的概念。交易型领导本质上与管理（management）相同，是指领导主要从事的是组织各种日常的事务和活动，如按照组织既定的制度给员工奖励，以提高员工的积极性；或按照组织的流程开展各项工作。而变革型领导方式则不同，领导者能很敏感地意识到外界的各种变化和变革的需要，为组织和员工创建愿景，感召员工向更美好的目标前进。魅力型领导（charismatic leadership）也是类似的概念。它认为，魅力作为人与人之间的一种吸引力，对领导者是非常重要的，会使员工产生支持和从心理上真正的接受。魅力型领导是基于领导者个人魅力的一种影响方式。还有人提出了超级型领导（super leadership）的概念，它是指领导者逐渐地将其权力、责任和控制转移给自我管理的工作团队（self-managed work group）。当组织采用基于团队的管理方式（team-based management）时，一个超级领导可以改变其个人风格，转变为一名教练

(coach) 或促进人员 (facilitator)，而不是一名监管 (supervisor)。还有一些人从权力和政治行为的角度来研究领导。譬如，他们研究领导者如何从不同的来源获得权力，包括奖酬权力 (reward power)、强制权力 (coercive power)、法定权力 (legitimate power)、参照权力 (referent power)、专家权力 (expert power) 等。

以上简单总结了组织行为学中关于领导行为研究的几个阶段。总之，当前关于领导的研究有从具体的行为特点转向抽象的影响力的趋势，人们提出交易型领导和变革型领导两种相对的概念就是这一趋势的反映。

二、领导决策行为分析与复杂决策问题

1. 决策行为分析

对于领导者来说，每天都面临很多的决策问题。领导的有效性在很大程度上取决于决策的有效性。许多领导者传统上习惯于直觉决策，或者说拍脑袋做决策。当然，对于某些简单的决策问题来说，或者在缺乏足够的时间和信息的环境下，领导者不得不通过拍脑袋做决策。但是决策不能总停留在原始的拍脑袋的水平上。因此，对决策行为加以深入研究，以提高领导的决策水平，这仍将是组织行为学研究的重要问题。

当今，组织行为学关于领导决策的研究正越来越强调对人的决策行为及其缺陷进行分析，从而提出相应的措施来避免各种决策陷阱，使人成为更有智慧的决策者。这些研究正在发展成为一个新的分支——行为决策学 (behavioral decision-making)。这方面代表性的研究成果主要有：诺贝尔经济学奖获得者赫伯特·西蒙在 1978 年发表的《理性选择的行为模型》；诺贝尔经济学奖获得者丹尼尔·卡纳曼与阿摩斯·特沃斯基发表的《在不确定条件下的判断：直觉推断和偏见》、《前景理论：风险下的决策分析》以及关于主观概率的 S 理论；芝加哥大学罗宾·霍格夫的《判断和选择》，康奈尔大学 J. E. 儒索和芝加哥大学舒马克的《决策陷阱》；儒索还提出了智能框架理论，研究了在决策过程中决策者决策框架的构造、变化及应用的技巧。另外，有关决策行为分析的研究成果还被运用于计算机辅助决策支持系统的设计。决策行为的跨文化研究也在进行。在我国，从人的行为及其缺陷角度来研究领导决策的有效性还较少，应该加强这方面的工作，以提高领导的决策水平。

2. 复杂问题的决策

在市场变幻莫测、技术日新月异的今天，领导者面临着的环境是错综复杂、瞬息万变的。一个领导者要想做出正确的决策，必须依靠群体的智慧，甚至借助外部智囊团。然而，在群体决策环境下面对一个复杂问题进行决策，却不是一件容易的事情。这里要研究的问题是：如何将复杂的问题进行分解和整合并建立严密的决策程序以快速有效地完成决策？如何有效地寻找和发现外脑，以在很短的时间迅速得到决策所需要的知识和信息？如何有效地将决策群体中所有人的知识加以集成，以形成对问题完整的看法和方案？如何考虑决策群体中各人的知识、经验、胆识、利益、价值观等方面的差异以及局部利益与全局利益的矛盾，而采用适当的妥协方法？如何实施民主与集中相结合的原则？这些都将是组织行为学中需要进一步探索、研究的重要问题。

三、领导者的新理念

当前，越来越多的管理文献对领导者的任务、理念、角色和能力要求等方面进行了论述，主要体现在以下一些方面：建立愿景、授权和支持、激励员工、多元文化敏感性、对待顾客和员工、社会责任、创新意识和能力。

1. 建立愿景

领导的首要任务是要建立企业的愿景，以此来给员工一种方向感和激励作用。公司愿景指明了公司应保持的核心理念、价值观和目标，表明了公司存在的基本理由，指明了公司未来的前进方向。能保持成功的公司总是拥有相对持久的核心价值观，尽管它们的商业策略和实际运作方法总会随不断变化的环境而进行调整。世界上一些著名的公司，如惠普、3M、强生、宝洁、摩托罗拉，它们之所以能成为不断更新自我并实现长期绩效领先的精英集团，其原因从根本上就在于公司所拥有的恒久不变的、对员工起激励作用的愿景。建立这样的愿景是企业领导的重要任务。

2. 授权和支持

企业领导的另一个重要方面是给员工授权和提供支持，创造良好的环境条件，鼓励员工独立思考和创新。过去，领导者是指挥家，告诉其下属应该做什么，并且监督他们的行动，以确保员工按照要求行事。在当前的环境下，指挥家式的领导者时代已经结束了，员工日益知识化，领导者应该将员工当作一种资源来看待，充分发挥他们的积极性和创造性，实行一定程度的自治和自我管理。随着组织日益扁平化，员工直接面对市场、顾客和生产现场，为了抓住机会，提高决策速度，就应该给员工授权。领导者的工作是确定组织应该做什么，评估其竞争环境，确定所需的资源，制定合适的目标。高层管理者通过制定目标来领导；中层管理者则根据自己的现状，找到完成目标的最佳方法来领导。当然，领导也不能随便授权，而是给有责任和有需要的人授权，权力和责任总是相辅相成的。

3. 激励员工

企业领导还要善于激励员工。领导要善于了解和洞察员工的各种需求，通过各种方式激励员工勤奋、独立思考、创新和合作。即使他们失败了，也要合理地评价他们的工作，促其学习和提高。激励员工越来越成为企业领导的重要素质和能力。

4. 多元文化敏感性

随着全球经济的一体化、信息网络技术的飞速发展、国内外交流的日益增多、社会改革开放的深入，员工的价值观将越来越呈现多元化的趋势，员工将越来越有机会跨越国界而工作，跨文化工作环境越来越多。在这种发展趋势下，企业领导要尊重多元化，培养自己对多元文化的敏感性，提高跨文化管理技能。

5. 对待顾客和员工

在信息时代，企业一切管理将是以市场为中心，想方设法极大地满足顾客的需求。因此领导必须愈来愈强调企业与顾客建立一种带有某些感情色彩的私人化关系，信息技术的极大发展也为这种关系的建立提供了良好的条件。具体来说，这种关系体现了企业在进行产品设计时要注意考虑顾客特殊的要求，使顾客感觉到企业是在尽量为满足其个人需要服务，企业甚至可以在信息技术支持下方便地建立每个顾客的个人档案，对其产品的使用和今后的需要进行跟踪，并让他们能参与产品的设计。另外，企业在提供产品使用性能的同时，还需要特别注意在服务的过程中抓住各种机会以提供超过这种使用性能的增值服务，以便赢得顾客。总之，建立一种与顾客时时相连的、带有个人感情色彩的关系是领导的新理念。在对待企业自己的员工问题上，信息时代的管理者必须作出很大的改变。信息时代这个名词，既代表了这是一个充满了信息技术的社会，也代表了这个社会将是知识化的。也就是说，人们所受教育程度开始日趋平等，所能够达到的经济水平之间的差别将会缩小，人们掌握各种信息和观念的能力日益增强。在这种信息化和知识化的大前提下，企业管理者对待员工必须从过去最早的经济人而改变为社会人。著名美国管理大师彼得·德鲁克指出："由于现代企业组织由知识化的专家组成，因此企业应该是由平等的人、同事们形成的组织。知识没有高低之分，每一个人的业绩都是由他对组织的贡献而不是由其地位高低来决定。因此现代企业不应该是由老板和下属组成的，必须是由平等的团队组成的。"因此，在未来组织中，企业必须建立一种平等地对待所有员工、充分尊重其个性并鼓励他们民主参与管理的良好机制，这样才能充分调动其积极性，从而为企业服务。总之，领导对待顾客和自己的员工都必须真正做到以人为本。

6. **社会责任**

未来社会的人们在这个地球上的生存状态将越来越成为企业必须关注的问题。企业不能仅仅成为一个生产销售产品/服务去赚取利润的组织，还必须使自己的一切活动对人类社会负责，关心社会上各种重要问题。未来的企业领导必须具有很强的社会责任感，这既是道德上的要求，也是企业形象和竞争的需要。

首先是环境保护问题。回顾20世纪历史的发展过程，经历一系列全球性生态环境问题对社会发展所带来的影响和痛苦，人类不得不反思和总结传统经济发展模式不可克服的矛盾，于是开始重新审视自己的经济行为，探索新的发展战略。联合国指定的世界环境与发展委员会经过长期的研究，于1987年发布了长篇报告《我们共同的未来》，该报告首次提出了"可持续发展"的定义，即"既满足当代人的需求，又不对后代人满足其需要的能力构成危害的发展"。1992年联合国环境和发展会议确定了人类的可持续发展道路。最近，西方国家日益兴起的可持续发展和绿色制造（green manufacturing）思潮代表了这一方向。可持续发展和绿色制造不仅仅是要求企业的制造活动不污染环境，还要能够充分节约一切资源。如果企业的资源利用率低，危害的不仅是企业自身，而是整个社会，因为人们是生活在一个地球村上。目前国际上正在发布制造产品国际标准（ISO 14000系列标准），就是要对产品生产加以约束。美国三大汽车公司（通用、克莱斯勒和福特）、3M公司、荷兰壳牌石油公司、康柏（Compaq）计算机公司等开展绿色制造取得了很好的成果。

除了对环境的责任外，企业还必须关注它所在的社区和社会的发展问题，如贫困、失学等，以建立在公众中的形象，从而赢得市场竞争。

7. 创新意识和能力

企业只有不断根据变化了的环境和条件进行学习和创新，才能延长其寿命，保持长久的生命力。21 世纪最成功的企业将是学习型组织，未来唯一持久的竞争优势，将是具备比你的竞争对手学习和创新得更快的能力。领导者是一个企业的领路人，其在经营管理上的创新能力是建立这种竞争优势的关键所在。

创新不是一件容易的事情，而持续创新则更难，否则就没有那么多盛极一时的公司失败的例子了。创新是一种十分复杂的心理过程和行为。企业领导只有克服各种障碍，才能创新。这包括以下几个方面。

(1) 突破以往的成功来创新

在人们的头脑中都有某些思维定势，它是处理事情相对稳定的方式，因此不是很容易改变的，尤其当这种处理事情的方式在以前给人带来过成功时更是如此。而这正是企业家们创新时要克服的首要障碍。

(2) 从不易察觉的变化中创新

领导者创新的动机往往是由外界的变化引起的。一般来说，当企业内外变化很明显时，他们会有一种压力和紧迫感，从而促使他们开始变革和创新。而当这些变化小而不易察觉时，领导者创新的障碍就出现了。

(3) 从整体的角度来创新

人们常常会有一种片断而非整体地思考问题的方式。领导也不例外，表现在管理上，就是经常赶时髦，今天学日本的全面质量管理（TQM），明天学美国的目标管理，后天学邯钢的成本管理。在当今管理思想非常活跃的今天，企业家们经常被一些新名词搞得头晕眼花。这表明领导者在创新时并没有从企业经营管理的全局来分析、考虑企业到底需要什么，应该引进什么，而不要迷信什么。企业家只有建立整体性的观念；才能真正实现管理创新。

(4) 用长期眼光来创新

人们除了在空间上有不从整体而从局部考虑问题的倾向外，在时间上还有只从短期而非长时间段来考虑问题的缺陷。

因此，从组织行为学的角度研究领导创新的心理、行为、障碍以及克服的措施，将是十分重要和有意义的。

第四节 组织结构的变化与管理

传统的企业组织结构模式，是建立在 200 多年前英国政治经济学家亚当·斯密的劳动分工论基础上的，经过泰勒、福特和斯隆等人的发展，已成为当今绝大多数企业普遍采用的模式。其特点是强调专业分工、机构庞大臃肿、组织呈金字塔式的多级层次结构。这种组织结构在历史上商品市场需求量大而且稳定的情况下实行规模经济时确实辉煌过。但在当今产品生命周期越来越短、市场变化日益加快、竞争愈加激烈、信息技术日新月异、人们的精神文化需求日益增长的环境下，组织结构正在朝新的方向发展，也带来了相应的研究课题。

一、扁平化的组织结构

1. 国内外企业组织结构扁平化的现状和趋势

这些年来，随着计算机信息技术的发展，中层管理人员传统上只作为传达信息的中转站（relay）的作用已逐渐被计算机所取代。美国从20世纪80年代中期至今，已有200万中层管理人员被裁退，其比例高达16.8%。裁员（downsizing）成为各种管理文献上出现频率很高的词汇，也成了学者们重要的研究课题。由于计算机在管理中的广泛应用，企业不再需要将直接监督和书面报告作为沟通和控制的手段。管理人员只需要在计算机上操纵几个键，便可了解生产现场、科室部门的工作及财务情况。管理信息系统（MIS）扩大了管理人员的"手"和"眼"，扩大了他们的管理幅度，使其能控制、管理更多的人和物，计算机代替人执行部分监督工作已成为现实。这些都可以减少管理者人数，减少组织层级，使组织扁平化。譬如，美国英特尔公司，其年销售额近100亿美元，但公司只有3万人，平均每人产值达30万美元。英特尔公司的组织结构中，在总部下面是四个独立的企业单元和一些小的支持组织，中间层次很少。其组织结构保持了中小公司的那种市场驱动模式，当公司迅速发展膨胀时，没有让中间管理层次膨胀起来，这在大公司中是很难得的。

在我国，尽管计算机信息技术不如美国发达，但已越来越普遍。各种管理信息系统、MRPⅡ系统以及网络系统（Internet和Intranet）也开始建立，为组织扁平化改革提供了条件。作者对我国一些实行计算机集成制造系统（CIMS）的企业进行过组织结构变化方面的实地调研，发现很多企业实行CIMS后都进行过组织扁平化的改革。特别是很多实施MRPⅡ（CIMS中的一种技术）的企业，由于现在可以对整个企业的生产集中进行计划和控制，计划可直达班组，实行一级管理，因此以前从总厂、分厂、车间、工段，最后到班组的那种分层次、一级级下达计划的方式已经越来越没有必要，一些管理层次被取消。如某飞机工业公司的汽车制造厂将以前从总厂、分厂、车间、工段，最后到班组的那些管计划的人员进行分流，除了留一部分在总厂的计划部门，另一部分在车间外，剩下的都安排别的岗位。某鼓风机厂在CIMS实施过程中，在其组织结构的纵向上压缩层次，特别是为了提高制造加工的柔性和效率，该厂对车间的职能重新进行了划分，将原来的封闭型车间改变为开放型工艺车间，并将车间的工段级组织取消，改为按生产单元划分生产班组，实行车间、班组二级管理，使该厂的机床利用率明显提高，零件制造周期也随之显著缩短。某摩托车集团有限公司改变原来的多层次、多头计划为集中的一体化计划，计划的编制与执行分离，成立物料管理部门，在信息集成技术支持下，整个集团在一个计划的统一协调下，更加灵活地适应市场需求的变化等。另外，除了上述由计算机集中计划引起的组织扁平化以外，很多企业还将传统的多层次工艺组织（如总厂、分厂、车间、工段，最后到班组的工艺人员）采取类似对上述计划人员处理的方法，减少了很多中间环节。

信息技术发展是很快的，可以预计在不久的将来，信息技术对企业组织扁平化的推动力将会越来越大。其实，除了信息技术能扩大管理人员的管理幅度以外，通过建立很多规范化的管理规则、程序、条例以及标准等，也可以达到这一目的。因为管理人员的作用之一是告诉下属怎么去做。如果我们对一些事情已经规定好了程序，就不需要这么多中层人员来指挥和协调了。所以随着现代企业制度的实施，更加规范化、科学化的管理制度和规则的出现，减少中层管理人员，加快信息传递是完全有可能的。

2. 组织结构扁平化带来的研究问题

组织扁平化意味着变换员工工作岗位、裁员，甚至下岗，涉及大量的中层管理人员及有关科室的员工。在我国企业目前的情况下，减员分流还只能是一个逐步推进的过程。企业要实施扁平化，一方面要紧跟国家当前的各种配套措施，加强教育，转变员工观念；另一方面就是要在经营管理上想办法，密切关注用户需求，开发新的产品和服务项目，从而为员工提供新的岗位。这些都是组织行为学中要研究的问题。

二、基于团队的组织结构

1. 国内外企业中团队组织的现状和趋势

近些年来，团队工作方式在西方工业发达国家企业广泛兴起，不断取代传统的、基于个人独立式的工作方式。在这些企业中，各种不同形式的工作团队在不断涌现，形成分工的基本单位，构成整个组织结构的基础。一些企业采用几百个工作团队，每个团队由 20 名～30 名员工组成。团队涵盖了生产制造、产品开发、服务等多种类型。很多国家，如日本、欧洲（瑞典、丹麦、德国）、北美（美国、加拿大）等都广泛采用这种形式。其中，瑞典的沃尔沃（Volvo）汽车制造公司、德国奔驰（Benz）汽车公司、美国 AT&T 公司、IBM 公司、波音公司、苹果计算机公司以及日本的丰田汽车公司等，都是国际上采用团队组织的先驱。据美国《商业周刊》一项研究表明，北美 1/4 的组织在进行自我指导工作小组（self-directed work team）的实验。团队组织一直是人们研究的热点问题。

这些年来，我国一些企业也在其产品开发和生产中试验团队工作方式，并取得了一定效果。作者对这些企业进行了实际调研。譬如，某机床厂从 1994 年底起就开始每年组织 4～5 个、8～12 人规模的跨部门团队，运用并行工程思想进行不同类型的产品开发。这些成员分别来自该厂的铣床研究所、工艺处以及加工分厂等不同部门，在一个独立且脱离原部门的办公室工作，来共同完成该铣床的设计开发。某纺机股份有限公司在某型号细纱机产品开发上也运用了并行工程思想，组成了跨部门研制团队，使团队内设计与工艺并行、工艺与制造并行，整个试制工作一次合格完成任务，在预定时间成功地研制出样机，并在国际纺机展览会上发布，推向了市场，现已取得内销和外销订单。某飞机工业公司在承接美国波音飞机公司波音 737-X48 段部件的合同任务中，从各部门组成了更为复杂的、多层次联合研制团队来进行开发。该联合研制团队由最上层的领导团队、中层的基本进度团队及下层的三个专业分团队（即装配工艺工装团队、零件工艺工装团队和 CAD/CAM/CAI 团队）组成。另外还包括虽未作为正式团队成员但对以上团队都起咨询作用的各类专家。整个项目团队的直接总人数为 35 人。整个团队集中在一栋楼的整个一层开展工作，来共同完成该零部件的设计开发任务。除了在产品开发上采用这种跨部门团队外，一些企业还建立跨部门的解决问题团队（cross-functional problem-solving team)，负责解决处理生产中出现的各种问题。如某飞机工业公司在生产波音757舱门时就由不同专业（如工艺、工装、生产、制造、供应、质量保证）技术人员以及波音公司驻该厂的有关专家组成，每周二有例会，主要讨论在生产和质量方面的问题。另一家飞机工业公司在推行MRPⅡ和IE（工业工程）时建立了MI（MRPⅡ＋IE）工作团队，由各有关部门和处室人员组成，总公司生产副总经理为团队组长，副总工程师为副组长。团队每周有例会，以集成方法来协调处理实施中的相互关系和技术问题，使MRPⅡ和IE两种方法取长补短，融为一体，把管理信息系统应用提高到新的水平。南方某钻头厂也进行日本精益生产方式（lean production）试点，在其牙轮车间试点推行团队工作方式。摩托罗拉（中国）公司在天津的工厂鼓励员工自发组成全面顾客满意团队（total customer satisfaction，TCS)，来帮助公司提建议，以持续提高产品质量，提高工作效率。这一活动在公司取得了很好的效果。

2. 团队组织及其工作方式的益处

从国内外企业的情况来看，团队组织及其工作方式的益处主要有以下几方面。

① 大大缩短产品上市和服务完成的时间，同时使质量、成本和效益大大提高。

② 使企业各分化部门能够重新整合，加强各部门之间的信息沟通和合作，提高信息在整个企业内的传递沟通速度，提高企业的反应能力。

③ 使整个企业都能面向顾客和市场，抛弃了以工作和任务为中心的思维方式，转向以市场和顾客为中心的模式。

④ 增加团队成员的士气、工作满足感和成就感，有利于其生理、心理健康，能充分发挥员工的积极性和创造性。

⑤ 有利于员工掌握更多的知识和技能，使员工成为多面手，有利于他们的职业生涯发展。而员工自身的发展和成长对整个企业发展是十分有益的。

3. 团队组织及其工作方式的本质和原因

从上面一些团队实例可看出，团队工作的实质是从原来面向功能（function-oriented）的工作设计转向面向过程（process-oriented)、面向产品（product-oriented)、面向结果（result-oriented）以及面向顾客（customer-oriented）的工作设计。员工不再只从事单一专业化的工作，而是从事与最终产出、与整个过程有关的多项工作。设计开发出一个最终的产品、由零部件组装成一部汽车或者给顾客提供一个完整的信贷服务等都是一个完整的业务流程。传统工作方式是把这些流程分解成很多小段，每个人独立地做其中一份工作。在以前市场大量需求且稳定的卖方市场情况下，这种方式能通过规模经济提高效率。但如果分得太细，势必增加很多不必要的协调工作量。在当前市场急剧变化的买方市场时代，这种僵化的工作方式是不利于企业灵活反应的。团队工作方式就是要适应时代的变化，从根本上改变员工的工作方式。

企业采用团队工作方式有以下几个深层原因。

① 团队工作方式兴起最重要的外部原因之一就是市场的变化，市场要求产品开发、生产和服务的时间必须快，时间成为竞争取胜的主要因素。而团队工作方式由于是面向最终产品、顾客、结果和全过程，因此协调沟通容易，信息传递和决策速度快，能适应

市场的快速变化。

② 从内部原因来看，采用团队工作方式也是员工心理上的需求。建立在200多年前英国政治经济学家亚当· 斯密的劳动分工论基础上的大量生产方式使工人长期从事单调、重复、乏味的工作，生理、心理上容易疲劳，看不到整个工作的成果，而且享受不了一定的决策权，工作生活质量（quality of work life，QWL）较低。在北欧等一些较早实行工业民主化国家的企业，管理者开始想办法通过工作扩大化（job enlargement）、工作丰富化（job enrichment）给他们一些工作自主权，使他们能亲自感受到自己的工作成果，来提高员工的工作生活质量、对工作的满足感和成就感。在对权力和地位看得很重的美国企业界，为了缓和劳资矛盾，使员工多参与并对企业作贡献，很多公司也实行自治小组，开始对员工授权。

③ 计算机信息技术的发展也给团队工作方式提供了支持和有利条件。由于计算机信息技术的发展，中层管理者作为信息传递、中继（relay）以及监督的作用开始减弱。企业有理由大量裁减中层管理人员，使组织扁平化。为了有效管理，将底层雇员组成各种面向产品或过程的团队，并予以适当的授权，成为扁平化组织带来的必然结果。

④ 西方国家企业大力推行团队工作方式，也是其整个社会知识化的结果。著名美国管理大师彼得·德鲁克认为："由于现代企业组织是由知识化专家组成，因此企业应该是一个由平等的人、同事们形成的组织。知识没有高低之分，每一个人的业绩都是由他对组织的贡献而不是位置高低来评定。因此现代企业不是由老板和下属组成的，它必须是由平等的团队组成的。"显然，德鲁克认为，在一个小的团队之内，人们之间显得更加平等，造成这种平等的原因就是人们的知识水平都普遍提高了。

4. 团队组织及其工作方式带来的研究问题

团队对组织显然是有好处的。譬如，我国上述这些企业所采取的各种跨部门团队都取得了较好的效果，特别是在缩短新产品开发时间上很明显。如某厂采用团队开发方式后，其新产品开发样机周期缩短约一半，从样机到批量生产的时间比原有模式缩短了3倍以上，而且产品综合技术经济指标好，符合市场需求，经济效益好。团队开发方式在解决生产实际问题上效果也很明显，能及时发现问题，予以解决。这些都值得在其他企业推广。

但团队工作方式在我国毕竟是一个新生事物，在调查中我们也发现存在下面一些主要问题需要解决。

① 团队与成员原来所在的各职能部门之间的矛盾。

② 开发团队内部各成员之间以及团队与外部各职能部门如何集成智力优势。

③ 企业多项目团队之间的协调与整合问题。

④ 团队内部的建设，团队内部的激励机制。

⑤ 在企业内对团队授权的问题。

⑥ 团队成员的社会培养。譬如，高等教育应如何在专业设置和培养方式上进行改革，以使学生具有较宽的知识面、合作精神和协作能力。

⑦ 团队工作方式的跨文化比较研究。

只有对这些问题加以深入研究，才能克服一些障碍，使团队工作方式能真正在中国企业的改革和竞争中发挥重要作用。

三、虚拟组织结构

当今市场总是存在很多看似相互矛盾的现象。一方面，随着全球经济的一体化、技术的迅速发展以及顾客面临越来越多的选择，各厂家之间的竞争日益激烈。与此同时，企业之间又越来越呈现出相互合作的态势，这些合作甚至发生在竞争对手之间。可以说，合作的浪潮正在影响企业的经营理念，虚拟经营正在成为一种新的策略。虚拟经营是指，公司在组织上突破有形的界限，虽有生产、营销、设计、财务等功能，但公司内部没有完整的执行这些功能的组织。也就是说，公司在有限资源条件下，为了取得竞争中的最大优势，保留企业中最关键的功能，而将其他的功能虚拟化，通过各种方式借助外力进行整合。这实际上也是敏捷制造（agile manufacturing）的重要思想。1988 年，美国 Leigh 大学和通用汽车公司（GM）首次提出了敏捷制造这样一种全新的生产方式的概念，并在 1992 年发表了非常有影响的《21 世纪制造企业的战略》研究报告，系统地描述了敏捷制造的哲理、基本特征以及如何实施的构想，成为各国研究界和工业界广泛关注和研讨的热点。敏捷制造的目标是要建立一种能对用户的需求（包括新产品或服务等）作出快速反应、及时满足的生产方式。Agile 一词是敏捷、灵活、快速的意思。敏捷制造认为，要提高企业迅速响应市场变化和满足用户的能力，除了必须充分利用企业内部的资源外，还必须而且更重要的是要充分利用整个社会其他公司企业的资源。具体来说，当企业得知用户对某一个产品或服务的需求时，便迅速通过全国或全球信息网络，迅速从本公司和其他公司选出各种优势力量，形成一个临时的经营实体即虚拟公司（virtual company），来共同完成这一个产品或项目。一旦所承接的产品或项目完成，虚拟公司即自行解体，各个公司又会不断地转入到其他项目中去。只有这样才能不断抓住机会，赢得市场竞争，获得长期经济利益。可以看出，这种生产方式打破了传统企业固定不变的、限定的企业边界和组织结构，而代之以动态多变的、范围更广的网络式组织结构形式。这些虚拟公司既可以是由企业与供货厂家、用户组成的专业项目组，也可以是由相互竞争的公司共同组成的临时组织。

虚拟经营方面的例子是很多的。我国温州的美特斯·邦威公司、香港立丰制衣公司、美国耐克公司、戴尔计算机公司等，都是这方面著名的案例。

立丰（Li & Fung）制衣公司地处香港，为约 26 个欧美国家的 350 个经销商生产制造各种服装。但说起“生产制造”，它却没有一个车间和生产工人，而是在很多国家和地区（主要是中国内地、中国台湾、韩国、马来西亚等）拥有7 500个生产服装所需要的各种类型的生产厂家（如原材料生产运输、生产毛线、织染、缝纫等），并与它们保持非常密切的联系。该公司最重要的核心能力之一，就是它在长期的经营过程中所掌握的对整个服装生产经营过程供应链系统的优化管理技术，它对各生产厂家的管理控制就像管理自家内部的各部门一样熟练自如。通过这种虚拟组织形式，立丰在有限投资的情况下成为世界知名的制衣公司。它的这种经营特色曾被美国《哈佛商业评论》专文报道。

戴尔（DELL）计算机公司也是虚拟经营方式的典范。戴尔公司1984年以1 000美元的资金注册成立公司，13年后即1997年就发展成为一个拥有12亿资产的公司。现在它是全球主要的PC机生产商之一。其飞速发展的重要原因就是它的虚拟经营方式。1984年，作为一个刚起步的小公司，戴尔无力大手笔地建立价值流中各个环节的工厂，而是只建立起关键作用的、生产能力充足的装配线，将零部件全部采用外包（outsourcing）的形式生产。

美特斯·邦威公司，是我国温州市一家以生产休闲系列服饰为主导产品的企业，创立于1994年。短短的几年时间里，公司在激烈的市场竞争中实现了飞速发展。1999年，公司生产的休闲服饰包括T恤、羊毛衫、夹克衫、牛仔裤等9大系列800多个品种，年产销量300多万件，连锁专卖店发展到160多家，分布在全国20多个省的90多个城市，并在杭州、上海、广东、长沙建立了子公司，全系统员工近2 000人。企业资产由成立时的500万元增至近亿元，全系统销售额由成立时的500万元增至2.5亿元，1998年创利税1 500万元。美特斯·邦威品牌1998年底经逐级推荐及中国服装协会、中国服装设计师协会审核，入选"中国十大女装品牌"，产品质量经国家服装质量监测中心检测，评定为国家休闲服最高等级（一等品）。该公司之所以能高速成长，关键在于其虚拟经营策略的成功运用。公司创立初期，资金实力不足，而市场规模的急剧膨胀与有限的生产能力之间的矛盾日益突出。这时，公司总经理周成建以创新求发展，走借助外厂力量求发展的路子。当时，国内许多企业在市场经济的冲击下，机器设备闲置。于是，该公司决定不再进行机器设备的投资，而采取"借鸡生蛋"的方式，将企业的生产功能虚拟化，利用外力弥补自己生产能力的不足，从而实现企业规模的快速扩张。该公司先后与广东、江苏等地的20家具有一流生产设备、管理严格规范的国有、集体、外资、合资服装加工企业建立长期合作关系，并由公司派出技术组进行指导培训，派驻质检部人员严把质量关。这20家企业具有年生产360万件的生产能力，如果这些企业都由自己投资的话，则需2亿～3亿元。采取虚拟方式，公司不仅可以掌握生产能力与市场规模同步增长的主动权，保持经营的灵活性，而且使公司有条件集中资金投入到附加值高、规模效益明显的产品设计和品牌经营上来。公司领导和设计人员每年都有1～3个月时间搞市场调查，每年两次召集各地代理商征求对产品开发的意见。在充分掌握市场信息的基础上，每年开发出新款式约1 000个，其中50%正式投产上市，取得很好的市场效益，形成自己的品牌优势。

这样的例子还很多。由这些例子可以看出，虚拟企业实际上是企业之间的动态联盟，是在日益信息化的环境下整个社会生产资源进行动态优化组合的一种重要形式。虚拟化作为一种新的组织形式正在成为组织结构发展的新趋势，正日益受到全球企业界和学术界的关注。然而，当前对虚拟企业内各伙伴企业之间的相互关系、合作竞争机制、利益分配和责任分担方法、信息开放与保密（信息不对称性）、各伙伴企业之间的相互信任和学习机制、伙伴选择与评价、各伙伴间价值流、信息流和物流系统的整体集成和优化，以及政府在虚拟企业形成中的作用和角色、各伙伴企业之间的相互学习机制等方面的研究还非常缺乏，这将是今后组织行为学研究的重要内容。

第五节 组织文化

一、企业主流文化的发展与研究

文化是企业的组织纽带。没有文化，企业就缺乏价值观、方向和意志。建立企业文化的最终目的是为了企业能在当前的环境下更好地生存和发展。虽然不同企业的文化都有其独特性，但从总体上看，在某一个时代，不同企业所追求的文化会有某些共性和趋势，反映了时代的主流价值。从一些文献以及企业经营管理的实例上看，当前和今后企业主流文化的发展趋势呈现出以下几个特点。

① 鼓励合作和双赢，而非恶性竞争和单干。这种合作是多方面的，它包括：企业与顾客的合作、企业与供应商甚至竞争对手的合作、企业与政府机构的合作、企业内各部门之间的合作、人与人之间的合作等。

② 倡导快速反应，抓住稍纵即逝的机会。企业要想在当前急剧变化的市场竞争中取胜，就必须对机遇敏感，具有快速反应、抓住机会的能力。当前，基于时间的竞争（time-based competition）就是这种趋势的反映。

③ 视挑战为机会。企业要善于将变化、挑战、顾客不满以及混乱等这些传统上不为人们欢迎的方面作为机会来看待，当成是取得新的竞争优势的开始。

④ 以顾客为中心。企业要做到以顾客为本，认识到企业不单是将自己的产品或服务卖给顾客，而是要为顾客提供其真正面临问题和需要的解决方案。

⑤ 重视知识和信息的价值，鼓励员工学习新知识。

⑥ 鼓励员工之间、不同级别的管理层之间、企业与其合作伙伴之间的相互交流和沟通。

⑦ 组织中不要过于强调等级观念，而是建立这样一种信念：一个人所受的尊重应来自对企业的贡献和知识，而非职位的高低。

⑧ 鼓励员工创新，特别是要敢于对传统的经营管理观念和方法提出挑战。

当前，组织文化方面研究的重要任务之一，就是要进一步研究适合于当前市场和技术环境的企业主流文化，以及企业如何向这种文化转变的措施。只有这样，才能对企业提高竞争力起到重要作用。

二、不同国家文化差异的研究

随着全球经济一体化的发展，不同国家之间的文化差异一直是组织行为学中重要的研究课题。

早在20世纪70年代，巴斯和伯格（P. C. Burger）就曾对12个国家的3 000多名经理人员作了一次调查，于1979年发表了《对经理的评价：一项国际性的比较》的文章，对比了不同国家经理人员的风格。他们认为，不存在一种普遍适用的管理模式，好的管理必须符合特定的文化条件。

荷兰著名的心理学家霍夫斯特德从1967年到1978年在这方面做了大量的研究。他采用标准化的问卷（20种语言），对IBM公司在40个国家中的员工进行了调查，收集了他们的态度和价值观方面的数据。在对116 000个问卷数据进行系统分析的基础上，出版了《文化的格局》一书，提出了四个表征国家之间文化差异的关键因素：权力距离、不确定性的规避、个人主义/集体主义、男性主义/女性主义，后来又加进了第五个因素，即长期观念/短期观念。权力的距离意指一个社会对组织中权力差别的接受程度。不确定性的规避是指一个社会对不肯定和含糊不清的情景所感受到的威胁，并试图回避的程度。个人主义/集体主义是指一个社会强调个人价值或群体价值的不同程度。男性主义/女性主义，是指一个社会强调"男性气概"式或"女性气概"式价值观的程度。长期观念/短期观念则是指一个社会在时间观念上看重将来还是现在的程度。

英国学者查尔斯·汉普登—特纳（Charles Hampden-Turner）和荷兰学者阿尔方斯·特龙佩纳斯（Alfons Trompenaars）研究了七个西方国家（美国、英国、瑞典、法国、日本、荷兰、德国）文化的差异。他们的研究对象是荷兰阿姆斯蒂文国际企业研究中心的学员，他们在1986年至1993年间，分别参加该中心及其所属机构所举办的500多场研讨会。他们在1993年出版了重要著作《资本主义的七种文化》（The Seven Culture of Capitalism)。其中提出了反映不同国家文化差异的七个方面（他们称之为价值两难）。

① 普遍主义（universalism）或特殊主义（particularism）。这是指在没有任何法令或规则可以适用某一特殊情况时，人们应该运用现有最相关的法规来规范它，还是应该认可它的特殊性，视为例外来处理呢?

② 分析或整合。这是指有效的管理者是一个善于分析事实、论点、数字，精于分解工作、细节、现象的人，还是擅长辨识类型、整合局部关系、综观大局的人?

③ 个人主义或集体主义。这是指组织成员的个人利益重要，还是整个组织的利益较为重要?

④ 内部导向或外部导向。这是指行动时应该多倾听内部导向的判断、决策或声音，还是应该多探视外部环境所传送的信号、需求与趋势?

⑤ 依序处理或同时处理。这是指依序而迅速地处理事情比较好，还是大家协调而同步地处理事情比较好?

⑥ 赢得的地位或赋予的地位。这是指组织成员的地位应决定于其实际表现与绩效，还是其他对企业有重要意义的特征，譬如年龄、资历、性别、学位、潜力或特殊的角色?

⑦ 平等或阶层。这是指平等对待员工，以便赢得他们的全力贡献重要，还是强调管理阶层的判断与职权重要?

通过这项研究，他们发现管理者对以上七个方面的不同反应，确实可以解释并预测不同国家管理者对冲突的反应、擅长的工作以及偏好的管理哲学和观念。

对不同国家之间文化差异的研究，可以帮助跨国公司更好地理解另一个国家人民的价值取向和行为方式，使在他国的经营活动进行得更好。当前，我国企业也正在走向世界，因此，开展跨文化差异方面的研究与培训，将是组织行为学中重要的内容。

三、跨国公司对文化差异的管理

以上论述的是研究、了解不同国家间的文化差异，而这里针对的则是如何对跨国公司中来自不同文化背景的员工进行管理，这是组织行为学中另一个重要问题。

根据以前人们的研究以及公司的实践，可以总结出在一个特定的公司内部，对文化差异员工管理的几种方法。

第一种做法是，忽略文化差异。管理者将所有员工当作具有相同文化（主要指母国文化）背景的群体来对待，而将注意力集中在直接影响公司的问题（如市场份额、市场竞争和技术改造）上。这样做比较容易，但对员工的满意度和劳动生产率有时会有负面影响。

第二种做法是，适应文化差异。在设计组织机构、制定管理策略及激励政策的时候，将员工的不同文化背景考虑进去，认识并且有效地利用员工不同的态度及行为。相应地，这可以增加员工的满意度，实现对组织的有效管理。例如，在有的文化圈里，人们习惯于按上级的指示办事，如果上级只给他们一项任务而不说明具体如何做，他们就会无所适从。对这种员工，管理者应该设计一个系统，使上下级之间能方便地进行信息及指令沟通，或者可以让这样的员工去做有具体操作程序的常规性工作。

第三种做法是，利用文化差异。各种文化都有很多方面可以跟跨国公司的管理模式相结合，为管理所利用，并产生效益。比如，从集体主义文化圈来的员工有较强的团体意识，可以将他们安排到要求对工作高度投入的岗位上。从相互信任的文化圈中来的员工，可以让他们负责那种不能经常受到上级指示的工作。

第四种做法是，统一文化差异。这是指形成新的企业文化，建立员工所能接受的或多或少的统一价值体系。可以用一些正式或非正式的沟通渠道来形成并加强企业自身的哲学及生活方式。在招聘新员工时，可以选择那些价值观及爱好与公司的文化氛围相适合的员工。

对大型的跨国公司来说，由于其子公司遍布在世界各国，因此这里还要考虑公司从总体上如何来管理不同国家子公司的文化差异问题。根据以前人们的研究以及公司的实践，跨国公司通常有三种策略可选择：本土中心（enthnocentric）策略、多中心（polycentric）策略以及全球化（global）策略。

本土中心策略就是公司在所有外国子公司推行与本国惯例相同或相似的政策及方法。比如，无论在哪里开设分公司，一些美国公司总保持其美国的管理模式。

多中心策略是指每个子公司采用所在国的管理方法。例如，在泰国的子公司像大多数泰国企业那样组织和管理，而在德国的子公司则采用德国模式等。

全球化策略则是指，公司形成并推行其在世界各国通行的政策，并通过企业的文化及理念来加强之。最典型的就是麦当劳（McDonald）的人力资源管理策略。

然而，跨国公司在真正对各种策略进行选择时并不是一件容易的事情。这一方面取决于公司的观念与价值倾向，另一方面取决于当地的实际情况。譬如，如果子公司所在地工人的权力欲望不是太强，或者技术水平和教育程度不高，或者就业机会很少，那么跨国公司就比较容易照搬本国的人力资源政策及管理方法。反之，如果一个国家就业状况很好，人们都受过良好教育，有较高的技术水平，很看重自身权益，而且工人受到当地法律和条令的保护，那么跨国公司将发现，要忽略当地的习惯及政策来推行自己的模式是很难的。美国通用电气公司总裁杰克·韦尔奇就指出，全球化企业总是面临着一对矛盾：一方面它需要建立起能够使公司有效且高效地在全球运营的通用管理及协作机制；另一方面，它又必须注重各国的不同特点，否则就可能妨碍其全球业务的发展。就对人的管理而言，一家跨国公司如果要保持其通用化的政策及战略，那么它可以从全球定位的人事制度上得益。但是，如果它同时还要对地区差异做出反应，它就必须采用多中心策略（即本土化）。韦尔奇认为，跨国公司需要从两方面努力：一方面维持一种顾及地区差异的人力资源管理策略；另一方面成立一个国际事务小组，其成员可派到全球范围内的下属公司处理各种事务。这样就有助于将公司结合成为一个整体。

因此，整体化与本土化的结合点要因公司而异，它取决于公司的全球化程度、行业、目标市场以及员工的类型。因此，影响跨国公司对文化差异的管理方法、要考虑的影响因素以及对跨文化管理效果的评价，都是今后组织行为学重要的研究课题，对我国企业向国际化方向发展具有重要的战略意义。

四、管理经验的跨文化移植问题

全球经济一体化使得企业之间交流的机会日益增多，很多管理者都希望能向优秀的国内外同行学习管理经验。譬如，在20世纪80年代，日本的企业管理模式（如丰田生产方式、终身雇佣制、年功序列制等）受到西方人的推崇，很多欧美企业通过访问和各种书籍向日本取经。而我国自改革开放至今，除了引进西方国家的先进技术外，也一直在引进其各式各样的管理方法。当然，西方企业现在也对中国的管理思想（尤其是中国古老的管理思想和智慧，如《孙子兵法》、《周易》等）越来越感兴趣。正如《经济学家》(The Economist，1996年9月14日）所提到的，现在有抱负的管理者已经不再到海滩上度假，而是利用假期到世界上最成功的企业去“朝圣”。他们或者参观学习佛罗里达的迪斯尼乐园，或者到丰田去学习精益生产（lean production)。管理者花费精力到国外考察的主要目的是想学习他国企业的管理经验，以改善企业自身的状况。但是有时候，在现代化或者学习国外先进经验的口号下，他们强制改变原有的组织结构和管理方法，而代之以国外其他企业的做法，常常会引起员工的强烈不满和抵制。在我国，这些年来，西方各种管理思想大量涌入，到处充满新名词，给人一种应接不暇的感觉，尤其是还伴随有很多良莠不齐的培训和宣讲活动。因此，我国一些企业家对这些现象表示有些担心，这是不无道理的。企业引进西方管理方法不乏成功的例子，但在中国目前真正经营得好的企业（如海尔、长虹、TCL、春兰、小天鹅、邯钢等)，它们都非常强调在学习其他企业好的经验的同时，特别要根据自身的特点探索出有效的管理模式。

那么，以一个国家的社会文化特征为背景积累起来的管理经验，到底能否成功地用于别的国家？也就是说，管理经验能否进行跨文化移植，这一直是组织行为学中重要的研究课题，也是争论的问题。有人提出管理经验具有通用性，也有人认为它与文化紧密相连而不可移植，还有一些人持折中的观点。如霍夫斯特德就认为：现代管理产生于美国，第二次世界大战后所有管理文献几乎都由美国主宰。可是美国有其独特的文化，它的管理理论和经验对其他国家不尽适用。有些国家，尤其是第三世界国家不注意这一点，把引进管理与引进技术同样对待，结果造成经济和人力的重大损失。与此相反，日本的管理虽然主要来源于美国，不过他们结合国情予以改造应用，取得了很大的成功。例如，全面质量管理小组的观念创造于美国，但是经过改造以后成了日本的特色，现在美国反而要向日本学习。看来，这两种极端观点的折中可能更符合实际情况。某些经验容易从国外引进而不会受到多少阻碍，比如装配线生产技术。一些稍复杂的经验则需要加以改进，以适应本国情况，如质量管理小组。还有一些经验，比如员工参与决策，则需要做更多的工作，要对员工进行培训，让他们适应新的管理方式。在后面两种情况中，推行新政策时对当地情况进行充分考虑是至关重要的。这就要求管理者对民族文化和企业文化，对本企业内在和外在特性都有敏锐的感受力。在考虑引进外国经验的时候，管理者应该培养这种敏锐的感受力，而不是生搬硬套别人的经验。

因此，研究在一种国家文化下成功的管理方法和经验是否能移植到另一个文化环境下，以及如何来移植以提高其成功率，是今后组织文化领域重要的研究课题。

五、不同文化优势的整合问题

随着全球经济一体化和信息技术的飞速发展，尤其是中国已加入 WTO，加入了整个世界经济大潮，全球范围内的产业（尤其是制造业）将面临大规模的重组。国际上越来越多的制造企业不断地将大量常规业务（如一般的零部件制造）外包（outsourcing）出去给其他国家，而只保留最核心的业务（如市场、关键系统设计和系统集成、总装配、销售）。譬如，波音 747 飞机的制造需要 400 万余个零部件，可这些零部件的绝大部分并不是由波音公司内部生产的，而是由 65 个国家中的1 500个大企业和15 000个中小企业提供的。我国的四大飞机工业公司（西飞、沈飞、成飞和上飞）这几年承担了 Boeing737/300、Boeing737/700、Boeing757、MD82、MD90-30 各机种的平尾、垂尾、舱门、机身、机头、翼盒等零部件的转包生产任务。目前世界汽车工业也正在出现新一轮的全球化进程，主要是大型汽车制造商在生产组织中采取了同飞机公司一样的战略，即把装配以外的边缘业务尽力划分出去给发展中国家，以使自己集中在争取市场和顾客的核心业务上。例如，美国福特汽车公司对全部生产活动都将进行全球化重组，使设计、开发和零件制造严格分开。其他大的汽车制造公司，如美国通用汽车公司、德国大众汽车公司等，也大力进行组织的合理化改革，减少其直属工厂的数量。如大众公司的工厂数已由过去的 14 个减少到 4 个，奔驰公司也将其设在凯珀的一家工厂和一家风机厂卖给了马赫莱公司。全球化制造业的重组几乎波及了飞机、汽车、家电、化工等多项产业。

随着这些跨国合作生产产品和服务、合资企业、企业战略联盟和企业到国外办厂的情况日益增加，我们就必须研究如何将不同的文化优势整合起来的问题。无论是现在还是未来，我们很难说一个产品是美国制造、中国制造、日本制造，还是韩国制造，它应该是世界制造。一部世界级的汽车可能需要韩国的钢铁、德国的发动机、日本的电子电路系统、英国的皮革和桃花心木，以及瑞典的安全系统。这是一个典型的多元文化的作品。为了使这个作品更优美，我们必须能够结合不同国家的文化传统优势，而不是相反。整合不同的文化，还意味着我们可以透过模仿不同文化的思考方式与策略，获得学习和成长，甚至形成属于我们自己的卓越模式和成就。企业必须认真地学习、了解其他国家文化下的人观察世界的方法，然后借用他们的眼睛，从新的角度看到全新的世界，对事物获得一个全方位的、最佳的了解，这样我们才能做出最好的产品。但是，学会同时从不同角度来看问题，的确不是一件容易的事，而这正是整合不同文化优势的困难所在，也是今后组织行为学重要的研究课题。

第六节　经济转型期的组织变革问题

自 20 世纪 80 年代以来，世界上很多国家都在经历经济转型，如中国、苏联和东欧等都在经历从计划经济向市场经济的变革。显然，社会的经济转型必将带来各种组织（企业和政府机构）的变革，会给员工的心理和行为形成一定的冲击。因此，对变革过程的管理就显得十分重要。有人认为，前苏联和东欧国家经济转型过程中给国家带来的政治上的动荡、经济上的停滞，与组织变革太快，没有考虑国民的心理有关。因此，如何从组织行为学的角度研究合适的组织变革模式，以及变革过程中人们的心理和行为特点，使组织变革和经济转型顺利地完成，这是对所有经历经济转型的国家（特别是我国）十分重要的问题。这方面要研究的问题主要包括：组织变革的模式（如渐进式还是突变式）、变革的阻力及其克服办法、变革时期的公平等各种问题。

对于一个组织而言，我们可以视其为一个系统，由投入、产出以及中间转换过程等各种因素组成，当这些构成要素发生改变时，组织变革也就发生了。勒温发展了力场的方法来解释组织变革现象。他认为，组织中环境条件和组织的表现水平是两种力的平衡：一种是驱动力；另一种是阻力。驱动力推动组织变化并达到预期的条件和表现，阻力则限制这种变化。要使组织变革顺利完成，就要增加驱动力和减小阻力。驱动力也是组织变革产生的原因所在。对于一个企业而言，市场条件的改变、竞争对手经营策略的变化、政府新推行的政策等都可能成为变革产生的原因。一般来说，正是因为有了驱动力，才产生了组织变革的需要，因而驱动力的形成是必然的。值得注意的是，不减小阻力的情况下增加驱动力可能会使组织的紧张状态和变革阻力增加，结果变革往往难以完成，因而减小阻力就显得格外重要。

作为我国国有企业乃至整个国有经济这样一个大系统，对其进行变革的阻力是可想而知的。渐进式的方法对人们的心理和观念冲击较小，可以减小阻力，降低由改革中一些未知因素所带来的风险。渐进式方法是我国这些年来国有企业改革的主要思路。

在改革的范围上，是由点到面推进的。这里面最具有代表性的就是试点工作的进行。扩大企业自主权的试点最初是在 1978 年从四川省委选择的 6 个企业开始的、1979 年又在京、津、沪三地选择了首钢等 8 家企业进行扩大试点；股份制企业早在 1983—1986 年就在全国范围内零星分布开了，到 20 世纪 80 年代末期已经正式建立了 3 000 家试点企业，积累了相当丰富的经验；现代企业制度同样也是先选择了 100 家大中型企业进行试点；企业集团在经历了 20 世纪 80 年代的孕育和初步发展之后，仍是在 1991 年批准了 55 家大型企业集团进行试点。这一系列大举措的试点工作，将改革进行中可能存在的一些问题尽早暴露出来，并在改革全面推行之前将这些问题解决，为改革积累了丰富的经验，摸清了道路，避免了对人们心理过快的冲击和由此可能造成的一些大问题，减小了风险，使改革更容易成功。

在改革的焦点上，是从企业内部组织改革逐渐发展到外部环境改革的。在企业管理上，早在20世纪70年代就开始了对日、美管理方式的学习和研究，后来才逐渐发展到扩大企业自主权上来，并进行了一系列利润留成、利改税的改革，希望能通过扩大企业经营自主权、扩大企业留利水平来达到对企业的激励作用。直到20世纪90年代，企业改革才逐步发展到了外部环境的改革，提出建立社会主义市场经济体制，进行产权制度改革，并提出了建立现代企业制度和进行国有资产管理体制改革。相对而言，企业内部组织改革、经营管理的改善比企业外部的体制环境改革更容易一些，既容易实行，又不会对社会、对人的心理产生重大影响，防止了动荡的发生。

为减小改革阻力，还需要其他一些配套措施。一方面，对改革可能带来的大的影响，要有适当的解决办法。其中，尤为重要的就是失业问题。实行现代企业制度以后，企业进行减员增效带来了大量人员失业，政府机构改革也进行了大量的裁员。作为世界性的难题，失业必将给改革带来重重阻力，不搞好社会保障、不搞好再就业工程，改革就难以成功。另一方面，社会舆论、公众心理对改革所起的作用是不容忽视的。一个好的舆论导向可以转变一些人陈旧的思想观念，增强人们对改革的信心。在这一点上，宣传机构将发挥极大的作用。对一些企业的成功事例进行宣传，树立一些典型、模范，不但能使其他企业借鉴成功经验，更有利于创造良好的社会舆论，增强人们对改革的信心。如1997年12月，中央电视台和《人民日报》对上海安达厂、开滦矿务局等10家国有企业苦练内功、加强内部管理、扭亏增盈的事例进行了大量的宣传报道，引起了社会上的强大反响。而对下岗职工利用个人的勤劳智慧重新自谋生路、对一些企业创造出就业机会的大量宣传对解决失业问题也起到了不小的作用，同时，改变了不少下岗职工捧“铁饭碗”、轻视服务业等一些陈旧观念，为他们顺利再就业扫清了思想上的障碍。

当然，这种渐进式的方法在减小改革阻力的同时，也决定了它要付出改革进程较慢的代价。这总是一对矛盾。因此，如何根据员工的心理承受力和变革的速度需要来选择最佳合适的组织变革模式，则是一个需要进一步研究的问题。另外，在某些不可抗拒的特定条件下（如加入关贸总协定），如何采取各种措施提高人们参与变革的动力、减小变革的阻力也是急需研究的问题。

公平感也是我国改革过程中的重要问题。在改革开放、市场经济、知识经济以及各种公有私有经济成分共存的环境下，社会财富的分配方式与传统的计划经济情况下相比发生了很大的变化，人们之间的收入差距也在增大。譬如，一个经营得很好、为国家创造了很大利税的国有企业总经理的收入，同一个个体私营企业的老板相比，可能要少得多。一个取得了一定学历的年轻人创办互联网公司也可能会在相当短的时间内获得大量财富，甚至一夜之间成为百万富翁，而一个在效益平平的企业内工作了一辈子的老工人对这些收入将无法想象，更不用说下岗员工了。还有，为了弥补十年内乱造成的人才断层，现在很多企业都破格提拔年轻人，使得年龄成为企业提升管理人员重要的指标之一。所有这些都加大了人们的不公平心理，严重的还会导致犯罪。譬如，现在社会上有一种“59 岁现象”，指的是很多国有企业领导人经常会在接近快退休的年龄（58 岁、59 岁）时保持不了晚节，而贪污腐化，最后受到法律的制裁。他们的犯罪主要是由于其个人的素质和人品造成的，而从行为学的角度来说，不公平心理也是一个很重要的原因。其中有的国有企业领导人在犯罪前也曾为企业的经营管理和发展做出过很大的贡献，然而当他们将自己的收入同一些私有企业老板相比时，心理上就会失衡，一些经不住各种诱惑的人就会走上犯罪的道路。因此，研究变革时期人们的公平感、原因以及管理对策，对我国改革开放的日益深入是十分重要的，将是组织行为学重要的研究内容。

第七节　组织学习和学习型组织

当今，企业所处环境可用两个字——变化——来概括。市场在变、用户需求在变、竞争对手的状况在变、政治经济体制和政策在变、产业结构在变、人们的观念和社会文化在变、科学技术在变、员工的状况和要求在变、生产方式在变、管理思想在变……这种不断变化的环境对企业经营管理是巨大的挑战。它表明，企业的经营管理不存在任何固定不变的最佳模式，而必须不断地动态调整和创新，以对各种变化做出正确而快速的反应。这就是企业的学习能力，它已越来越成为当今企业最重要的核心能力之一。由于缺乏这种能力，昔日曾盛极一时而后来却落得失败结局的公司不计其数。西方社会这样的例子数不胜数，如美国曾经风光一时的王安电脑公司、人民航空公司等。在我国，因不能适应市场竞争而走下坡路的企业也很多。改革开放 20 多年以来，我国企业得到了很大的发展，但很多企业发展到一定规模后就后劲不足，暴露出“长不大”的缺陷，引起有关人士的忧虑。看来，企业在生存发展中都存在类似的问题。据 1983 年壳牌石油公司的一项调查发现，20 世纪 70 年代名列《幸福》（*Fortune*）杂志“500 大企业”排行榜的公司，有 1/3 已销声匿迹。依壳牌公司估计，大企业平均寿命不及 40 年，约为人类寿命的一半。所以，企业只有不断根据变化了的环境和条件进行学习和创新，才能延长寿命，保持长久的生命力。21 世纪最成功的企业将是学习型组织，未来唯一持久的竞争优势，将是具备比你的竞争对手学习和创新得更快的能力。

马奇在 20 世纪 60 年代较早提出了组织学习（organizational learning）的概念，认为组织应该像个人一样，能够不断学习和调整自己，以适应不断变化的环境。70 年代，哈佛大学的阿吉里斯提出单环学习（single loop learning）和双环学习（double loop learning）的概念。90 年代，麻省理工学院的彼德·圣吉博士提出学习型组织（learning organization）的概念，并出版了专著《第五项修炼》（*The Fifth Discipline*）。该书自 1990 年出版以来，在社会上引起很大影响，掀起了学习型组织的热潮。我国近些年来，组织学习和学习型组织也引起了管理学术界和企业界的关注，人们开始研究探讨。陈国权从 1995 年就开始了这方面的研究工作，提出了组织学习和学习型组织的新定义，建立了组织学习系统模型，提出了发展组织学习能力和建立学习型组织的评价体系、系统化的实施方法、原则和步骤。但是，我们也必须认识到，组织是由人组成的，组织学习是以个人学习为基础的，而人是一种十分复杂的生物，理论界对人的心理和认知等方面的研究尚不能达成统一的意见，对组织学习理论的研究就更是百家争鸣。组织学习涉及许多领域的研究：组织与行为理论、经济理论、管理理论、文化、心理、认知和创新理论等。所以，现阶段组织学习还处在不断摸索与发展之中，国内外对组织学习方面的研究还需要进一步深入，主要包括：①对组织学习的机理、过程、障碍等原理性的问题进行多方探讨和分析。②建立一些促进组织学习的实用方法和工具，用于实践。③研究和积累组织学习的典型案例。

第八节　复杂性科学理论在组织行为研究中的应用

随着科学的发展和技术的进步，以及自然和社会现象变得日益复杂，人类不断进行探索，大量新的发现不断地冲击着经典科学的传统观念。系统论、信息论、控制论、耗散结构论（主要研究非平衡相变与自组织）、突变论（主要研究连续过程引起的不连续结果）、协同论（主要研究系统的演化与自组织）、混沌论（主要研究确定性系统的内在随机性）、超循环论（主要研究在生命系统演化行为基础上的自组织理论）等新科学理论不断诞生。复杂性科学正是在这样的背景下提出来的，它包含了上述各种理论，其研究对象是各种复杂大系统。

复杂性科学是当前世界科学发展的热点和前沿，其研究与应用正在向各个学科（包括管理学科）渗透，正在成为受到众多学科领域研究人员关注的交叉科学研究领域。西方许多发达国家都建立了专门从事复杂性、复杂系统或非线性系统研究的机构，比较著名的如桑塔费研究所（Santa Fe Institute）、新英格兰复杂系统研究所（New England Complex Systems Institute）。最近还出版了多种与复杂性研究相关的刊物，如 *Complex System*、*Complexity International Journal*、*Complexity* 等。近年来，我国也开始了复杂性科学方面的研究，国家自然科学基金委员会管理科学部资助了很多这方面的研究和社会宣传活动。应该说，复杂性科学与管理的结合是非常重要的，正在成为一个新的学科交叉研究领域。1999 年 3 月 17～21 日“复杂与管理”讨论组和新英格兰复杂系统研究所、*Emergence* 杂志社共同在美国的波士顿组织召开了以“管理复杂”（Managing Complex）为题的国际学术会议，来自大学、研究机构的科学家和企业的高层管理者，就复杂科学与管理的关系以及复杂科学在管理实践中的应用等问题展开了讨论与成果交流，一个专门研究管理中复杂性问题、介绍复杂科学理论在管理中应用的刊物 *Emergence: A Journal of Complexity Issues in Organizations and Management* 出版发行（1999 年 4 月 3 日出版第 1 期）。管理学家 Tom Peters 在其著作《在混沌中茁壮成长》（*Thriving in Chaos*）中指出：“过去曾经假定为稳定的、可预测的环境已经不存在了，需要将混沌当作一种既定的条件，学会在混沌之上求兴旺。未来获胜者将是那些能够‘前摄’地应付混沌的人，将是会把混沌视为市场优势的来源而不加以回避的人。”“混沌理论将导致一场革命，向我们自认为熟知的关于管理的一切知识提出了挑战”。Silicon Graphics 公司的总裁 Ed McCracken 认为：“获得竞争优势的关键不是应付混沌，而是制造混沌。”

组织行为学中研究的很多问题实际上都是针对一个系统的，如群体行为、群体决策、群体知识的创造、群体创新、组织学习、组织结构的设计、组织中集权和分权的平衡、组织的演化、组织的变革等。因此，我们完全可以吸收复杂性科学的理论与方法，将它们应用于组织行为学中这些问题的研究中。譬如，协同学理论是原联邦德国著名物理学家哈肯（H. Haken）教授于20世纪70年代提出来的，它研究构成系统的子系统出现协同运动的条件和规律，进而研究非平衡开放系统从无序到有序，以及从有序到更加有序的演化规律。这一理论针对的是无生命现象的物理和化学系统，研究这些系统内部不同子系统、不同变量之间相互联系、相互作用，从而使系统从无序中产生出组织良好的新的稳定有序结构，并能在不断输入物质和能量时维持这些结构。显然，我们可以将这一理论应用到研究组织的演化和组织的变革问题中。其唯一区别是，该理论原来是针对无生命现象的物理和化学系统，而组织行为学中的系统则是由人组成的社会系统。可以预见，将协同学应用于组织行为学中也促进了协同学本身的发展。

组织行为学发展的历史，就是不断借鉴其他相关学科理论而发展的历史。有理由相信，只要采取的方法得当，我们一定能够从包含各种复杂性科学在内的各种新的学科理论中吸取营养，将组织行为学的发展推向新的阶段。在这个过程中，研究者们将不断发现、研究和解决管理实践中的各种新现象和新问题，为人类社会更美好的未来作出贡献。

本章小结

21世纪组织所处的环境正在发生的变化主要表现在：信息技术飞速发展，知识经济和网络经济日益兴起，全球经济一体化，企业间竞争日益激烈，行业结构日益分化，员工向多样化发展，企业面临越来越多的社会责任，组织面临的环境越来越呈现复杂和动态特点。这些变化对组织行为学中所涉及的八个方面提出了新的研究课题。

信息网络技术的飞速发展以及在各行各业的广泛应用将是社会不可抗拒的潮流，必须研究在信息网络技术环境下人的素质、行为和伦理问题，以充分发挥这些先进技术的作用和潜力。

知识经济将会越来越成为国家之间、企业之间的竞争重点和需要考虑的战略问题，必须研究知识经济环境下群体创造力形成的机制、知识管理方法和激励体系。

随着组织环境变得日益复杂和动态，领导者也越来越需要提高领导能力和决策水平。在领导行为上，未来特别需要加强对变革型领导和魅力型领导的研究。在决策行为方面，要加强对人的决策行为及其缺陷进行分析，从而提出相应的措施来避免各种决策陷阱，使人成为更有智慧的决策者。在关于领导的任务、理念、角色和能力要求方面，要强调建立愿景、授权和支持、激励员工、多元文化敏感性、对待顾客和员工、社会责任、创新意识和能力等具体的方法和手段。

当今产品生命周期越来越短、市场变化日益加快、竞争愈加激烈、信息技术日新月异、人们的精神文化需求日益增强的环境下，组织结构正在朝扁平化、团队化、虚拟化等方向发展，必须加强研究运行这些新的组织结构的方法和问题。

随着社会的全面发展和全球化趋势，组织文化日益成为影响企业竞争力的重要因素。未来必须注重研究的文化课题包括：企业主流文化的发展与研究、不同国家文化差异的研究、跨国公司对文化差异的管理、管理经验的跨文化移植问题、不同文化优势的整合问题。

当前，世界上很多国家都在经历经济转型，这些转型必将带来各种组织的变革，会给人们的心理和行为形成冲击，必须对变革过程进行有效的管理。这方面需要研究的问题主要包括：组织变革的模式、变革的阻力及其克服办法、变革时期的公平等各种问题。

面对当今环境的急剧变化，组织必须具备不断学习的能力，才能保持可持续竞争优势。未来必须深入探讨研究的问题包括：对组织学习的机理、过程、障碍等原理性的问题进行多方探讨和分析；建立一些促进组织学习的实用方法和工具，用于实践；研究和积累组织学习的典型案例。

随着科学的发展和技术的进步，以及自然和社会现象变得日益复杂，人类不断进行探索，大量新的发现不断地冲击着经典科学的传统观念。系统论、信息论、控制论、耗散结构论、突变论、协同论、混沌论、超循环论等新科学理论不断诞生。复杂性科学正是在这样的背景下提出来的，包含了上述各种理论，其研究对象是各种复杂大系统。组织未来面临的也将是越来越复杂的问题，我们必须加强复杂性科学理论在组织行为领域的研究和应用，来为管理实践服务。

总之，组织行为学未来必须从各种新的学科理论中吸取营养，不断发现、研究和解决管理实践中的各种新现象和新问题，更完善地建立自己的学科体系，为人类社会更美好的未来做出贡献。

复习思考题

1. 组织所处的环境正在发生哪些变化？它们给组织行为学提出了哪些新的课题？
2. 当前飞速发展的信息和网络技术给员工的工作角色、素质和伦理道德要求带来了哪些变化？
3. 知识经济环境下如何发挥群体的创造力、进行知识管理以及激励员工？
4. 试说明组织行为学中关于领导行为研究的不同阶段与发展趋势。
5. 从人的行为及缺陷的角度来研究决策问题对提高领导的有效性有何重要意义？
6. 管理者面对复杂问题应如何决策？
7. 当代的领导者需要有哪些新的理念？
8. 未来组织结构发展会呈现出哪些新趋势？
9. 未来企业主流文化的发展会有哪些特点？不同国家文化差异的研究对全球经济一体化有哪些作用？跨国公司对文化差异的管理有哪些做法？
10. 如何提高管理经验跨文化移植的成功率？在全球经济一体化环境下如何对不同的文化优势加以整合？
11. 组织学习为什么对当今企业的生存发展非常重要？
12. 复杂性科学的发展对解决组织行为学中面临的问题会有哪些帮助？
13. 结合你曾经工作过的公司的情况，说明该公司在未来的发展中将会面临的挑战。假如你作为公司的管理者，你将如何运用组织行为学的知识来迎接这些挑战？

14. 试说明在我国当今改革开放时期如何考虑组织变革的模式、阻力以及变革时期的公平等有关问题。

参考文献

1. 徐联仓．组织行为学［M］．北京：中央广播电视大学出版社，1994.

2. 斯蒂芬·P. 罗宾斯．组织行为学［M］. 7 版. 孙健敏等译．北京：中国人民大学出版社，1997.

3. 杨锡山等．西方组织行为学［M］．北京：中国展望出版社，1986.

4. ROBBINS S P. Organizational Behavior：Concepts，Controversies，Applications［M］. 7th ed. Prentice-Hall International，Inc.，1996.

5. MOORHEAD G，GRIFFIN R W. Organizational Behavior，Houghton Mifflin Company，1998.

6. 罗伯特·德利．组织行为学［M］．陈国权译．英迪国际教育机构，1998.

7. Peter Senge. 第五项修炼［M］．郭进隆译．上海：上海三联书店，1994.

8. 陈国权，马萌．组织学习：现状与展望［J］．中国管理科学，2000，8（1）.

9. 陈国权，马萌．组织学习的过程模型研究［J］．管理科学学报，2000，2（3）.

10. IKUJIRO NONAKA，HIROTAKA TAKEUCHI. The Knowledge-Creating Company［M］. New York：Oxford University Press，1995.

11. RUSSO J E，安保生，徐联仓．决策行为分析［M］．北京：北京师范大学出版社，1998.

12. RUSSO J，SCHOEMAKER P. Decision Traps：the Ten Barrieirs to Brilliant Decision Making and How to Overcome Them［M］. Simon & Schaster Inc.，1989：pp. 1～4.

13. 成思危．复杂性科学探索［M］．北京：民主与建设出版社，1999.

14. 陈国权．未来组织行为学研究中的若干问题［M］//张德．组织行为学．北京：清华大学出版社，2000.